सामाजिक एवं सांस्कृतिक भूगोल

सम्हिता चौधरी
सह-प्राध्यापक
बिजॉय कृष्णा गर्ल्स कॉलेज
हावड़ा, पश्चिम बंगाल

PHI Learning Private Limited
Delhi-110092
2025

In fond memory of ***Shri Asoke K. Ghosh*** *(October 1942 – February 2024), Founder Chairman and Managing Director of PHI Learning, whose vision endlessly inspires.*

The Legacy Continues….

Published by Pushpita Ghosh, PHI Learning Private Limited, Rimjhim House, 111, Patparganj Industrial Estate, Delhi-110092 and Printed by Syndicate Binders, A-20, Hosiery Complex, Noida, Phase-II Extension, Noida-201305 (N.C.R. Delhi).

₹595.00

सामाजिक एवं सांस्कृतिक भूगोल
सम्हिता चौधरी

ISBN-978-93-5443-977-3 (Print Book)
ISBN-978-93-5443-994-0 (e-Book)

विषय सूची
(Contents)

प्रस्तावना
(Preface)

यह पुस्तक English में प्रकाशित 'Social and Cultural Geography' का हिन्दी अनुवाद है। इस पुस्तक को लिखने का विचार मुझे तब आया जब मैंने सामान्य रूप से मानव भूगोल और विशेष रूप से सामाजिक और सांस्कृतिक भूगोल पढ़ाना शुरू किया। सामाजिक भूगोल और सांस्कृतिक भूगोल, भूगोल विषय की दो उप-शाखाएं हैं। यह विषय विश्वविद्यालय स्तर पर पाठ्यक्रम के एक अभिन्न अंग के रूप में उभर कर आया है। इस पुस्तक को लिखने के पीछे सबसे महत्वपूर्ण कारण 'सामाजिक और सांस्कृतिक भूगोल' पर किसी भी उपयुक्त पाठ्यपुस्तक की अनुपलब्धता है। इस प्रकार, पुस्तक को बहुत ही स्पष्ट और ठोस शैली में उदाहरणों के साथ स्नातक और स्नातकोत्तर दोनों स्तरों के छात्रों के लिए लिखा गया है। पुस्तक मानव सभ्यता की विभिन्न सामाजिक और सांस्कृतिक घटनाओं पर मेरी रुचि और अनुभवों की प्रतिबिंब है।

संस्कृति प्रत्येक मानव समाज का आधार है और सांस्कृतिक विशेषताएँ मौखिक और भौतिक रूप से पीढ़ी दर पीढ़ी हस्तांतरित होती रहती हैं। भूगोल एक विषय के रूप में न केवल भौतिक दृष्टिकोण से बल्कि मानवीय प्रदर्शन और गतिविधियों के सामाजिक और सांस्कृतिक पैटर्न से भी क्षेत्रीय पहचान निर्माण की विभिन्न प्रसंगो के बारे में बात करता है। भारतीय सभ्यता और संस्कृति का आधार भूमि की सतह की भौतिक विशेषताओं के साथ-साथ समाज और संस्कृति की विभिन्न विशेषताओं के कारण भी मजबूत है। इस प्रकार भारतीय मन की विशिष्टता भौतिक और सांस्कृतिक विशेषताओं में विविधता के साथ-साथ समृद्ध ऐतिहासिक अतीत का एक आदर्श प्रतिनिधित्व है।

यह पुस्तक दो व्यापक क्षेत्रों—सामाजिक भूगोल और सांस्कृतिक भूगोल—से संबंधित है। दोनों अवधारणाओं को समकालीन मुद्दों के साथ चित्रित किया गया है ताकि छात्र अपने समाज के वर्तमान परिदृश्य को समझ सकें और उच्च अध्ययन में समाज और संस्कृति के विभिन्न पहलुओं को अपने शोध विषयों के रूप में स्वीकार कर इस विषय को आगे बढ़ाने में मदद करेंगे।

सम्हिता चौधरी

अध्याय 1

परिचय

मानव व्यवहार विशिष्ट है और इस प्रकार मैक्स वेबर (1930) ने इसे 'मूल्यों के एक अभिविन्यास' के रूप में संदर्भित किया जो मूल्यों, विचारों, प्रथा आदि के द्वारा निर्देशित होते हैं 'और सुनियोजित प्रतिक्रिया के बजाय सतत हैं।' यह मनुष्य की तर्क करने की विशेष क्षमता, अपने अनुभवों, अपने व्यवहारों, एवं अपने परिवेश पर उनकी प्रतिक्रिया के कारण है। दूसरे शब्दों में, मनुष्य की आत्म-चेतन सोच और रचनात्मकता की क्षमता ने मनुष्य को इस धरती पर अलग बनाया है। दरअसल, मानव व्यवहार विश्वासों, मूल्यों, उद्देश्यों, अवसरों और लक्ष्यों द्वारा नियंत्रित होता है जबकि समाज की विशेषता रिश्तों, संस्थाओं, समूहों, समुदाय, संगठनों, प्रथाओं और प्रदर्शनों के जटिल और निश्चित नेटवर्क से होती है। समाज के सदस्य के रूप में मनुष्य द्वारा किए गए हर कार्य में साझा सांस्कृतिक मानदंड, मूल्य और प्रतीक होते हैं। व्यक्तिगत सदस्यों की अंतर-व्यक्तिगत संबंध बनाने की चेतना भी साझा विचारों और मानदंडों की सामाजिक व्यवस्था का परिणाम है। मनुष्य की विशेषता एजेंसी है, यानी घटनाओं को प्रभावित करने और स्वतंत्र रूप से कार्य करने की रचनात्मकता। इस प्रकार, गिडेंस ने इसे 'नॉलीजबल एजेंट' के रूप में संदर्भित किया, जो उस सामाजिक दुनिया के बारे में विचार बनाते हैं जहाँ वे रहते हैं, जैसे–उनकी आजीविका, उनकी दिन-प्रतिदिन की जीवन शैली और उनके आसपास की प्रकृति प्रदत्त संसाधनों का उपयोग करने की उनकी संभावना। मनुष्य अकेले रहकर काम नहीं कर सकता, बल्कि समाज के अन्य सदस्यों के साथ जटिल सांस्कृतिक, सामाजिक और राजनीतिक संबंध बनाता है। कई व्यक्तिगत अनुभव और भावनाएं सामूहिक गतिविधि का प्रतिबिंब होती हैं जैसे धार्मिक उत्सव, खेलकूद, किसी सामाजिक कार्यक्रम में प्रदर्शन आदि।

18वीं शताब्दी के दौरान, बौद्धिक क्रांति ने धर्म, मिथक और मौजूदा परंपरा को चुनौती देकर और ज्ञान और तर्क के माध्यम से प्रगति के युग की शुरुआत करके 'महान परिवर्तन' में महत्वपूर्ण भूमिका निभाई। इस प्रकार आधुनिक समाज धर्मनिरपेक्ष समाज बन गए, जिनकी विशेषता तर्कसंगत विचार की शक्ति में विश्वास है। सामाजिक और राजनीतिक समस्याओं को देखने के दृष्टिकोण में इस बदलाव को तर्कसंगतता का विकास कहा जाता है। सामान्य अर्थ में, तर्कसंगतता में तकनीक, गणना, तर्क और नियंत्रण शामिल हैं और इसका उद्देश्य किसी समस्या को हल करने के लिए इष्टतम साधन खोजना भी है। हालाँकि, 20वीं सदी के शुरुआती वर्षों में, समाजशास्त्री मैक्स वेबर ने तर्क दिया कि महान परिवर्तन के प्रमुख विकास तर्कसंगतता के विकास का प्रतिनिधित्व करते थे और ये थे:

- विज्ञान का उदय, तर्कसंगत विचार का प्रभुत्व
- औद्योगिक विनिर्माण से उत्पादन का युक्तिकरण होता है

- पूंजीवाद लाभ की व्यवस्थित खोज की ओर
- न्याय का तर्कसंगत संगठन

विचार और संगठन के ऐसे तर्कसंगत रूपों को आधुनिकता के संदर्भ में समझाया जा सकता है। 20वीं सदी के दौरान, विज्ञान और प्रौद्योगिकी का तेजी से विकास हुआ। वैज्ञानिक ज्ञान और तकनीकी कौशल ने प्राकृतिक दुनिया को मानव सभ्यता के निर्मित सांस्कृतिक परिदृश्य में बदलने में केंद्रीय भूमिका निभानी शुरू कर दी। पूर्व-आधुनिक काल की 'ईश्वरीय कार्य' अवधारणा धर्म और अंधविश्वास पर तर्क की विजय में बदल गई। इस प्रकार, विज्ञान और प्रौद्योगिकी के समावेश ने मानव जाति के सामाजिक-सांस्कृतिक जीवन शैली में तेजी से बदलाव लाया।

औद्योगीकरण और शहरीकरण ने आधुनिक समाज और संस्कृति के निर्माण में महत्वपूर्ण भूमिका निभाई है। बड़े पैमाने पर ग्रामीण क्षेत्रों से शहरी क्षेत्रों में प्रवास के परिणामस्वरूप, शहरों में गुणात्मक और मात्रात्मक रूप से बदलाव आया है। उनका विस्तार निर्मित पर्यावरण के क्षैतिज और ऊर्ध्वाधर विस्तार में परिलक्षित होता है, जो इसके सदस्यों के बीच सामाजिक-सांस्कृतिक संबंधों की एक जटिल प्रकृति की ओर ले जाता है। 19वीं और 20वीं सदी के आरंभ के कई विद्वानों ने सुझाव दिया कि शहरीकरण ने एक नए तरह के सामाजिक और सांस्कृतिक वातावरण का निर्माण किया। सामाजिक-सांस्कृतिक परिवर्तन की फर्डिनेंड टोनीस (1855–1936) की अवधारणा का हवाला यहां दिया जा सकता है। उन्होंने दोस्तों और पड़ोसियों के बीच घनिष्ठ, व्यक्तिगत संबंधों की विशेषता वाले 'गेमिनशाफ्ट' या समुदाय से 'गेसेलशाफ्ट' या साधन संबंधों पर आधारित संघ में बदलाव की ओर इशारा किया। एक अन्य लेखक, जॉर्ज सिमेल (1858–1918) ने उल्लेख किया कि आधुनिक जीवन की जटिलता और विभाजन ने गैर-अंतरंग, मानक रिश्तों की संख्या में वृद्धि की है (बिल्टन एट अल., 2002). स्थानिक दृष्टिकोण से, प्रख्यात भूगोलवेत्ता कार्ल ओ. सॉयर (1925) ने समकालीन काल में लोगों द्वारा अर्जित ज्ञान और तकनीकों के अनुप्रयोग के साथ-साथ वैज्ञानिक मानव द्वारा भौतिक परिदृश्य के संशोधनों का उल्लेख किया। इस संशोधित परिदृश्य को सॉयर ने सांस्कृतिक परिदृश्य के रूप में संदर्भित किया।

हालाँकि, सामाजिक-सांस्कृतिक परिवर्तन के इस परिदृश्य में, अक्सर प्रयुक्त शब्द विकास है। संस्कृति एक गतिशील अवधारणा है, स्थिर नहीं। हालाँकि वैश्वीकरण ने दुनिया भर के लोगों के बीच अधिक सांस्कृतिक समानता की गुंजाइश पैदा की है, लेकिन यह समानता न केवल एक संस्कृति को दूसरे पर थोपने के कारण विकसित होती है, बल्कि सांस्कृतिक मूल्यों की विविधता के मिश्रण के कारण भी विकसित होती है। अलग-अलग सांस्कृतिक मूल्यों का ऐसा मिश्रण संचार के विस्तार के कारण होता है, जो नए सांस्कृतिक रूपों के बारे में अधिक जानकारी प्राप्त करने के अवसरों को बढ़ावा देता है। इस प्रकार, अंतर्राष्ट्रीय प्रणाली के रूप में सांस्कृतिक संपर्क के नए अवसर बढ़ते हैं।

वैश्वीकरण एक ओर सांस्कृतिक एकरूपता के स्तर को बढ़ाने में मदद करता है, तो दूसरी ओर संकर संस्कृति के विकास में। यहां संचार का विस्तार सांस्कृतिक प्रवासियों को प्रोत्साहित करके स्थानीय सांस्कृतिक विविधता वाले क्षेत्रों के विकास को बढ़ावा दे सकता है।

भूगोल मानव-प्रकृति संबंधों से संबंधित है

भूगोल पृथ्वी का अध्ययन करता है और इसे 'स्थानिक विज्ञान' कहा जाता है। भूगोल उन सवालों के जवाब देता है जैसे कि पृथ्वी की सतह पर चीज़ें कहाँ स्थित हैं, वे अभी जहाँ हैं वहाँ क्यों स्थित हैं, पृथ्वी पर किसी भी स्थान का चरित्र क्या है, किस आधार पर स्थानों को एक दूसरे से अलग किया जा सकता है, एक स्थान पर लोग एक दूसरे के साथ कैसे बातचीत करते हैं, पृथ्वी पर जनसंख्या असमान रूप से क्यों वितरित है और भी बहुत कुछ। भूगोल प्राकृतिक विज्ञान और सामाजिक विज्ञान के बीच एक सेतु का काम करता है। व्यापक अर्थ में, भूगोल एक विषय के रूप में निम्नलिखित बुनियादी विषयों को शामिल करता है:

1. जगह की स्थिति
2. किसी स्थान की भौतिक और मानवीय विशेषताएँ
3. किसी स्थान पर मानव और पर्यावरण संबंध
4. इस धरती पर लोगों की आवाजाही
5. एक क्षेत्र कैसे बनता है और बदलता है

भौतिक पर्यावरण और सांस्कृतिक पर्यावरण के बीच घनिष्ठ संबंध है। भौतिक पर्यावरण में वितरण में स्थानिक पहलू (अक्षांशीय, देशांतरीय, उच्चावच, ढलान); भूमि और उसके विभिन्न पहलू; पानी; जलवायु प्रकार; मिट्टी का कारक; खनिजों की उपस्थिति आदि शामिल हैं। जैविक पर्यावरण में पौधे, जानवर, मनुष्य और सूक्ष्म जीव शामिल हैं। सांस्कृतिक पर्यावरण में भौतिक विशेषताएं, अभौतिक गुण, मनोविज्ञान, समाज, अर्थव्यवस्था और राजनीति शामिल हैं। दूसरे शब्दों में, सांस्कृतिक पर्यावरण भौतिक और जैविक पर्यावरण के हर तत्व से विभिन्न तरीकों से जुड़ा हुआ है जो व्यक्तिगत और सामूहिक रूप से एक-दूसरे को प्रभावित करता है।

उदाहरण के लिए, जलवायु भौतिक पर्यावरण का सबसे महत्वपूर्ण तत्व है जो जैविक पर्यावरण के हर तत्व को प्रत्यक्ष या अप्रत्यक्ष रूप से प्रभावित करता है। मानवीय गतिविधियाँ भी भूमि, वायु और जल की जलवायु की स्थिति से काफी हद तक प्रभावित होती हैं और साथ ही स्वास्थ्य और ऊर्जा पर भी इसका महत्वपूर्ण असर होता है। सिक्के के दूसरे पहलू पर, हर जलवायु समस्या चाहे सूक्ष्म स्तर पर हो या वृहद स्तर पर (जैसे स्थानीय जलवायु परिवर्तन, वायु-जल-ध्वनि प्रदूषण से लेकर ग्लोबल वार्मिंग, ओजोन छिद्र का क्षरण, हिमनदों का क्षरण, आदि) मानवीय गतिविधियों या सांस्कृतिक पर्यावरण से कभी प्रत्यक्ष रूप से और कभी अप्रत्यक्ष रूप से प्रभावित होती हैं। विशेष रूप से पर्यावरणीय समस्याओं और सामान्य रूप से पर्यावरणीय पहलुओं के प्रति मानवीय प्रतिक्रिया मनुष्य के व्यक्तित्व और समाज के सांस्कृतिक मापदंडों द्वारा निर्धारित और संशोधित होती है।

समाज में संस्कृति के स्वरूप

रूथ बेनेडिक्ट (1887–1948) ने संस्कृति पर अपने काम में उल्लेख किया कि संस्कृति में एकीकरण इसकी विषय-वस्तु द्वारा लाया जाता है। ऐसी विषय-वस्तु को आम तौर पर एक स्थायी या अर्ध-स्थायी डिजाइन या शैली में व्यवस्थित किया जाता है। उन्होंने इन शैलियों को संस्कृति के पैटर्न के रूप में पहचाना। एक संस्कृति के भीतर, हर बड़े अनुभागों में शैलियों में अंतर होता है और ये अनुभागीय शैलियाँ एक साथ मिलकर एक सुपर-शैली का निर्माण करती हैं जो पूरे समाज की संस्कृति की डिज़ाइन होती है। इसे विन्यास कहा जाता है। ये सभी शैलियाँ एक-दूसरे के साथ सामंजस्यपूर्ण हैं और एक सामंजस्यपूर्ण विन्यास में भी सुमिश्रित होती हैं। यह सामंजस्य तब पैदा होता है जब हर संस्कृति लोगों की विशेष प्रकार की प्रवृत्ति या भावना को प्रदर्शित करती है। यह आम तौर पर उनकी संस्कृति में एकीकरण और सांस्कृतिक पैटर्न के रूप का एकीकरण लाता है।

रैडक्लिफ-ब्राउन व्यक्तिगत मनुष्य के दृष्टिकोण से ज़्यादा समाज के अस्तित्व को लेकर चिंतित हैं। उनके अनुसार, एक संस्कृति के भीतर एकीकरण ही समाज के अस्तित्व का एकमात्र तरीका है, जहाँ ऐसा एकीकरण एक आदर्श और वास्तविकता के रूप में मौजूद है। अगर ऐसा एकीकरण टूट जाता है, तो समाज के अस्तित्व को गंभीर समस्याओं का सामना करना पड़ेगा।

टेलर ने जब संस्कृति पर अध्ययन किया तो वह मनोविज्ञान और इतिहास के निष्कर्षों पर निर्भर था, जबकि उनके समकालीन मॉर्गन ने समाजशास्त्र के निष्कर्षों का उपयोग किया। मॉर्गन ने समाज और सामाजिक संरचना के संदर्भ में अपने अध्ययन किए, और केवल सांस्कृतिक दृष्टिकोण पर नहीं। एक अन्य प्रख्यात विद्वान, दुर्खीम ने सामाजिक घटनाओं पर जोर देकर दूरगामी योगदान दिया क्योंकि ये उनके मनोवैज्ञानिक आधारों से स्वतंत्र हैं और इन्हें समाजशास्त्रीय स्पष्टीकरणों की मदद से

समझाया जाना चाहिए। इस प्रकार, ये दो परंपराएँ — एक संस्कृति के संदर्भ में अध्ययन की और दूसरी समाज के संदर्भ में अध्ययन की — दोनों सामाजिक विज्ञान में एक साथ विकसित हुई हैं (मजूमदार और मदन, 1987)।

भारत की सामाजिक और सांस्कृतिक पहचान

सांस्कृतिक विकास एक लंबी प्रक्रिया है और अतीत से लेकर वर्तमान तक चलती रहती है। यह प्रक्रिया भविष्य में भी काम करेगी। हमारे पूर्वजों ने अपने बुज़ुर्गों से बहुत कुछ सीखा है, क्योंकि हम अपने बुज़ुर्गों से ज्ञान प्राप्त कर रहे हैं। पहले से मौजूद विचारों में नए विचार जुड़ते हैं और नई सांस्कृतिक विशेषताएँ, जो एक पीढ़ी से दूसरी पीढ़ी तक पहुँचती और आगे बढ़ती हैं। हमें जो सांस्कृतिक विचार, मूल्य, विश्वास और अवधारणाएँ विरासत में मिलती हैं, उन्हें हमारी सांस्कृतिक विरासत कहा जाता है।

भारतीय समाज में जाति ने सामाजिक पहचान के निर्माण में महत्वपूर्ण और जिम्मेदार कारक की भूमिका निभाई है। जाति और सामुदायिक पहचान भारतीय संदर्भ में ग्रामीण स्थान और ग्रामीण बस्तियों की रूपरेखा का संगठन बनाती है, जो आबादी की जीवन शैली के विभिन्न पैटर्न को दर्शाती है। प्रत्येक भारतीय गांव जाति पदानुक्रम का प्रतिनिधित्व करता है और जाति समूहों की स्थानिक व्यवस्था को प्रदर्शित करता है। "भूमि स्वामित्व वाली जातियों के केंद्र के आसपास कई सहायक जातियाँ एकत्रित हो गईं, जिनकी गाँव की रूपरेखा योजना में स्थिति सामाजिक पदानुक्रम में उनकी स्थिति को दर्शाती थी" (अहमद, 1999)। प्रमुख जातियों द्वारा लोकतांत्रिक संस्थाओं पर एकाधिकार उन्हें अपनी संपत्ति के संचय में मदद करता है। यह उन्हें राजनीतिक क्षेत्रों में लामबंद करने के लिए भी प्रेरित करता है ताकि राजनीतिक मंच पर अपना सांस्कृतिक और राजनीतिक आधिपत्य बनाए रखा जा सके। जाति पदानुक्रम में लोगों का निचला तबका अक्सर राजनीतिक मंच पर अदृश्य रहता है।

REFERENCES

Ahmad, A. (1999). *Social Geography*. Rawat Publications, Jaipur.

Benedict, R. (1971). *Patterns of Culture*. Routledge and Kegan Paul Ltd., London.

Bilton, T., K. Bonnett, P. Jones, T. Lawson, D. Skinner, M. Stanworth and A. Webster (2002). *Introductory Sociology*. Palgrave McMillan, NY, USA.

Majumdar, D.N. and T.N. Madan (1987). *An Introduction to Social Anthropology*. National Publishing House, New Delhi.

अध्याय 2

समाज और संस्कृति

अधिगम प्रतिफल

इस अध्याय के अंत में, छात्रों में निम्नलिखित क्षमता विकसित होगी:

- मानव समाज की अवधारणा और इसके विकास को समझाना।
- मानव समाज के गतिशील चरित्र को समझना।
- समकालीन वैश्विक समाज के सामाजिक प्रतिमानों और बदलती प्रकृति पर जोर देंना।
- सामाजिक समूहों और सामाजिक व्यवहार की भूमिका को समझना।
- समाज में संस्कृति के महत्व और उसके मानवशास्त्रीय आधार का आकलन करें।
- संस्कृति के महत्वपूर्ण विशेषताओं को समझना।
- संस्कृति के तत्वों और घटकों की पहचान करना।
- भारत की विविध सांस्कृतिक विशेषताओं का परीक्षण करना।

भाग एः समाज

समाज की अवधारणा कई विषयों के लिए केंद्रीय है, कभी प्रत्यक्ष रूप से और कभी अप्रत्यक्ष रूप से, जिसमें समाजशास्त्र, नृविज्ञान, सामाजिक भूगोल, सामाजिक और राजनीतिक दर्शन, सांस्कृतिक समाजशास्त्र और सामाजिक विज्ञान की कई अन्य शाखाएँ शामिल हैं। समाज मानव आबादी का एक संग्रह या एक प्रकार की सामूहिक इकाई है जैसे कि राष्ट्र, राज्य, संगठन, समुदाय और परिवार। प्रत्येक समाज में कुछ सामान्य विशेषताएँ, सामान्य लक्षण और सामान्य समस्याएँ होती हैं। इनमें से प्रत्येक समस्या के कारण, परिणाम और समाधान सांस्कृतिक रूप से निर्धारित होते हैं और एक समाज से दूसरे समाज में भिन्न होते हैं। किसी विशेष समाज में मनुष्यों का सांस्कृतिक रूप से परिभाषित व्यवहार दूसरे समाज से भिन्न होता है। उदाहरण के लिए, कुछ परिस्थितियों में, शिशुओं की हत्या और वृद्ध लोगों की हत्या एस्किमो, ऑस्ट्रेलियाई आदिवासियों और कैरिबौ इंडियन भारतीयों के बीच कुछ समूहों द्वारा की गई है। तस्मानिया में, आदिवासी शिकारी आम तौर पर मौसमी खाद्य आपूर्ति का लाभ उठाने के लिए

खानाबदोश जीवन जीते थे, जहाँ बूढ़े और बीमार लोगों को मरने के लिए पीछे छोड़ दिया जाता था। कुछ समाजों के ये सांस्कृतिक रूप से परिभाषित व्यवहार वर्तमान विश्व स्तर पर ज्ञात समाजों से भिन्न हैं, लेकिन विशेष समाज के संदर्भ में, उन व्यवहारों को उनकी आवश्यकता के अनुसार जीवन के हिस्से के रूप में स्वीकार किया जाता है। एक समाज के सभी सदस्य कई सामाजिक पदों पर काबिज होते हैं और उस समाज के सदस्यों पर लागू नियमों और मानदंडों का पालन करते हैं। रॉल्स (1971) के अनुसार, "एक समाज तब सुव्यवस्थित होता है जब इसे न केवल अपने सदस्यों की भलाई को आगे बढ़ाने के लिए बनाया गया हो, बल्कि जब इसे न्याय की सार्वजनिक अवधारणा द्वारा प्रभावी रूप से विनियमित भी किया जाता है। अर्थात्, यह एक ऐसा समाज है जिसे (1) हर कोई स्वीकार करता है और जानता है कि दूसरे भी न्याय के समान सिद्धांतों को स्वीकार करते हैं, और (2) बुनियादी सामाजिक संस्थाएं आम तौर पर इन सिद्धांतों को संतुष्ट करती हैं और आम तौर पर इन सिद्धांतों को संतुष्ट करने के लिए जानी जाती हैं"।

निम्नलिखित अनुभाग समाज से संबंधित कुछ महत्वपूर्ण मुद्दों जैसे अतीत से वर्तमान तक समाज का विकास, सामाजिक संपर्क की अवधारणा, सामाजिक समूह, सामाजिक व्यवहार और समकालीन सामाजिक पर्यावरणीय मुद्दों की व्याख्या करता है।

समाज का विकास

मानव समाज आदिम शिकार और संग्रह करने वाले गुफा-निवासी समाजों से विकसित होकर आधुनिक तकनीक-आधारित शहरी महानगरीय समाजों में समय के साथ विकसित हुआ। आज, मानव-प्रकृति संपर्क और मानव-मानव संपर्क के परिणामस्वरूप, समाज आकार, संरचना और सदस्यों के बीच संपर्क की गुणवत्ता के अनुसार एक स्थान से दूसरे स्थान पर भिन्न होते हैं। हालाँकि, सामाजिक-सांस्कृतिक विकास के चरणों के आधार पर, मानव समाजों को पाँच प्रकारों (गेरहार्ड और लेन्स्की, 1982) और समकालीन अवधि के एक नए प्रकार में वर्गीकृत किया जा सकता है। ये हैं:

1. **शिकार और संग्रहण समाज:** जब लोग फसल की खेती और जानवरों के पालतू बनाने की प्रक्रिया से परिचित नहीं थे, तो वे मुख्य रूप से जंगली जानवरों का शिकार करने और जंगलों से पौधों और जंगली फलों को इकट्ठा करने पर निर्भर थे। चूँकि वे एक छोटे से भौगोलिक क्षेत्र में रहते थे और उनके पास सीमित संसाधन थे, इसलिए उनकी संख्या भी बहुत कम थी। एक स्थान के संसाधन समाप्त हो जाने पर वे एक स्थान से दूसरे स्थान पर चले जाते थे, इसलिए उन्हें खानाबदोश भी कहा जाता था। कुछ ज्योतिषी, जो अलौकिक ज्ञान (जैसे समुदाय के नेता) होने का दावा करते थे, नई जगह की दिशा बताने के विशेषज्ञ थे। ज्ञान एक पीढ़ी से दूसरी पीढ़ी को हस्तांतरित किया जाता था और किसी भी औपचारिक प्राधिकरण संरचना के अस्तित्व में न होने के कारण, प्रत्येक समूह में एक प्रभावशाली पुरुष सदस्य द्वारा प्रमुख भूमिका निभाई जाती थी। कोई निजी संपत्ति नहीं, धन और शक्ति के लिए कोई प्रतिस्पर्धा नहीं, व्यक्तिगत संसाधनों का संचय नहीं, न्यूनतम वर्ग भेद और कुछ हद तक समतावादी वर्ग संरचना इन समाजों की मुख्य विशेषताएँ थीं।

   शिकारी-संग्रहकर्ता संस्कृति एक प्रकार की निर्वाह जीवनशैली है जो शिकार और मछली पकड़ने वाले जानवरों और जंगली वनस्पतियों और फलों के साथ-साथ भोजन के लिए शहद जैसे अन्य पोषक तत्वों को इकट्ठा करने पर निर्भर करती है। लगभग 12,000 साल पहले तक, सभी मनुष्य शिकार-संग्रह के अभ्यस्त थे।

   1500 ई. तक यूरोप और अमेरिका के कुछ हिस्सों में कुछ शिकारी-संग्रहकर्ता समाज मौजूद थे, लेकिन पिछले 500 वर्षों में इनकी संख्या में नाटकीय रूप से कमी आई है। आज, इस प्रकार के बहुत कम समाज हैं। इसका एकमात्र

उदाहरण ऑस्ट्रेलिया और अफ्रीका के कुछ हिस्सों के आदिवासियों में पाया जा सकता है। तंजानिया के हज़्दा लोग इसी समूह से संबंधित हैं और ये लोग इस क्षेत्र में रहने वाले लगभग 1300 जनजाति सदस्यों के साथ अंतिम समूह हैं। उनके मूल निवास में एयासी घाटी और आस-पास की पहाड़ियाँ शामिल हैं (nationalgeographic.org)।

2. **बागवानी समाज:** लगभग 12,000 साल पहले, उत्तर-पूर्व के लोगों ने जानवरों को पालना और पौधों को उगाना शुरू किया। इस घटना ने शिकारी और संग्राहकर्ता समाजों को गैर-मशीनीकृत निर्वाह खेती के आधार पर अपने आस-पास के क्षेत्रों में छोटी भूमि पर फसलें उगाकर अपने भोजन की पूर्ति करने में मदद की। उस समय, कृषि पद्धतियों का ज्ञान इतना सीमित था कि लोग अक्सर कटाई और जलाने की रणनीति अपनाते थे। इस प्रक्रिया के तहत, वे बस जमीन को जला देते थे, मिट्टी को ढीला कर देते थे और बीज बो देते थे। बागवानी की प्रथाएँ उन्हें लंबे समय तक एक ही स्थान पर रहने में मदद करती हैं जब तक कि मिट्टी की उर्वरता पूरी तरह से समाप्त न हो जाए। मिट्टी की उर्वरता वापस आने के बाद, लोग फिर से उस स्थान पर लौट आते थे। हालाँकि, बागवान बड़े समुदायों का समर्थन करने के लिए अतिरिक्त फसल पैदा करने में सक्षम थे। अतिरिक्त उत्पादन का एक और प्रभाव यह था कि लोगों को खाद्य उत्पादन के निरंतर कार्य से फुर्सत मिलने लगी। इस प्रकार, एक विशेष प्रकार के विशेषज्ञों (यानी, कारीगरों और शिल्पकारों) का उदय हुआ, जिन्होंने अपना खाली समय समुदाय के लिए बेहतर उपकरण विकसित करने में लगाया। इसके अलावा, लोगों की धार्मिक ज़रूरतों को पूरा करने के लिए कुछ 'धार्मिक' लोग भी उभरे। निजी संपत्ति का संचय और परिवार के आकार में वृद्धि इस अतिरिक्त खाद्य उत्पादन के अन्य परिणाम थे। समुदाय में संख्या और धन संचय के संदर्भ में वृद्धि के साथ, नेतृत्व का एक रूप उभरा और धनी व्यक्ति सरदार बन गए। इसके परिणामस्वरूप अधिशेष उत्पादन का व्यापार अन्य समुदायों के साथ किया गया, जिससे विचारों, सूचनाओं और उत्पादों का आदान-प्रदान आसान हुआ। इस प्रकार के सांस्कृतिक आदान-प्रदान के नकारात्मक परिणाम एक ही भूमि या उत्पाद के कब्जे के लिए दो या दो से अधिक समुदायों के बीच युद्ध थे। वर्तमान समय में ऐसे समाजों के उदाहरण बहुत कम मिलते हैं। ब्राजील के यानोमामो को अक्सर बागवानी समाज के उदाहरण के रूप में उद्धृत किया जाता है।

बॉक्स 2.1 यानोमामो जनजाति

दक्षिण अमेरिका की यानोमामो जनजाति दक्षिणी वेनेजुएला में ओरिनोको नदी बेसिन के सुदूर वन क्षेत्र और उत्तरी ब्राजील में अमेज़ॅन नदी बेसिन के सबसे उत्तरी छोर पर रहती है। वे स्लैश और बर्न कृषि का अभ्यास करते हैं और छोटे, बिखरे हुए गांवों में रहते हैं। वे अपनी फसल को एकत्रित फलों, मेवों, बीजों और शहद से पूरित करते हैं। वे बंदरों, हिरणों, पक्षियों, आर्मडिलोस आदि का शिकार करते हैं। व्यापार के लिए सबसे महत्वपूर्ण उत्पाद कपास है, जिसका उपयोग जाल, कंटेनर, कपड़े और झूला के लिए रस्सी और डोरी के निर्माण में किया जाता है।

ये लोग इस क्षेत्र की अन्य यानोमामो जनजातियों के साथ लगातार युद्ध में हैं। 1990 के दशक तक, ब्राजील के खनिकों के उनके क्षेत्र में घुसने से उनका जीवन खतरे में पड़ गया। 1991 में, ब्राजील की सरकार ने लगभग 36,000 वर्ग मील को इस जनजाति की मातृभूमि घोषित किया। यह दक्षिण अमेरिका की सबसे बड़ी अपेक्षाकृत अलग-थलग जनजाति है। महाद्वीप की अधिकांश जनजातियों की तरह, वे संभवतः लगभग 15,000 साल पहले एशिया और अमेरिका के बीच बेरिंग जलडमरूमध्य को पार करके चले गए और धीरे-धीरे दक्षिण अमेरिका में पहुँच गए। आज उनकी आबादी लगभग 38,000 है।

स्रोत: britanica.com; survivalinternational.org

3. **पशुपालक समाज:** बागवानी करने वाले समाज फसल उगाने के लिए मिट्टी की उर्वरता पर निर्भर थे और इस प्रकार वे दुनिया के उपजाऊ क्षेत्रों में केंद्रित थे। दूसरी ओर, पशुपालक समाज कठोर वातावरण में विकसित हुए, जहाँ कृषि गतिविधियाँ संभव नहीं थीं, जैसे उत्तरी अफ़्रीका, मध्य पूर्व और मध्य एशिया के शुष्क क्षेत्र। ये वे क्षेत्र हैं, जहाँ मनुष्यों ने मवेशियों, भेड़ों, बकरियों, ऊँटों आदि जैसे जानवरों के बड़े झुंडों को पालना शुरू किया। ये लोग खानाबदोश लोगों का समूह थे, जो पालतू जानवरों के झुंड के साथ यात्रा करते थे, जिन्हें वे भोजन के लिए पालते थे। उनका प्रवासी व्यवहार वर्ष के मौसमों पर निर्भर करता था। पशुपालक नियमित अधिशेष भी पैदा करते थे और इसे बसे हुए समुदायों के साथ व्यापार करते थे। धनी लोगों के पास बड़े झुंड होते थे और वे अधिक श्रमिकों को भी काम पर रखते थे जो जानवरों की देखभाल करते थे।

इस प्रकार, चरवाहे समाज उन क्षेत्रों में देखे जा सकते हैं, जहाँ भूमि और जलवायु खेती के लिए उपयुक्त नहीं हैं। इस प्रकार के उदाहरण दक्षिणी ईरान और युगांडा में विभिन्न आदिवासी समूह हैं। अन्य उदाहरणों में सामी लोग शामिल हैं जो बारहसिंगा चराते हैं; पूर्वी अफ़्रीका के मसाई लोग, जो मवेशी चराते हैं; बेडौइन अरब चरवाहे हैं जो ऊँट चराते हैं।

बॉक्स 2.2 स्कैंडिनेविया के सामी लोग

सामी संस्कृति समूह ने 17वीं शताब्दी से ही पारंपरिक हिरन पालन का अभ्यास किया है। हिरन पालन उनका जीवन जीने का तरीका है, न कि केवल पेशा। हिरन अतीत से ही उनके लिए एक मूल्यवान संसाधन रहे हैं और उनके पारंपरिक चरवाहे व्यवहार में भी महत्वपूर्ण भूमिका निभाते रहे हैं। हिरन का उपयोग भोजन, कपड़े, व्यापार (पैसे के रूप में हिरन) और श्रम के रूप में किया जाता है। हिरन पालन शुरू होने से पहले भी, सामी लोग कपड़ों और मांस के लिए जंगली हिरन का शिकार करते थे।

17वीं शताब्दी के दौरान सामी लोगों की जीवनशैली में बड़े बदलाव हुए, क्योंकि उनके कब्जे वाले चार क्षेत्रों (आज नॉर्वे, स्वीडन, फ़िनलैंड और रूस का कोला प्रायद्वीप) में राष्ट्र निर्माण हुआ। उस अवधि के दौरान, प्रत्येक राष्ट्र अपने क्षेत्र के लिए लड़ रहा था और सामी लोगों को अपनी आबादी का हिस्सा बनाना चाहता था। परिणामस्वरूप, सामी लोगों पर कम से कम एक राष्ट्र और कुछ मामलों में कई सरकारों द्वारा कर लगाया जाता था। सामी लोगों के पास मौद्रिक पूंजी नहीं थी और इसलिए वे हिरन की खाल और मांस के रूप में कर का भुगतान करते थे। करों का भुगतान करने के लिए सामी लोगों को अतिरिक्त हिरन की आवश्यकता थी। यह हिरन पालन की शुरुआत थी। हालाँकि, सभी सामी लोग हिरन चराने वाले नहीं बने। उनमें से कुछ लोग साल भर तट पर रहते थे और शिकार और मछली पकड़कर अपना गुजारा करते थे। अन्य सामी लोग तट से दूर पहाड़ों और अंतर्देशीय फ़जॉर्ड्स में रहते थे। सामी लोगों का एक छोटा हिस्सा हिरन चराने वाला बन गया और प्रवासी व्यवहार और जीवनशैली का आनंद लेता है।

4. **कृषि समाज:** दुनिया की उपजाऊ नदी घाटियों जैसे मेसोपोटामिया, भारत और चीन की घाटियों में लोगों ने कृषि के आधार पर अपनी बस्तियाँ बसाना शुरू किया। जब लोगों को धरती पर कुछ ऐसी जगहें मिलीं जो फसल उगाने के लिए ज़्यादा उपयुक्त थीं, तो उन्होंने खेती शुरू कर दी। इसके परिणामस्वरूप स्थायी बस्तियों की स्थापना भी हुई। ये समुदाय कृषि समाज थे। धातु के आविष्कार और इन धातुओं से बेहतर औज़ारों के विकास ने लोगों को खेती के लिए ज़मीन तैयार करने और साल दर साल फ़सल उगाने में मदद की। कृषि प्रधान समाज के लोगों ने खेती की प्रक्रिया

में पशु शक्ति का उपयोग करना शुरू कर दिया। खेतों से गोदाम तक और गोदाम से बाजार तक फसलों को ले जाने के लिए पशुओं का इस्तेमाल किया जाता था। प्राचीन मिस्र की सभ्यता, माया सभ्यता, सिंधु घाटी सभ्यता— सभी कृषि प्रधान समाज के उदाहरण थे।

ऐसे समाज कृषि पर निर्भर थे जो मुख्य रूप से नदी घाटियों में फलते-फूलते थे और अपने अधिशेष उत्पादों को बाजार में बेचते थे, जहाँ परिवहन के साधन और अन्य सुविधाओं का अधिक सख्ती से विकास हुआ, शहरी केंद्रों का निर्माण शुरू हुआ। यह कहा जा सकता है कि, कृषि क्रांति ने पहले शहरों का विकास किया, जबकि बड़े शहरों के विकास से समाज के राजनीतिक संगठन का विकास होता है। इसके बाद, अधिकार पदानुक्रम के पैटर्न भी विकसित हुए। कृषि में औजारों के बढ़ते उपयोग और अधिक अधिशेष उत्पादन के कारण, लोग दैनिक गतिविधियों से मुक्त हो गए और इस प्रकार, कृषि समाज के सदस्यों द्वारा नई भूमिकाओं और बढ़े हुए विशिष्ट कार्यों का उदय हुआ। कई विशिष्ट कार्य उभरे जैसे–शासक, प्रशासक, शिल्पकार (लोहार, कुम्हार, बुनकर, बढ़ई), वैद्य, धार्मिक नेता, कलाकार और मनोरंजनकर्ता, आदि। कृषि समाजों ने विज्ञान, दर्शन, गणित और साहित्य के क्षेत्र में मानव ज्ञान का तेजी से विस्तार भी देखा। बाद के वर्षों में, राज्य की शक्ति बढ़ी और उसने सभी सार्वजनिक सेवाओं जैसे कि सड़कें, सिंचाई प्रणाली, सामुदायिक भवन आदि पर नियंत्रण कर लिया। हालाँकि, परिवार एक महत्वपूर्ण संस्था बनी रही, लेकिन स्कूल, धार्मिक संगठन, शिल्प केंद्र जैसी अन्य सामाजिक संस्थाएँ भी कई कार्यों के केंद्र के रूप में कार्य करने लगीं। आज, दुनिया के कई समाज कृषि प्रधान बने हुए हैं, लेकिन वे भी औद्योगीकरण और तकनीकी क्रांति की शुरुआत से बदल गए हैं।

5. **औद्योगिक और उत्तर-औद्योगिक समाज:** औद्योगिक क्रांति सबसे पहले ब्रिटेन में शुरू हुई और बाद में दुनिया के सभी हिस्सों में फैल गई, जिसने दुनिया के पहले के आदिम और कृषि समाजों को बहुत बदल दिया। पशु ऊर्जा की जगह निर्जीव ऊर्जा ने ले ली और उद्योगों ने बड़ी मात्रा में सामान का उत्पादन किया। इंग्लैंड ने कारखानों में मशीनरी चलाने के लिए 1965 के दौरान भाप इंजन का उपयोग करना शुरू किया। औद्योगिक विकास की विशेषता व्यापक रूप से आवश्यक श्रम शक्ति थी जिसकी आपूर्ति ग्रामीण आबादी द्वारा की जाती थी। इसके परिणामस्वरूप कारखानों में काम के लिए बड़े पैमाने पर ग्रामीण-शहरी प्रवास हुआ। वे आर्थिक रूप से स्वतंत्र व्यक्ति के रूप में विकसित हुए लेकिन वे शहरी क्षेत्रों में मेजबान संस्कृति के साथ अपने मूल स्थान के पारंपरिक मूल्यों में भिन्न थे। दूसरे शब्दों में, औद्योगीकरण ने शहरों के विकास, इसकी सांस्कृतिक विविधता और सामान्य आर्थिक विकास में सबसे महत्वपूर्ण कारक की भूमिका निभाई। धन में वृद्धि के साथ, शहरी समाजों में वर्ग व्यवस्था स्थापित हो गई और इसने समाज में अमीर और गरीब के बीच बड़े पैमाने पर भेदभाव पैदा कर दिया। सामान्य तौर पर, औद्योगिक क्रांति के कारण (1) बड़े पैमाने पर ग्रामीण से शहरी प्रवास, (2) कृषि समाजों का परिवर्तन, (3) आर्थिक स्थिति के आधार पर पूरी तरह से विकसित वर्ग व्यवस्था, (4) ग्रामीण और शहरी सामाजिक समूहों के बीच संस्कृति परिवर्तन, और (5) व्यवसाय की विविधता आदि हुई।

आज, सबसे उन्नत औद्योगिक समाजों को उत्तर-औद्योगिक समाज कहा जाता है। वे सूचना और तकनीकी विकास के युग में हैं। प्रारंभिक समाजों में इस्तेमाल की जाने वाली तकनीकें ज़्यादातर सरल तकनीकें थीं, जिनका ध्यान कृषि समाजों में कृषि उत्पादन बढ़ाने और औद्योगिक समाजों में विनिर्माण उत्पादों को बढ़ाने पर था। हालाँकि, उत्तर-औद्योगिक समाजों में समाजों में जटिल प्रकृति की प्रौद्योगिकी का उपयोग किया जाता है और यह जटिलता अपनी बहुलता के साथ बढ़ती जा रही है। ऐसे समाजों में विनिर्माण क्षेत्र अभी भी महत्वपूर्ण है लेकिन सबसे अधिक विकास सेवा क्षेत्र में हुआ है। ऊर्जा के विभिन्न स्रोतों तक पहुँच और संचार और प्रौद्योगिकी में रणनीतिक विकास इस समाज की सबसे महत्वपूर्ण विशेषता है। आईटी, कंप्यूटर, बैंकिंग, बीमा, मास-मीडिया, अस्पताल उद्योग, पर्यटन

उद्योग, शिक्षा क्षेत्र और कई अन्य सहित सेवा क्षेत्र अर्थव्यवस्था के प्रमुख हिस्से के लिए जिम्मेदार हैं। वैश्वीकरण ने ई-कॉमर्स, ग्राहक संतुष्टि के लिए कॉल सेंटरों का दायरा विकसित किया है और कार्यबल और कार्यस्थल को आभासी दुनिया में बदल दिया है। सैटेलाइट तकनीक लोगों के लिए घर पर रहकर दुनिया के एक हिस्से में रहकर दुनिया के दूसरे कोने में नौकरी करते हुए सभी गतिविधियाँ करना संभव बनाती है। इस प्रकार, उत्तर-औद्योगिकीकृत समाजों की विशेषता उनके निवासियों की अर्थव्यवस्था, समाज और संस्कृति में परिवर्तन है।

6. **भविष्य के समाज:** द नेशनल इंटेलिजेंस एजेंसी, यूएसए (2021) द्वारा प्रकाशित ग्लोबल ट्रेंड्स 2040 की एक रिपोर्ट में उल्लेख किया गया है कि हमारी भविष्य की दुनिया आज की जनसांख्यिकी और मानव विकास, पर्यावरण, अर्थशास्त्र और प्रौद्योगिकी के रुझानों के आधार पर बनाई जाएगी। कुछ क्षेत्रों में, ये रुझान अधिक तीव्र होते जा रहे हैं, जैसे जलवायु परिवर्तन, शहरी क्षेत्रों में लोगों की बहुलता और नई तकनीकों का उदय। दूसरी ओर, कुछ अन्य क्षेत्रों में रुझान अधिक अनिश्चित हैं जैसे मानव विकास और आर्थिक वृद्धि की स्थिति। 'इन रुझानों के अभिसरण से नवाचार के अवसर मिलेंगे, लेकिन कुछ समुदायों और राज्यों को इससे निपटने और अनुकूलन करने के लिए संघर्ष करना पड़ेगा। यहां तक कि स्पष्ट प्रगति, जैसे कि नई और उन्नत तकनीकें, कई लोगों के जीवन और आजीविका के लिए विघटनकारी होंगी, जिससे वे असुरक्षित महसूस करेंगे और अनुकूलन के लिए मजबूर होंगे।'

   रिपोर्ट के अनुसार, अगले 20 वर्षों के दौरान सबसे महत्वपूर्ण रुझान प्रमुख जनसांख्यिकीय बदलाव होंगे क्योंकि वैश्विक जनसंख्या वृद्धि धीमी होती रहेगी और दुनिया की आबादी तेजी से वृद्ध होती जाएगी। यूरोप और पूर्वी एशिया के कुछ विकसित देश तेजी से बूढ़े होंगे और इसका आर्थिक विकास पर असर पड़ेगा। इसके विपरीत, लैटिन अमेरिका, दक्षिण एशिया, मध्य पूर्व और उत्तरी अफ्रीका के कुछ देश अपनी अधिक कामकाजी आयु वाली आबादी से लाभान्वित होंगे, जो बुनियादी ढांचे और कौशल में सुधार के साथ जनसांख्यिकीय लाभांश के अवसर प्रदान करते हैं (https://www.dni.gov/files/ODNI/...)।

सामाजिक संपर्क

वैसे तो सामाजिक संपर्क समाजशास्त्र में विश्लेषण की एक बुनियादी इकाई है, लेकिन यह सामाजिक भूगोल में मानव से मानव संबंधों के विश्लेषण में भी महत्वपूर्ण भूमिका निभाता है। समाज की संरचना, सामाजिक समूहों के आकार और पदानुक्रम, समाज के लोगों के बीच सामाजिक-सांस्कृतिक संबंधों के अनुसार बातचीत की प्रकृति और गुणवत्ता अलग-अलग होती है—सभी अलग-अलग क्षेत्रीय पैमाने पर। बातचीत सामाजिक जीवन का एक प्रकार का तंत्र है और सामाजिक संपर्क किसी व्यक्ति के सांस्कृतिक विकास के चरण के साथ-साथ व्यवहार, दृष्टिकोण, विश्वास, मूल्यों और कई अन्य सांस्कृतिक तत्वों की स्थिति को व्यक्त करने का एक आवश्यक पैरामीटर है। दूसरे शब्दों में, सामाजिक संपर्क सामाजिक संबंधों की ओर ले जाता है और समय के साथ, इसे औपचारिक और संस्थागत संघ में बदला जा सकता है। इसके बाद, यह सामाजिक-सांस्कृतिक घटनाओं की एक निश्चित प्रणाली के रूप में विकसित होगा।

सामाजिक संपर्क आम तौर पर विचारों के आपसी आदान-प्रदान की विधि है जिसका उपयोग व्यक्ति तब करते हैं जब वे अपने सामाजिक संपर्कों के दौरान अन्य लोगों के संपर्क में आते हैं। यह आमने-सामने की बैठकों को भी संदर्भित करता है, जहाँ लोग एक निश्चित अवधि के लिए मौजूद होते हैं। समकालीन दुनिया में, ऐसी बैठकें वर्चुअल मोड में भी हो सकती हैं जैसे टेक्स्टिंग, स्काइपिंग, मैसेजिंग या किसी भी ऑनलाइन मोड का उपयोग करके। सामाजिक संपर्क के विभिन्न प्रकार हैं जैसे–माइक्रो, मेसो, मैक्रो और ग्लोबल, जिसे तब अपनाया जाता है जब किसी व्यक्ति या समूह के व्यवहार से किसी भी समय अवधि में विशिष्ट सामाजिक मानदंडों का पालन करने की अपेक्षा की जाती है।

सामाजिक संपर्क के प्रकार

सामाजिक संपर्क के सामान्यतः पाँच अलग-अलग प्रकार होते हैं, ये हैं — प्रतिस्पर्धा, संघर्ष, विनिमय, सहयोग और समायोजन। इनमें से पहले दो (प्रतिस्पर्धा और संघर्ष) समाज में किसी भी प्रकार के परिवर्तन के लिए जिम्मेदार होते हैं जबकि अंतिम तीन (विनिमय, सहयोग और समायोजन) सामाजिक संरचना को स्थिर करने का काम करते हैं।

प्रतिस्पर्धा: प्रतिस्पर्धा तब होती है जब दो या दो से अधिक व्यक्ति या समूह एक दूसरे का विरोध करते हैं, विचार, विश्वास और कार्य में एक दूसरे से प्रतिस्पर्धा नहीं होती। प्रतिस्पर्धा तब भी होती है जब किसी लक्ष्य को प्राप्त करने में विचारों और कार्यों में विरोधाभास होता है। जब लोगों के बीच विचारों का कोई विरोध होता है, तो इससे सहयोग की कमी होती है और इसके बाद विभिन्न समूहों के लोगों के बीच सामाजिक अशांति, सामाजिक-राजनीतिक अस्थिरता और मनोवैज्ञानिक तनाव पैदा होता है।

संघर्ष: संघर्ष भी समाज के सदस्यों के बीच विरोध का एक और रूप है, लेकिन इसमें किसी व्यक्ति को बलपूर्वक नियंत्रित करने का जानबूझकर किया गया प्रयास भी शामिल है, जिसमें दूसरे व्यक्ति को नुकसान भी होता है। युद्ध संघर्ष का एक उत्कृष्ट उदाहरण है। यहां एक विशेष देश द्वारा दूसरे देश के संसाधनों को नियंत्रित करने के लिए सैन्य शक्ति का उपयोग किया जाता है।

आदान-प्रदान: यह तब होता है, जब लोग पुरस्कार या अपने कार्य के प्रतिफल के लिए एक-दूसरे के साथ बातचीत करते हैं। सामाजिक विनिमय सिद्धांत इस विचार पर आधारित है कि लोग समाज में कुछ कार्य करने में विशेष रूप से अन्य लोगों के साथ उनकी बातचीत के संदर्भ में स्व-हित से प्रेरित या शासित होते हैं। यहाँ, पारस्परिकता या पारस्परिक संबंध की अवधारणा एक महत्वपूर्ण भूमिका निभाती है। यह वह तरीका है जिसके माध्यम से, किसी व्यक्ति को उसके द्वारा किए गए कार्य के बदले में कोई प्रतिक्रिया मिलती है। यदि यह पुरस्कार है, तो यह मूर्त या अमूर्त हो सकता है।

सहयोग: इस प्रकार का सामाजिक संपर्क समाज में सबसे सकारात्मक परिणाम देता है। यह तब होता है जब कुछ व्यक्ति या समूह किसी विशेष लक्ष्य को प्राप्त करने के लिए मिलकर काम करते हैं, जिससे अंततः किसी व्यक्ति या पूरे समाज को लाभ होता है।

समायोजन: समायोजन एक महत्वपूर्ण स्थिति से उत्पन्न संतुलन की स्थिति है जो किसी भी समाज के सदस्यों के बीच विचारों के टकराव और सहयोग के बीच समझ से उत्पन्न होती है। यह समझौता, शांति, सहमति और मध्यस्थता के माध्यम से प्राप्त किया जाता है।

कभी-कभी, सामाजिक संपर्क मौखिक संचार के माध्यम से होता है, लेकिन कुछ मामलों में, यह पूरी तरह से अमौखिक हो सकता है। उस स्थिति में, लोग अक्सर अन्य लोगों के साथ बातचीत करने के लिए अपनी शारीरिक भाषा, शरीर की हरकतों, आवाज़ और चेहरे के भावों का उपयोग करते हैं। संचार के ये सभी अमौखिक तरीके अन्य लोगों के बीच भावनाओं और सोच को व्यक्त करने में बहुत प्रभावी हैं। वाहनों में कई चालक और यात्री केवल पूजा स्थलों से गुजरते समय सम्मान या श्रद्धा व्यक्त करने के लिए अपना सिर झुकाते हैं। भारत में कुछ समुदायों में, लोग उन घरों में जाते हैं जहाँ मृत्यु हुई है और कुछ समय तक बिना कुछ बोले रहते हैं, लेकिन उनकी उपस्थिति मृतक व्यक्ति के प्रति संवेदना का भाव रखती है।

सामाजिक व्यवहार

सामाजिक व्यवहार व्यक्तियों के बीच होने वाली विभिन्न प्रकार की सामाजिक अंतःक्रियाओं से उत्पन्न होता है। ये माता-पिता, मित्रवत, विनाशकारी या हिंसक, पारस्परिक या समझदारी, सहकारी, धर्मार्थ, औपचारिक, अनौपचारिक और कई अन्य हो सकते हैं। जब कोई व्यक्ति समाज में अन्य लोगों के साथ किसी विशेष तरीके से अंतःक्रिया करता है, तो सामाजिक संबंध विकसित

होते हैं। इस तरह की अंतर-व्यक्तिगत अंतःक्रियाएं अजनबियों, रिश्तेदारों, समुदाय के सदस्यों, समान या विपरीत लिंग समूहों के सदस्यों, समान या अलग-अलग पीढ़ियों के सदस्यों, समान या अलग-अलग धार्मिक समूहों के सदस्यों आदि के बीच संबंध बना सकती हैं। एक स्थिर और निरंतर सामाजिक संबंध नई सामाजिक व्यवस्था बनाता है जो विभिन्न सामाजिक संगठनों के भीतर या उनके बीच काम करती है। किसी भी सामाजिक व्यवस्था की प्रकृति अंततः पारिस्थितिक और सामाजिक परिस्थितियों, यानी संस्कृति, परंपरा, जनसांख्यिकी और रिश्तेदारी से निर्धारित होती है।

सकारात्मक सामाजिक व्यवहार

सकारात्मक सामाजिक व्यवहार को किसी अन्य व्यक्ति की मदद करने के लिए किए गए किसी भी कार्य के रूप में परिभाषित किया जाता है। इस प्रकार, यह एक ऐसा मानवीय व्यवहार है जो स्वभाव से स्वैच्छिक है और यह दूसरों को लाभ पहुँचाने की व्यक्ति की मानसिकता को दर्शाता है। इसमें किसी अन्य व्यक्ति का पक्ष लेने की मानसिकता या मदद करने का व्यवहार शामिल है, जिसका उद्देश्य स्वयं को लाभ पहुँचाना हो सकता है। सकारात्मक सामाजिक व्यवहार करने वाले व्यक्ति के संभावित लाभ कुछ हद तक उस व्यक्ति की पारिवारिक पृष्ठभूमि, संस्कृति, परंपरा, दूसरों की मदद करने की अपनी इच्छा या कभी-कभी दान करने के लिए मजबूर होने पर निर्भर करते हैं। इस प्रकार, ऐसे मानवीय व्यवहारों के पीछे कई कारक होते हैं जैसे- दूसरों की मदद करने की इच्छा, परिवार और रिश्तेदारों से पारंपरिक रूप से प्राप्त ज्ञान, मदद की ज़रूरत वाले व्यक्ति का शारीरिक आकर्षण, मदद माँगने का तरीका, क्या वह व्यक्ति रिश्तेदार है और सगे-संबंधी है, आदि। कभी-कभी, इसमें दूसरों की मदद करने के दृष्टिकोण भी शामिल होते हैं, जो पीड़ित के दृष्टिकोण से और किसी के अपने व्यक्तिगत अनुभव से भी आते हैं।

सामाजिक समूह

सामाजिक समूह आम तौर पर लोगों का समूह होता है, जो आपस में कुछ संबंध स्थापित करने के लिए एक दूसरे से बातचीत करते हैं। इसे समाज की एक इकाई कहा जा सकता है जिसमें समाज की हर विशेषता मौजूद होती है। परिवार एक सामाजिक समूह का महत्वपूर्ण उदाहरण है, जहाँ सूक्ष्म स्तर पर लोग किसी भी प्रकार की बातचीत में लगे होते हैं जो परिवार के भीतर और एक जुड़ी हुई पहचान वाले व्यक्तियों के बीच सामूहिक रूप से दिखाई देती है। इस प्रकार, ऐसी पहचान समाज के अन्य समूहों के बीच समग्र संबंध बनाने में बहुत महत्वपूर्ण भूमिका निभाती है। परिवार में आनुवंशिक रूप से एक दूसरे से जुड़े हुए व्यक्ति होते हैं, जहाँ वे व्यक्ति अपनी बड़ी पीढ़ियों से प्राप्त ज्ञान और जानकारी के अनुसार कार्य करते हैं और बातचीत करते हैं। बातचीत के ऐसे तरीके और उनके परिणाम समाज के विभिन्न सूक्ष्म, मध्यम और स्थूल समूहों के भीतर अन्य संबंधों को नियंत्रित करते हैं। इस प्रकार, एक सामाजिक समूह व्यक्तियों का एक संगठित संग्रह है और यह भीड़, एक श्रेणी और इसी तरह की तुलना में बहुत अधिक टिकाऊ होता है। एक सामाजिक समूह में ये व्यक्ति सामाजिक संबंधों के माध्यम से एक दूसरे से बंधे होते हैं। समाज में प्रत्येक मनुष्य कम से कम एक समूह का सदस्य होता है, जैसे परिवार, सहकर्मी समूह, संगठन, क्लब, पड़ोस, आदि। प्रत्येक समूह के भीतर, सदस्य होते हैं एक दूसरे के साथ या तो किसी साझा हित के लिए या किसी साझा उद्देश्य को प्राप्त करने के लिए बातचीत करते हैं। उदाहरण के लिए, किसी भी फुटबॉल टीम के सदस्य समूह के भीतर एक दूसरे के साथ बातचीत करते हैं और एक साझा लक्ष्य हासिल करने की योजना बनाते हैं, यानी मैच जीतना। समूह की गतिविधियाँ हमेशा समूह क़ानून द्वारा उल्लिखित कुछ विशिष्ट नियमों और मानदंडों का पालन करती हैं और यदि किसी व्यक्ति द्वारा इन मानदंडों का कोई उल्लंघन होता है, तो वह व्यक्ति उस विशेष समूह की सदस्यता खो सकता है। सामाजिक समूहों का गतिशील चरित्र व्यक्तियों को सदस्यता में शामिल होने,

फिर से शामिल होने या अस्वीकार करने की सुविधा प्रदान करता है। कभी-कभी, किसी विशेष उद्देश्य के लिए एक समूह बनाया जाता है और बाद में, यह एक संघ बन जाता है।

सामाजिक समूह की विशेषताएँ

किसी भी सामाजिक समूह की कुछ महत्वपूर्ण विशेषताएं निम्नलिखित हैं:

1. **व्यक्तियों का समूह:** कोई भी सामाजिक समूह व्यक्तियों से मिलकर बना होता है। एक सामाजिक समूह में एक से अधिक व्यक्ति होने चाहिए। उदाहरण के लिए, उत्तर-औद्योगिक काल में, शहरी केंद्रित एकल परिवार में दो व्यक्ति, यानी पति और पत्नी मिलकर सामाजिक समूह बनाते हैं, जिसे 'परिवार' कहा जाता है। बाद के वर्षों में, दंपति का बच्चा परिवार में शामिल हो जाता है, जहाँ और बच्चे शामिल हो सकते हैं।
2. **संगठित संरचना:** समाज का हर समूह संरचनात्मक रूप से संगठित होता है। समूह का हर सदस्य, अपने निश्चित मानदंडों के अनुसार, सामाजिक पदानुक्रम की विशिष्ट परत बनाता है।
3. **अपनेपन की भावना:** हर समाज में 'हम' की भावना होनी चाहिए। पश्चिमी और पूर्वी समाजों में, अपनेपन की यह भावना उनके सोचने के तरीके, समाजीकरण की प्रक्रिया और जीवन के प्रति दृष्टिकोण के अनुसार अलग-अलग होती है। इस तरह के अंतर उनकी 'सामूहिक' या 'व्यक्तिवादी' जीवनशैली पर आधारित होते हैं।
4. **सामान्य हित:** प्रत्येक समूह के सदस्य कुछ सामान्य लक्ष्यों को प्राप्त करने के लिए मिलकर काम करते हैं और उसी के अनुसार कार्य करते हैं। अधिकांश सदस्य समूह द्वारा निर्धारित एक सामान्य लक्ष्य को प्राप्त करने के लिए एक ही गतिविधि करते हैं। उदाहरण के लिए, एक क्रिकेट क्लब के सदस्य अक्सर एक ही तरह से कार्य करते हैं और मैच जीतने के लक्ष्य के साथ खेल खेलने के लिए एक-दूसरे से बंधे होते हैं।
5. **जागरूकता:** समूह का प्रत्येक सदस्य सदस्य के रूप में अपने कर्तव्य के प्रति जागरूक होता है
6. **विशिष्ट संचार विधि:** प्रत्येक समूह अपनी भावनाओं को कुछ विशिष्ट सांस्कृतिक विशेषताओं के माध्यम से व्यक्त करता है जिन्हें समूह द्वारा स्वीकार किया जाता है और अन्य सभी सदस्यों द्वारा समझा जाता है। भाषा एक सामाजिक समूह के सदस्यों के बीच संचार का एक महत्वपूर्ण तरीका है।
7. **अंत:क्रिया:** अंतःक्रिया निश्चित अर्थ वाले सदस्यों के बीच होती है।

वैश्विक समाज

वैश्वीकरण और किसी भी विश्व व्यवस्था की प्रकृति से जुड़ी एक नई अवधारणा पिछले 50 सालों में उभरी है, जिसे ग्लोबल सोसाइटी/वैश्विक समाज की अवधारणा के नाम से जाना जाता है। 20वीं सदी के उत्तरार्ध में सामाजिक विज्ञान में शोध से यह तथ्य सामने आया कि किसी भी विशेष भौगोलिक क्षेत्र में रहने वाले लोगों ने उस भौगोलिक क्षेत्र की सामाजिक संरचना का आनंद लिया है।

अपनी स्थापना के बाद से ही सीमा रेखाएँ, जो समकालीन अवधि में राज्यों, संस्थाओं और अन्य सामाजिक संगठनों के व्यापक एकीकरण के कारण बदल गई हैं। इस तरह के बदले हुए परिदृश्य ने विश्व समाज के तीन विशिष्ट ब्लॉकों का निर्माण किया है, जो हैं:

प्रथम विश्व: उत्तरी अमेरिका, पश्चिमी यूरोप, दक्षिण अमेरिका, यूरोप, ऑस्ट्रेलिया और जापान।

द्वितीय विश्व: तत्कालीन सोवियत संघ, पूर्वी यूरोप और चीन से मिलकर बना।

तीसरी दुनिया: मध्य और दक्षिण अमेरिका, अफ्रीका के विकासशील देशों से मिलकर बनी और गैर-कम्युनिस्ट एशिया।

हालाँकि, बाद की अवधि में समकालीन वैश्वीकरण की घटनाओं के साथ एकीकरण अधिक स्पष्ट हो गया है। इस वैश्विक समाज की एक और महत्वपूर्ण विशेषता इसकी विविधता है। इसका मतलब है कि वैश्विक समाज में, हर सूक्ष्म समाज प्रकृति में एक जैसा या समरूप नहीं होता है, बल्कि वे अपने भौगोलिक चरित्र जैसे कि भौतिक संरचना और जलवायु द्वारा शासित होते हैं और रोजमर्रा की जिंदगी के रीति-रिवाजों और प्रथाओं द्वारा शासित होते हैं। विशेष रूप से सामाजिक और सांस्कृतिक भूगोलवेत्ता और सामान्य रूप से मानव भूगोलवेत्ता, इस प्रक्रिया के कई पहलुओं में अधिक रुचि रखते हैं—जैसे कि यह विश्लेषण करना कि प्रवास और मानव गतिशीलता के माध्यम से लोगों का प्रवाह सामाजिक संरचना को कैसे प्रभावित करता है और दुनिया भर में सामान्य विशेषताओं के विकास की ओर ले जाता है। भूगोलवेत्ता एक 'वैश्विक नागरिक समाज' के चरित्र की पहचान करने में भी लगे हुए हैं। नागरिक समाज उस संगठन को संदर्भित करता है जो सरकारों, कानूनी संस्थाओं और अन्य आधिकारिक निकायों से परे मौजूद है। यह आम तौर पर स्वैच्छिक और सामुदायिक संगठन, दान और अन्य प्रकार के गैर-सरकारी संगठन (एनजीओ) होते हैं। हालाँकि, वैश्वीकरण प्रक्रिया के परिणामस्वरूप हर छोटे समूह का अंतर्राष्ट्रीयकरण हो गया है और इस प्रकार नागरिक समाज की अवधारणा भी वैश्विक हो गई है।

भाग बी: संस्कृति

संस्कृति एक ऐसी अवधारणा है, जिसका प्रयोग हर विषय में अलग-अलग तरीकों से किया जाता है। दरअसल, 'संस्कृति' शब्द को अलग-अलग विद्वानों ने अलग-अलग तरीके से परिभाषित किया है। संस्कृति का मूल अर्थ लैटिन शब्द 'कोलेट्रे' (जिसका अर्थ है खेती करना और निर्देश देना) और 'कलटस' (जिसका अर्थ है खेती करना और प्रशिक्षण देना) से लिया गया है। इस प्रकार, हम कह सकते हैं कि, संस्कृति एक ऐसा व्यवहार है जो पीढ़ी दर पीढ़ी सीखने के माध्यम से बनाए रखा जाता है और साथ ही वह व्यवहार जो सामाजिक रूप से प्रसारित होता है। संस्कृति सोचने और कार्य करने का तरीका है, जो एक पीढ़ी से दूसरी पीढ़ी तक जाता है और इसे साझा भाषा, मूल्य, विश्वास, मानदंड और कानून के रूप में माना जा सकता है। संस्कृति भाषा, प्रतीकों, परंपराओं और अमूर्त विचार की प्रणाली जैसे विभिन्न उपकरणों के उपयोग के माध्यम से सीखने की क्षमता पर निर्भर है। संस्कृति सीखने की प्रक्रिया में समाजीकरण की प्रक्रिया के माध्यम से ज्ञान, कौशल, रीति-रिवाज, धर्म, नैतिकता आदि जैसे संस्कृति के विभिन्न गुणों को प्राप्त करने के लिए मनुष्यों का एक-दूसरे के साथ जुड़ना शामिल है। सामान्य तौर पर "समाजीकरण वह प्रक्रिया है जो व्यक्तियों के व्यक्तित्व को आकार देती है ताकि वे समाज के साथ तालमेल बिठा सकें और उसके सदस्य बन सकें" (हंट और कोलंडर, 2010)। लेकिन यहाँ यह उल्लेख करना महत्वपूर्ण है कि, हालाँकि समाजीकरण प्रक्रिया एक व्यक्ति को एक सामाजिक प्राणी बनाती है क्योंकि एक व्यक्ति अपने आस-पास और पिछली पीढ़ी से विभिन्न सांस्कृतिक विशेषताओं को इकट्ठा करता है, लेकिन एक विशेष सामाजिक संस्था के सभी लोगों को समान बुद्धि और स्वभाव विरासत में नहीं मिलता है। हंट और कोलंडर (2010) के अनुसार, "जैविक रूप से विरासत में मिले अंतर हर व्यक्ति की बुद्धि और स्वभाव को प्रभावित करते हैं और इसलिए सोच और व्यवहार को प्रभावित करते हैं। किसी भी व्यक्ति में, सामाजिक विरासत और जैविक विरासत एक दूसरे से इतनी निकटता से जुड़ी होती हैं कि हम कभी भी प्रत्येक के सापेक्ष प्रभाव के बारे में सुनिश्चित नहीं हो सकते हैं"।

संस्कृति की परिभाषा

संस्कृति सिर्फ़ दूसरों के साथ बातचीत करने का एक साधन नहीं है, बल्कि एक ऐसा साधन भी है, जो जागरूकता और सीखने का निर्माण करता है। यह संस्कृति समूह के सदस्यों के व्यवहार को स्पष्ट करता है और सभी मानवीय गतिविधियों को मज़बूत भी करता है। "संस्कृति परिस्थितियों के अनुकूल ढलने और इस कौशल और ज्ञान को अगली पीढ़ियों तक पहुँचाने का एक विशिष्ट मानवीय साधन है। संस्कृति लोगों को यह एहसास कराती है कि वे कौन हैं, किससे जुड़े हैं, उन्हें कैसे व्यवहार करना चाहिए, काम पर मनोबल और उत्पादकता कैसी है, और इसमें ऐसे मूल्य और पैटर्न शामिल हैं जो कंपनी के रवैये और कार्यों को प्रभावित करते हैं" (हैरिस, मोरन और मोरन, 2004)। संस्कृति एक ऐसी शक्ति है, जो मानव व्यवहार के पीछे होती है और यह उन सभी क्रियाओं और प्रतिक्रियाओं को प्रेरित करती है जो एक व्यक्ति करता है। संस्कृति की अवधारणा राजनीति, अर्थशास्त्र, राज्य की प्रगति और विफलता को भी स्पष्ट करती है। जैसा कि हंटिंगटन ने विश्व राजनीति और सांस्कृतिक मतभेदों के साथ इसके संबंध के बारे में सही कहा है — "मेरी परिकल्पना में, इस नई दुनिया में मानव संघर्ष का मूल स्रोत मुख्य रूप से वैचारिक या आर्थिक नहीं होगा। मानव जाति के बीच बड़े विभाजन और संघर्ष का प्रमुख स्रोत संस्कृति होगी" (हंटिंगटन, 1996)।

हालाँकि, संस्कृति शब्द की सैकड़ों परिभाषाएँ हैं, जिनमें से कुछ इस प्रकार हैं:

(क) टेलर (1871) के अनुसार, "जटिल समग्रता जिसमें ज्ञान, विश्वास, कला, नैतिकता, कानून, रीति-रिवाज और समाज के सदस्य के रूप में मनुष्य द्वारा अर्जित अन्य क्षमताएं और आदतें शामिल हैं"।

(ख) क्लुकहोहन और केली (1945) के अनुसार, "जीवन जीने के लिए ऐतिहासिक रूप से निर्मित सभी डिजाइन, स्पष्ट और अंतर्निहित, तर्कसंगत, तर्कहीन और गैर-तर्कसंगत, जो किसी भी समय पुरुषों के व्यवहार के लिए संभावित मार्गदर्शक के रूप में मौजूद हैं"।

(ग) क्रोबर (1948) के अनुसार, "संस्कृति सीखी और प्रेषित मोटर प्रतिक्रियाओं, आदतों, तकनीकों और विचारों और उनके द्वारा प्रेरित व्यवहार के महत्व का योग है।

(घ) हर्सकोविट्स (1955) के अनुसार, "संस्कृति मानव निर्मित पर्यावरण का हिस्सा है"।

विशेष रूप से टायलर की परिभाषा और सामान्य रूप से अन्य विद्वानों की परिभाषाओं से प्रेरित होकर, रोचर (2016) ने संस्कृति की एक नई परिभाषा का उल्लेख किया, जो है, "संस्कृति सोचने, महसूस करने और काम करने के तरीकों का एक परस्पर जुड़ा हुआ समूह है जो कमोबेश औपचारिक है और जो कई व्यक्तियों द्वारा सीखा और साझा किया गया है, जो इन व्यक्तियों को एक विशेष और विशिष्ट सामूहिकता में एकजुट करने के लिए उद्देश्यात्मक और प्रतीकात्मक दोनों तरह से काम करता है"।

इस अवधारणा का प्रयोग सभी सामाजिक विज्ञानों द्वारा किया जाता है, लेकिन अलग-अलग तरीकों से, जैसे:

(i) इतिहास में संस्कृति का अध्ययन ऐतिहासिक घटनाओं के माध्यम से किया जाता है। इस मामले में, तत्व नवाचार के माध्यम से उत्पन्न होते हैं और प्रसार के माध्यम से फैलते हैं। यहाँ, यह उल्लेख करना आवश्यक है कि, किसी भी संस्कृति का कोई भी लक्षण, यदि किसी स्थान पर उत्पन्न होता है, तो वह प्रसार की विभिन्न प्रक्रियाओं के माध्यम से पूरी दुनिया में फैलता है।

(ii) संस्कृति की अवधारणा में परंपरा, विश्वास, मूल्यों को प्राप्त करने की एक सतत प्रक्रिया शामिल है तथा एक पीढ़ी से दूसरी पीढ़ी तक हस्तांतरण भी निरंतर होता है।

(iii) संस्कृतिकरण वह प्रक्रिया है जिसके द्वारा एक बच्चा अपनी संस्कृति सीखता है।

(iv) परसंस्कृतिग्रहण किसी अन्य व्यक्ति द्वारा किसी संस्कृति को अर्जित करने की प्रक्रिया है।

(v) संस्कृति का संबंध विचारों, विश्वासों, मूल्यों, कार्यों, कलाकृतियों से है जो व्यक्ति समाज में चिंता का विषय है।

(vi) संस्कृति प्रकृति में स्थिर और गतिशील दोनों होती है।

(vii) विद्वान संस्कृति परिवर्तन के तंत्र के अंतर्गत संस्कृति की विभिन्न प्रक्रियाओं का अध्ययन करते हैं, जिसमें प्रसार, परसंस्कृतिग्रहण, स्वतंत्र आविष्कार, वैश्वीकरण, सांस्कृतिक संपर्क और अभिसरण, बहुसंस्कृतिवाद आदि पर विशेष जोर दिया जाता है।

(viii) संस्कृति का अध्ययन इसके क्षेत्रीय पहलुओं में भी किया जा सकता है। इसके तत्व और लक्षण समय-समय और स्थान-स्थान पर भिन्न होते हैं। इसलिए, संस्कृति के अध्ययन में संस्कृति का स्थानिक और लौकिक वितरण एक बहुत ही प्रचलित घटना है।

संस्कृति की मुख्य विशेषताएँ

संस्कृति को समझने के लिए हमें समाज में मनुष्य द्वारा निभाई जाने वाली भूमिका को समझना होगा। घर बनाने के लिए हमें ईंटों और सीमेंट की जरूरत होती है, ताकि ईंटों को जोड़कर इमारत बनाई जा सके। इसी तरह, अगर समाज में मनुष्य इमारत में ईंटों का प्रतिनिधित्व करते हैं, तो यह संस्कृति ही होगी, जो समाज में सभी मनुष्यों को एक साथ रखती है। इसलिए, आदिम काल से ही हमारी सभ्यता में संस्कृति की भूमिका सीमेंटिंग सामग्री की तरह रही है, जो समाज में सभी मनुष्यों को एक साथ बांधती है। दूसरे शब्दों में, संस्कृति सामाजिक संस्थाओं, रीति-रिवाजों, परंपराओं और कानूनों में सन्निहित है, जो समाज के सभी सदस्यों को एक साथ बांधती है और उन्हें सामाजिक संस्था में एकजुट महसूस कराती है। संस्कृति की कुछ महत्वपूर्ण विशेषताएं इस प्रकार हैं:

1. **सबसे पहले,** संस्कृति में मूल्य, व्यवहार और प्रतीकों सहित सभी मानवीय गतिविधियाँ शामिल हैं, चाहे वह संज्ञानात्मक हो, भावात्मक हो, क्रियात्मक हो या संवेदी हो। दूसरे शब्दों में, संस्कृति एक सामाजिक क्रिया है, जो समाज के भीतर व्यक्ति की गतिविधि द्वारा बनाई जाती है। संस्कृति में ज्ञान, विचार, सोच, हर तरह की भावनाएँ और व्यक्ति द्वारा बनाई गई अभिव्यक्तियाँ शामिल हैं।
2. **दूसरा,** व्यक्ति के सोचने, काम करने और महसूस करने के तरीके कमोबेश औपचारिक होते हैं। समाज में, मानव व्यवहार समारोहों, अनुष्ठान गतिविधियों, वैज्ञानिक ज्ञान और प्रौद्योगिकी में अत्यधिक औपचारिक होता है, जबकि मानव व्यवहार कुछ नियमों और शिष्टाचारों में कम औपचारिक होता है, खासकर जो एक-दूसरे को जानने वाले व्यक्तियों के बीच पारस्परिक संबंधों को नियंत्रित करते हैं।
3. **तीसरा,** संस्कृति की विशेषता विचार, विचारों और अवधारणाओं का एक विशिष्ट पैटर्न है, जो कई व्यक्तियों द्वारा साझा किए जाते हैं। बहुत कम संख्या में लोग एक नई संस्कृति (जैसे, एक गिरोह) बना सकते हैं, जबकि एक बड़ा समूह संस्कृति बना सकता है, जिसका पालन एक समाज कर सकता है। इसलिए, यह कहा जा सकता है कि, संस्कृति में, लोगों की संख्या अप्रासंगिक है, बल्कि लोगों के सोचने का तरीका और उनकी रचनात्मकता मायने रखती है।
4. **चौथा,** संस्कृति निर्माण के लिए जीवन जीने के तरीके को सबसे महत्वपूर्ण आवश्यकता माना जाना चाहिए। समाजशास्त्री अक्सर किसी सामाजिक वर्ग की संस्कृति, किसी क्षेत्र, किसी उद्योग या किसी समूह की संस्कृति के बारे में बात करते हैं। व्यक्ति की भावनाएँ एक समरूप संस्कृति समूह के भीतर उप-संस्कृतियाँ बनाती हैं। ऐसी उप-संस्कृतियों का उपयोग समग्र समाज के भीतर एक आंशिक इकाई को नामित करने के लिए किया जा सकता है। इस प्रकार, दूसरे शब्दों में, संस्कृति सामूहिकता पर निर्भर करती है लेकिन इसे व्यक्तिवाद के प्रभावों को नज़रअंदाज़ नहीं करना चाहिए।

5. **पाँचवाँ,** संस्कृति का अर्जन पुरानी पीढ़ियों के साथ-साथ आस-पास के वातावरण से कौशल सीखने से होता है। इसलिए, यह कम जैविक या आनुवंशिक है और ज़्यादा सीखा हुआ है। सांस्कृतिक विशेषताएँ शारीरिक या जैविक लक्षणों की तरह ही कई व्यक्तियों द्वारा साझा नहीं की जाती हैं। कई लेखकों ने संस्कृति को सामाजिक विरासत के रूप में वर्णित किया है।

हैरिस, मोरन और मोरन (2004) के अनुसार, एक समूह के वृहत्-संस्कृति या सूक्ष्म-संस्कृति के अध्ययन के लिए निम्नलिखित दस विशिष्ट विशेषताओं को वर्गीकृत किया जा सकता है:

1. **स्वयं और स्थान की भावना:** आत्म-पहचान और प्रशंसा किसी की संस्कृति द्वारा प्रकट की जा सकती है। मानव व्यवहार एक संस्कृति की अभिव्यक्ति है, जहाँ एक व्यक्ति रचनात्मकता, धैर्य, सहयोग के संकेत और समग्र आत्मविश्वास और आत्म-पहचान पैदा करता है। उदाहरण के लिए, अमेरिकियों को व्यक्तियों के बीच अधिक स्थान की आवश्यकता होती है जबकि भारतीय एक-दूसरे के करीब खड़े होते हैं। कुछ संस्कृतियाँ बहुत संरचित और औपचारिक हैं, जबकि कुछ अन्य संस्कृतियाँ लचीली, अनौपचारिक और खुले विचारों वाली हैं। इस प्रकार, प्रत्येक संस्कृति एक अनोखे तरीके से आत्म-बोध को दर्शाती है।
2. **भाषा के माध्यम से संचार कौशल:** संचार प्रणाली अलग-अलग होती है। एक संस्कृति से दूसरी संस्कृति में संचार दो श्रेणियों में आता है — मौखिक और अमौखिक। कुछ देशों में कई बोली जाने वाली भाषाएँ हैं, कुछ 'विदेशी' भाषाएँ हैं, जहाँ किसी एक भाषा की विशेषता कई खंडों जैसे बोलियाँ, उच्चारण, कठबोली, शब्दजाल आदि से होती है। भाषा के अलावा, हाव-भाव भी संचार के लिए एक महत्वपूर्ण कौशल है। कुछ संकेत और शब्दावली सीमा-पार हैं, जबकि शारीरिक भाषा सार्वभौमिक हो सकती है लेकिन अभिव्यक्ति में भिन्न होती है। उदाहरण के लिए, सलामी सैन्य उप-संस्कृति और सीमा-पार घटना द्वारा उपयोग किया जाने वाला संचार का एक सामान्य कौशल है, जबकि अभिवादन एक शारीरिक भाषा है जो दुनिया के विभिन्न हिस्सों में अलग-अलग तरीके से प्रकट होती है (जैसे भारत के विभिन्न हिस्सों में बड़ों का अभिवादन करने के लिए पैर छूना या घुटने छूना, यूरोप और अमेरिका में हाथ मिलाना आदि)।
3. **पोशाक और दिखावट:** यह शरीर की सजावट और वस्त्र हैं जो सांस्कृतिक रूप से विशिष्ट होती है। हम जापान में किमोनो, भारत में साड़ी और कुर्ता-पायजामा, अफ्रीकी हेडड्रेस, मूल अमेरिकी हेडबैंड, अंग्रेज़ों का बॉलर और छाता, पेंसिल्वेनिया का सारोंग, आदि से परिचित है। कुछ उप-संस्कृतियों में लोग विशिष्ट कपड़े पहनते हैं। उदाहरण के लिए, लोग व्यवसाय और आधिकारिक बैठकों के लिए औपचारिक रूप पसंद करते हैं, युवा जींस और शर्ट पहनते हैं जबकि सैन्य सूक्ष्म-संस्कृति में, विशेष पोशाक, बाल कटवाने और रीति-रिवाजों को बनाए रखा जाना चाहिए।
4. **भोजन और खाने की आदतें:** भोजन की पसंद, खाना पकाने की विधियाँ एक संस्कृति से दूसरी संस्कृति में भिन्न होती हैं। जिस तरह से भोजन का चयन, तैयारी और प्रस्तुति की जाती है वह प्रत्येक संस्कृति के लिए अद्वितीय है। अमेरिकियों को गोमांस बहुत पसंद है, जो हिंदुओं के लिए वर्जित है। सूअर का मांस मुसलमानों और यहूदियों के लिए वर्जित है, लेकिन चीनी और कई अन्य लोग इसे व्यापक रूप से खाते हैं। यहां तक कि जब खाने में इस्तेमाल होने वाले बर्तन जैसे कांटा, तो अमेरिकियों को चीनी से अलग पहचाना जा सकता है जो चॉपस्टिक का उपयोग करते हैं।
5. **मूल्य और मानदंड:** एक संस्कृति समाज के लिए अपने मूल्य और मानदंड निर्धारित करती है। संस्कृति द्वारा निर्धारित ये मानक जगह-जगह अलग-अलग होते हैं, जहाँ मूल्यों और मानदंडों को लागू किया जाता है। मूल्य और

मानदंड कार्य नैतिकता से लेकर आनंद तक, बच्चों की पूर्ण आज्ञाकारिता से लेकर दोस्तों के प्रति व्यवहार तक, पत्नी के अपने पति के प्रति कठोर समर्पण से लेकर महिला सशक्तिकरण तक और इसी तरह अलग-अलग होते हैं। मूल्य प्रणाली स्थान, समय और पीढ़ी के साथ बदलती है, जहाँ कई अन्य कारक कई अन्य सार जोड़ते हैं।

6. **विश्वास और दृष्टिकोण:** विश्वास और उसके परिणामस्वरूप दृष्टिकोण परंपरा और धार्मिक विचारधाराओं पर निर्भर करते हैं। उदाहरण के लिए, आदिम संस्कृतियों में अलौकिक और आध्यात्मिक प्राणियों में विश्वास होता है जिसे 'एनीमिज्म' भी कहा जाता है। विभिन्न संस्कृतियों में धार्मिक परंपराएँ जानबूझकर और अनजाने में जीवन और मृत्यु के प्रति हमारे दृष्टिकोण को प्रभावित करती हैं। हालाँकि, पश्चिमी संस्कृतियों में, यहूदी-ईसाई-इस्लामी परंपराओं का प्रभाव अधिक प्रतीत होता है, जबकि बौद्ध धर्म, कन्फ्यूशीवाद, ताओवाद और हिंदू धर्म पूर्वी संस्कृतियों पर हावी हैं।
7. **संबंध:** मनुष्य और सामाजिक संगठन के बीच संबंध विशिष्ट संस्कृति द्वारा तय होते हैं। परिवार सबसे महत्वपूर्ण सामाजिक संगठन है, जहाँ किसी भी प्रकार का संबंध संस्कृति द्वारा निर्धारित होता है (जैसे आयु, लिंग, स्थिति और शक्ति की डिग्री, धन, स्वास्थ्य की स्थिति, ज्ञान, आदि से संबंधित संबंध)। एक विवाह, बहुविवाह, बहुपतित्व — ये इन रिश्तों की विभिन्न अभिव्यक्तियाँ हैं। व्यावसायिक क्षेत्र के प्रति व्यक्ति का लगाव उसकी संस्कृति से भी निर्धारित होता है, जो बचपन से ही समाजीकरण की प्रक्रिया के माध्यम से अर्जित होती है।
8. **समय और समय चेतना:** एक व्यक्ति की समय की समझ एक संस्कृति से दूसरी संस्कृति में भिन्न होती है। आम तौर पर, जर्मन लोग घड़ी के बारे में सटीक होते हैं, जबकि कई लैटिन लोग अधिक लापरवाह होते हैं। कई उद्योग चौबीसों घंटे काम करते हैं। उन क्षेत्रों में, जो लोग इन उद्योगों से जुड़े हैं, उनकी अपनी समय-अनुसूची है, जो अन्य प्रकार के कामों से अलग है जिसमें प्रतिदिन 5–8 घंटे काम करना शामिल है।
9. **मानसिक प्रक्रिया और सीखना:** कुछ संस्कृतियाँ मस्तिष्क के विकास के एक पहलू पर जोर देती हैं, जबकि कुछ अन्य संस्कृतियाँ एकाधिक कार्य संस्कृतियों पर जोर देती हैं। 'मानवविज्ञानी एडवर्ड हॉल का मानना है कि मन एक आंतरिक संस्कृति है और मानसिक प्रक्रिया में लोग जानकारी को कैसे व्यवस्थित और संसाधित करते हैं' (हैरिस, मोरन और मोरन, 2004)। उदाहरण के लिए, जर्मन तर्क पर जोर देते हैं जबकि जापानी तर्क के पश्चिमी विचार को अस्वीकार करते हैं। प्रत्येक संस्कृति में एक तर्क प्रक्रिया होती है, लेकिन वे सभी इसे अलग-अलग तरीके से व्यक्त करते हैं। कुछ संस्कृतियाँ ऐसी हैं, जो अमूर्त सोच और सीखने पर विश्वास करती हैं। होपी इंडियन्स, एक मूल अमेरिकी जातीय समूह, अपनी सामाजिक व्यवस्था और उससे जुड़े सभी रिश्तों की अखंडता को बनाए रखने पर जोर देता है।
10. **काम की आदतें और अभ्यास:** किसी समूह की संस्कृति का एक और आयाम काम के प्रति उसका रवैया है—जिसमें काम का विभाजन, काम की आदतें, काम की संस्कृति और अभ्यास, काम के प्रकार आदि शामिल हैं। कई संस्कृतियों में, काम को भगवान के लिए किया जाने वाला कार्य माना जाता है और इस प्रकार लोगों में नौकरी की आवश्यकता को पूरा करने के लिए गुणवत्तापूर्ण प्रयास करने की नैतिक प्रतिबद्धता व्यक्त की जाती है। 21वीं सदी से पहले, काम के लिए काफी शारीरिक ऊर्जा की आवश्यकता होती थी, जबकि हाल के दिनों में, अधिक मानसिक और भावनात्मक ऊर्जा की आवश्यकता होती है क्योंकि काम की प्रकृति बदल गई है।

ये दस सामान्य वर्गीकरण किसी विशेष संस्कृति का आकलन करने के लिए एक बुनियादी मॉडल बनाते हैं। हालाँकि इसमें संस्कृति के हर पहलू को शामिल नहीं किया गया है, लेकिन यह विभिन्न देशों और विभिन्न समाजों में पाई जाने वाली संस्कृति और उसकी विशिष्ट विशेषताओं की एक सामान्य तस्वीर प्रदान करता है। संस्कृति के सभी पहलू आपस में जुड़े हुए हैं और एक हिस्से को बदलने का मतलब है पूरी संस्कृति को बदलना।

संस्कृति का मानवशास्त्रीय आधार

यद्यपि 19वीं शताब्दी के उत्तरार्ध में यूरोप और उत्तरी अमेरिका में मानवशास्त्र एक अलग विषय बन गया, लेकिन यूरोप में मध्य युग के दौरान और ज्ञानोदय (18वीं शताब्दी) के दौरान भी समाज के सांस्कृतिक तत्वों की व्याख्या करने में अन्य सामाजिक विज्ञान विषयों के साथ मानवशास्त्रीय तर्क का एक मजबूत संबंध स्थापित हुआ। 'संस्कृति' के बारे में चर्चा करते समय मानवशास्त्र में निम्नलिखित विचारधाराओं को मान्यता दी गई है:

1. विकासवाद,
2. प्रसारवाद,
3. सांस्कृतिक इतिहास,
4. संरचनात्मक कार्यात्मकता,
5. संस्कृति और व्यक्तित्व,
6. नव-विकासवाद।

1. सांस्कृतिक विकासवाद: सांस्कृतिक या शास्त्रीय विकासवाद 19वीं शताब्दी के दौरान पश्चिमी सामाजिक सिद्धांतकारों के द्वारा लोकप्रिय हुआ, इसके अनुसार, 'सांस्कृतिक विकास' शब्द का अर्थ एक ऐसी प्रक्रिया है, जिसके माध्यम से समाज विकास के 'निम्न' से 'उच्च' चरणों की ओर परिवर्तित होता है।

19वीं शताब्दी के शास्त्रीय विकासवादी सिद्धांतों को उनके (क) विकास के चरणों की विशेषता, (ख) विकास के मार्ग का वर्णन और (ग) परिवर्तन के कारण कारक के अलगाव से पहचाना जा सकता है। इन सभी सिद्धांतों में कुछ सामान्य विशेषताएं हैं जैसे विकास का एक ही मार्ग, विकास के सार्वभौमिक चरण और सभी समाजों के विकास के लिए एक ही कारण। हालाँकि, नृविज्ञान में, सांस्कृतिक प्रगति का विचार कुछ प्रतिष्ठित बुद्धिजीवियों द्वारा निकाला गया था।

(क) एडवर्ड बर्नेट टेलर (1832–1917) उनमें से एक थे। अंग्रेजी मानवविज्ञानी, टेलर ने तर्क दिया कि, सरल से जटिल रूपों तक सांस्कृतिक विकास हुआ है। 'प्रिमिटिव कल्चर' (1871) टेलर का सबसे प्रभावशाली कार्य था, जहाँ उन्होंने संस्कृति के विकास, यानी पौराणिक कथाओं, धर्म, दर्शन, भाषा, कला, रीति-रिवाजों आदि के बारे में बात की। उनकी चर्चा का मुख्य विषय मुख्यतः आदिम मनुष्यों की संस्थाएं थीं।

टेलर ने यह भी तर्क दिया कि परिवार, विवाह, अर्थव्यवस्था, धर्म जैसी सामाजिक संस्थाएँ — सभी पृथ्वी की परतों की तरह स्तरीकृत हैं। ये संस्थाएँ दुनिया के विभिन्न हिस्सों में कमोबेश एक ही चरणों से गुज़री हैं। टेलर के अनुसार, ऐसी समानताएँ 'मानव जाति की मानसिक एकता' या दूसरे शब्दों में, मानव मस्तिष्क समान परिस्थितियों में काम करता है। यह भी बताता है कि, विभिन्न समाजों में मनुष्य समान समस्याओं का सामना करने पर समान प्रकार के समाधान लेकर आए हैं।

धर्म पर टेलर की अवधारणा: टेलर ने धर्म को 'अलौकिक प्राणियों में विश्वास' के रूप में परिभाषित किया और उन्होंने मुख्य सिद्धांत विकसित किया जिसे एनिमिज्म के सिद्धांत के रूप में जाना जाता है। उन्होंने कहा कि, आदिम मानव ने मृत्यु से पहले और बाद में मनुष्यों के बीच अंतर को समझाने की कोशिश की होगी। उन्होंने एक व्यक्ति के अचेतन मन की स्थिति के बारे में भी चर्चा की, यानी, जब लोग नींद में होते हैं या बेहोश होते हैं, तो उनके दिमाग में क्या होता है। टेलर के विचार में, संस्थाओं के पहले के चरणों को अतीत के बचे हुए हिस्सों के बारे में जानकर फिर से बनाया जा सकता है। टेलर का मानना था कि, "मनुष्य के पास एक प्रेत, एक जीवन और एक भौतिक शरीर था। जीवन ने शरीर को एक संवेदनशील प्राणी बनने में सक्षम बनाया, और प्रेत शरीर की छवि (दूसरा आधा) था। जीवन और प्रेत के संयोजन ने आत्मा की अवधारणा बनाई जो खुद को शरीर से अलग कर

सकती थी और सपनों में दिखाई देने के लिए भटक सकती थी। चूंकि मृत और जीवित प्राणी सपनों में दिखाई देते हैं, इसलिए यह माना जाता है कि आत्मा मृत्यु के बाद भी जीवित रहती है"। हालाँकि, वैचारिक दृष्टि से, टेलर ने धर्म के लिए एक विकासात्मक योजना की रूपरेखा इस प्रकार दी है:

अद्वैतवाद
↑
बहुदेववाद
↑
जीववाद

(ख) लुईस हेनरी मॉर्गन (1818–1881), पेशेवर रूप से एक वकील थे लेकिन उनका योगदान सामाजिक चिंतन के प्रति उनके दृष्टिकोण ने समाजशास्त्र और नृविज्ञान के विषय को आकार देने में मदद की। उन्होंने सामाजिक विकास का एक सिद्धांत तैयार किया, जिसने मार्क्सवादी सामाजिक चिंतन को प्रभावित किया। इस सिद्धांत में, मॉर्गन ने यह कहकर प्रौद्योगिकी पर अधिक जोर दिया कि, मानव क्षमताओं का उपयोग बुनियादी मानवीय जरूरतों को पूरा करने के लिए किया जाता है जो हर समाज में कमोबेश एक जैसी होती हैं। हालाँकि, यह प्रौद्योगिकी ही है, जो समाज से समाज में भिन्न होती है, जिससे विकास के स्तरों में अंतर होता है।

मॉर्गन के अनुसार, विकास की प्रक्रिया में आम तौर पर तीन चरण होते हैं— (i) जंगलीपन, (ii) असभ्यता और (iii) सभ्यता। पहले दो चरणों में उप-चरण होते हैं।

इन चरणों की कुछ महत्वपूर्ण विशेषताएँ इस प्रकार हैं :—

(i) *जंगलीपन चरण:*
 - (क) निम्न जंगलीपन— फल और मेवे पर निर्वाह
 - (ख) मध्य जंगलीपन— मछली पर निर्वाह और आग
 - (ग) उच्च जंगलीपन— धनुष और तीर

(ii) *असभ्यता चरण:*
 - (क) निम्न असभ्यता— मिट्टी के बर्तन
 - (ख) मध्य असभ्यता— जानवरों का पालन (पुरानी दुनिया), मक्का खेती, सिंचाई, निवास और पत्थर वास्तुकला (नई दुनिया)
 - (ग) उच्च असभ्यता— लोहे के औजार

(iii) *सभ्यता चरण:* ध्वन्यात्मक वर्णमाला और लेखन

ये सभी चरण "प्रक्रिया के प्राकृतिक और आवश्यक अनुक्रम में एक दूसरे से जुड़े हुए हैं"। इस आधार पर, उन्हें समकालीन आदिम समाजों को तकनीकी रूप से उन्नत समाजों की प्रतिरूप मानने के लिए आलोचना का सामना करना पड़ा, जो वास्तव में संभव नहीं हो सकता।

परिवार और नातेदारी पर मॉर्गन की अवधारणा: परिवार और नातेदारी के विकास एवं रिश्तेदारी के संबंध में, मॉर्गन ने निम्नलिखित पांच क्रमिक चरणों को पहचाना:

(i) 'कॉन्सैंगुइन' — समूह विवाह ('भाइयों और बहनों' का विवाह) पर आधारित,

(ii) 'पुनुलुआन' — समूह विवाह पर आधारित, जहाँ भाइयों को विवाह करने से मना किया गया था

(iii) 'सिंडीयास्मियन' या युग्म परिवार — समूह विवाह और एकविवाह के बीच एक संक्रमणकालीन चरण है, जहाँ पति और पत्नी जब चाहें विवाह को समाप्त कर सकते हैं,

(iv) 'पितृसत्तात्मक'— एक अल्पकालिक किस्म है, जहाँ सर्वोच्च अधिकार पुरुष में निहित होता है,

(v) 'मोनोगैमियन' — एकपत्नीत्व और महिला समानता पर आधारित है, जो परिवार की आधुनिक परमाणु इकाई से मिलता जुलता है।

हालांकि मॉर्गन की योजना को कई विद्वानों ने खारिज कर दिया था, लेकिन उन्हें अपनी विकासवादी विकास योजना तैयार करने का श्रेय दिया जाता है। उनका सबसे प्रभावशाली काम 'प्राचीन समाज' (1877) था, जिसने मार्क्स और एंगेल्स (1984) को सोवियत मानवशास्त्र तैयार करने के लिए प्रभावित किया।

टायलर और मॉर्गन–विकासवाद सिद्धांत: टायलर और मॉर्गन की विकासवाद अवधारणा 'मानव जाति की मानसिक एकता' के सिद्धांत पर आधारित थी। इस सिद्धांत को सबसे पहले जर्मन भूगोलवेत्ता और नृवंशविज्ञानी एडॉल्फ बैस्टियन (1826–1905) ने तैयार किया था। इस सिद्धांत के अनुसार, सभी लोग चाहे आदिम समाज में हों या सभ्य समाज में, उनकी मूल मस्तिष्क क्षमता समान थी। लेकिन आदिम लोग कम उन्नत थे, क्योंकि उनका अन्य लोगों के साथ कम संपर्क था या उनमें विकास बाद में शुरू हुए।

यह अवधारणा स्वतंत्र आविष्कार के सिद्धांत से भी प्रभावित थी। इस सिद्धांत के अनुसार, एक ही तरह का आविष्कार हो सकता है क्योंकि हर जगह के लोग समान रूप से रचनात्मक होते हैं और हर जगह संस्कृति का विकास हुआ है।

दोनों सिद्धांत इस विचार पर विश्वास करते थे कि, सभी संस्कृतियाँ विभिन्न चरणों के माध्यम से विकसित हुई हैं।

(ग) सर हेनरी मेन (1822–1888), पेशे से वकील और ऑक्सफोर्ड में न्यायशास्त्र के प्रोफेसर थे। अपने काम 'प्राचीन कानून' (1864) में, उन्होंने समाज की पितृसत्तात्मक उत्पत्ति को स्थापित किया, जहाँ वे रोमन, सेल्टिक और जर्मनिक सामाजिक कानूनों से प्रभावित थे। उन्होंने समाज के प्रमुख विकास के बारे में चर्चा की। शुरुआत में वह चरण जहाँ कानून पर स्थिति का प्रभुत्व था, लेकिन विकास के बाद के हिस्से में, उन्होंने उस चरण का उल्लेख किया जहाँ कानून पर संपर्क का प्रभुत्व था। उनका एक और काम 'अर्ली लॉ एंड कस्टम' (1883) था, जहाँ उन्होंने मातृसत्तात्मक संगठनात्मक समाजों का उल्लेख किया।

2. प्रसार स्कूल: प्रसार एक प्रक्रिया है, जहां सांस्कृतिक विशेषताएं और सांस्कृतिक तत्व एक समाज से दूसरे समाज में फैलते हैं। 19वीं सदी के अंत और 20वीं सदी की शुरुआत में, कुछ यूरोपीय विद्वानों ने संस्कृति के बारे में सिद्धांत तैयार करते हुए प्रसार की प्रक्रिया पर जोर दिया। इस अवधि के दौरान, यूरोप में दो महत्वपूर्ण प्रसार स्कूल प्रचलित थे— ब्रिटिश और जर्मन-ऑस्ट्रियाई।

ब्रिटिश स्कूल: ब्रिटिश विद्वानों में जी. इलियट स्मिथ और विलियम जे. पेरी सांस्कृतिक विकास के दो प्रमुख समर्थक थे जिन्होंने सांस्कृतिक लक्षणों के प्रसार के आधार पर अपने सिद्धांत विकसित किए। उनके अनुसार, उच्च सभ्यता के कई पहलू पहली बार मिस्र में विकसित हुए और वहीं से ये विशेषताएँ दुनिया के विभिन्न भागों में फैल गई। स्मिथ और पेरी — दोनों ने माना कि दुनिया के अधिकांश लोग आविष्कारशील नहीं हैं और इसलिए अन्य प्रसारवादियों की तरह, उनका भी मानना है कि दुनिया में समानांतर सांस्कृतिक विकास दुर्लभ है। चूँकि अधिकांश लोग आविष्कारशील नहीं हैं, इसलिए एक बार किसी विशेष स्थान पर खोजे गए सांस्कृतिक तत्व दुनिया के विभिन्न भागों में फैल जाते हैं। दूसरे तरीकों से, ब्रिटिश प्रसारवादियों का मानना था कि, यदि कृषि, बुनाई, मिट्टी के बर्तन बनाना, पिरामिड निर्माण और अन्य सांस्कृतिक विशेषज्ञता उत्तरी अमेरिका या दुनिया के किसी अन्य स्थान पर पाई जानी थी, तो यह मिस्र के अन्वेषणों या मिस्र की सभ्यता के संपर्क में रहने वाले लोगों के कारण

था, कि ये सभी विशेषज्ञताएँ दुनिया के हर हिस्से में फैल गईं। इस प्रकार, यह कहा जा सकता है कि ब्रिटिश प्रसार स्कूल ने मिस्र की सभ्यता के साथ-साथ उनके अन्वेषण कौशल के महत्व पर जोर दिया जिसने उनके मूल स्थान से उच्च सांस्कृतिक तत्वों को पूरे विश्व में फैलाया।

जर्मन-ऑस्ट्रियाई स्कूल: फ्रिट्ज़ ग्रेबनर (1877–1934) और फादर विल्हेम शिमट (1868–1954) संस्कृति पर जर्मन-ऑस्ट्रियाई स्कूल के दो प्रख्यात विद्वान हैं। उनकी सोच शक्ति 19वीं सदी के जर्मनी की मानवविज्ञान परंपरा से अत्यधिक प्रभावित थी, खासकर फ्रेडरिक रैटज़ेल के कार्यों से। उनके छात्र, लियो फ्रोबेनियस ने एक संस्कृति परंपरा के प्रसार को परिभाषित करने के लिए 'कुल्टुरक्रेइस' शब्द गढ़ा। बाद में इस शब्द ने एक और शब्द 'कल्चर' 'क्रेइसलेहे' या 'संस्कृति-चक्र' स्कूल विकसित किया।

ब्रिटिश स्कूल के विपरीत, जर्मन-ऑस्ट्रियाई स्कूल के विद्वानों ने कई मूल स्थानों से सांस्कृतिक तत्वों के प्रसार की परिकल्पना की। उन्होंने यह भी सोचा कि इनमें से प्रत्येक मूल बिंदु पर, सांस्कृतिक तत्वों का एक विशिष्ट समूह विकसित हुआ। इन समूहों या वृत्तों को 'कटलरी' कहा जाता है। इस तरह के प्रसार में कभी-कभी बहुत दूरियाँ शामिल हो सकती हैं। ग्रेबनर और शिमट ने सांस्कृतिक तत्वों और परिसरों के बीच ऐतिहासिक संबंधों पर चर्चा करने के लिए दो बुनियादी नियम तैयार किए — 'रूप का मानदंड' और 'गुणवत्ता का मानदंड'। 1906 में ग्रेबनर ने संस्कृति चक्र की अवधारणा को विश्वव्यापी स्तर पर लागू किया। 'रूप' कहता है कि, यदि दो सांस्कृतिक तत्व समान पाए जाते हैं, हालांकि वे एक दूसरे की प्रकृति, सामग्री या उद्देश्य, से उत्पन्न नहीं होते, तो इन दो तत्वों को इन दो संस्कृतियों के बीच की दूरी की परवाह किए बिना प्रसार का परिणाम होना चाहिए। दूसरी ओर, 'गुणवत्ता का मानदंड' कहता है कि, दो सांस्कृतिक तत्वों के बीच ऐतिहासिक संबंध की संभावना तब बढ़ जाती है जब उनसे संबंधित अतिरिक्त वस्तुएं भी समानताएं दर्शाती हैं। फादर शिमट ने एक बहुभाषी पत्रिका 'एंथ्रोपोस' (1906) की स्थापना की थी, जिसमें प्रख्यात यूरोपीय शोधकर्ताओं के शोधपत्र प्रकाशित होते थे।

3. संस्कृति-इतिहास स्कूल: यूरोपीय प्रसार के कमोबेश समकालीन स्कूल में, अमेरिकी मानवविज्ञानियों ने विशिष्ट सांस्कृतिक घटनाओं के इतिहास का अध्ययन शुरू किया। फ्रांज बोआस (1858–1942) इस स्कूल के एक प्रख्यात विद्वान थे। उन्होंने संस्कृति के विकास के सार्वभौमिक नियम की विकासवादियों की खोज को खारिज कर दिया और अपने व्यापक नृवंशविज्ञान ज्ञान के आधार पर कई अवधारणाएँ सामने रखीं। उनकी एक प्रमुख रचना 'द मेथड ऑफ़ एथ्नोलॉजी' (1920) थी, जहाँ उन्होंने विकासवाद और ब्रिटिश प्रसारवाद की कमज़ोरियों की ओर इशारा किया। उन्होंने इस पुस्तक में उल्लेख किया कि, प्राकृतिक विज्ञानों के विपरीत, जहाँ किसी भी घटना पर विशेष प्रभाव पैदा करने के लिए विशेष कारण जिम्मेदार होते हैं और इस प्रकार हमें उनके परिणामों के लिए कारणों पर विचार करना पड़ता है; लेकिन ऐतिहासिक घटनाओं में, शोधकर्ताओं ने हर घटना को न केवल एक प्रभाव के रूप में बल्कि एक कारण के रूप में भी विचार करने के लिए मजबूर किया है। इस अवधारणा को 'ऐतिहासिक विशिष्टतावाद' के रूप में जाना जाता था।

बोआस ने माना कि समाजों के बीच समानताएं मानव जाति की मानसिक एकता का स्वतंत्र परिणाम हैं। उन्होंने यह भी पता लगाने की कोशिश की कि किसी समाज की संस्कृति किस हद तक उसके पर्यावरण से प्रभावित और आकार लेती है। इसके लिए बोआस ने भौगोलिक नियतिवाद की अवधारणा को ध्यान में रखा। हालांकि, संस्कृति और पर्यावरण के बीच संबंध का पता लगाने के लिए बोआस ने फील्डवर्क पर जोर दिया और इस तरह फील्डवर्क अमेरिकी नृविज्ञान में अकादमिक कार्यक्रम बन गया। 1883–1884 के दौरान, बोआस ने व्यापक फील्डवर्क के माध्यम से एस्किमो की जीवनशैली का अध्ययन किया और उन्होंने निष्कर्ष निकाला कि, एस्किमो का जीवन पूरी तरह से पर्यावरण द्वारा नियंत्रित नहीं था, बल्कि उनकी गतिविधियाँ उनके विशिष्ट अलिखित इतिहास और परंपरा से प्रभावित होती हैं, जो पीढ़ी दर पीढ़ी चली आ रही है।

दरअसल, बोआस ने संस्कृति के विकास में प्रसार की अवधारणा को अस्वीकार नहीं किया, बल्कि उन्होंने सीमित और भिन्न तरीकों से संस्कृति के प्रसार की भूमिका का समर्थन किया।

बॉक्स 2.3 ऐतिहासिक विशिष्टतावाद

ऐतिहासिक विशिष्टतावाद संस्कृति की प्रकृति और मानव आबादी के सांस्कृतिक परिवर्तनों को समझने का एक तरीका है। बोआस ने तर्क दिया कि, किसी विशेष संस्कृति का इतिहास किसी विशिष्ट भौगोलिक क्षेत्र के भीतर उसके व्यक्तिगत लक्षणों के अध्ययन के माध्यम से विकसित किया जा सकता है। एक क्षेत्र के भीतर कई अलग-अलग संस्कृतियों का एक ही तरीके से अध्ययन करने के बाद, व्यक्तिगत संस्कृतियों के इतिहास का पुनर्निर्माण किया जा सकता है। इसलिए, इसके लिए व्यक्तिगत संस्कृति का विस्तृत क्षेत्रीय अध्ययन आवश्यक है। संदर्भ के एक सामान्य ढांचे के रूप में विभिन्न संस्कृतियों से विस्तृत डेटा होने से, व्यक्तिगत संस्कृति लक्षणों की पहचान दूसरों से उधार लिए गए या खुद द्वारा आविष्कार किए गए के रूप में की जा सकती है। यह किसी विशेष संस्कृति के इतिहास के पुनर्निर्माण का एक महत्वपूर्ण तत्व है।

यह सब-स्कूल संस्कृति लक्षणों के स्थानिक वितरण को समझाने के लिए एक विशेष संस्कृति पर ध्यान केंद्रित करता है। बोआस के अनुसार, संस्कृति लक्षण का स्थानिक वितरण संस्कृति परिवर्तन की ऐतिहासिक और मनोवैज्ञानिक प्रक्रियाओं के पुनर्निर्माण में मदद कर सकता है। संस्कृति परिवर्तन के सार्वभौमिक नियम के विकासवादी निष्कर्षों के विपरीत, ऐतिहासिक विशिष्टतावाद प्रत्येक व्यक्तिगत संस्कृति के अद्वितीय इतिहास की जांच करता है और इसके मूल स्थान से लेकर इसके सभी प्राप्त बिंदुओं तक संस्कृति लक्षणों का विस्तृत वितरण पैटर्न बनाता है।

अन्य प्रख्यात विद्वान, जिन्होंने संस्कृति-ऐतिहासिक दृष्टिकोण पर आधारित अनेक अवधारणाएँ विकसित कीं, वे हैं क्रोबर, रेडिन, बन्ज़ेल, लोवी, बेनेडिक्ट, एडवर्ड सैपिर, हर्सकोविट्स, विस्लर, लेस्ली स्पियर मेसन, होएबेल और मीड। इस अवधि के दौरान विकसित की गई संकल्पनात्मक योजनाएँ हैं— विश्व-दृष्टिकोण, सांस्कृतिक सापेक्षवाद, संस्कृति में भाषा, नस्ल और संस्कृति, नृवंशविज्ञान क्षेत्र कार्य, संस्कृति में व्यक्तित्व, आदि।

4. संरचनात्मक-कार्यात्मक स्कूल: ग्रेट ब्रिटेन की दो प्रमुख हस्तियां थीं ए.आर. रैडक्लिफ-ब्राउन और ब्रोनिस्लो मालिनोवस्की। 1950 के दशक के अंत में, दो अवधारणाएँ सामने आईं—मालिनोव्स्की का कार्यात्मकवाद और रैडक्लिफ़-ब्राउन का कार्यात्मक दृष्टिकोण अपने प्रभाव के चरम स्तर पर पहुँच गया। इन दोनों दृष्टिकोणों को आम तौर पर 'संरचनात्मक-कार्यात्मकवाद' कहा जाता है। इस संरचनात्मक-कार्यात्मक दृष्टिकोण के साथ, ग्रेट ब्रिटेन ने विकास के वास्तविक अर्थों में 'आधुनिक सामाजिक नृविज्ञान' का उदय देखा। फील्डवर्क से, रैडक्लिफ़-ब्राउन और मालिनोव्स्की दोनों ने एमिल दुर्खीम से प्रभावित नृविज्ञान को एक नई दिशा प्रदान की।

एमिल दुर्खीम (1858–1917) पिछली सदी के शुरुआती दौर के सामाजिक सिद्धांत में कुछ बुनियादी अवधारणाओं को तैयार करने के लिए जिम्मेदार हैं। उनका सामाजिक सिद्धांत सामाजिक सामंजस्य या सामाजिक एकजुटता की अवधारणा के इर्द-गिर्द घूमता था। दुर्खीमियन सिद्धांत के अनुसार, समाजीकरण व्यक्ति के मूल्यों, विश्वासों और उनके व्यवहारों को निर्धारित करता है, जिन्हें दुर्खीम ने 'सामूहिक प्रतिनिधित्व' कहा था। हालाँकि, ये सामूहिक व्यवहार जीवन को संभव और सार्थक बनाते हैं। सामाजिक वैज्ञानिकों के अनुसार, इनमें से प्रत्येक व्यवहार को 'संस्कृति' कहा जा सकता है, हालाँकि दुर्खीम ने अपनी पुस्तक में इस शब्द का उल्लेख नहीं किया है।

इस प्रकार, किसी विशेष समाज में एक सामान्य समाजीकरण प्रक्रिया सभी सदस्यों के लिए कुछ विशिष्ट विचार, भावनाएँ और कार्य बनाने में मदद करती है। दुर्खीम ने सामाजिक घटनाओं के एक समूह को समझने पर जोर दिया, उदाहरण के लिए,

विवाह और परिवार, जिन्हें जीवन के व्यापक क्षेत्रों जैसे–अर्थव्यवस्था, धर्म, भाषा आदि पर उनके प्रभाव का अध्ययन करने में समग्र रूप से लिया जाना चाहिए। यह समग्र दृष्टिकोण कार्यात्मकता का सार है। कार्यात्मकतावादी समाज को एक जीव के रूप में अध्ययन करने में विश्वास करते हैं और यह देखते हैं कि पूरे समाज के समुचित कामकाज को बनाए रखने के लिए इसके विभिन्न भाग एक दूसरे से कैसे संबंधित हैं। मालिनोवस्की और रैडक्लिफ-ब्राउन के पास समाज के इस कामकाज का वर्णन करने के लिए अपनी खुद की व्याख्या थी। मालिनोवस्की के अनुसार, समाज की संस्कृति मुख्य रूप से अपने सदस्यों की आवश्यकताओं को पूरा करने के लिए विभिन्न तरीके पेश करती है। उनमें से, कुछ रीति-रिवाज और विश्वास समाज के भीतर संतुलन बनाए रखने के लिए कुछ कार्यों को पूरा करने का लक्ष्य रखते हैं। यह पता लगाना समाजशास्त्रियों का काम है कि समाज में किस तरह के कार्य संचालित होते हैं। बोआस की तरह, मालिनोव्स्की भी व्यापक फील्डवर्क के पक्ष में थे। मालिनोव्स्की ने दुनिया के विभिन्न हिस्सों जैसे प्रशांत, ऑस्ट्रेलिया, अफ्रीका और एशिया की आदिम संस्कृतियों पर उत्कृष्ट मोनोग्राफ की एक श्रृंखला तैयार की।

रैडक्लिफ-ब्राउन ने भी समकालिक दृष्टिकोण (एक समय स्तर पर) की वकालत की और सामाजिक संरचनाओं को बनाए रखने के लिए जिम्मेदार स्थितियों का अध्ययन करने के मामले में दुर्खीम का अनुसरण किया, लेकिन वे मानवीय आवश्यकताओं की पूर्ति के लिए सांस्कृतिक संस्थाओं के बारे में मालिनोवस्की की धारणा से सहमत नहीं थे। रैडक्लिफ-ब्राउन के अनुसार, कोई भी समाज उस पर काम करने वाले कुछ नियमों के परिणामस्वरूप कार्य करता है। प्राकृतिक व्यवस्थाएँ ऐसे ही नियमों की तरह होती हैं। इस दृष्टिकोण में सामाजिक संरचना, संगठन और कार्य का अध्ययन शामिल है और इसे संरचनात्मक-कार्यात्मक दृष्टिकोण कहा जाता है। समाज की संरचनात्मक निरंतरता केवल एक सामाजिक संस्था द्वारा निभाई गई भूमिका के योगदान के रूप में प्राप्त होती है। दूसरे शब्दों में, एक सामाजिक संस्था द्वारा की जाने वाली गतिविधियों के माध्यम से समाज की संरचना की निरंतरता अपने आप बनी रहेगी।

1960 के दशक के पूर्वार्ध में संरचनात्मक-कार्यात्मक दृष्टिकोण को कई आलोचनाओं का सामना करना पड़ा 1970 के बाद इस दृष्टिकोण में तेजी से गिरावट आई। प्रमुख आलोचनाएँ निम्नलिखित हैं:

(क) कार्यात्मकतावादी मानव समाज द्वारा निभाई गई अच्छी तरह से एकीकृत प्रणाली की भूमिका पर अधिक जोर देते हैं।

(ख) कार्यात्मकतावादियों ने संघर्ष को एक मजबूत सामाजिक प्रक्रिया नहीं माना, जो आलोचना का एक और बिंदु है। यह उल्लेख करना महत्वपूर्ण है कि सामाजिक संघर्ष विभिन्न प्रकार के प्रभाव पैदा कर सकता है, जिसके परिणामस्वरूप सामाजिक परिवर्तन होगा।

(ग) कार्यात्मकतावादियों ने सदैव विद्यमान सामाजिक व्यवस्था के संरक्षण पर बल दिया, जबकि वास्तविकता यह है कि सामाजिक संघर्ष के परिणामस्वरूप वर्तमान सामाजिक संरचना पूर्णतः बदल सकती है।

(घ) कार्यात्मकतावादियों ने सामाजिक जीवन के ऐतिहासिक आयाम पर जोर नहीं दिया, जो आलोचना का एक और मुद्दा है।

5. संस्कृति और व्यक्तित्व स्कूल: बोआस के दो छात्र, रूथ बेनेडिक्ट और मार्गरेट मीड का नाम संस्कृति और व्यक्तित्व पर अग्रणी कार्य के लिए रखा गया है। वास्तव में देर से 1940 के दशक में, मानवशास्त्र के विषय में एक नई उप-शाखा उभरी जब विद्वानों ने सांस्कृतिक इतिहास के अध्ययन से अपनी रुचि संस्कृति के मनोवैज्ञानिक कारकों की ओर मोड़ ली। इस प्रकार, संस्कृति और व्यक्तित्व नामक एक नई उप-शाखा विकसित हुई।

रूथ बेनेडिक्ट ने 'कॉन्फ़िगरेशनलिज़्म' के नाम से एक नया दृष्टिकोण विकसित किया, जहाँ उन्होंने 'आंतरिक रूप से एकीकृत संपूर्णता' बनाने में संस्कृति की भूमिका पर ज़ोर दिया। बेनेडिक्ट ने अपनी लोकप्रिय रचना 'पैटर्न ऑफ़ कल्चर' (1934) में तीन आदिम समाजों, अर्थात, पुएब्लो, डोबू और क्वाकिउटल का अध्ययन किया और प्रत्येक समाज में अलग-अलग विश्व दृष्टिकोण और मूल्यों के सेट के साथ कुछ विपरीत विशेषताओं को स्थापित किया। उन्होंने यह भी बताया कि, सांस्कृतिक लक्षण न केवल एक-दूसरे से जुड़े होते हैं बल्कि कुछ प्रमुख सांस्कृतिक चरित्रों द्वारा भी निर्धारित होते हैं।

मार्गरेट मीड ने अपनी किताब 'कमिंग ऑफ एज' में कुछ और ही कहानी कही है। उन्होंने किशोर सामोन (दक्षिण प्रशांत) लड़कियों और किशोर अमेरिकी किशोरों के बीच तुलना की है। इस किताब में दो बिल्कुल विपरीत वातावरण (यहाँ दक्षिण प्रशांत और अमेरिका) में किशोर लड़कियों द्वारा सामना की जाने वाली कठिनाइयों के बारे में चर्चा की गई है। इस उम्र में, दोनों जगहों पर लड़कियों के मन और शरीर में प्राकृतिक जैविक प्रक्रिया के रूप में बड़े बदलाव होते हैं। इस किताब में मीड ने दिखाया कि, ऐसे बदलाव अमेरिकी लड़कियों के लिए शहरी जीवनशैली की वजह से बहुत परेशानी भरे होते हैं। जबकि समोआ की लड़कियों के लिए यह कोई समस्या नहीं है क्योंकि उस समाज में एक खास तरह का सामाजिक माहौल होता है। मीड ने यह भी बताया कि किशोरावस्था की प्रक्रिया में अमेरिकी और समोआ की लड़कियों के बीच कोई अंतर नहीं है। जबकि मुख्य अंतर इसके प्रति प्रतिक्रिया में है। समोआ में, किशोर लड़कियों में कोई तनाव या संकट नहीं है, बल्कि मन और शरीर का व्यवस्थित विकास होता है। दूसरी ओर, अमेरिकी किशोर लड़कियों को अपने अलग सामाजिक माहौल के कारण बहुत सारे तनाव और समस्याओं का सामना करना पड़ता है।

6. नव-विकासवाद: मानव विज्ञान के इस स्कूल ने दीर्घकालिक संस्कृति परिवर्तन पर जोर दिया। इस तरह का संस्कृतिक परिवर्तन असंबंधित, कम या व्यापक रूप से अलग-अलग संस्कृतियों में होने वाले कमोबेश एक ही प्रकार के विकास असंबंधित, व्यापक रूप से अलग-अलग संस्कृतियों से जुड़ा होता है और यह सामान्य रूप से मानव संस्कृति के दीर्घकालिक परिवर्तनों और अल्पकालिक, स्थानीय सामाजिक-सांस्कृतिक परिवर्तनों के बीच के संबंध विशेष रूप से समाज के पारिस्थितिक समायोजन को भी संबोधित करता है। संस्कृति परिवर्तन की ये घटनाएँ दो या दो से अधिक संस्कृतियों के बीच विशिष्ट अंतर पैदा करती हैं।

हालाँकि, नव-विकासवादियों का मुख्य उद्देश्य उन तरीकों की पहचान करना है कि कैसे विभिन्न संस्कृतियाँ विभिन्न उपायों को अपनाती हैं और ऐसे समूहों के दीर्घकालिक ऐतिहासिक सामाजिक-सांस्कृतिक परिवर्तन की भी जाँच करती हैं। चूँकि अधिकांश नव-विकासवादी पर्यावरणीय और तकनीकी समायोजन में रुचि रखते हैं, इसलिए कई लोग नृवंशविज्ञान में सांस्कृतिक पारिस्थितिक दृष्टिकोण से जुड़े हैं, जिसमें नृविज्ञान में संस्कृति प्रक्रिया दृष्टिकोण पर अधिक जोर दिया जाता है।

संस्कृति के कार्य

सांस्कृतिक मानदंड और मूल्य, जिन्हें अर्जित किया जाता है, इकट्ठा किया जाता है, सीखा जाता है और साझा किया जाता है, के परिणामस्वरूप मनुष्य में कुछ निश्चित गुण विकसित होते हैं जो सामूहिक प्रकृति के एक विशिष्ट समूह में परिवर्तित हो जाते हैं। सांस्कृतिक दृष्टिकोण से एक ऐसी प्रकृति को दूसरे से अलग करने की संभावना है और इस चरित्र के आधार पर, एक व्यक्ति दूसरे से भिन्न हो सकता है। वास्तव में किसी व्यक्ति की ऐसी सामूहिक प्रकृति को प्राप्त करने के लिए, संस्कृति दो तरीकों से योगदान देती है— वस्तुनिष्ठ और प्रतीकात्मक रूप से।

निष्पक्षता

भावनाएँ, सोच, अनुभूति, कृतित्व, समाज की विभिन्न विशेषताएँ हैं और इन विशेषताओं के कारण, प्रत्येक वस्तु और क्रिया हर व्यक्ति को बहुत वास्तविक और समान लगती है। किसी भी वस्तु और उसके बाद किसी भी व्यक्ति द्वारा की गई क्रिया के बारे में भावना और सोच व्यक्ति को हर दूसरे व्यक्ति के साथ बहुत यथार्थवादी और समान महसूस कराती है। ये सामान्य चरित्र या सामान्य भाजक एक वास्तविकता है जो अन्य अधिक मूर्त साझा वास्तविकताओं की तरह ही 'वस्तुनिष्ठ' और अवलोकन योग्य है। इन साझा वास्तविकताओं के उदाहरण एक क्षेत्र, सार्वजनिक संपत्ति, स्मारक आदि हो सकते हैं। संस्कृति की इस विशिष्ट विशेषता को दुर्खीम ने 'सामाजिक एकजुटता' और ऑगस्ट कॉम्टे ने 'समाज की सहमति' के रूप में वर्णित किया है।

प्रतीकात्मक

यह वास्तविकता है जहाँ संस्कृति सामूहिक प्रकृति के एक रूप की नींव रखती है और प्रतीकात्मक तरीके से उसका चरित्र बनाती है। यह संचार के प्रतीक हैं जो संचार को संभव बनाते हैं। किसी का कार्य या व्यवहार कभी-कभी व्यक्तियों के समूह के बीच संचार का प्रतीक बन जाता है। उदाहरण के लिए, जब कोई व्यक्ति किसी दूसरे देश में जाता है या कोई व्यक्ति किसी नए स्थान की भाषा नहीं समझ पाता है, तो अक्सर संचार अमौखिक तरीके से किया जाता है। इस मामले में, शारीरिक भाषा संचार का एक महत्वपूर्ण साधन बन जाती है। ऐसा मामला दिखाता है कि अभिनय के तरीके सामाजिक क्रिया में संचार का प्रतीक कैसे बन जाते हैं।

संस्कृति के विभिन्न कार्य हैं, जिन्हें दो व्यापक भागों में संक्षेपित किया जा सकता है:

1. **संस्कृति का सामाजिक कार्य:** संस्कृति का आवश्यक कार्य व्यक्ति के विविध चरित्र को एक विशिष्ट सामूहिक प्रकृति में संयोजित करना है। इसमें रक्त संबंध, भौगोलिक निकटता, एक ही क्षेत्र में सहवास और श्रम विभाजन जैसे अन्य कारक भी योगदान करते हैं। ये कार्य व्यक्ति की सामाजिक स्थिति के अनुसार बदल सकते हैं और जगह-जगह भी भिन्न हो सकते हैं। साथ ही, संस्कृति का अर्थ, किसी व्यक्ति द्वारा सांस्कृतिक मानदंडों और व्यवहार की अभिव्यक्तियाँ हैं जो उस व्यक्ति के स्थान, समय और सामाजिक पदानुक्रम के अनुसार बदलती हैं। उदाहरण के लिए, जैविक रक्त संबंध समाज में एक परिवार के अन्य सदस्यों के साथ एक व्यक्ति के संबंधों को नियंत्रित करते हैं। ये रक्त संबंध पारिवारिक संबंध बन जाते हैं और बाद में एक परिवार के सदस्य के दूसरे क्षेत्र के दूसरे परिवार के सदस्य से विवाह के माध्यम से विस्तृत हो जाते हैं। इस प्रकार, यह स्थानिक और लौकिक पहलुओं के संदर्भ में व्यापक हो जाता है। ये सभी सामाजिक संबंध सांस्कृतिक मानदंडों और अन्य सामाजिक-सांस्कृतिक मूल्यों और अर्थों के साथ इसके संबंधों पर निर्भर करते हैं। संस्कृति इन स्थितियों का उपयोग समाज के भीतर राष्ट्र, संपत्ति, सामाजिक पदानुक्रम, सामाजिक वर्ग या सामाजिक प्रतिष्ठा की अवधारणा को बनाए रखने के लिए करती है।

   दूसरे शब्दों में, संस्कृति किसी भी व्यक्ति की मानसिक, नैतिक, मनोवैज्ञानिक और प्रतीकात्मक विशेषता के रूप में प्रकट होती है और इन विशेषताओं के माध्यम से एक ही समाज में रहने वाले दूसरे व्यक्ति और दूसरे उप-समाज में रहने वाले व्यक्ति के साथ संवाद किया जा सकता है।

2. **संस्कृति का मनोवैज्ञानिक कार्य:** संस्कृति, सामाजिक कार्यों के अलावा, व्यक्ति के व्यक्तित्व को आकार देकर मनोवैज्ञानिक कार्य भी करती है। गाइ रोचर (2016) के अनुसार, "संस्कृति एक प्रकार का साँचा है जिसमें व्यक्तिगत व्यक्तित्व को ढाला जाता है; यह सोच, ज्ञान, विचारों, भावनाओं के लिए अभिव्यक्ति के पसंदीदा चैनल, शारीरिक आवश्यकताओं को संतुष्ट करने या बढ़ाने के साधन आदि के पैटर्न का सुझाव देता है और प्रदान करता है"। यह साँचा या संरचना वास्तव में कठोर नहीं है, बल्कि व्यक्तिगत अनुकूलन की अनुमति देने के लिए प्रकृति में लचीली है। लेकिन यह लचीलापन कुछ सीमाओं के भीतर काम करता है। यदि कोई व्यक्ति इस सीमा से आगे निकल जाता है, तो वह समाज से दूर हो जाता है। इसलिए, संस्कृति व्यवहार, मूल्यों, प्रतीकों और अन्य विशेषताओं के पैटर्न के बीच एक विकल्प प्रदान करती है; लेकिन यह विकल्प असीमित नहीं है क्योंकि कुछ विकल्प हमेशा इंगित किए जाते हैं।

संस्कृति के घटक

संस्कृति को कुछ वस्तुओं जैसे भाषा, मूल्य, मानदंड, व्यवहार के रूप में परिभाषित किया जाता है और ये वस्तुएं एक पीढ़ी से दूसरी पीढ़ी तक जाती हैं। भौतिक संस्कृति में आभूषण, कला, इमारतें, हथियार, मशीनें, कपड़े, हेयर स्टाइल आदि जैसी चीजें

शामिल हैं, जबकि अभौतिक संस्कृति में लोगों के सोचने के तरीके जैसे-विश्वास, मूल्य और धारणाएं और समूह के व्यवहार के सामान्य पैटर्न जैसे भाषा, हावभाव, बातचीत आदि शामिल हैं।

संस्कृति की एक सबसे महत्वपूर्ण विशेषता इसकी सीखी हुई प्रकृति है या दूसरे शब्दों में, हम कह सकते हैं कि, संस्कृति सही मायने में प्राकृतिक नहीं है बल्कि सीखी हुई है। यह हमारे जीवन में इतनी गहराई से प्रवेश करती है कि जब हमें चीजों को समझने और उनका मूल्यांकन करने की आवश्यकता होती है तो हम हमेशा संस्कृति के चश्मे से देखते हैं।

संस्कृति का एक केंद्रीय घटक प्रतीक है, जो एक महत्वपूर्ण अभौतिक विशेषता है। इसमें हाव-भाव, भाषा, मूल्य, मानदंड, प्रतिबंध, लोकाचार, रीति-रिवाज आदि शामिल हैं।

(क) **हाव-भाव:** हाव-भाव या शारीरिक भाषा दूसरों से संवाद करने के लिए इस्तेमाल की जाती है। इसे संचार के संक्षिप्त साधन के रूप में भी जाना जाता है। हर संस्कृति में लोग संचार के साधन के रूप में हाव-भाव का उपयोग करते हैं, हालाँकि हाव-भाव और उनके अर्थ अलग-अलग होते हैं। कभी-कभी, विभिन्न संस्कृतियों में अलग-अलग हाव-भावों के कारण भ्रम या गलतफहमी पैदा होती है। कुछ मामलों में, कुछ हाव-भाव भावनात्मक संदेशों से इतने निकटता से जुड़े होते हैं, इसलिए हाव-भाव अक्सर खुद ही भावनाएँ पैदा कर सकते हैं।

(ख) **भाषा:** भाषा संचार का एक और साधन है और इसमें प्रतीकों की एक प्रणाली होती है जिसे समाज के सदस्यों के बीच अमूर्त विचारों को संप्रेषित करने के लिए विभिन्न तरीकों से एक साथ रखा जा सकता है। कोई भी भाषा, कई शब्दों का एक समामेलन है और प्रत्येक शब्द को एक प्रतीक के रूप में वर्णित किया जाता है जिसे एक संस्कृति विशेष अर्थ देती है। भाषा महत्वपूर्ण है क्योंकि यह लोगों के बीच संचार का प्राथमिक साधन है।

भाषा की कुछ महत्वपूर्ण विशिष्ट विशेषताएं हैं:

(i) यह मानवीय अनुभवों को संचयी बनाता है, एक पीढ़ी द्वारा एकत्रित अनुभव दूसरी पीढ़ी तक पहुंचता है, जिससे परंपरा दिन-प्रतिदिन समृद्ध होती जाती है।

(ii) भाषा जीवन के सामाजिक पहलुओं पर अधिक से अधिक जोर देते हुए अतीत को साझा करने की अनुमति देती है। जब अनुभव जुड़ता है तो दूसरों के साथ अतीत की घटनाओं पर चर्चा भी नया रूप ले लेती है।

(iii) भविष्य की घटनाओं के लिए, भाषा सामाजिक और साथ ही साझा लिंक की अनुमति देती है

(iv) विचारों और दृष्टिकोणों के आदान-प्रदान में भाषा महत्वपूर्ण भूमिका निभाती है।

(v) भाषा लोगों को जटिल, साझा और लक्ष्य-आधारित कार्यों में संलग्न होने की अनुमति देती है। यह हमें सामान्य समझ भी देती है जो हमें एक-दूसरे के साथ मिलकर काम करने का उद्देश्य पाने में सक्षम बनाता है।

(vi) 1930 के दशक में, दो मानवविज्ञानी, सैपिर और व्हॉर्फ ने होपी इंडियन के उदाहरण दिए, जिनकी भाषा में भूत, वर्तमान और भविष्य के बीच अंतर करने वाले कोई शब्द नहीं थे। वे कहते हैं कि, भाषा उनकी सोच और धारणा को आकार देती है क्योंकि यह उनकी चेतना को निर्धारित और निर्देशित करती है।

(ग) **मूल्य, मानदंड और प्रतिबंध:** मूल्य मानक हैं, जो अच्छे और बुरे, सुंदर और बदसूरत, क्या करें और क्या न करें आदि के बीच अंतर करने में मदद करते हैं। प्रत्येक समाज उन्हें प्रतिबिंबित करने के सही तरीके के संबंध में मूल्यों और अपेक्षाओं दोनों को विकसित करता है।

मांनदड आशा एंव व्यवहार के नियम हैं जो समाज में एक दूसरे से अंतःक्रिया एवं समूह मूल्य का निर्धारण करते हैं। प्रतिबंध समाज के प्रत्येक व्यक्ति द्वारा सामाजिक मानदंडों का पालन करने के तरीके के प्रति सकारात्मक या नकारात्मक प्रतिक्रियाएँ हैं। अनुमोदन सकारात्मक प्रतिबंध (जैसे, पुरस्कार, मुस्कान, नकद पुरस्कार, अभिवादन, हाथ मिलाना—सभी सकारात्मक प्रतिबंधों के विभिन्न रूप हैं) द्वारा व्यक्त किया जाता है। इसके विपरीत,

अस्वीकृति कुछ नकारात्मक प्रतिबंधों (जैसे जुर्माना, भौंहें सिकोड़ना, कठोर शब्द आदि) द्वारा व्यक्त की जाती है, जो सामाजिक मानदंडों के उल्लंघन को भी दर्शाता है। सामाजिक मानदंडों का सख्ती से पालन करने के दबाव को कम करने के लिए, कुछ संस्कृतियों में नैतिक अवकाश होते हैं। "नैतिक अवकाश हमें ढालने और हमारी ईमानदारी को बनाए रखने के लिए होते हैं यदि हम वह सब कुछ करने का विकल्प चुनते हैं जो हम कर सकते हैं" (लैक्स: 105)। दूसरे शब्दों में, नैतिक अवकाश नैतिक मांगों से अस्थायी रूप से दूर होना और निष्क्रियता भी है जो नैतिक रूप से उचित है। उदाहरण के लिए, पश्चिम बंगाल में दुर्गा पूजा के दौरान, लोग अपने परिवार के सदस्यों के साथ पूजा पंडालों में जाते हैं और परिवार और समाज से नैतिक समर्थन के साथ चार दिन का आनंद लेते हैं। नैतिक अवकाश भी सहज रूप से समझते हैं कि नैतिक चिंताओं से समय निकालना, जो कुछ परिस्थितियों में, नैतिक रूप से स्वीकार्य है। उदाहरण के लिए, होली, भारतीय त्यौहार, जहाँ लोग दूसरे लोगों पर तरह-तरह के रंग फेंकते हैं और उस अवसर पर इसे स्वीकार किया जाता है। कुछ समाजों में नैतिक अवकाश स्थल होते हैं, ऐसे स्थान जहाँ मानदंडों को तोड़ने की अपेक्षा की जाती है।

लोक रीति-रिवाज आम तौर पर नियमित या अनौपचारिक बातचीत के लिए मानदंड होते हैं, जिसमें मुख्य रूप से विभिन्न स्थितियों में उचित पोशाक और उचित अभिवादन शामिल होते हैं। कुछ संस्कृतियों में, निषेधों का पालन किया जाता है, जो उस संस्कृति के लिए एक लोक रीति है जबकि दूसरी में यह लोक रीति नहीं हो सकती है।

रीति-रिवाज़ का मतलब है वे तौर-तरीके, रीति-रिवाज़, आदतें जिनका व्यापक रूप से पालन किया जाता है और जिन्हें दूसरों की तुलना में ज़्यादा महत्व दिया जाता है। दोनों शब्द — 'रीति-रिवाज़' और 'लोक-रीति' 1906 में विलियम ग्राहम समर द्वारा पेश किए गए थे। वे अमेरिका के शुरुआती समाजशास्त्री थे।

जैसा कि हंटिंगटन (1996) ने अपनी पुस्तक 'द क्लैश ऑफ सिविलाइजेशन एंड द रीमेकिंग ऑफ वर्ल्ड ऑर्डर' में उल्लेख किया है कि, 1980 के दशक के उत्तरार्ध में, साम्यवादी दुनिया ढह गई और यह शीत युद्ध के बाद की अवधि को चिह्नित करता है। इस समय के दौरान, विश्व राजनीति ने महसूस किया कि लोगों के बीच सबसे महत्वपूर्ण अंतर वैचारिक, राजनीतिक या आर्थिक नहीं बल्कि सांस्कृतिक हैं। लोगों ने 'मैं कौन हूँ?' के मूल प्रश्न की व्याख्या करना शुरू कर दिया और इसका उत्तर वंश, धर्म, भाषा, इतिहास, मूल्यों, रीति-रिवाजों और संस्थानों के संदर्भ में बन गया।

उनकी पहचान उनके सांस्कृतिक समूहों जैसे- जातीय समूहों, धार्मिक समुदायों, राष्ट्रों और व्यापक रूप से सभ्यताओं द्वारा की जाती थी। राजनीति की अवधारणा एक नई दिशा के साथ उभरती है, यानी इस दृष्टिकोण से कि लोग अपनी पहचान को परिभाषित करने के लिए राजनीति का उपयोग करते हैं। 'हम जानते हैं कि हम कौन हैं, केवल तभी जब हम जानते हैं कि हम कौन नहीं हैं और अक्सर केवल तभी जब हम जानते हैं कि हम किसके खिलाफ हैं' (हंटिंगटन, 1996)।

संस्कृति के तत्व

ज़ेलिंस्की (1973) ने संस्कृति के तत्वों को तीन समूहों में वर्गीकृत किया, जो हैं:

(क) **कलाकृतियाँ:** कलाकृतियाँ संस्कृति के वे तत्व हैं, जो सीधे तौर पर आजीविका के लिए आवश्यक सामग्रियों या, अधिक व्यापक रूप से कहें तो, वस्तुओं और सेवाओं की संपूर्ण तकनीक से संबंधित हैं, जिनकी मानव समाज को आवश्यकता होती है। इनमें सभी उपकरण और सभी मानव निर्मित वस्तुएँ, हथियार, खाद्य और पेय का उत्पादन, दवा, परिवहन प्रणाली में शामिल सामग्री, घर बनाने की सामग्री, कपड़े और अन्य सामान शामिल हैं। ये सभी मानव अस्तित्व की आवश्यकता को पूरा करने के लिए आवश्यक हैं।

(ख) **सामाजिक तथ्य:** सामाजिक तथ्य संस्कृति के वे तत्व हैं, जो समाज के सदस्यों के बीच पारस्परिक संबंधों से सीधे जुड़े होते हैं। समाज में एक साथ रहने के लिए इन तत्वों की आवश्यकता होती है जैसे–परिवार के सदस्यों के बीच संबंध, व्यवहार, सामाजिक शिष्टाचार, राजनीतिक दृष्टिकोण और व्यवहार, प्रजनन व्यवहार, बच्चों का पालन-पोषण, शिक्षा, रिश्तेदारी और परिवार व्यवस्था, स्वैच्छिक संगठन आदि।

(ग) **मेन्टीफैक्ट्स:** मेन्टीफैक्ट्स मुख्य रूप से मनोवैज्ञानिक और मस्तिष्क संबंधी होते हैं और इसमें धर्म, विचारधारा, जादू और अंधविश्वास, संगीत, नृत्य, भाषा, रीति-रिवाज, लोककथा, बुनियादी मूल्य प्रणाली आदि शामिल होते हैं। ये मेन्टीफैक्ट्स संस्कृति का सबसे पवित्र और सबसे कम परिवर्तनशील खंड हैं, यानी, वह गोंद जो पूरे सांस्कृतिक द्रव्यमान को एक साथ रखता है और समाज की प्रक्रिया और दिशा निर्धारित करने में उपयोगी होता है।

उपसंस्कृति और प्रतिसंस्कृति

संस्कृति की कुछ अन्य अवधारणाएँ हैं, ये हैं उपसंस्कृति और प्रतिसंस्कृति। सामान्य तौर पर, उपसंस्कृति ऐसे समूह होते हैं जिनके मूल्य और संबंधित व्यवहार, एक-दूसरे के साथ बातचीत अलग-अलग होती हैं और इस प्रकार सदस्य प्रमुख संस्कृति से अलग रहते हैं। प्रत्येक उपसंस्कृति प्रमुख संस्कृति के क्षेत्र में अपनी खुद की दुनिया बनाती है। सदस्य जीवन को देखने के विशिष्ट तरीके का आनंद लेते हैं और प्रमुख संस्कृति के साथ संगत रहते हैं।

उदाहरण के लिए, संयुक्त राज्य अमेरिका में, कई उपसंस्कृतियाँ हैं जैसे कुछ जातीय समूह और कुछ विशेष व्यावसायिक समूह। भारतीय लोग न्यू जर्सी के जर्सी शहर में रहते हैं और एक उपसंस्कृति बनाते हैं जबकि न्यूयॉर्क शहर का चाइना टाउन क्षेत्र उपसंस्कृति का एक और उदाहरण है। पंक, हिप-हॉप संगीत संस्कृति समूह, हिप्पी और धार्मिक समूह उपसंस्कृतियों के उदाहरण हैं।

प्रतिसंस्कृति ऐसे समूह होते हैं जिनके मूल्य, आदतें और विश्वास प्रमुख संस्कृति के विरोध में होते हैं। दूसरे शब्दों में, प्रतिसंस्कृति प्रमुख संस्कृति के लिए खतरे पैदा करते हैं क्योंकि सदस्य प्रमुख संस्कृति के मूल्यों को चुनौती देते हैं। "उदाहरण के लिए, 1800 के दशक में मॉर्मन ने प्रमुख संस्कृति के एकाधिकार के मूल मूल्य को चुनौती दी" (हेन्सलिन, 2014)। दूसरे शब्दों में, प्रतिसंस्कृति प्रमुख संस्कृति के भीतर छोटे संस्कृति समूह होते हैं। हालाँकि, उपसंस्कृति से अलग, एक प्रतिसंस्कृति समूह मुख्यधारा की विचारधारा के खिलाफ जाता है। वे हितों, नापसंदियों और आलोचनाओं के इर्द-गिर्द बनते हैं। कभी-कभी, ये छोटे समूह बढ़ सकते हैं और गति पकड़ सकते हैं और अंततः एक बड़ा आंदोलन बन सकते हैं। कुछ उदाहरण हैं: 1960 के दशक में हिप्पी प्रदर्शनकारी, नागरिक अधिकार कार्यकर्ता, सहकर्मी आंदोलन, नारीवादी समूह, पर्यावरण समूह, आदि।

भारत—सामाजिक और सांस्कृतिक विविधता वाला देश

भारत एक ऐसा देश है जिसका इतिहास बहुत पुराना है, परंपरा बहुत समृद्ध है और यह भौगोलिक, सामाजिक, सांस्कृतिक और आर्थिक हर पहलू में विविधता प्रदर्शित करता है। इस देश का भौगोलिक क्षेत्र बहुत बड़ा है और यहाँ लगभग 150 करोड़ (2025) लोग रहते हैं। यह सबसे बड़ा लोकतंत्र है (मुख्य रूप से पंजीकृत मतदाताओं की संख्या के संदर्भ में)। देश के हर राज्य की अपनी भाषा, संस्कृति, खान-पान की आदतें और अपनी सामाजिक विशेषताएँ हैं, साथ ही राष्ट्रीय सामाजिक-सांस्कृतिक विशेषताएँ भी समान हैं। ये सभी विविधताएँ प्रत्येक राज्य की अनूठी भौगोलिक संरचना पर आधारित हैं। उनका अपना संगीत, नृत्य, कला, वास्तुकला, हस्तशिल्प, अनुष्ठान और साहित्यिक परंपराएँ हैं। आर्थिक दृष्टिकोण से, भारत अपने समृद्ध जल संसाधनों और अत्यधिक उपजाऊ मिट्टी के कारण अत्यधिक विविध फसल पैटर्न की परंपरा का आनंद लेता है। कुछ कृषि फसलों को अन्य प्रकार के उत्पाद बनाने के लिए उचित प्रसंस्करण की आवश्यकता होती है और इस प्रकार, इस देश में कई कृषि-आधारित

विनिर्माण इकाइयाँ हैं। हालाँकि, तृतीयक क्षेत्र भी वैश्विक विकास के साथ तालमेल रखते हुए तेज़ गति से बढ़ रहा है। इस प्रकार, यह देश 'विविधता में एकता' का एक उदाहरण है क्योंकि विभिन्न मतभेदों के बावजूद, लोग इसकी समृद्ध और विविध सांस्कृतिक विरासत पर बहुत गर्व करते हैं।

भौतिक भूगोल, समाज, संस्कृति, अर्थव्यवस्था, कला और वास्तुकला के हर पहलू में विविधता देखी जाती है। जनसंख्या में विविधता भाषाओं, धर्मों, रीति-रिवाजों, व्यवसायों और इसकी भौगोलिक विशेषताओं की विविधता के कारण है जो भारत को समृद्ध सांस्कृतिक मूल्यों और परंपराओं वाला देश बनाती है। उत्तर में हिमालय, मध्य में अरावली, विंध्य और सतपुड़ा, प्रायद्वीपीय भाग में पूर्वी और पश्चिमी घाट समृद्ध वनस्पतियों, जीवों के भंडार और देश के जल संसाधनों के स्रोत की तरह कार्य करते हैं। ये पर्वत उत्तरी मैदानों और दक्षिणी पठार को अलग करते हैं; दक्षिणी पठार और तटरेखाएँ; पश्चिमी रेगिस्तान और मध्य मैदान; मध्य मैदान और पूर्वी डेल्टा मैदान। इस प्रकार देश की भौतिक विशेषताएं इसके विविध जल संसाधनों, वन संसाधनों और जैव विविधता के साथ इन भौगोलिक क्षेत्रों में रहने वाले लोगों के बीच एक चिंतनशील मानसिकता का निर्माण करती हैं

निम्नलिखित कुछ विशेषताएं या घटनाएं हैं जो भारत को विविधता में एकता का देश बनाती हैं :

(क) **भौगोलिक एकता:** प्राचीन काल से ही भारत को भारतवर्ष या भारत की भूमि के रूप में वर्णित किया जाता रहा है। महाकाव्यों और पुराणों में पूरे देश को यही नाम दिया गया है। समुद्र के उत्तर और विशाल हिमालय के दक्षिण में स्थित देश को भारत कहा जाता है और यहाँ के निवासियों को भारत संतति कहा जाता है। भारतवर्ष शब्द आम तौर पर सार्वभौमिक साम्राज्य के विचार के साथ किसी विशेष संस्कृति की भौगोलिक सीमाओं से जुड़ा हुआ है। शुरू से ही, इस देश को आजीविका के लिए अत्यधिक उपजाऊ भूमि माना जाता था। उत्तर में हिमालय से लेकर दक्षिण में केप कोमोरिन तक, पूर्व में ब्रह्मपुत्र नदी से लेकर पश्चिम में सिंधु तक की राजनीतिक सर्वोच्चता दुनिया के विभिन्न हिस्सों के शासकों के लिए आकर्षण का केंद्र थी।

(ख) **सांस्कृतिक एकता:** भारतीय संस्कृति अद्वितीय है, जिसमें सदियों पुरानी समृद्ध परंपरा, प्रचुर स्वदेशी ज्ञान, अनेक भाषाएँ, बोलियाँ और रीति-रिवाज, एकीकृत साहित्यिक विचार, दर्शन, साहित्य और देश भर में पारंपरिक मूल्य जैसी विशेषताएँ हैं। देश हर समुदाय के हर त्यौहार को बड़ी भावना और बहुत प्रयास के साथ मनाता है। दिवाली, दशहरा, रक्षाबंधन और होली जैसे त्यौहार देश के हर हिस्से में मनाए जाते हैं। इसके अलावा, पूरे देश में लोगों द्वारा क्षेत्रीय त्यौहार भी मनाए जाते हैं। उदाहरण के लिए, हालाँकि दुर्गा पूजा बंगाली लोगों का प्रमुख त्यौहार है, लेकिन इसे देश के अन्य हिस्सों में भी शक्ति और साहस के प्रतीक के रूप में मनाया जाता है; गणेश चतुर्थी, मराठी लोगों का प्रमुख उत्सव है, लेकिन अब इसे देश के अन्य लोग भी मनाते हैं। सांस्कृतिक एकता और समरूपता सामाजिक समारोहों और धार्मिक संस्कारों, त्यौहारों और जीवन के तरीकों में भी परिलक्षित होती है, जो देश के सभी हिस्सों में समान हैं। बड़ों का सम्मान, देवी-देवताओं को चढ़ाने का तरीका, परिवार की पवित्रता, घर की सजावट प्रत्येक घर का पूजा स्थल, जातियों के नियम, संस्कार, शव का दाह संस्कार, रसोईघर की साफ-सफाई, त्योहारों पर गीत और नृत्य आदि भारत के सभी समुदायों और संप्रदायों में समान हैं।

(ग) **धार्मिक एकता:** यद्यपि भारत विभिन्न धार्मिक मान्यताओं का देश है, जो जीववाद से लेकर सार्वभौमिक धर्मों तक फैली हुई है, फिर भी देश में विभिन्न धार्मिक संप्रदायों के बीच धार्मिक एकता की एक अंतर्निहित धारा है। विभिन्न नामों के तहत विष्णु और शिव की पूजा पूरे देश में व्यापक है। विभिन्न स्थानों पर भगवान शिव के विभिन्न नाम मिल सकते हैं। प्रत्येक स्थान विकास की एक लंबी कहानी के साथ जुड़ा हुआ है। रामायण और महाभारत की कहानी देश के विभिन्न हिस्सों से जुड़ी हुई है। राम और कृष्ण की कहानियाँ दक्षिण, उत्तर, पूर्व और पश्चिम में बहुत भक्ति और सम्मान के साथ गाई जाती हैं। गाय, वेद, गीता, पुराण और अन्य शास्त्रों का पूरे देश में समान रूप

से सम्मान किया जाता है। एकेश्वरवाद, आत्मा की अमरता, पुनर्जन्म, *कर्म, मोक्ष, निर्वाण* आदि सभी संप्रदायों द्वारा माने जाने वाले और पालन किए जाने वाले सिद्धांत हैं। पूर्व काशी या वर्तमान वाराणसी वह स्थान है, जो भारतीय लोगों की आत्मा से जुड़ा हुआ है और इसे देश का सबसे पवित्र स्थान माना जाता है। यह स्थान देश की सबसे महत्वपूर्ण जलधारा गंगा से भी जुड़ा हुआ है। देश गंगा नदी को मां मानता है, क्योंकि यह नदी के पानी से जुड़े विभिन्न तरीकों से लाखों लोगों को भोजन उपलब्ध कराती है। हिंदू तीर्थस्थलों के अन्य महत्वपूर्ण पवित्र स्थान उत्तर में बद्रीनारायण, पश्चिम में द्वारका, दक्षिण में रामेश्वरम और पूर्व में जगन्नाथ पुरी हैं, जो देश की संस्कृति का प्रतिनिधित्व करते हैं और उनमें से प्रत्येक भारत के एक देश होने की बात करते हैं। देश का दूसरा प्रमुख धर्म इस्लाम है। इस्लाम के मानने वाले अलग-अलग पूजा स्थलों पर प्रार्थना करते हैं। ईसाई धर्म को मानने वाले लोगों के भी कई पूजा स्थल हैं। यह भारत के लोगों की मौलिक एकता को दर्शाता है क्योंकि धार्मिक मान्यताओं में विविधता इस तथ्य पर जोर देती है कि भारत एक देश है।

(घ) **भाषा की एकता:** प्राचीन काल से ही भारत में भाषा की एकता रही है। ऐतिहासिक युग में, प्राकृत लोगों की एक आम भाषा थी। इसके बाद पाली और संस्कृत ने प्राकृत भाषा की जगह ले ली। संस्कृत को सबसे पवित्र भाषा के रूप में मान्यता दी गई है और हिंदू धर्म में पूजा के दौरान मंत्रोच्चार आज भी संस्कृत में किया जाता है। इतना ही नहीं, संस्कृत देश की विभिन्न भाषाओं जैसे हिंदी, मराठी, गुजराती, ओड़िया और बंगाली आदि का मूल स्रोत है।

इस प्रकार भारतीय संस्कृति अनेक संस्कृतियों का एक जैविक एवं सामंजस्यपूर्ण संश्लेषण है। इस प्रकार समाज के हर पहलू में अत्यधिक विविधता के बावजूद–सांस्कृतिक मापदंडों के अनुसार, विविधता में एकता है। देश का ऐसा एकीकृत चरित्र रक्त, रंग, भाषा, पोशाक, रीति-रिवाज और संप्रदायों की असंख्य विविधताओं से कहीं आगे है। भारतीय संस्कृति, सभ्यता और इसके इतिहास की अनूठी विशेषता सभी युगों में इसके लोगों द्वारा अपनाई गई सांस्कृतिक मान्यताओं, रीति-रिवाजों और अनुष्ठानों में निहित है।

अभ्यास प्रश्न

1. आज के वैश्वीकृत युग में समाज और संस्कृति किस प्रकार संबंधित हैं?
2. विभिन्न प्रकार के समाजों की विभिन्न विशेषताओं की संक्षेप में व्याख्या कीजिए।
3. उत्तर-औद्योगिक समाजों की विशेषताएँ क्या हैं? सामाजिक स्थान का स्वरूप औद्योगिक से उत्तर-औद्योगिक समाजों में बदल गया है।
4. सामाजिक संपर्क क्या है? इसकी विशेषताएँ और प्रकार बताइए।
5. सामाजिक व्यवहार को परिभाषित करें। समाज-समर्थक व्यवहार किस प्रकार सामाजिक विकास को प्रभावित करता है? समकालीन विश्व में समाज का क्या महत्व है?
6. कृषि, उद्योग, उत्तर-उद्योग, आदि क्षेत्रों में विद्यमान कुछ प्रमुख सामाजिक समूहों की विशेषताओं पर टिप्पणी कीजिए।
7. वैश्विक समाज की महत्वपूर्ण विशेषताओं पर टिप्पणी करें।
8. संस्कृति के विभिन्न घटक क्या हैं? संस्कृति की स्थिति को सांस्कृतिक भूगोल के उप-विषय के रूप में स्पष्ट कीजिए।
9. संस्कृति की अवधारणा का मानवशास्त्रीय आधार क्या है?

10. सामाजिक विज्ञान की अन्य शाखाओं द्वारा प्रयुक्त संस्कृति की अवधारणा की व्याख्या कीजिए।
11. संस्कृति की सामान्य विशेषताओं पर चर्चा करें। सांस्कृतिक मान्यताओं में अंतर कैसे होता है? 'विविधता में एकता' वाले भारत के निर्माण में सहायक कौन होगा?
12. संस्कृति के विभिन्न कार्यों की संक्षेप में व्याख्या कीजिए।
13. 'भारत-सामाजिक और सांस्कृतिक विविधता वाला देश' — व्याख्या कीजिए।
14. भारत को बहुसांस्कृतिक देश क्यों कहा जाता है?

REFERENCES

Harris, Philip R., Robert T. Moran and Sarah V. Moran (2004). *Managing Cultural Differences: Global Leadership Strategies for the 21st Century* (25th Anniversary edition). Elsevier Butterworth—Heinemann, MA, USA & Oxford, UK.

Henslin, James M. (2014). *Essentials of Sociology: A Down-to-Earth Approach*, 12th ed., Pearson, Boston.

Hunt, Elgin F. and David C. Colander (2010). *Social Science: An Introduction to the Study of Society*. Pearson India, New Delhi.

Huntington, Samuel P. (1996). *The Clash of Civilizations and the Remaking of World Order*. Simon & Schuster, Rockfeller Centre, New York, USA.

Jones, Andrew (2015). *Human Geography: The Basics. Routledge*, Oxon & New York.

Srivastava, A.R.N. (2022). *Essentials of Cultural Anthropology*, 2nd ed. PHI Learning, Delhi.

Zelinsky, Wilber (2016). "Process" from the Cultural Geography of the United States (1973), In: Oakes, Timothy S. and Patricia L. Price (Eds.), *The Cultural Geography Reader*. Routledge, London & NY.

https://education.nationalgeographic.org/resource/hadza/ retrieved on 14/04/2023.

https://www.dni.gov/files/ODNI/documents/assessments/GlobalTrends_2040.pdf retrieved on 14/04/2023.

अध्याय 3

सामाजिक भूगोल

अधिगम प्रतिफल

इस अध्याय के अंत में, छात्रों में निम्नलिखित क्षमता विकसित होगी:

- भूगोल विषय की एक शाखा के रूप में सामाजिक भूगोल के दायरे, विकास पैटर्न और विषय-वस्तु को समझना
- सामाजिक भूगोल और सामाजिक विज्ञान के अन्य विषयों के बीच संबंधों की जांच करना।
- सामाजिक प्रणालियों और उनकी विशेषताओं के बारे में जानकारी प्राप्त करना।
- भारतीय सामाजिक व्यवस्था के वर्ग और जाति स्वरूप की पहचान करना।
- भारतीय पारंपरिक और समकालीन सामाजिक परिवेश को आकार देने में मानव व्यवहार और उसकी भूमिका का आकलन करना।

सामाजिक भूगोल अध्ययन की एक नई शाखा है जिसमें सामाजिक घटनाओं का विश्लेषण शामिल है जो सामाजिक विकास के विभिन्न चरणों में घटित होते हैं। यह लोगों और उनके सामाजिक व्यवहार और किसी विशेष स्थानिक सेटिंग में गतिविधियों को समझने के लिए सामाजिक घटनाओं के पैटर्न और प्रक्रियाओं से संबंधित है। दूसरे शब्दों में, पर्यावरण के साथ मानव अंतःक्रिया का संपूर्ण ढांचा और विभिन्न जनसंख्या समूहों द्वारा प्राकृतिक स्थान की विभिन्न अभिव्यक्ति के परिणाम सामाजिक भूगोल का विषय हैं। इस तरह की अंतःक्रिया के परिणामस्वरूप, स्थानिक पैटर्न प्रत्येक स्थान के लिए प्रमुख विशेषता बनाते हैं।

1945 के बाद से दुनिया के सामाजिक-सांस्कृतिक-आर्थिक चरित्र में परिवर्तन मानव समाज की बदलती प्रकृति को प्रभावित करते हैं। भूगोल की अन्य शाखाओं की तुलना में, सामाजिक भूगोल की उत्पत्ति नई है। 1960 के बाद की अवधि में, सामाजिक भूगोल की प्रगति ने तीन रास्ते अपनाए हैं (अहमद, 1999):

1. **एक कल्याणकारी या मानवतावादी स्कूल** जो सामाजिक कल्याण की स्थिति से संबंधित है की व्याख्या कल्याणकारी अर्थशास्त्र के सैद्धांतिक ढांचे के भीतर आवास, स्वास्थ्य और सामाजिक विकृति के स्थानिक मापदंडों के माध्यम से की जा सकती है।

2. **एक कट्टरपंथी स्कूल** जिसने गरीबी के मूल कारणों और सामाजिक व्यवस्था में परिणामी असमानता को समझाने के लिए मार्क्सवादी सिद्धांत का इस्तेमाल किया। यह स्कूल पूंजीवाद के प्रसार के माध्यम से समकालीन सामाजिक समस्याओं की व्याख्या करता है। किसी भी समाज में वर्ग संबंध की व्याख्या कल्याण दृष्टिकोण के माध्यम से भी की जाती है।
3. **एक घटनात्मक स्कूल** जो वास्तविक जीवन के अनुभवों और जातीयता, नस्ल या धर्म के आधार पर सामाजिक श्रेणियों पर जोर देता है।

इस प्रकार यह कहा जा सकता है कि समकालीन सामाजिक भूगोल सैद्धांतिक दृष्टिकोण से मानव भूगोल के विकास के अनुरूप ही विकसित हुआ है। यद्यपि हाल के वर्षों में भौगोलिक अध्ययन में कल्याण दृष्टिकोण या मानवतावादी सरोकार ने असमानता और वर्ग भेद जैसी सामाजिक समस्याओं के कारणों की पहचान के साथ-साथ महत्व प्राप्त किया है; लेकिन अभी भी क्षेत्रीय विभेदन और क्षेत्र निर्माण पर अध्ययन का विकास हो रहा है। तकनीकी उन्नति के इस युग में सामाजिक भूगोल भी रिमोट सेंसिंग की अवधारणा और जीआईएस के विभिन्न उपकरणों के साथ आगे बढ़ने की कोशिश कर रहा है। 20वीं सदी के 20 और 30 के दशक में सामाजिक भूगोल ने शहरीकरण और मानव प्रवास की अवधारणा के साथ अपना शोध शुरू किया। औद्योगीकरण के कारण ग्रामीण क्षेत्रों से लोग शहरी केंद्रों में चले जाते हैं, जिससे दोनों जगहों पर सामाजिक-सांस्कृतिक बदलाव होता है। इस प्रकार शहरीकरण की प्रक्रिया ने नागरिक सुविधाओं तक पहुँच, आवास और संबंधित सामाजिक-रोग संबंधी चिंताएँ, मनोवैज्ञानिक मुद्दे और मानसिक अस्वस्थता जैसे कई सामाजिक मुद्दे पैदा किए। इस अवधि के दौरान ग्रामीण क्षेत्रों से शहरी क्षेत्रों में लोगों के प्रवास में जनसंख्या के सामाजिक-भौगोलिक मापदंड और सांस्कृतिक-जातीय विशेषताएँ एक प्रमुख प्रवृत्ति के रूप में उभरीं। एक सार्वभौमिक शहरी केंद्र (पश्चिमी शहरी जीवन शैली) बनाने के लिए विविध सांस्कृतिक तत्वों के आत्मसात होने के कारण शहरी स्थान का सामाजिक पहलू एक जटिल पहलू में बदल गया। घरेलू स्तर पर या अंतर्राष्ट्रीय स्तर पर लोगों की गतिशीलता ने कुछ जातीय-सांस्कृतिक पहचान विकसित की (जैसे अमेरिकी शहरों में अश्वेत, ब्रिटेन में एशियाई, संयुक्त राज्य अमेरिका में भारतीय, फ्रांस में अफ्रीकी, बॉम्बे में बंगाली, दिल्ली में तमिल, आदि)। इसके परिणामस्वरूप अपने सभी सामाजिक-सांस्कृतिक मुद्दों के साथ घेटोस या डाउनटाउंस का निर्माण हुआ और सामाजिक भूगोल के अध्ययन में यह एक प्रमुख महत्व का विषय बना रहा। यहाँ अलगाव की अवधारणा, विशेष रूप से स्थानिक, सामाजिक और साथ ही सांस्कृतिक दृष्टिकोण से विकसित हुई।

सामाजिक भूगोल के विकास में प्रमुख विषय

1. **मानव पारिस्थितिकी:** सामाजिक भूगोल के विकास के चरण के दौरान, शोधकर्ताओं ने मुख्य रूप से शहरी क्षेत्रों के लिए सामाजिक डेटा के विश्लेषण पर ध्यान केंद्रित किया। सामाजिक क्षेत्र विश्लेषण स्थानिक पहलुओं पर सामाजिक मुद्दों का विश्लेषण करने के लिए एक उपकरण के रूप में उभरा। इस संबंध में, फैक्टोरियल पारिस्थितिकी ने सामाजिक भौगोलिक अनुसंधान को मानव पारिस्थितिकी पर निर्भर बना दिया।
2. **सामाजिक भौतिकी:** 19वीं सदी के मध्य में, ऑगस्टे कॉम्टे ने एक सिद्धांत अपनाया कि भौतिकी की कुछ अवधारणाएँ मानव समाज के विभिन्न मुद्दों का विश्लेषण करने के लिए लागू हो सकती हैं। जे.क्यू. स्टीवर्ट ने 20वीं सदी के 40 के दशक में इस अवधारणा को और विकसित किया। स्टीवर्ट और विलियम वार्न्ट्ज ने बाद में 'मैक्रो-जियोग्राफी' के क्षेत्र को बनाने के लिए सामाजिक भौतिकी के सिद्धांत को विकसित किया। बाद के दिनों में, मानव भूगोल में गुरुत्वाकर्षण मॉडल की अवधारणा विकसित की गई, जहाँ किसी वस्तु के द्रव्यमान को शहरों की आबादी

के आकार से बदल दिया जाता है। यह मॉडल स्थानों के बीच की बातचीत को भी समझाता है। यहाँ एक दूरी कारक का भी उपयोग किया जाता है। अन्य मॉडल एन्ट्रॉपी अधिकतमकरण मॉडल, प्रसार मॉडल, रैंक-आकार नियम का अनुप्रयोग, जनसंख्या क्षमता मॉडल आदि हैं।

3. **सामाजिक क्षेत्र विश्लेषण:** सामाजिक क्षेत्र विश्लेषण की तकनीक को अमेरिकी समाजशास्त्रीय स्कूल द्वारा अपनाया गया था। इस स्कूल के दो विद्वान, एश्रेफ शेवकी और वेंडेल बेल, जिन्होंने यह परिकल्पना की थी कि, एक शहर के भीतर, सामाजिक संबंधों की तीव्रता सामाजिक रैंक पर निर्भर करती है, जहाँ शहरीकरण की प्रक्रिया व्यक्तिगत परिवार (सूक्ष्म पैमाने) से लेकर एक क्षेत्र के पूरे समाज (वृहद पैमाने) तक सांस्कृतिक परिवर्तन की ओर ले जाती है। इस प्रकार, किसी व्यक्ति की जातीय स्थिति भी समाज के सदस्यों के बीच सामाजिक संपर्क में महत्वपूर्ण भूमिका निभाती है।
4. **सामाजिक कल्याण की अवधारणा:** भूगोल में कल्याण दृष्टिकोण सामाजिक कल्याण की अवधारणा से जुड़ा है। सामान्य तौर पर, कल्याण एक ऐसी स्थिति की विशेषता है, जहाँ किसी निश्चित आबादी की बुनियादी मानवीय ज़रूरतें पूरी होती हैं क्योंकि लोगों के पास अपने परिवार का भरण-पोषण करने और अपनी बुनियादी ज़रूरतों को पूरा करने के लिए पर्याप्त आय होती है। उच्च आय वर्ग ने खुद को उस स्थान पर समायोजित किया, जहाँ हर बुनियादी ज़रूरत पूरी होती है और अधिशेष धन विभिन्न अवकाश गतिविधियों में खर्च किया जाता है।

सामाजिक भूगोल की सामग्री

सामाजिक भूगोल भूगोल विषय के अध्ययन की एक नई शाखा है। चूँकि इस शाखा की उत्पत्ति एंग्लो-अमेरिका में हुई थी, इसलिए अधिकांश परिभाषाएँ एंग्लो-अमेरिकन स्कूल के विद्वानों द्वारा दी गई हैं। सामाजिक भूगोल का तात्पर्य पूरे पर्यावरण से संबंधित सामाजिक घटनाओं के संघ के अनुसार पृथ्वी पर विभिन्न क्षेत्रों की पहचान से है (वाटसन, 1957)। यह सामाजिक प्रतिमानों का विश्लेषण और सामाजिक कारणों का मूल्यांकन और सामाजिक और पर्यावरणीय समस्याओं के लिए सुझाए गए समाधान हैं (आइल्स, 1974)। यह उपभोग का अध्ययन है, चाहे व्यक्तियों द्वारा या समूहों द्वारा (जॉनस्टन, 1981)। जैक्सन और स्मिथ (1984) के शब्दों में, सामाजिक भूगोल एक अंतःक्रियावादी दृष्टिकोण है जिसका उद्देश्य यह पता लगाना है कि सामाजिक संरचना को सामाजिक संपर्क के माध्यम से कैसे परिभाषित और बनाए रखा जाता है। यह सामाजिक संबंधों की स्थानिक संरचना के माध्यम से भौगोलिक रूप से सामाजिक जीवन के गठन के तरीके का भी अध्ययन करता है।

सामाजिक भूगोल की विषय-वस्तु के संदर्भ में, छह विषय महत्वपूर्ण हैं जिसके आधार पर भूगोल की इस शाखा का स्पष्टीकरण मिलता है:

सबसे पहले, अध्ययन की यह शाखा 'स्थान' के विश्लेषण पर केंद्रित थी। यह भूगोल की विषय-वस्तु की अवधारणा का अनुसरण करती है, जो एक स्थानिक विज्ञान है। विभिन्न सामाजिक समूह अपने आवास के प्राकृतिक वातावरण के आधार पर विभिन्न गतिविधियाँ करते हैं। अध्ययन में स्थानिक मापदंडों से जुड़े स्वदेशी लोगों के आजीविका पैटर्न और पर्यावरण में मानव सामाजिक समूहों द्वारा की जाने वाली गतिविधियाँ शामिल हैं। सामाजिक भूगोल ऐसी गतिविधियों और प्रक्रियाओं के कारणों का पता लगाता है जिनके माध्यम से लोग अपने क्षेत्र विशेष की गतिविधियाँ करते हैं। आवास का स्थान—गाँव या शहर (ग्रामीण या शहरी); पहाड़ी या तटीय; महाद्वीपीय या द्वीप — ये सभी सामाजिक भूगोल में मानवीय गतिविधियों की चर्चा की सामग्री बनाते हैं।

दूसरा, गतिविधियों के पैटर्न की पहचान करना अध्ययन की इस शाखा का एक और महत्वपूर्ण विषय है। इस संबंध में, सबसे पहले, एक सामाजिक भूगोलवेत्ता को उस विशेष मानवीय गतिविधि की पहचान करनी चाहिए, जिसके संचालन के पैटर्न

को इंगित करने की आवश्यकता है। फिर उपलब्ध जानकारी को छांटना आवश्यक है ताकि यह देखा जा सके कि कोई पैटर्न उभरता है या नहीं। उदाहरण के लिए, यदि शहरी आप्रवासियों का वितरण विषय है, तो सांद्रता के क्षेत्रों का पता लगाना विश्लेषण का केंद्रीय विषय बन जाता है। यहाँ, 'शहरी' और 'आप्रवासी' — ये दो शब्द महत्वपूर्ण हैं और इन्हें स्पष्ट करने की आवश्यकता है और सांद्रता के विभिन्न क्षेत्रों को स्पष्ट किया जाना चाहिए। अगले चरण में, वितरण की मैपिंग करना महत्वपूर्ण है ताकि वितरण की रूपरेखा को और अधिक स्पष्ट किया जा सके।

तीसरा, किसी भी सामाजिक क्रिया के पीछे प्रक्रियाओं की विविधता भी एक अन्य विषय है। सामाजिक भूगोलवेत्ता को इस विश्लेषण पर ध्यान केंद्रित करना चाहिए कि 'कोई भी वितरण ऐसा क्यों है?' दूसरे शब्दों में, किसी भी वितरण के मामले में, जिम्मेदार कारकों की पहचान की जानी चाहिए और फिर इस सवाल का जवाब देना चाहिए कि 'क्या इस तरह के वितरण का कोई पैटर्न उभरता है?' अगर 'हाँ', तो यह क्या है और अगर 'नहीं', तो यह क्यों है। इसका मतलब है कि सामाजिक भूगोलवेत्ता को उन प्रक्रियाओं का पता लगाना चाहिए जो किसी भी गतिविधि से उत्पन्न होने वाले विशेष प्रकार के पैटर्न को जन्म देती हैं। शहरी प्रवासियों के वितरण के अध्ययन में, सामाजिक भूगोलवेत्ता को इस तरह के स्थानिक वितरण के कारणों के साथ-साथ इस तरह के वितरण के पैटर्न का भी पता लगाना चाहिए।

चौथा, सामाजिक भूगोलवेत्ता का कार्य सामाजिक समस्याओं और उनके क्षेत्रीय संकेन्द्रण की पहचान करना है। यहाँ, सामाजिक समस्याएँ उन गड़बड़ियों से संबंधित हैं, जो किसी विशेष कारण से उत्पन्न होती हैं और उन्हें सांस्कृतिक रूप से प्रेरित (जैसे, नागरिकों में धार्मिक अशांति) या सामाजिक रूप से प्रेरित (जैसे, जाति आधारित भेदभाव और परिणामी सामाजिक अशांति) या राजनीतिक रूप से प्रेरित (राजनीतिक विचारधारा में मतभेद और संबंधित सामाजिक समस्याएँ) या कभी-कभी आर्थिक रूप से प्रेरित (वर्ग उन्मुख सामाजिक गड़बड़ी) सामाजिक समस्याएँ कहा जा सकता है। लेकिन किसी भी सामाजिक समस्या के होने के बाद, जब यह बड़ी आबादी में फैलती है, तो समाज के अन्य वर्ग भी प्रभावित होते हैं, जिससे वास्तविक कारण की पहचान करना मुश्किल हो जाता है। उदाहरण के लिए, यूनिवर्सिटी ऑफ़ ईस्ट एंग्लिया, यूके के शोधकर्ताओं द्वारा किए गए एक शोध से पता चलता है कि, कम साक्षरता के परिणामस्वरूप अवसाद, चिंता और अकेलेपन जैसी मानसिक स्वास्थ्य समस्याएँ होती हैं (द हिंदू, 27 जनवरी, 2023)। यानी सामाजिक रूप से प्रेरित समस्या अंततः नागरिकों में मनोवैज्ञानिक समस्याओं का कारण बनती है। हालाँकि, प्रत्येक सामाजिक समस्या पर उनके कारण, लक्षित समूह, प्रभावित समूह और परिणामों के संदर्भ में विस्तार से चर्चा करने की आवश्यकता है। कुछ समस्याएं पर्यावरण से संबंधित होती हैं, जो पुनः सामाजिक भूगोल के विषय-वस्तु के अंतर्गत आती हैं क्योंकि यह मानव सभ्यता को प्रभावित करती हैं।

पाँचवें, सामाजिक भूगोलवेत्ता का काम न केवल समस्या की पहचान करना और उसके स्थानिक वितरण के पैटर्न का पता लगाना है, बल्कि इन समस्याओं को मिटाने के तरीके भी सुझाना है। उचित सामाजिक नियोजन के लिए सुझाव भी तैयार किए जाने चाहिए। नियोजन में समाज के प्रत्येक सदस्य की भूमिका, सरकारी पहल के साथ-साथ गैर सरकारी संगठनों के प्रदर्शन भी शामिल हैं। इस प्रकार, उचित सामाजिक नियोजन का उद्देश्य किसी भी सामाजिक समस्या के स्थानिक प्रसार को कम करना और प्रभावित समूह से सामाजिक पदानुक्रम के अन्य समूहों में समस्या के ऊर्ध्वाधर प्रवाह को कम करना है। उदाहरण के लिए, किसी विशेष समाज में बाल शोषण की समस्या को मिटाने की योजना को इसके क्षैतिज (स्थानिक पहलू) और ऊर्ध्वाधर (समाज के एक तबके से दूसरे तबके तक, जैसे निम्न आय वर्ग से उच्च या सड़क पर रहने वाले बच्चों से युवा पीढ़ी के दूसरे हिस्से तक) परिणामों को रोकने के लिए तैयार किया जाना चाहिए। सामाजिक भूगोलवेत्ता का मुख्य लक्ष्य किसी भी सामाजिक समस्या को मिटाने के लिए एक उचित योजना तैयार करना है ताकि यह फैलना बंद हो जाए और कोई अन्य समस्या पैदा न हो।

छठा, किसी भी सामाजिक मुद्दे का प्रबंधन एक नया दृष्टिकोण है। यानी सामाजिक प्रबंधन समय की मांग है और समकालीन सामाजिक भूगोलवेत्ताओं को एक फ्लो चार्ट बनाने में लग जाना चाहिए, ताकि किसी भी सामाजिक समस्या का प्रबंधन समाज के दूसरे तबके को प्रभावित करने से पहले ही किया जा सके।

बॉक्स 3.1 कॉर्पोरेट सामाजिक उत्तरदायित्व (सीएसआर)

सामाजिक जिम्मेदारी की अवधारणा 1970 के दशक की है और यह संगठनों और उनके राजनीतिक, आर्थिक, सामाजिक-सांस्कृतिक और तकनीकी वातावरण के बीच संबंधों को समझाती है। वैश्वीकरण के इस युग में, वैश्विक स्तर पर संगठनों और समाज के बीच बढ़ती बातचीत को क्षेत्रीय विकास का आधार माना जाता है। यहाँ कॉर्पोरेट सामाजिक जिम्मेदारी की अवधारणा आती है, जो किसी भी संगठन द्वारा सामाजिक सेवा करने के लिए अपनाई गई स्वैच्छिक प्रतिबद्धता को संदर्भित करती है क्योंकि यह माना जाता है कि, लाभ कमाने के अलावा इन संगठनों की समाज की बेहतरी के लिए कुछ करने की जिम्मेदारी भी है। इसके साथ ही, एक और अवधारणा शामिल है जो एल्किंगटन (1997) द्वारा पेश की गई ट्रिपल बॉटम लाइन है। यह संगठनों की लाभ, इस ग्रह और लोगों के लिए जिम्मेदारियों के संदर्भ में एक सामान्य परिचालन प्रदान करता है। इस अवधारणा को सामाजिक अनुसंधान, आर्थिक अनुसंधान और क्षेत्रीय विज्ञान अनुसंधान के साथ-साथ रणनीति और मानव संसाधन प्रबंधन पर लेखकों द्वारा अनुसंधान की विभिन्न पंक्तियों में अपनाया गया है।

स्रोत: लेसिंक एट अल., 2013.

सामाजिक भूगोल का दायरा

सामाजिक भूगोल मुख्य रूप से सामाजिक संबंधों, अंतर्क्रियाओं, पहचानों और असमानताओं तथा इनके निर्माण के तरीकों से संबंधित विचारों से जुड़ा है। आर.ई. पहल (1979) के अनुसार, सामाजिक भूगोल मानव सभ्यता के सामाजिक ढांचे में स्थानिक मंच पर पैटर्न और प्रक्रियाओं की पहचान से जुड़ा है। इस प्रकार, इस विषय का दायरा स्थानिक संदर्भ में मनुष्य की स्थिति के साथ-साथ मानवीय गतिविधियों के लिए जिम्मेदार प्रक्रियाओं का अध्ययन करना है। इस अध्ययन का दायरा अंतरिक्ष के संदर्भ में मानवीय प्रदर्शनों का विवरण और मानवीय गतिविधियों को आकार देने वाली प्रक्रियाओं और पैटर्न का विश्लेषण करने से भी संबंधित है। समकालीन भारत के कुछ महत्वपूर्ण सामाजिक मुद्दे हैं— शैक्षिक पिछड़ापन, गरीबी (शहरी गरीबी और ग्रामीण गरीबी दोनों), जनजातीय अविकसितता, जातिगत भेदभाव, सूखे, अभाव और अकाल के कारण सामाजिक अशांति, बड़ी नदी घाटी परियोजनाओं द्वारा लोगों का विस्थापन, विकास के स्तरों में असमानताएं आदि, जिन पर शोध का अधिक ध्यान गया। हालाँकि, संक्षेप में सामाजिक भूगोल का दायरा कुछ प्रमुख सामाजिक मुद्दों तक फैला हुआ है, जो सूक्ष्म पैमाने से लेकर मध्य पैमाने और अध्ययन के वृहद पैमाने तक समाज के विभिन्न वर्गों को कवर करता है। अत:, स्थान, पैटर्न और प्रक्रियाएँ सामाजिक भूगोल के अध्ययन के तीन मूल विषय हैं। इन्हें इस प्रकार समझाया जा सकता है:

सामाजिक संबंध: यह समाज की नींव है। संबंध दो प्रकार के होते हैं— सकारात्मक और नकारात्मक। सकारात्मक संबंध नागरिकों के बीच सकारात्मक ऊर्जा पैदा करते हैं और सामाजिक गतिविधियों को सुचारू रूप से संचालित करने के लिए स्थिति स्थापित करने में मदद करते हैं; जबकि नकारात्मक संबंध गलतफहमी पैदा करते हैं और सामाजिक अशांति का कारण बनते हैं।

सामाजिक अंत:क्रिया: सामाजिक अंत:क्रिया से तात्पर्य आपसी समायोजन और आपसी संबंधों से है जो समाज के नागरिकों के बीच समझ और दो या दो से अधिक व्यक्तियों और समूहों के बीच प्रतिक्रिया पर आधारित है। ऐसी प्रतिक्रिया प्रतीकों, भाषा, हाव-भाव और विचारों की अभिव्यक्ति के माध्यम से संप्रेषित की जाती है। सामाजिक संपर्क कई प्रकार के हो सकते हैं जैसे– व्यक्ति और व्यक्ति के बीच, व्यक्ति और समूहों के बीच, समूहों और समूहों के बीच, व्यक्ति और सामाजिक समूहों के सांस्कृतिक अनुष्ठानों के बीच और भी बहुत कुछ।

सामाजिक मुद्दों की स्थानिक भिन्नता: विभिन्न सामाजिक मुद्दों की स्थानिक भिन्नता और उनके निर्माण में किसी भी प्रकार के क्षेत्र की भूमिका समकालीन काल में सामाजिक भूगोल के अध्ययन के महत्वपूर्ण क्षेत्रों में से एक है। बिना बातचीत के समूह जीवन नहीं हो सकता। विषय का स्थानिक पहलू मुख्य तत्वों — किसी व्यक्ति या व्यक्तियों के समूह का पर्यावरणीय, सामाजिक, सांस्कृतिक, आर्थिक और राजनीतिक व्यवहार को संदर्भित करता है। सामाजिक भूगोल में स्थान की अवधारणा को विभिन्न मापदंडों के आधार पर कई उप-समूहों में वर्गीकृत किया जा सकता है।

सामाजिक समूह: यह विनिमय योग्य विशेषताओं वाले व्यक्तित्वों के परस्पर संपर्क का स्थान है। सामाजिक समूह लोगों के ऐसे समूह को कहते हैं, जहाँ सदस्य नियमित आधार पर आपस में बातचीत करते हैं, वे सामाजिक संरचना और मानदंडों को नियंत्रित करते हैं और उनके द्वारा नियंत्रित होते हैं। सदस्यों के बीच बातचीत नियमित आधार पर संचार के माध्यम से होती है। प्रत्येक सदस्य की गतिविधियों से एक विशेष संरचना भी विकसित होती है जो एक विशिष्ट स्थिति ग्रहण करती है और एक विशेष भूमिका अपनाती है।

सामाजिक पहचान: हर सामाजिक समूह के सदस्यों में पहचान की भावना विकसित होती है। पहचान व्यक्ति, समुदाय, संस्था, संगठन और सामाजिक आधार पर होती है। एक समाज में कई समुदाय अपनी विशिष्ट विशेषताओं के साथ स्थित हो सकते हैं। इससे सामाजिक समूहों की पहचान बनाने में मदद मिलती है।

सामाजिक विविधता: समाज विभिन्न स्थानों से आने वाले लोगों से बनता है, जिनके पास विभिन्न विशेषताएं होती हैं। यह अक्सर समाज में विविधता पैदा करता है, जहाँ लोग अलग-अलग पृष्ठभूमि, सामाजिक वर्ग, धार्मिक विश्वास, जातीय चरित्र आदि से आत्मसात होते हैं।

सामाजिक स्थान: सामाजिक भौगोलिक विश्लेषण के लिए, सामाजिक गतिविधि के पैटर्न की पहचान करना महत्वपूर्ण है। दरअसल, मनुष्य अपनी विशेषताओं के साथ नक्काशी करके अपना स्थान बनाता है। इसलिए स्थान का महत्व उस स्थान की उपयोगिता के अनुसार लोगों की गतिविधि का परिणाम है। यह सामाजिक स्थान है। एक सामाजिक स्थान को भौतिक या आभासी स्थान के रूप में परिभाषित किया जाता है, जहाँ लोग एक-दूसरे के साथ बातचीत करते हैं, जैसे कि एक सामाजिक केंद्र, ऑनलाइन सोशल मीडिया या अन्य सभा मंच। कुछ सामाजिक स्थान जैसे कि शहर के चौराहे या पार्क सार्वजनिक स्थान हैं और अन्य जैसे कि पब, वेबसाइट या शॉपिंग मॉल निजी स्थान हैं।

सामाजिक प्रक्रियाएँ: किसी स्थान कार्य करने वाली प्रक्रियाओं की विविधता विशेष प्रकार की सामाजिक प्रक्रियाएँ बनाती है। इन प्रक्रियाओं को सामाजिक प्रक्रियाएँ कहा जाता है। एक ओर, प्रक्रियाओं में व्यक्तिगत व्यवहार शामिल होता है, यानी सूक्ष्म प्रक्रिया और दूसरी ओर, प्रक्रियाओं में समुदाय शामिल होते हैं, यानी वृहद प्रक्रियाएँ सामाजिक भूगोल के इस अध्ययन का दायरा हैं।

सामाजिक-सांस्कृतिक क्षेत्र: सामाजिक-सांस्कृतिक क्षेत्र से तात्पर्य लोगों द्वारा अपनी संस्कृति के आधार पर बनाए गए स्थान से है। अद्वितीय विशेषताएँ। सामाजिक पदानुक्रम, व्यवसाय, परंपराएँ, राजनीतिक आदर्श आदि सहित विभिन्न सामाजिक, सांस्कृतिक, आर्थिक और राजनीतिक विशेषताएँ सामाजिक-सांस्कृतिक क्षेत्र बनाने में मदद करती हैं। उदाहरण के लिए, खाद्य प्राथमिकताएँ सामाजिक-सांस्कृतिक क्षेत्र को चित्रित करने के लिए एक महत्वपूर्ण पैरामीटर हो सकती हैं। दक्षिण भारत में खाना पकाने में करी पत्ते और नारियल तेल का उपयोग किया जाता है, जबकि उत्तर भारत में खाना पकाने में सरसों का तेल और धनिया पत्ती का उपयोग किया जाता है।

मानचित्रण: भूगोल की एक शाखा के रूप में सामाजिक भूगोल हमेशा किसी भी सामाजिक मुद्दे की व्याख्या मानचित्रों के माध्यम से करता है। यदि हम स्थानिक वितरण का उपयोग करते हैं, तो मानचित्रों और आरेखों के माध्यम से समाज के किसी

भी मुद्दे को दर्शाना आसान है। समकालीन शोध में, कंप्यूटर प्रौद्योगिकी के ज्ञान के साथ-साथ जीआईएस और उपग्रह इमेजरी का अनुप्रयोग शोधकर्ताओं को इस संबंध में मदद करता है। एक सामाजिक योजनाकार किसी भी सामाजिक समस्या का उचित मूल्यांकन करने तथा परिणामों की तीव्रता की व्याख्या करने के लिए मानचित्रों का उपयोग कर सकता है।

सामाजिक भूगोल का विकास और वृद्धि

आइल्स के अनुसार, सामाजिक भूगोल ला ब्लाचे और हंस बोबेच के दर्शन की निरंतरता है। अहमद (1999) के अनुसार, 1945 तक, भूगोल की शाखा 'सामाजिक घटनाओं के संघों के पैटर्न को दर्शाते हुए विभिन्न क्षेत्रों की पहचान' से संबंधित थी। 1920 और 1930 के दशक के दौरान, सामाजिक भूगोल ने शहरी क्षेत्रों में जनसंख्या के अध्ययन के साथ अपनी यात्रा शुरू की, इसकी जातीय संरचना, जनसंख्या का धार्मिक आधार — ये सभी सामाजिक भूगोलवेत्ताओं के लिए विषय के क्षेत्र थे। शहरी स्थान की सामाजिक विशेषताओं का विश्लेषण अध्ययन की इस शाखा के महत्वपूर्ण विषय के क्षेत्र हैं। शहर और इसके विशिष्ट कार्यों के परिणामस्वरूप विविध संस्कृतियों वाले लोगों का आत्मसात होता है। 1950 के दशक तक जनसंख्या विशेषताओं पर जोर सामाजिक भूगोल का मुख्य विषय था। बाद की अवधि में किसी भी क्षेत्र की जनसंख्या विशेषताओं के बारे में अधिक क्षेत्र-विशिष्ट विश्लेषण प्राप्त करने के लिए मात्रात्मक डेटा और तकनीकों को शामिल किया गया। इस अवधि के दौरान, सामाजिक क्षेत्र विश्लेषण सामाजिक भूगोल में विश्लेषण का मुख्य उपकरण बन गया। बाद में, मानव पारिस्थितिकी के अध्ययन ने भी सामाजिक घटनाओं के विश्लेषण को बढ़ावा दिया।

पश्चिमी दुनिया में सामाजिक भूगोल का विकास समकालीन सामाजिक महत्व की राजनीतिक घटनाओं के जवाब में हुआ। उदाहरण के लिए, वियतनाम युद्ध और समाज में इससे जुड़े परिणाम। हालाँकि यह एक राजनीतिक मुद्दा था, लेकिन इसने अमेरिकी समाज की सामाजिक विशेषताओं जैसे गरीबी और सामाजिक असमानता को बड़े पैमाने पर प्रभावित किया। गरीबी, नस्लीय संघर्ष, अपराध, स्वास्थ्य समस्याओं आदि के अन्य मुद्दों को भी सामाजिक भूगोल में बहुत महत्व दिया गया। हालाँकि, जोन्स और आइल्स ने अध्ययन की इस शाखा को एक सामाजिक समूह दृष्टिकोण के रूप में वर्णित किया और 1960 के दशक से इस अध्ययन की प्रगति तीन अलग-अलग लेकिन अन्योन्याश्रित रास्तों में हुई, जैसे (सिन्हा, 2013):

(क) **एक कल्याण या मानवतावादी स्कूल:** इस विचारधारा का मुख्य सरोकार सामाजिक कल्याण के इर्द-गिर्द घूमता है। यह कल्याण अर्थशास्त्र के व्यापक ढांचे के भीतर आवास, स्वास्थ्य और सामाजिक विकृति के क्षेत्रीय मापदंडों की अभिव्यक्ति के रूप में उत्पन्न हुआ था। वास्तव में, मानवतावादी दृष्टिकोण कांट, हम्बोल्ट, रिटर और ब्लाचे के भौगोलिक लेखन में व्याप्त है, जिसमें मानव एजेंसी, मानव चेतना और मानव रचनात्मकता पर मुख्य जोर दिया गया है (सिंह, 2009)। मानवतावादी दृष्टिकोण ऐनी ब्यूटिमर, यी-फू तुआन, गुन्नार ओल्सन, ली और सैमुअल्स के कार्यों में पाया जाता है।

कल्याण दृष्टिकोण के समर्थक डी.एम. स्मिथ हैं, जिन्होंने तर्क दिया कि, मानव कल्याण अवधारणा मानव भूगोल का एक महत्वपूर्ण फोकस क्षेत्र प्रदान करती है। यह दृष्टिकोण मूल रूप से चार बुनियादी कार्यों से जुड़ा है—विवरण, स्पष्टीकरण, मूल्यांकन और नुस्खा। इन कार्यों का उपयोग विकास और अविकसितता, गरीबी, सामाजिक असमानताओं और इसी तरह के विभिन्न सवालों के जवाब देने के लिए किया जाता है (सिंह, 2009)।

(ख) **एक कट्टरपंथी स्कूल:** गरीबी और सामाजिक असमानता के मूल कारणों को समझाने के लिए, कट्टरपंथी स्कूल मार्क्सवादी व्याख्या के सिद्धांत का उपयोग करता है। इस स्कूल ने समकालीन सामाजिक समस्याओं को पूंजीवाद

के विकास से जोड़ा। मुख्य चिंता पूंजीवाद के कारण सामाजिक संरचना की आंतरिक विसंगतियाँ थीं। शहरों में रहने वाले समुदाय, उनके संगठन, उनकी समस्याएं — सभी को इस स्कूल के अंतर्गत वर्ग संबंधों की अवधारणा और मार्क्सवादी व्याख्या के माध्यम से समझाया गया है।

(ग) **एक परिघटना संबंधी स्कूल:** इसने समाज में एक व्यक्ति के जीवित अनुभव को असाधारण महत्व दिया। जातीयता, नस्ल और धर्म के आधार पर स्थान की धारणा भी प्रमुख चिंता का विषय है।

दूसरे शब्दों में, पश्चिमी दुनिया का समकालीन सामाजिक भूगोल मानव भूगोल के सैद्धांतिक ढांचे के समानांतर विकसित होता है क्योंकि सभी विचारधाराएँ इसी के सैद्धांतिक पहलू को लेकर विकसित हुईं। सामाजिक असमानता और वर्ग आधारित शोषण के कारणों को क्षेत्रीय विभेदीकरण के विश्लेषण की परंपरा से बदल दिया गया है। अमेरिकी स्कूल ने शहरी जनसंख्या संरचना और शहरी सामाजिक व्यवहार और सामाजिक संपर्क प्रक्रियाओं के विश्लेषण के लिए एक तकनीक के रूप में सामाजिक क्षेत्र विश्लेषण को अपनाया। एक और अवधारणा, जिसे पश्चिमी सामाजिक भूगोलवेत्ताओं ने अधिक प्राथमिकता दी है, वह है सामाजिक कल्याण की अवधारणा। इस स्कूल के अनुसार, सामाजिक कल्याण एक ऐसा चरण है जिसमें बुनियादी मानवीय ज़रूरतें पूरी होती हैं क्योंकि लोग अपनी मांग को पूरा करने के लिए पर्याप्त कमाते हैं।

यह अवधारणा पूंजीवाद की अवधारणा के अंतर्गत आती है, क्योंकि उच्च आय वर्ग आवास, नागरिक सुविधाएं, स्वास्थ्य, शिक्षा और मनोरंजन जैसी इष्टतम स्थितियों का निर्माण करते हैं। इस प्रकार, खुशहाली की स्थिति तभी प्राप्त होती है जब आय सभी बुनियादी जरूरतों को पूरा करने के लिए पर्याप्त हो।

सामाजिक भूगोल का अन्य सामाजिक विज्ञानों के साथ संबंध

सामाजिक भूगोल का पुरातत्व, सामाजिक नृविज्ञान, समाजशास्त्र और मानविकी के साथ घनिष्ठ संबंध है। सामाजिक संरचना के मूल्यांकन में अपनी उत्पत्ति के साथ, अध्ययन की यह शाखा सामाजिक प्रक्रियाओं के साथ-साथ सामाजिक परिवर्तन की व्याख्या के साथ विकसित हुई। अपने विकास क्रम में, भूगोल की इस शाखा का अन्य सामाजिक विज्ञानों के साथ पर्याप्त संपर्क है।

(क) **पुरातत्व के साथ संबंध:** सामाजिक भूगोल और पुरातत्व का घनिष्ठ संबंध है क्योंकि हम जानते हैं कि 'वर्तमान अतीत की कुंजी है'। हमारी प्राचीन सभ्यता के बाद से, पुरातात्विक विचारों के विकास ने सामाजिक घटनाओं के विश्लेषण के स्थानिक आयाम को प्रभावित किया है, जो स्थानिक और भौगोलिक स्थितियों के साथ उनके संसाधन उपयोग और संसाधन संरक्षण के सामयिक विश्लेषण को उजागर करता है। उदाहरण के लिए, नवपाषाण काल से ताम्रपाषाण काल तक कृषि समुदायों के विकास में नदी घाटियों की भूमिका और 'जनपद' या बड़ी बस्तियों जैसे प्राचीन शहरों के उद्भव पर भी पुरातात्विक दृष्टिकोण से सामाजिक घटनाओं के विश्लेषण के माध्यम से चर्चा की जा सकती है।

(ख) **मानव विज्ञान से संबंध:** सामाजिक भूगोल से संबंधित एक और अध्ययन मानव विज्ञान है। यह दुनिया के कुछ स्थानों पर मानव के विकास से संबंधित है। मानव सभ्यता का विकास और वृद्धि भी मानव विज्ञान के दायरे में आती है, जब यह मानव सभ्यता के विकास से जुड़ी होती है।

(ग) **समाजशास्त्र से संबंध:** सामाजिक भूगोल का समाजशास्त्र से घनिष्ठ संबंध है। दोनों अध्ययन स्थानिक और लौकिक व्याख्या के संदर्भ में सामाजिक प्रक्रियाओं, सामाजिक व्यवस्था, सामाजिक अंतःक्रिया, सामाजिक संबंधों से संबंधित हैं।

(घ) **मानविकी के साथ संबंध:** सामाजिक-भाषाविज्ञान अक्सर पारिस्थितिकी, भाषा संरचना, भाषा के पारिस्थितिक चरित्र, बोलियों, अनुवाद और संपादन में रोजगार के अवसरों आदि के बारे में बात करता है। दोनों विषय सांस्कृतिक विविधता, संचार और उसके परिणामों में रुचि रखते हैं। इसके अलावा, सामाजिक भूगोल के अध्ययन में वक्ता के भौगोलिक स्थान के अध्ययन को शामिल किया गया है और वक्ताओं के अन्य लोगों में विस्थापन या आत्मसात करने का संकेत दिया गया है।

सामाजिक संरचना

इस धरती पर हर समाज विभिन्न मूलों से प्राप्त विभिन्न तत्वों से बना होता है। इस प्रकार विभिन्न तत्वों से उत्पन्न सामाजिक विविधता समाज के भीतर सांस्कृतिक विविधता को जन्म देती है। सामाजिक धागों और जातीय पहचानों में अंतर होते हैं, जिसके परिणामस्वरूप मजबूत और स्पष्ट सांस्कृतिक अंतर होते हैं। दुनिया के लगभग सभी धर्मों में जनजातीय रूपों से लेकर जीववाद और कुलदेवतावाद तक हिंदू धर्म, बौद्ध धर्म, ईसाई धर्म, इस्लाम, सिक्किम, जैन धर्म आदि कुछ विशेष जीवन शैली का पालन करते हैं, कुछ विशिष्ट अवधारणाओं को मानते हैं। इसने हर समाज की संरचना और पदानुक्रम में अपनी उल्लेखनीय अभिव्यक्तियाँ दिखाई हैं।

भारत में सामाजिक संरचना

भारत विविधतापूर्ण प्राकृतिक संसाधनों वाला देश है। हालाँकि, भारतीय नदी प्रणालियाँ, चाहे वे बड़ी हों या छोटी, लाखों लोगों को आजीविका के साधन प्रदान करती हैं और साथ ही आदिम समूहों के लिए पारिस्थितिक स्थान भी प्रदान करती हैं। गंगा से ब्रह्मपुत्र तक, साबरमती से गोदावरी, कृष्णा और कावेरी तक नदी घाटियों के उपनिवेशीकरण की प्रारंभिक प्रक्रियाओं ने जातीय, जनजातीय और सांस्कृतिक मापदंडों में स्थानिक विविधता में विशेष विशिष्टता पेश किया है। इतिहास से पता चलता है कि पहली सहस्राब्दी ईसा पूर्व के मध्य में जनपदों के विकास ने सामाजिक भेदभाव प्रक्रिया की शुरुआत को दर्शाया। कुछ इतिहासकारों, पुरातत्वविदों का मानना है कि नदी घाटियाँ सांस्कृतिक विशेषताओं में विशिष्टता के विकास के माध्यम से आकर्षण के क्षेत्र के रूप में उभरीं। इस तरह का सांस्कृतिक मैट्रिक्स भारत की आबादी की सांस्कृतिक विविधता का प्रतिनिधित्व करता है।

भारत में सामाजिक विविधता प्राकृतिक और मानव संसाधनों के स्थानिक वितरण के आधार पर देश की आबादी की नस्लीय, धार्मिक, सांस्कृतिक, आर्थिक और राजनीतिक विविधता की सबसे महत्वपूर्ण अभिव्यक्ति है। जातीय मूल में विविधता प्रोटो-ऑस्ट्रेलॉयड और मंगोलॉयड तथा भूमध्यसागरीय, पश्चिमी ब्रैकीसेफेलिक समूहों, नॉर्डिक की विभिन्न शाखाओं के अस्तित्व के माध्यम से प्रकट होती है, जिन्होंने देश की भौतिक और जलवायु सेटिंग्स द्वारा प्रदान किए गए अपने विशेष पारिस्थितिक स्थानों का निर्माण किया है। जनजातीय पहचान जातीय क्षेत्रों की विविधता के आधार पर जनसंख्या के बीच विविधता उत्पन्न करती है। जनजातीय आबादी में संथाल, गोंड, भील, मुंडा, ओरांव, लेप्चा, तमांग, शेरपा, होस, टोडा, अपातानी आदि के बड़े और छोटे जातीय समूह शामिल हैं। भारतीय जनजातीय समाज का विषम चरित्र कभी-कभी जनजातीय मामलों के प्रशासन में गंभीर समस्याएं पैदा करता है। भारतीय समाज के जनजातीय और गैर-आदिवासी खंड में अंतर क्षेत्रीय भेदभाव पैदा करते हैं। उत्तर-पूर्व भारत में, ब्रह्मपुत्र घाटी और हिमालयी बेल्ट के पहाड़ी और जंगली इलाकों में जनजातीय संकेन्द्रण देखा जा सकता है। इसका एक अन्य संकेन्द्रण देश के मध्य भाग में है जो पश्चिमी घाट से लेकर पूर्व में राजमहल पहाड़ियों तक फैला हुआ है।

सामाजिक व्यवस्था

सामाजिक व्यवस्था की अवधारणा का विश्लेषण टैल्कॉट पार्सन्स ने किया है। उनका वैचारिक ढांचा सामाजिक व्यवस्थाओं की विभिन्न संरचनाओं और प्रक्रियाओं पर आधारित था, जो कि पिछले प्रख्यात समाजशास्त्रियों के कार्यों से प्राप्त किया गया था। इस अवधारणा को सरल आदिम समाजों के साथ-साथ जटिल आधुनिक औद्योगिक समाजों के सदस्यों के बीच सामाजिक संबंधों को समझाने के लिए लागू किया जा सकता है। सामाजिक व्यवस्था की अवधारणा को आम तौर पर समाज के एक सदस्य के रूप में मनुष्य के समाज के अन्य सदस्यों के साथ विविध संबंधों के लिए संदर्भित किया जाता है। इसे 'एक सीमित स्थिति में एक दूसरे के साथ प्रत्यक्ष या अप्रत्यक्ष रूप से अंतःक्रिया करने वाले सभी कर्ताओ की बहुलता' के रूप में परिभाषित किया गया है (मिशेल, 1979)। इस तरह के विविध संबंध परिवारों, राजनीतिक दलों, रिश्तेदारी समूहों, संस्थानों आदि में होते हैं और इन्हें सामाजिक व्यवस्था माना जा सकता है। सामाजिक व्यवस्था सामाजिक संपर्क का मूल है जो सामाजिक संबंधों की बुनियादी संरचना प्रदान करती है।

पार्सन ने अपनी पुस्तक 'द स्ट्रक्चर ऑफ सोशल एक्शन' (1937) में सामाजिक व्यवस्था के सिद्धांत के बारे में चर्चा की है। उन्होंने परेटो, दुर्खीम और मैक्स वेबर जैसे कई प्रख्यात सामाजिक वैज्ञानिकों के योगदान की समीक्षा की और उनके योगदान को तीन व्यापक विचारधाराओं में विभाजित किया— उपयोगितावादी, प्रत्यक्षवादी और आदर्शवादी।

उपयोगितावादी

उपयोगितावादी स्कूल (एक दार्शनिक दृष्टिकोण) इस तथ्य में विश्वास करता है कि सुख दुख से बेहतर है और यह स्कूल जेरेमी बेंथम (1748–1832) के नाम से जुड़ा है, जो ब्रिटिश उपयोगितावादी स्कूल ऑफ फिलॉसफी के संस्थापक थे और बाद में जेम्स मिल (1773–1836) और उनके योग्य बेटे जॉन स्टुअर्ट मिल (1806–1873) द्वारा इसका नाम जोड़ा गया। "...एपिकुरस से लेकर बेंथम तक, जिन्होंने उपयोगिता के सिद्धांत को बनाए रखा, उनका मतलब सुख से अलग कुछ नहीं था, बल्कि सुख ही था, साथ ही दुख से मुक्ति; और उपयोगी को सुखद या सजावटी से अलग करने के बजाय, हमेशा घोषित किया कि उपयोगी का मतलब अन्य चीजों के अलावा से हैं" (मिल, 1863, 2001)। इस विचारधारा के अनुसार, उपयोगिता सबसे बड़ा सुख है और सभी मनुष्यों का मुख्य और सबसे बड़ा लक्ष्य उपयोगिता को अधिकतम करना या शुद्ध सुख को बढ़ाना है। इस प्रकार, उपयोगिता या महानतम सुख का सिद्धांत दुख और सुख के विचारों पर आधारित है क्योंकि जीवन का सही कार्य सुख को बढ़ावा देना है, और गलत कार्यो को रोकना करना है।

दूसरे शब्दों में, उपयोगितावाद की अवधारणा उपयोगिता के बारे में बताती है, जो समाज में सभी के लिए मौलिक अच्छाई है। व्यक्तियों, समूहों या समाजों के कार्यों को केवल उनके कार्यों के अनुसार या अधिकतम संख्या के लिए अधिकतम खुशी या आनंद उत्पन्न करने की उनकी प्रवृत्ति के अनुसार सही या गलत आंका जा सकता है। बेंथम का मानना था कि अच्छे उद्देश्य अच्छे होते हैं क्योंकि वे किसी व्यक्ति के अन्य सदस्यों के साथ हितों के सामंजस्य का परिणाम देते हैं। इसमें सामाजिक निहितार्थों का व्यापक दायरा है और यह नैतिक नियमों के रूप में विकसित हुआ है जो मानव व्यवहार को प्रोत्साहित करते हैं, आनंद बढ़ाते हैं और दर्द को कम करते हैं।

बेंथम ने इस दर्शन को अर्थशास्त्र, प्रशासन और कानून के अध्ययन में लागू किया। एडम स्मिथ, रिकार्डो और हर्बर्ट स्पेंसर जैसे प्रख्यात सामाजिक वैज्ञानिकों ने इस दृष्टिकोण का समर्थन किया। इसके अलावा, प्रारंभिक अंग्रेजी समाजशास्त्र भी इस दर्शन से प्रभावित था। उनके अनुसार, उपयोगितावाद हमारे वास्तविक कर्तव्य से संबंधित है, हमें अपने जीवन में विभिन्न स्थितियों में क्या करना चाहिए। हमारे जीवन का मुख्य उद्देश्य विभिन्न सामाजिक संस्थाओं, सामाजिक व्यवस्थाओं और आचरण के नियमों

के मानदंडों को बनाए रखना होना चाहिए जो समाज के प्रत्येक सदस्य की शांति और खुशी को बढ़ावा देने और बनाए रखने के लिए लागू हों। हमारे व्यक्तिगत जीवन में, इसका मतलब है कि हमें आदर्श स्थिति को ध्यान में रखते हुए विशेष निर्णय लेने चाहिए, हालांकि यह व्यवहार में बेहद भ्रामक और कठिन है।

प्रत्यक्षवादी

'प्रत्यक्षवाद' शब्द का पहली बार इस्तेमाल ऑगस्टे कॉम्टे (1798–1897) ने किया था। यह आमतौर पर प्रयोगों और मात्रात्मक शोध से जुड़ा हुआ है, और इसे अनुभववाद का एक रूप या प्रगति माना जाता है (रयान, 2018)। प्रत्यक्षवादियों का मानना है कि सामाजिक कर्ताओं को अपनी सामाजिक स्थिति का पूरा ज्ञान होता है। दार्शनिकों के प्रसिद्ध स्कूल, 'तार्किक प्रत्यक्षवादियों' ने इस शब्द का इस्तेमाल किया। उनका मानना था कि हर तथ्य और कथन का सत्यापन निर्णय का केंद्रीय विचार होना चाहिए, जिसके बिना यह अर्थहीन हो जाएगा। टैल्कॉट पार्सन्स ने उपयोगितावाद को प्रत्यक्षवादी सिद्धांत के अच्छे उदाहरणों में से एक माना। उनके विचार में, एक सामाजिक सिद्धांत प्रत्यक्षवाद होता है और यह दृष्टिकोण रखता है कि मानवीय क्रिया को एजेंट के अपने दृष्टिकोण से पर्याप्त रूप से अलग किया जा सकता है।

प्रत्यक्षवाद का प्राथमिक लक्ष्य कार्य-कारण संबंध उत्पन्न करना है, जिसके परिणामस्वरूप अंततः घटनाओं की भविष्यवाणी और कार्रवाई पर नियंत्रण होता है। प्रत्यक्षवाद निम्नलिखित सिद्धांतों पर आधारित है, जिन्हें मिल ने क्लासिक पाठ 'ए सिस्टम ऑफ़ लॉजिक' में वर्गीकृत किया है:

(क) **विज्ञान के लक्ष्य:** सामाजिक और प्राकृतिक विज्ञानों को नियमों की खोज पर ध्यान केंद्रित करना चाहिए जो स्पष्टीकरण और भविष्यवाणी को सुविधाजनक बनाते हैं।

(ख) **कार्यप्रणाली:** सामाजिक और प्राकृतिक विज्ञानों को विज्ञान के काल्पनिक-निगमनात्मक मॉडल (सिद्धांत, परिकल्पना, परिचालन, प्रयोग) पर आधारित समान कार्यप्रणाली का उपयोग करना चाहिए।

(ग) **प्रकृति के नियम:** वैज्ञानिक खोजों और सिद्धांतों की प्रतिकृति और संश्लेषण के माध्यम से निर्मित प्रकृति के मूल नियम, एक सच्ची और पहचान योग्य वास्तविकता के अस्तित्व पर जोर देते हैं।

(घ) **कानून के लिए साक्ष्य:** प्रकृति के नियम अनुभवजन्य आंकड़ों से प्राप्त होते हैं।

(ङ) **नमूनाकरण और अनुमान:** बड़े नमूने छोटे, विशिष्ट नमूनों की तुलना में अनुकूल होते हैं; बड़े नमूने सामान्यीकरण योग्य प्रवृत्तियों, कारणों और वास्तविकता की प्रकृति को प्रकट करते हैं।

इन सिद्धांतों के आधार पर, प्रत्यक्षवाद प्रकृति के नियमों की खोज करना चाहता है, उन्हें सिद्धांत के विवरण के माध्यम से व्यक्त करता है (पार्क और आर्टिनो, 2020)।

आदर्शवादी

आदर्शवादी अवधारणा का मानना है कि सामाजिक क्रिया सामाजिक परिवेश और राष्ट्र या व्यक्ति के विचारों की प्राप्ति है और वास्तविक जीवन पर कम ध्यान देने से विचारों की स्वतंत्र प्राप्ति में बाधा आती है। इस विचारधारा का मानना है कि, मानव मन दुनिया के गठन में सबसे महत्वपूर्ण भूमिका निभाता है। पूरे इतिहास में आदर्शवाद के विभिन्न रूप मौजूद हैं। एक रूप है सोलिप्सिज्म, जिसे अस्वीकार कर दिया गया है। ऐसा इसलिए है, क्योंकि यह अवधारणा बताती है कि सारी वास्तविकता किसी के अपने दिमाग की गतिविधि के अलावा और कुछ नहीं है। हालाँकि, आदर्शवादी आमतौर पर एक प्राकृतिक दुनिया की पूरी

उपस्थिति को पहचानते हैं और इसे केवल सोचने की प्रक्रिया तक सीमित नहीं किया जा सकता है। वे मन की गतिविधि और कानून, धर्म, कला और गणित जैसे विभिन्न तरीकों को बनाने और बनाए रखने की क्षमता पर विश्वास करते हैं।

कुछ विद्वान इस अवधारणा से पहले के समय से जुड़े हुए हैं। वे हैं जॉर्ज बर्कले, इमैनुअल कांट और जी.डब्ल्यू.एफ. हेगेल। 18वीं सदी के आयरिश दार्शनिक जॉर्ज बर्कले को इस दर्शन से बहुत करीब से पहचाना जाता है। उनका मानना था कि जीवन के सभी पहलू जिनके बारे में हम सचेत हैं, वास्तव में मन में पहले से मौजूद रहते हैं। उदाहरण के लिए, कुर्सी या गाय का विचार हमारे दिमाग में पहले से मौजूद है, इसलिए, जब हम कुर्सी या गाय को ढूंढते हैं तो हम उन्हें पहचान लेते हैं। इस प्रकार, पर्यवेक्षक बाहरी वस्तुओं (कुर्सी या गाय) को अस्तित्व में नहीं लाता है (पार्क और आर्टिनो, 2020)। एक अन्य जर्मन दार्शनिक, इमैनुअल कांट ने भी संभावित ज्ञान की सीमाओं की अपनी आलोचनात्मक जांच के माध्यम से आदर्शवाद की व्याख्या की। कांट का मानना था कि किसी भी वस्तु को हम तभी पहचान सकते हैं जब वह हमें दिखाई देती है। विज्ञान का हर मौलिक सिद्धांत अनिवार्य रूप से मन की संरचना पर आधारित है और बाहरी दुनिया से प्राप्त नहीं हुआ है। आदर्शवाद की इस अवधारणा को 19वीं सदी के जर्मन दार्शनिक जीडब्ल्यूएफ हेगेल ने और स्पष्ट किया जैसे थीसिस, एंटीथीसिस और स्वतंत्र चिंतनशील बुद्धि का संश्लेषण। वास्तव में, हेगेल के दर्शन, विशेष रूप से उनके द्वंद्वात्मक विचार ने कार्ल मार्क्स को द्वंद्वात्मक ऐतिहासिक भौतिकवाद के अपने विचारों को विकसित करने में प्रभावित किया।

सामाजिक व्यवस्था की विशेषताएँ

हालाँकि, पार्सन्स के अनुसार, किसी भी सामाजिक व्यवस्था की निम्नलिखित विशेषताएँ होती हैं:

(i) इसमें दो या दो से अधिक कर्ताओं के बीच अतःक्रिया होती है। अंतःक्रिया को मुख्य फोकस बनाया गया है।

(ii) ऐसी स्थिति उत्पन्न होनी चाहिए, जो अन्य कर्ताओं को शामिल करते हुए अंतःक्रिया उत्पन्न करे। ये कर्ता, भावना और मूल्य निर्णय की वस्तु हैं।

(iii) मानक और बौद्धिक अर्थ मे एक सामाजिक व्यवस्था या समान मूल्यों के अस्तित्व और अपेक्षाओं पर आम सहमति।

सामाजिक स्थान (सोशल स्पेश) की अवधारणा

'सोशल स्पेस' शब्द को सबसे पहले 19वीं सदी के अंत में एमिल दुर्खीम ने गढ़ा था और बाद में उनके शिष्यों ने इसका इस्तेमाल किया। 1950 से पहले इस शब्द का इस्तेमाल काफी कम होता था लेकिन 1950 के दशक के बाद यह शब्द कई जाने-माने विद्वानों के शोध पत्रों में व्यापक रूप से इस्तेमाल होने लगा। हेनरी लेफेब्रे और बौर्डियू—दोनों ने सोशल स्पेस की अवधारणा पर विस्तार से चर्चा की (क्लैवल, 1984)। स्पेस का प्रतिनिधित्व योजनाकारों की उस महत्वपूर्ण भौतिक स्पेस को बनाने और फिर से बनाने की दक्षता और समाज में संसाधनों के उचित उपयोग को इंगित करता है, जिन्हें उस स्पेस के विशेष प्रतीकों और छवियों के माध्यम से पहचाना जाता है। जर्मन विचारधारा ने सोशल स्पेस के कई मुद्दों पर चर्चा करते हुए समूह संबंधों पर अधिक जोर दिया है। यह अवधारणा इस विचार पर आधारित है कि समूह सामाजिक जीवन की मूलभूत इकाइयाँ हैं। समाज और उसके समूहों को प्राकृतिक इकाई माना जाता है न कि पारस्परिक संबंधों के परिणाम के रूप में। इन समूहों को कभी-कभी क्षेत्रीय इकाइयों या वर्गों और संगठनों जैसे परिवारों, संघों के रूप में माना जाता है जो समाज के सदस्यों के बीच सामाजिक संबंधों के माध्यम से बनाए जाते हैं। हालाँकि, शिकागो स्कूल ऑफ़ सोशियोलॉजी ने सामाजिक स्थान शब्द की व्याख्या करते समय क्षेत्र की अवधारणा पर अधिक जोर दिया। यहाँ पार्क और बर्गेस स्थानीय समुदायों और सामाजिक संरचनाओं में अधिक रुचि रखते थे, जैसे कि क्लेमेंट्स की वनस्पति संरचना अवधारणा (क्लैवल, 1984)।

बौर्डियू, लेफेब्रे और लेवी-स्ट्रॉस द्वारा सामाजिक स्थान की अवधारणा

बौर्डियू के अनुसार, सामाजिक स्थान की अवधारणा में मानविकी और सामाजिक विज्ञान के कुछ महत्वपूर्ण विस्तार शामिल हैं, जो लोगों के एक स्थान से दूसरे स्थान पर आवागमन से संबंधित हैं। किसी विशेष स्थान के भीतर मानवीय गतिशीलता और समावेशन और बहिष्करण की संबंधित प्रक्रियाएँ भौतिक स्थान और उससे जुड़ी सामाजिक-सांस्कृतिक प्रथाओं के बीच के संबंध पर निर्भर करती हैं। बौर्डियू और लेफेब्रे दोनों ने भौगोलिक स्थान, लोगों की गतिशील प्रकृति और मानवीय गतिशीलता से जुड़ी सामाजिक संरचना के बीच के संबंध पर चर्चा की। उनके कार्यों में कई समानताओं के बावजूद, इन दोनों विद्वानों के विचारों में कई अंतर भी दर्ज किए गए हैं। भौतिक स्थान और उस स्थान के सामाजिक चरित्र के बीच दूरी और निकटता के पहलुओं पर दोनों ने चर्चा की है। हालाँकि, पूंजीवादी समाजों में सामाजिक स्थान की स्थिति पर लेफेब्रे ने विशेष आर्थिक चरित्र वाले विशेष समाजों के नागरिकों द्वारा किए जाने वाले विभिन्न सामाजिक व्यवहारों पर अधिक जोर दिया है। लेकिन बौर्डियू ने पूंजीवादी उत्पादन प्रणाली के तहत उत्पादन और शक्ति के संबंधों के बजाय संबंधों की प्रणाली पर अधिक जोर दिया।

लेवी-स्ट्रॉस के अनुसार, पारंपरिक समाजों में सामाजिक स्थान की अवधारणा समय और स्थान के बीच के रिश्ते से जुड़ी हुई है जो अस्थायी और टिकाऊ संस्कृति का निर्माण करती है। सामाजिक संरचना और स्थानिक संरचना के बीच इस संबंध पर मुख्य रूप से मनोवैज्ञानिक दृष्टिकोण से जोर दिया गया था। सामाजिक समूहों को 'सांस्कृतिक इकाइयों' के रूप में देखना जो संचार संरचनाओं से भी जुड़ी हुई हैं। इस अवधारणा में उल्लेख किया गया है कि इन बुनियादी सांस्कृतिक इकाइयों की सीमाएं उनके सामाजिक स्थान की दहलीज के रूप में कार्य करती हैं, जहां संचार बहुत कमजोर है। किसी विशेष सामाजिक संरचना की परिधि के भीतर समय और स्थान के बीच के अंतर-संबंधों के साथ-साथ विशेष स्थानिक विन्यास को भी उस विशेष भौगोलिक स्थान के सामाजिक और सांस्कृतिक स्थान का प्रतिनिधित्व माना जा सकता है। यहां किसी विशेष जनजाति के धार्मिक अनुष्ठानों, लोक गीतों और लोक-नृत्यों जैसी स्थानीय संस्कृतियों के उदाहरणों को अस्थायी के रूप में उद्धृत किया जा सकता है

सामाजिक स्थान—विभेदीकरण और स्तरीकरण

बौर्डियू के अनुसार, सामाजिक वर्ग लोगों के बीच विभिन्न जीवन शैलियों से उत्पन्न होने वाला विभेद है। इस प्रकार सामाजिक स्थान विभिन्न सामाजिक स्तरों के लोगों को दिए जाने वाले अवसरों और संभावनाओं में अंतर पैदा कर सकता है। संसाधन उपयोग की संभावनाओं में इस तरह के विभेद के परिणामस्वरूप सामाजिक असमानताएँ पैदा होती हैं जो संघों, राजनीतिक दलों और पेशेवर संघों जैसी सामाजिक एजेंसियों द्वारा लामबंदी, प्रतिनिधित्व और अभिव्यक्ति के माध्यम से वर्ग निर्माण में अंतर का आधार भी बनती हैं (बौर्डियू, 1987)। इस प्रकार, सामाजिक स्थान के उपयोग में विविधता अक्सर विभिन्न सामाजिक स्तरीकरण, वर्ग विभाजन और सामाजिक भेदभाव की ओर इशारा करती है।

बौर्डियू के अनुसार, पूंजी तीन प्रकार की होती है—आर्थिक, सांस्कृतिक और सामाजिक। आर्थिक पूंजी से तात्पर्य मौद्रिक संसाधनों या ऐसी किसी भी चीज़ से है जिसे आसानी से संपत्ति, घर, कार, स्टॉक, शेयर इत्यादि में बदला जा सकता है। सांस्कृतिक पूंजी मानवीय व्यवहार, दृष्टिकोण, विश्वास और मूल्य जैसे सोचने, बात करने, समझने, सराहना करने आदि का तरीका है जो किसी व्यक्ति की आदतों का अभिन्न अंग हैं। सामाजिक पूंजी संस्थागत अवस्था है जो सामाजिक संगठन और सामाजिक संस्थाओं से संबंधित है।

वर्ग की अवधारणा समाज के उच्च और निम्न स्तर के निर्माण की ओर ले जाती है। उच्च वर्गों की जीवनशैली स्पष्ट रूप से संसाधनों के अधिक अधिग्रहण की मांग करती है, क्योंकि इस जीवनशैली में रोमांच की तलाश शामिल है, जो इसकी महानगरीय प्रकृति के साथ अधिक महंगी है। इसके विपरीत, निम्न वर्गों को असंरचित संगठनों के साथ संसाधन-कमी वाले स्थानों पर केंद्रित दिखाया गया है।

सामाजिक प्रक्रिया

सामाजिक प्रक्रिया मानवीय व्यवहार है, जो सामाजिक जीवन में आम तौर पर पाया जाता है और व्यवहार का दोहराव वाला प्रकार है। सामान्य तौर पर, ये विशिष्ट सामाजिक स्थान में समाज के सदस्यों द्वारा किए जाने वाले सामाजिक संपर्क के प्रकार हैं। इस तरह की बातचीत या पारस्परिक गतिविधि हर सामाजिक जीवन का केंद्र होती है। व्यक्तियों और समूहों के बीच बातचीत सामाजिक प्रक्रिया के रूप में होती है और इस प्रकार, सामाजिक प्रक्रियाएँ सामाजिक संपर्क हैं जो बार-बार होती हैं। अपनी पुस्तक, 'इंट्रोडक्शन टू द साइंस ऑफ़ सोशियोलॉजी' (1921) में, पार्क और बर्गेस ने सामाजिक प्रक्रियाओं के विभिन्न रूपों और प्रकारों का विस्तार से वर्णन किया है। हालाँकि, समकालीन समाजशास्त्री विशिष्ट संस्थागत और सांस्कृतिक सेटिंग्स जैसे विशेष सामाजिक स्थान में मानव व्यवहार के विश्लेषण में अधिक रुचि रखते हैं। सामाजिक प्रक्रियाओं के प्रमुख प्रकार हैं—सहयोग, समायोजन, आत्मसात, संघर्ष और प्रतिस्पर्धा।

परिभाषा

हर समाज में सामाजिक रूप से परिभाषित विभिन्न प्रकार के रिश्ते होते हैं। इसमें व्यक्तिगत स्तर, पारिवारिक स्तर और समुदाय स्तर पर बातचीत शामिल है। सबसे महत्वपूर्ण प्रकार की अंतःक्रियाएं हैं— संघर्ष, प्रतिस्पर्धा और सहयोग, समायोजन और आत्मसात। इन्हें विभिन्न प्रकार की अंतःक्रिया की उचित समझ के आधार पर कुछ उप-प्रकारों में विभाजित किया गया है। विभिन्न सामाजिक वैज्ञानिक सामाजिक प्रक्रिया शब्द को अलग-अलग तरीके से परिभाषित करते हैं। कुछ ने मानव व्यवहार पर जोर दिया है, जबकि कुछ ने तर्क दिया है कि दो समूहों के बीच संबंध सबसे महत्वपूर्ण है।

हॉर्टन और हंट के अनुसार, "सामाजिक प्रक्रिया शब्द का तात्पर्य व्यवहार के पुनरावृत्ति से है, जो सामाजिक जीवन में सामान्यतः पाए जाते हैं"।

मैकाइवर के अनुसार, "सामाजिक प्रक्रिया वह तरीका है जिसमें एक समूह के सदस्यों के सबंध एक साथ होने के कारण विशिष्ट चरित्र प्राप्त कर लेते हैं"।

सामाजिक संपर्क

सामाजिक संपर्क में वह संपर्क शामिल होता है जिसके लिए भौतिक माध्यम की आवश्यकता होती है, यानी, बातचीत करने वाले व्यक्तियों या समूहों के बीच प्रत्यक्ष या अप्रत्यक्ष संवेदी उत्तेजना की घटना, जिनके बीच बातचीत हो रही है। मानवीय संपर्क आम तौर पर संचारात्मक संपर्क होता है। भौतिक या भौतिक माध्यम, हालांकि सामाजिक संपर्क के लिए एक आवश्यक आवश्यकता है, लेकिन संपर्क का पर्याप्त आधार नहीं है। एक दूसरे के बीच सामाजिक संपर्क में न रहते हुए भी व्यक्ति भौतिक संपर्क में रह सकते हैं। उदाहरण के लिए, मच्छर मलेरिया को किसी भी जिले के एक हिस्से से दूसरे हिस्से में ले जा सकते हैं और बाद में पूरे जिले में बीमारी फैला सकते हैं। हालांकि जिले के दो छोरों पर रहने वाले लोगों के बीच सीधे संपर्क का अभाव है, लेकिन फिर भी मलेरिया एक हिस्से से दूसरे हिस्से में फैल सकता है। इसे प्रतीकात्मक संपर्क कहा जा सकता है। समाज में, मानव व्यवहार व्यक्तियों की अर्जित प्रतिक्रियाओं से लेकर दूसरों की सार्थक प्रतिक्रियाओं तक होता है। उदाहरण के लिए, सद्भावना एक विशेष प्रकार का मानवीय व्यवहार है जिसे हाथ मिलाने या बोले गए वाक्यांश, एक पत्र या मुस्कान के माध्यम से व्यक्त किया जा सकता है।

साहचर्य और विघटनकारी सामाजिक प्रक्रिया

साहचर्य प्रक्रियाएँ सकारात्मक, एकीकृत या संयोजक सामाजिक प्रक्रियाएँ हैं। ये समाज के सदस्यों को एकीकृत करने के साथ-साथ समाज की प्रगति और विकास में भी मदद करती हैं। सहयोग, समायोजन और आत्मसात जैसी तीन प्रमुख सामाजिक प्रक्रियाएँ इस श्रेणी में आती हैं। इसके विपरीत, विघटनकारी सामाजिक प्रक्रियाएँ नकारात्मक, विघटनकारी या वियोजनात्मक सामाजिक प्रक्रियाएँ हैं। ये समाज के विकास में बाधा डालती हैं। हालाँकि, ये नकारात्मक सामाजिक प्रक्रियाएँ हैं, लेकिन इन प्रक्रियाओं की अनुपस्थिति के परिणामस्वरूप समाज में ठहराव आ जाता है। इस प्रकार की दो प्रमुख सामाजिक प्रक्रियाएँ संघर्ष और प्रतिस्पर्धा हैं।

सामाजिक प्रक्रियाओं के दो प्रकार

अलग करने वाला	*साहचर्य*
• संघर्ष	• सहयोग
• प्रतियोगिता	• आवास
	• आत्मसात

संघर्ष

संघर्ष एक महत्वपूर्ण और हमेशा मौजूद रहने वाली सामाजिक प्रक्रिया है, जो मानवीय संबंधों को विकसित करने में महत्वपूर्ण भूमिका निभाती है। सामाजिक संघर्ष समाज में सत्ता या पद या किसी वस्तु के लिए संघर्ष को संदर्भित करता है। यह तब होता है जब दो या दो से अधिक लोग एक-दूसरे का विरोध करते हैं और इसे तब सुलझाया जा सकता है जब दो विपक्षी दलों के बीच समझौता हो जाए। सामाजिक संघर्ष एक समाज से दूसरे समाज में भिन्न होते हैं क्योंकि वे समाज की संस्कृति में अंतर से जुड़े होते हैं। किंग्सले डेविस संघर्ष को "संघर्ष का संशोधित रूप" के रूप में परिभाषित करते हैं। ए.डब्ल्यू. ग्रीन के अनुसार, "संघर्ष दूसरे या दूसरों की इच्छा का विरोध करने, प्रतिरोध करने या उसे मजबूर करने का जानबूझकर किया गया प्रयास है"।

संघर्ष के विभिन्न कारण, ये हैं:

(क) मनोवैज्ञानिक मतभेद

(ख) सांस्कृतिक मतभेद

(ग) वैचारिक मतभेद

(घ) सामाजिक परिवर्तन

सामाजिक संघर्ष की महत्वपूर्ण विशेषताएं हैं:

(i) यह सभी समाजों और सभी समयावधियों में पाया जाता है।

(ii) संघर्षरत पक्ष अपनी मान्यताओं और दृष्टिकोणों में एक दूसरे का विरोध करते हैं।

(iii) यह एक आंतरायिक प्रक्रिया है।

(iv) कभी-कभी संघर्ष हिंसा का रूप ले लेता है।

(v) यह सामाजिक असंतुलन की अभिव्यक्ति है।

यद्यपि टकराव एक प्रकार का संघर्ष है, लेकिन यह व्यक्ति और समाज के विकास के लिए महत्वपूर्ण है। यह रचनात्मक और विनाशकारी सामाजिक प्रक्रिया के रूप में कार्य करता है। जब संघर्ष समाज को सुचारू रूप से चलाने में मदद करता है, तो यह रचनात्मक होता है; जब यह समाज की प्रगति में बाधा डालता है, तो यह विनाशकारी होता है।

प्रतियोगिता

सामाजिक संघर्ष का सबसे बुनियादी रूप प्रतिस्पर्धा है। मानवीय इच्छा की पूर्ति न होने के कारण प्रतिस्पर्धा होती है। जब लोगों को अपनी मनचाही वस्तुएँ बहुत सीमित मात्रा में उपलब्ध होती हैं, तो प्रतिस्पर्धा होती है। पार्क और बर्गेस के अनुसार: "प्रतिस्पर्धा सामाजिक संपर्क के बिना एक अंतःक्रिया है"। हॉर्टन और हंट ने तर्क दिया कि, "प्रतिस्पर्धा उन पुरस्कारों पर कब्ज़ा करने के लिए संघर्ष है जो आपूर्ति, सामान, शक्ति, प्यार — किसी भी चीज़ में सीमित हैं।"

प्रतिस्पर्धा की महत्वपूर्ण विशेषताएं हैं:

(i) यह सबसे सार्वभौमिक सामाजिक प्रक्रिया है।
(ii) यह एक सतत सामाजिक प्रक्रिया है।
(iii) स्थिति, शक्ति और धन की मानवीय इच्छा प्रतिस्पर्धा को एक प्रक्रिया महत्वपूर्ण गतिविधि बनाती है।

प्रतियोगिता के प्रकार हैं:

(i) **राजनीतिक प्रतिस्पर्धा:** इस प्रकार की प्रतिस्पर्धा राजनीतिक क्षेत्र में होती है। उदाहरण के लिए, चुनावों के दौरान प्रत्येक राजनीतिक दल बहुमत पाने के लिए प्रतिस्पर्धा करता है।
(ii) **सामाजिक प्रतिस्पर्धा:** उच्च सामाजिक स्थिति प्राप्त करने के लिए, प्रतिस्पर्धा ज्यादातर खुले समाजों में देखी जाती है जहां व्यक्ति की प्रतिभा और क्षमता को प्राथमिकता दी जाती है।
(iii) **आर्थिक प्रतिस्पर्धा:** आर्थिक प्रतिस्पर्धा आम तौर पर आर्थिक क्षेत्र में देखी जाती है, जो वस्तुओं के उत्पादन, वितरण और उपभोग की प्रक्रिया में परिलक्षित होती है। इस क्षेत्र में, लोग उच्च जीवन स्तर पाने के लिए वेतन, नौकरी और पदोन्नति आदि के लिए प्रतिस्पर्धा करते हैं। इस प्रकार की प्रतिस्पर्धा दोनों स्तरों पर मौजूद है — व्यक्तिगत स्तर पर और समूह स्तर पर।
(iv) **सांस्कृतिक प्रतिस्पर्धा:** विभिन्न संस्कृतियों वाले समाजों के बीच सांस्कृतिक प्रतिस्पर्धा देखी जाती है। जब एक या एक से अधिक संस्कृतियाँ दूसरों पर अपनी श्रेष्ठता दिखाने की कोशिश करती हैं, तो इस प्रकार की प्रतिस्पर्धा होती है। उदाहरण के लिए, प्राचीन काल में आर्यों और अनार्यों की संस्कृतियों के बीच कड़ी प्रतिस्पर्धा थी, जबकि दुनिया के कुछ स्थानों पर दो धर्मों के मानने वालों के बीच प्रतिस्पर्धा है जैसे हिंदू और मुसलमान, ईसाई और इस्लाम आदि।
(v) **जातीय प्रतिस्पर्धा:** सांस्कृतिक प्रतिस्पर्धा की तरह, जातीय प्रतिस्पर्धा भी एक अन्य प्रकार है जो दुनिया भर में विभिन्न रूपों और आयामों में पाई जाती है। कभी-कभी, यह गोरे और काले के बीच प्रतिस्पर्धा का रूप ले लेती है; कभी-कभी आदिवासी और गैर-आदिवासी समूहों के बीच आदि। जब एक नस्ल दूसरी नस्ल पर अपनी शक्ति और श्रेष्ठता स्थापित करने की कोशिश करती है, तो यह नस्लीय प्रतिस्पर्धा को जन्म देती है।

सहयोग

सहयोग एक महत्वपूर्ण सहयोगी सामाजिक प्रक्रिया है और प्राचीन काल से ही सामाजिक अस्तित्व का आधार रही है। यह किसी सामान्य लक्ष्य या लक्ष्यों की प्राप्ति के लिए एक साथ काम करना या संयुक्त गतिविधि है और इसे लक्ष्य उन्मुख सामाजिक प्रक्रिया भी कहा जाता है। यह सतत सामाजिक प्रक्रिया तब शुरू होती है जब व्यक्ति या समूह किसी सामान्य लक्ष्य या उद्देश्य की पूर्ति के लिए एकजुट होकर काम करते हैं। यह क्षेत्र के सभी सदस्यों की एकीकृत कार्रवाई के माध्यम से समाज के विकास में मदद करता है।

ए.डब्लू. ग्रीन के अनुसार: 'सहयोग दो या दो से अधिक व्यक्तियों द्वारा किसी कार्य को करने या किसी ऐसे लक्ष्य तक पहुँचने के लिए किया जाने वाला निरंतर और साझा प्रयास है जिसे आम तौर पर संजोया जाता है'। सहयोग सामाजिक संपर्क का एक रूप है 'जिसमें दो या दो से अधिक व्यक्ति एक साझा लक्ष्य को प्राप्त करने के लिए मिलकर काम करते हैं' (मेरिल और एल्ड्रिज)। सहयोग प्रतिस्पर्धा के विपरीत है। एक सहयोगी समूह एक लक्ष्य को पूरा करने के लिए मिलकर काम करता है जिसे सभी चाहते हैं और यह महसूस किया जाता है कि प्रतिस्पर्धा इस लक्ष्य को प्राप्त करने में मदद करती है ताकि समूह के सदस्य एकजुट हो सकें।

सहयोग की महत्वपूर्ण विशेषताएं निम्नलिखित हैं:

(i) यह एक सतत प्रक्रिया है,
(ii) इस प्रक्रिया में व्यक्ति और समूह व्यक्तिगत रूप से मिलते हैं और एक साझा उद्देश्य के लिए मिलकर काम करते हैं,
(iii) सदस्यों की अपने कार्यों के प्रति जागरूकता इस सामाजिक प्रक्रिया का महत्वपूर्ण मापदंड है,
(iv) यह प्रक्रिया विश्व में सर्वत्र पाई जाती है, अतः यह एक सार्वभौमिक प्रक्रिया है,
(v) किसी भी साझा लक्ष्य को सहयोग के माध्यम से बेहतर ढंग से प्राप्त किया जा सकता है,
(vi) व्यक्तियों या समूहों के संगठित और नियोजित प्रयास इस प्रक्रिया की आवश्यक आवश्यकता है।

सहयोग के प्रकार

विभिन्न सामाजिक वैज्ञानिकों द्वारा वर्णित सहयोग के विभिन्न प्रकार हैं। ये प्रत्यक्ष और अप्रत्यक्ष सहयोग हैं (मैकलिवर और पेज के बाद)। दूसरी ओर, ए.डब्ल्यू. ग्रीन ने सहयोग को तीन मुख्य श्रेणियों में वर्गीकृत किया है जैसे प्राथमिक, द्वितीयक और तृतीयक सहयोग।

सहयोग के प्रकार

मैकाइवर और पेज द्वारा वर्गीकरण	*ए.डब्लू. ग्रीन द्वारा वर्गीकरण*
प्रत्यक्ष सहयोग: इसमें वे सभी गतिविधियाँ शामिल हैं, जहाँ लोग मिलकर काम करना पसंद करते हैं। इस प्रकार की सबसे महत्वपूर्ण विशेषता समान कार्य करना है। समान कार्य वे लोग करते हैं जो इन कार्यों को अलग-अलग कर सकते हैं। इस प्रकार का स्वैच्छिक सहयोग पति-पत्नी, शिक्षक-छात्र, स्वामी-सेवक आदि के बीच देखा जा सकता है। उदाहरण: साथ-साथ चलना, साथ-साथ काम करना, साथ-साथ कहीं जाना, साथ-साथ बोझ ढोना आदि।	**प्राथमिक सहयोग:** यह प्राथमिक समूहों में पाया जाता है, जहाँ सदस्य एक ही प्रकार के कार्य करते हैं। जैसे परिवार में की जाने वाली गतिविधियाँ। सामान्यतः, यहाँ सभी सदस्यों की पहचान महत्वपूर्ण होती है। और अंततः व्यक्तिगत हितों की पूर्ति से निर्मित समग्र हित की प्राप्ति आवश्यक होती है। **द्वितीयक सहयोग:** यह सरकार, उद्योग, ट्रेड यूनियन, कार्यस्थल, धार्मिक संगठन आदि जैसे द्वितीयक समूहों में पाया जाता है। जब किसी संगठन में सभी हितधारक संगठन

(जारी)

मैकाइवर और पेज द्वारा वर्गीकरण	ए.डब्ल्यू. ग्रीन द्वारा वर्गीकरण
अप्रत्यक्ष सहयोग: जब लोग एक समान लक्ष्य की प्राप्ति के लिए एक साथ मिलकर असमान कार्य करते हैं, तो इसे अप्रत्यक्ष सहयोग कहते हैं। श्रम विभाजन का सिद्धांत इस प्रकार की प्रक्रिया का मुख्य आधार है। आधुनिक युग में, किसी भी लक्ष्य की प्राप्ति के लिए कौशल और कार्यों में तकनीकी विशेषज्ञता की अधिक आवश्यकता होती है, इसलिए अप्रत्यक्ष सहयोग तेज़ी से प्रत्यक्ष सहयोग का स्थान ले रहा है। उदाहरण के लिए, घर बनाने के लिए बढ़ई, प्लंबर और राजमिस्त्री एक-दूसरे के साथ मिलकर काम करते हैं, हालांकि वे एक-दूसरे को नहीं जानते। लोग आम तौर पर अलग-अलग काम करते हैं, लेकिन एक ही उद्देश्य की प्राप्ति के लिए वे एक साथ काम करते हैं।	के लक्ष्य को पूरा करने के लिए मिलकर काम करते हैं और उससे वेतन, प्रतिष्ठा और शक्ति प्राप्त करते हैं, तो इसे द्वितीयक सहयोग कहते हैं। इस प्रकार के सहयोग में व्यक्तियों के बीच हितों में असमानता होती है। **तृतीयक सहयोग:** जब किसी विशेष परिस्थिति से निपटने के लिए विभिन्न बड़े और छोटे समूहों के बीच परस्पर क्रिया होती है, तो उसे तृतीयक सहयोग कहते हैं। यहाँ, व्यक्तियों की अवसरवादी मानसिकता और उनका सहयोग एक महत्वपूर्ण मानदंड है। उदाहरण के लिए, अलग-अलग विचारधाराओं वाले दो राजनीतिक दल चुनाव में अपनी प्रतिद्वंद्वी पार्टी को हराने के लिए एकजुट हो सकते हैं।

सहयोग का महत्व

- समाज के अस्तित्व के लिए सहयोग सबसे प्राथमिक आवश्यकता है।
- प्रजनन और बच्चों के पालन-पोषण के लिए नर और मादा का सहयोग मानव सभ्यता का मूल आधार बनता है।
- शारीरिक, मानसिक और भावनात्मक जरूरतों को पूरा करने के लिए सहयोग एक मनोवैज्ञानिक और सामाजिक आवश्यकता है।
- सहयोग हमारे सामाजिक जीवन और सामाजिक अस्तित्व का आधार है।
- सभी युगों में कृषि, उद्योग, परिवहन, संचार, विज्ञान और प्रौद्योगिकी में उत्कृष्ट परिणाम प्राप्त करने के लिए समाज के सदस्यों के बीच सहयोग की हमेशा आवश्यकता होती है।

समायोजन

समायोजन सामाजिक समायोजन की प्रक्रिया को संदर्भित करता है क्योंकि यह दो व्यक्तियों या समूहों के बीच परस्पर विरोधी संबंधों को समाप्त करता है। यह किसी व्यक्ति द्वारा विशिष्ट व्यवहार पैटर्न और दृष्टिकोण की प्राप्ति के माध्यम से प्राप्त किया जाता है जो सामाजिक और पारंपरिक रूप से प्रसारित होता है। इस प्रक्रिया के माध्यम से, व्यक्ति या समूह अपने सामने आने वाली समस्याओं को दूर करने के लिए कुछ अलग स्थिति में समायोजन करते हैं। मैकाइवर और पेज के अनुसार, "समायोजन विशेष रूप से उस प्रक्रिया को संदर्भित करता है जिसमें मनुष्य अपने पर्यावरण के साथ सामंजस्य की भावना प्राप्त करता है"। हॉर्टन और हंट के अनुसार, "समायोजन परस्पर विरोधी व्यक्तियों या समूहों के बीच अस्थायी कार्य समझौते विकसित करने की एक प्रक्रिया है"। गिलिन और गिलिन समायोजन को उस प्रक्रिया के रूप में परिभाषित करते हैं जिसके द्वारा "प्रतिस्पर्धी और परस्पर विरोधी व्यक्ति और समूह प्रतिस्पर्धा, उल्लंघन या संघर्ष में उत्पन्न होने वाली कठिनाइयों को दूर करने के लिए एक दूसरे के साथ अपने संबंधों को समायोजित करते हैं"।

उदाहरण के लिए, किसी भी उद्योग में, हड़ताल के कुछ दिनों के बाद श्रमिकों को अधिकारियों के साथ समझौता करना पड़ता है। पति-पत्नी कुछ समय तक झगड़ सकते हैं लेकिन अधिकांश समय वे परस्पर प्रेम और स्नेह के साथ एक साथ रहते हैं। इस प्रकार, यह सही मायने में कहा जा सकता है कि, समायोजन एक महत्वपूर्ण एकीकरण प्रक्रिया है। यह सकारात्मक संबंधों और व्यक्तियों के साथ-साथ समूहों और पूरे समाज के बीच विकास के लिए उपयोगी प्रक्रिया है।

समायोजन की विशेषताएँ

(i) समाज समायोजन के साथ सुचारू रूप से कार्य करता है।
(ii) व्यक्ति और समूह किसी भी नई परिस्थिति के अनुसार स्वयं को समायोजित कर लेते हैं।
(iii) लोग अक्सर सुखी और आरामदायक जीवन चाहते हैं, जो केवल समायोजन के माध्यम से ही संभव हो पाया है।
(iv) यह एक सामाजिक संगठन का आधार है।
(v) सामाजिक सद्भाव के लिए समायोजन अत्यंत महत्वपूर्ण है।

आत्मसातीकरण

आत्मसातीकरण सामाजिक समायोजन का एक और रूप है जिसे कुछ विशेष प्रकार के मानवीय संपर्क के माध्यम से प्राप्त किया जा सकता है। हालाँकि समायोजन और आत्मसातीकरण दोनों ही सामाजिक समायोजन के अलग-अलग रूप हैं, लेकिन यह समायोजन से ज़्यादा स्थायी है। एक संस्कृति का दूसरे संस्कृति समूह में समावेशन को आत्मसातीकरण कहा जाता है और यह चरण समायोजन के बाद आता है। दूसरे शब्दों में, सफल समायोजन विशिष्ट मानवीय संपर्क के चरण की ओर ले जाता है जैसे–दो या दो से अधिक विशेषताओं का एक सामान्य संस्कृति में पूर्ण विलय और संलयन, जिसे आत्मसातीकरण कहा जाता है। अपनी विविध सांस्कृतिक विशेषताओं के साथ विभिन्न प्रकार के लोग एक-दूसरे की कुछ सांस्कृतिक विशेषताओं को अपनाते हैं और समान भावनाओं और लक्ष्यों को साझा करने के लिए एक साथ आते हैं। यह स्थिति आत्मसातीकरण के चरण में विकसित होती है, जिसमें विशेष संस्कृति समुदाय के भीतर विभिन्न परिवर्तन शामिल होते हैं। उदाहरण के लिए, भारत में, इसके विभिन्न भागों की खाद्य आदतें अन्य सांस्कृतिक विशेषताओं के कई समावेशों को प्रकट करती हैं। उन्होंने एक-दूसरे की संस्कृति के कई चरित्रों को अपनी संस्कृति में आत्मसात किया है जिससे उन्हें एक अनूठी भारतीय संस्कृति बनाने में मदद मिली है।

पार्क और बर्गेस ने आत्मसात को विलय और अंतर्संबंध की एक प्रक्रिया के रूप में संदर्भित किया, जहां लोग अपने जीवन के अनुभवों को साझा करने के माध्यम से अन्य व्यक्तियों या समूहों की यादों, भावनाओं और दृष्टिकोणों को इकट्ठा करते हैं। बोगार्डस के अनुसार, "आत्मसातीकरण एक ऐसी प्रक्रिया है जिसके द्वारा कई व्यक्तियों के दृष्टिकोण एकजुट होते हैं और इस प्रकार एक संयुक्त समूह में विकसित होते हैं"। हर्टन और हंट के शब्दों में, "पारस्परिक सांस्कृतिक प्रसार की प्रक्रिया जिसके माध्यम से व्यक्ति और समूह एक आम संस्कृति को साझा करते हैं, आत्मसातीकरण कहलाती है"। ओगबर्न और निमकॉफ़ ने परिभाषित किया, "आत्मसातीकरण वह प्रक्रिया है जिसके द्वारा व्यक्ति या समूह एक बार अलग होने के बाद समान हो जाते हैं, जिससे वे हितों और दृष्टिकोण में पहचाने जाते हैं"।

आत्मसातीकरण की विशेषताएं

(i) आत्मसातीकरण एक साहचर्य प्रक्रिया है,
(ii) यह एक धीमी एवं क्रमिक प्रक्रिया है,

(iii) आत्मसातीकरण एक सार्वभौमिक प्रक्रिया है,

(iv) आत्मसातीकरण हर जगह और हर समय पाया जाता है,

(v) व्यक्ति दूसरे समूह के साथ बातचीत के अनुभव साझा करता है और इन्हें जोड़ता है, मूल्यों और दृष्टिकोणों का एक नया सेट बनाने के लिए अनुभव,

(vi) आत्मसातीकरण एक दोतरफा प्रक्रिया है जो लेन-देन पर आधारित है। किसी विशेष संस्कृति का कोई भी सदस्य अन्य संस्कृतियों से सांस्कृतिक विशेषताओं को उधार लेता है और उन्हें अपनी संस्कृति में शामिल करता है।

आत्मसातीकरण करने में सहायक कारक

कारक	*विवरण*
सहनशीलता	यह विभिन्न सांस्कृतिक समूहों के बीच पारस्परिक संबंध विकसित करने और सामान्य सांस्कृतिक और सामाजिक गतिविधियों में भाग लेने में मदद करता है। यदि प्रमुख समूह दूसरों के प्रति सहिष्णु है, तो अल्पसंख्यक समूहों के पास सार्वजनिक क्षेत्र में भाग लेने का अधिक मौका होता है।
सामाजिक संपर्क	घनिष्ठ सामाजिक संपर्क आत्मसात प्रक्रिया में मदद करता है क्योंकि यह विभिन्न सांस्कृतिक समूहों के बीच अच्छी समझ पैदा करता है। यह एक स्वस्थ वातावरण भी बनाता है, जिसमें व्यक्ति अपने विचारों का बेहतर तरीके से आदान-प्रदान कर सकते हैं।
एकजुटता	यह आत्मसातीकरण को बढ़ावा देने वाला एक अन्य कारक है, क्योंकि व्यक्ति या समूह आपस में वैवाहिक संबंध के माध्यम से एक दूसरे के निकट संपर्क में आते हैं।
समानता	कुछ हद तक आर्थिक स्थिति में समानता आत्मसातीकरण की प्रक्रिया में मदद करती है। आम तौर पर, समान आर्थिक स्थिति वाले लोगों या समूहों के बीच घनिष्ठ संबंध विकसित होते हैं और इससे आत्मसातीकरण को बढ़ावा मिलता है।
सांस्कृतिक समानता	दो समूहों के बीच सांस्कृतिक चरित्रों में समानताएं आत्मसातीकरण की प्रक्रिया में विकसित होती हैं। भाषाई समानता, धार्मिक समानता शीघ्र आत्मसातीकरण में मदद करती है।
समान जातीय चरित्र	समान नस्ल और जातीय चरित्र वाले लोग भिन्न मूल और शारीरिक विशेषताओं वाले लोगों की तुलना में अधिक आसानी से आत्मसात हो सकते हैं।

आत्मसातीकरण में बाधा डालने वाले कारक

कुछ ऐसे कारक हैं जो आत्मसात करने की प्रक्रिया में बाधा उत्पन्न करते हैं, ये हैं:

(क) **शारीरिक और सांस्कृतिक अंतर:** शारीरिक संरचना, त्वचा का रंग, भाषा, धार्मिक विश्वास, परंपरा आदि में अंतर आत्मसात की प्रक्रिया में बाधा उत्पन्न करते हैं।

(ख) **प्रभुत्व और अधीनता:** यदि एक समूह दूसरे पर प्रभुत्व रखता है, तो दो समूहों के बीच आत्मसात करना लगभग असंभव हो जाता है। इस मामले में शक्ति संबंध होता है क्योंकि प्रभुत्वशाली समूह हमेशा दूसरे समूह के लोगों को कमतर समझता है।

(ग) **अलगाव:** कुछ सांस्कृतिक समूह अलगाव में रहना पसंद करते हैं। इस मामले में, सामाजिक संपर्क दूसरों के साथ तालमेल नहीं बैठ पाता और आत्मसात करने की प्रक्रिया बहुत कठिन हो जाती है।

(घ) **पूर्वाग्रह और अनभिज्ञता:** पूर्वाग्रह एक ऐसा दृष्टिकोण है जिसके आधार पर अलगाव होता है। दूसरे संस्कृति समूह की पारंपरिक उत्कृष्टता के बारे में अनभिज्ञता भी आत्मसात करने की प्रक्रिया में बाधा डालती है।

सामाजिक स्तरीकरण

"सामाजिक स्तरीकरण संरचित असमानता की एक प्रणाली है, जो समाज के सदस्यों को कुछ चयनित मानदंडों के आधार पर वर्गीकृत करती है और धन, शक्ति, विशेषाधिकारों और अवसरों तक पहुंच को सीमित करती है" (अब्राहम, 2015)। यह संरचित असमानता की एक प्रणाली है और एक बेतरतीब व्यवस्था नहीं है क्योंकि असमानता कुछ मानदंडों पर आधारित है। एक और विशेषता यह है कि, यह प्रणाली व्यक्ति की गुणवत्ता या विशेषता पर आधारित है, न कि यह समूहों को वर्गीकृत करने की एक स्थापित प्रणाली है। असमानता की इस प्रणाली का एक उदाहरण भारत में जाति व्यवस्था की सदियों पुरानी परंपरा है। यह आनुवंशिकता के आधार पर समाज की एक अत्यधिक जटिल पदानुक्रमित परत है। किसी तरह, उच्च वर्ग के अभिजात वर्ग अपनी वित्तीय शक्ति से समाज के दूसरे छोर (गरीब और कम विशेषाधिकार प्राप्त) पर हावी होते हैं।

तालिका 3.1 पूर्व-औद्योगिक समाजों में सामाजिक स्तरीकरण

सोसायटी का प्रकार	*सामाजिक स्तरीकरण की प्रकृति*
शिकार और संग्रहण	कोई स्तरीकरण नहीं, विशेषाधिकार की असमानताएं आमतौर पर अनुपस्थित। आयु, लिंग और व्यक्तिगत विशेषताओं जैसे साहस और शिकार कौशल के आधार पर हल्की असमानताएं, लेकिन प्रतिष्ठा और प्रभाव के मामले में भी असमानताएं।
सरल बागवानी	कोई स्तरीकरण नहीं, विशेषाधिकार की असमानताएं आमतौर पर अनुपस्थित। आयु और लिंग के आधार पर असमानताएं।
गहन बागवानी	समाज में वास्तविक स्तरीकरण का पहला उदय। सामान्य पैटर्न यह है कि समाज तीन सामाजिक स्तरों में विभाजित है — मुखिया, उपमुखिया और आम आदमी।
कृषि	चरम स्तरीकरण। अधिकांश जनसंख्या वशीभूत एवं शोषित किसान वर्ग है। शासकों और शासक वर्गों के पास बहुत धन और शक्ति होती है।

स्रोत: फ्राइड, 1967: 25 जैसा कि श्रीवास्तव, 2013 में उल्लेख किया गया है।

सामाजिक स्तरीकरण की तीन सामान्य मान्यता प्राप्त प्रणालियाँ हैं—एस्टेट सिस्टम, जाति व्यवस्था और वर्ग व्यवस्था।

1. एस्टेट सिस्टम: इस प्रकार की प्रणाली मध्य युग के दौरान यूरोप में प्रचलित थी। यह व्यवस्था सामंती व्यवस्था के हिस्से के रूप में विकसित हुई। निश्चित कानून-आधारित भूमि स्वामित्व, व्यवसाय प्रणाली और व्यक्ति की वंशानुगत स्थिति ने इस व्यवस्था को सामाजिक स्तरीकरण का एक करीबी प्रकार बना दिया। इस एस्टेट प्रणाली के प्रत्येक स्तर में समाज द्वारा शुरू किए गए कुछ नियम और कर्तव्य और मानदंड शामिल थे। एस्टेट प्रणाली के स्तर थे:

(क) भू-संपत्ति अभिजात वर्ग जिसे सामंती कहा जाता है

(ख) पादरी

(ग) व्यापारी और शिल्पकार

(घ) भूदास या भूमिहीन किसान

2. जाति व्यवस्था: जाति 'एक वंशानुगत अंतर्विवाही, आम तौर पर स्थानीयकृत समूह है, जिसका पारंपरिक रूप से किसी व्यवसाय से जुड़ाव होता है, और जातियों के स्थानीय पदानुक्रम में एक विशेष स्थान होता है। जातियों के बीच संबंध, अन्य बातों के अलावा, प्रदूषण और शुद्धता की अवधारणा द्वारा नियंत्रित होते हैं, और आम तौर पर अधिकतम सहभोजिता जाति के भीतर होती है' (एम.एन. श्रीनिवास, 1962)। ई.ए.एच. ब्लंट (1946) के अनुसार, जाति 'एक अंतर्विवाही समूह या अंतर्विवाही समूहों का संग्रह है, जिसका एक सामान्य नाम होता है, जिसकी सदस्यता वंशानुगत होती है, जो अपने सदस्यों पर सामाजिक मेलजोल के मामले में कुछ प्रतिबंध लगाती है, या तो एक समान पारंपरिक व्यवसाय का पालन करती है या एक समान उत्पत्ति का दावा करती है, और आम तौर पर एक एकल, समरूप समुदाय के रूप में माना जाता है।

भारतीय जाति व्यवस्था वंशानुगत स्थिति और सामाजिक संपर्क और आर्थिक मानदंड में पारंपरिकता पर प्रतिबंधों के आधार पर सामाजिक स्तरीकरण का एक कठोर रूप है। जाति व्यवस्था की उत्पत्ति का पता लगाना बहुत मुश्किल है। कुछ विद्वानों ने प्रस्तावित किया कि जाति एक पूर्व-आर्य संस्था है और आर्यों ने इसे भारत के आदिवासी लोगों से निपटने के लिए अधिक उपयुक्त आधार पाया। हालाँकि, जाति व्यवस्था पुरानी वर्ण व्यवस्था का एक विकृति है, जिसे समाज में श्रम के पारंपरिक कार्यात्मक विभाजन के रूप में संदर्भित किया जा सकता है (अब्राहम, 2015)। मूल वर्ण व्यवस्था को चार समूहों में वर्गीकृत किया जा सकता है:

(i) ब्राह्मण (पुजारी, विद्वान, शिक्षक, ज्योतिषी और विद्वान परंपरा के संरक्षक),
(ii) क्षत्रिय (शासक, प्रशासक और योद्धा),
(iii) वैश्य (व्यापारी, कारीगर, व्यापारी, किसान, साहूकार और पशुपालक) और
(iv) शूद्र (श्रमिक और मजदूर)।

जाति व्यवस्था की महत्वपूर्ण विशेषताएं हैं:

- पदानुक्रम
- वंशानुगत प्रकृति
- पारंपरिक व्यवसाय
- सामाजिक गतिविधि का धार्मिक अभिविन्यास
- अंतर्विवाह
- सामाजिक प्रदूषण एवं शुद्धता अवधारणा
- स्थानिक अलगाव और क्षेत्रीय स्थानीयकरण
- सामाजिक संपर्क पर प्रतिबंध
- जाति-विशिष्ट अनुष्ठान, त्यौहार, गीत और नृत्य मनाना
- विदेशी संस्कृतियों को स्वीकार करने संबंधी वर्जनाएँ

जाति व्यवस्था भारत की वर्ण व्यवस्था से भिन्न है

हालाँकि, इन दो अवधारणाओं — जाति और वर्ण — के बीच अंतर हैं। दरअसल, जाति व्यवस्था को वर्ण व्यवस्था के ज़रिए नहीं समझाया जा सकता है:

सबसे पहले, भारत में अनेक जातियाँ और उपजातियाँ हैं।

दूसरा, प्रत्येक जाति और उपजाति क्षेत्र दर क्षेत्र में भिन्नता, पदानुक्रम के आधार पर होती है।

तीसरा, जाति समूह स्थानीयकृत हैं और व्यक्तियों का जीवन वर्जनाओं और समाज के रीति-रिवाजों द्वारा संचालित होता है।

चौथा, जातियाँ वर्षों से विकसित हुई हैं, जो कानूनी परिवर्तनों, शिक्षा, शहरीकरण, मानव-मूल्य, आदि के कारण प्रभावित होती हैं।

जाति व्यवस्था के कार्य

यद्यपि सामाजिक वैज्ञानिकों ने जाति समूहों के आधार पर भेदभाव पर काम किया है, लेकिन जाति व्यवस्था के कार्यों पर बहुत कम ध्यान दिया गया है, जो हैं:

(क) जाति व्यवस्था एक ऐसी मजबूत ताकत के रूप में कार्य करती है जो विभिन्न सांस्कृतिक रूप से विविध समुदायों को एक दूसरे से जोड़ती है।

(ख) जातियाँ पारस्परिक सहायता के रूप में भी काम करती हैं और क्षेत्र के विभिन्न जाति समूहों को एकीकृत करती हैं। एक सुपरिभाषित सामाजिक रिश्ते में समूहों को बाहरी सांस्कृतिक आक्रमण से बचाती है।

(ग) पहले के दिनों में जातियाँ केवल पारंपरिक व्यवसाय ही करती थीं लेकिन हाल के दशकों में, वे केवल सदियों पुराने पारंपरिक व्यवसायों तक ही सीमित नहीं हैं।

मानव व्यवहार और सामाजिक वातावरण

मानव समाज मनुष्यों से बना है, जो अपने अस्तित्व के लिए सीखे गए व्यवहार पैटर्न पर निर्भर करता है। उनके पास कोई सहज ज्ञान नहीं है, जो आनुवंशिक रूप से प्रोग्राम किया गया है ताकि यह उन्हें एक विशेष तरीके से व्यवहार करने के लिए निर्देशित करे। जीवित रहने के लिए, मनुष्यों को समाज के अन्य सदस्यों के साथ व्यवहार करने के कौशल, ज्ञान और स्वीकृत तरीकों को सीखना चाहिए। प्रत्येक व्यक्ति को जीवन जीने का तरीका सीखना चाहिए, या दूसरे शब्दों में, उसे अपने समाज की संस्कृति सीखनी चाहिए। जिस प्रक्रिया से कोई व्यक्ति समाज की संस्कृति सीखता है उसे समाजीकरण के रूप में जाना जाता है। यह केवल बचपन तक ही सीमित नहीं है, बल्कि यह एक आजीवन प्रक्रिया है।

हमारे पर्यावरण को भौतिक और सामाजिक आयामों के संदर्भ में देखा जा सकता है। भौतिक पर्यावरण में स्थलाकृति, जलवायु, मिट्टी और वातावरण शामिल है जो हमें घेरे हुए है, जबकि सामाजिक पर्यावरण में वे सामाजिक समूह शामिल हैं जिनसे हम संबंधित हैं, हमारे पास जो सांस्कृतिक विशेषताएँ हैं, वे पड़ोस जहाँ हम रहते हैं, वह संगठन जहाँ हम काम करते हैं और वे नीतियाँ जो हम अपने जीवन को व्यवस्थित करने के लिए बनाते हैं। आज की दुनिया में, सामाजिक पर्यावरण प्रदूषण, बीमारी और मृत्यु दर के जोखिमों से भी जुड़ा हुआ है, जो व्यक्तिगत जोखिम कारकों पर निर्भर करता है। इस प्रकार, सामाजिक पर्यावरण में ग्रामीण परिवेश, शहरी पर्यावरण, सामाजिक क्षेत्र, सांस्कृतिक स्थान, सामाजिक अव्यवस्था, सामाजिक विकृति, सामाजिक नीतियाँ और सामाजिक नियंत्रण शामिल हैं।

मानव सामाजिक वातावरण भौतिक परिवेश, सामाजिक संबंधों और सांस्कृतिक सेटिंग्स के व्यापक क्षेत्र को कवर करता है, जहाँ समाज के सदस्य कार्य करते हैं और अंतःक्रिया करते हैं। सामाजिक वातावरण के घटकों में निर्मित बुनियादी ढाँचा; औद्योगिक और व्यावसायिक संरचना; श्रम बाजार; सामाजिक और आर्थिक प्रक्रियाएँ; धन; सामाजिक, मानवीय और स्वास्थ्य सेवाएँ; सत्ता संबंध; सरकार; जाति संबंध; सामाजिक असमानता; सांस्कृतिक प्रथाएँ और अनुष्ठान; धार्मिक संस्थाएँ और प्रथाएँ; और स्थान और समुदाय के बारे में विश्वास (बार्नेट और कैस्पर, 2001) शामिल हैं। सामाजिक वातावरण भौतिक वातावरण के

कई अन्य पहलुओं को भी शामिल करता है जैसे भौतिक परिदृश्य, प्राकृतिक संसाधन और अन्य प्राकृतिक तत्व जो किसी तरह से आंशिक रूप से मानव सामाजिक प्रक्रियाओं द्वारा निर्धारित किए गए हैं। समकालीन वैश्वीकृत अवधि के दायरे में, ऐतिहासिक, सामाजिक, सांस्कृतिक और सत्ता संबंध जैसे सामाजिक वातावरण मानव बुद्धि द्वारा संस्थागत हो गए हैं। सामाजिक वातावरण को कई पैमानों पर अनुभव किया जा सकता है क्योंकि ये गतिशील होते हैं और समय के साथ बदलते रहते हैं। आंतरिक और बाहरी दोनों ताकतें सामाजिक परिवेश पर कार्य करती हैं और इस धरती पर विभिन्न क्षेत्रों में परिणामों में अंतर पैदा करती हैं। इस प्रकार, क्षेत्रीय, राष्ट्रीय और अंतर्राष्ट्रीय स्तर पर सामाजिक वातावरण में भिन्नताएँ हैं।

भारत में सामाजिक वातावरण का उदाहरण

अर्थव्यवस्था के द्वितीयक और तृतीयक क्षेत्र में सामाजिक वातावरण में समाज शामिल होता है, जिसमें अंततः उपभोक्ता, निवेशक, कर्मचारी, स्थानीय स्थान और स्थानीय समुदाय शामिल होते हैं। सामाजिक वातावरण के ये सभी वर्ग व्यवसाय की सफलता और असफलता पर बड़ा प्रभाव डालते हैं। एक उद्यमी को सामाजिक वातावरण को गंभीरता और सावधानी से लेना चाहिए। भारतीय परिदृश्य में, सामाजिक वातावरण पर सबसे कम ध्यान दिया जाता था क्योंकि पहले के दिनों में सत्ता का एकाधिकार अधिक था। लेकिन 1985 के बाद से, उपभोक्तावाद, बाजार में प्रतिस्पर्धा में वृद्धि, आर्थिक सुधार और वैश्वीकरण के कारण परिदृश्य बदलने लगा, जिसने सामाजिक वातावरण के महत्व और विकास में योगदान दिया। शिक्षा के स्तर में सुधार और मीडिया उद्योग के विकास के साथ, उपभोक्ता अब इस बात के प्रति अधिक सतर्क हो गए हैं कि उन्हें क्या बेचा जा रहा है। उपभोक्ता संरक्षण अधिनियम 1986 ने उपभोक्ताओं को इस संबंध में सतर्क और जागरूक बना दिया है। इतना ही नहीं, कर्मचारियों और श्रमिक वर्ग के बीच बढ़ती जागरूकता ने भी भारत में सामाजिक वातावरण में बदलाव में योगदान दिया। संगठन उत्पादन इकाई के आसपास के पर्यावरण का ध्यान रख रहे हैं, जिसमें उत्पाद की पर्यावरण-अनुकूल प्रकृति में वृद्धि, उचित अपशिष्ट निपटान आदि शामिल है। भारतीय उद्यमियों ने भारतीय समाज और संस्कृति को प्राथमिकता देना शुरू कर दिया है। कई व्यावसायिक घरानों ने अपने स्वयं के अनुसंधान केंद्र विकसित किए हैं, जहाँ वे नियमित अनुसंधान और विकास करते हैं, उपभोक्ता की अपेक्षाओं को महत्व देते हैं, उपभोक्ताओं की प्रतिक्रिया को महत्व देने के लिए उपभोक्ता सेल शुरू करते हैं। इस प्रकार, भारत का द्वितीयक और तृतीयक क्षेत्र सामाजिक परिवेश में नए रुझानों के प्रति जागरूक होने लगा है।

मानवीय व्यवहार और प्राकृतिक घटनाएं बहुत करीब से जुड़ी हुई हैं। यह रिश्ता कभी सकारात्मक होता है तो कभी नकारात्मक। उदाहरण के लिए, 2005 में जब तूफान कैटरीना ने यूएसए को प्रभावित किया और इसके परिणामस्वरूप न्यू ऑरलियन्स बंदरगाह बंद हो गया। पहले यूएसए के इस बंदरगाह से जापान को मक्का निर्यात किया जाता था। लेकिन न्यू ऑरलियन्स बंदरगाह के बंद होने के कारण जापान को मक्का के लिए दक्षिण अफ्रीका जाना पड़ा। परिणामस्वरूप दक्षिण अफ्रीका में मक्का की कमी होने लगी और कीमतें बढ़ गईं, जिससे गरीब अफ्रीकियों के लिए मक्का खरीदना मुश्किल हो गया और अंततः खाद्यान्न की कमी और अकाल की स्थिति पैदा हो गई। घटनाओं की यह श्रृंखला दिखाती है कि कैसे दुनिया के एक हिस्से में कोई प्राकृतिक घटना दुनिया के दूसरे हिस्से में कुछ सामाजिक समस्याएं पैदा करती है। इसलिए, व्यापक पहलुओं में, सामाजिक वातावरण में मानवीय व्यवहार विभिन्न प्रकार की घटनाओं को जन्म देता है

सामाजिक विकृति

सामाजिक विकृति विज्ञान सामाजिक विज्ञान में एक नई अवधारणा है और इसे 19वीं शताब्दी के दौरान पेश किया गया था। यह अवधारणा जैविक विज्ञान से ली गई है और यह जैविक रोगों और सामाजिक समस्याओं के बीच अवधारणाओं की समानता पर आधारित है। समकालीन सामाजिक शोध में, इस शब्द का उपयोग विभिन्न प्रकार के सामाजिक विकारों के कारणों और परिणामों

का अध्ययन करने के लिए किया जाता है। अधिकांश सामाजिक समस्याएँ विभिन्न कारणों की पुनरावृत्ति हैं और कुछ पीढ़ियों के लिए अधिक महत्वपूर्ण हैं। हालाँकि, कुछ विशिष्ट प्रकार के विकार या क्षति हैं, जो विभिन्न पीढ़ियों और विभिन्न क्षेत्रों में समाज को प्रभावित करते हैं। कुछ प्रमुख सामाजिक विकृतियाँ हैं — व्यसन, घरेलू हिंसा, आत्महत्या, वेश्यावृत्ति, हत्या, आदि।

सामाजिक विकृति के कारण

समाज का दृष्टिकोण व्यक्तिगत व्यवहार और दृष्टिकोण का एक संग्रह है, जो सामाजिक, राजनीतिक, सांस्कृतिक और आर्थिक कारकों द्वारा नियंत्रित होता है। सबसे बढ़कर, यह व्यक्तिगत दृष्टिकोण ही है जो हर समाज में हर जगह और सामाजिक विकास के हर दौर में विकृति पैदा कर रहा है। सामाजिक अपराध और अव्यवस्था हमारी सभ्यता में शुरू से ही मौजूद थी, लेकिन आज की तुलना में अलग पैमाने और तीव्रता और अलग रूप में। ऐसा इसलिए है क्योंकि हर समाज एक जगह पर कई इंसानों के मिलने से बनता है। चूँकि मानव मनोविज्ञान अलग-अलग होता है और हर व्यक्ति में अलग-अलग होता है, इसलिए यह सामाजिक विकार और विचलन में भी भिन्नताएँ पैदा करता है। सामाजिक विकृति व्यक्तित्व कारकों, व्यक्तिगत कारकों और सामाजिक कारकों के कारण हो सकती है।

(क) **व्यक्तित्व कारक:** ये मुख्य रूप से मनोवैज्ञानिक कारक हैं, जिनमें मानसिक असंतुलन, व्यक्तित्व और आचरण संबंधी विकार, भिन्न मानव व्यवहार आदि शामिल हैं। व्यक्ति की अहंकारी प्रकृति, आक्रामक मानसिकता, जिम्मेदारी की कमी आदि सामाजिक विकृति की संभावना पैदा करते हैं।

(ख) **व्यक्तिगत कारक:** इसमें शामिल हैं

- (i) उच्च्च उम्मीद
- (ii) व्यक्ति का सुख चाहने वाला स्वभाव
- (iii) शक्ति की चाह
- (iv) लापरवाही
- (v) पहचान का अभाव
- (vi) लत
- (vii) यौन विकार, आदि।

(ग) **सामाजिक कारक:** इसमें शामिल हैं

- (i) सामाजिक बहिष्कार
- (ii) परिवार का सहयोग न मिलना
- (iii) गरीबी
- (iv) बेरोजगारी
- (v) असंतोष
- (vi) परिवार में भ्रम और अशांति
- (vii) खराब मित्र मंडली
- (viii) मीडिया का प्रभाव, इत्यादि।

जब तक मनुष्य समूहों में रहना शुरू नहीं कर देता, तब तक मानव समाज में सामाजिक विकृति या सामाजिक समस्याएँ मौजूद थीं। सामाजिक विज्ञान अनुसंधान में जिन सामाजिक विकृतियों पर विचार किया जाता है, वे प्राचीन और मध्यकालीन

दार्शनिकों और आरंभिक दिनों के धार्मिक विचारकों के लिए दार्शनिक जांच के विषय थे। हालाँकि, आज की सामाजिक समस्याओं की गहराई, तीव्रता, आयाम और प्रकार अतीत की समस्याओं से बेजोड़ हैं। इसलिए, समकालीन सामाजिक वैज्ञानिकों के लिए हमारे समाज की सामाजिक समस्याओं के हर मामले पर गहराई से विचार करना महत्वपूर्ण है।

सामाजिक विकृति की प्रकृति — सार्वभौमिकता या स्थानीयता

सामाजिक विकृति का एक महत्वपूर्ण लक्षण इसकी सार्वभौमिक और स्थानीय प्रकृति है। कुछ विकृतियाँ सार्वभौमिक होती हैं, जबकि कुछ स्थानीय प्रकृति की होती हैं। मानवविज्ञानियों के अनुसार, सभी मनुष्य एक जैसी जैव-मनोवैज्ञानिक समस्याओं को साझा करते हैं और पूरी दुनिया में कुछ बुनियादी रुचियां, प्रश्न, भय, आनंद आदि साझा करते हैं। इस प्रकार, कुछ विकृतियाँ दुनिया भर में आम हैं, हालांकि इनकी प्रकृति, तीव्रता और शर्तों में भिन्नता है। ये माता-पिता-बच्चों का संघर्ष, पीढ़ी का अंतर, समूहों के बीच सीमित संसाधनों पर तनाव, शराबखोरी, पर्यावरण प्रदूषण, वेश्यावृत्ति, बेघर होना, भीख मांगना, विवाह टूटना और तलाक, किशोर अपराध आदि हैं।

कुछ विकृतियाँ स्थानीय संस्कृति और परिस्थिति पर निर्भर करती हैं। ये आम तौर पर समाज की विशेष सांस्कृतिक और पारिस्थितिक व्यवस्था की अभिव्यक्तियाँ होती हैं, जो मानव सभ्यता की सामाजिक-ऐतिहासिक व्यवस्था के साथ-साथ समाज के राजनीतिक आयाम का प्रतिबिंब होती हैं। ये स्थानीय सामाजिक विकृतियाँ स्थानीय लोगों के तकनीकी विकास के चरण का भी परिणाम होती हैं। उदाहरण के लिए, संयुक्त राज्य अमेरिका और पश्चिमी यूरोपीय देशों जैसे प्रथम विश्व के औद्योगिक रूप से विकसित राष्ट्रों में पर्यावरण प्रदूषण और त्वचा रोग, वैवाहिक विघटन, पारिवारिक संघर्ष, आत्महत्या, नशीली दवाओं की लत, नैतिकता का पतन, अकेलापन, किशोर अपराध आदि जैसी कुछ विशेष सामाजिक विकृतियाँ होती हैं। इसके विपरीत, कुछ समस्याएँ तीसरी दुनिया के देशों के लिए विशिष्ट हैं जैसे–ग्रामीण गरीबी, शहरी झुग्गी, स्वच्छता की समस्या, बेघर होना, भीख माँगना, जातीय संघर्ष, भ्रष्टाचार, निरक्षरता, कन्या भ्रूण हत्या, आदि।

सामाजिक समस्याएं

सामाजिक विकृति शब्द का अर्थ आम तौर पर समाज की दुर्दशा से है, यानी सामाजिक बीमारी या सामाजिक विकार जो समाज को प्रभावित करते हैं। हालाँकि, एक अधिक सामान्य शब्द सामाजिक समस्याएँ हैं। दरअसल सामाजिक विकृति या सामाजिक बीमारी, जैविक बीमारी की तरह, समाज के शरीर को प्रभावित करती है और समाज के सामान्य कामकाज में बाधा डालती है। किसी भी प्रकार की सामाजिक विकृति समाज या उसके संस्थानों और संगठनों को बड़े पैमाने पर प्रभावित करती है।

सामाजिक समस्याओं को संस्था स्तर पर सबसे बेहतर तरीके से समझा जा सकता है। हालाँकि, कारण अलग-अलग हैं, लेकिन हर कारण संस्थाओं की सामान्य प्रक्रिया की खराबी का प्रकटीकरण है। जब कोई संस्था लोगों की बुनियादी ज़रूरतों को पूरा करने में विफल रहती है, तो सामाजिक समस्याएँ उत्पन्न होती हैं।

भारत का सामाजिक भूगोल

भारत एक ऐसा देश है जिसमें भौतिक विशेषताओं, सामाजिक संरचना, सांस्कृतिक प्रतिनिधित्व और आर्थिक प्रदर्शन में विविधता है। यह भूमि कई जातीय समूहों, 1,650 से अधिक बोली जाने वाली भाषाओं, विभिन्न क्षेत्रीय बोलियों, कई धार्मिक विश्वासों, विभिन्न प्रकार के परिधानों, क्षेत्रीय पाक परंपराओं में विविधताओं और व्यापक जीवन शैली का घर है। ऐसी विविधताओं के

बावजूद, एक धागा जो सभी भारतीय लोगों को एक साथ बांधता है, वह है जीवन और विचार की पारंपरिकता जो इस देश के लिए अद्वितीय है। पारंपरिक प्राच्य संस्कृति हमारे संतों और ऋषियों की शिक्षाओं और उपदेशों के अनुरूप है।

इस देश में विभिन्न प्रकार के लोग रहते हैं, जिनके रीति-रिवाज़ और परंपराएँ अलग-अलग हैं। भारत की विशाल जनसंख्या क्षेत्र (जैसे उत्तर भारत, पूर्वोत्तर भारत, दक्कन और दक्षिण भारत), भाषा (जैसे हिंदी, तमिल और तेलुगु), धर्म (जैसे हिंदू, मुस्लिम, ईसाई, बौद्ध, जैन और सिख) आदि के आधार पर कई पहचानों से जुड़ी है। पहचानों का प्रत्येक समूह सामाजिक संबंधों के एक विशेष पैटर्न, यानी एक अलग सामाजिक संरचना से मेल खाता है। इसलिए भारतीय सामाजिक संरचना को समझना बहुत ज़रूरी है। यह पुस्तक सभी भारतीयों के लिए अनुशंसित है क्योंकि यह मानव-मानव, मानव-समाज और मानव-पर्यावरण संबंधों को स्पष्ट करती है।

भारतीय समाज में जाति ने एक महत्वपूर्ण भूमिका निभाई है और सामाजिक पहचान के निर्माण में जिम्मेदार कारक के रूप में कार्य करती है। जाति और सामुदायिक पहचान भारतीय संदर्भ में ग्रामीण स्थान और ग्रामीण बस्तियों की रूपरेखा का संगठन बनाती है, जो आबादी की जीवन शैली के विभिन्न पैटर्न को दर्शाती है। प्रत्येक भारतीय गाँव जाति पदानुक्रम का प्रतिनिधित्व करता है और जाति समूहों की स्थानिक व्यवस्था को प्रदर्शित करता है। "भूमि-स्वामित्व वाली जातियों के केंद्र के आसपास कई सहायक जातियाँ एकत्रित हो गईं, जिनकी गाँव की रूपरेखा योजना में स्थिति सामाजिक पदानुक्रम में उनकी स्थिति को दर्शाती थी" (अहमद, 1999)। प्रमुख जातियों द्वारा लोकतांत्रिक संस्थाओं पर एकाधिकार उन्हें अपनी संपत्ति के संचय में मदद करता है। यह उन्हें राजनीतिक क्षेत्रों में लामबंद करने के लिए भी प्रेरित करता है ताकि राजनीतिक मंच पर अपना सांस्कृतिक और राजनीतिक आधिपत्य बनाए रखा जा सके। जाति पदानुक्रम में लोगों का निचला तबका अक्सर राजनीतिक मंच पर अदृश्य रहता है।

जाति आधारित सामाजिक संरचना के अलावा, भारत के विभिन्न भागों में काफी संख्या में जनजातियाँ मौजूद हैं, जैसे मुंडा, हो, ओरांव, भील, गद्दी, संथाल, कोल, कंध, खासी, गारो, मिज़ो और नागा। इन्हें भारत के संविधान की एक अनुसूची में एक समूह में एक साथ रखा गया है और इन्हें अनुसूचित जनजाति के रूप में जाना जाता है।

भारत का पारंपरिक समाज

पारंपरिक भारत में, हिंदू समाज पाँच मुख्य स्तरों में विभाजित था— चार वर्ण या जातियाँ और पाँचवाँ समूह, बहिष्कृत या अछूत। प्रत्येक जाति को जातियों या उपजातियों में विभाजित किया गया है, जिनकी कुल संख्या हज़ारों में थी (हरालम्बोस और हील्ड, 2010)। जातियों को ग्रामीण शुद्धता के संदर्भ में क्रमबद्ध किया जाता है, जबकि जातियाँ व्यावसायिक समूह हैं। बढ़ई, कुम्हार, सुनार जातियों के उदाहरण हैं। जाति समूहों के मामले में, ब्राह्मण या पुजारी शुद्धता, पवित्रता में सबसे ऊपर हैं और सामाजिक स्तर पर सबसे ऊँचा स्थान रखते हैं। उन्हें ज्ञान, सत्य और सीखने का स्रोत माना जाता है और केवल वे ही सबसे शुभ धार्मिक समारोह कर सकते हैं। सामाजिक स्तर के विपरीत छोर पर अछूत हैं। इन लोगों को अशुद्ध, अपवित्र के रूप में परिभाषित किया गया है और वे मृत जानवरों के निपटान जैसे समाज के अपमानजनक कार्य करते हैं उन्हें गांवों के बाहरी इलाकों में या धान के खेतों के बीच में अपने समुदायों में रहने के लिए जगह दी जाती है (हरालम्बोस और हील्ड, 2010)। कृषि अर्थव्यवस्था पर आधारित पारंपरिक ग्रामीण हिंदू समाज में, ब्राह्मण सबसे बड़े भूस्वामी, कानून के संरक्षक और भूमि के नियंत्रक होते थे। सामान्य तौर पर, ग्रामीण शुद्धता की अवधारणा पर आधारित प्रतिष्ठा का पदानुक्रम सत्ता के पदानुक्रम द्वारा प्रतिबिम्बित होता था। ग्रामीण समाज का धन संचय ब्राह्मणों के हाथों में केंद्रित था।

पारंपरिक हिंदू समाज में कुछ ऐसी विशेषताएं हैं जो पूरे भारत में समान हैं। इनका प्रभाव उन समुदायों में भी देखा जा सकता है जो विदेशी मूल के धर्मों को मान्यता देते हैं (दुबे, 2008)। इन विशेषताओं में शामिल हैं:

1. पारंपरिक हिंदू समाज में निर्धारित स्थिति पर विश्वास किया जाता है, यानी किसी की स्थिति किसी विशेष *जाति* में जन्म से निर्धारित होती है, न कि उसके प्रदर्शन की गुणवत्ता से। जब कोई स्थिति प्राप्त हो जाती है, तो ऊपर की ओर बढ़ना काफी कठिन और धीमा होता है।
2. हिंदू समाज की पदानुक्रमिक प्रकृति, जहां बुनियादी श्रेणियां ऊर्ध्वाधर थीं *वर्ण* व्यवस्था के बाहर पांचवी श्रेणी कक्षा की व्यवस्था की गई।
3. स्थिति मूल्यांकन का मानदंड अनुष्ठान था, न कि आर्थिक या राजनीतिक। एक साथ स्पर्श करना और खाना केवल समान अनुष्ठान स्थिति के भीतर होता है, न कि निम्न स्थिति वाले समूहों के साथ। प्रत्येक *जाति* की शुद्धता बनाए रखने के लिए विस्तृत नियम थे।
4. *पुरुषार्थ* की अवधारणा थी, अर्थात जीवन का लक्ष्य, ये हैं— *धर्म*, *अर्थ*, *काम* और *मोक्ष*। इनमें क्रमशः व्यक्ति के कर्तव्य, धन और कल्याण, शारीरिक इच्छाएँ और मोक्ष शामिल हैं।
5. जीवन के चार आश्रम या चरण थे— *ब्रह्मचर्य* (विद्यार्थी जीवन), *गृहस्थ* (गृहस्थ जीवन), *वानप्रस्थ* (संसार से क्रमिक अलगाव की अवस्था) और *संन्यास* (परिवार या सांसारिक चिंताओं से त्याग)।
6. देवताओं, ऋषियों, पूर्वजों और समाज के प्रति *'ऋण'* की धारणा थी।
7. *कर्म* का सिद्धांत हिंदू समाज का मूल सिद्धांत बना हुआ है।

भारत में ग्रामीण समुदाय में जीवन स्तर

जीवन स्तर को विभिन्न सामाजिक वैज्ञानिकों द्वारा अलग-अलग तरीके से परिभाषित किया गया है और इस प्रकार, इसकी कोई वैज्ञानिक और सटीक परिभाषा नहीं है। अधिकांश परिभाषाओं में शामिल तीन मुख्य बिंदु हैं (1) जीवन की उपयोगिता के रूप में परिभाषित जीवन स्तर; (2) आर्थिक प्रावधान के रूप में माना जाने वाला जीवन स्तर; और (3) स्वतंत्रता का एक प्रकार माना जाने वाला जीवन स्तर।

ए. सेन (1984) के अनुसार, जीवन स्तर को कुछ करने की स्वतंत्रता और अच्छी तरह से जीने की क्षमता के रूप में माना जाता है। दूसरे शब्दों में, यह वह है जो लोग वास्तव में करने में सक्षम हैं। सेन ने जीवन स्तर की दो अवधारणाएँ प्रस्तावित की हैं— पहली किसी व्यक्ति का वास्तविक जीवन स्तर है और दूसरी किसी व्यक्ति के लिए किसी निश्चित समय पर उपलब्ध जीवन शैली का विकल्प है। सामान्य अर्थों में, कोई व्यक्ति एक जीवन शैली चुन सकता है और यह निर्णय उस व्यक्ति की वास्तविक स्थिति को प्रभावित करता है। इसका मतलब है कि किसी व्यक्ति की जीवन शैली चुनने की क्षमताएँ माँग के अधिकार के लिए आधार प्रदान कर सकती हैं (पोडुज़ोव, 2008; नुसबाम, 2000; बैरेरो-जेन, मारिया, 2019)।

एक ग्रामीण समुदाय में जीवन स्तर आम तौर पर उस धन की मात्रा को दर्शाता है जो उन वर्गों के बीच वितरित किया जाता है। धन की मात्रा सामान्य रूप से कृषि और कृषि में इस्तेमाल की जाने वाली तकनीकों पर निर्भर करती है क्योंकि तकनीक जितनी अधिक होगी, कृषि की उत्पादकता उतनी ही अधिक होगी। भूमि संबंध कुल ग्रामीण धन में ग्रामीण समाज के विभिन्न समूहों का हिस्सा निर्धारित करते हैं। अमेरिका जैसे विकसित देशों में, जहाँ उच्च स्तर की तकनीक का उपयोग किया जाता है, जिससे कृषि संपदा का निर्माण होता है। यह अमेरिका और भारत में मजदूरी करने वाले श्रमिकों के बीच एक उच्च विभेद पैदा करता है क्योंकि अमेरिका में कृषि श्रमिक भारत के लोगों की तुलना में अधिक कमाते हैं, जबकि दोनों देशों में कृषि पूंजीपति लाखों कमाते हैं। सोरोकिन, ज़िमरमैन, सेमी, किरपैट्रिक और अन्य जैसे समाजशास्त्रियों ने दुनिया के विभिन्न समाजों में ग्रामीण आबादी के जीवन स्तर की समस्याओं का अध्ययन किया। ग्रामीण क्षेत्रों में जीवन स्तर आम तौर पर शहरी क्षेत्रों की तुलना में कम है क्योंकि शहरी लोगों की तुलना में ग्रामीण लोगों की आय कम है। भोजन, पोशाक, मनोरंजन, सांस्कृतिक सुविधाओं और अन्य मापदंडों का

चुनाव भारत के मध्यम वर्ग के लोगों के जीवन स्तर को नियंत्रित करता है। इस प्रकार उनका जीवन स्तर न केवल उनकी आर्थिक स्थिति से बल्कि अन्य कारकों से निर्धारित होता है।

जाति व्यवस्था

जैसा कि आंद्रे बेतेले ने बताया है, 'जाति' का अर्थ अलग-अलग लोगों के लिए अलग-अलग होता है, जो स्थितियों की विविधता पर भी निर्भर करता है। यह आम तौर पर जन्म के आधार पर किसी समूह/उप-समूह से संबंधित होने की भावना है। बेतेले लिखते हैं, "जाति को व्यक्तियों के एक छोटे और नामित समूह के रूप में परिभाषित किया जा सकता है, जिसकी विशेषता अंतर्जातीय विवाह, वंशानुगत सदस्यता और जीवन की एक विशिष्ट शैली है, जिसमें कभी-कभी परंपरा द्वारा किसी विशेष व्यवसाय का पालन करना शामिल होता है और आमतौर पर पदानुक्रमित प्रणाली में कमोबेश अलग अनुष्ठान स्थिति से जुड़ा होता है"। (बेतेले, 1966)।

सुवीरा जायसवाल (1998) ने अपनी पुस्तक 'जाति: उत्पत्ति, कार्य और परिवर्तन के आयाम' में उल्लेख किया है कि, 'अंतर' जाति पर आधारित सामाजिक स्तरीकरण का केंद्रीय और मुख्य सार है क्योंकि जाति व्यवस्था अलग-अलग श्रेणियों से बनी है और इसमें निरंतर पदानुक्रम नहीं है। इसलिए, जाति विचारधारा की वर्ग भूमिका शक्ति पदानुक्रम का एक शक्तिशाली साधन है, जो आज की वैश्वीकृत दुनिया में भी मौजूद है। सही मायने में, जाति व्यवस्था में राजनीतिक और आर्थिक आधारों के प्रभाव शामिल होने चाहिए और इसे एक स्थिर घटना के रूप में नहीं माना जाना चाहिए।

जाति व्यवस्था का सबसे महत्वपूर्ण चरित्र इसकी गतिशील प्रकृति में निहित है। यह हमेशा अपने साथ कुछ नए विचार और तत्व लेकर आती है, जबकि कुछ बेकार तत्वों और अवधारणाओं को छोड़ देती है। कठोरता-तरलता शुद्ध-अशुद्ध सिंड्रोम के साथ-साथ राजनीतिक, आर्थिक और सांस्कृतिक विचारों के साथ भी मौजूद थी। उदाहरण के लिए, मैककिम मैरियट ने पांच क्षेत्रों के भारतीय गांवों पर किए गए अपने अनुभवजन्य अध्ययन के आधार पर निष्कर्ष निकाला है कि, उत्तर भारत की तुलना में दक्षिण भारत में जाति एक काफी कठोर संस्था है (मैरियट, 1955)।

जाति में सांस्कृतिक तत्व

लुई ड्यूमॉन्ट ने 'संस्कृति' को किसी भी सामाजिक संरचना में एक मजबूत तत्व के रूप में देखा और इस प्रकार जाति एक अनूठी सांस्कृतिक घटना है। ड्यूमॉन्ट ने जाति के अध्ययन में दो दृष्टिकोण बताए। ये हैं:

1. वर्गीकरण दृष्टिकोण और
2. टाइपिफ़ाइंग दृष्टिकोण

वर्गीकरण दृष्टिकोण: इस दृष्टिकोण में, सामाजिक स्तर या सामाजिक स्तरीकरण का प्रकार महत्वपूर्ण है। यहाँ, एक विशेष प्रकार की सामाजिक घटना को उन समाजों के संदर्भ में परिभाषित किया जा सकता है जिनमें यह दिखाई देती है। इस दृष्टिकोण में, पूरे समाज की तुलना विभिन्न परतों या स्तरों से बनी भूवैज्ञानिक संरचना से की जा सकती है। जाति व्यवस्था इस संरचना के किसी भी क्षेत्र में कोई भी परत बनाती है। इस प्रकार, सामाजिक स्तरीकरण का एक सामान्य सिद्धांत सामने आता है।

टाइपिफ़ाइंग दृष्टिकोण: इस मामले में, केंद्रीय संदर्भ वे समाज हैं जिनमें घटना (जैसे जाति) घटित होती है। वैचारिक और रूपात्मक घटनाओं की कोई अलग अवधारणा नहीं है। यह दृष्टिकोण समाज के अमूर्त पहलुओं या भागों के वर्गीकरण की अवधारणा को भी नकारता है (शर्मा, 2011)।

ड्यूमॉन्ट द्वारा उल्लिखित जाति व्यवस्था का केंद्रीय दृष्टिकोण, टाइपिफ़ाइंग दृष्टिकोण की श्रेणी में आता है। जाति व्यवस्था में, स्थिति पर निरंतर जोर दिया जाता है और इस प्रकार सामाजिक पदानुक्रम के बारे में विचारों और मूल्यों को जाति व्यवस्था से अलग नहीं किया जा सकता है। ड्यूमॉन्ट का मत है कि, "वर्गीकरणकर्ता प्रतिमानों से समर्थन लेता है, जो उसे अमूर्त करने में सक्षम बनाता है और सामाजिक जीवन के पहलुओं या, अधिक बार, भागों को वर्गीकृत करने के लिए, टाइपिफायर एक ठोस सामाजिक समग्रता के भीतर सामाजिक तथ्यों की अंतर्संबंधता से समर्थन लेता है"। इस विचार के आधार पर, ड्यूमॉन्ट ने जाति व्यवस्था की पदानुक्रमिक प्रकृति के महत्व के बारे में निम्नलिखित तीन बिंदुओं का उल्लेख किया:

(क) **द्वैत:** जाति व्यवस्था के मामले में द्वैत सत्य है। किसी भी सामाजिक व्यवस्था में बड़े, छोटे और व्यापक के बीच संबंध आम बात है। जब सामाजिक जीवन का कोई एक पहलू महत्वपूर्ण हो जाता है, तो वह अन्य सभी मूल्यों को अपने में समाहित कर लेता है और उन्हें जितनी जल्दी हो सके उतनी तेजी से व्यक्त करता है।

(ख) **समग्रता:** जाति व्यवस्था व्यक्तिवादी (एकल तत्व) अवधारणा के बजाय अधिक समग्र मामला (सामूहिक) है। जब किसी भारतीय गांव में समग्रता की अवधारणा आती है, तो वह अपने साथ धर्म और जाति का विचार भी लाती है। समाज का धार्मिक, सामाजिक (जाति आधारित) या दार्शनिक आधार श्रम के आर्थिक विभाजन की दृढ़ता से अनुशंसा करता है। हालाँकि हाल के वर्षों में, श्रम का पारंपरिक विभाजन आर्थिक आधार पर आधारित है। जजमानी प्रथा तो खत्म हो गई, लेकिन धार्मिक या सांस्कृतिक मूल्यों पर विभाजन अब भी किसी भी भारतीय गांव में श्रम विभाजन के आधार पर कायम है। यह भारतीय गांवों में लोगों की उपलब्ध क्षमता और अवसरों को भी दर्शाता है।

(ग) **अनुष्ठान और शक्ति की जुड़वां ताकतें:** भारत में जाति व्यवस्था में जुड़वां ताकतें हावी हैं। वर्ण व्यवस्था में, पुरोहित वर्ग समाज के सभी वर्णों से ऊपर है, चाहे उनकी आर्थिक स्थिति कुछ भी हो। दूसरे शब्दों में, हालांकि पुरोहित आर्थिक पहलुओं के लिए आम लोगों पर निर्भर है, लेकिन अनुष्ठान परिदृश्य में पुरोहित या ब्राह्मण सर्वोच्च अधिकारी है। इसके विपरीत, सत्ता के मामले में, राजा संप्रभु के रूप में उच्च पुजारी और शासक एक ही व्यक्ति में होता है। इसलिए, समाज में यह दोहरी शक्ति मौजूद है। शुद्ध अनुष्ठान पदानुक्रम सिद्धांत रूप में सत्ता से स्वतंत्र है जबकि शासकत्व राजनीतिक अधिकार के संदर्भ में अत्यधिक मूल्यवान है।

हटन के अनुसार, जाति केवल भारतीय परिघटना है क्योंकि इसकी कठोरता, जटिलता इस देश के लिए अद्वितीय है। हटन जाति को "अत्यधिक जटिल मूल की संस्था के रूप में वर्णित करते हैं, एक ऐसी उत्पत्ति जो वास्तव में इतनी जटिल है कि इसकी प्रकृति में, इसे एक ही क्षेत्र तक सीमित होना चाहिए, और यही कारण है कि यह केवल भारत में ही पाई जाती है"। हटन जाति को एक व्यक्तिगत गतिविधि के रूप में और एक समूह गतिविधि के रूप में भी समझाते हैं। उनके अनुसार, जाति निम्नलिखित कार्य करती है — (ए) व्यक्ति के दृष्टिकोण से, (बी) सामाजिक तत्व के रूप में जाति के दृष्टिकोण से और (सी) समाज या राज्य के दृष्टिकोण से।

जाति के इन तीन कार्यों ने इस व्यवस्था को भारतीय समाज के लिए अद्वितीय बना दिया है और यह राजनीतिक स्थिरता के रूप में भी कार्य करती है। यह एक जीव के रूप में भी कार्य करती है, जो एकीकरण और स्थिरता सुनिश्चित करती है। हटन की तरह, जी.एस. घुरे ने भी जाति व्यवस्था की छह विशेषताओं की पहचान की, जो इस प्रकार हैं:

(i) समाज का खंडीय विभाजन,

(ii) समूहों का पदानुक्रम,

(iii) भोजन और सामाजिक मेलजोल पर प्रतिबंध,

(iv) विभिन्न वर्गों की संबद्ध और धार्मिक अक्षमताएं और विशेषाधिकार,
(v) व्यवसाय के अप्रतिबंधित विकल्प का अभाव,
(vi) विवाह पर प्रतिबंध.

ये तत्व तेजी से बदलते हैं और केवल सजातीय विवाह ही जाति व्यवस्था के केंद्रीय विषय के रूप में अपना स्थिर चरित्र बनाए रखता है। हालाँकि, विभिन्न विद्वानों द्वारा जाति व्यवस्था के विश्लेषण से दो महत्वपूर्ण बिंदु उभर कर आते हैं— (1) जाति एक अनूठी व्यवस्था है और एक संरचनात्मक घटना और (2) भारतीय समाज का "जाति मॉडल" शामिल है। हाल के वर्षों में, जाति ने राजनीति, अर्थशास्त्र, भूमि संबंध, कानूनी व्यवस्था, परिवर्तन और सामाजिक गतिशीलता में अपने प्रभाव दिखाए हैं (शर्मा, 2011)।

जाति के संबंध में स्पष्टतः दो दृष्टिकोण हैं:

(क) सांस्कृतिक घटना के रूप में जाति और
(ख) संरचनात्मक रूप के रूप में जाति

पहला दृष्टिकोण जाति को मूल्यों की एक प्रणाली के रूप में मानता है जो विशेष रूप से भारत में पाई जाती है। जाति व्यवस्था जन्म से जाति के प्रत्येक व्यक्ति को एक निश्चित सामाजिक परिवेश प्रदान करती है, जो संघों का एक स्थायी निकाय है, जो उक्त व्यक्ति के सभी व्यवहारों और संपर्कों को नियंत्रित करता है। इस प्रकार, प्रत्येक सदस्य को जाति द्वारा प्रदान किए गए नियमों और अनुष्ठानों का पालन करना चाहिए। दूसरा दृष्टिकोण मानता है कि जाति स्तरीकरण के एक सामान्य सिद्धांत का पालन करती है। जाति समाज की सदस्यता निर्धारित करती है।

योगेंद्र सिंह (1968) ने सांस्कृतिक घटना के रूप में जाति की सीमा और इसके संरचनात्मक गठन पर सवाल उठाया है। संस्कृति, संरचना, विशिष्टतावाद और सार्वभौमिकता के पहलुओं के आधार पर, सिंह के काम में शामिल हैं:

(i) सांस्कृतिक विशेषवादी,
(ii) सांस्कृतिक सार्वभौमिकतावादी,
(iii) संरचनात्मक विशेषवादी, और
(iv) संरचनात्मक सार्वभौमिकवादी।

जाति में स्तरीकरण, सांस्कृतिक बहुलवाद और अंतःक्रिया जैसे सार्वभौमिक तत्व होते हैं। इतना ही नहीं, जाति व्यवस्था में कुछ अन्य पहलू भी महत्वपूर्ण विशेषताएँ हैं जैसे विरोध, विभाजन और अद्वितीय सांस्कृतिक रूपरेखा के साथ पदानुक्रम। सिंह का संरचनात्मक विशिष्टतावादी दृष्टिकोण जाति के विश्लेषण में प्रबल है। इन अद्वितीय सार्वभौमिक तत्वों को सिंह ने जाति व्यवस्था के सांस्कृतिक विशिष्टतावादी और सार्वभौमिकवादी तत्वों के रूप में दर्शाया है।

भारत के ग्रामीण और शहरी क्षेत्रों में अनुसूचित जाति की जनसंख्या का वितरण

अनुसूचित जाति की आबादी को भारतीय जनसंख्या के ढांचे के भीतर एक उप-समुदाय के रूप में संदर्भित किया जाता है। तालिका 3.2 भारत में अनुसूचित जाति की आबादी का प्रतिशत दर्शाती है।

वे भारत के हिंदू समाज के सामाजिक और आर्थिक रूप से वंचित जाति समूहों का गठन करते हैं। समाज के इस वर्ग में पारंपरिक रूप से खेतिहर मजदूर, छोटी जोत वाले किसान, कारीगर, मजदूर और औद्योगिक श्रमिक शामिल हैं। लेकिन हाल ही में, विभिन्न सरकारी योजनाओं और नीतियों के कारण, शहरी भारत में विभिन्न रोजगार क्षेत्रों में काम करने वाली कई कुशल और

तालिका 3.2 भारतीय राज्यों और केंद्र शासित प्रदेशों में अनुसूचित जाति की जनसंख्या का प्रतिशत, 2011

क्षेत्र का नाम	ग्रामीण क्षेत्र (%)	शहरी क्षेत्र (%)
भारत	76.40	23.60
जम्मू और कश्मीर	81.19	18.81
हिमाचल प्रदेश	92.90	7.10
पंजाब	73.33	26.67
चंडीगढ़	2.50	97.50
उत्तराखंड	79.08	20.92
हरियाणा	72.75	27.25
दिल्ली राष्टीय राजधानी क्षेत्र	2.92	97.08
राजस्थान	78.03	21.97
उत्तर प्रदेश	86.28	13.72
बिहार	92.62	7.38
सिक्किम	71.92	28.08
मणिपुर	49.16	50.84
मिजोरम	24.47	75.53
त्रिपुरा	66.88	33.12
मेघालय	66.68	33.32
असम	81.82	18.18
पश्चिम बंगाल	79.65	20.35
झारखंड	79.11	20.89
ओडिशा	86.51	13.49
छत्तीसगढ	76.72	23.28
मध्य प्रदेश	72.90	27.10
गुजरात	56.00	44.00
दमन और दीव	35.39	64.61
दादरा और नगर हवेली	20.95	79.05
महाराष्ट्र	56.45	43.55
आंध्र प्रदेश	78.15	21.85
कर्नाटक	71.56	28.44
गोवा	37.18	62.82
केरला	59.82	40.18
तमिलनाडु	65.63	34.37
पुदुचेरी	56.25	43.75

स्रोत: भारत की जनगणना, 2011.

शिक्षित अनुसूचित जाति की आबादी है। भारतीय जनगणना 2011 के अनुसार, भारत की कुल अनुसूचित जाति की आबादी का लगभग 76 प्रतिशत ग्रामीण क्षेत्रों में रहता है जबकि लगभग 24 प्रतिशत शहरी भारत के निवासियों के रूप में पंजीकृत हैं। हिमाचल प्रदेश और बिहार दो ऐसे राज्य हैं, जहाँ राज्य की कुल अनुसूचित जाति की आबादी का 90 प्रतिशत से अधिक ग्रामीण क्षेत्रों में दर्ज किया गया है।

भारत में अनुसूचित जाति की आबादी का स्थानिक पैटर्न असमान वितरण को दर्शाता है। इसमें कुल आबादी में अनुसूचित जातियों की सबसे अधिक सांद्रता पंजाब (31.9 प्रतिशत) में है, उसके बाद हिमाचल प्रदेश (25.2 प्रतिशत), पश्चिम बंगाल (23.5 प्रतिशत) और उत्तर प्रदेश (20.7 प्रतिशत) का स्थान है। इसके विपरीत, नागालैंड में अनुसूचित जाति की आबादी दर्ज नहीं है। 2011 की जनगणना के अनुसार अंडमान और निकोबार, लक्षद्वीप जैसे केंद्र शासित प्रदेशों में भी अनुसूचित जातियों की कोई आबादी दर्ज नहीं की गई। हरियाणा, त्रिपुरा, उत्तराखंड, ओडिशा, तमिलनाडु, राजस्थान, दिल्ली, चंडीगढ़ जैसे कुछ राज्यों और केंद्र शासित प्रदेशों में अनुसूचित जाति की आबादी का राष्ट्रीय औसत (16.6 प्रतिशत) की तुलना में तुलनात्मक रूप से अधिक संकेन्द्रण है। अरुणाचल प्रदेश, गोवा, मणिपुर, मेघालय, मिजोरम, दादरा और नगर हवेली, दमन और दीव जैसे कुछ राज्यों में उनकी आबादी का 5 प्रतिशत से भी कम अनुसूचित जाति की आबादी है

तालिका 3.3 भारत में अनुसूचित जातियों के वितरण के संबंध में मूल तथ्य, 2011

	राज्य/संघ राज्य क्षेत्र/जिला	*प्रतिशत*
उच्चतम संकेंद्रण (राज्य)	पंजाब	31.90
न्यूनतम संकेंद्रण (राज्य)	मिजोरम	0.10
उच्चतम संकेंद्रण (यूटी)	चंडीगढ़	18.90
न्यूनतम संकेंद्रण (यूटी)	दादरा और नगर हवेली	1.80
उच्चतम संकेंद्रण (जिला)	कोच-बिहार जिला पश्चिम बंगाल में	50.10
न्यूनतम संकेंद्रण (जिला)	मिजोरम में लांगतलाई जिला	0.01

स्रोत: भारत की जनगणना, 2011.

केस स्टडी: पश्चिम बंगाल के कोच बिहार जिले में अनुसूचित जाति की जनसंख्या

2011 की जनगणना के अनुसार, अनुसूचित जाति की आबादी का जिलावार अधिकतम संकेन्द्रण पश्चिम बंगाल राज्य के कोच बिहार जिले में दर्ज किया गया है। जनगणना रिपोर्ट के अनुसार, जिले में 55 जाति समूह हैं, जिन्हें दर्ज किया गया है। यह जिला पश्चिम बंगाल राज्य के उत्तर-पूर्वी भाग में स्थित है। यह जिला मुख्य रूप से कृषि अर्थव्यवस्था पर आधारित है और इसके उत्तर में जलपाईगुड़ी जिला, पूर्व में असम राज्य और दक्षिण और पश्चिम में बांग्लादेश की सीमाएँ हैं। तालिका 3.4 इस जिले में रहने वाली विभिन्न जातियों के नाम दर्शाती है।

जजमानी प्रणाली

भारत की एक महत्वपूर्ण सामाजिक संस्था, जो प्रारंभिक मध्यकाल के दौरान विकसित हुई और ग्रामीण समाज में आधुनिक समय तक जारी रही, वह थी 'जजमानी व्यवस्था'। यह व्यवस्था प्रमुख किसान जातियों और कारीगर या कामगार जातियों के बीच

संबंधों पर आधारित थी। इस व्यवस्था में, सेवा जाति के लोग भूमि-स्वामी किसान जातियों को सेवा प्रदान करने के लिए बाध्य थे। बदले में, वे कृषि से उपज के पारंपरिक रूप से तय हिस्से के हकदार थे और कुछ मामलों में जमीन के एक छोटे से टुकड़े के भी। इस प्रकार, चमड़े के कामगार, नाई, पुजारी, माला बनाने वाले, हल चलाने वाले और लोहार जैसे विभिन्न प्रकार के लोग जो उच्च

तालिका 3.4 पश्चिम बंगाल में कोच बिहार जिला, 2011

क्रम सं.	*जिले में अनुसूचित जाति समूहों का नाम*	*क्रम सं.*	*जिले में अनुसूचित जाति समूहों का नाम*
1	बागड़ी, डुले	29	केवट
2	बहेलिया	30	खैरा
3	बायती	31	खटीक
4	बौरी	32	कोच
5	बेलदार	33	कोनाई
6	भोगता	34	कोनबार
7	भुईमाली	35	कोटाल
8	भुइया	36	लालबेगी
9	बिंद	37	लोहार
10	चमार, चर्मकार, मोची, मोची, रबिदास, रुइदास, ऋषि	38	महार
11	चौपाल	39	माल
12	दमाई (नेपाली)	40	मल्लाह
13	धोबा, धोबी	41	मुसहर
14	दोई	42	नामसुद्र
15	डोम, धांगड़	43	नट
16	दोसाध, दुसाध, धारी, धरही	44	नुनिया
17	गोनर्ही	45	पलिया
18	हलालखोर	46	पैन, सवासी
19	हरि, मेहतर, मेहतोर, भंगी, बाल्मीकि	47	पासी
20	जालिया कैबार्टा	48	पट्नी
21	झालो मालो, मालो	49	पॉड, पौंड्रा
22	कादर	50	राजबंशी
23	कामी (नेपाली)	51	रजवार
24	कंद्रा	52	सरकी (नेपाली)
25	कंजर	53	सुनरी (साहा को छोड़कर)
26	कौरा	54	तियार
27	करेंगा, कोरंगा	55	तुरी
28	कौर		

स्रोत: भारत की जनगणना, 2011.

जातियों या प्रमुख भूमिस्वामी समूहों के लिए काम करते थे को कुछ अवसरों पर वस्तु के रूप में या भूमि आवंटन के रूप में भुगतान किया जाता था। हालाँकि, सेवा-संबंध की यह प्रणाली अब वैश्वीकरण, शहरीकरण और औद्योगिकीकरण के प्रभाव में टूट रही है।

जाति स्तरीकरण के नए आयाम

जाति स्थानीय संदर्भ में लोगों की सामाजिक व्यवस्था के एक उपकरण के रूप में कार्य करती है। वृहद स्तर पर, जाति का उपयोग पहचान के साधन के रूप में किया जाता है, न कि समानताओं और अंतरंग संबंधों के लिए। जाति औपचारिक और अनौपचारिक दोनों तरह से कार्य करती है और यह सामाजिक नेटवर्क स्थापित करने और विस्तार करने का एक संसाधन और साधन दोनों बन जाती है।

हाल के दशकों में, विज्ञान और प्रौद्योगिकी के विकास के साथ, भारतीय समाज में बहु-पदानुक्रम विकसित हुआ है। इसलिए जाति व्यवस्था, कठोरता, अंतर-जातीय संबंधों के बारे में रूढ़िवादी मानसिकता, जजमानी प्रणाली, जाति-आधारित श्रम विभाजन के मामले — ये सभी शहरी भारत से तीव्रता और संख्यात्मक मूल्य में कम होते जा रहे हैं, जबकि ये आज भी भारतीय गांवों में व्याप्त हैं।

जाति व्यवस्था ने भारतीयों को एक साझा सांस्कृतिक विचारधारा भी प्रदान की है। इस तथ्य के बावजूद कि जाति-आधारित सामाजिक संरचना ने विचारधाराओं और संसाधनों के अधिग्रहण में कई अंतर-जातीय संघर्षों के साथ-साथ अस्पृश्यता जैसी बड़ी सामाजिक समस्या को भी जन्म दिया है, लेकिन यह भी सच है कि ग्रामीण भारत में पिछले कुछ दशकों में विभिन्न जातियों के सत्ता संबंधों में महत्वपूर्ण बदलाव आया है। स्वतंत्रता के बाद की अवधि में आर्थिक ताकतों और सामाजिक-राजनीतिक परिवर्तनों ने संख्यात्मक रूप से बड़ी जातियों की शक्ति को बहुत बढ़ा दिया है। विभिन्न जाति समूहों के नेताओं को स्थानीय, क्षेत्रीय और केंद्रीय स्तर पर राजनीतिक सत्ता हासिल करने के संघर्ष में अपनी रणनीतिक स्थिति का एहसास हो गया है। हाल के दिनों में, कमजोर वर्गों की स्थिति का उत्थान, अस्पृश्यता का मुद्दा, भूमि-सुधार का मुद्दा, शैक्षिक सशक्तिकरण, आर्थिक दृश्यता आदि जैसे कई महत्वपूर्ण मुद्दे देश में नीति निर्माताओं के बीच महत्व प्राप्त कर रहे हैं। इसलिए, क्षेत्रीय और राष्ट्रीय स्तर पर निर्णय लेने में जाति एकता महत्वपूर्ण हो जाती है और अप्रत्यक्ष रूप से राष्ट्र के समग्र विकास की प्रक्रिया में योगदान देती है।

वर्ग पैटर्न

वर्ग और शक्ति क्रमशः सामाजिक स्तरीकरण के आर्थिक और राजनीतिक आयाम हैं। जाति और शक्ति को आम तौर पर वर्ग के दृष्टिकोण से देखा जाता है। भारतीय समाज का अध्ययन करते समय, वी.एम. दांडेकर ने चार व्यापक वर्गों की पहचान की:

1. कृषि वर्ग,
2. औद्योगिक वर्ग,
3. व्यावसायिक वर्ग, और
4. औद्योगिक एवं व्यापारिक वर्ग।

कृषि वर्ग

भारत में सामाजिक स्तरीकरण के अध्ययन कार्ल मार्क्स और मैक्स वेबर के कार्यों से प्रभावित हैं। मार्क्स वर्ग व्यवस्था और पूंजीवादी आधार के साथ सामाजिक स्तरीकरण में क्रांतिकारी बदलाव के पक्षधर थे, जबकि वेबर व्यवस्था की स्थिरता के पक्षधर

थे। मार्क्स के लिए, 'वर्ग' सामाजिक और राजनीतिक शक्ति का एकमात्र निर्धारक था। एक वर्ग समाज में दो खंड होते हैं—अमीर और गरीब या पूंजीपति और सर्वहारा। इस प्रणाली में, पूंजी और श्रम—दो अत्यधिक प्रभावशाली तत्व हैं, जो एक वर्ग की स्थिति को भी नियंत्रित करते हैं। चूँकि स्थिति और शक्ति वर्ग से निकटता से संबंधित हैं और इस प्रकार स्थिति में उच्चतर सत्ता पदानुक्रम में उच्चतर की ओर ले जाता है। मार्क्स के सिद्धांत में, वर्ग और शक्ति को अधिरचना के रूप में माना जाता है।

भारत में, यह कहा जा सकता है कि, स्तरीकरण बहुआयामी, बहु-कारक और बहु-विषयक घटना है। ऐसी घटनाओं में, विभिन्न संकेतक लागू होते हैं जैसे कि स्थिति, समानता और असमानता के स्तर, व्यावसायिक भेदभाव, पारंपरिक विश्वास, समूहों की समरूपता और विषमता की डिग्री, स्थिति पदानुक्रम की विशेषताएं, एक समूह के सदस्यों के बीच पारस्परिक संबंध, अनुष्ठान और इसकी सामूहिक प्रकृति, मूल्य आदि। सामाजिक, राजनीतिक, आर्थिक और सांस्कृतिक कारकों का सह-अस्तित्व सामाजिक स्थिति की सीमा निर्धारित करता है। एक या दो कारकों का दूसरों पर प्रभुत्व और विभिन्न कारकों के बीच संबंध की प्रकृति और उनमें परिवर्तन समाज में विभिन्न स्थिति भूमिकाओं को तैयार करने में मदद करते हैं।

उत्पादन संबंधों और परिणामी वर्ग संरचना की प्रकृति को जानने के लिए मार्क्सवादी दृष्टिकोण को अक्सर कृषि और औद्योगिक क्षेत्रों में लागू किया गया है। भारतीय सामाजिक संरचना के विभिन्न कोनों में कृषि संबंधों के बारे में इस तरह के विश्लेषण से कुछ महत्वपूर्ण विशेषताएं सामने आती हैं:

(क) बढ़ती हुई सांद्रता के साथ गरीब कृषक वर्ग का सर्वहाराकरण गांव के संसाधनों को कुछ ही हाथों में सौंपना।
(ख) कृषि में उत्पादन के तरीके में परिवार आधारित निर्वाह से बदलाव खेती से बाजारोन्मुख किराये पर काम करने वाली श्रमिक आधारित कृषि तक।
(ग) गांवों में सामाजिक और आर्थिक जीवन में बढ़ती विविधता।

ये तीन मानदंड भारतीय गांवों में सामाजिक स्थिति और गतिशीलता के संबंध में हाल के वर्षों में अपनाए गए हैं, जो संस्कृतीकरण, पश्चिमीकरण, आधुनिकीकरण और प्रमुख जाति से संबंधित मुद्दों से संबंधित सदियों पुराने पारंपरिक मानदंडों की जगह ले रहे हैं। इस बदलते परिदृश्य में, ग्रामीण समाज के कुछ वर्गों की पहचान की जा सकती है जैसे–(1) अर्ध-सर्वहारा, (2) छोटे-जोतदार, (3) किसान और (4) किराएदार।

मार्क्स के सिद्धांत के अनुसार भारतीय समाज सामाजिक पदानुक्रम (ग्रामीण क्षेत्र) में दो प्रकार के समूह या दो वर्ग हैं:

(क) बड़े भूस्वामियों का वर्ग (धनी किसानों सहित) और
(ख) कृषि मजदूरों का वर्ग (भूमिहीन मजदूरों सहित)।

हालांकि, ग्रामीण स्तरीकरण प्रणाली में वर्ग-आधारित शक्ति संबंध और प्रमुख जातियाँ महत्वपूर्ण प्रभावशाली कारक हैं। ग्रामीण वर्ग संरचना उत्पादन के साधनों, ऋणग्रस्तता और परिसंपत्ति संरचना से भी प्रभावित होती है। किसानों के स्तरीकरण को मुख्य रूप से उत्पादन के तरीके के संदर्भ में समझा जाता है। इस मामले में, भूमि जोत और संसाधनों का आकार कृषि किसान के पदानुक्रम को निर्धारित करता है जैसे:

(क) भूमिहीन कृषि मजदूर,
(ख) छोटे किसान,
(ग) मध्यम किसान,
(घ) धनी किसान, और
(ङ) जमींदार।

इसलिए, संसाधन और भूमि जोत को कृषि पदानुक्रम में विशेषताओं का उपयोग करने का सबसे महत्वपूर्ण मानदंड माना जाता है।

औद्योगिक वर्ग

ग्रामीण समाज के विपरीत, शहरी समाज निम्न भागों में विभाजित है:

(क) औद्योगिक पूंजीपति वर्ग

(ख) मध्यम वर्ग

  (i) उच्च्च मध्यम वर्ग, और

  (ii) निम्न मध्यम वर्ग

(ग) औद्योगिक सर्वहारा वर्ग

(घ) अर्ध-सर्वहारा वर्ग और

(ङ) लुम्पेन सर्वहारा वर्ग

इस प्रकार, ग्रामीण और शहरी इन दो क्षेत्रों में दो अलग-अलग वर्ग हावी हैं। शहरी औद्योगिक सामाजिक स्तरीकरण मुख्य रूप से पेशेवर और श्रमिक वर्गों द्वारा चिह्नित है। पेशेवर वर्ग सामाजिक और सांस्कृतिक भेदभाव या परंपरा से आधुनिकता में परिवर्तन को दर्शाते हैं। व्यवसाय, उद्योग, अर्थव्यवस्था और उत्पादन के तरीकों के क्षेत्रों में परिवर्तन के माध्यम से पारंपरिक मूल्य और अवलोकन आधुनिक व्यवहार और चरित्र में बदल जाते हैं।

शहरी औद्योगिक सामाजिक स्तरीकरण में निम्नलिखित वर्ग शामिल हैं:

(क) उच्च्च वर्ग

(ख) उच्च्च-मध्यम वर्ग

(ग) निम्न-मध्यम वर्ग

(घ) श्रमिक वर्ग

औद्योगिक समाज के इन चार वर्गों के पीछे आय और व्यवसाय दो महत्वपूर्ण निर्धारण कारक हैं। इन दोनों के अलावा, खुले रिश्ते, प्रतिस्पर्धा, कट्टरपंथ, नवाचार, तकनीकी कौशल और उपयोगितावादी-तर्कवाद एक औद्योगिक समाज की मुख्य विशेषताएं हैं। परिवर्तन की ऐसी वृहद-संरचनात्मक प्रक्रियाएँ, सामाजिक गतिशीलता, ग्रामीण से शहरी प्रवास, शहरीकरण में वृद्धि और शहरी औद्योगिक केंद्रों की संख्या में वृद्धि, आदि। शहरी औद्योगिक क्षेत्र में वर्ग संरचना के निर्माण के पीछे भी यही काम है। दूसरे शब्दों में, शहरी औद्योगिक सामाजिक स्तरीकरण के संबंध में विचार के महत्वपूर्ण बिंदु हैं (शर्मा, 2011 के अनुसार):

(i) वर्ग और जाति,

(ii) व्यवसाय,

(iii) आय,

(iv) शिक्षा और वर्ग,

(v) सामाजिक गतिशीलता और अभिजात वर्ग गठन,

(vi) पेशेवर और कामकाजी वर्ग,

(vii) मध्यम वर्ग,

(viii) सामाजिक परिवर्तन और स्थिति क्रिस्टलीकरण की प्रक्रिया,

(ix) बेसुरा और असंगति,

(x) संघ, और

(xi) ट्रेड यूनियनें।

शहरी सामाजिक संरचना में, समाज को शिक्षा, व्यवसाय, आय, कौशल, तकनीकी ज्ञान, सांस्कृतिक विशेषताओं आदि के आधार पर वर्गीकृत किया जा सकता है। सामाजिक गतिशीलता और व्यक्तिगत गतिशीलता शहरी औद्योगिक सामाजिक स्तरीकरण के मामले में रैंकिंग भी महत्वपूर्ण पैरामीटर हैं। सामाजिक गतिशीलता के निम्नलिखित पैटर्न देखे जा सकते हैं:

(क) नीचे की ओर गतिशीलता और सर्वहाराकरण,
(ख) ऊपर की ओर गतिशीलता और पूंजीपतिकरण,
(ग) शहरी प्रवास और ग्रामीण लोगों के लिए आय और गांव में सामाजिक गतिशीलता, और
(घ) ग्रामीण गैर-कृषि आय और अंतर-ग्राम सामाजिक गतिशीलता।

व्यावसायिक वर्ग

औपनिवेशिक काल से पहले, मध्यम वर्ग में व्यापारी, कारीगर और जमींदार अभिजात वर्ग शामिल थे। ब्रिटिश शासन के दौरान, शहरी क्षेत्रों में इस मध्यम वर्ग के लोगों में नई आर्थिक और औद्योगिक नीतियों और अंग्रेजी शिक्षा के प्रसार के कारण सबसे अधिक परिवर्तन हुए और इसलिए व्यवसायी, उद्यमी, उद्योगपति, जमींदार, शिक्षित समूह, पेशेवर आदि भी इस वर्ग में शामिल हो गए। स्वतंत्रता के बाद, भारतीय राज्य के चरित्र में परिवर्तन के कारण मध्यम वर्ग की संरचना में उनके आकार, कार्यों और उनकी भूमिका के संदर्भ में काफी बदलाव आया।

इस प्रकार, पेशेवर वर्ग मूल रूप से प्रशिक्षित सेवा समूह हैं और आदर्श रूप से उच्च और निम्न दोनों वर्गों की सेवा करते हैं। मध्यम वर्ग उच्च और निम्न समूह के बीच का वर्ग है। भारत में अभिजात वर्ग का निर्माण पारंपरिक सामाजिक संरचना, विशेष रूप से जाति संरचना, अनुष्ठान कठोरता और लचीलापन, धार्मिक विश्वास, भाषा, नेटवर्क, आय संरचना, व्यावसायिक पृष्ठभूमि, शैक्षिक प्राप्ति, पारिवारिक परंपरा और पृष्ठभूमि आदि के कारण होता है। हाल के वर्षों में, व्यावसायिकता के परिणामस्वरूप, लोगों के कुछ समूह उच्च सामाजिक स्थिति का आनंद लेते हैं जैसे वकील, चिकित्सक, वैज्ञानिक, टेक्नोक्रेट, प्रबंधक और अधिकारी। ये पेशेवर या मध्यम वर्ग के लोग अपने आर्थिक लाभ के लिए शासक वर्गों के साथ-साथ राज्य पर भी निर्भर करते हैं। ये आम तौर पर वेतनभोगी लोग होते हैं।

इस प्रकार, पेशेवर वर्ग या मध्यम वर्ग उद्योगपतियों, मजदूर और किसान से भिन्न हैं। उनके बीच बहुत अधिक एकरूपता है।

औद्योगिक और व्यापारिक वर्ग

यह वर्ग संपत्ति के मालिक, उद्यमी, पूंजीपति वर्ग सामंती व्यवस्था में गिरावट सहित कई कारणों से उभरा है। इस वर्ग की विशेषता है:

(क) उत्पादन के साधनों पर निजी स्वामित्व,
(ख) वस्तुओं और सेवाओं की बिक्री और खरीद के लिए मुक्त बाजार मिला,
(ग) भारतीय पूंजीपति वर्ग में दो श्रेणियां शामिल हैं— कंप्रोडोर/क्रेता और लघु और मध्यम राष्ट्रीय पूंजीपति वर्ग।

भारत में सामाजिक स्तरीकरण प्रणाली में उद्यमियों का महत्वपूर्ण स्थान है। पहले जमींदार लोग साहूकारी और व्यापारिक गतिविधियों में लगे रहते थे। जो जातियां और समुदाय पहले गैर-व्यापारिक गतिविधियों में लगे थे, वे उद्यमी बन गए। यह वर्ग जातियों, समुदाय, धर्म और क्षेत्र के बीच संपर्क स्थापित करता है। आज उद्यमी केवल कृषि, व्यापार और उद्योग तक ही सीमित नहीं हैं, बल्कि वे चिकित्सा, विज्ञान, सरकारी सेवा, शिक्षण आदि के व्यापक क्षेत्र को कवर करते हैं। उदाहरण के लिए, कालीन उद्योग में उत्तर प्रदेश में विनिर्माण उद्योग में हिंदू, मुस्लिम, जैन और सिख शामिल हैं। इस उद्योग में बनिया, मुस्लिम और राजपूतों

का वर्चस्व है। पूर्वी उत्तर प्रदेश में भूमि स्वामित्व, नेतृत्व और उद्यमिता के बीच घनिष्ठ संबंध है। अधिकांश उद्यमी तीन उच्च जातियों—ब्राह्मण, राजपूत और भूमिहारों से हैं। राजस्थान में आदिवासी उद्यमी हैं। पश्चिम बंगाल में ब्राह्मणों और कायस्थों की तुलना में महिस्या नामक किसान जाति ने इंजीनियरिंग उद्योग पर अपना दबदबा कायम रखा है। इस तरह विज्ञान और प्रौद्योगिकी के विकास के साथ काम के नए रास्ते खुल रहे हैं और इसलिए उद्यमिता स्थिति निर्धारण की एक नई दिशा के रूप में उभरी है।

श्रमिक वर्ग

भारतीय समाज में, श्रमिक वर्ग अपनी सामाजिक-सांस्कृतिक स्थिति के संदर्भ में शहरी गरीबों से बना है, जो झुग्गी-झोपड़ियों में रहते हैं। वे उद्योगों, कपड़ा मिलों, चीनी कारखानों, बागानों, रेलवे, कुटीर उद्योगों और अनौपचारिक क्षेत्रों में काम करते पाए जाते हैं। यह वर्ग पूंजीपति और मध्यम वर्ग के भीतर और उसके संबंध में अत्यधिक स्तरीकृत है। श्रमिक वर्ग के लोगों में जाति, जातीयता और लिंग के कारण असमानताएँ होती हैं।

मार्क्स ने मजदूर वर्ग के लोगों को एक सामूहिक शक्ति के रूप में संगठित करने के तरीकों से पूंजीवादी व्यवस्था को बदलने के बारे में सोचा।

प्राचीन और मध्यकालीन समय में, निजी भूमि स्वामित्व का प्रचलन, सामाजिक-आर्थिक वर्गों के बीच अंतर्क्रिया, व्यापार संबंध, सामाजिक संरचना और कृषि विकास तथा सामाजिक संघर्ष भारतीय समाज की वर्ग संरचना की विशेषता थी। स्वतंत्रता से पहले, निम्नलिखित वर्गों की पहचान की गई थी:

1. राजनीतिक वर्ग,
2. वाणिज्यिक वर्ग,
3. जमींदार और कृषि वर्ग, और
4. औद्योगिक श्रमिक।

स्वतंत्रता के बाद, पूंजीपति वर्ग ने निर्णय लेने की प्रक्रिया को नियंत्रित करके खुद को पुनः स्थापित किया है। इस अवधि के दौरान, राज्य छोटे पैमाने पर, स्व-सरकारी संगठनों से अधिक प्रभावित होता है। "बैल पूंजीपतियों" को रोजगार दिया गया जो औद्योगिक पूंजी और शहरी पूंजी श्रमिकों का विरोध करते हैं। अमीर और गरीब लोगों के बीच, ग्रामीण और शहरी लोगों के बीच, उच्च और निम्न वर्ग के लोगों के बीच व्यापक अंतर ने भारतीय समाज में एक प्रभावी 'वर्ग राजनीति' बनाने में मदद नहीं की, लेकिन बाद में आय, व्यवसाय और वैश्वीकरण ने भारतीय सरकार की नीतियों और कार्यक्रमों को प्रभावित किया।

विक्टर एस. डिसूजा (1974) ने चंडीगढ़ शहर की जनसंख्या संरचना का अध्ययन किया और शहर की आबादी की रिश्तेदारी, जाति, वर्ग, धर्म और विस्थापित स्थितियों पर टिप्पणी की। विश्लेषण व्यावसायिक स्थिति के आधार पर सामाजिक वर्ग की स्थिति पर केंद्रित था, जो शिक्षा और पारिवारिक आय के साथ सकारात्मक रूप से सहसंबद्ध है। व्यावसायिक प्रतिष्ठा जनसंख्या की वर्ग स्थिति का एक महत्वपूर्ण संकेतक है। उन्होंने समाज को कई वर्गों में वर्गीकृत किया है— (1) उच्च वर्ग, (2) मध्यम वर्ग, (3) श्रमिक वर्ग और (4) निम्न वर्ग। उन्होंने सात व्यावसायिक ग्रेड की भी पहचान की जो इन ग्रेडों के भीतर व्यक्तियों के रैंक के आधार पर अलग-अलग वर्गों से अलग-अलग रूप से जुड़े हुए हैं।

शहरी सामाजिक संरचना

शहरी समाज लोगों के एक समूह को संदर्भित करता है जो एक निश्चित जीवन शैली या दूसरे शब्दों में शहरी क्षेत्र की विशेष संस्कृति से जुड़े होते हैं। इस प्रकार, अवधारणा में आम तौर पर मूल्यों, मानदंडों, सामाजिक प्रथाओं और संबंधों की एक विशेष प्रणाली

शामिल होती है जो शहरी स्थान में रहने वाले लोगों के बीच देखी जाती है। यह एक विशिष्ट प्रकार का सामाजिक संगठन है, जो आम तौर पर औद्योगिक समाज से जुड़ा होता है, हालांकि ऐतिहासिक रूप से यह साबित हो चुका है कि शहरों का उदय वर्तमान औद्योगिक युग की शुरुआत से बहुत पहले हुआ था। शहरी समाज शहरी संस्कृति से संबंधित है जिसका अभ्यास और प्रदर्शन शहरी क्षेत्रों में रहने वाले लोगों द्वारा किया जाता है। शहरी क्षेत्र का परिदृश्य शहरी संस्कृति का भौतिक प्रतिबिंब है।

शहरी समुदाय की महत्वपूर्ण विशेषताएँ निम्नलिखित हैं (जयपालन, 2002):

- सामाजिक विविधता
- मध्यम सामाजिक संपर्क
- वैयक्तिकता
- असंतुलित व्यक्तित्व
- सामाजिक गतिशीलता
- स्वैच्छिक संघ
- सामुदायिक भावना का अभाव
- परिवार में एकता का अभाव
- सामाजिक अव्यवस्था
- जीवन में कृत्रिमता, आदि।

लंबे समय तक दुनिया में जनसंख्या वृद्धि तुलनात्मक रूप से धीमी और मध्यम रही। 17वीं सदी के दौरान दुनिया की जनसंख्या में वृद्धि दर में वृद्धि हुई और 20वीं सदी में यह वृद्धि विस्फोट के स्तर पर पहुंच गई। इस जनसंख्या वृद्धि के समानांतर, एक नई प्रवृत्ति सामने आई, वह थी 'शहरी विस्फोट' — शहरों और कस्बों में रहने वाली आबादी में भारी वृद्धि। यह प्रवृत्ति जारी है और यह इन शहरों में बहुत अधिक भौतिक मांग पैदा करती है। शहरी क्षेत्रों की जनसंख्या में इस तरह की वृद्धि से लोगों के जीवन स्तर और उनके जीवन के तरीके में भी बदलाव आता है। नये शहरी परिवेश में सामाजिक समायोजन के लिए शहरी परिस्थितियों से निपटने हेतु शहरी आबादी में उच्च लचीलेपन की आवश्यकता हो सकती है।

सामाजिक विविधता: गांव सांस्कृतिक एकरूपता के प्रतीक हैं, जबकि शहरी केंद्र सांस्कृतिक रूप से विषम हैं। शहरों में विभिन्न प्रकार के समूह रहते हैं क्योंकि शहर अलग-अलग जगहों से आने वाले लोगों के समामेलन के कारण विकसित होते हैं। दरअसल, शहर सांस्कृतिक अभिसरण और कई सांस्कृतिक दृष्टिकोणों की परस्पर क्रिया करते हैं। उदाहरण के लिए, कोलकाता नगर निगम में, दुनिया के अन्य शहरों की तरह, न केवल भारत के अन्य राज्यों से, बल्कि दुनिया के अन्य हिस्सों से विभिन्न सांस्कृतिक समूहों का समावेश दिखाई देता है। कोलकाता के सांस्कृतिक परिदृश्य में चीनी लोगों का एक सांस्कृतिक स्थान, चाइना टाउन एक महत्वपूर्ण भूमिका निभाता है।

व्यक्तित्व: शहरवासी अपना एक व्यक्तित्व विकसित कर लेते हैं, जो कभी-कभी पारंपरिक नैतिक संहिता या पारंपरिक दृष्टिकोण के विपरीत होता है। उदाहरण के लिए, एक शहर में रहने वाले व्यक्ति को उस स्थान पर काम की स्थिति के समय सारिणी के साथ तालमेल रखने के लिए एक विशेष प्रकार के भोजन की आदत डालने के लिए मजबूर किया जा सकता है, जो कभी-कभी उसके पारंपरिक भोजन की आदत के दृष्टिकोण का खंडन करता है। फैशन के मामले में भी ऐसा मामला सामने आता है।

असंतुलित व्यक्तित्व: आसपास का वातावरण, मीडिया और मनोरंजन के अन्य साधनों का प्रभाव, उच्च महत्वाकांक्षा और इच्छाएं, मानसिकता जैसे विभिन्न तत्वों का संयोजन भौतिकवाद की मानसिकता और दूसरों से प्रतिस्पर्धा के कारण शहरी निवासियों में असंतुलित व्यक्तित्व का निर्माण हुआ है।

नैतिक शिथिलता: चूंकि अलग-अलग लोग अलग-अलग जगहों से आते हैं और विशेष प्रकार के कारण व्यस्त दिनचर्या के कारण दूसरे लोगों से बातचीत करने का अवसर सीमित हो जाता है। इससे सामुदायिक भावनाओं में कमी आती है और सहनशीलता की मानसिकता में कमी आती है। इससे नैतिक शिथिलता अपने आप आ जाती है। भारत और दुनिया के दूसरे हिस्सों के शहरों पर पश्चिमी प्रभाव को इसके पीछे एक महत्वपूर्ण कारण माना जा सकता है।

सामाजिक गतिशीलता: शहरी समाज में लोगों की सामाजिक स्थिति आनुवंशिकता और परंपरा के बजाय काम और आर्थिक स्थिति से निर्धारित होती है। इसलिए, शहरी क्षेत्र में, एक व्यक्ति द्वारा सामाजिक पदानुक्रम में स्थिति में परिवर्तन आम बात है। कड़ी मेहनत और अच्छी बुद्धि से, एक व्यक्ति समाज में बेहतर स्थान प्राप्त कर सकता है। शहरी समाज पर जाति संरचना का कम प्रभाव इस संबंध में एक और कारण है। इस प्रकार, सामाजिक परिवर्तन और सांस्कृतिक आत्मसात शहरवासियों द्वारा आसानी से स्वीकार किए जाते हैं।

द्वितीयक नियंत्रण: गांवों के विपरीत, जहां सामाजिक-सांस्कृतिक वर्जनाएं नियंत्रण करती हैं शहरी समाज में व्यक्ति के व्यवहार को नियंत्रित करने वाला कोई अन्य सामाजिक-सांस्कृतिक तत्व नहीं होता। यहाँ, नियंत्रक एजेंट पुलिस, कानून, अदालतें, सामुदायिक समझौते, संस्थागत नियम और विनियम आदि जैसी द्वितीयक एजेंसियाँ हैं।

स्वैच्छिक संघ: प्रत्येक शहरी समाज अनेक स्वैच्छिक संगठनों से बना होता है। संगठन और संघ। प्राथमिक संघ, यानी परिवार आम तौर पर अपने रूढ़िवादी चरित्र को खो देते हैं और नए सांस्कृतिक तत्वों को अपनाने की प्रवृत्ति रखते हैं, जबकि शहरी लोग भी अन्य लोगों से नई विशेषताओं को ग्रहण करने के लिए प्रवृत्त होते हैं।

सामुदायिक भावनाओं का अभाव: 'पिघलने वाला बर्तन' या 'सलाद कटोरा' अवधारणा इसके लिए उपयुक्त है दुनिया भर के शहरों में रहने वाले लोग एक ही जगह पर रहते हैं। इसका मतलब है कि अलग-अलग लोग एक साथ एक ही जगह पर रहने के लिए आते हैं। इसलिए, परिवार, आनुवंशिकता, परंपरा आदि जैसी किसी भी मजबूत बाध्यकारी सामग्री की कमी के कारण लोगों में सामुदायिक भावना की कमी होती है। यहाँ, फर्डिनेंड टोनीज़ की अवधारणा उपयुक्त है, जहाँ उन्होंने शहरी लोगों के लिए 'गेमेलशाफ्ट' शब्द का इस्तेमाल किया था।

परिवार में एकता की कमी: आर्थिक स्वतंत्रता, सामाजिक गतिशीलता, व्यावसायिक चरित्रों में भिन्नता और अंतर-शहरी आवागमन के कारण, परिवार का प्रत्येक सदस्य एक विशेष प्रकार की जीवनशैली जीता है जो एक दूसरे से अलग होती है। परिवार के भीतर ऐसी विविधता, कभी-कभी परिवार के सदस्यों के बीच कम बंधन पैदा करती है। कुछ मामलों में, उनके कार्य स्थल के बीच स्थानिक दूरी परिवार के भीतर मनोवैज्ञानिक दूरी में विकसित होती है।

विचारों में अंतर: शहरी निवासियों के बीच व्यापक असमानता किसी भी मुद्दे के लिए अलग-अलग दृष्टिकोण एंव मतभेद पैदा करता है। अमीर और गरीब, शिक्षित और अशिक्षित, पुरुष और महिला, उच्च वर्ग के लोगों और निम्न वर्ग के लोगों आदि के बीच असमानता शहरी क्षेत्रों में देखी जा सकती है। ये असमानताएँ विभिन्न प्रकार के विचारों के निर्माण के लिए जिम्मेदार हैं और इससे शहरी क्षेत्रों में विचारों, व्यवहारों और दृष्टिकोणों में अंतर पैदा होता है। भोजन की आदत, रहने की स्थिति, भाषा, धार्मिक विश्वास, सांस्कृतिक दृष्टिकोण, परंपराओं, अनुष्ठानों, रीति-रिवाजों आदि के संबंध में बहुत अधिक असमानताएँ शहरी क्षेत्रों में महत्वाकांक्षी, व्यक्तिवादी, भौतिकवादी सोच वाले लोगों को जन्म देती हैं।

सामाजिक अव्यवस्था: शहरी समाज में विविधता और विषमता के परिणामस्वरूप अपने निवासियों के बीच विचारों, विश्वासों, भावनाओं और व्यवहारों के संघर्ष होता है। कुछ संघर्ष प्रत्यक्ष होते हैं, जबकि कुछ अप्रत्यक्ष होते हैं। आपसी व्यक्तिगत संबंधों में जटिलताएँ परिवार और कार्य स्थल पर भी विचारों में टकराव और शहरी सामाजिक संरचना में अव्यवस्था उत्पन्न होती है।

कृत्रिम जीवन: जीवन में कृत्रिमता शहरी समाज की एक महत्वपूर्ण विशेषता है। प्रकृति शहरी केंद्रों में प्राकृतिक संसाधनों में इस तरह से बदलाव किया जाता है कि यहां जीवन के हर क्षेत्र में कृत्रिमता ही देखने को मिलती है। वायुमण्डलीय प्रदूषण, शहरी ऊष्मा द्वीप, भूमि क्षरण, प्राकृतिक भूजल की कमी से निजात पाने के लिए शहरी निवासियों को अपनी आवश्यकताओं की पूर्ति के लिए कृत्रिम वातावरण, जल, कृत्रिम हरियाली आदि अपनाने पर मजबूर होना पड़ता है। कभी-कभी भौतिक स्थानों में ये कृत्रिमता मनोवैज्ञानिक व्यवस्था के साथ-साथ पारस्परिक संबंधों में भी कृत्रिम चरित्र विकसित कर देती है।

इन विशेषताओं के अलावा, अजीबोगरीब वैवाहिक जीवन और रिश्ते, मनोवैज्ञानिक संकट की उच्च घटनाएं, उच्च अपराध दर, स्वैच्छिक संगठनों का गठन भी शहरी समाज की विशिष्ट विशेषताओं के बारे में उल्लेख करने योग्य हैं। ग्रामीण और शहरी जीवन शैली के बीच कई अंतर हैं। तालिका 3.5 ग्रामीण और शहरी समाज के बीच इन अंतरों में से कुछ को दर्शाती है

तालिका 3.5 ग्रामीण और शहरी समाज के बीच अंतर

क्रम सं.	*ग्रामीण समाज*	*शहरी समाज*
1	ग्रामीण क्षेत्रों में जीवनशैली बहुत सरल है, एक दूसरे पर बहुत अधिक निर्भर हैं।	जबकि शहरी क्षेत्रों में जीवनशैली बहुत जटिल है। एक दूसरे पर कम निर्भर होते हैं।
2	ग्रामीण समाज में जीवन जीने का तरीका, पहनावा, खान-पान, आवास और व्यवहार बहुत सरल होता है।	जबकि शहरी इलाकों में जीवन सरल नहीं होता और इसमें अभिव्यक्ति और संबंधों के जटिल तरीके जैसे दृष्टिकोण और व्यवहार शामिल होते हैं।
3	ग्रामीण समाज स्वभाव से समरूप है।	शहरी समाज प्रकृति में विषम है। यहां जाति, पंथ, धर्म और संस्कृति जैसे अलग-अलग चरित्र वाले लोग रहते हैं।
4	लोगों की सामाजिक स्थिति कमोबेश एक जैसी होती है।	लोगों की सामाजिक स्थिति एक जैसी नहीं होती।
5	व्यावसायिक गतिशीलता के लिए बहुत कम गुंजाइश है उनका व्यवसाय कृषि है।	शहरी समाज में मुख्य रूप से व्यावसायिक गतिशीलता गुंजाइश है
6	संयुक्त परिवार की बहुलता है।	एकल परिवार की प्रधानता है।
7	परिवार की भुमिका बहुत महत्वपूर्ण है।	एकल परिवार की प्रधानता के कारण, परिवारों की पकड़ मजबूत नहीं है।
8	महिलाओं के लिए बाहरी गतिविधियों में काम करने की गुंजाइश कम है।	महिलाओं के लिए बाहरी गतिविधियों में काम करने की संभावनाएं अधिक हैं।
9	महिलाएं कम गतिशील होती हैं।	महिलाओं की तुलनात्मक रूप से उच्च स्थिति होती है।
10	किसी भी सामाजिक या सांस्कृतिक परिवर्तन के प्रति कम सामाजिक अनुकूलनशीलता।	लगातार बदलती तेज जिंदगी और किसी भी प्रकार के सामाजिक या सांस्कृतिक बदलाव के अनुकूल ढलने की उच्च क्षमता।
11	महिलाओं की तुलनात्मक रूप से निम्न स्थिति।	महिलाओं की शैक्षिक और व्यावसायिक स्थिति बहुत अच्छी है।
12	महिलाओं का शैक्षिक और व्यवसायिक स्तर निम्नस्तरीय होता है।	ग्रामीण समाज की अपेक्षा महिलाओं का उच्च शैक्षिक और व्यवसायिक स्तर होता है।

13	सामान्यतः संस्कृति की जड़ें बहुत गहरी होती हैं।	शहरी समाज की विशेषता भिन्न-भिन्न संस्कृतियों से होती है, इसलिए कोई भी सांस्कृतिक चरित्र ग्रामीण समाज की तरह मजबूत नहीं होता।
14	कृषि और संबंधित गतिविधियों में लगे हुए हैं।	शहरी समुदाय में व्यवसायिक विशिष्टता और श्रम विभाजन लगभग नहीं होता क्योंकि अधिकांश लोग शहरी होते हैं।
15	लोग मुख्य रूप से धार्मिक विचारधारा वाले होते हैं और और देवी-देवताओं से डरते हैं	शहरी क्षेत्रों में, लोग तुलनात्मक रूप से कम धार्मिक होते हैं।
16	रोजगार सृजन के कम अवसर।	कुशल और अकुशल दोनों प्रकार के श्रमिकों के लिए रोजगार सृजन की अधिक संभावना।

अभ्यास प्रश्न

1. सामाजिक भूगोल के विकास में प्रमुख विषयों की व्याख्या करें।
2. सामाजिक भूगोल की महत्वपूर्ण विषय-वस्तु क्या है?
3. सामाजिक भूगोल का दायरा पैटर्न की पहचान और मानव समाज की प्रक्रियाओं से कैसे जुड़ा है?
4. सामाजिक भूगोल के विकास में हयूमिनिस्टिक स्कूल ऑफ थाट के योगदान की व्याख्या करें।
5. विकास और विकास में विभिन्न विचारधाराओं के योगदान का उल्लेख करें
6. एक उप-विषय के रूप में सामाजिक भूगोल अन्य अध्ययन विषयों से किस प्रकार संबंधित है।
7. सामाजिक व्यवस्था क्या है? इसकी विशिष्ट विशेषताएं बताइए।
8. सामाजिक स्तरीकरण क्या है?
9. समकालीन काल में सामाजिक पर्यावरण के महत्व पर टिप्पणी करें।
10. सामाजिक विकृति क्या है? इसके कारण बताइए।
11. भारत के सामाजिक भूगोल की महत्वपूर्ण विशेषताओं पर एक नोट लिखें।
12. भारत के ग्रामीण और शहरी समाज के बीच अंतर बताएं।

REFERENCES

Ahmad, A. (1999). *Social Geography*. Rawat Publications.

Barreiro-Gen, M. (2019). Discussing Approaches to Standard of Living. In book: Decent Work and Economic Growth. *Encyclopaedia of the UN Sustainable Development Goals*, Springer.

Barnett, E. and M. Casper (2001). A Definition of "Social Environment". *American Journal of Public Health*. **91**(3): March.

Claval, P. (1984). The concept of social space and the nature of social geography. New Zealand Geogy rapher. **40**(2): 105–109.

D'Souza, V.S. (1981): *Inequality and Its Perpetuation*. Manohar Publications, New Delhi.

Horton and Hunt (2007). *Sociology*. Tata McGraw-Hill, New Delhi.

Jayapalan, N. (2002). *Urban Sociology*. Atlantic Publishers and Distributors, New Delhi.

Mill, J.S. (2001). Utilitarianism. Batoche Books Limited. Kitchener, Ontario https://socialsciences.mcmaster.ca/econ/ugcm/3ll3/mill/utilitarianism.pdf retrieved on 14/02/2023.

Mill, J.S. (1843). *A System of Logic*. Longman, UK, London. https://www.gutenberg.org/files/26495/26495-pdf.pdf retrieved on 14/02/2023.

Nussbaum, M.C. (2000). *Women and Human Development: The Capabilities Approach*. Cambridge University Press, UK.

Park, Y., Konge, L. and Artino, A.R. (2020). The Positivism Paradigm of Research. Academic medicine. *Journal of the Association of American Medical Colleges*, **95**(5).

Poduzov, A.A. (2008). The standard of living concept: An essay on current perceptions. *Studies on Russian Economic Development*, 19(6): 610–617.

Poduzov, A.A. and Yazykova, V.S. (2014). On the theory and measurement of quality of life. *Studies on Russian Economic Development,* 25, 379–388.

Ryan, G. (2018). Introduction to positivism, interpretivism and critical theory. Nurse Researcher, **25**(4): 41–49.

Sen, A. (1984). The Living Standard. *Oxford Economic Papers*, 36: 74–90. http://www.jstor.org/stable/2662838

Sen, J. (2012). *A Textbook of Social and Cultural Geography*. Kalyani Publishers.

Shafiei, B. (2017). Factors affecting Social Pathology in Society. *NG-Journal of Social Development*. **6**(3).

Srivastava, A.R.N. (2013). *Essentials of Cultural Anthropology*. PHI Learning, Delhi.

अध्याय 4

भाषा और धर्म

अधिगम प्रतिफल

इस अध्याय के अंत में, छात्रों में निम्नलिखित क्षमता विकसित होगी:

- स्थानिक दृष्टि से दुनिया के भाषाई वर्गीकरण और दुनिया भर में विभिन्न भाषाओं के प्रसार को समझना
- भाषा परिवार के आधार पर भारतीय भाषाई प्रोफ़ाइल के महत्व का आकलन करना।
- विश्व के धर्म के मूल तथ्यों की पहचान करना।
- विश्व जनसंख्या के धार्मिक वर्गीकरण की व्याख्या करना।
- भारत के धार्मिक परिदृश्य का आकलन करना तथा भारतीय सांस्कृतिक प्रोफ़ाइल के सरूपण मे प्रत्येक धार्मिक विश्वास के महत्व का पता लगाना।

सांस्कृतिक चरित्र का विश्लेषण करने के लिए भाषा और धर्म दो महत्वपूर्ण पैरामीटर हैं किसी समाज की भाषा समाज के सांस्कृतिक मूल्यों और विश्वासों को व्यक्त करने में मदद करती है और यह सामुदायिक ज्ञान को संरक्षित करने के लिए एक उपयोगी उपाय के रूप में भी कार्य करती है। भाषा और संस्कृति कई पहलुओं में परस्पर जुड़े हुए हैं। भाषा वितरण का स्थानिक पैटर्न और बोलियों की विविधता के साथ उप-भाषी समूहों की विविधता, यदि किसी विशेष भाषा से उभरती है, तो इसे प्रोटो-भाषी कहा जाता है। यह लोककथाओं और साहित्यिक संसाधनों की परंपराओं के साथ-साथ उनके प्रोटो-भाषाई व्यवहार, उनके ऐतिहासिक विकास के संदर्भ में संस्कृति की कुछ समरूपता को व्यक्त करता है। भाषा के अलावा, धार्मिक व्यवहार भी समाज की सांस्कृतिक पहचान हासिल करने और उसे बनाए रखने के एक अन्य महत्वपूर्ण साधन के रूप में कार्य करता है। किसी विशेष धर्म से संबंधित अनुष्ठान समुदाय के सदस्यों के मूल्यों, विश्वासों, विचारों का प्रतिनिधित्व करते हैं।

हालाँकि, सभी विभिन्न सांस्कृतिक प्रतीक — धर्म, जाति, भाषा, परंपराएँ और रीति-रिवाज़, आदि एक जातीय समूह को दूसरे से अलग करने में महत्वपूर्ण हैं। भाषा समूह की पहचान प्रदान करने वाला सबसे शक्तिशाली सांस्कृतिक संकेत है, जबकि धर्म समाज की विश्वास प्रणाली में अधिक मजबूती से निहित है। समाज की सोच और बौद्धिकता का तरीका स्तर नए लक्षणों के अनुकूलन के मामले में लोगों के खुलेपन के माध्यम से प्रकट होता है। इस प्रकार, धर्म जातीय पहचान निर्माण की नींव के रूप में

भी कार्य करता है। इसलिए, यह कहा जा सकता है कि दोनों गतिशील प्रक्रिया हैं — भाषा बदलती है और धर्म भी बदलता है। उदाहरण के लिए, संस्कृत भाषा और हिंदू धर्म, अरबी भाषा और इस्लाम की धार्मिक परंपरा; हिब्रू और ईसाई धर्म का प्रसार आदि के विकास और ज्ञान हस्तांतरण के बीच घनिष्ठ संबंध है। धार्मिक ग्रंथ भी विशेष भाषा में लिखे गए हैं जो भाषा को पवित्र बनाता है।

वैश्वीकरण के इस युग में, नए सांस्कृतिक लक्षणों के समावेश और समाज के परिवर्तनों के परिणामस्वरूप, भाषा और धार्मिक सेटिंग्स का सापेक्ष एकरूप चरित्र अब लुप्त हो रहा है। आज हमारी दुनिया में नए शब्दों और अर्थों को अपनाने के साथ-साथ विभिन्न धर्मों और धार्मिक परंपराओं के अस्तित्व के साथ-साथ विविध भाषाई चरित्र हैं। आज के विभिन्न अनुष्ठानों ने इंटरनेट की दुनिया के माध्यम से वैश्विक प्रतीक हस्तांतरण के परिणामस्वरूप धार्मिक परंपराओं के अतिव्यापी और कई भाषाई चरित्रों के मिश्रण के कुछ चरित्र दिखाए हैं। लोगों के प्रवास और बड़े पैमाने पर घरेलू और साथ ही अंतरराष्ट्रीय पर्यटन ने भाषाओं और धार्मिक परंपराओं के बीच निकटता पैदा की और दुनिया के कई स्थानों पर सांस्कृतिक विविधता पैदा की।

भाषा

भाषा विचारों और सोच के आदान-प्रदान का एक सांस्कृतिक रूप है। यदि भाषा न हो तो कोई संस्कृति शायद ही जीवित रह सकती है क्योंकि यह समाज में व्यक्तियों के बीच संवाद करने का तरीका है। भूगोलवेत्ताओं के लिए, भाषा स्थानिक और लौकिक दोनों तरह से सांस्कृतिक प्रसार का सबसे महत्वपूर्ण साधन है। भाषा का उपयोग विभिन्न संस्कृतियों और उनके विकास के चरणों के लिए पहचान चिह्न के रूप में भी किया जाता है। चूँकि भाषा संचार के लिए आवश्यक है, इसलिए यह समाज की राजनीतिक, सामाजिक और आर्थिक संस्थाओं को दृढ़ता से प्रभावित करती है। इस प्रकार, किसी भी समुदाय का भाषा पैटर्न समुदाय की वृद्दि और विकास पर विभिन्न सांस्कृतिक तत्वों के प्रभाव को दर्शाता है।

भाषा का किसी देश की नस्लीय विशेषताओं से कोई संबंध नहीं है। आम तौर पर, भाषा लोगों का प्रतिनिधित्व करती है न कि किसी राष्ट्र का, क्योंकि बोली जाने वाली और लिखी जाने वाली भाषा ही वह तत्व है, जो लोगों की सांस्कृतिक एकता पर हावी होती है। उदाहरण के लिए, हालाँकि भारत की आधिकारिक भाषा हिंदी है, लेकिन भारत के संविधान द्वारा मान्यता प्राप्त कई अन्य अनुसूचित भाषाएँ हैं। रोमन साम्राज्य की भाषा मुख्य रूप से इसके पश्चिमी भाग में लैटिन थी, लेकिन पूर्व में ग्रीक का प्रभुत्व था। हाल के दशकों में, अमेरिका अंग्रेजी भाषा के प्रसार में उत्कृष्ट प्रदर्शन कर रहा है। दूसरी ओर, ब्राज़ीलियाई पुर्तगाली भाषा के प्रसार के लिए प्रसिद्ध हैं। संयुक्त राज्य अमेरिका की भाषा विविधता वहाँ बसने वाले अप्रवासियों की सांस्कृतिक विविधता के कारण है।

हाल के वर्षों में, व्यापार, मीडिया, पर्यटन, काम और शिक्षा के लिए प्रवास के साथ-साथ अंतर्राष्ट्रीय संगठनों द्वारा भाषा के प्रसार को सुगम बनाया गया है। भाषाई बहुलवाद वहाँ विकसित होता है जहाँ किसी क्षेत्र में सांस्कृतिक विविधता अधिक होती है।

आद्य-भाषा

भाषा परिवार के संदर्भ में वे भाषाएँ जो एक ही पूर्वज की संतान हैं, तो एक ही वंशज वाली वे सभी भाषाएँ आद्य-भाषा कहलाती हैं। उदाहरण के लिए, इंडो-यूरोपियन भाषा परिवार दुनिया के विभिन्न भागों में फैली हुई कई भाषाओं में विभाजित है। हालाँकि संस्कृत और फ्रेंच बहुत अलग हैं, लेकिन उनका एक ही पूर्वज है, यानी इंडो-यूरोपियन।

विश्व का भाषाई वर्गीकरण

विश्व की भाषाएँ प्रकृति में अत्यधिक जटिल हैं। प्रमुख भाषा परिवार हैं:

1. इंडो-यूरोपीय भाषा परिवार: इंडो-यूरोपीय भाषा परिवार दुनिया का सबसे प्रमुख भाषा समूह है। इसमें कई उप-परिवार शामिल हैं जैसे–भारतीय, ईरानी, अर्मेनियाई, जर्मनिक, इटैलिक, हेलेनिक, अल्बेनियन, बाल्टो-स्लाविक और केल्टिक भाषाएँ। इंडो-यूरोपीय परिवार की उत्पत्ति एक ही मूल बोली, यानी प्रोटो-भाषा से हुई है, जो कुरगन्स द्वारा बोली जाती थी, जिनका गृहनगर लगभग 4300 ईसा पूर्व यूरेशियन स्टेप्स था (सिंह, 2009)। बाद के समय में, वे यूरोप, एशिया, एंग्लो-अमेरिका, लैटिन अमेरिका, ऑस्ट्रेलिया और अफ्रीका के अन्य हिस्सों में चले गए और दुनिया के कई हिस्सों पर विजय प्राप्त की। जैसे-जैसे वे भूमि के एक विशाल क्षेत्र में फैलते गए, उनकी मूल भाषा भौगोलिक और सांस्कृतिक अलगाव के कारण कई उप-परिवारों में बदल गई। उनके विभिन्न शब्दों से, जो आनुवंशिक रूप से एक ही मूल के हैं, भाषाविद् निष्कर्ष निकालते हैं कि, उनका एक ही मूल है। भारतीय उप-परिवार में संस्कृत, बंगाली, उर्दू इन विकासों में सबसे महत्वपूर्ण था स्थानीय भाषाओं का विकास जो शास्त्रीय भाषाओं से अलग थीं। इस घटना ने आधुनिक भारत की सामाजिक, राजनीतिक और सांस्कृतिक स्थिति को प्रभावित किया।

सभी इंडो-यूरोपियन उप-समूह भाषा परिवार में, जर्मन भाषा परिवार सबसे प्रमुख है और इसमें जर्मन, अंग्रेजी, डेनिश, नॉर्वेजियन और डच जैसी कई महत्वपूर्ण भाषाएँ शामिल हैं। गोथिक एक विलुप्त पूर्वी जर्मनिक भाषा है, जो गोथ्स द्वारा बोली जाती है, जो मूल रूप से दक्षिणी स्कैंडिनेवियाई देशों में रहते थे। बाद में वे पूर्वी यूरोप, दक्षिण और दक्षिण-पश्चिमी यूरोप में चले गए। एक अन्य महत्वपूर्ण उप-भाषा परिवार इटैलिक है जिसमें यूरोप की अन्य महत्वपूर्ण भाषाएँ जैसे फ्रेंच, इतालवी, स्पेनिश, पुर्तगाली, कैटलन और रोमानियाई भाषाएँ शामिल हैं। पूर्वी यूरोप में महत्वपूर्ण उप-भाषाओं वाला एक अन्य भाषा परिवार बाल्टो-स्लाविक भाषाएँ हैं, जिनमें स्लाविक, बल्गेरियाई, चेक, पोलिश, रूसी और सर्बो-क्रोएशियाई शामिल हैं। बाल्टो-स्लाविक उप-समूह में बाल्टिक और स्लाविक भाषाएँ शामिल हैं, जिनमें शब्दावली, व्याकरण और ध्वनि प्रणालियों में इन दोनों के बीच समानताएँ हैं। कुछ विद्वानों का मत है कि यह समानता एक सामान्य पूर्वज के कारण है, जबकि कुछ विद्वानों का मानना है कि ये समानताएँ समानांतर विकास और संपर्क की लंबी अवधि के दौरान आपसी प्रभाव का परिणाम हैं।

इंडो-यूरोपीय भाषा परिवार के महत्वपूर्ण उप-भाषा परिवार

(i) **लैटिन या इटैलिक परिवार:** इस उप-समूह की मुख्य भाषाएँ हैं— फ्रेंच, इतालवी, स्पेनिश, पुर्तगाली, कैटलन और रोमानियाई। इन सभी भाषाओं को रोमंस भाषाएँ भी कहा जाता है क्योंकि इनका प्रसार रोमन साम्राज्य द्वारा किया गया था। ये रोमन सेनाओं के ज़रिए फैलीं। रोम के उदय के साथ ही लैटिन भाषाओं का प्रसार शुरू हुआ। फ्रेंच और स्पेनिश संयुक्त राष्ट्र संघ की आधिकारिक भाषाएँ हैं। स्पेनिश और पुर्तगाली भाषाएँ दक्षिण अमेरिका और मध्य अमेरिका में पिछली कॉलोनियों में व्यापक रूप से फैली हुई हैं। फ्रेंच फ्रांस, स्विटजरलैंड, कनाडा और अफ्रीका के कुछ देश की आधिकारिक भाषा है। इटली, स्विटजरलैंड, सिसिली और कुछ भूमध्यसागरीय द्वीपों में इतालवी भाषा प्रमुख है (चित्र 4.1 देखें)।

(ii) **बाल्टो-स्लाव परिवार:** ये भाषाएँ मुख्य रूप से पूर्वी यूरोपीय और बाल्टिक देशों में केंद्रित हैं। रूसी सबसे महत्वपूर्ण स्लाव भाषा है। यह संयुक्त राष्ट्र संघ की आधिकारिक भाषा है। अन्य महत्वपूर्ण भाषाएँ हैं— यूक्रेनी, पोलिश, चेक और स्लाव। स्लाव भाषाएँ आम तौर पर समान हैं, लेकिन स्लाव जनजातियों के प्रसार के साथ अंतर उत्पन्न हुए ((चित्र 4.1))।

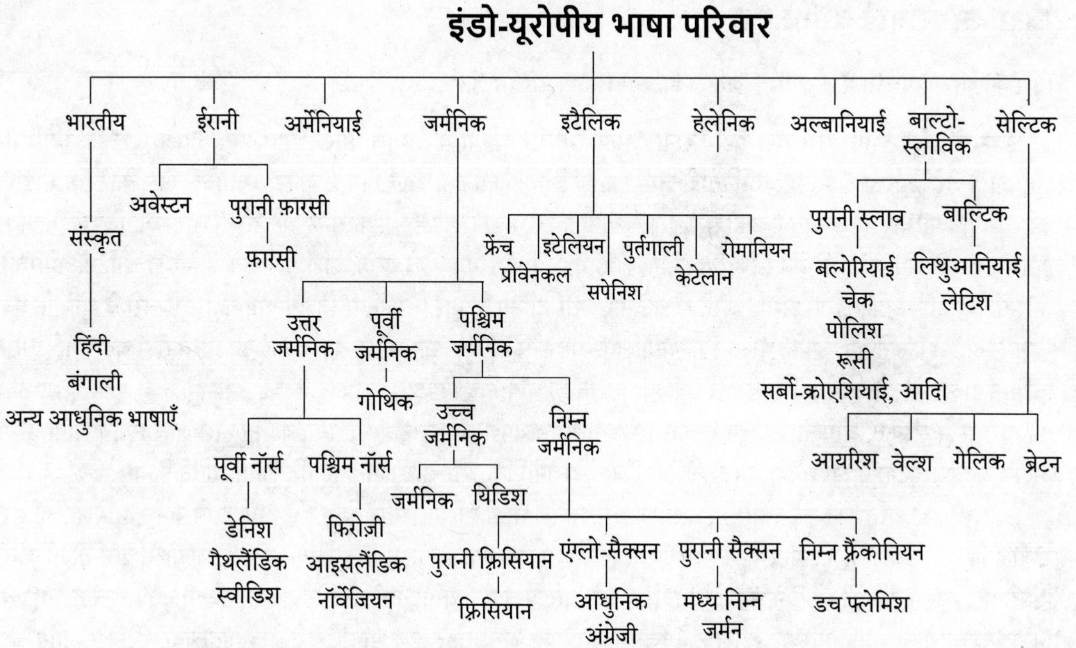

चित्र 4.1 इंडो-यूरोपीय भाषाई फेमिली ट्री (*स्रोत:* हुसैन, 2001).

(iii) **इंडो-ईरानी परिवार:** इंडो-ईरानी भाषा परिवार को आगे दो भागों में विभाजित किया गया है— पुरानी ईरानी और पुरानी इंडो-आर्यन (इंडिक) भाषाएँ। पुरानी ईरानी को आगे अवेस्तान और पुरानी फ़ारसी में विभाजित किया गया है। दूसरी ओर, इंडो-आर्यन भाषा कई आधुनिक भारतीय भाषाओं जैसे हिंदी, बंगाली, सिंधी, गुजराती, मराठी, पंजाबी, असमिया और ओडिया में विकसित हुई है।

हिंदी भारत की राष्ट्रीय भाषा है। देश की अधिकांश आबादी इस भाषा में बात करती है और यह लगभग 528 मिलियन लोगों की मातृभाषा है (भारत की जनगणना, 2011)। हिंदी पट्टी में उत्तर प्रदेश, बिहार, मध्य प्रदेश, राजस्थान, हरियाणा और हिमाचल प्रदेश राज्य शामिल हैं। भारत की जनगणना (2011) में हिंदी भाषा की कुल 56 किस्में दर्ज की गई हैं, जिनमें भोजपुरी, अवधी, गढ़वाली, मारवाड़ी, मेवाड़ी, राजस्थानी, मगधी बोलने वालों की संख्या के लिहाज से महत्वपूर्ण हैं। बंगाली भारत की दूसरी प्रमुख भाषा है और इसे बोलने वाले मुख्य रूप से पश्चिम बंगाल में केंद्रित हैं। असम, ओडिशा, बिहार और त्रिपुरा जैसे आसपास के राज्यों में भी बड़ी संख्या में बंगाली लोग रहते हैं। बंगाली में समृद्ध साहित्यिक परंपरा है और औपनिवेशिक काल से ही यह पश्चिमी विचारों से काफी प्रभावित है। उर्दू मूल रूप से हिंदी का ही एक रूप है, जिसमें हिंदी की देवनागरी लिपि के बजाय अरबी लिपि का उपयोग किया जाता है।

2. सिनो-तिब्बती भाषा परिवार: इस भाषा परिवार के बोलने वाले लोग दक्षिण-पूर्वी एशिया में चीन गणराज्य के एक बड़े भूभाग के साथ-साथ दक्षिण चीन सागर के कुछ छोटे देशों में भी फैले हुए हैं। सबसे लोकप्रिय भाषा मंदारिन है, जो चीन की कुल आबादी के लगभग तीन-चौथाई लोगों द्वारा बोली जाती है। मंदारिन के अलावा, इस परिवार की अन्य भाषाएँ कैंटोनीज़, मिन, वू और हक्का हैं। सिनो-तिब्बती परिवार की इन पाँच भाषाओं के बोलने वाले चीन में पाए जाते हैं। मंदारिन चीनी भाषा उत्तर-पूर्वी

चीन के लोगों द्वारा बोली जाती है। यह चीन, ताइवान और सिंगापुर की राष्ट्रीय भाषा है। हालाँकि, तिब्बती-बर्मी भाषाएँ भी सिनो-तिब्बती भाषा परिवार का हिस्सा हैं, जो दक्षिण-पूर्व एशिया के लोगों द्वारा बोली जाती हैं। इनमें से दो शाखाएँ थाई और म्यांमारी (बर्मी) हैं। इसके अलावा, जापानी और कोरियाई सिनो-तिब्बती परिवार की अन्य महत्वपूर्ण उप-भाषाएँ हैं। ये चीनी भाषाओं से प्रभावित हैं।

3. सेमिटो-हेमेटिटिक भाषा परिवार: यह भाषा परिवार इंडो-यूरोपीय भाषा परिवार से बिल्कुल अलग है। दरअसल, इन भाषाओं की उत्पत्ति दर्ज समय से पहले हुई थी। ये यहूदी धर्म, ईसाई धर्म और इस्लाम द्वारा अपनाए गए एकेश्वरवाद से बहुत करीब से जुड़ी हुई थीं। अरबी और हिब्रू इस परिवार की दो सबसे महत्वपूर्ण भाषाएँ हैं। इन दो भाषाओं को विशेष दर्जा प्राप्त है क्योंकि ये पवित्र कुरान और बाइबिल की भाषाएँ हैं। इस परिवार की अन्य भाषाओं में उत्तरी अफ्रीका और दक्षिण-पश्चिमी एशिया के कुछ देशों में बोली जाने वाली छोटी भाषाएँ शामिल हैं। अरबी सऊदी अरब, इराक, कुवैत, जॉर्डन, सीरिया, यूएई, यमन, मिस्र, मोरक्को और उत्तरी अफ्रीका के कुछ अन्य देशों की आधिकारिक भाषा है। दूसरी ओर, हिब्रू इज़राइल की राष्ट्रीय भाषा है, जहाँ अंग्रेजी और अरबी भी बोली जाती है (चित्र 4.2)।

4. अफ्रीकी भाषा समूह: भाषाविदों के अनुसार, इसकी 1000 से अधिक भाषाएँ हैं। अफ्रीका के तीन अलग-अलग हिस्सों में बोली जाने वाली छोटी भाषाएँ और बोलियाँ हैं। उत्तरी अफ्रीका में मुख्य रूप से अरबी भाषा का बोलबाला है। महाद्वीप के अन्य हिस्सों में नीग्रो-कांगो समूह, निलो-सहारन समूह, खोइसन भाषा समूह और अन्य छोटी भाषाओं का बोलबाला है। नीग्रो-कांगो समूह में मंडे, गुर, क्वा, अदामावा और बेन्यू-कांगो जैसी भाषाएँ शामिल हैं। उत्तर-मध्य अफ्रीका में निलो-सहारन भाषा समूह का बोलबाला है, जबकि दक्षिण-पश्चिमी अफ्रीका में खोइसन भाषा समूह का बोलबाला है। स्वाहिली तंजानिया और केन्या जैसे अन्य पूर्वी अफ्रीकी देशों की आधिकारिक भाषा है। स्वाहिली अपने विकसित साहित्य के लिए भी प्रसिद्ध है। ज़ुलु भाषा दक्षिणी अफ्रीका में बोली जाती है, जबकि बंटू उष्णकटिबंधीय अफ्रीका में विशेष रूप से महाद्वीप के दक्षिण और पूर्वी भाग में बोली जाती है।

5. मलाया-पॉलिनेशियाई भाषा परिवार: इसे ऑस्ट्रोनेशियन परिवार भी कहा जाता है और यह इंडोनेशिया और प्रशांत द्वीपों के माध्यम से मेडागास्कर से हवाई तक के द्वीपों में व्यापक रूप से फैला हुआ है। इस भाषा का प्रसार नाविकों के माध्यम से हुआ। इंडोनेशिया एक द्वीपसमूह राष्ट्र है जिसमें महत्वपूर्ण जातीय-भाषाई विविधता है। अधिकांश इंडोनेशियाई अपने अत्यधिक गतिशील चरित्र के कारण बहुभाषी हैं। यहाँ लोग लगभग 700 जातीय भाषाएँ बोलते हैं। इनमें सबसे बड़ा जातीय समूह जावानीस है, जो जावानीस भाषा बोलते हैं। इसके बाद सुंडानी है, जिसके लगभग 40 मिलियन वक्ता हैं। लगभग 103 मिलियन वक्ता जावानीस बोलते हैं। इंडोनेशिया की आधिकारिक भाषा बहासा इंडोनेशियाई है (चित्र 4.2)।

तालिका 4.1 विश्व की प्रमुख भाषाएँ

क्रम सं.	*भाषा*	*बोलने वाले (लाखों में)*	*भाषा परिवार*
1	चीनी	939	सिनो-तिब्बती
2	स्पेनिश	485	इंडो-यूरोपीय
3	अंग्रेजी	380	इंडो-यूरोपीय
4	हिंदी	345	इंडो-यूरोपीय

(जारी)

क्रम सं.	भाषा	बोलने वाले (लाखों में)	भाषा परिवार
5	पुर्तगाली	236	इंडो-यूरोपीय
6	बंगाली	234	इंडो-यूरोपीय
7	रूसी	147	इंडो-यूरोपीय
8	जापानी	123	जापानी
9	वियतनामी	85	ऑस्ट्रोएशियाटिक
10	तुर्की	84	तुर्किक
11	मराठी	83	इंडो-यूरोपीय
12	तेलुगु	83	द्रविड़
13	कोरियाई	82	कोरियाई
14	फ्रेंच	81	इंडो-यूरोपीय
15	तमिल	79	द्रविड़
16	इतालवी	64	इंडो-यूरोपीय
17	गुजराती	57	इंडो-यूरोपीय

स्रोत: 2023 में प्रकाशित एथनोलॉग का 26वां संस्करण।

बॉक्स 4.1 पापुआ न्यू गिनी की भाषा विविधता

पापुआ न्यू गिनी सबसे बहुभाषी देश है, जहाँ 5.2 मिलियन (2000 पीएनजी जनगणना) की आबादी द्वारा बोली जाने वाली 823 से अधिक जीवित भाषाएँ हैं। यह दुनिया का सबसे अधिक भाषाई रूप से विविध राष्ट्र है। केवल 50,000 लोग अंग्रेजी को अपनी पहली भाषा के रूप में बोलते हैं। दुनिया भर की अन्य स्वदेशी भाषाओं की तुलना में प्रत्येक भाषा समूह की आबादी बहुत कम है। इस देश के अधिकांश लोग (लगभग 80 प्रतिशत आबादी) ग्रामीण हैं, जो इस भूमि की बहुभाषी प्रकृति का एक महत्वपूर्ण कारण है जो यह स्थानीय लोगों को बाहरी दुनिया से कटे रहने में मदद करता है। इसने किसी भी अन्य भाषा को बोलने से रोका है जो मूल भाषाओं की जगह ले रहे हैं। एक और सामाजिक कारण यह है कि प्रत्येक आदिवासी समुदाय की अपनी भाषा होती है और अधिकांश आदिवासी समाज में, वे अपनी पारंपरिक भाषा और संस्कृति के लिए अत्यधिक गर्व और प्रतिष्ठा महसूस करते हैं। हालाँकि सबसे बड़े भाषा समूह में केवल 165,000 वक्ता हैं, लेकिन कोई भी संख्यात्मक या राजनीतिक रूप से प्रमुख नहीं है। बहुभाषावाद आम है, यहाँ कई लोग अपनी पहली भाषा बोलते हैं, अंग्रेजी, हिरी मोटू, टोक पिसिन और पापुआ न्यू गिनी सांकेतिक भाषा चार आधिकारिक भाषाएँ हैं। यह ध्यान रखना महत्वपूर्ण है कि पापुआ न्यू गिनी में, अंग्रेजी एक विदेशी भाषा के संदर्भ में सीखी जाती है, ज्यादातर शिक्षा प्रणाली के माध्यम से, और दूसरी भाषा के संदर्भ में नहीं। अधिकांश लोगों को अंग्रेजी का बहुत कम अनुभव होता है जब तक कि वे शहरों के करीब न रहते हों।

स्रोत: यूनेस्को नीति संक्षिप्त, अक्टूबर 2002.

भाषाओं का प्रसार

यूरोपीय भाषाओं का प्रसार

दुनिया में भाषा वितरण की वर्तमान स्थिति एक क्षेत्र से दूसरे क्षेत्र में प्रवास और हर बार नए स्थानों के अंतर-सांस्कृतिक मिश्रण के कारण विकसित हुई है। हमारे भाषाई पूर्वजों द्वारा नए स्थानों पर विजय का इतिहास भी मौजूदा सामाजिक सांस्कृतिक विशेषताओं में विविधता जोड़ता है। इस प्रकार, मानव आंदोलनों, बस्तियों और उपनिवेशीकरण के गतिशील पैटर्न—सभी समकालीन दुनिया के भाषा मानचित्र में योगदान करते हैं। उदाहरण के लिए, 16 वीं शताब्दी के बाद से इंडो-यूरोपीय भाषाएं यूरोपीय भूमि से दूर दुनिया के अन्य हिस्सों की ओर फैल गईं। यह यूरोपीय उपनिवेशवादियों द्वारा हुआ, जिन्होंने अफ्रीका, एशिया, अमेरिका और ऑस्ट्रेलिया में भूमि पर विजय प्राप्त की। सूचनाओं के हस्तांतरण और हावी संस्कृति से आदेशों के संचार के लिए, उपनिवेशवादी की भाषा को अपनाना आवश्यक हो जाता है। यह भाषा बाद में प्रमुख संस्कृति के वाणिज्य, कानून, सभ्यता और व्यक्तिगत प्रतिष्ठा का माध्यम बन जाती है। यही कारण है कि कम संख्यात्मक ताकत के बावजूद, इंडो-यूरोपीय भाषाएं यूरोप, भारत, ईरान, मध्य एशिया और आर्मेनिया के बड़े भूभाग में फैल गईं। अरबी भाषा का प्रसार भी इस तथ्य को प्रकट करता है, जो धार्मिक रूपांतरण और सांस्कृतिक पहचान की श्रेष्ठता स्थापित करने के माध्यम से पश्चिमी एशिया और उत्तरी अफ्रीका के बड़े भूभाग में फैल गया।

पारंपरिक भाषाओं का विलुप्त होना

समय के साथ, उपनिवेशवादी शक्ति द्वारा अपनी भाषा अपनाने के दबाव के कारण, कई छोटी लेकिन समृद्ध स्वदेशी भाषाओं ने अपना अस्तित्व खो दिया है। ऐसा अनुमान है कि, यूरोपीय उपनिवेश निर्माण के कारण अमेरिका की लगभग 1000-2000 अमेरिंडियन (रेड इंडियन) बोलियाँ लुप्त हो गईं। 16वीं शताब्दी के दौरान, साइबेरिया में पूर्व की ओर स्लाविक विस्तार ने वहाँ की अधिकांश पैलियो-एशियाई भाषाओं को नष्ट कर दिया। पैलियो-एशियाई भाषाएँ या पैलियो-साइबेरियन भाषाएँ साइबेरिया में बोली जाती हैं और चार समूहों से संबंधित हैं— येनिसीयन, लुओरावेटलान, युकाघिर और निवख। वे पहले अधिक व्यापक रूप से बिखरे हुए भाषा परिवार के अवशेषों का गठन करते थे, जिस पर यूरालिक और अल्ताइक बोलने वालों के आक्रमणकारी समूहों ने अतिक्रमण कर लिया है (ब्रिटानिका डॉट कॉम)।

गैर-यूरोपीय भाषाओं का प्रसार

गैर-यूरोपीय भाषा के प्रसार के कुछ उदाहरण भी यही तथ्य प्रकट करते हैं। दक्षिण और दक्षिण-पूर्व एशिया में, पहले से मौजूद ऑस्ट्रो-एशियाई भाषाएँ सिनो-तिब्बती भाषा समूह (चीनी, थाई, बर्मी और लाओ) के विस्तार के कारण स्थानिक आयाम में कम हो गईं। इसी तरह, अरबी पहले अरब प्रायद्वीप की एक छोटी एफ्रो-एशियाई भाषा थी, लेकिन बाद में यह उत्तरी अफ्रीका और दक्षिण-पश्चिमी एशिया के एक बड़े हिस्से में फैल गई।

भारत में औपनिवेशिक भाषा का प्रभाव

19वीं शताब्दी में अंग्रेजों ने भारत पर अपनी औपनिवेशिक सत्ता स्थापित की और एक प्रशासनिक और न्यायिक व्यवस्था बनाई जिसमें शिक्षा, प्रशासन, व्यापार, न्यायिक और वाणिज्य के एकमात्र माध्यम के रूप में ब्रिटिश भाषा को उच्च प्राथमिकता दी गई। इतना ही नहीं, संस्कृत और फारसी जैसी शास्त्रीय भाषाओं में दक्षता के विपरीत अंग्रेजी भाषा में दक्षता तत्कालीन सुसंस्कृत और शिक्षित व्यक्तियों की पहचान थी।

19वीं सदी के भारत में, स्वदेशी स्कूलों में शिक्षा का माध्यम संस्कृत या फ़ारसी जैसी शास्त्रीय भाषाएँ थीं, जो स्थानीय लोगों की स्थिति और ज़रूरत के हिसाब से होती थीं। लेकिन प्रशासन और न्यायिक और शिक्षा प्रणाली में औपचारिक पश्चिमी शिक्षा के प्रवेश ने केंद्रीकृत पाठ्यक्रम और आम भाषा के माध्यम से कठोरता और एकरूपता पैदा की। ब्रिटिश उपनिवेशवाद से पहले फ़ारसी भाषा ने भारतीय सांस्कृतिक परिदृश्य में महत्वपूर्ण भूमिका निभाई थी। इस भाषा को देश की संस्कृति और विज्ञान की भाषा माना जाता था और सिंध से बंगाल तक के लोग इसे बोलते थे। 1832 में भारत में इसकी जगह अंग्रेज़ी भाषा ने ले ली। उपनिवेशवाद-पूर्व काल में भारतीय लोगों के बीच फ़ारसी भाषा का इस्तेमाल होता था, जो कभी भी भारत की स्वदेशी भाषा नहीं रही। इसे लगभग 1000 ई. से 1800 ई. तक कई मध्य-पूर्वी और एशियाई देशों की भाषा के रूप में इस्तेमाल किया जाता था। भारत में, इसे कई मुस्लिम दरबारों में संस्कृति और शिक्षा की भाषा के रूप में इस्तेमाल किया जाता था। उस समय हिंदू और मुस्लिम दोनों विद्वानों के लिए संस्कृत के साथ-साथ फ़ारसी जानना प्रथागत था, मुख्यतः इसलिए क्योंकि खेल के नियम इसकी मांग करते थे (अब्बास, 2016)।

स्वतंत्रता के बाद की अवधि में, आधिकारिक और व्यावसायिक संदर्भों में बोली जाने वाली और इस्तेमाल की जाने वाली भाषाओं में, भारत में प्रभुत्व के पदानुक्रम की प्रवृत्ति है। यहाँ दो भाषाएँ — अंग्रेजी और हिंदी शीर्ष स्तर पर हैं, उसके बाद राज्यों की प्रमुख भाषाएँ हैं। सबसे नीचे हाशिए पर पड़ी स्वदेशी और अल्पसंख्यक भाषाएँ हैं जिन्हें अक्सर जनगणना में गैर-अनुसूचित भाषाओं के रूप में सूचीबद्ध किया जाता है।

भाषा परिवार पर आधारित भारतीय भाषाई प्रोफ़ाइल

दक्षिण एशियाई क्षेत्र में बोली जाने वाली भाषाएँ चार प्रमुख भाषा परिवारों से संबंधित हैं, जो इंडो-यूरोपियन, द्रविड़ियन, ऑस्ट्रो-एशियाटिक और सिनो-तिब्बती हैं। हमारी लगभग एक तिहाई मातृभाषाएँ (22 अनुसूचित भाषाओं में से 15) इंडो-आर्यन भाषा परिवार से संबंधित हैं — इन भाषाओं को बोलने वाले लगभग 79.57 प्रतिशत वक्ता इन्हें बोलते हैं। द्रविड़ भाषाएँ, जिनकी संख्या 4 है, देश का दूसरा प्रमुख भाषाई समूह बनाती हैं, जिसके बाद तिब्बती-बर्मी उप-परिवार और ऑस्ट्रो-एशियाटिक परिवार आते हैं।

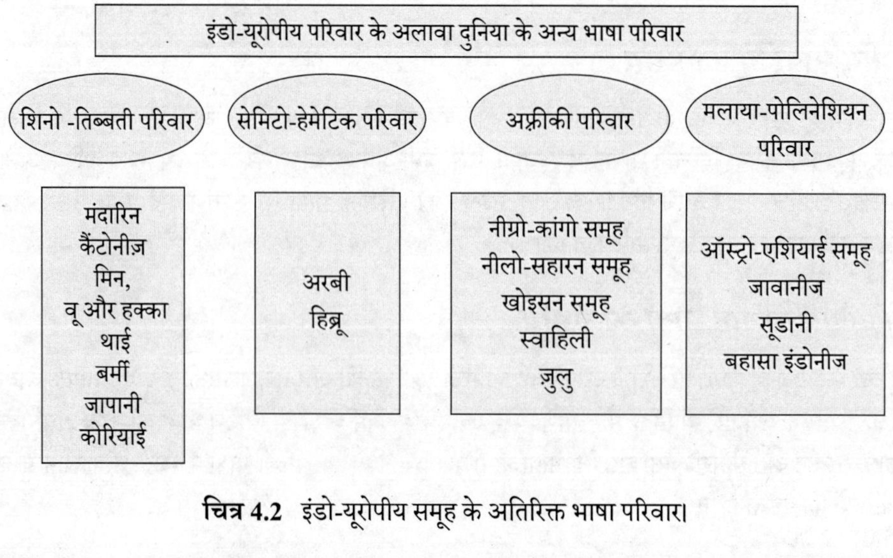

चित्र 4.2 इंडो-यूरोपीय समूह के अतिरिक्त भाषा परिवार।

इंडो-आर्यन भाषाएँ

भारत की भाषाओं और मातृभाषाओं का सबसे बड़ा समूह इंडो-यूरोपीय भाषाओं के इंडो-आर्यन उप-परिवार से संबंधित है। आधुनिक इंडो-आर्यन भाषाओं में, हिंदी और बंगाली में बोलने वालों की अधिकतम संख्या दर्ज की गई है, जिसमें बोलने वालों के क्षेत्र के आधार पर कई भिन्नताएं हैं। ये समृद्ध परंपरा और साहित्यिक उत्कृष्टता वाली सबसे लोकप्रिय भाषा हैं। हिंदी के लगभग 56 प्रकार हैं और यह उत्तर भारत के बड़े हिस्से में फैली हुई है। पश्चिमी हिंदी गंगा के मैदान और पंजाब, हरियाणा, गुजरात और राजस्थान के क्षेत्र में बोली जाती है। क्षेत्रीय विशिष्ट चरित्र के कारण, कुछ विविधताएं पंजाबी, गुजराती और राजस्थानी में विकसित हुई। पूर्वी हिंदी अवध और उसके दक्षिण में बोली जाती है। बाहरी परत में, हमें उत्तरी और पश्चिमी क्षेत्र में कश्मीरी, सिंधी, गुजराती, मराठी, और पूर्व में ओडिया, मैथिली, बंगाली और असमिया जैसी भाषाएँ मिलती हैं।

द्रविड़ भाषाएँ

वास्तविक शब्द 'द्रविड़ियन' का पहली बार इस्तेमाल रॉबर्ट ए. काल्डवेल ने किया था, जिन्होंने संस्कृत शब्द द्रविड़ पेश किया था। देश के दक्षिणी भाग की चार प्रमुख भाषाएँ इस समूह में आती हैं, जो कन्नड़, मलयालम, तमिल और तेलुगु हैं। पूरे विश्व में, लगभग 26 द्रविड़ भाषाएँ बोली जाती हैं, जिनमें से 25 भाषाओं के बोलने वाले भारत में पाए जाते हैं और शेष एक (ब्राहुई) पाकिस्तान-अफगानिस्तान सीमा पर बलूचिस्तान में बोली जाती है। द्रविड़ भाषा में शास्त्रीय तमिल की समृद्ध व्याकरणिक और साहित्यिक परंपरा है। यहां तक कि अन्य प्रमुख द्रविड़ भाषाएँ, अर्थात्, मलयालम, कन्नड़ और तेलुगु में स्वतंत्र लिपियाँ और साहित्यिक इतिहास हैं जो ईसाई-पूर्व युग से संबंधित हैं। छोटी द्रविड़ भाषाओं में कोलामी-नायकी, परजी-गदबा, गोंडी, कोंडा, मंडा-कुई, कोडागु, टोडा-कोटा और तुलु आदि शामिल हैं। द्रविड़ भाषाओं का केंद्रीय समूह सबसे व्यापक प्रतीत होता है: गोंडी, कोंडा, कुई, मांडा, पारजी, गदाबा, कोलामी, पेंगो, नाइकी, कुवी और तेलुगु। 'दक्षिणी समूह' में तुलु, कन्नड़, कोडागु, टोडा, कोटा, मलयालम और तमिल शामिल हैं।

ऑस्ट्रिक परिवार

ऑस्ट्रिक भाषा परिवार दो शाखाओं में विभाजित है, ऑस्ट्रो-एशियाटिक और ऑस्ट्रोनेशियन। ऑस्ट्रोनेशियन को मलय-पॉलिनेशियन भी कहा जाता है और ये भारत, दक्षिण पूर्व एशिया और प्रशांत द्वीप समूह में बोली जाती हैं। ऑस्ट्रो-एशियाटिक शाखा की तीन उप-शाखाएँ हैं: मुंडा, मोन-खमेर और वियतनामी-मुओंग। इनमें से केवल मुंडा उप-परिवार के बोलने वाले ही भारत में पाए जाते हैं। भारत में मुंडा भाषाएँ छत्तीसगढ़ और मध्य प्रदेश राज्यों में बोली जाती हैं। प्रसिद्ध मुंडा भाषाओं में संथाली, मुंदरी, भूमिज, बिरहर, हो, कोरकू, खारी, जुआंग और सवारा शामिल हैं। मुंडा बोलने वालों का मुख्य जमावड़ा अलग-थलग पहाड़ियों और जंगलों में पाया जाता है। तदनुसार उत्तर भारत में कुछ आर्यकृत जनजातियाँ हैं (जैसे बिहार और छोटा नागपुर में चेरो और मिर्जापुर क्षेत्र में खेरवार) संथाली मुंडा उप-परिवार के अंतर्गत आती है, जिसे भारत की अनुसूचित भाषा का दर्जा प्राप्त है तथा झारखंड, पश्चिम बंगाल, ओडिशा, बिहार, असम, बांग्लादेश और नेपाल के राज्यों की अतिरिक्त आधिकारिक भाषा है।

तिब्बती-बर्मी भाषाएँ

तिब्बती-बर्मी परिवार चीनी-तिब्बती भाषाओं का एक हिस्सा है, जो दक्षिण और दक्षिण-पूर्व एशिया के एक बड़े क्षेत्र में फैला हुआ है। यह उत्तर में तिब्बत से लेकर दक्षिण में बर्मा तक और पश्चिम में लद्दाख से लेकर पूर्व में चीनी प्रांतों से-चुएन और युन्नान

तक फैला हुआ है। लेप्चा, सिक्किमी, गारो, बोडो, मणिपुरी और नागा तिब्बती-बर्मी परिवार की कुछ सबसे महत्वपूर्ण उप-भाषाएँ हैं। मुख्य रूप से असम और मणिपुर के लोगों द्वारा बोली जाने वाली बोडो और मणिपुरी को क्रमशः भारत की अनुसूचित भाषा के रूप में दर्ज किया गया है।

इन 22 अनुसूचित भाषाओं को छोड़कर, भारत में 99 गैर-अनुसूचित भाषाएँ हैं जो विभिन्न भाषा परिवारों की हैं। ये भाषाएँ शब्दों, अर्थों, संस्कृतियों, रीति-रिवाजों, अनुष्ठानों के मामले में एक क्षेत्र से दूसरे क्षेत्र में भिन्न होती हैं। कुछ भाषा बोलने वाले दूरदराज के पहाड़ों और जंगलों में केंद्रित हैं जबकि कुछ बोलने वाले शहरी इलाकों में केंद्रित हैं। व्यावसायिक दृष्टिकोण से, कुछ कृषि पर निर्भर हैं, कुछ चरागाह में माहिर हैं जबकि कुछ विशेषज्ञ बागवानी विशेषज्ञ हैं। हालाँकि, वैश्वीकरण के प्रसार के कारण अधिकांश भाषाओं के कुछ बोलने वाले शहरी क्षेत्रों में चले गए हैं और अब अन्य भाषाई संस्कृतियों के साथ घुलमिल गए हैं। अपने अस्तित्व के कारण, अधिकांश ने द्विभाषी या बहुभाषी चरित्र को अपना लिया है।

वर्तमान परिदृश्य

भारत में बोली जाने वाली सैकड़ों भाषाओं में से 22 को भारत के संविधान में अनुसूचित भाषाओं के रूप में उल्लेखित किया गया है। 2011 की जनगणना के अनुसार, भारत में 99 गैर-अनुसूचित भाषाएँ बोली जाती हैं। इनमें से ज़्यादातर देश के उत्तर-पूर्वी राज्यों में बोली जाती हैं। ये अलग-अलग उप-भाषा परिवारों के अंतर्गत आती हैं। तालिका 4.2 और 4.3 में भारतीय अनुसूचित भाषाओं के बारे में उनके पारिवारिक नाम के साथ तथ्य बताए गए हैं।

तालिका 4.2 भारत की अनुसूचित भाषाएँ (जनगणना, 2011 के अनुसार)

इंडो-यूरोपियन भाषा परिवार का भारत-ईरानी शाखा का इंडो-आर्यन समूह	*द्रविड़ भाषा परिवार*	*साइनो चीन-तिब्बती परिवार की तिब्बती-बर्मन शाखा परिवार*	*ऑस्ट्रो-एशियाई भाषा का मुंडा उप-परिवार*
1. असमिया 2. बंगाली 3. डोगरी 4. गुजराती 5. हिन्दी 6. कश्मीरी 7. कोंकणी 8. मैथिली 9. मराठी 10. नेपाली 11. उड़िया 12. पंजाबी 13. संस्कृत 14. सिंधी 15. उर्दू	16. कन्नड 17. मलयालम 18. तमिल 19. तेलुगू	20. मणिपुरी 21. बोडो	22. संथाली

स्रोत: भारत की जनगणना।

गैर-अनुसूचित भाषाओं में महत्वपूर्ण हैं—भील, गोंडी, उरांव, खानदेशी, तुलु, खासी, हो, गारो, मुंडारी, त्रिपुरी, कुई, मिजो, हलबी, कोरकू, मिरी/मिशिंग, कार्बी/मिकिर, मुंडा, सवारा, कोया, निस्सी, आदि। सबसे प्रमुख भील है जिसके 10 मिलियन से अधिक वक्ता हैं (2011 की जनगणना के अनुसार) उसके बाद गोंडी भाषा है जिसके लगभग 3 मिलियन वक्ता हैं। इसलिए, गैर-अनुसूचित श्रेणी के तहत सबसे प्रमुख भाषा और दूसरी सबसे अधिक बोली जाने वाली भाषा के बीच एक बड़ा अंतर है। कुल आठ भाषाएँ हैं (उरांव, खानदेशी, तुलु, खासी, हो, गारो, मुंडारी और त्रिपुरी), जिनके बोलने वालों की संख्या 1 मिलियन से 2 मिलियन के बीच दर्ज की गई है।

तालिका 4.3 भारत की विभिन्न अनुसूचित भाषाओं के बोलने वालों की संख्या

क्रम सं.	*भाषा*	*बोलने वाले व्यक्तियों की संख्या (लाखों में)*
1	हिन्दी	528.35
2	बंगाली	97.24
3	मराठी	83.03
4	तेलुगू	81.13
5	तमिल	69.03
6	गुजराती	55.49
7	उर्दू	50.77
8	कन्नड़	43.71
9	उड़िया	37.52
10	मलयालम	34.84
11	पंजाबी	33.13
12	असमिया	15.31
13	मैथिली	13.58
14	संताली	7.37
15	कश्मीरी	6.80
16	नेपाली	2.93
17	सिंधी	2.77
18	डोगरी	2.60
19	कोंकणी	2.26
20	मणिपुरी	1.76
21	बोरो	1.48
22	संस्कृत	0.03

स्रोत: भारत की जनगणना, 2011 से गणना ली गई।

पूर्वोत्तर भारत की भाषाई विविधता: एक केस स्टडी

असम: असम में कई जनजातियाँ हैं जो शांतिपूर्ण तरीके से सह-अस्तित्व में हैं, प्रत्येक की अपनी विशिष्ट परंपराएँ, संस्कृति, पोशाक, भोजन, त्यौहार और जीवन शैली है। हालाँकि असमिया आधिकारिक भाषा है, लेकिन अधिकांश जनजातियों की अपनी भाषा है। वन गाँवों में रहने वाले राभा ने अपनी मूल राभा बोली को काफी हद तक बनाए रखा है। राभा बोली असम-बर्मी शाखा की बोडो भाषा समूह से संबंधित है।

अरुणाचल प्रदेश: बड़ी संख्या में स्वदेशी भाषाएँ अरुणाचल प्रदेश की महत्वपूर्ण विशेषता हैं। अधिकांश स्वदेशी भाषाएँ तिब्बती-बर्मी भाषा परिवार के पैलियो-मंगोलॉयड समूहों से संबंधित हैं। यह 30–50 अलग-अलग भाषाओं और बड़ी संख्या में बोलियों और उप-बोलियों का घर है। अका जनजाति की भाषा तिब्बती-बर्मी परिवार से संबंधित है। अरुणाचल प्रदेश में सबसे अधिक बोली जाने वाली भाषाएँ डफला, मिश्री, अदी गैलोंग, मोनपा, अका, नोक्टे, खामती, निशि, वांचो और तागिन हैं।

मिजोरम: मिजो राज्य की आधिकारिक भाषा है और यह सबसे व्यापक रूप से इस्तेमाल की जाने वाली भाषा है मौखिक बातचीत के लिए भाषा। स्थानीय लोग शिक्षा, प्रशासन और शासन के लिए भी अंग्रेजी का उपयोग करते हैं। दुहलियन बोली, जिसे लुसेई के नाम से भी जाना जाता है, मिज़ोरम की पहली भाषा थी और इसे मिज़ो भाषा के रूप में जाना जाता है। यह भाषा हमार, मारा, लाई, पैते, गंगटे आदि जैसी अन्य बोलियों के साथ मिश्रित है।

मणिपुर: मणिपुर में 29 अलग-अलग बोलियाँ बोली जाती हैं। महत्वपूर्ण बोलियाँ हैं:

- ज़ू, ज़ोउ/ज़ोमी लोगों की बोली,
- पाउला, पौमई नागा की बोली
- थाडौ, थाडौ लोगों की बोली
- वैफेई, वैफेई लोगों की बोली
- तांगखुल, तांगखुल लोगों की बोली
- पाइते, पाइते लोगों की बोली
- हमार, हमार लोगों की बोली
- माओ, माओ लोगों की बोली
- लिआंग्लाद, लियांगमई नागा लोगों की बोली
- मारिंग, मारिंग नागा/मारिंग की बोली, मारिंग खोइबू, मारिंग नारुम, साईबोल लोग
- मरम, मरम नागा की बोली
- गंगटे, गंगटे लोगों की बोली आदि।

मेघालय: खासी और गारो यहां की प्रमुख भाषाएं हैं। खासी मोन-ऑस्ट्रोएशियाटिक वंश की खमेर भाषा, जबकि गारो भाषा का कोच और बोरो भाषाओं से घनिष्ठ संबंध है। गारो, जो अधिकांश आबादी द्वारा बोली जाती है, इसकी कई बोलियाँ हैं जैसे कि अबेंग, अटोंग, अकावे (या आवे), माची डुअल, चिबोक, चिसाक मेगम या लिंगंगम, रुगा, गारा-गंचिंग और माटाबेंग। मेघालय में कई अन्य भाषाएँ भी बोली जाती हैं। उदाहरण के लिए, पनार भाषा जयंतिया पहाड़ियों के कई लोगों द्वारा बोली जाती है। पनार या जयंतिया भाषा, खासी के साथ, खिन्रियम, भोई, पनार और वार आदिवासी समूहों द्वारा बोली जाती है। एक और उदाहरण बियाटे भाषा है जो नेपाली भी राज्य के लगभग सभी हिस्सों में पाई जाती है।

नागालैंड: सभी प्रमुख नागा जनजातियों की अपनी भाषा है। नागा भाषाएँ निम्न के अंतर्गत आती हैं तिब्बती-बर्मी परिवार में बोली जाने वाली भाषाएँ तीन समूहों में विभाजित हैं — पश्चिमी उप-समूह, केंद्रीय उप-समूह और पूर्वी उप-समूह। पश्चिमी उप-

समूह में अंगामी, सेमा, रेंगमा और चाखेसांग भाषाएँ शामिल हैं; केंद्रीय उप-समूह में एओ, लोथा और फ़ोम भाषाएँ शामिल हैं; जबकि पूर्वी उप-समूह में चांग और कोन्याक जैसी अन्य भाषाएँ शामिल हैं।

त्रिपुरा: त्रिपुरी राज्य की मुख्य भाषा है, जबकि बंगाली भी बोली जाती है। लोग मुख्य रूप से कोकबोरोक नामक विभिन्न बोलियाँ बोलते हैं, जो अगरतला के आसपास बोली जाने वाली देबबर्मा जनजाति की मानक बोली और त्रिपुरा की दूसरी आधिकारिक भाषा है।

धर्म

मानव समाज के महत्वपूर्ण सांस्कृतिक तत्वों में से एक धर्म है। यह तत्व पर्यावरण नैतिकता, मानवीय विश्वास प्रणाली के रूप में मानव-प्रकृति संबंधों की समझ, पारिस्थितिकी की मानवीय धारणा, पर्यावरणीय स्वर्गीय तत्वों, पृथ्वी के पदार्थ, वायुमंडलीय और स्थलीय प्रक्रियाओं को धार्मिक पारिस्थितिकी और व्यक्तिगत विश्वास प्रणाली के लेंस के माध्यम से बनाए गए मंच पर बढ़ता और विकसित होता है। किसी भी धर्म में, व्यक्तिगत धारणा समाज से समाज में भिन्न होती है जो विश्वासों, भावनाओं, परंपराओं, मूल्य प्रणाली के एक समूह पर आधारित होती है जो समुदाय के सदस्यों को एक साथ बांधती है और मूल्य प्रणाली, पारंपरिक विचारधारा, एकजुटता की अवधारणा, जातीय पहचान के साथ-साथ सामाजिक संरचना के अनुसार नामित होती है।

धर्म मूल रूप से लोगों के जीवन जीने के तरीके के प्रति प्रतिक्रिया के रूप में विकसित हुए। सबसे पहले, यह एक विचार के रूप में विकसित हुआ कि आत्माएं मौसम और सभी मानवीय गतिविधियों को नियंत्रित करती हैं। इस तरह के एनिमिस्टिक विश्वास अभी भी कुछ लोगों के समूहों में मौजूद हैं। हालाँकि, बहुत बाद में अधिक जटिल हठधर्मी धर्म विकसित हुए, जिन्होंने आचरण का एक सही तरीका स्थापित किया और कुछ हद तक तर्क पर आधारित थे। विभिन्न धर्मों के व्यवहार और दृष्टिकोण एक दूसरे से अलग हैं। यही कारण है कि विभिन्न समूहों के बीच कुछ अप्रिय स्थितियाँ विकसित होती हैं। इस तरह की विशेषताएँ अतीत में धार्मिक सहिष्णुता के लिए अधिक विनाशकारी थीं, हालाँकि आज आपसी समझ नहीं है जो अधिक व्यापक है। कई समूहों को यहूदियों की तरह सताया गया है, जिन्हें अधिकांश यूरोपीय देशों में सदियों से प्रताड़ित किया गया है। कभी-कभी, कैथोलिक और प्रोटेस्टेंट जैसे एक धर्म के दो भागों में विभाजित होने के परिणामस्वरूप संघर्ष आम थे। इसके विपरीत, धर्म अक्सर एक एकीकृत शक्ति हो सकते हैं। कभी-कभी, धर्मों के व्यवहार हिंदू धर्म में कठोर जाति व्यवस्था की तरह विविधता या संघर्ष का कारण बन सकते हैं।

धर्म को मनुष्य की विश्वास प्रणाली के रूप में परिभाषित किया जा सकता है जो अलौकिक प्रतीकवाद और पवित्रता की अवधारणा पर आधारित है। धर्म को आस्था का कोई भी रूप माना जाता है, एकेश्वरवाद से लेकर पूर्वजों की पूजा और यहां तक कि जादू तक, जब तक कि इसमें अलौकिक के लिए सम्मान के कुछ तत्व शामिल हों (चंदना, 2006)। दूसरे शब्दों में, धर्म विश्वासों और प्रथाओं के एक समूह से बना है जो मनुष्य को ब्रह्मांड की शक्तियों के साथ मानसिक सामंजस्य प्राप्त करने में मदद करता है और संस्कृति के विकास में एक आवश्यक पहलू रहा है (जॉर्डन और रोनट्री)। कुछ संस्कृति समूहों के लिए, धर्म को मानव जीवन और रहस्यमय दुनिया के बीच एक संक्रमण के रूप में देखा जाता है। हाल ही में वैश्वीकृत दुनिया में, धर्म पारंपरिक समाजों से आधुनिक औद्योगिक समाजों तक की अवधारणा में भिन्न है; धर्म के सर्वव्यापी बल से लेकर आधुनिक मामूली स्थिति के रूप में धर्म तक (सिंह, 2020)। हालाँकि, धर्म मानव जीवन के सभी पहलुओं को प्रत्यक्ष या अप्रत्यक्ष रूप से प्रभावित कर सकता है। मानव-प्रकृति के रिश्ते को समझना धर्मों का केंद्रीय विषय है और इस प्रकार, प्रत्येक श्रेणी में जीवन के अर्थ, जीवन के मूल्य, मोक्ष प्राप्त करने के लिए किए जाने वाले कार्यों की एक अलग अवधारणा होती है। इस तरह के नियम और मानदंड दुनिया के हर संस्कृति समूह की परंपरा और स्वदेशी ज्ञान के साथ जुड़े हुए हैं। इस तरह, मनुष्यों की दैनिक गतिविधियाँ, उनके भोजन की आदतें,

कपड़े पहनने का तरीका, आश्रय और अन्य उच्च आवश्यकताएँ हमेशा बड़े पैमाने पर पारंपरिक समाजों द्वारा और छोटे पैमाने पर आधुनिक शहरीकृत समाजों द्वारा नियंत्रित होती हैं।

धर्म के मूल तथ्य

धर्म जीवन के प्रति एक विशेष प्रकार का दृष्टिकोण विकसित करने में मदद करता है जो समाज के आगे के विकास को प्रभावित करता है। धर्म के मूल तथ्य या महत्वपूर्ण विशेषताएँ इस प्रकार हैं:

1. **पवित्रता की अवधारणा:** धार्मिक विश्वासी इस धरती पर हर तत्व को पवित्र और मूल्यवान मानते हैं। पवित्रता की ऐसी अवधारणा लोगों को एक साथ बांधती है और ज़रूरत पड़ने पर एक-दूसरे की मदद करती है। यह लोगों को न केवल दूसरे इंसानों को बल्कि दूसरे जीवों और प्रकृति के हर तत्व को कोई नुकसान पहुँचाने से रोकता है। चूँकि लोग इस धरती पर हर घटक (जैविक और अजैविक दोनों) में पवित्रता देखते हैं, इसलिए पर्यावरण संरक्षण धार्मिक विश्वासियों का आदर्श वाक्य बन जाता है।
2. **अलौकिक शक्ति पर निर्भरता:** सामान्यतः प्रत्येक धर्म अलौकिक शक्ति के अस्तित्व में विश्वास करता है, जो मानव शक्ति और भौतिक संसार से परे है। ऐसी अलौकिक शक्ति कभी-कभी दृश्यमान होती है, कभी-कभी अदृश्य होती है और इन्हें अलग-अलग धर्मों और अलग-अलग स्थानों में अलग-अलग नामों से जाना जाता है। हर धार्मिक समुदाय के लोग ऐसी अलौकिक सत्ता द्वारा बनाए गए मानदंडों का पालन करते हैं और ये मानदंड हर व्यक्ति के जीवन कार्यों को नियंत्रित करते हैं, ताकि वे अपने धार्मिक विश्वासियों के लिए कोई हानिकारक गतिविधि न करें।
3. **अलौकिक शक्ति के प्रति मानव अनुकूलन:** कभी-कभी, मनुष्य अलौकिक शक्ति के प्रति अनुकूलन का प्रयास करता है। वह अलौकिक शक्ति जिस पर व्यक्ति के जीवन की गतिविधियाँ निर्भर करती हैं। इस संबंध में प्रार्थना हर व्यक्ति द्वारा की जाने वाली सबसे शक्तिशाली क्रिया है।
4. **धर्म में वर्जनाओं की अवधारणा:** प्रत्येक धर्म में कुछ मानदंड और वर्जनाएँ होती हैं जिनका पालन करना अनिवार्य है। अन्य धर्मों से भिन्न-भिन्न प्रकार की वर्जनाएँ प्रदर्शन के तरीके, पुनरावृत्ति की संख्या, क्रिया की विधि, गुण, ऐसे कार्यों को करने के लिए आवश्यक तत्व आदि में होती हैं। दूसरी ओर, कुछ वर्जनाएँ प्रत्येक धर्म में समान होती हैं, जैसे बड़ों के प्रति आदर, देवताओं के प्रति आदर आदि।
5. **पवित्र स्थान:** प्रत्येक धर्म में इस धरती पर कुछ स्थान हैं, जिन्हें सबसे अधिक महत्व दिया जाता है जो आस्थावानों के लिए पवित्र है। ऐसे पवित्र स्थान दुनिया भर से तीर्थयात्रियों के रूप में आस्थावानों को आकर्षित करते हैं। उदाहरण के लिए, वाराणसी, द्वारका, पुरी, मदुरै आदि हिंदुओं के लिए पवित्र स्थान हैं; सिखों के लिए अमृतसर; बौद्धों के लिए सारनाथ; इस्लाम के लिए मक्का और मदीना; ईसाइयों के लिए रोम इत्यादि।
6. **मोक्ष प्राप्ति का उपाय:** प्रत्येक धर्म में मोक्ष प्राप्ति के कुछ उपाय बताए गए हैं, जो धर्म से धर्म तक भिन्न हो सकते हैं
7. **धार्मिक लिपियाँ:** प्रत्येक धर्म की अपनी लिपियाँ होती हैं, जहाँ मानदंड और नियम लिखे होते हैं। पहले, इन मानदंडों को पीढ़ी-दर-पीढ़ी मौखिक रूप से प्रसारित किया जाता था और बाद के वर्षों में, इन्हें धार्मिक नेताओं द्वारा उस विशेष धर्म में विश्वास रखने वाले लोगों के लाभ के लिए लिखा जाता था।
8. **धार्मिक नेता:** हर धर्म के अपने धार्मिक नेता होते हैं, जो नियम और मानदंड बनाते और संशोधित करते हैं और यह माना जाता है कि सभी आस्तिक इन नियमों का पालन करेंगे और उनको मानेंगें। जब लोग इन नियमों का पालन नहीं करते हैं, तो सामाजिक अशांति पैदा होती है।

9. **पवित्र तत्व:** प्रत्येक धर्म में कुछ तत्व होते हैं जिन्हें पवित्र माना जाता है।
10. **विशेष धार्मिक पोशाक:** हर धर्म की अपनी पोशाक होती है जिसे धार्मिक-गुरू पहनते हैं। आस्थावानों को, जब पूजा करने के लिए पूजा स्थलों में प्रवेश करना होता है और अपने धार्मिक उत्सवों के दौरान भी, अपनी धार्मिक पहचान व्यक्त करने के लिए धर्म-विशिष्ट पोशाक पहननी होती है।

धर्म का व्यापक वर्गीकरण

ऐतिहासिक अतीत से ही लोग जीवन की गतिविधियों को सुचारू रूप से और सफलतापूर्वक करने के लिए कुछ अलौकिक शक्तियों में विश्वास करते रहे हैं। इस प्रकार, दुनिया के विभिन्न हिस्सों में, विभिन्न प्रकार के धर्म विकसित हुए और कुछ अभी भी मौजूद हैं। अलौकिक शक्ति में विश्वास के आधार पर, सभी धर्मों को दो प्रमुख श्रेणियों में वर्गीकृत किया जा सकता है—एकेश्वरवादी और बहुदेववादी। पहली श्रेणी के अनुयायी एक ही देवता में विश्वास करते हैं, जबकि बहुदेववादी धर्म के अनुयायी कई देवताओं में विश्वास करते हैं। प्रमुख धर्म कुछ छोटे केंद्रों में उत्पन्न हुए और बाद में पूरी दुनिया में फैल गए। इस प्रकार, धर्मों के संकेन्द्रण का वर्तमान केंद्र उनका उद्गम स्थान नहीं है। उदाहरण के लिए, बौद्ध धर्म की उत्पत्ति भारत में हुई, लेकिन बाद में यह दक्षिण-पूर्व एशियाई और पूर्वी एशियाई देशों में फैल गया। हालाँकि, उत्पत्ति के क्षेत्रों के आधार पर, दुनिया के धर्मों को पूर्वी धर्म, पश्चिमी धर्म, सुदूर-पूर्वी धर्म, अफ्रीकी धर्म, भारतीय धर्म आदि के रूप में वर्गीकृत किया जा सकता है। ऐसे कई तरीके हैं जिनके माध्यम से धर्म अपने मूल स्थान से दुनिया के अन्य हिस्सों में फैलते हैं। भूगोलवेत्ता मुख्य रूप से धर्मों के फैलाव और स्थानिक वितरण की प्रक्रिया के बारे में चिंतित हैं। इसलिए, भौगोलिक दृष्टिकोण से, विश्व धर्मों को निम्नलिखित प्रमुख समूहों में वर्गीकृत किया जा सकता है (चित्र 4.3):

(क) जातीय धर्म
(ख) धर्मों का सार्वभौमिकरण करना और
(ग) जनजातीय या पारंपरिक धर्म

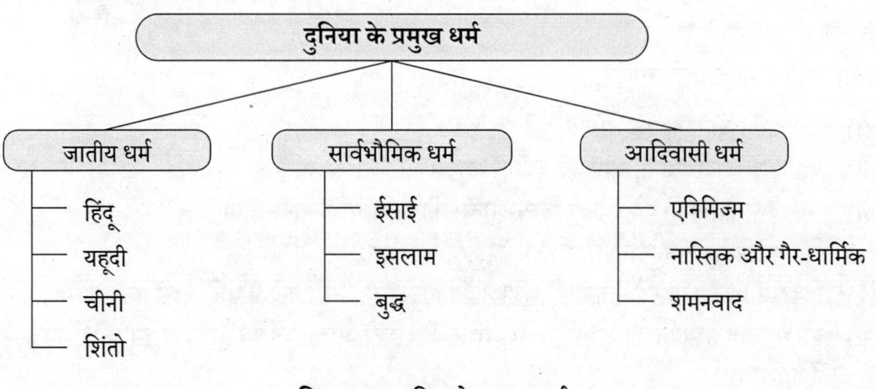

चित्र 4.3 विश्व के प्रमुख धर्म।

(i) **जातीय धर्म:** इस प्रकार का धर्म जातीयता पर आधारित होता है और कोई व्यक्ति केवल आस्था और पूजा से ही नहीं बल्कि जन्म से भी इस धर्म का सदस्य बनता है। जातीय धर्म के सदस्य अपने धार्मिक विश्वास और अनुष्ठान अवधारणाओं के आधार पर एक बंद समुदाय बनाते हैं और हमेशा विशिष्ट धार्मिक प्रथाओं के लिए इसमें शामिल होते हैं। हिंदू धर्म, यहूदी धर्म, जापानी धर्म, शिंटो धर्म और चीनी धर्म इसके उदाहरण हैं।

(ii) **सार्वभौमिक धर्म:** पृथ्वी पर कुछ ऐसे धर्म हैं जो आस्था और विश्वास पर आधारित हैं और सभी लोगों पर लागू होते हैं, चाहे उनका वर्ग, जाति, पदानुक्रम कुछ भी हो। इन्हें सार्वभौमिक धर्म कहा जाता है जिसमें ईसाई धर्म, इस्लाम और बौद्ध धर्म शामिल हैं। इस धरती का कोई भी व्यक्ति इन धर्मों का सदस्य हो सकता है और इस प्रकार सदस्यता सभी के लिए खुली है। जन्म से जातीय पहचान या धर्म भी इन धर्मों का सदस्य बनने में बाधा उत्पन्न नहीं करते।

(iii) **जनजातीय या पारंपरिक धर्म:** यह जातीय धर्मों का एक विशेष रूप है। हर पारंपरिक धर्म विशेषताओं, पहचान, सांस्कृतिक मूल्यों, वर्जनाओं आदि के संदर्भ में दूसरों से अलग होता है। ये धर्म आम तौर पर छोटे होते हैं और अपनी विशिष्ट वर्जनाओं और मूल्यों के कारण आधुनिक समाज में पूरी तरह से समाहित नहीं होते हैं। प्रत्येक सदस्य का प्रकृति और आस-पास के वातावरण से घनिष्ठ संबंध होता है। जिसके उदाहरण हैं एनिमिज्म, शमनिज्म, धर्मनिरपेक्ष जिसमें गैर-धार्मिक विश्वासी और नास्तिक शामिल हैं।

विश्व के प्रमुख धर्म

दुनिया के प्रमुख धर्म हिंदू धर्म, इस्लाम, ईसाई धर्म, यहूदी धर्म आदि हैं। अन्य धर्म सिख धर्म, कन्फ्यूशीवाद, शिंटो धर्म, चीनी, लोक धर्म आदि हैं (तालिका 4.4)।

1. हिंदू धर्म: हिंदू धर्म दुनिया का सबसे पुराना धर्म है। ऐसा माना जाता है कि, भारतीय उपमहाद्वीप में 3000 ईसा पूर्व इस धर्म की शुरुआत हुई थी। हालाँकि, वर्तमान में दुनिया के लगभग सभी देशों में इस धर्म को मानने वाले लगभग 1.2 बिलियन लोग हैं। भारत और नेपाल में इसका सबसे ज़्यादा जमावड़ा है। कुल हिंदू आबादी का लगभग 99 प्रतिशत दक्षिण और दक्षिण-पूर्व एशियाई देशों में केंद्रित है। भारत की लगभग 80 प्रतिशत आबादी हिंदू धर्म को मानती है। नेपाल दुनिया का एकमात्र हिंदू राष्ट्र है। हिंदू धर्म को 'विश्वासों, अनुष्ठानों, व्यवहार और जीवन जीने की आचार संहिता' के रूप में परिभाषित किया गया है (चांदना, 2006)। यह न केवल एक धर्म है, बल्कि जीवन जीने का तरीका है और कई देवी-देवताओं में विश्वास करता है। इसीलिए, इसे बहुदेववादी धर्म भी कहा जाता है।

इस धर्म की महत्वपूर्ण विशेषताएँ हैं:

(i) यह जीवन जीने का एक तरीका है।

(ii) यह बहुदेववादी धर्म है, जहाँ कई देवी-देवताओं की पूजा की जाती है।

(iii) सभी देवी-देवताओं को एक ही दिव्य आत्मा की अभिव्यक्ति माना जाता है।

(iv) हिंदू धर्म में सभी अनुयायियों के लिए कोई सामान्य प्रथा नहीं है।

(v) हिंदू धर्म आत्मा के स्थानांतरण से जुड़ा है क्योंकि आत्मा नश्वर नहीं है बल्कि इसे आध्यात्मिक माना जाता है।

(vi) यह भारतीय संस्कृति का अभ्यास और अभिव्यक्ति है जो आत्मा की एकता या आत्मा की दिव्यता की अवधारणा में निहित है।

(vii) सिंधु घाटी से, जो हिंदू धर्म की उत्पत्ति का केंद्र है, यह गंगा घाटी में एक बड़े क्षेत्र में फैल गया जहां से यह भारत के विभिन्न हिस्सों के अन्य आदिवासी धर्मों के संपर्क में आया।

(viii) 'हिंदू' नाम की उत्पत्ति इसके मूल के भौगोलिक विस्तार के कारण हुई और एक प्रमुख धार्मिक विश्वास के रूप में फैल गया।

(ix) पवित्र पुस्तकें वेद, उपनिषद, रामायण महाकाव्य, महाभारत, भगवत गीता हैं।

(x) हिंदू धर्म ब्रह्मा (सृजनकर्ता), विष्णु (पालनकर्ता) और शिव (संहारक) की त्रिमूर्ति में विश्वास करता है, जो सबसे शक्तिशाली देवता हैं। सबसे शक्तिशाली देवियाँ दुर्गा या पार्वती, लक्ष्मी और सरस्वती हैं।

(xi) मुख्य तीर्थस्थल हैं–द्वारका, वाराणसी, रामेश्वरम, पुरी, बद्रीनाथ, प्रयाग, मथुरा, अयोध्या, कामाख्या आदि।

(xii) जाति संस्था की उपस्थिति इस धर्म की एक अन्य महत्वपूर्ण विशेषता है। वंशानुगत सामाजिक विभाजन बहुत अधिक जटिल है।

2. इस्लाम: यह एक सार्वभौमिक धर्म है और इसकी स्थापना 7वीं शताब्दी में पैगम्बर मुहम्मद ने की थी। यह एकेश्वरवादी धर्म, विश्वासियों की संख्या के मामले में दुनिया में दूसरा सबसे बड़ा धर्म है। इस धर्म के मूल सिद्धांत ईश्वर के प्रति पूर्ण समर्पण हैं और ईश्वर दयालु, सर्वोच्च, बुद्धिमान और अद्वितीय है। संस्थापक, पैगंबर मुहम्मद अरब में मक्का में रहते थे और बाद में वे 622 ई. में मदीना चले गए, जहाँ उन्होंने अपना मिशन शुरू किया। इस प्रकार, ये दोनों स्थान, मक्का और मदीना इस्लाम के सबसे पवित्र स्थान हैं। इस एकेश्वरवादी धर्म को पैगंबर मुहम्मद की बातों का संग्रह कहा जाता है, जिसे पवित्र कुरान के रूप में जाना जाता है। यह अरबी भाषा में लिखा गया है और इसमें धार्मिक पूजा के सिद्धांतों और नियमों का उल्लेख है जिनका पालन इस्लाम के अनुयायियों द्वारा करना आवश्यक है। मोटे तौर पर, इस समुदाय द्वारा आस्था के पाँच लेखों का पालन किया जाना चाहिए, जो हैं— (1) ईश्वर में विश्वास, (2) फ़रिश्तों में विश्वास, (3) कुरान में विश्वास, (4) पैगंबर में विश्वास और (5) न्याय के दिन में विश्वास। सभी अनुयायी एक आम आस्था और अपनेपन की भावना से बंधे हैं। इस्लाम के प्रसिद्ध पाँच स्तंभ जिनका मुस्लिम समुदाय पालन करता है (सिंह, 2020):

(क) ईश्वर एक ही है, अल्लाह और मुहम्मद पैगम्बर हैं।

(ख) दिन में पाँच बार प्रार्थना/नमाज करना।

(ग) रमज़ान के महीने में सुबह से शाम तक रोज़ा रखना।

(घ) गरीबों की सहायता के लिए दान (ज़कात) देना।

(ङ) अपने जीवनकाल में कम से कम एक बार पवित्र स्थान मक्का की तीर्थयात्रा (हज) करना।

100 साल की छोटी सी अवधि में ही इस्लाम दुनिया में सबसे तेजी से फैलने वाले धार्मिक विश्वासों में से एक बन गया है जो अफ्रीका और एशिया में फैल गया है। अरब-मुसलमानों के विश्वासों का विस्तार तब हुआ जब उन्होंने पश्चिम में अटलांटिक महासागर (स्पेन और मोरक्को) से लेकर पूर्व में भारत की सीमाओं तक के एक बड़े भूभाग पर विजय प्राप्त की और उस पर कब्ज़ा कर लिया। इस विशाल क्षेत्र में स्पेन, उत्तरी अफ्रीकी देश, मिस्र, सीरिया, मेसोपोटामिया, फारस आदि शामिल थे। बाद के दौर में इस्लाम सुदूर पूर्व की ओर फैल गया और भारत, मध्य एशिया, दक्षिण-पूर्व एशिया, विशेष रूप से मलेशिया और इंडोनेशिया, सूडान और पूर्वी अफ्रीकी देशों को कवर किया।

मुस्लिम समुदाय दो समूहों में विभाजित है— शिया और सुन्नी। ये दोनों धार्मिक विश्वास के प्रति अपने धार्मिक दृष्टिकोण में भिन्न हैं। शियाओं का मानना है कि वे अली के पक्षधर हैं, जो पैगंबर मुहम्मद के चचेरे भाई थे। दूसरी ओर, सुन्नी दुनिया की कुल मुस्लिम आबादी का 90 प्रतिशत हिस्सा हैं। 2001 में दुनिया की कुल मुस्लिम आबादी लगभग 1186 मिलियन (यानी पूरी दुनिया की आबादी का लगभग 20 प्रतिशत) दर्ज की गई थी। मुस्लिम आबादी का बड़ा संकेन्द्रण एशिया और अफ्रीका में देखा जा सकता है, उसके बाद यूरोप और उत्तरी अमेरिका का स्थान आता है।

सऊदी अरब में मक्का और मदीना मुसलमानों के दो सबसे पवित्र स्थान हैं। हर साल दुनिया के अलग-अलग हिस्सों से लाखों मुसलमान मक्का आते हैं। मदीना की आबादी करीब 1,000 है। मक्का से 250 किलोमीटर दूर। इस्लाम की पहली मस्जिद मदीना में बनाई गई थी और इसमें पैगंबर की कब्र भी है। इस्लाम में, मस्जिद एक ऐसा मंच प्रदान करती है, जहाँ इस्लाम समुदाय के

लोग एक साथ मिलकर इबादत करते हैं और मस्जिद इस्लामी धार्मिक जीवन और प्राथमिक धर्म आधारित सांस्कृतिक परिदृश्य का केंद्र बिंदु है।

3. ईसाई धर्मः यह दुनिया में सबसे ज़्यादा आस्था रखने वाला धर्म है। इस वैश्विक धर्म की स्थापना ईसाई युग की शुरुआत में फिलिस्तीन के जीसस ने की थी। यह धर्म यहूदी धर्म के भीतर एक आंदोलन के रूप में उत्पन्न हुआ, जो मुख्य रूप से जन्म पर आधारित एक जातीय धर्म था। जीसस एक यहूदी थे और उनके अनुयायियों का मानना था कि वे मसीहा बन गए और उन्हें अब्राहम, इसहाक और जैकब से किए गए ईश्वर के वादे को पूरा करने के लिए भेजा गया था। जीसस ने नैतिक विचार और व्यवहार की व्याख्या की। उनकी शिक्षाओं में यहूदी धर्म के कई तत्व शामिल थे। ईसाई धर्म की पवित्र पुस्तक बाइबिल है जो जीसस क्राइस्ट के जीवन से संबंधित है। मूल ईसाई धर्म की नींव, अर्थात् बाइबल यीशु को ईश्वर का पुत्र मानती है, जो मानवता को बचाने के लिए पृथ्वी पर आये थे।

बाइबिल दो भागों में विभाजित है— पुरानी बाइबिल या ओल्ड टेस्टामेंट और नई बाइबिल या न्यू टेस्टामेंट। पुरानी बाइबिल यहूदी धर्म के पैगंबर हजरत दाउद और हजरत मूसा द्वारा लिखी गई है, जबकि नई बाइबिल ईसा मसीह की शिक्षाओं का संग्रह है। चौथी शताब्दी में, कॉन्स्टेंटाइन के साम्राज्य ने पहली बार ईसाई धर्म को राज्य धर्म के रूप में अपनाया और पूरे रोमन साम्राज्य में फैल गया। चौथी शताब्दी के अंत तक, चर्च के तीन कुलपति थे— रोम, एंटिओक और अलेक्जेंड्रिया। यरूशलेम और कॉन्स्टेंटिनोपल के बिशप इसमें जल्द ही जोड़े गए। बाद के वर्षों में, विभिन्न चर्चों के बीच बढ़ती कड़वाहट के कारण, पूर्वी और पश्चिमी चर्च विकसित हुए। पूर्वी चर्च रूढ़िवादी था और अपने स्वयं के राष्ट्रीय क्षेत्रों तक ही सीमित रहा। दूसरी ओर, रोमन कैथोलिक चर्च (पश्चिमी चर्च) पोप के अधिकार के तहत अलौकिक संगठन का सर्वोच्च बन गया।

ईसाई धर्म दुनिया में सबसे व्यापक रूप से वितरित धर्म है। 2001 में किए गए एक अनुमान के अनुसार, दुनिया में लगभग 2000 मिलियन ईसाई थे, जो दुनिया की कुल आबादी का लगभग 33 प्रतिशत है। इस सार्वभौमिक धर्म के सबसे ज़्यादा अनुयायी यूरोप में हैं, उसके बाद लैटिन अमेरिका, अफ्रीका, एंग्लो-अमेरिका, एशिया और ओशिनिया (तालिका 4.4) हैं।

4. बुद्ध धर्मः यह दुनिया के सबसे पुराने धर्मों में से एक है। हिंदू धर्म के सुधारवादी आंदोलन के रूप में, इसकी शुरुआत छठी शताब्दी ईसा पूर्व के उत्तरार्ध में उत्तरी भारत में हुई थी, यानी लगभग 525 ईसा पूर्व। इस धार्मिक विश्वास के संस्थापक गौतम बुद्ध थे, जिनके दर्शन का आधार भौतिकवाद था। उनके मनोवैज्ञानिक सिद्धांत भौतिकवादी तत्वमीमांसा का अनुसरण करते थे। उनके अनुयायी उन्हें दुनिया के अन्य धर्मों के संस्थापकों में सबसे अधिक बौद्धिक मानते थे। उनकी नैतिक शिक्षाएँ मानव मन की सकारात्मक सोच पर आधारित थीं। उन्होंने सभी मनुष्यों के लिए एक मध्यम मार्ग की सलाह दी जो एक तरफ कामुक सुखों में अति से बचना है और दूसरी तरफ कठोर संयम है।

बौद्ध धर्म के मूल सिद्धांत चार प्रमुख सत्यों पर आधारित हैं— (1) दुनिया दुख और पीड़ा से भरी है, (2) दुख व्यक्ति की इच्छाओं का परिणाम है, (3) मोक्ष के मार्ग में इच्छाओं का त्याग और (4) आठ गुना गुणों का पालन करके मोक्ष प्राप्त किया जा सकता है, अर्थात (i) सही ज्ञान, (ii) सही संकल्प, (iii) सही भाषण, (iv) सही कार्य, (v) आजीविका का सही साधन, (vi) सही प्रयास, (vii) सही स्मृति और (viii) सही एकाग्रता।

गौतम की मृत्यु के तुरंत बाद, धर्म दो संप्रदायों में विभाजित हो गया— हीनयान (लघु वाहन) और महायान (महान वाहन)। हीनयान श्रीलंका और दक्षिण-पूर्व एशिया में फैल गया और मुख्य रूप से आठ गुणों के मार्ग का अनुसरण किया। महायान संप्रदाय नेपाल, तिब्बत और पूर्वी एशिया में विभिन्न रूपों में विकसित हुआ। इसमें न केवल बुद्ध बल्कि उनके कई कथित अवतारों की पूजा भी शामिल है।

आज, बौद्ध धर्म दुनिया का पाँचवाँ सबसे बड़ा धर्म है। इसके लगभग 99 प्रतिशत अनुयायी पूर्व, दक्षिण-पूर्व और दक्षिण एशिया में केंद्रित हैं। श्रीलंका, तिब्बत (चीन), म्यांमार, मंगोलिया, चीन, जापान, कोरिया, थाईलैंड, कंबोडिया, मलेशिया,

इंडोनेशिया आदि में सबसे अधिक संकेन्द्रण पाया जा सकता है। हालाँकि इस धर्म की उत्पत्ति का स्थान भारत है, लेकिन बौद्ध लोगों का बड़ा संकेन्द्रण एशियाई महाद्वीप के अन्य भागों में पाया जाता है। बुद्ध के जीवन और दर्शन की अधिकांश शिक्षाएँ पाली भाषा में लिखी गई हैं।

तालिका 4.4 सबसे अधिक धार्मिक जनसंख्या वाले देश, 2012

हिन्दू		*मुसलमान*			*ईसाई*
देशों	धार्मिक जनसंख्या *(मिलियन में)*	देशों	धार्मिक जनसंख्या *(मिलियन में)*	देशों	धार्मिक जनसंख्या *(मिलियन में)*
भारत	973.75	इंडोनेशिया	209.12	संयुक्त राज्य अमेरिका	243.06
नेपाल	24.17	भारत	176.19	ब्राज़ील	173.30
बांग्लादेश	13.52	पाकिस्तान	167.41	मेक्सिको	107.91
इंडोनेशिया	4.05	बांग्लादेश	133.54	रूस	104.75
पाकिस्तान	3.33	नाइजीरिया	77.30	फिलीपींस	86.37
श्रीलंका	2.83	मिस्र	76.99	नाइजीरिया	78.05
यूएसए	1.79	ईरान	73.57	चीन	68.41
मलेशिया	1.72	तुर्की	71.33	कांगो गणराज्य	63.21
बर्मा	0.82	अल्जीरिया	34.73	जर्मनी	56.54
यूके	0.80	मोरक्को	31.94	इथियोपिया	52.07

स्रोत: वैश्विक धार्मिक परिदृश्य, दिसंबर, 2012।

5. यहूदी धर्म: इसे सबसे पुराना एकेश्वरवादी धर्म माना जाता है और इसे ईसाई धर्म का जनक माना जाता है। यहूदी धर्म के अनुयायियों को यहूदी कहा जाता है। यह धर्म पवित्र शास्त्रों की शिक्षाओं पर आधारित है। उनके पूर्वज सेमिटिक भाषी जनजातियों में से थे जो एक ईश्वर में विश्वास करते थे। उनके धार्मिक कानून और विश्वास उन्हें अन्य धर्मों से अलग करते थे। हालाँकि, 584 ईसा पूर्व में, बेबीलोनिया से रोमन विजेताओं ने यरुशलम को नष्ट कर दिया। इस घटना से यहूदियों को बाहर जाने के लिए मजबूर होना पड़ा। बाद में 70 ईस्वी में, रोमनों के खिलाफ विद्रोह हुआ। रोमन काल के दौरान, ईसाई धर्म आधिकारिक धर्म बन गया और यूरोप में यहूदियों को विभिन्न स्थानों पर भेदभाव, अधीनता और असमान व्यवहार का सामना करना पड़ा। इस प्रकार, यहूदियों ने जीवन शैली में परिवर्तन के बाद एक स्थानिक बदलाव का अनुभव किया। 1948 में, इज़राइल के गठन से एक यहूदी राज्य का निर्माण हुआ और दुनिया के विभिन्न हिस्सों से यहूदियों के बड़े पैमाने पर इज़राइल में रहने का अनुभव हुआ।

धर्मों का प्रसार

बौद्ध धर्म का प्रसार

बौद्ध धर्म दुनिया के सबसे महत्वपूर्ण दर्शनों में से एक है जो लगभग 2500 साल पहले विकसित हुआ था। इसे लंबे समय से अहिंसा और अंतरिक्ष के धर्म के रूप में मनाया जाता रहा है। बौद्ध धर्म भारत में गौतम बुद्ध की शिक्षाओं के साथ शुरू हुआ और

एशिया, यूरोप और अमेरिका के अन्य हिस्सों में फैल गया। गौतम बुद्ध ने अपनी शिक्षाओं को फैलाने के लिए विभिन्न स्थानों का दौरा किया।

पुरातात्विक स्रोत संकेत देते हैं कि बौद्ध धर्म पहली शताब्दी ई.पू. के दौरान दक्षिण-पूर्व एशिया में फैला, मुख्य रूप से भारत के साथ दक्षिण-पूर्व एशिया के विभिन्न देशों के बीच व्यापार के माध्यम से। दक्षिण-पूर्व एशिया ने लंबे इतिहास का अनुभव किया और अपनी समृद्ध संस्कृति और परंपरा को बनाए रखा। 'विश्व शांति' का संदेश देने के लिए बौद्ध धर्म दुनिया के विभिन्न भागों में लोकप्रिय है। पहले के दिनों में, जब लोगों की गतिशीलता सीमित थी, व्यापार ही वह मुख्य संसाधन था जिसके द्वारा हर व्यक्ति अन्य संस्कृतियों और विश्वासों के संपर्क में आता था। बौद्ध भिक्षु तीर्थयात्रा पर जाने के लिए व्यापारी जहाजों पर यात्रा करते थे, जो अपने धर्म, अपनी संस्कृति, अपने मूल्यों को अपने साथ नई भूमि पर लाते थे।

इस क्षेत्र में बौद्ध धर्म के प्रसार का मुख्य कारण विदेशी व्यापारियों के बीच बौद्ध धर्म की मान्यताओं में स्थानीय रुचि थी, जिसके परिणामस्वरूप दक्षिण-पूर्व एशिया में इस धार्मिक विश्वास का प्रसार हुआ। कुछ मामलों में, कुछ राष्ट्रों के शासकों ने नागरिकों में नैतिकता और शांति लाने के लिए बौद्ध धर्म को अपनाया। इसकी एक महत्वपूर्ण विशेषता यह थी कि, किसी को भी बौद्ध धर्म अपनाने के लिए मजबूर नहीं किया गया था।

बुद्ध की मृत्यु के बाद, बौद्ध धर्म दो मौलिक दर्शनों में विभाजित हो गया— महायान और थेरवाद। थेरवाद को बौद्ध धर्म का मूल रूप माना जाता है, जबकि महायान बुद्ध के शिष्यों द्वारा बनाया गया है। महायान बौद्ध धर्म तिब्बत, चीन, ताइवान, कोरिया, जापान और मंगोलिया में प्रचलित है। ऐसा माना जाता है कि, महायान बौद्ध धर्म एक एकल दर्शन नहीं है, बल्कि ज़ेन बौद्ध धर्म, शुद्ध भूमि बौद्ध धर्म और तिब्बती बौद्ध धर्म जैसी कई बौद्ध परंपराओं का संग्रह है। दूसरी ओर, थेरवाद बौद्ध धर्म दक्षिण-पूर्व एशिया के विभिन्न देशों जैसे बर्मा, कंबोडिया, थाईलैंड और लाओस में फैला हुआ है।

बॉक्स 4.2 धर्म की मार्क्सवादी और उदारवादी परंपरा का प्रसार

धार्मिक विश्वास का प्रसार दो प्रमुख परंपराओं—मार्क्सवाद और उदारवाद के प्रभुत्व में था। मार्क्सवादी सिद्धांत 'आधार' और 'अधिरचना' से सामाजिक विकास की जांच करता है जो धर्म को वर्चस्व के एक उपकरण के रूप में देखता है और दो समूहों 'संपन्न' और 'वंचित' का निर्माण करता है। दूसरी ओर, उदारवादी परंपरा पर कैम्ब्रिज पैटर्न का काफी हद तक प्रभुत्व था, जहां दुनिया के पूर्वी हिस्से को आदिम और बर्बर प्रकार के धर्म के रूप में नामित किया गया था। ऐसे ब्रांड औपनिवेशिक अधीनता को उचित ठहराते थे।

ईसाई धर्म का प्रसार

ये अन्वेषण सीधे तौर पर ईसाई धर्म के प्रसार से जुड़े थे। इनमें से कुछ अन्वेषण मार्को पोलो और इबान बाथुथा जैसे थे, जिन्होंने 13वीं और 14वीं सदी में पूरी दुनिया की यात्रा की थी। निकोलस पोलो ने व्यापार के लिए चीन की यात्रा की और वापस लौटने पर चीनी सम्राट ने उनके माध्यम से पोप को एक अनुरोध भेजा। यह अनुरोध ईसाई धर्म की शिक्षा देने के लिए चीन में 100 मिशनरियों को भेजने का था।

मुख्य रूप से यीशु की मृत्यु के बाद ईसाई धर्म का प्रसार बहुत तेजी से हुआ, लेकिन प्रारंभिक ईसाई समूह या चर्च शिथिल रूप से जुड़े हुए थे। हालाँकि, पहली शताब्दी के अंत तक, रोम में प्रशासनिक संगठन शुरू हो गए और धीरे-धीरे रोम के बिशप की प्रधानता पूरे रोमन साम्राज्य में मान्यता प्राप्त हो गई और तीसरी शताब्दी के अंत तक, पोप की उपाधि तय हो गई। 476 ई.

में रोमन साम्राज्य के पतन के बाद, सभ्यता के पूर्ण विघटन को रोकने के लिए रोम का चर्च मजबूत हो गया। मध्य युग के दौरान, चर्च ने यूरोप के धार्मिक और बौद्धिक जीवन पर प्रभुत्व जमाया। राजनीतिक और आर्थिक जीवन भी चर्च द्वारा शासित था। राजधानी कॉन्स्टेंटिनोपल (अब इस्तांबुल) वाला पूर्वी रोमन साम्राज्य अभी भी बचा हुआ था और पूर्वी चर्च का प्रभुत्व था जिसे रूढ़िवादी चर्च के रूप में जाना जाता था। यह 15वीं शताब्दी के दौरान था, जब ईसाइयों को लगा कि चर्च नैतिक पतन से गुजर रहा है। प्रोटेस्टेंट विद्रोह 1517 में शुरू हुआ जो पारंपरिक कैथोलिक धर्म के खिलाफ़ था। इस सुधार के कारण राजनीतिक और धार्मिक उथल-पुथल का एक बड़ा दौर चला और धर्म विभिन्न संप्रदायों और संप्रदायों में विभाजित हो गया। अमेरिका और दक्षिण अफ्रीका, ऑस्ट्रेलिया और न्यूजीलैंड जैसे दुनिया के अन्य हिस्सों में यूरोपीय प्रवास ने ईसाई धर्म को आगे बढ़ाया। 19वीं सदी में विकसित हुए मज़बूत मिशनरी आंदोलन के साथ इसे दुनिया के अन्य हिस्सों में भी ले जाया गया और लोगों के कुछ हिस्सों को परिवर्तित करने में सक्षम बनाया गया।

इस्लाम का प्रसार

7वीं शताब्दी से 18वीं शताब्दी तक इस्लाम पश्चिम में स्पेन और पूर्व में फिलीपींस में फैल गया। यह अरब में अपने मूल से सैन्य विजय के माध्यम से व्यापार मार्गों के माध्यम से हुआ। इस्लाम का प्रभाव बहता रहा लेकिन 1918 में प्रथम विश्व युद्ध के अंत तक यह कम हो गया था। 20वीं शताब्दी के उत्तरार्ध तक, राजनीतिक स्वतंत्रता और राष्ट्रीय चेतना के परिणामस्वरूप, इस्लाम ने फिर से पुनरुत्थान का अनुभव किया और अपने प्रभाव का विस्तार करना शुरू कर दिया। आज, इसका मुख्य वितरण अरब प्रायद्वीप, उत्तर और पश्चिम अफ्रीका, मध्य पूर्व, तुर्की, अफगानिस्तान और भारतीय उपमहाद्वीप, पूर्व यूएसएसआर और इंडोनेशिया के कुछ हिस्सों में है।

मुहम्मद की मृत्यु के बाद, इस्लाम दो भागों में विभाजित हो गया — एक शिया (संप्रदायवादी, पैगंबर के चचेरे भाई अली के अनुयायी), जो मानते थे कि अली मुहम्मद के वैध उत्तराधिकारी थे; और दूसरा सुन्नी (परंपरावादी, अबू बकर के अनुयायी) और इन लोगों का मानना था कि मुहम्मद के सबसे पुराने साथी अबू बकर वैध उत्तराधिकारी थे। आज, सुन्नी सभी मुसलमानों का लगभग 85 प्रतिशत हिस्सा हैं और बाकी 15 प्रतिशत शिया धर्मावलंबी हैं। हालाँकि, इस्लाम के छोटे-छोटे संप्रदाय भी हैं, जिनमें सूफी और वहाबी शामिल हैं, हालाँकि उनकी संख्या कम है, लेकिन वे इस्लामी दुनिया और पश्चिमी दुनिया के बीच बातचीत में महत्वपूर्ण भूमिका निभा सकते हैं (हंट और कोलंडर, 2016)।

भारत का धार्मिक परिदृश्य

निम्न तालिका 4.5 से पता चलता है कि देश के लगभग 80 प्रतिशत लोग हिंदू धर्म में विश्वास करते हैं, जिसके बाद 14 प्रतिशत मुस्लिम, 2.3 प्रतिशत ईसाई, लगभग 2 प्रतिशत सिख और बौद्ध, जैन और अन्य धर्मों के मामले में 1 प्रतिशत से भी कम लोग हैं। राज्यवार वितरण से पता चलता है कि अधिकांश राज्यों और केंद्र शासित प्रदेशों में हिंदू धर्म के अनुयायी अधिक संख्या में हैं।

तालिका 4.5 भारत में विभिन्न धार्मिक समूहों का वितरण, 2011

	हिन्दू	मुसलमान	ईसाई	सिख	बौद्ध	जैन	अन्य धर्म और मान्यताएँ (अवर्गीकृत अनुभाग सहित)
भारत	79.8	14.2	2.3	1.7	0.7	0.4	0.7
जम्मू और कश्मीर	28.4	68.3	0.3	1.9	0.9	0.0	0.0
हिमाचल प्रदेश	95.2	2.2	0.2	1.2	1.1	0.0	0.0
पंजाब	38.5	1.9	1.3	57.7	0.1	0.2	0.0
चंडीगढ़	80.8	4.9	0.8	13.1	0.1	0.2	0.0
उत्तराखंड	83.0	13.9	0.4	2.3	0.1	0.1	0.0
हरियाणा	87.5	7.0	0.2	4.9	0.0	0.2	0.0
दिल्ली राष्टीय राजधानी क्षेत्र	81.7	12.9	0.9	3.4	0.1	1.0	0.0
राजस्थान	88.5	9.1	0.1	1.3	0.0	0.9	0.0
उत्तर प्रदेश	79.7	19.3	0.2	0.3	0.1	0.1	0.0
बिहार	82.7	16.9	0.1	0.0	0.0	0.0	0.0
सिक्किम	57.8	1.6	9.9	0.3	27.4	0.1	2.7
अरूणाचल प्रदेश	29.0	2.0	30.3	0.2	11.8	0.1	26.2
नागालैंण	8.7	2.5	87.9	0.1	0.3	0.1	0.2
मणिपुर	41.4	8.4	41.3	0.1	0.2	0.1	8.2
मिजोरम	2.7	1.4	87.2	0.0	8.5	0.0	0.1
त्रिपुरा	83.4	8.6	4.4	0.0	3.4	0.0	0.0
मेघालय	11.5	4.4	74.6	0.1	0.3	0.0	8.7
असम	61.5	34.2	3.7	0.1	0.2	0.1	0.1
पश्चिम बंगाल	70.5	27.0	0.7	0.1	0.3	0.1	1.0
झारखंड	67.8	14.5	4.3	0.2	0.0	0.0	12.8
ओडिशा	93.6	2.2	2.8	0.1	0.0	0.0	1.1
छत्तीसगढ	93.2	2.0	1.9	0.3	0.3	0.2	1.9
मध्य प्रदेश	90.9	6.6	0.3	0.2	0.3	0.8	0.8
गुजरात	88.6	9.7	0.5	0.1	0.1	1.0	0.0
दमन और दीव	90.5	7.9	1.2	0.1	0.1	0.1	0.0
दादरा और नगर हवेली	93.9	3.8	1.5	0.1	0.2	0.3	0.1
महाराष्ट्र	79.8	11.5	1.0	0.2	5.8	1.2	0.2
आंध्र प्रदेश	88.5	9.6	1.3	0.0	0.0	0.1	0.0
कर्नाटक	84.0	12.9	1.9	0.0	0.2	0.7	0.0
गोवा	66.1	8.3	25.1	0.1	0.1	0.1	0.0

(जारी)

	हिन्दू	मुसलमान	ईसाई	सिख	बौद्ध	जैन	अन्य धर्म और मान्यताएँ (अवर्गीकृत अनुभाग सहित)
लक्ष्य द्विप	2.8	96.6	0.5	0.0	0.0	0.0	0.0
केरला	54.7	26.6	18.4	0.0	0.0	0.0	0.0
तमिलनाडु	87.6	5.9	6.1	0.0	0.0	0.1	0.0
पुदुचेरी	87.3	6.1	6.3	0.0	0.0	0.1	0.0
अन्णमान और निकोबार द्विप	69.4	8.5	21.3	0.3	0.1	0.0	0.1

अभ्यास प्रश्न

1. इंडो-यूरोपीय परिवार पर विशेष जोर देते हुए विश्व के भाषाई वर्गीकरण का संक्षेप में उल्लेख करें।
2. इंडो-यूरोपीय भाषा परिवार के महत्वपूर्ण उप-भाषा परिवारों का वर्णन करें।
3. पूरे विश्व में भाषा का प्रसार कैसे हुआ?
4. भारतीय भाषाई परिदृश्य की व्याख्या करें।
5. विश्व धर्मों का वर्गीकरण करें।
6. विश्व धर्म कैसे फैल गए?

REFERENCES

Abbas, M.M.E. (2016). The Role of Persian Language before Independence in India. *International Journal of Pure and Applied Researches*, **1**(2).

Gupta, Verma and Verma (2022). The Spread of Buddhism in Southeast Asia. *International Journal of Religious Literature and Heritage*. **10**(1): 97–136.

Hussain, M. (2001). *Human Geography*. Rawat Publishers, Jaipur.

Leong, Goh Cheng and Gillin C. Morgan (1982). *Human and Economic Geography*. Oxford University Press.

Rainbow, Cakka (2021). Brief History of Buddhism in Asia. 10.13140/RG.2.2.20799.02728.

अध्याय 5

सामाजिक कल्याण और संबंधित मुद्दे

अधिगम प्रतिफल

इस अध्याय के अंत में, छात्रों में निम्नलिखित क्षमता विकसित होगी:

- सामाजिक गतिशीलता और सामाजिक कल्याण की अवधारणा की व्याख्या करना।
- सामाजिक स्थान की अवधारणा को समझना।
- सामाजिक कल्याण और इसके विभिन्न घटकों के महत्व पर जोर देना।
- विभिन्न दृष्टिकोणों के साथ जीवन की गुणवत्ता के महत्व का आकलन करना।
- सामाजिक कल्याण के महत्वपूर्ण विशेषताओं को समझना।
- सामाजिक न्याय के मूल सिद्धांतों की पहचान करना और एक आदर्श समाज के निर्माण में इसके महत्व को पहचानना।

सामाजिक गतिशीलता और स्थान की अवधारणा

बोर्दो की सामाजिक स्थान की अवधारणा गतिशीलता और समावेशन और बहिष्कार की संबंधित प्रक्रियाओं के बारे में मानविकी और सामाजिक विज्ञान के महत्वपूर्ण मुद्दों की व्याख्या करती है। यह अवधारणा भौतिक स्थान और उससे जुड़ी सामाजिक प्रथाओं को भी जोड़ती है। विद्वान, जो 'सामाजिक स्थान' वाक्यांश पर काम करते हैं, जो स्थान और समाज के बीच के रिश्ते से जुड़ा है, हेनरी लेफेब्रे के कार्यों से प्रभावित हैं। दोनों विद्वानों, बोर्दो और लेफेब्रे ने समाज और भौगोलिक स्थान के बीच के रिश्ते पर चर्चा की। हालाँकि उनके कार्यों में कई समानताएँ हैं, लेकिन वे एक-दूसरे से कई पहलुओं में भिन्न हैं। दोनों ने उन तरीकों के बारे में बताया जिनसे सामाजिक और भौतिक स्थान सत्ता से दूरी और निकटता का पता लगा सकते हैं। लेफेब्रे ने तर्क दिया कि, पूंजीवादी समाजों में स्थान में सामाजिक प्रथाएँ शामिल होती हैं जो विशेष समाजों और विशेष आर्थिक संरचनाओं से जुड़ी होती हैं। इस सिद्धांत में स्थान का प्रतिनिधित्व, यह बताता है कि कैसे योजनाकार और वास्तुकार समाज में प्रमुख भौतिक स्थान और साथ ही प्रतिनिधित्वात्मक स्थान बनाते हैं जिसमें प्रतीकों और छवियों के माध्यम से रहने और पहचाने जाने वाले स्थान शामिल

होते हैं जो उस स्थान के उपयोगकर्ता होते हैं। लेफ़ेब्रे के अनुसार, ये उपयोगकर्ता ज़्यादातर किसी भी समाज के प्रभावशाली वर्ग के लोग होते हैं। संरचनात्मक संबंध की अवधारणा को लेफ़ेब्रे के सिद्धांत में भी दर्शाया गया था जो उत्पादन प्रक्रिया के संबंधों के माध्यम से सामाजिक स्थान उत्पन्न करता है। लेफ़ेब्रे ने बौर्डियू की तुलना में सामाजिक स्थान के भौतिक और भौतिक पहलुओं पर अधिक जोर दिया।

दूसरी ओर, बौर्डियू ने पूंजी के विभिन्न रूपों पर आधारित उत्पादन संबंधों और सत्ता संबंधों के बजाय संबंधों की प्रणाली पर अधिक जोर दिया। पूंजी के विभिन्न रूपों को आर्थिक, सांस्कृतिक, सामाजिक और प्रतीकात्मक प्रकार की पूंजी के माध्यम से व्यक्त किया जा सकता है।

लेवी-स्ट्रॉस ने पारंपरिक समाजों में सामाजिक स्थान की अवधारणा के लिए एक दृष्टिकोण की रूपरेखा भी तैयार की, जो समय और स्थान के संबंध को देखने के लिए सामाजिक समय से जुड़ा हुआ है। लेवी-स्ट्रॉस के अनुसार, सामाजिक संरचना और स्थानिक संरचना के बीच एक संबंध है। उन्होंने स्थान के भौगोलिक पहलू के साथ-साथ सामाजिक स्थान को वर्गीकृत करते हुए अंतर्निहित मनोवैज्ञानिक प्रणालियों पर जोर दिया। उन्होंने सामाजिक समूहों को 'सांस्कृतिक इकाइयों' के रूप में देखा, जिन्हें संचार संरचना भी कहा जाता है और यह भी उल्लेख किया कि इन इकाइयों की सीमाएँ उनके सामाजिक स्थान की दहलीज थीं और इन सीमाओं में, संचार कमजोर हो जाता है। लेवी-स्ट्रॉस ने उस सामाजिक स्थान में समय के तत्व को पेश किया और उल्लेख किया कि स्थानिक विन्यास अस्थायी हो सकता है (जैसे धार्मिक अनुष्ठान, गीत और लोक-नृत्य) या अधिक टिकाऊ (जैसे गाँव का अभिविन्यास या ग्रामीण परिदृश्य)।

सामाजिक कल्याण (वेल-बीइंग)

डब्ल्यूएचओ ने सामाजिक कल्याण को व्यक्ति के समग्र स्वास्थ्य के एक केंद्रीय घटक के रूप में पहचाना है (सिकोग्नानी, 2018)। पॉल नॉक्स के अनुसार, कल्याण लोगों की ज़रूरत की संतुष्टि है, जहाँ कल्याण प्राप्त करने के लिए मानवीय ज़रूरत की पूर्ति से विभिन्न तत्व जुड़े हुए हैं। आम तौर पर किसी भी समाज में तीन तरह के कल्याण का अनुभव किया जाता है, जो हैं—शारीरिक, सामाजिक और मनोवैज्ञानिक कल्याण।

शारीरिक कल्याण मुख्य रूप से दुनिया के भौतिक तत्वों से संबंधित है, जो आय, भोजन, आश्रय, परिवहन, पड़ोस, संपत्ति, संसाधन, स्वास्थ्य, रहने की स्थिति, स्थिरता, सुरक्षा आदि हैं।

सामाजिक कल्याण में समाज से संबंधित घटक शामिल हैं जैसे पारस्परिक संबंध, सामुदायिक अंतःक्रिया और परिवार एवं मित्रों के बीच संपर्क की गुणवत्ता।

मनोवैज्ञानिक कल्याण या भावनात्मक कल्याण व्यक्ति की मानसिक स्थिति पर निर्भर करता है। जैसे–व्यक्ति की मनोदशा, संतुष्टि, आत्मसम्मान, सम्मान, धार्मिक स्वतंत्रता, आस्था आदि।

इस प्रकार, यह कहा जा सकता है कि, सामाजिक कल्याण व्यक्तिगत और सामुदायिक जीवन की स्थितियों का कुल समूह है और यह भौतिक वस्तुओं के स्तर पर निर्भर करता है क्योंकि ये सामग्रियाँ मनुष्य की मांग को पूरा करने में मदद करती हैं। यदि प्रत्येक व्यक्ति संतुष्ट है, तो पूरा समाज संतुष्ट होगा और सामाजिक कल्याण प्राप्त होगा। इसलिए, व्यक्तिगत और सामाजिक कल्याण के बीच घनिष्ठ संबंध है। गेर्गेन (2009) और डायनर (2009) जैसे कई विद्वानों ने जोर देकर कहा कि, सामाजिक कल्याण मूल रूप से एक सांस्कृतिक निर्माण है क्योंकि किसी भी समाज में व्यक्तिगत कल्याण विशिष्ट सांस्कृतिक मूल्यों और धारणाओं के साथ-साथ कुछ बुनियादी सांस्कृतिक अवधारणाओं की संतुष्टि से संचालित होता है। हालांकि, अधिकांश विचारकों का तर्क है कि, कल्याण एक बहुआयामी अवधारणा है और इसमें न केवल सांस्कृतिक खंड बल्कि सामाजिक, राजनीतिक और आर्थिक तत्व भी शामिल हैं।

दृष्टिकोण

विभिन्न विषयों के कई विद्वानों ने खुशहाली की प्रकृति और 'अच्छे जीवन' की आवश्यकता के बारे में सिद्धांत प्रस्तुत किए हैं। वे खुशहाली के अपने शोध अनुभवों से विभिन्न अवधारणाएँ भी तैयार करते हैं। समकालीन मनोवैज्ञानिक शोध ने भी इस बात की जाँच शुरू कर दी है कि कोई व्यक्ति खुशहाली की प्रकृति के बारे में कैसे अवधारणा बनाता है और सोचता है।

सामाजिक कल्याण के अध्ययन में दो दृष्टिकोण अपनाए जाते हैं:

1. सुखवादी/हेडोनिक और
2. परमानंद/यूडेमोनिक।

सुख-समृद्धि की सुख-समृद्धि समझ सुख-समृद्धि को आनंद और प्रसन्नता से जोड़ती है। दूसरे शब्दों में, सुख-समृद्धि खुशी, अधिक सकारात्मक प्रभाव, कम नकारात्मक प्रभाव, सुख प्राप्ति, दर्द से बचाव और जीवन से संतुष्टि पर प्रकाश डालती है। इसमें जीवन संतुष्टि और सकारात्मक भावनाओं की व्यापकता के संदर्भ में मूल्यांकन का एक संज्ञानात्मक घटक शामिल है।

यूडेमोनिक परंपरा सकारात्मक मनोवैज्ञानिक गतिविधियों पर अधिक जोर देती है और बाद के मानव विकास पर। यह अर्थ और आत्म-साक्षात्कार से संबंधित है, जहाँ अच्छी तरह से किसी व्यक्ति की भलाई के लिए समग्र दृष्टिकोण के रूप में देखा जाता है। इस प्रकार, इसे मनोवैज्ञानिक कल्याण कहा जा सकता है (फैबियो और पलाज़ेस्की, 2015)।

इसलिए, समग्र रूप से, सामाजिक कल्याण का अध्ययन विभिन्न मापदंडों पर निर्भर करता है जैसे व्यक्तिगत संतुष्टि और समाज में सभी सदस्यों के बीच सकारात्मक संबंध।

पैमाने

अध्ययन में दो प्रकार के मापदण्डों का उपयोग किया जाता है तथा समाज की भलाई का मूल्यांकन किया जाता है। ये हैं:

(i) **वस्तुनिष्ठ या सार्वभौमिक:** यह केवल आर्थिक विशेषताओं के बजाय समाजशास्त्रीय पहलू से आया है। इसकी विशेषता उच्च शैक्षिक उपलब्धि, आर्थिक स्थिरता, आत्मनिर्भरता, सुरक्षित पड़ोस आदि है। इस प्रकार, शैक्षिक, भौतिक, निर्मित वातावरण, सामुदायिक संबंध और कुछ आर्थिक पैरामीटर कल्याण के इस वस्तुनिष्ठ प्रकार के मापन का आधार हैं। इस पद्धति में कल्याण के व्यक्तिगत परिप्रेक्ष्य की तुलना में सामाजिक-सांस्कृतिक अधिक शामिल है।

(ii) **व्यक्तिपरक या निर्माणवादी:** यह एक सांस्कृतिक या ऐतिहासिक रूप से प्रभावित अवधारणा है। यह व्यक्ति के आंतरिक गुणवत्ता मूल्यांकन और मुख्य रूप से व्यक्ति के संज्ञानात्मक निर्णय और प्रतिक्रियाओं का मूल्यांकन करके विशेषता रखता है। कल्याण के मनोवैज्ञानिक, आध्यात्मिक और सामाजिक पहलू इस प्रकार के अंतर्गत आते हैं।

सामाजिक कल्याण के आयाम

कीज़ (1998) ने सामाजिक कल्याण के पाँच आयामों के बारे में चर्चा की और ये हैं सामाजिक एकीकरण, सामाजिक स्वीकृति, सामाजिक योगदान, सामाजिक वास्तविकता और सामाजिक सामंजस्य। कीज़ के अध्ययन का उद्देश्य कल्याण के एक सामाजिक मॉडल को प्रमाणित करना और उसका परीक्षण करना था जो सकारात्मक सामाजिक स्वास्थ्य को दर्शाता है।

सामाजिक एकीकरण समाज में दूसरों के साथ संबंधों का व्यक्ति द्वारा किया जाने वाला मूल्यांकन है। इसकी अवधारणा दुर्खीम के सामाजिक सामंजस्य, सांस्कृतिक पृथक्करण और सामाजिक अलगाव से ली गई है और मार्क्स की सामाजिक चेतना से भी। "एकीकरण वह सीमा है, जहाँ लोगों को लगता है कि उनके पास दूसरों के साथ कुछ समानता है जो उनकी सामाजिक वास्तविकता (जैसे, पड़ोस) का गठन करते हैं और साथ ही उन्हें लगता है कि वे अपने समुदायों से संबंधित हैं" (कीज़, 1998)। सामाजिक अर्थों में, दूसरों को स्वीकार करने की गुणवत्ता मानव स्वभाव के अनुकूल विचारों पर निर्भर करती है और स्वीकार करने का मतलब है दूसरों के साथ सहज महसूस करना। यह आत्म-स्वीकृति का सामाजिक प्रतिरूप है। सामाजिक योगदान किसी के सामाजिक मूल्य का मूल्यांकन है और इसमें यह विश्वास शामिल है कि प्रत्येक व्यक्ति समाज का एक महत्वपूर्ण सदस्य है। इस प्रकार, जिम्मेदारी की अवधारणा सामाजिक योगदान की व्याख्या करती है। यह मार्क्स के विचारों के अनुरूप भी है कि लोग स्वाभाविक रूप से उत्पादक होते हैं। वास्तविकता समाज की क्षमता और प्रक्षेपवक्र का मूल्यांकन है। इसका मतलब है कि स्वस्थ लोग सामाजिक विकास और विकास के लिए संभावित हैं। सामाजिक सामंजस्य सामाजिक दुनिया की गुणवत्ता, संगठन और संचालन की धारणा है। स्वस्थ लोग न केवल दुनिया की देखभाल करते हैं बल्कि यह भी महसूस करते हैं कि वे हर पहलू में समाज की मदद कर सकते हैं।

सामाजिक कल्याण व्यक्ति के स्वास्थ्य के कई पहलुओं में से एक है। इसे समाज के अन्य सदस्यों के साथ अपने संबंधों के बारे में व्यक्ति के आत्म-मूल्यांकन के रूप में परिभाषित किया जाता है (डब्ल्यूएचओ, 1948; कीज़, 1998)। सामाजिक कल्याण तब प्राप्त होता है जब व्यक्ति की बुनियादी ज़रूरतें पूरी होती हैं। इसके बुनियादी घटक हैं— आश्रय, भोजन, शिक्षा, स्वास्थ्य, अवकाश, सामाजिक स्थिरता, अधिशेष आय, सामाजिक सुरक्षा और भौतिक वातावरण। चित्र 5.1 सामाजिक कल्याण के विभिन्न आयामों की व्याख्या करता है।

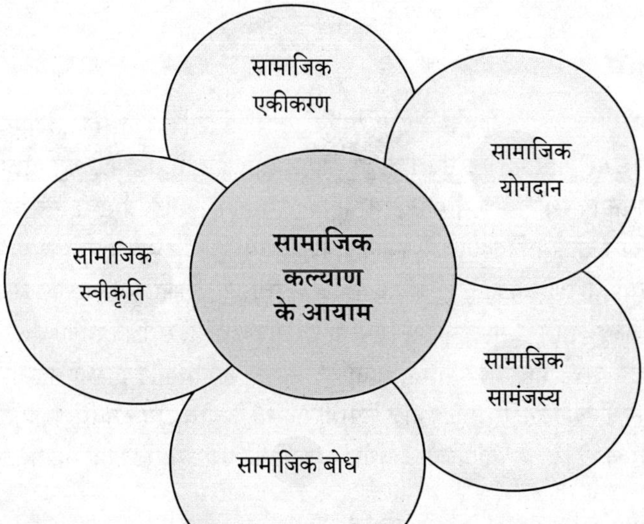

चित्र 5.1 सामाजिक कल्याण के आयाम (कीज़, 1998 के बाद)।

सामाजिक कल्याण का भूगोल

सामाजिक कल्याण का भूगोल सामाजिक प्रतिमानों के विश्लेषण से संबंधित है जो उपलब्ध संसाधनों—प्राकृतिक और मानवीय—के संबंध में समान पहुँच के पहलुओं से प्राप्त होता है। इस प्रकार, सामाजिक कल्याण का विचार न केवल भौगोलिक अनुसंधान के क्षेत्र में बल्कि सामाजिक विज्ञान के अन्य विषयों में भी एक महत्वपूर्ण पहलू है। भूगोल में सामाजिक कल्याण 1970 के दशक का परिणाम है, जब कई ऐतिहासिक, राजनीतिक और सामाजिक-आर्थिक घटनाओं ने वियतनामी युद्ध, शहरी जटिलताएँ, शहरों में अपराध की घटनाएँ, सामाजिक अन्याय, पर्यावरण क्षरण आदि जैसे विभिन्न सामाजिक और राजनीतिक आंदोलनों को जन्म दिया। भूगोल में सामाजिक कल्याण की अवधारणा कई चरणों से गुज़री जैसे कि कट्टरपंथी भूगोल, कल्याण भूगोल और व्यवहारिक भूगोल, जो इन सामाजिक-सांस्कृतिक-राजनीतिक आंदोलनों के साथ थे। इन सभी दृष्टिकोणों का उद्देश्य सामाजिक समस्याओं का समाधान खोजना और सामाजिक कल्याण को बढ़ाना था।

जनसंख्या का स्वास्थ्य

सामाजिक कल्याण के विभिन्न पहलुओं में, प्रजनन क्षमता, मृत्यु दर, जीवन प्रत्याशा सहित विभिन्न जनसांख्यिकीय चर जैसी जनसंख्या विशेषताएँ महत्वपूर्ण हैं। ये विशेषताएँ सीधे व्यक्तिगत और सामाजिक कल्याण से संबंधित हैं। कल्याण और स्वास्थ्य के बीच दोतरफा संबंध है: स्वास्थ्य कल्याण को प्रभावित करता है और कल्याण स्वयं व्यक्ति के स्वास्थ्य को प्रभावित करता है। यूएनडीपी ने किसी क्षेत्र के मानव विकास सूचकांक का आकलन करने में स्वास्थ्य संकेतक को एक महत्वपूर्ण पहलू के रूप में अपनाया। यह संकेतक उस क्षेत्र में आबादी के लिए उपलब्ध स्वास्थ्य सेवाओं और सुविधाओं के बारे में संकेत देता है क्योंकि किसी व्यक्ति का मनोवैज्ञानिक और शारीरिक स्वास्थ्य उक्त क्षेत्र में आबादी के रुझान को निर्धारित करता है।

अंतर-वैयक्तिक संबंध

व्यक्तिगत और सामाजिक कल्याण के विकास के लिए पारस्परिक संबंध आवश्यक कारक हैं। यह सामुदायिक कल्याण को बेहतर बनाने का भी एक अच्छा उपाय है। सामाजिक संबंध जीवन की गुणवत्ता, आवास संबंधी निर्णय, रोजगार के अवसर, सामाजिक स्थिरता बनाए रखने, आवासीय स्थानांतरण में महत्वपूर्ण भूमिका निभाते हैं क्योंकि ये सभी तत्व व्यक्तिगत स्तर पर और फिर सामुदायिक स्तर पर कल्याण को प्रभावित करते हैं। स्थानीय कल्याण में सुधार न केवल भूमि उपयोग संशोधनों और बुनियादी ढाँचे की सुविधाओं में सुधार के संदर्भ में होता है, बल्कि समाज के स्वास्थ्य, शिक्षा और कल्याण के संबंध में भी होता है। दूसरे शब्दों में, ये सभी सामाजिक कल्याण के महत्वपूर्ण संकेतक हैं। एक मजबूत और सुरक्षित सामाजिक स्वास्थ्य स्थिति का निर्माण करने के लिए, किसी क्षेत्र में अच्छे पारस्परिक संबंध, सामाजिक संपर्क, सामाजिक व्यवस्था सबसे महत्वपूर्ण हैं। किसी क्षेत्र में आजीविका और शांति की दीर्घकालिक स्थिरता समाज के सभी सदस्यों के बीच उचित संबंध बनाए रखने के माध्यम से स्थापित की जा सकती है और यह किसी क्षेत्र के सामाजिक-आर्थिक विकास को ध्यान में रखते हुए सामाजिक कल्याण का संतुलन भी बनाता है।

कट्टरपंथी भूगोल

भूगोल में कट्टरपंथी दृष्टिकोण ने सामाजिक समस्याओं की व्याख्या में मार्क्सवादी अवधारणा को शामिल किया। कट्टरपंथी भूगोलवेत्ताओं ने वर्तमान समाज में दुख और अन्याय के विभिन्न कारणों की खोज पर जोर दिया और तर्क दिया कि ये मुख्य रूप से समाज के अमीर और गरीब वर्गों के अस्तित्व जैसे सामाजिक वर्ग के अंतर के परिणामस्वरूप विकसित हुए हैं। विशेषाधिकार

प्राप्त वर्गों का वर्चस्व और संसाधनों का कुछ खास हाथों में अधिग्रहण गरीबों के बीच दुख का कारण बनता है। डेविड हार्वे, एक ब्रिटिश भूगोलवेत्ता, ने यू.एस.ए. में शहरी आकृति विज्ञान का अध्ययन किया। उन्होंने इन शहरों में काले लोगों की बस्तियों को सफेद लोगों के आवासीय क्षेत्रों से अलग करने की कुछ विशेषताओं की ओर इशारा किया। हार्वे को कट्टरपंथी भूगोल का जनक माना जाता है।

भूगोल में कल्याण का दृष्टिकोण

भूगोल में कल्याण का दृष्टिकोण समाज के सामाजिक-आर्थिक कल्याण पर केंद्रित है। यह दृष्टिकोण आम तौर पर राज्य की कल्याणकारी नीतियों, विभिन्न क्षेत्रों के बीच स्थानिक असमानता और क्षेत्रीय न्याय के लिए नीतियों के प्रभाव का अध्ययन करता है।

भूगोल अनुसंधान में व्यवहारिक पहलू

यह दृष्टिकोण सामाजिक क्रियाओं के व्यवहारिक पहलुओं को शामिल करता है। विभिन्न सामाजिक क्रियाओं का विश्लेषण करने वाले भूगोलवेत्ताओं ने महसूस किया कि मात्रात्मक मापदंड हमेशा हर क्रिया की व्याख्या करने के लिए पर्याप्त नहीं होते हैं और इसलिए सामाजिक कल्याण की अवधारणा व्यक्ति की धारणा, आवश्यकताओं और इच्छाओं पर आधारित होनी चाहिए। इसके लिए भूगोलवेत्ताओं ने व्यक्तिगत और सामाजिक कल्याण जैसे–व्यक्तिगत भावनाओं, निर्णयों, व्यक्तिगत प्रतिक्रिया, आवश्यकताओं, इच्छाओं आदि का अध्ययन करने के लिए कुछ गुणात्मक मापदंडों को अपनाया। इन्हें गहन साक्षात्कार, केंद्रित समूह चर्चा और व्यक्तिगत जीवन इतिहास का विश्लेषण जैसे गुणात्मक तरीकों के उपयोग के माध्यम से प्राप्त किया जा सकता है।

बॉक्स 5.1 विश्व खुशहाली रिपोर्ट

वर्ल्ड हैप्पीनेस रिपोर्ट संयुक्त राष्ट्र सतत विकास समाधान नेटवर्क का एक प्रकाशन है। यह 147 से अधिक देशों के वैश्विक सर्वेक्षण डेटा पर आधारित है। 2025 वर्ल्ड हैप्पीनेस रिपोर्ट 20 मार्च 2025 को प्रकाशित की गई है। इस रिपोर्ट के अनुसार, फिनलैंड दुनिया के सबसे खुशहाल देश के रूप में पहले स्थान पर है। यह रिपोर्ट प्रत्येक देश के लोगों के विभिन्न सामाजिक-आर्थिक कारकों को मापती है, जिसमें प्रति व्यक्ति सकल घरेलू उत्पाद, सामाजिक समर्थन, स्वस्थ जीवन प्रत्याशा, स्वतंत्रता, उदारता और कम भ्रष्टाचार शामिल हैं। फिनलैंड के बाद डेनमार्क और आइसलैंड का स्थान है। इस रिपोर्ट के अनुसार, भारत 118वें स्थान पर है।

जीवन स्तर

मानवीय ज़रूरतें मनोवैज्ञानिक या मानसिक और शारीरिक होती हैं। सबसे बुनियादी मानवीय ज़रूरतें वे हैं जो मनुष्य के अस्तित्व से जुड़ी हैं, जो हमारे जैविक अस्तित्व से उत्पन्न होती हैं, जैसे कि सांस लेने की ज़रूरत, शरीर का उचित तापमान बनाए रखने की ज़रूरत, खाने-पीने की ज़रूरत, आराम करने की ज़रूरत, व्यायाम करने की ज़रूरत, खेलने की ज़रूरत, अपशिष्ट पदार्थों को बाहर निकालने की ज़रूरत वगैरह। इन सभी ज़रूरतों को पूरा करने के लिए कुछ वस्तुओं की ज़रूरत होती है। ये वस्तुएँ भौतिक वस्तुएँ हैं जैसे–भोजन, पानी, कपड़ा, आश्रय, आदि। कुछ वस्तुएँ भौतिक नहीं होती हैं जैसे–भावनाएँ, प्यार, सम्मान, स्नेह, आदि। मानवीय जैविक ज़रूरतों को पूरा करने के लिए एक भावनात्मक तत्व की ज़रूरत होती है और ये व्यक्ति की मनोवैज्ञानिक या मानसिक

ज़रूरतों से संबंधित होती हैं। स्मिथ (1977) के अनुसार, "मानव होने के नाते ज़रूरतों या इच्छाओं की संतुष्टि की ज़रूरत होती है। बीयर खरीदने से लेकर शहर की योजना बनाने तक, मानवीय कार्यों की उत्पत्ति या प्रेरणा यही है।" उन्होंने आगे बताया कि, अपनी ज़रूरतों को पूरा करने के लिए समाज के दूसरे लोगों के साथ सहयोग भी ज़रूरी है। इसके बाद, यह प्रतिस्पर्धा में परिणत हो सकता है क्योंकि कोई भी पूरी तरह से आत्मनिर्भर नहीं है। प्रतिस्पर्धा के विभिन्न स्तरों से अलग-अलग सामाजिक संबंध, राजनीतिक संस्थाएँ और उत्पादन के तरीके बनते हैं। इस प्रकार, मानवीय आवश्यकताओं की संतुष्टि ही हमारी नैतिकता संहिताओं, कानूनों और संघर्ष को सुलझाने के विभिन्न तरीकों का स्रोत है।

मास्लो (1954) ने मानवीय आवश्यकताओं को पदानुक्रमिक तरीके से वर्गीकृत करने का प्रयास किया। तालिका 5.1 यह मानवीय आवश्यकताओं के निम्नतम से उच्चतम स्तर तक के विभिन्न स्तरों की व्याख्या करता है।

तालिका 5.1 समाज में मानवीय आवश्यकताओं का वर्गीकरण

स्तर	*मानवीय जरूरतें*
प्रथम स्तर (निम्नतम स्तर)	**जीवन रक्षा:** भोजन, वस्त्र, आवास आदि प्राप्त करके जीवन को बनाए रखने के लिए संघर्ष करना। यह सबसे आदिम मानवीय आवश्यकता है।
द्वितीय स्तर	**सुरक्षा:** व्यक्ति और समाज की शारीरिक खतरे या आपदाओं से सुरक्षा। इसमें पर्यावरण की सुरक्षा भी शामिल है।
तीसरे स्तर	**प्रेम और अपनापन:** यहीं से मानवीय भावनाएं और मानसिक आवश्यकताएं आती हैं। इसमें स्नेह, अंतर-वैयक्तिक संबंध, समूह मानदंडों के अनुरूपता की आवश्यकता शामिल है।
चौथा स्तर	**सम्मान:** समाज में बेहतर स्थान प्राप्त करने के लिए सम्मान, मान्यता, प्रतिष्ठा की आवश्यकता होती है। इससे कभी-कभी समाज में किसी व्यक्ति विशेष का वर्चस्व स्थापित हो जाता है।
अंतिम स्तर (उच्चतम स्तर)	**आत्म-साक्षात्कार:** यह आत्म-पूर्ति की इच्छा है। इस चरण में व्यक्ति का पूर्ण रूप से संभावना। इसमें वह सब कुछ शामिल है जिससे व्यक्ति संतुष्ट हो सके।

स्रोत: मास्लो के बाद, 1954

इस प्रकार, समाज में किसी भी व्यक्ति या समूह की स्थिति उनकी आवश्यकताओं के पदानुक्रम पर निर्भर करती है, जो समय और स्थान के अनुसार बदलती रहती है। विकास के शुरुआती चरणों में समाजों में पहले दो स्तर, यानी अस्तित्व और सुरक्षा हावी होते हैं। जैसे-जैसे समाज आगे बढ़ता है, स्तर बदलते हैं। उन्नत समाजों में, लोग आत्म-साक्षात्कार के उच्च स्तर या आत्म-पूर्ति की इच्छा के बारे में अधिक चिंतित होते हैं। मार्क्सवादी विश्लेषण मानवीय आवश्यकता की ऐतिहासिक और सांस्कृतिक रूप से सापेक्ष अवधारणा पर जोर देता है और यह भी उल्लेख करता है कि आवश्यकता समाज की एक विशिष्ट सामाजिक-आर्थिक स्थिति और लोगों के समूह से स्थानिक दृष्टि से अलग-अलग डिग्री के साथ उत्पन्न होती है। बुनियादी जरूरतों को पूरा करने के साधन अब दुनिया के उन्नत देशों और पूंजीवादी देशों में काफी हद तक सुनिश्चित हैं, लेकिन उनकी जगह नई जरूरतों ने ले ली है।

उदाहरण के लिए, एक शहरी अमेरिकी परिवार को काम पर जाने, खरीदारी करने और बच्चों को स्कूल भेजने के लिए कम से कम एक कार की आवश्यकता हो सकती है क्योंकि सार्वजनिक परिवहन की कमी है। अधिक संतुष्ट होने के अलावा, आजकल लोग अधिक चीजें और अधिक समृद्धि या शक्ति और समाज में स्थिति में वृद्धि हासिल करने के लिए एक प्रतिस्पर्धी, अमानवीय संघर्ष में फंस गए हैं।

दृष्टिकोण

डैन ब्रॉक (1993) के अनुसार, जीवन की गुणवत्ता निर्धारित करने के लिए तीन प्रमुख दार्शनिक दृष्टिकोण हैं:

1. **अच्छे जीवन की विशेषताएँ:** पहला दृष्टिकोण अच्छे जीवन की विशेषताओं का वर्णन करता है। प्रत्येक मनुष्य के लिए जीवन, जो विशिष्ट मानदंडों द्वारा निर्धारित होते हैं। ऐसा दृष्टिकोण धार्मिक, दार्शनिक या अन्य प्रणाली जैसे–आदर्शों और विश्वासों पर आधारित होता है, ताकि किसी व्यक्ति के लिए बुनियादी ज़रूरतों को पूरा करने वाला जीवन बनाया जा सके। उदाहरण के लिए, अच्छे जीवन में दूसरों की मदद करना शामिल है क्योंकि यह हमारे धार्मिक सिद्धांतों द्वारा तर्कसंगत विचारों के माध्यम से निर्धारित होता है। जीवन की गुणवत्ता के लिए यह दृष्टिकोण सामाजिक संकेतकों और सामाजिक विज्ञानों में परंपरा से सबसे स्पष्ट रूप से संबंधित है।
2. **अच्छा जीवन प्राथमिकताओं की संतुष्टि पर आधारित है:** दूसरा दृष्टिकोण प्राथमिकताओं की संतुष्टि पर आधारित है, जिसे वे अपने जीवन की गुणवत्ता में सुधार के लिए चुनेंगे। इस प्रकार, इस परंपरा में किसी समाज के जीवन की गुणवत्ता की परिभाषा इस तथ्य पर आधारित है यह कि, नागरिक अपनी मनचाही चीजें प्राप्त कर पाते हैं या नहीं। लोग अपने लिए जीवन की सर्वोत्तम गुणवत्ता चुनते हैं जो उनके उपलब्ध संसाधनों और उनकी व्यक्तिगत इच्छाओं के अनुकूल हो। इसलिए, अच्छे जीवन के लिए यह दृष्टिकोण मुख्य रूप से लोगों की पसंद पर आधारित है, जो आधुनिक आर्थिक सोच से मेल खा सकता है।
3. **व्यक्ति का अनुभव:** जीवन की गुणवत्ता के अध्ययन का तीसरा दृष्टिकोण व्यक्तियों के अनुभवों पर आधारित है। यदि कोई व्यक्ति एक अच्छा और वांछनीय जीवन का अनुभव करता है, तो यह माना जाता है कि ऐसा ही है। इस दृष्टिकोण में, खुशी, आनंद, संतुष्टि और खुशी की भावनाओं जैसे कारक सबसे महत्वपूर्ण हैं। इसलिए, यह दृष्टिकोण जीवन की गुणवत्ता को परिभाषित करता है, जो व्यवहार विज्ञान में व्यक्तिपरक कल्याण परंपरा से सबसे अधिक जुड़ा हुआ है।

इन तीनों दृष्टिकोणों का उद्देश्य जीवन की गुणवत्ता को परिभाषित करना है जिसका उल्लेख अक्सर राजनीतिक और दार्शनिक विचारों में किया जाता है। नीति निर्माता वर्तमान में लोगों के सामाजिक, सांस्कृतिक, राजनीतिक और आर्थिक विचारों के कारण संसाधनों (प्राकृतिक और मानवीय दोनों) की उपलब्धता पर निर्भर करते हैं। सबसे पहले, आर्थिक विकास अपराध की घटती दर जैसे कुछ अन्य कारकों की गारंटी नहीं दे सकता है। यानी, कुछ मामलों में, आर्थिक प्रगति को जीवन की गुणवत्ता के कुछ पहलुओं जैसे अवकाश के समय या स्वस्थ वातावरण के साथ विपरीत रूप से सहसंबद्ध माना जा सकता है। दूसरे स्थान पर, लोगों की पसंद उन्हें खुश नहीं कर सकती है या मानक दृष्टिकोण से अप्रत्याशित हो सकती है।

दूसरे शब्दों में, लोग ऐसी चीजें चाहते हैं जो अच्छी नहीं हैं या जो उन्हें खुश नहीं करेंगी। अंत में, केवल बाजार कारकों के संदर्भ में एक अच्छे समाज का विश्लेषण स्पष्ट रूप से जीवन की गुणवत्ता जैसे कि प्रेम, आत्म-विकास और जीवन में अर्थ रखने के लिए कम महत्वपूर्ण है। इस प्रकार, शोधकर्ताओं ने जीवन की गुणवत्ता को परिभाषित करने और मापने के लिए तेजी से अन्य तरीकों की ओर रुख किया है।

जीवन की गुणवत्ता मापना

संकल्पनात्मक रूप से, खुशी एक विधि है, जिसके माध्यम से हम जीवन की गुणवत्ता को माप सकते हैं। यह भावनात्मक अनुभवों का मूल्यांकन है। एक अन्य विधि संतुष्टि का स्तर है, जिसमें कुछ आंतरिक मानकों के साथ वस्तुनिष्ठ स्थितियों की तुलना शामिल

है। आमतौर पर, संतुष्टि के उपायों का उपयोग खुशी के उपायों की तुलना में डोमेन द्वारा जीवन की गुणवत्ता का आकलन करने के लिए अधिक बार किया जाता है। ऐसा इसलिए हो सकता है क्योंकि खुशी शब्द का उपयोग कुछ डोमेन (चेंग, 1988) के लिए अनुपयुक्त लगता है, जिससे डोमेन स्केल (केर्स, 1992) का निर्माण करना मुश्किल हो जाता है। निम्नलिखित उपायों में जीवन की गुणवत्ता को मापने की प्रक्रिया शामिल है:

1. मात्रात्मक माप
2. मानव विकास सूचकांक
3. विश्व प्रसन्नता रिपोर्ट
4. भौतिक जीवन गुणवत्ता सूचकांक (पीक्यूएलआई)
5. हैप्पी प्लैनेट इंडेक्स
6. सकल राष्ट्रीय खुशी
7. सामाजिक प्रगति सूचकांक

जीवन के विभिन्न पहलू

हालाँकि, जीवन की गुणवत्ता के व्यापक मूल्यांकन में जीवन के निम्नलिखित पहलुओं से संबंधित धारणाएँ शामिल होनी चाहिए:

- वित्तीय स्थिति और जीवन स्तर
- आवास
- स्वास्थ्य और व्यक्तिगत सुरक्षा
- विवाह/साझेदारी
- पारिवारिक जीवन
- रिश्तेदारों के साथ संबंध
- दोस्तों के साथ संबंध
- पड़ोस/समुदाय
- अवकाश और मनोरंजन
- कार्य
- आत्म-प्रभावकारिता और व्यक्तिगत विकास
- राष्ट्रीय मुद्दे

सामाजिक कल्याण (वेलफेयर)

भारत में सामाजिक कल्याण की अवधारणा की परंपरा बहुत पुरानी है। वेद, सूत्र, महाकाव्य, स्मृति और धर्मशास्त्र सहित इस देश के लगभग सभी प्राचीन धार्मिक ग्रंथों में कल्याण के प्रावधान पर जोर दिया गया है। कल्याणकारी सुविधाएँ मुख्य रूप से राज्य, समुदाय और धनी व्यक्तियों द्वारा जरूरतमंद व्यक्तियों और परिवारों को दी जाती थीं। इससे पूरे समाज का कल्याण होता था।

एनसाइक्लोपीडिया ब्रिटानिका सामाजिक कल्याण को नियमों और संस्थाओं की एक प्रणाली के रूप में परिभाषित करती है जिसके माध्यम से कोई भी सरकार अपने नागरिकों के आर्थिक और सामाजिक कल्याण की रक्षा करने का प्रयास करती है,

जो आमतौर पर बेरोजगारी, दुर्घटना, बीमारी और बुढ़ापे के खिलाफ सामाजिक बीमा के विभिन्न रूपों पर आधारित होती है। फ्राइडलैंडर के अनुसार, सामाजिक कल्याण में संगठित सेवाएँ और संस्थाएँ शामिल हैं, जिन्हें व्यक्तियों और समूहों को जीवन और स्वास्थ्य के संतोषजनक मानकों को प्राप्त करने में सहायता करने के लिए डिज़ाइन किया गया है, और व्यक्तिगत और सामाजिक संबंध जो उन्हें अपनी पूरी क्षमता विकसित करने और अपने परिवारों और समुदाय की ज़रूरतों के साथ सामंजस्य में अपने कल्याण को बढ़ावा देने की अनुमति देते हैं (फ्राइडलैंडर, 1967)।

हेवुड के अनुसार, सामाजिक कल्याण व्यक्ति की बुनियादी जरूरतों की पूर्ति के साथ उसकी आर्थिक भलाई को प्रोत्साहित करता है। स्वस्थ जीवन को बनाए रखने के लिए ये बुनियादी जरूरतें महत्वपूर्ण हैं। हेवुड सामाजिक कल्याण प्रणाली को मजबूत करने के लिए निम्नलिखित कारण बताते हैं:

1. यह वास्तव में परस्पर संबद्ध सामाजिक संरचना और राष्ट्रीय एकता को बढ़ावा देता है।
2. यह स्वतंत्रता का समर्थन करता है और लोगों को गरीबी से बचाता है। ऐसी परिस्थितियाँ जिनमें वे विकसित हो सकें और अपनी क्षमता का एहसास कर सकें।
3. यह सामाजिक वंचना के प्रभावों का मुकाबला करके और मदद करके समृद्धि सुनिश्चित करता है जो लोग अपनी मदद स्वयं नहीं कर सकते।
4. यह एक पुनर्वितरण तंत्र के रूप में कार्य करता है जो अधिक समानता को बढ़ावा देता है और सामाजिक जिम्मेदारी की भावना को मजबूत करता है (हेवुड, 2005)।

दृष्टिकोण

हर देश, चाहे वह विकसित हो या विकासशील, सामाजिक कल्याण नीतियों और कार्यक्रमों के प्रति अपना दृष्टिकोण रखता है। उनकी कल्याण प्रणाली मोटे तौर पर उन मूल्यों और विश्वासों को दर्शाती है कि लोगों के कल्याण को किस तरह से सबसे बेहतर तरीके से आगे बढ़ाया जा सकता है। हम सामाजिक कल्याण दृष्टिकोणों को मोटे तौर पर इस प्रकार वर्गीकृत कर सकते हैं—परिवार केंद्रित दृष्टिकोण, अवशिष्ट दृष्टिकोण, मिश्रित-अर्थव्यवस्था दृष्टिकोण और संस्थागत दृष्टिकोण।

1. परिवार-केंद्रित दृष्टिकोण: यह सबसे पुराना दृष्टिकोण है, जहां परिवार सामाजिक कल्याण प्रावधानो में सक्रिय भूमिका निभाता है। मजबूत पारिवारिक बंधन हमेशा सामाजिक पूंजी का महत्वपूर्ण स्रोत होते हैं, खासकर बच्चों, बुजुर्गों और विकलांगों की देखभाल में। नीति विश्लेषकों द्वारा परिवार को भागीदारी के लिए एक महत्वपूर्ण बिंदु के रूप में माना जाता है और मजबूत पारिवारिक बंधन को स्थायी सामाजिक समर्थन का स्रोत माना जाता है।

2. अवशिष्ट परिप्रेक्ष्य: अवशिष्ट दृष्टिकोण सरकार की भूमिका को अंतिम विकल्प मानता है। यह इस विचार पर आधारित है कि लोग किसी भी सामाजिक समस्या को स्वयं हल कर सकते हैं। कोई भी व्यक्ति जो संकट में है, वह परिवार, बीमा या गैर सरकारी संगठनों जैसे बाज़ार से सहायता प्राप्त कर सकता है। सरकार तभी हस्तक्षेप करेगी जब व्यक्ति समस्या का समाधान करने में असमर्थ हो।

3. मिश्रित अर्थव्यवस्था दृष्टिकोण: कुछ देशों में मिश्रित अर्थव्यवस्था दृष्टिकोण अपनाया गया है। इंग्लैंड और जर्मनी दो ऐसे देश हैं, जिन्होंने इस तरह का दृष्टिकोण अपनाया है। उदाहरण के लिए, जर्मन सामाजिक बीमा प्रणाली ने सरकार, सामाजिक प्रशासकों, बैंकों, बीमा फर्मों और व्यक्तिगत उद्यमियों के बीच सहयोग के लिए एक बहुत ही सफल मंच प्रदान किया है। इस मॉडल में, सार्वजनिक और निजी क्षेत्र कल्याण नीतियों को अधिक कुशल तरीके से प्रबंधित करने में एक साथ आते हैं।

4. संस्थागत दृष्टिकोण: यह एक मानक दृष्टिकोण है। यह इस विश्वास पर आधारित है कि सामूहिक सामाजिक कल्याण से संबंधित किसी भी समस्या को हल करने के लिए कार्रवाई का उपयोग किया जाता है। कल्याण पूरी आबादी के लिए प्रदान किया जाता है, उसी तरह जैसे सड़कों या स्कूलों जैसी सार्वजनिक सेवाओं के लिए किया जा सकता है और यह पूरी तरह से संतृप्त मॉडल भी है। इसलिए, सामाजिक कल्याण के लिए संस्थागत दृष्टिकोण में शिक्षा और स्वास्थ्य के क्षेत्रों को छोड़कर, पर्याप्त सार्वजनिक समर्थन का अभाव है।

सामाजिक कल्याण में सामाजिक नीति का महत्व

समाज में खुशहाली और न्याय बनाए रखने के लिए सामाजिक नीतियाँ अत्यधिक महत्वपूर्ण हैं। यह समाज में लोगों की जीवन-स्थिति को बेहतर बनाने में मदद करती है और इसलिए, सामाजिक नीति को समाज में बदलाव का सकारात्मक साधन माना जा सकता है।

नीतियाँ सरकार के जन-कल्याणकारी रणनीति स्थापित करने और देश में लगातार आर्थिक स्थिरता लाने के प्रयासों पर निर्भर करती हैं। इसलिए, सामाजिक नीति और सामाजिक कार्य के बीच संबंधों की पहचान करने पर अधिकतम जोर दिया जाना चाहिए। सामाजिक नीति और सामाजिक कार्य जैसे मानवीय व्यवहार मानवाधिकारों और बुनियादी मानवीय जरूरतों से संबंधित हैं। मानवाधिकारों का प्रयोग करना और नागरिकों की बुनियादी जरूरतों को पूरा करना प्रत्येक राष्ट्र की प्रत्येक सामाजिक नीति का मुख्य उद्देश्य होना चाहिए। ऐसे व्यक्ति, परिवार और पड़ोस जो अपने मानवाधिकारों का प्रयोग करने या अपनी बुनियादी जरूरतों को पूरा करने में असमर्थ हैं, सामाजिक कार्य का केंद्र हैं। इसलिए नागरिकों की भलाई की रक्षा के लिए सामाजिक नीतियों को तैयार किया जाना चाहिए। सामूहिक हस्तक्षेप विशेष रूप से सामाजिक सुरक्षा, सामाजिक संरचनाओं और सामाजिक अंतःक्रियाओं जिसे सामाजिक नीति कहा जाता है को सम्पूर्ण रूप से प्रभावित कर रहा है। औद्योगीकरण, शहरीकरण, तकनीकी उन्नति, हर व्यक्ति के लिए नए प्रकार के रोजगार का सृजन — ये सभी सामाजिक नीतियों के लिए संभावनाओं के बढ़े हुए स्तर का निर्माण करते हैं और आज की दुनिया में यह तेजी से महत्वपूर्ण हो गया है। इस बदलते माहौल में, राज्य का काम सामाजिक सेवाओं के निजी प्रदाताओं के लिए एक 'सक्षम वातावरण' प्रदान करना है, जबकि अपने सामाजिक खर्च और गतिविधियों को कम करना है।

सामाजिक सुरक्षा

परिभाषा

व्यापक रूप से परिभाषित, सामाजिक सुरक्षा स्वास्थ्य, पेंशन और बेरोजगारी सुरक्षा के साथ-साथ कर-वित्तपोषित सामाजिक लाभों पर आधारित योगदान की एक प्रणाली है। वैश्वीकरण की दुनिया में सामाजिक सुरक्षा एक सार्वभौमिक चुनौती बन गई है। सामाजिक सुरक्षा संरक्षण एक बुनियादी मानव अधिकार है, हालांकि, विश्व के आँकड़े बताते हैं कि हमारे ग्रह पर केवल बहुत कम लोग ही वास्तव में इसका आनंद लेते हैं (ilo.org)। सामाजिक सुरक्षा की यह अवधारणा उन सभी मनुष्यों को कानून द्वारा गारंटीकृत मौलिक सामाजिक अधिकारों की मान्यता पर आधारित है जो अपने स्वयं के श्रम पर जीते हैं और जो अपने नियंत्रण से परे कारणों से अस्थायी या स्थायी रूप से काम करने में असमर्थ हैं। सामाजिक सुरक्षा की पारंपरिक अवधारणा को अंतर्राष्ट्रीय श्रम संगठन (ILO) द्वारा परिभाषित किया गया है, "वह सुरक्षा जो समाज अपने सदस्यों को बीमारी, मातृत्व, रोजगार की चोट, अशक्तता और मृत्यु के परिणामस्वरूप आय में कमी के कारण होने वाले आर्थिक और सामाजिक संकट के खिलाफ सार्वजनिक उपायों की एक श्रृंखला; चिकित्सा देखभाल का प्रावधान; और बच्चों वाले परिवारों के लिए सब्सिडी का प्रावधान" के माध्यम से प्रदान करता है (ILO, 1984)।

दृष्टिकोण

सामाजिक सुरक्षा प्रदान करने के दो महत्वपूर्ण साधन सामाजिक बीमा और सामाजिक सहायता हैं:

(i) **सामाजिक बीमा:** इसका उद्देश्य कम आय वाले व्यक्तियों को लाभ प्रदान करना है। इसमें नियोक्ता और राज्य से मिलने वाली सब्सिडी के साथ लाभार्थियों का योगदान भी शामिल है। इस मामले में लाभार्थी, नियोक्ता और सरकार एक साझा पूल बनाने के लिए योगदान करते हैं, जिसमें से सदस्यों को लाभ का भुगतान किया जाता है। इस प्रकार, सामाजिक बीमा एक सहकारी उपकरण है जिसका उद्देश्य बीमाधारक को बेरोज़गारी, बीमारी और अन्य आपात स्थितियों के समय ज़रूरत के समय लाभ पहुँचाना है।

(ii) **सामाजिक सहायता:** सामाजिक सहायता से तात्पर्य समाज द्वारा गरीब और जरूरतमंद व्यक्तियों को बिना किसी दायित्व के प्रदान की जाने वाली सहायता से है। यह राहत है जैसे कि कामगारों के मुआवजे, मातृत्व लाभ और वृद्धावस्था पेंशन आदि के मामले में। सामाजिक सहायता समुदाय की अपने आश्रित समूह के प्रति जिम्मेदारियों का प्रतिनिधित्व करती है और समाज या सरकार द्वारा गरीब और जरूरतमंद व्यक्ति को प्रदान की जाती है। सामाजिक सहायता की महत्वपूर्ण विशेषताएं हैं: (i) पूरी लागत राज्य और सरकार की स्थानीय इकाइयों द्वारा वहन की जाती है, (ii) लाभ का भुगतान जरूरत पड़ने पर कानूनी अधिकार के रूप में किया जाता है, (iii) जरूरत का आकलन करने में, व्यक्ति की अन्य आय और संसाधनों को ध्यान में रखा जाता है, तो कुछ संसाधनों, जैसे कि व्यक्तिगत बचत के उचित स्तर को नजरअंदाज कर दिया जाता है।

भारत में सामाजिक सुरक्षा

श्रम और रोजगार मंत्रालय की वार्षिक रिपोर्ट, 2015–2016 के अनुसार, 'भारत में सामाजिक सुरक्षा योजनाएं संगठित कार्यबल के केवल एक छोटे से हिस्से को कवर करती हैं, जिन्हें ऐसे श्रमिकों के रूप में परिभाषित किया जा सकता है जिनका किसी संगठन में प्रत्यक्ष नियमित नियोक्ता-कर्मचारी संबंध होता है। भारत में सामाजिक सुरक्षा विधानों को उनकी ताकत और भावना भारत के संविधान में निहित राज्य नीति के निर्देशक सिद्धांतों से मिलती है। ये या तो पूरी तरह से नियोक्ताओं की कीमत पर या नियोक्ताओं और कर्मचारियों के संयुक्त योगदान के आधार पर अनिवार्य सामाजिक सुरक्षा लाभ प्रदान करते हैं। जबकि सुरक्षात्मक अधिकार कर्मचारियों के लिए जमा होते हैं, अनुपालन की ज़िम्मेदारी काफी हद तक नियोक्ताओं की होती है'। सामाजिक सुरक्षा मुख्य रूप से एक सामाजिक बीमा कार्यक्रम है।

भारत में उच्च जनसंख्या वृद्धि, ग्रामीण से शहरी प्रवास, सामाजिक संरचना, सामाजिक-आर्थिक परिवर्तन और आर्थिक विकास के निम्न स्तर ने देश में बड़े पैमाने पर असुरक्षित समूहों को जन्म दिया है। शहरीकरण के कारण भारतीय समाज के पारंपरिक पारिवारिक ढांचे और सदियों पुराने सांस्कृतिक मूल्यों में तेजी से हो रहे बदलाव के कारण अधिक से अधिक परिवार असुरक्षित हैं और सामाजिक सुरक्षा से वंचित हो रहे हैं। सांख्यिकीय रूप से, भारत ने राष्ट्रीय स्तर पर खाद्य उत्पादन में आत्मनिर्भरता हासिल कर ली है, लेकिन घरेलू स्तर पर खाद्य और पोषण सुरक्षा अभी हासिल नहीं की गई है। इस प्रकार, भारत में सामाजिक सुरक्षा लाभ आवश्यकता-आधारित हैं और सामान्य तौर पर, सामाजिक सुरक्षा का सबसे अच्छा रूप नौकरी होने से आता है।

भारत में लागू प्रमुख सामाजिक सुरक्षा कानून निम्नलिखित हैं:

- कर्मचारी राज्य बीमा अधिनियम, 1948
- कर्मचारी भविष्य निधि और विविध प्रावधान अधिनियम, 1952 (ईपीएफ और एमपी एक्ट)

- कर्मकार प्रतिकर अधिनियम, 1923 (डब्ल्यूसी अधिनियम)
- मातृत्व लाभ अधिनियम, 1961 (एमबी अधिनियम)
- ग्रेच्युटी भुगतान अधिनियम, 1972 (पीजी अधिनियम)

किसी भी देश के गरीब लोगों को प्रदान किए जाने वाले विभिन्न उपायों का वर्णन करने के लिए विभिन्न शब्दों का प्रयोग किया जाता है। ये शब्द क्षेत्र दर क्षेत्र अलग-अलग होते हैं। यह विकसित से विकासशील देशों में बदलता रहता है। इस संबंध में दो शब्द— 'सामाजिक सुरक्षा जाल' और 'सामाजिक सुरक्षा' का अधिकतर प्रयोग किया जाता है। इन्हें कभी-कभी 'सामाजिक संरक्षण' के विकल्प के रूप में भी प्रयोग किया जाता है। इनमें से, 'सामाजिक सुरक्षा' अंतरराष्ट्रीय स्तर पर सबसे अधिक प्रयोग किया जाता है। 'सामाजिक सुरक्षा जाल' शब्द का अर्थ कम सटीक प्रतीत होता है। कुछ विशेषज्ञ इसका प्रयोग कार्यक्रमों और नीतियों के संपूर्ण समूह के लिए करते हैं, अन्य इसका प्रयोग केवल गरीबों को लक्षित कल्याण कार्यक्रमों के लिए करते हैं। दूसरी ओर, 'सामाजिक सुरक्षा' शब्द का प्रयोग आम तौर पर उच्च आय वाले देशों में व्यापक तंत्रों को संदर्भित करने के लिए किया जाता है, और यह समुदाय और क्षेत्र आधारित योजनाओं जैसे नए क्षेत्रों पर कम लागू होता है (एशियाई विकास बैंक की रिपोर्ट, 2001)।

सामाजिक सुरक्षा में पाँच प्रमुख तत्व शामिल हैं: (i) श्रम बाज़ार, (ii) सामाजिक बीमा, (iii) सामाजिक सहायता, (iv) समुदायों की सुरक्षा के लिए सूक्ष्म और क्षेत्र-आधारित योजनाएँ, और (v) बाल संरक्षण (तालिका 5.2)।

तालिका 5.2 सामाजिक सुरक्षा के घटक— लक्षित ग्राहक और लक्षित कमजोर समूह (एशियाई विकास बैंक रिपोर्ट, 2001)

सामाजिक संरक्षण के क्षेत्र	*लक्षित कमजोर समूह*
श्रम बाज़ार कार्यक्रम	कार्यशील आयु की जनसंख्या, जो या तो वेतनभोगी या गैर-वेतनभोगी कर्मचारी (औपचारिक या अनौपचारिक), कार्यरत, बेरोजगार या अल्प-रोजगार वाले हैं।
सामाजिक बीमा	बीमार, बुजुर्ग, विधवा, विकलांग, गर्भवती महिलाएं, बेरोजगार, बीमा योजना के लिए पात्र हैं।
सामाजिक सहायता और कल्याण सेवाएँ	मानसिक और शारीरिक रूप से विकलांग, जातीय अल्पसंख्यक, मादक द्रव्यों के सेवन करने वाले, अनाथ, एकल अभिभावक वाले परिवार, शरणार्थी, प्राकृतिक आपदाओं या नागरिक संघर्षों के शिकार, बीमार, बुजुर्ग, विधवा, विकलांग, गर्भवती महिलाएं और बेरोजगार लोग बीमा योजनाओं के लिए अपात्र हैं।
सूक्ष्म एवं क्षेत्र आधारित योजनाएं	ग्रामीण और शहरी समुदाय खतरे में हैं।
बाल संरक्षण	बच्चे और युवा (0–18 वर्ष)।

भारत में तीन स्तरों पर सामाजिक सुरक्षा कार्यक्रम हैं

1. सार्वभौमिक क्षमता संवर्धन कार्यक्रम (सर्व शिक्षा अभियान और ग्रामीण स्वास्थ्य मिशन)
2. भारत में, सामाजिक सुरक्षा योजना के अंतर्गत लक्षित कार्यक्रम गरीब और कमजोर लोगों के लिए निम्नलिखित प्रमुख कार्यक्रम शामिल हैं:
    - खाद्य एवं पोषण कार्यक्रम (पीडीएस, आईसीडीएस, मध्याह्न भोजन)
    - स्वरोजगार कार्यक्रम (एसजीएसवाई, स्वयं सहायता समूह)

- मजदूरी रोजगार कार्यक्रम (नरेगा)
- सामाजिक रूप से वंचित वर्गों (एससी और एसटी) और अन्य के लिए संरक्षण कमज़ोर समूह
- नकद और वस्तु हस्तांतरण: आवास कार्यक्रम (इंदिरा आवास योजना), राष्ट्रीय वृद्धावस्था पेंशन (एनओएपी), विधवा/विकलांग पेंशन, ग्रामीण शैक्षिक छात्रवृत्ति, निःशुल्क पाठ्यपुस्तकें, निःशुल्क छात्रावास, निःशुल्क वर्दी)
- शहरी गरीबों के लिए विशेष कार्यक्रम

3. असंगठित/अनौपचारिक श्रमिकों के लिए सामाजिक सुरक्षा— वृद्धावस्था, दुर्घटना और मौत।

सामाजिक न्याय

सामाजिक न्याय की अवधारणा न्याय के समान वितरण पर आधारित है और लिंग, जाति, पंथ या आर्थिक स्थिति के भेदभाव के बिना अधिकारों के समान वितरण से जुड़ी है। भारत में, इस अवधारणा को समाज में समानता और संतुलन बनाए रखने या बहाल करने और समान या अनिवार्य रूप से समान परिस्थितियों में समान व्यक्तियों के साथ समान व्यवहार करने के लिए संदर्भित किया जाता है। भारतीय संविधान में इसे प्रस्तावना, मौलिक अधिकारों और राज्य नीति के निर्देशक सिद्धांतों में महत्वपूर्ण स्थान प्राप्त है। यह देश के लोगों की औपनिवेशिक सत्ता से राजनीतिक स्वतंत्रता है, यह सामाजिक और आर्थिक क्षेत्रों में उन्नति के लिए पूर्ण अवसर है और इसमें ऐसी प्रक्रिया सुनिश्चित करने के प्रावधान शामिल हैं।

मूलरूप सिद्धांत

बाबासाहेब अंबेडकर द्वारा प्रस्तावित सिद्धांत के अनुसार, पाँच बुनियादी सिद्धांत हैं जिनके माध्यम से समाज में न्याय वितरित किया जा सकता है। ये हैं:

1. ऐसे समाज की स्थापना करना जहां व्यक्ति समस्त सामाजिक विकास प्रयोजनों का साधन बन जाए,
2. समानता, स्वतंत्रता और बंधुत्व पर आधारित समाज की स्थापना,
3. राजनीतिक, आर्थिक और सामाजिक लोकतंत्र की स्थापना,
4. संवैधानिक उपायों के माध्यम से लोकतंत्र की स्थापना, और
5. राजनीतिक सत्ता पर उच्च वर्ग के एकाधिकार को समाप्त कर लोकतंत्र शक्ति की स्थापना करना।

सामाजिक न्याय की दो प्रमुख अवधारणाएँ हैं— एक योग्यता की धारणा का प्रतिनिधित्व करती है, जबकि दूसरी ज़रूरतों की धारणा का प्रतीक है। पहली अवधारणा में वंशानुगत विशेषाधिकारों को समाप्त करना और एक खुला समाज बनाना शामिल है जिसमें लोगों को अपनी योग्यता और क्षमता प्रदर्शित करने का मौका मिलता है। यह अवसरों की समानता और प्रतिभाओं के लिए खुले करियर में व्यक्त होता है। दूसरी अवधारणा का तात्पर्य है कि सभी सामान्य संसाधनों को विभिन्न आवश्यकताओं के अनुसार आवंटित किया जाना चाहिए। इस प्रकार, यह ज़रूरतों के अनुसार परिसंपत्तियों के वितरण की समानता में व्यक्त होता है।

भारत में सामाजिक न्याय का महत्व

भारत में सामाजिक न्याय की अवधारणा का अनुप्रयोग अत्यधिक महत्वपूर्ण है। यह देश के सभी नागरिकों के साथ न्याय करने का प्रयास करता है। प्राचीन काल से ही भारत एक असमान समाज रहा है, जो भारतीय लोकतंत्र के लिए गंभीर चुनौतियां पेश कर रहा है। ध्रुवीकृत भारतीय समाज जाति, धर्म, नस्ल और समुदायों के आधार पर विभिन्न सामाजिक-सांस्कृतिक समूहों में

विभाजित है। यह श्रेष्ठता और हीनता के आधार पर विशिष्ट सामाजिक समस्याएं पैदा करता है और भारतीय लोकतंत्र के लिए भी खतरा पैदा करता है। एक लोकतांत्रिक प्रणाली को लोकतांत्रिक मूल्यों और मानदंडों के साथ उचित सामाजिक विकास सुनिश्चित करना चाहिए जो सामाजिक स्थिति और विकास, सामाजिक सुरक्षा और सामाजिक कल्याण के अवसरों की समानता को दर्शाता हो। ऐसी असमानताओं को दूर करने और देश के सभी नागरिकों को सामाजिक, आर्थिक और राजनीतिक मामलों के हर पहलू में समान अवसर प्रदान करने के लिए, सामाजिक न्याय को लागू करना सरकार के लिए एक मजबूत हथियार बन सकता है। समानता, भाषण, अभिव्यक्ति और संघ की स्वतंत्रता से संबंधित मौलिक अधिकारों को प्राप्त करना, सभी के लिए चुनावी प्रक्रिया में भागीदारी — सभी एक संतुलित सामाजिक संरचना को बनाए रखने के लिए आवश्यक हैं।

सामाजिक-आर्थिक न्याय प्राप्त करने के लिए व्यक्तिगत स्वतंत्रता और स्वाधीनता को बनाए रखने के लिए आवश्यक और उचित उपाय अपनाकर निरंतर प्रयास किए जाने चाहिए। इस प्रकार, सामाजिक न्याय का मूल उद्देश्य लोगों के सामाजिक, राजनीतिक और आर्थिक जीवन में असंतुलन को दूर करके एक संतुलित समाज का निर्माण करना है।

सामाजिक न्याय की अवधारणा पिछले दशकों से उत्तरोत्तर नए पैटर्न में बदलती रहती है। वैश्वीकरण, शहरीकरण और सामाजिक-आर्थिक विकास के हालिया रुझानों ने हर इंसान के लिए बेहतर जीवन स्थितियों की खोज को चिह्नित किया है, चाहे उनकी जाति, वर्ग, धर्म और व्यावसायिक स्थिति कुछ भी हो। वितरणात्मक प्रकृति में समानता का दावा समाज में संचित संपत्ति, धन, संसाधन, लाभ, लाभ, अवसर और अधिकारों में न्याय की अनिवार्य प्रकृति में होनी चाहिए। न्याय की अनिवार्य प्रकृति समाज के अमीर से लेकर सबसे गरीब या जरूरतमंद वर्ग तक सभी के लिए समान लाभ की प्राप्ति है।

सामाजिक न्याय के सिद्धांत

न्याय की अवधारणा को कई विद्वानों ने अलग-अलग तरीकों से परिभाषित किया है। प्लेटो के लिए, न्याय एक आदर्श स्थिति में मौजूद है, जहाँ समाज के प्रत्येक वर्ग के सदस्य को व्यक्ति के लिए उपयुक्त कुछ कार्य सौंपे जाते हैं। अरस्तू के लिए, न्याय प्रकृति में वितरणात्मक है। वितरणात्मक न्याय का अर्थ है पद और धन, पुरस्कार और बकाया राशि को योग्यता के आधार पर उनके योगदान के अनुसार विभिन्न सामाजिक वर्गों में वितरित किया जाता है। अरस्तू का न्याय का सिद्धांत मुख्य रूप से उन पुरुषों के बीच संबंधों पर लागू होता है जो स्वतंत्र और समान हैं और जिनके पास विविध क्षमताएँ हैं, जो उन्हें विभिन्न तरीकों से राजनीतिक समुदाय में योगदान करने में सक्षम बनाती हैं।

उपयोगितावाद

उपयोगितावाद के समर्थकों ने व्यावहारिकता और उपयोगिता को सद्गुण और न्याय का माप माना। इनमें जे. बेंथम (1748–1832), जेम्स मिल (1773–1836), जॉन ऑस्टिन (1790–1859) और जे.एस. मिल (1806–1873) के योगदान महत्वपूर्ण हैं। बेंथम ने तर्क दिया कि "न्याय का प्रदर्शन किया जाना चाहिए, और जरूरतमंदों और उत्पीड़ितों के कल्याण की रक्षा की जानी चाहिए"। इस प्रकार, सभी बेकार, दर्दनाक चीजों को अधिकतम व्यक्तियों के हित में बदला जाना चाहिए। एक सामाजिक रूप से निष्पक्ष वितरण ही अंतिम है जो "सबसे बड़ी खुशी" पैदा करता है।

मार्क्सवाद

सामाजिक न्याय के बारे में मार्क्सवादी दृष्टिकोण इस अवधारणा के इर्द-गिर्द घूमता है कि न्याय युगों-युगों से विकसित, परिवर्तित और रूपांतरित होता रहा है। ये परिवर्तन आर्थिक संबंधों के आधार पर होते हैं। सामाजिक न्याय की स्थापना और उसे बनाए

रखने में आर्थिक संरचना अत्यधिक प्रभावशाली भूमिका निभाती है। मार्क्स के अनुसार, युगों-युगों से 'धनवान' और 'वंचित' के बीच निरंतर संघर्ष होता रहा है और मानव समाज के हर चरण में संपन्न वर्ग द्वारा वंचितों का शोषण किया गया है। शोषण की समस्या समाज की आर्थिक संरचना में निहित है, और इस प्रकार, न्याय की अवधारणा समाज को शोषक वर्ग से मुक्त करने के विचार से जुड़ी हुई है। इसलिए, सामाजिक न्याय साम्यवादी समाज में अपने चरम पर पहुँचता है, जहाँ सामाजिक और आर्थिक भेद के सभी निशान मिट जाते हैं।

निजी संपत्ति का प्रभुत्व जिसमें एक मालिक होता है और दूसरा श्रमिक। जब तक समाज गरीब लोगों का शोषण बंद नहीं करता, तब तक सच्चा न्याय संभव नहीं है। इसलिए, पूंजीवाद को उखाड़ फेंकने और समाजवाद या साम्यवाद की स्थापना के बाद सर्वहारा क्रांति निजी संपत्ति को खत्म करने, वर्गों और सभी प्रकार की असमानताओं को खत्म करने की ओर ले जाती है। विभिन्न कार्यों में, मार्क्स और एंगेल्स ने शोषण के सिद्धांत और उसके उपायों, यानी साम्यवाद (मार्क्स और एंगेल्स 1952; 1844, आदि) को रेखांकित किया है। बाद के चरणों में, लेनिन, स्टालिन और माओ ने साम्यवाद के सिद्धांत के बारे में अपने-अपने कार्यों में महत्वपूर्ण योगदान दिया है।

जॉन रॉल्स का सिद्धांत

बीसवीं सदी में, एक अवधारणा के रूप में सामाजिक न्याय, सामाजिक अनुबंध के दर्शन का केंद्र बन गया, मुख्य रूप से जॉन रॉल्स की पुस्तक, ए थ्योरी ऑफ़ जस्टिस (1971) में उनके कार्यों के माध्यम से। उनके लिए न्याय में 'प्राथमिक वस्तुओं' का वितरण शामिल है जिसमें अधिकार और स्वतंत्रता, शक्ति और अवसर, आय और धन, आत्म-सम्मान के साधन और बहुत कुछ शामिल हैं। किसी भी लक्ष्य की प्राप्ति के लिए व्यक्ति का नैतिक मूल्य उनके लिए महत्वपूर्ण था। उन्होंने उपयोगितावाद पर हमला किया है। रॉल्स ने तर्क दिया है कि कोई व्यक्ति समृद्ध लोगों की खुशियों को बढ़ाकर व्यथित लोगों के दुखों की भरपाई नहीं कर सकता है। प्रत्येक व्यक्ति ईर्ष्या किए बिना, कल्याण को अधिकतम करना चाहता है। उन्हें स्वार्थी होना चाहिए लेकिन अहंकारी नहीं। रॉल्स के अनुसार, ऐसे समाज में प्रत्येक व्यक्ति खुद को 'सबसे कम-सुविधा वाले स्थान' में रखेगा ताकि उनमें से प्रत्येक कम से कम लाभान्वित लोगों के लिए सबसे अधिक लाभ की मांग कर सके। रॉल्स के अनुसार, समाज में सबसे कम सुविधा प्राप्त व्यक्ति वे हैं जिन्हें तीन प्रकार की आकस्मिकताओं में से प्रत्येक के द्वारा सबसे कम पसंद किया जाता है, अर्थात समान बुनियादी स्वतंत्रता सिद्धांत, अवसर की निष्पक्ष समानता सिद्धांत और अंतर सिद्धांत। उन्होंने समाज में सबसे कम सुविधा प्राप्त लोगों के लिए दो संभावित परिभाषाएँ दीं। सबसे पहले, वे सभी लोग जिनकी आय और संपत्ति अकुशल श्रमिकों की तुलना में लगभग कम या उससे कम है और दूसरे, वे सभी व्यक्ति जिनके पास औसत आय और संपत्ति के आधे से भी कम है। (जॉनस्टन, 2011; डर्नल, 2023)।

न्याय के इस सिद्धांत की इस आधार पर आलोचना की गई कि यह व्यक्तियों को स्वेच्छा से समाज के सबसे कम सुविधा प्राप्त वर्ग का चयन करने और उसका सदस्य बनने की अनुमति देता है और इस प्रकार वे भिन्नता सिद्धांत द्वारा मांगे गए लाभों के हकदार बन जाते हैं।

अम्बेडकर का सिद्धांत

बी.आर. अंबेडकर के अनुसार, किसी भी देश के सामाजिक मंच पर न्याय को सबसे पहले महसूस किया जाना चाहिए। जब तक व्यक्ति सामाजिक रूप से मुक्त नहीं हो जाता, तब तक जीवन के अन्य सभी चर केवल निराकार हैं। न्याय के बारे में उनके विचार समाज के दबे-कुचले और अलग-थलग पड़े वर्ग से जुड़े हैं। अंबेडकर का दृष्टिकोण निम्न जाति के लोगों को सामाजिक और

राजनीतिक क्षेत्र में न्याय दिलाना है, जिससे वंचितों का समग्र विकास हो सके। उनके अनुसार वंचित लोग समाज के वे वर्ग हैं जो जातिवाद और सामाजिक भेदभाव के शिकार हैं।

अंबेडकर की 'सामाजिक न्याय' की अवधारणा का उद्देश्य एक निष्पक्ष समाज का निर्माण करना है, जिसमें समाज में महिलाओं, अनुसूचित जातियों और अनुसूचित जनजातियों का उत्थान शामिल है और उन्हें समाज, संस्कृति और अर्थव्यवस्था की मुख्य धारा में लाना है। यह अवधारणा समाज के दूसरे हिस्से (उच्च जाति) को कमज़ोर वर्गों की कीमत पर अनुचित रूप से बढ़ावा देने से रोकती है। सामाजिक न्याय के लिए उनके संघर्ष को भारतीय संविधान के आदर्शों और दर्शन में देखा जा सकता है। सामाजिक न्याय का मापदंड केवल भौतिक प्रगति नहीं है, बल्कि लोगों के बीच मानवीय मूल्यों का प्रसार है। इसलिए, न्याय की उनकी अवधारणा एक समग्र और सतत प्रक्रिया है क्योंकि वह सामाजिक परिवर्तन और विकास प्रति अधिक चिंतित थे।

भारत में सामाजिक न्याय: कुछ उदाहरण

8 दिसंबर 2022 को प्रकाशित एक ई-समाचार लेख में उल्लेख किया गया है कि, महाराष्ट्र के मुख्यमंत्री एकनाथ शिंदे ने एक अलग दिव्यांग आयोग की स्थापना की घोषणा की है जिसके हेतु 1,143 करोड़ रुपये के फंड आवंटन के साथ दिव्यांग व्यक्तियों के कल्याण के लिए विभाग का प्राविधान है। वह मुंबई में अंतरराष्ट्रीय दिव्यांग दिवस पर एक कार्यक्रम में बोल रहे थे कि, महाराष्ट्र ऐसा पहला राज्य है जिसके पास ऐसा विभाग है और यह राज्य में दिव्यांग लोगों के कल्याण के लिए सभी कदम उठाएगा। दिव्यांग लोगों की शिक्षा, प्रशिक्षण और पुनर्वास जैसी कल्याणकारी गतिविधियों का ध्यान अब तक राज्य के सामाजिक न्याय विभाग द्वारा रखा जाता था। सामाजिक न्याय और विशेष सहायता विभाग के तहत दिव्यांग (दिव्यांग) लोगों के मुद्दों को देखने वाले अनुभागों को मिलाकर नया दिव्यांग कल्याण विभाग बनाया जाएगा (https://currentaffairs.adda247.com/maharashtra-to-establish-separate-divyang-department/ 20/04/2023 को प्राप्त)।

ओडिशा में, सामाजिक न्याय और अधिकारिता मंत्रालय द्वारा 15 अगस्त 2020 को नशा मुक्त भारत अभियान (NMBA) शुरू किया गया था और इसे पहले व्यापक राष्ट्रीय सर्वेक्षण के निष्कर्षों और नारकोटिक्स कंट्रोल ब्यूरो (NCB) से प्राप्त इनपुट के आधार पर 372 सबसे अधिक असुरक्षित जिलों में लागू किया जा रहा है। NMBA का उद्देश्य आम जनता तक पहुँचना और उच्च शिक्षण संस्थानों, विश्वविद्यालय परिसरों और स्कूलों पर ध्यान केंद्रित करते हुए मादक द्रव्यों के सेवन के बारे में जागरूकता फैलाना, आश्रित आबादी तक पहुँचना और उसकी पहचान करना, अस्पतालों और पुनर्वास केंद्रों में परामर्श और उपचार सुविधाओं पर ध्यान केंद्रित करना और सेवा प्रदाताओं के लिए क्षमता निर्माण कार्यक्रम (https://orissadiary.com/ 20/04/2023 को पुनःप्राप्त) करना है।

अभ्यास प्रश्न

1. सामाजिक कल्याण की अवधारणा को परिभाषित करें और इसके महत्व पर चर्चा करें।
2. सामाजिक कल्याण के विभिन्न दृष्टिकोणों की जाँच करें।
3. सामाजिक सुरक्षा क्या है? यह देश की सामाजिक सुरक्षा से कैसे संबंधित है।
4. सामाजिक सुरक्षा के विभिन्न दृष्टिकोण लिखें।
5. सामाजिक न्याय के विभिन्न सिद्धांतों पर चर्चा करें।
6. भारत में सामाजिक न्याय के महत्व पर एक नोट लिखें।

REFERENCES

Beteille, A. (1966). *Caste, Class and Power*. Oxford University Press, Bombay.

Beteille, A. (1966). "Closed and Open Social Stratification in India", *In: European Journal of Sociology*, **8**: pp. 224–246.

Brock, D. (1993). "Quality of Life in Health Care and Medical Ethics", *In:* M. Nussbaum and A. Sen (Eds.), *The Quality of Life,* Oxford: Clarendon Press.

Dandekar, V.M. (1978). "Nature of Class Conflict in the Indian Society", Artha Vijnana, **20**(2): pp. 102–124.

Darnal, A. (2023). Social Justice in India: A Comparative Study of Rawls and Ambedkar. *Comparative Philosophy*, **14**(1).

Desai, A.R. (2019). *Rural Sociology in India*. Sage, LA and New Delhi.

Dube, S.C. (2008). *Indian Society*. National Book Trust, India.

Dumont, L. (1967). "Caste: A Phenomenon of Social Structure or an Aspect of Indian Culture?" *In: Caste and Race: Comparative Approaches*, J. & A. Churchill Ltd., London, pp. 28–38.

Fabio, A.D. and L. Palazzeschi (2015). Hedonoc and eudaimonic well-being: the role of resilience beyond fluid intelligence and personality traits. *Frontiers in Psychology*, Vol. 6. September.

Ghurey, G.S. (1950). *Caste and Class in India*. Popular Book Depot, Bombay.

Hutton, J.H. (1963). *Caste in India: Its Nature, Functions and Origin*, Oxford University Press, Bombay.

Jaiswal, S. (1998). *Caste: Origin, Function and Dimensions of Change*. Manohar Publications, New Delhi.

Johnston, D. (2011). *A Brief History of Justice.* 1st ed. John Wiley & Sons Ltd.

Marriott, Mc Kim (ed.) (1955). *Village India*. University of Chicago Press, Chicago.

Sharma, K.L. (2011). *Perspectives on Social Stratification*. Rawat Publications, New Delhi.

Singh, Y. (1968). "Caste and Class: Some Aspects of Continuity and Change". *Sociological Bulletin*, **7**(2).

Smith, D.M. (1977). *Human Geography: A Welfare Approach*. Arnold Heinemann, London.

अध्याय 6

सामाजिक समस्याएं, सामाजिक योजना और सामाजिक नीतियां

अधिगम प्रतिफल

इस अध्याय के अंत में, छात्रों में निम्नलिखित क्षमता विकसित होगी:

- भारत में सामाजिक समस्याओं की अवधारणा और विशेषताओं की व्याख्या करना।
- आजादी के बाद से कुछ महत्वपूर्ण गरीबी-विरोधी कार्यक्रमों के साथ भारत में गरीबी के कारणों के बारे में जानकारी प्राप्त करना।
- सामाजिक विचलन के विभिन्न सिद्धांतों की व्याख्या करना।
- इस बात पर विचार करना कि भारत में सामाजिक नियोजन क्यों महत्वपूर्ण है।
- भारत में विभिन्न सामाजिक समस्याओं के उन्मूलन के लिए सामाजिक नीति के महत्व का आकलन करना जैसे–गरीबी, बेरोजगारी, विस्थापन, किसानों की आत्महत्या आदि।

सामाजिक समस्याएँ: परिभाषा और विशेषताएँ

सामाजिक समस्या ऐसी स्थितियों का समूह है जिसे किसी भी समाज के सदस्य अवांछनीय मानते हैं और किसी एक व्यक्ति द्वारा नियंत्रित करने की क्षमता से परे मानते हैं। आम तौर पर इसकी जिम्मेदारी पूरे समाज पर होती है। फुलर और मायर्स के अनुसार, एक सामाजिक समस्या एक ऐसी स्थिति है, जिसे काफी संख्या में लोग कुछ सामाजिक मानदंडों से विचलन के रूप में परिभाषित करते हैं, जिन्हें वे संजोते हैं। लिंडबर्ग के अनुसार, सामाजिक समस्या किसी भी तरह का विचलित व्यवहार है जो इस हद तक अस्वीकृत दिशा में होता है कि यह समुदाय की सहनशीलता की सीमा से परे हो जाता है। हालाँकि, एक सामाजिक समस्या एक अवांछनीय और अवांछित परेशान करने वाली स्थिति है, जिसका कोई तैयार समाधान नहीं है (आहूजा, 2022)। भारत सामाजिक संरचना

से संबंधित कई समस्याओं का सामना कर रहा है और सरकार द्वारा इन्हें मिटाने के लिए विभिन्न योजनाओं को लागू किया जा रहा है। कुछ प्रमुख समस्याएँ गरीबी, बेरोजगारी, आतंकवाद, सांप्रदायिकता, नशीली दवाओं का दुरुपयोग, जातिवाद आदि हैं। सामाजिक समस्याओं का समाधान न होने पर, समाज में सामाजिक अशांति और सामाजिक अव्यवस्था हो सकती है। एक सामाजिक समस्या ऐसी स्थिति है जो अवांछनीय माने जाने वाले तरीकों से बड़ी संख्या में लोगों को प्रभावित करती है, जिसके बारे में यह महसूस किया जाता है कि सामूहिक सामाजिक कार्रवाई के माध्यम से कुछ किया जा सकता है (हॉर्टन और लेस्ली)।

दुनिया के हर समाज को कुछ गंभीर परिस्थितियों का सामना करना पड़ता है, जिसके कारण सरकार को ऐसी समस्याओं को खत्म करने के लिए उपयुक्त रणनीति बनानी पड़ती है और उन्हें लागू करना पड़ता है। कुछ समस्याएं एक समाज में गंभीर अस्वस्थ स्थिति पैदा करती हैं, जो दूसरे समाजों में कम गंभीरता पैदा करती हैं। उदाहरण के लिए, पश्चिमी पोशाक की नकल रूढ़िवादी ग्रामीण समाजों में कुछ गंभीर समस्याएं पैदा कर सकती है, जिसका बहुसांस्कृतिक शहरी उत्तर-आधुनिक समाजों पर बहुत कम प्रभाव पड़ता है। हालाँकि, सामाजिक समस्याओं पर तुरंत ध्यान देने की आवश्यकता है क्योंकि अगर इसे अनदेखा किया जाए तो सामाजिक खराबी, असंतुलन, अशांति और अन्य प्रकार की सामाजिक अव्यवस्था हो सकती है।

प्रत्येक सामाजिक समस्या की कुछ सामान्य विशेषताएं होती हैं:

1. ये आदर्श सामाजिक संतुलन स्थिति से विचलन हैं।
2. उत्पत्ति के आधार पर, समस्याएँ समाज के विभिन्न हिस्सों को प्रभावित कर सकती हैं।
3. सभी सामाजिक समस्याएँ मूलतः सामाजिक हैं।
4. सामाजिक समस्याएँ मुख्यतः समाज की संरचना से संबंधित होती हैं।
5. किसी भी समाज में प्रत्येक समस्या आपस में जुड़ी हुई होती है और इस प्रकार, यदि किसी समस्या को नजरअंदाज किया जाए, तो वह अन्य सामाजिक समस्याओं का कारण बन सकती है।
6. परिणामस्वरूप, सामाजिक समस्याएं समाज के सदस्यों और उनके परिवारों को प्रभावित करती हैं। जिससे जीवनशैली बाधित होती है।
7. सभी सामाजिक समस्याएँ समाज के सभी वर्गों को प्रभावित करती हैं।
8. प्रत्येक सामाजिक समस्या के समाधान के लिए सामूहिक दृष्टिकोण की आवश्यकता होती है।

सामान्य तौर पर सामाजिक समस्याओं से तात्पर्य मनुष्य के उन व्यवहारों से है, जिन्हें समाज के अधिकांश वर्ग अवांछनीय मानते हैं। इनका समाधान समाज के सदस्यों के हाथों में है, लेकिन यह समाज के प्रत्येक हितधारक के साथ-साथ उनकी संस्थाओं, समूहों और सामुदायिक सीमाओं के बीच समन्वय के सामूहिक तरीके से ही संभव है।

भारत की कुछ सामाजिक समस्याएँ

गरीबी

गरीबी एक सामाजिक समस्या है और इसे ऐसी स्थिति के रूप में परिभाषित किया जाता है, जिसमें कोई व्यक्ति अपर्याप्त आय या अनुचित व्यय के कारण जीवन के बुनियादी मानक को बनाए नहीं रख पाता है। यह उसी सांस्कृतिक समूह के अन्य लोगों की स्थितियों के सापेक्ष है। 19वीं शताब्दी से, शोधकर्ताओं ने गरीबी के कारणों और इसे मिटाने के उपायों का पता लगाने की कोशिश की है। उन्होंने सभी समाजों के लिए गरीबी के स्तर को इंगित करने के लिए कुछ निश्चित उपायों की भी पहचान की। गरीबी की

इस अवधारणा को पूर्ण गरीबी के रूप में जाना जाता है। पूर्ण गरीबी वह है, जिसमें कोई व्यक्ति जीवन के न्यूनतम उचित मानक को बनाए रखने में सक्षम नहीं होता है। इस प्रकार, गरीबी एक ऐसी स्थिति है, जहाँ कोई भी व्यक्ति जीवनयापन के लिए बुनियादी शारीरिक और मानसिक आवश्यकता को पूरा करने में असमर्थ होता है। ऐसी न्यूनतम आवश्यकताएँ एक क्षेत्र से दूसरे क्षेत्र में भिन्न हो सकती हैं। वंचित लोगों को 'गरीब' माना जाता है और परिणामी स्थिति गरीबी की ओर ले जाती है। हालाँकि, गरीबी की कुछ परिभाषाएँ इसे पूर्ण गरीबी के रूप में समझाती हैं, जबकि कुछ इसे एक सामाजिक अवधारणा के रूप में देखते हैं। राम आहूजा के अनुसार, गरीबी को परिभाषित करते समय तीन नियम हैं:

(क) किसी व्यक्ति द्वारा आवश्यक धनराशि
(ख) किसी निश्चित समय पर किसी निश्चित स्थान पर 'न्यूनतम निर्वाह स्तर' से नीचे का जीवन और प्रचलित जीवन स्तर
(ग) समाज में कुछ लोगों की खुशहाली और बहुसंख्यक लोगों की अस्वस्थता की तुलनात्मक स्थिति

पहली दो परिभाषाएँ पूर्ण गरीबी की आर्थिक अवधारणा को संदर्भित करती हैं, जबकि तीसरी परिभाषा गरीबी के सामाजिक पहलुओं की व्याख्या करती है। सामाजिक परिप्रेक्ष्य से गरीबी की अवधारणा एक ऐसी स्थिति के विषय को समझाती है जो प्रत्येक समाज के लिए उपयुक्त निर्वाह के न्यूनतम मानकों से नीचे गिर जाती है या 'जीवन की आवश्यकताओं को सुरक्षित करने के लिए पर्याप्त धन की अनुपस्थिति' या 'तीव्र शारीरिक अभाव की स्थिति-भुखमरी, कुपोषण, बीमारी, कपड़े, आश्रय और चिकित्सा देखभाल की कमी'। गरीबी पूर्ण और सापेक्ष हो सकती है। पूर्ण गरीबी का अर्थ है जीवन यापन की न्यूनतम बुनियादी आवश्यकताओं को पूरा करने में असमर्थता, जबकि सापेक्ष गरीबी का अर्थ है उन लोगों के संबंध में जरूरतों को पूरा करने में असमर्थता जो जरूरतों को पूरा करने में सक्षम हैं। उदाहरण के लिए, किसी भी ग्राम समुदाय में, आर्थिक स्थिति के आधार पर, गांव में कुछ व्यक्ति अपेक्षाकृत गरीब हो सकते हैं जबकि कुछ अन्य अपेक्षाकृत अमीर हो सकते हैं।

गरीबी के प्रकार

जयपालन (2002) के अनुसार, गरीबी तीन प्रकार की हो सकती है— (क) सामूहिक गरीबी, (ख) चक्रीय गरीबी, और (ग) व्यक्तिगत गरीबी।

(क) **सामूहिक गरीबी:** यदि किसी विशेष क्षेत्र या राष्ट्र में उपलब्ध संसाधन लोगों की बुनियादी जरूरतों को पूरा करने के लिए पर्याप्त नहीं हैं, तो इसे सामूहिक गरीबी कहा जाता है।

(ख) **चक्रीय गरीबी:** कभी-कभी फसल की विफलता, आर्थिक मंदी और औद्योगिक अशांति जैसी कुछ अवांछित घटनाओं के कारण, क्षेत्र की पूरी अर्थव्यवस्था ऐसी स्थिति का अनुभव करती है, जहाँ जीवन स्तर तेजी से नीचे गिर जाता है। हालाँकि स्थिति में सुधार के साथ, लोगों का जीवन स्तर फिर से ऊपर उठ जाता है। इस प्रकार के खराब जीवन स्तर को चक्रीय गरीबी कहा जाता है।

(ग) **व्यक्तिगत गरीबी:** किसी व्यक्ति की गरीबी संसाधन के पैटर्न के कारण नहीं होती बल्कि आर्थिक विकास के वितरण या स्तर में परिवर्तन के बजाय किसी व्यक्तिगत कारण से उत्पन्न गरीबी को व्यक्तिगत गरीबी कहा जाता है।

गरीबी के अन्य प्रकारों में शामिल हैं:

(i) **पूर्ण गरीबी:** यह एक ऐसी स्थिति है, जहां लोग या समाज का एक हिस्सा न्यूनतम जीवन स्तर को बनाए रखने के लिए भोजन, कपड़े और आश्रय जैसे जीवित रहने के लिए आवश्यक तत्वों के केवल बुनियादी निर्वाह स्तर को पूरा करने में सक्षम नहीं हैं।

(ii) **सापेक्ष गरीबी:** यह एक ऐसी स्थिति है, जहाँ एक व्यक्ति के पास अच्छे जीवन स्तर के लिए आवश्यक सभी चीजें हो सकती हैं, जिसमें पोषण, कपड़े, आश्रय, मनोरंजन आदि शामिल हैं। लेकिन व्यक्ति को यह असहज भावना हो सकती है कि वह गरीब है और वह अपने पड़ोसी के साथ तालमेल नहीं बिठा सकता। इसलिए, सापेक्ष गरीबी अनिवार्य रूप से स्थिति की घटना है।

(iii) **व्यक्तिपरक गरीबी:** यह सापेक्ष गरीबी से निकटता से जुड़ी हुई है और यह बताती है कि व्यक्ति या समूह महसूस करते हैं कि वे गरीब हैं या नहीं। यह अवधारणा महत्वपूर्ण है क्योंकि लोग जिस तरह से खुद को समझते हैं और परिभाषित करते हैं, उसी तरह से कार्य करते हैं।

गरीबी रेखा और गरीबी रेखा बास्केट

गरीबी रेखा गरीबी के स्तर की पहचान करने का एक प्रभावी उपाय है। यह एक काल्पनिक रेखा है जो उन लोगों के बीच विभाजन करती है जिनके पास जीवन की सबसे बुनियादी ज़रूरतें हैं और जो ऐसी स्थिति हासिल नहीं कर पाए हैं। यह तीन कारकों के संदर्भ में हो सकता है:

1. प्रति व्यक्ति आय या प्रति व्यक्ति प्रति दिन की कमाई। विश्व बैंक के अनुसार, जो व्यक्ति प्रति दिन \$1 (USD) या प्रति वर्ष \$365 (USD) से कम कमाता है, वह गरीबी रेखा से नीचे आता है।
2. भारत सरकार के अनुसार, शहरी क्षेत्रों में गरीबी रेखा 296 रुपये प्रति माह है और ग्रामीण क्षेत्रों में यह 276 रुपये प्रति माह है। इसका मतलब यह है कि, वे सभी लोग जो प्रतिदिन 10 रुपये से कम कमाते हैं, वे सामान्य रूप से गरीबी रेखा से नीचे आते हैं।
3. गरीबी रेखा का निर्धारण व्यक्ति के कैलोरी सेवन से भी होता है। इस मामले में, स्वास्थ्य, दक्षता, बच्चों के पालन-पोषण और सामाजिक भागीदारी के लिए आवश्यक न्यूनतम कैलोरी सेवन के प्रचलित मानकों को भी ध्यान में रखा जाता है।

गरीबी रेखा भी प्रति व्यक्ति प्रतिदिन कैलोरी के सेवन के आधार पर खींची जाती है—ग्रामीण क्षेत्रों में प्रति वयस्क 2400 कैलोरी तथा शहरी क्षेत्रों में 2100 कैलोरी।

भारत में शोधकर्ताओं और नीति निर्माताओं ने बहुत पहले से ही गरीबी के विभिन्न मापों का अध्ययन किया है। भारत में गरीबी के आकलन के लिए, योजना आयोग द्वारा 1960 के दशक से देश की गरीबी की स्थिति का निरंतर मूल्यांकन किया जाता रहा है। भारत में गरीबी अनुपात को प्रति व्यक्ति उपभोग और प्रति माह व्यय के संदर्भ में गरीबी रेखा की पहचान करके भी मापा गया था। उपभोग को संदर्भ **गरीबी रेखा बास्केट** (पीएलबी) के रूप में जानी जाने वाली वस्तुओं और सेवाओं के संग्रह के संदर्भ में मापा जाता है। गरीबी रेखा से नीचे उपभोग व्यय वाले परिवारों को "गरीबी रेखा से नीचे (बीपीएल)" कहा जाता है और उन्हें गरीब माना जाता है। राष्ट्रीय नमूना सर्वेक्षण कार्यालय (एनएसएसओ) द्वारा इस तरह के सर्वेक्षण से समाज की वर्ग श्रेणी प्राप्त की गई थी।

गरीबी के कारण

गरीबी के कारण भौगोलिक, आर्थिक, सामाजिक और व्यक्तिगत जैसे विभिन्न प्रकार के हो सकते हैं। विभिन्न विचारकों ने गरीबी के कारणों के बारे में अपने विचार बताए हैं। हेनरी जॉर्ज के अनुसार, गरीबी का मुख्य कारण भूमि संसाधनों पर व्यक्तियों का

व्यक्तिगत स्वामित्व और एकाधिकार है। दूसरी ओर, कार्ल मार्क्स का मानना है कि, गरीबी का मुख्य कारण पूंजीपति वर्ग द्वारा श्रमिक वर्ग का शोषण है। माल्थस के विचारों के अनुसार, गरीबी इसलिए बढ़ती है क्योंकि खाद्य उत्पादन अंकगणितीय प्रगति में बढ़ता है जबकि जनसंख्या ज्यामितीय प्रगति में बढ़ती है। गरीबी के सभी कारणों को भौगोलिक, सामाजिक, आर्थिक और व्यक्तिगत कारणों में वर्गीकृत किया जा सकता है।

1. गरीबी के भौगोलिक कारण

(क) **उच्चावच और जलवायु:** किसी भी प्रकार की शारीरिक गतिविधि के लिए अनुकूल जलवायु परिस्थितियाँ आवश्यक हैं, चाहे वह कृषि उत्पादन के लिए हो या औद्योगिक उत्पादन के लिए। इतना ही नहीं, फसल उगाने या कच्चे माल के प्रसंस्करण के लिए भी अनुकूल जलवायु परिस्थितियाँ आवश्यक हैं, ताकि लोग काम कर सकें और अपनी आजीविका कमा सकें। चरम क्षेत्रों जैसे ऊंचे पहाड़, रेगिस्तान (गर्म और ठंडा दोनों), आर्द्र और बहुत शुष्क क्षेत्रों में लोगों की काम करने की क्षमता कम हो जाती है। यह गरीबी में वृद्धि का एक महत्वपूर्ण कारण माना जाता है।

(ख) **प्राकृतिक संसाधनों की उपलब्धता:** जहां प्राकृतिक संसाधनों की मात्रा अधिक है, वहां लोग विभिन्न प्रकार के कामों में अधिक संलग्न हैं। दूसरी ओर, जिन क्षेत्रों में प्राकृतिक संसाधनों की कमी है, वहां के निवासी कोई काम नहीं कर पाते हैं और परिणामस्वरूप गरीबी बढ़ती है।

(ग) **प्राकृतिक आपदाएँ:** बाढ़, सूखा, भूकंप, चक्रवात, शुष्क और गर्म लहर, ज्वालामुखी आदि लोगों के जीवन और संसाधनों को गंभीर नुकसान पहुंचा सकते हैं। जो लोग किसी प्राकृतिक आपदा के कारण अपनी संपत्ति खो देते हैं, उनके गरीब बनने की संभावना अधिक होती है।

2. गरीबी के सामाजिक कारण

(क) **सामाजिक संरचना:** संयुक्त परिवार प्रणाली, जाति पदानुक्रम का अस्तित्व और धार्मिक विश्वासों में रूढ़िवादिता गरीबी का सबसे महत्वपूर्ण सामाजिक कारण है।

(ख) **उपनिवेशवाद के प्रभाव**—उपनिवेशवाद के कुछ दुष्परिणाम हुए और गरीबी, औपनिवेशिक सत्ता द्वारा उपनिवेशित लोगों के लम्बे समय तक वंचना का परिणाम है।

(ग) **उचित शिक्षा प्रणाली का अभाव:** प्रत्येक नागरिक के लिए उचित शैक्षिक सुविधा महत्वपूर्ण है। ऐसी उचित और उपयुक्त शिक्षा प्रणाली के बिना, लोग सरकार द्वारा लागू किए गए सभी लाभों से वंचित हो जाते हैं।

(घ) **आश्रय का अभाव:** आश्रय किसी भी देश के क्षेत्र के लोगों की एक महत्वपूर्ण बुनियादी आवश्यकता है।

3. आर्थिक कारण

(क) **कम कृषि उत्पादन:** भारत जैसे कृषि आधारित देश में, कम उत्पादन क्षेत्र के लोगों के लिए गरीबी पैदा करता है क्योंकि कृषि उनके लिए मुख्य आर्थिक आधार है।

(ख) **आर्थिक मंदी:** गरीबी में. आर्थिक मंदी एक और कारण है, जिसके परिणामस्वरूप गरीबी आती है।

(ग) **बेरोजगारी:** जब लोगों को उचित रोजगार नहीं मिलता है, तो बेरोजगारी, धन की कमी का परिणाम गरीबी होती है।

(घ) **अपर्याप्त विकास:** क्षेत्रीय विकास में असमानता और असंतुलित आर्थिक विकास के परिणामस्वरूप अक्सर जनसंख्या का कुछ हिस्सा वंचित रह जाता है, जिससे गरीबी बढ़ती है।

4. गरीबी के व्यक्तिगत कारण

(क) **निरक्षरता और अज्ञानता:** जो लोग अशिक्षित और अनभिज्ञ हैं, उनमें अधिक अपनी संपत्ति खोने का खतरा रहता है। वे सरकार द्वारा उपलब्ध कराए गए रोजगार के अवसरों तक भी नहीं पहुंच पाते हैं। जो लोग अपने विकास के बारे में नहीं जानते, उनके पास निजी संपत्ति भी नहीं होती और वे गरीब हो जाते हैं। शराब और नशीली दवाओं का सेवन करने वाले लोग अक्सर अपना पैसा खो देते हैं और गरीब हो जाते हैं।

(ख) **शारीरिक और मानसिक बीमारी:** यह स्वाभाविक है कि कोई भी बीमार व्यक्ति काम करने में असमर्थ हो जाता है, जिसके परिणामस्वरूप उसकी आय में स्वतः कमी आती है और वह गरीब होने की ओर अधिक प्रवृत्त होता है। मानसिक विकार के कारण व्यक्ति आजीविका का उचित तरीका खोजने में भी असमर्थ हो जाता है।

(ग) **आलस्य:** आलस्य एक शारीरिक और मनोवैज्ञानिक समस्या है, जो व्यक्ति काम करने में असमर्थ हो जाता है। इससे बेरोजगारी और गरीबी बढ़ती है।

(घ) **परिवार का बड़ा आकार:** परिवार में ज़्यादा लोगों को खाना खिलाना भी एक कारण है। ज़्यादातर अविकसित देशों में, बड़े परिवार का मतलब है एक व्यक्ति पर निर्भरता की उच्च दर, जो कुपोषण और गरीबी को जन्म देती है।

भारत में गरीबी

गरीबी भारत और अन्य देशों की महत्वपूर्ण सामाजिक समस्याओं में से एक है। जॉन एल. गिलन के अनुसार, गरीबी "एक ऐसी स्थिति है जिसमें एक व्यक्ति अपने समूह के जीवन स्तर के अनुसार खुद को बनाए नहीं रख सकता है"। भौगोलिक कारक जिनमें प्रतिकूल राहत, अनुपयुक्त जलवायु, प्राकृतिक संसाधनों की कमी, प्राकृतिक खतरों और आपदाओं की घटना आदि शामिल हैं, समुदायों को गरीब बनाने में महत्वपूर्ण भूमिका निभाते हैं। कुछ सामाजिक-आर्थिक कारक जैसे–आर्थिक मंदी, नासमझ आर्थिक नीति, दोषपूर्ण शिक्षा प्रणाली, अपर्याप्त चिकित्सा सुविधाएँ, संसाधन और धन का असमान वितरण, अपर्याप्त आवास, कुछ नागरिक रीति-रिवाज, बेरोजगारी आदि भी गरीब लोगों की संख्या बढ़ाने में सक्रिय भूमिका निभाते हैं।

सामान्यतः गरीबी के लिए तीन कारक मुख्य रूप से जिम्मेदार हैं (जैसा कि राष्ट्रीय सांख्यिकी कार्यालय गिलिन्स) द्वारा बताया गया है):

(क) व्यक्ति की अक्षमता, या तो आनुवंशिकता के कारण या पर्यावरण के कारण,

(ख) प्रतिकूल प्राकृतिक परिस्थितियाँ जैसे प्राकृतिक संसाधनों का असमान वितरण या समृद्ध प्राकृतिक संसाधनों का खराब दोहन, अनुपयुक्त जलवायु, महामारी का फैलना आदि।

(ग) धन और आय का असमान वितरण और हमारी संस्थाएं अर्थव्यवस्था का ठीक से काम न करना

बॉक्स 6.1 बहुआयामी गरीबी सूचकांक

परंपरागत रूप से, गरीबी को एक महत्वपूर्ण पैरामीटर, यानी आय या खपत के संदर्भ में मापा जाता है। हालाँकि, गरीब लोग खुद अपनी खराब स्थिति के पीछे शिक्षा, आवास, रोजगार, व्यक्तिगत सुरक्षा, सशक्तिकरण आदि जैसे कई संकेतकों का हवाला देते हैं। इस कारण से, 1997 से, मानव विकास रिपोर्ट ने आय के केवल एक पैरामीटर के बजाय कई तरीकों से गरीबी को मापा है। मानव गरीबी सूचकांक (HPI), इस संबंध में पहला उपाय था, जिसे 2010 में बहुआयामी गरीबी सूचकांक (MPI) द्वारा प्रतिस्थापित किया गया था।

(जारी)

बहुआयामी गरीबी सूचकांक (एमपीआई) तीव्र गरीबी को मापने का एक सूचकांक है जो दो महत्वपूर्ण विशेषताओं को संदर्भित करता है—- (i) इसमें वे लोग शामिल हैं जो ऐसी परिस्थितियों में रह रहे हैं जहां वे पोषण, पोषण स्तर, शैक्षिक उपलब्धि, स्वच्छ पेयजल तक पहुंच आदि जैसे बुनियादी कामकाज के संकेतकों में न्यूनतम अंतरराष्ट्रीय स्तर पर सहमत मानकों तक नहीं पहुंचते हैं, और (ii) वे लोग जो ऐसी परिस्थितियों में रह रहे हैं जहां वे एक ही समय में कई पहलुओं में न्यूनतम मानकों तक नहीं पहुंच पाते हैं।

इसका मतलब है कि गरीबी के लिए कई तरह की वंचनाएं जिम्मेदार हैं। इस प्रकार गरीबी का प्रसार और उनके अभाव की तीव्रता — एमपीआई को मापने के लिए आवश्यक दो बुनियादी जानकारी हैं।

इन तीनों में से, अंतिम दो कारक भारत में गरीबी के लिए मुख्य रूप से जिम्मेदार हैं। हालाँकि, भारत प्राकृतिक संसाधनों से समृद्ध है, लेकिन सभी संसाधनों का पर्याप्त रूप से दोहन नहीं किया जाता है। देश के अधिकांश भाग में कृषि के पारंपरिक तरीके, कम विकसित कम मशीनी उद्योग के कारण गुणवत्ता और मात्रा दोनों में खराब उत्पादन, दोषपूर्ण आर्थिक योजना आदि देश में गरीबी के उच्च स्तर के प्रमुख कारण हैं।

राष्ट्रीय गरीबी रेखा के अनुमानों के अनुसार भारत में वर्ष 2004-2005 में गरीबी का प्रतिशत 27.5 था (एशियाई विकास बैंक, 2011)। इसका मतलब है कि देश के लगभग एक चौथाई लोग गरीबी रेखा से नीचे रहते हैं। यदि अंतर्राष्ट्रीय गरीबी रेखा को $1 प्रतिदिन (199 क्रय शक्ति समता विनिमय दर पर मापा गया) माना जाए, तो लगभग 34 प्रतिशत लोग गरीबी रेखा से नीचे रहते हैं।

स्वतंत्रता के बाद से भारत में गरीबी उन्मूलन कार्यक्रम

भारतीय योजना आयोग के अनुसार, 9वीं पंचवर्षीय योजना में दिए गए कुछ महत्वपूर्ण गरीबी उन्मूलन कार्यक्रम इस प्रकार हैं:

1. **एकीकृत ग्रामीण विकास कार्यक्रम (आईआरडीपी):** इसे 1978–1979 में पेश किया गया था इसका उद्देश्य ग्रामीण गरीबों को बैंक ऋण के रूप में सहायता प्रदान करना तथा क्रमिक योजना अवधियों के दौरान उत्पादक रोजगार के अवसरों के लिए सब्सिडी प्रदान करना है। ग्रामीण आबादी की देखभाल के लिए आईआरडीपी के तहत कार्यक्रम भी लागू किए गए, जिनमें ग्रामीण युवाओं को स्वरोजगार के लिए प्रशिक्षण (टीआरवाईएसईएम), ग्रामीण क्षेत्रों में महिलाओं और बच्चों का विकास (डीडब्ल्यूसीआरए), ग्रामीण कारीगरों को उन्नत टूल किट की आपूर्ति (एसआईटीआरए), गंगा कल्याण योजना (जीकेवाई), आदि शामिल हैं। 1 अप्रैल 1999 को, आईआरडीपी को इसके सभी संबद्ध कार्यक्रमों के साथ स्वर्ण जयंती ग्राम स्वरोजगार योजना (एसजीएसवाई) नामक एक एकल कार्यक्रम में विलय कर दिया गया, जिसका मुख्य उद्देश्य ग्रामीण गरीबों को स्वयं सहायता समूहों में संगठित करना, क्षमता निर्माण, गतिविधि क्लस्टरों की योजना बनाना, प्रौद्योगिकी और बुनियादी ढांचे का समर्थन, ऋण और विपणन संबंध बनाना था।
2. **जवाहर रोजगार योजना/जवाहर ग्राम समृद्धि योजना:** 6वीं और 7वीं पंचवर्षीय योजना के दौरान, मजदूरी रोजगार कार्यक्रमों के तहत दो कार्यक्रम शुरू किए गए और ये दो थे—राष्ट्रीय ग्रामीण रोजगार कार्यक्रम (एनआरईपी) और ग्रामीण भूमिहीन रोजगार गारंटी कार्यक्रम (आरएलईजीपी)। अप्रैल 1989 को, इन दोनों कार्यक्रमों को जवाहर रोजगार योजना (जेआरवाई) के तहत मिला दिया गया। इसे आर्थिक बुनियादी ढांचे और सामाजिक और सामुदायिक परिसंपत्तियों के निर्माण के माध्यम से बेरोजगार और अल्परोजगार वाले ग्रामीण लोगों के लिए उपयुक्त और उचित

रोज़गार के अवसर पैदा करने के लिए पेश किया गया था। हालांकि, बाद के वर्षों में, रोजगार सृजन की संख्या में गिरावट आई, जो आंशिक रूप से 9वीं पंचवर्षीय योजना में केंद्रीय आवंटन की कम राशि और आंशिक रूप से रोजगार सृजन लागत में वृद्धि के कारण थी। इस प्रकार, 1 अप्रैल 1999 को, जेआरवाई को जवाहर ग्राम समृद्धि योजना (जेजीएसवाई) के रूप में पुनर्गठित किया गया, जिसे रोजगार सृजन को द्वितीयक उद्देश्य के रूप में ग्रामीण आर्थिक बुनियादी ढांचे के निर्माण के लिए शुरू किया गया था।

3. **रोजगार आश्वासन योजना:** 2 अक्टूबर 1993 को एक अलग योजना शुरू की गई जो देश के 1778 सूखाग्रस्त क्षेत्रों, रेगिस्तानी, आदिवासी और पहाड़ी क्षेत्रों जैसे चरम जलवायु क्षेत्रों के लिए थी। इसे रोजगार आश्वासन योजना (ईएएस) नाम दिया गया था। हालाँकि, बाद में इसे 1997–1998 में सभी ब्लॉकों तक बढ़ा दिया गया। इस योजना को कृषि मौसम की कमज़ोर अवधि में मैनुअल काम के रूप में रोजगार प्रदान करने के लिए डिज़ाइन किया गया था। इस योजना का उद्देश्य लोगों की ज़रूरतों को पूरा करने के लिए टिकाऊ आर्थिक और सामाजिक बुनियादी ढाँचा तैयार करना भी था।
4. **काम के बदले भोजन कार्यक्रम:** काम के बदले भोजन कार्यक्रम 2000–2001 में ईएएस के एक घटक के रूप में शुरू किया गया था और छत्तीसगढ़, गुजरात के आठ सूखा प्रभावित राज्यों, हिमाचल प्रदेश, मध्य प्रदेश, ओडिशा, राजस्थान, महाराष्ट्र और उत्तराखंड में शुरू किया गया था। इन राज्यों को खाद्यान्न पूरी तरह से मुफ्त में उपलब्ध कराया गया और साथ ही मजदूरी रोजगार के माध्यम से खाद्य सुरक्षा को बढ़ाया गया।
5. **संपूर्ण ग्रामीण रोजगार योजना:** सितंबर 2001 से नई संपूर्ण ग्रामीण रोजगार योजना (एसजीआरवाई) की शुरुआत जेजीएसवाई, ईएएस और काम के बदले अनाज कार्यक्रम के विलय के परिणामस्वरूप हुई थी। इस योजना का मूल उद्देश्य ग्रामीण गरीबों के लिए मजदूरी रोजगार पैदा करना, ग्रामीण क्षेत्रों में टिकाऊ आर्थिक बुनियादी ढांचे का निर्माण करना और गरीब लोगों को भोजन और पोषण सुरक्षा प्रदान करना था।
6. **ग्रामीण आवास—इंदिरा आवास योजना (आईएवाई):** आईएवाई का उद्देश्य सामान्य रूप से ग्रामीण क्षेत्रों में गरीबी रेखा से नीचे रहने वाले परिवारों और विशेष रूप से एससी/एसटी परिवारों को मुफ्त आवास उपलब्ध कराना था। 1989 में इसे जेआरवाई में मिला दिया गया था, लेकिन 1996 से इसे फिर से एक अलग कार्यक्रम के रूप में शुरू किया गया। 1998 में राष्ट्रीय आवास और पर्यावास नीति के आलोक में आईएवाई के तहत 9वीं पंचवर्षीय योजना आवास कार्यक्रम तैयार किया गया था। इस कार्यक्रम का मुख्य लक्ष्य योजना अवधि के अंत तक ग्रामीण क्षेत्रों में सभी को आश्रय प्रदान करना था। आवास और शहरी विकास निगम (हुडको) ने अपनी गतिविधियों को ग्रामीण क्षेत्रों तक बढ़ाया है। उन्होंने घर बनाने के लिए कम आय वर्ग और आर्थिक रूप से गरीब लोगों को रियायती ब्याज दर पर ऋण देना शुरू किया। इसका कार्यान्वयन केवल कुछ राज्यों जैसे–आंध्र प्रदेश, तमिलनाडु, कर्नाटक, केरल, ओडिशा और पश्चिम बंगाल तक ही सीमित था।
7. **महात्मा गांधी राष्ट्रीय ग्रामीण रोजगार गारंटी अधिनियम (MGNREGA):** इसे वर्ष 2005 में शुरू की गई इस योजना का उद्देश्य प्रत्येक ग्रामीण परिवार को प्रति वर्ष 100 दिन का सुनिश्चित रोजगार उपलब्ध कराना है। प्रस्तावित नौकरियों में से एक तिहाई महिलाओं के लिए आरक्षित होंगी। इस अधिनियम के अंतर्गत ग्रामीण लोगों के लिए कुछ रोजगार गारंटी निधि भी शुरू की गई। केंद्र सरकार ने राष्ट्रीय रोजगार गारंटी निधि की स्थापना की, जबकि राज्य सरकारों ने इस योजना के क्रियान्वयन के लिए राज्य रोजगार गारंटी निधि की शुरुआत की। इस कार्यक्रम के तहत, यदि किसी आवेदक को 15 दिनों के भीतर रोजगार नहीं मिलता है, तो वह दैनिक बेरोजगारी भत्ते का हकदार होगा।

8. **राष्ट्रीय ग्रामीण आजीविका मिशन (एनआरएलएम):** इसे ग्रामीण विकास मंत्रालय द्वारा शुरू किया गया था। 2011 में विकास और इस योजना को विश्व बैंक द्वारा सहायता प्रदान की गई थी। एनआरएलएम का उद्देश्य ग्रामीण गरीबों के लिए एक कुशल और प्रभावी प्रणाली बनाना है। ग्रामीण गरीबों द्वारा वित्तीय सेवाओं तक पहुँच बनाना इस योजना का मुख्य उद्देश्य है। दूसरे शब्दों में, इस योजना की शुरुआत गरीबों को उनकी घरेलू आय बढ़ाने के लिए सशक्त बनाकर स्थायी अवसर पैदा करने के लिए की गई थी। अन्य उद्देश्य गरीब लोगों को अधिकारों, पात्रताओं और सार्वजनिक सेवाओं तक अधिक पहुँच प्राप्त करने में मदद करना, सशक्तिकरण के विविध और बेहतर सामाजिक संकेतक हैं। मिशन का उद्देश्य गरीबों की जन्मजात क्षमताओं का उपयोग करना तथा उन्हें देश की बढ़ती अर्थव्यवस्था में भागीदारी करने की क्षमता प्रदान करना है। 2015 में इस कार्यक्रम का नाम बदलकर दीनदयाल अंत्योदय योजना (डीएवाई-एनआरएलएम) कर दिया गया।

पिछली पंचवर्षीय योजनाओं में शुरू किए गए कई कार्यक्रम सरकार और इसके क्रियान्वयन के लिए जिम्मेदार अधिकारियों की ओर से नियोजन, समन्वय और प्रतिबद्धता की कमी के कारण विफल हो गए। आम तौर पर यह कहा जा सकता है कि नियोजन इस बात को ध्यान में रखकर किया जाना चाहिए कि गरीबी कोई कारण नहीं बल्कि परिणाम है।

बेरोजगारी

बेरोजगारी एक सामाजिक समस्या है जो आर्थिक कारकों के कारण उत्पन्न होती है। जब लोगों को आर्थिक रूप से लाभदायक गतिविधि नहीं मिलती है, तो बेरोजगारी की स्थिति शुरू होती है। यह व्यक्ति के मनोविज्ञान को प्रभावित करती है, फिर यह गरीबी और सामाजिक अस्थिरता का कारण बनती है, जिससे समाज की सांस्कृतिक व्यवस्था में बदलाव आता है। सबसे बढ़कर, यह राज्य की राजनीतिक व्यवस्था की दीवार से टकराती है। इस प्रकार, हालांकि मूल रूप से यह एक सामाजिक-आर्थिक समस्या है, लेकिन वास्तव में, बेरोजगारी एक सामाजिक, आर्थिक, सांस्कृतिक, मनोवैज्ञानिक और राजनीतिक समस्या है जो किसी राज्य को प्रभावित करती है। विकासशील देशों में यह समस्या दुनिया के विकसित हिस्से की तुलना में अधिक गंभीर है। विकासशील देशों में जनसंख्या का दबाव बहुत अधिक है और आर्थिक विकास कम है — ये कारक देश की बेरोजगारी की समस्या पर काम करते हैं। दरअसल, बेरोजगारी की स्थिति तब होती है, जब कोई व्यक्ति काम करने की इच्छा के बावजूद श्रम बाजार में काम करने की क्षमता का उपयोग करने में असमर्थ होता है।

बेरोजगारी की परिभाषा

आईएलओ, 2019 के अनुसार, "बेरोज़गारी में रहने वाले व्यक्तियों को कामकाजी उम्र के उन सभी लोगों के रूप में परिभाषित किया जाता है जो रोज़गार में नहीं थे, हाल ही में निर्दिष्ट अवधि के दौरान रोज़गार की तलाश में गतिविधियाँ कीं और वर्तमान में नौकरी का अवसर मिलने पर रोज़गार लेने के लिए उपलब्ध थे"। बेरोज़गारी दर की गणना श्रम बल में उन व्यक्तियों के प्रतिशत के रूप में की जाती है जो बेरोज़गार हैं।

बेरोजगारी का विस्तृत विवरण (आईएलओ, 2019 रिपोर्ट के अनुसार):

- *रोजगार की तलाश* से तात्पर्य किसी निर्दिष्ट हाल के कार्यकाल के दौरान की गई किसी भी गतिविधि से है जो नौकरी खोजने या व्यवसाय या कृषि उपक्रम स्थापित करने के उद्देश्य से, राष्ट्रीय क्षेत्र में या विदेश में अंशकालिक,

अनौपचारिक, अस्थायी, मौसमी या आकस्मिक रोजगार सहित, अंतिम चार सप्ताह या एक महीने की अवधि के द्वारा की गई। ऐसी गतिविधियों के उदाहरण हैं: वित्तीय संसाधनों की व्यवस्था करना, परमिट, लाइसेंस के लिए आवेदन करना; भूमि, परिसर, मशीनरी, आपूर्ति, कृषि इनपुट की तलाश करना; दोस्तों, रिश्तेदारों या अन्य प्रकार के मध्यस्थों की सहायता लेना; सार्वजनिक या निजी रोजगार सेवाओं के साथ पंजीकरण कराना या उनसे संपर्क करना; नियोक्ताओं को सीधे आवेदन करना, कार्यस्थलों, खेतों, फैक्टरी गेटों, बाजारों या अन्य एकत्रीकरण स्थानों पर जांच करना; समाचार पत्र या ऑनलाइन नौकरी के विज्ञापन देना या उनका उत्तर देना; ऑनलाइन व्यावसायिक या सामाजिक नेटवर्किंग साइटों पर अपना बायोडाटा डालना या अपडेट करना।

- *वर्तमान में उपलब्ध* वर्तमान में नौकरी शुरू करने के लिए तत्परता के परीक्षण के रूप में कार्य करता है, मूल्यांकन किया जाता है रोजगार को मापने के लिए उपयोग की जाने वाली लघु संदर्भ अवधि के संबंध में, जिसे राष्ट्रीय परिस्थितियों के आधार पर, कुल मिलाकर दो सप्ताह से अधिक नहीं की लघु अनुवर्ती अवधि को शामिल करने के लिए बढ़ाया जा सकता है।
- भावी शुरुआत करने वाले, अर्थात वे व्यक्ति जो रोजगार में नहीं हैं और वर्तमान में उपलब्ध हैं, जिन्होंने रोजगार की तलाश नहीं करना क्योंकि उन्होंने पहले से ही एक छोटी अवधि के भीतर नौकरी शुरू करने की व्यवस्था कर ली है, जिसे राष्ट्रीय संदर्भ में एक नई नौकरी शुरू करने के लिए प्रतीक्षा समय की सामान्य अवधि के अनुसार निर्धारित किया जाता है लेकिन आम तौर पर तीन महीने से अधिक नहीं होता है, उन्हें बेरोजगारी में शामिल किया जाना चाहिए।
- रोजगार संवर्धन के अंतर्गत कौशल प्रशिक्षण या पुनः प्रशिक्षण योजनाओं में भाग लेने वाले कार्यक्रम, जो उस आधार पर, रोजगार में नहीं थे, वर्तमान में उपलब्ध नहीं हैं और इसलिए रोजगार की तलाश नहीं की क्योंकि उन्हें एक छोटी सी अवधि (आमतौर पर तीन महीने से अधिक नहीं) में नौकरी शुरू करने का प्रस्ताव मिला था, उन्हें बेरोजगारी में शामिल किया जाना चाहिए।
- ऐसे व्यक्ति जो रोजगार में नहीं हैं तथा जिन्होंने विदेश प्रवास करने के लिए गतिविधियाँ की हैं जो लोग वेतन या लाभ के लिए काम करते हैं लेकिन अभी भी नौकरी छोड़ने के अवसर की प्रतीक्षा कर रहे हैं, उन्हें बेरोजगारी में शामिल किया जाना चाहिए।

विशेष रूप से बेरोजगारी की परिभाषा के संबंध में, यह अत्यंत महत्वपूर्ण है कि तीन मानदंडों का उपयोग यह निर्धारित करने के लिए किया जाए कि कौन बेरोजगार है, अर्थात, रोजगार में नहीं होना, उपलब्ध होना और सक्रिय रूप से रोजगार की तलाश करना।

बेरोजगारी के कारण

बेरोज़गारी की स्थिति के लिए कई कारण ज़िम्मेदार हैं। इनमें से कुछ हैं जनसंख्या की उच्च वृद्धि दर, अधिक जनसंख्या और काम की कमी, श्रम शक्ति में वृद्धि, आर्थिक विकास की कम दर, गैर-कृषि गतिविधियों में पर्याप्त रोज़गार के अवसरों की कमी, मौसमी रोज़गार के सृजन में वृद्धि, विनिर्माण में कम श्रम अवशोषण क्षमता, तृतीयक गतिविधियों में कम भर्ती, श्रम-प्रधान से पूंजी- और कौशल-प्रधान उत्पादन तकनीकों की ओर स्थानांतरण, शिक्षा प्रणाली में विस्तार आदि।

हालाँकि, भारत में बेरोजगारी के प्रमुख कारण हैं:

1. देश की आर्थिक वृद्धि का निम्न और उतार-चढ़ाव भरा स्तर पर्याप्त रोजगार के अवसर पैदा करने में सहायक नहीं है।
2. अर्थव्यवस्था के विभिन्न क्षेत्रों में रोजगार के कम अवसर भी एक बेरोजगारी का महत्वपूर्ण निर्धारक है।

3. भारत एक ऐसा देश है जहाँ अधिकांश लोग आज भी अपनी आजीविका के लिए कृषि पर निर्भर हैं। इसलिए, कृषि पर अत्यधिक निर्भरता, भूमि जोतों का विखंडन और गैर-कृषि गतिविधियों की धीमी वृद्धि ग्रामीण क्षेत्रों में रोजगार सृजन को सीमित करती है।
4. उत्पादन प्रक्रिया में पूंजी-गहन तरीकों के उपयोग से वर्तमान में कार्यरत अकुशल श्रमिक हट जाते हैं, जिससे विभिन्न क्षेत्रों में नए रोजगार के अवसरों का सृजन धीमा हो जाता है।
5. हर देश के लिए रोजगार के अवसर बढ़ाने के लिए अनुकूल नीति बहुत महत्वपूर्ण है। अच्छी तरह से विकसित मानव संसाधन नीति का अभाव भारत में बेरोजगारी की बड़ी दर का एक और प्रमुख कारण है।
6. कार्य की मांग और प्रासंगिक कौशल की उपलब्धता के बीच संतुलन होना चाहिए, क्योंकि ऐसा संतुलन प्रत्येक श्रमिक के लिए उसके कौशल और अभ्यास के अनुसार रोजगार सृजन के अवसर पैदा करता है।
7. पाठ्यक्रम में व्यावसायिक पाठ्यक्रमों का अभाव, प्रशिक्षण और व्यावहारिक अनुभव का अभाव शिक्षित युवाओं में बढ़ती बेरोजगारी के कारण रोजगार क्षेत्र में उनकी अवशोषण दर खराब हो जाती है।
8. उचित पोषण और अच्छे स्वास्थ्य के बिना, युवा लोग किसी भी कार्यबल में बने रहने में अधिक सक्षम नहीं होंगे, जिससे बेरोजगारी भी बढ़ती है।
9. निवेश और बुनियादी ढांचे के विकास का अभाव ऐसे कारक हैं जो किसी भी देश में पर्याप्त स्तर पर रोजगार पैदा नहीं करते हैं और परिणामस्वरूप बेरोजगारी बढ़ती है।
10. किसी भी देश की आर्थिक वृद्धि के लिए सार्वजनिक रोजगार कार्यक्रम महत्वपूर्ण हैं। बेरोजगारी बीमा की अपर्याप्त उपलब्धता भी बेरोजगारी में वृद्धि का कारण बनती है।

भारत में बेरोजगारी की विशेषताएं

भारत में बेरोजगारी की प्रमुख विशेषताएं हैं:

- शहरी क्षेत्रों में बेरोजगारी की दर ग्रामीण क्षेत्रों की तुलना में बहुत अधिक है।
- यह दर पुरुषों की अपेक्षा महिलाओं के लिए अधिक है।
- शिक्षित लोगों में बेरोजगारी की दर सामान्य लोगों की तुलना में अधिक है।
- कृषि क्षेत्र में बेरोजगारी की दर औद्योगिक एवं अन्य क्षेत्रों की तुलना में अधिक है।

बेरोजगारी के प्रकार

मोटे तौर पर बेरोजगारी दो तरह की होती है— स्वैच्छिक और अनैच्छिक। स्वैच्छिक बेरोजगारी किसी व्यक्ति विशेष पर लागू होने वाले विशिष्ट कारणों से उत्पन्न होती है, जबकि अनैच्छिक बेरोजगारी कई सामाजिक-आर्थिक कारकों का परिणाम होती है। इनमें से कुछ हैं— बाजार की संरचना, मांग का स्तर और संरचना, सरकारी नीतियाँ आदि। इस प्रकार, प्रकृति, कारणों और अवधि के आधार पर बेरोजगारी कई तरह की होती है।

(क) **संरचनात्मक बेरोजगारी:** इस प्रकार की बेरोजगारी तब होती है जब अर्थव्यवस्था में मांग और तकनीक में कोई बदलाव होता है। उदाहरण के लिए, जब कंप्यूटर पेश किए गए थे, तो श्रमिकों के मौजूदा कौशल और इन कंप्यूटरों को संभालने के लिए आवश्यक कौशल के बीच असंतुलन के परिणामस्वरूप कई श्रमिक बेरोजगार थे। कंप्यूटर

ज्ञान वाले लोगों की मांग काफी बढ़ गई और यद्यपि नौकरियां उपलब्ध थीं, लेकिन एक नए प्रकार के कौशल और योग्यता की मांग भी थी। इसलिए, पुराने कौशल वाले लोगों को बदली हुई आर्थिक और तकनीकी स्थिति में रोजगार नहीं मिला और वे बेरोजगार ही रहे। इसे संरचनात्मक बेरोजगारी कहा जाता है।

(ख) **कृषि बेरोज़गारी:** इस प्रकार की बेरोज़गारी ग्रामीण क्षेत्रों में पैदा होती है। इसके दो कारण बताये जा सकते हैं।

- सबसे पहले, भूमि जोत के विखंडन के कारण, परिवार के सभी सदस्य कामकाजी आयु वर्ग के लोगों को भूमि पर काम नहीं मिल पा रहा है।
- दूसरे, काम की मौसमी प्रकृति के कारण, खेत में काम करने के लिए बड़ी संख्या में लोगों की आवश्यकता पूरे वर्ष भर नहीं होती है, इसलिए अतिरिक्त श्रम शक्ति उत्पन्न होती है।

(ग) **मौसमी बेरोजगारी:** यह बेरोजगारी का एक और प्रकार है। यह विशिष्ट गतिविधियों में होता है, जो मौसमी काम की विशेषता रखते हैं। उदाहरण के लिए, इस प्रकार की बेरोजगारी मुख्य रूप से कृषि क्षेत्र और कुछ मामलों में औद्योगिक क्षेत्र से संबंधित है, जहां वर्ष के किसी विशेष मौसम के दौरान अधिक श्रमिकों की आवश्यकता होती है।

(घ) **चक्रीय बेरोजगारी:** यह व्यापार और व्यवसाय की असमान प्रकृति के कारण है। उद्यमी द्वारा अर्जित लाभ से पूंजी निवेश में वृद्धि होती है और श्रम बल की आवश्यकता में वृद्धि होती है, लेकिन जब आर्थिक मंदी आती है, तो वे श्रमिकों की संख्या कम करने की कोशिश करते हैं। इससे बड़े पैमाने पर बेरोजगारी होती है। इसलिए, इसे 'मांग की क़मी वाली बेरोजगारी' भी कहा जाता है। उदाहरण के लिए, 2008 के अंत में हाल ही में वैश्विक मंदी के कारण दुनिया भर में कई श्रमिकों ने अपनी नौकरी खो दी।

(ङ) **औद्योगिक बेरोज़गारी:** बड़े पैमाने पर गाँव से शहर की ओर पलायन, उद्योगों पर अधिक दबाव, धीमी औद्योगिक वृद्धि, विदेशी औद्योगिक उत्पादों के साथ प्रतिस्पर्धा, अनियोजित औद्योगीकरण, उद्योगों में तालाबंदी, श्रमिक हड़ताल आदि के परिणामस्वरूप औद्योगिक बेरोज़गारी होती है (सेन, 2012)।

(च) **तकनीकी बेरोजगारी:** अधिक स्वचालन तकनीक या अन्य प्रकार के तकनीकी परिवर्तनों के कार्यान्वयन के कारण श्रम शक्ति अधिक हो जाती है और बेरोजगारी उत्पन्न होती है।

भारत में शिक्षित बेरोजगारी

भारत के युवा शिक्षित बेरोजगारी और अल्प रोजगार जैसी गंभीर समस्याओं का सामना कर रहे हैं। शिक्षित बेरोजगारी स्नातकों के लक्ष्यों, उनके हाल ही में अर्जित ज्ञान और उनके लिए उपलब्ध रोजगार के अवसरों के बीच असंतुलन के कारण हुई। बेरोजगारी का मतलब बेरोजगार होने या नौकरी न होने की स्थिति से है। एक व्यक्ति को बेरोजगार कहा जाता है यदि वह काम की तलाश में है या प्रचलित मजदूरी पर काम करने को तैयार है, लेकिन उसे नौकरी नहीं मिल पा रही है।

भारत में शिक्षा क्षेत्र का विस्तार हो रहा है और इस प्रकार, शिक्षा पूरी करने के बाद, शिक्षित व्यक्तियों का एक बड़ा वर्ग काम की तलाश में और रोजगार के लिए उपलब्ध है। लेकिन भारतीय अर्थव्यवस्था इन सभी शिक्षित युवाओं के लिए रोजगार के अवसरों का एक समान स्तर बनाने में विफल रही है। शैक्षिक प्रणाली द्वारा प्रदान किए जाने वाले कौशल के प्रकार और नौकरी के क्षेत्र में कौशल की आवश्यकता के बीच एक विसंगति है। इसलिए भारतीय शिक्षा प्रणाली में अर्थव्यवस्था की आवश्यकता के अनुसार पाठ्यक्रम को फिर से तैयार करना एक महत्वपूर्ण बिंदु है। नौकरी के क्षेत्र के लिए उपयुक्त व्यावहारिक अनुभव की आवश्यकता है। उचित कौशल और प्रशिक्षण को विशिष्ट डिग्री और डिप्लोमा के साथ जोड़ा जाना चाहिए और साथ ही व्यावसायिक प्रशिक्षण पर अधिक जोर दिया जाना चाहिए ताकि शिक्षित व्यक्तियों को कृषि, उद्योग और सेवा क्षेत्रों में स्वरोजगार गतिविधियों को अपनाने के लिए प्रोत्साहित किया जा सके।

भारत में, यह ध्यान रखना दिलचस्प है कि शिक्षा के स्तर के साथ बेरोजगारी का स्तर बढ़ता है। तिवारी एट अल. (2011) द्वारा भारत में शिक्षित बेरोजगारी पर किए गए एक अध्ययन में उल्लेख किया गया है कि, 'प्राथमिक' स्तर पर बेरोजगारी 3.6% है, जो मैट्रिकुलेशन पर 5.2% तक बढ़ जाती है। यह स्नातक स्तर पर 8% और स्नातकोत्तर स्तर पर 9.3% तक बढ़ जाती है। बेरोजगारों में से अधिकांश कला और विज्ञान संकाओं से हैं। कला डिग्री धारकों के बीच बेरोजगारी का प्रतिशत योग्यता के स्तर के साथ बढ़ता है लेकिन विज्ञान डिग्री धारकों के मामले में घटता है। 39% कला स्नातक बेरोजगार हैं, कला संकाय के पेशेवर डिग्री धारकों में यह प्रतिशत 49% तक बढ़ जाता है। सामान्य स्नातकों की तुलना में इंजीनियरिंग स्नातकोत्तरों में अधिक बेरोजगारी है और वाणिज्य स्नातकों के मामले में इसका उल्टा है। नौकरियों की कमी, उपयुक्त नौकरियों की अनुपलब्धता और पारिवारिक जिम्मेदारियाँ भारतीय युवाओं में बेरोजगारी के सबसे महत्वपूर्ण कारण हैं। भारतीय साक्षर युवाओं में उपयुक्त नौकरी न मिलने की समस्या का सामना ग्रामीण (46%) की तुलना में शहरी युवाओं (48%) को अधिक करना पड़ता है। अध्ययन से यह भी पता चलता है कि भारत में लगभग 134 मिलियन साक्षर युवा किसी न किसी नौकरी में कार्यरत हैं; उनमें से 58% अपनी नौकरी से संतुष्ट हैं जबकि 38% असंतुष्ट हैं (तालिका 6.1)।

तालिका 6.1 भारत की बेरोज़गारी दर, अगस्त 2019–जुलाई 2020

महीना	*बेरोज़गारी दर (प्रतिशत में)*		
	भारत	*शहरी*	*ग्रामीण*
जुलाई–2020	7.43	9.15	6.66
जून–2020	10.99	12.02	10.52
मई–2020	23.48	25.79	22.48
अप्रैल–2020	23.52	24.95	22.89
मार्च–2020	8.75	9.41	8.44
फरवरी–2020	7.76	8.65	7.34
जनवरी–2020	7.22	9.70	6.06
दिसंबर–2019	7.60	9.02	6.93
नवंबर–2019	7.23	8.88	6.45
अक्टूबर–2019	8.10	8.27	8.02
सितंबर–2019	7.14	9.58	5.99
अगस्त–2019	8.19	9.71	7.48

स्रोत: सेंटर फॉर मॉनिटरिंग इंडियन इकोनॉमी प्राइवेट लिमिटेड (जैसा कि अली और (Kamraju, 2020) द्वारा उल्लेख किया गया है)

शिक्षित बेरोजगारी के पीछे कारण

(i) शैक्षणिक संस्थानों का प्रकार

(ii) बढ़ती जनसंख्या

(iii) आर्थिक मंदी

(iv) मुद्रास्फीति

(v) नौकरी करने में असमर्थता

(vi) भाई-भतीजावाद

(vii) अत्यधिक कुशल श्रम की मांग

(viii) नियोक्ताओं के प्रति रवैया

(ix) व्यापार चक्र में उतार-चढ़ाव

(x) कर्मचारियों की असंतुष्ट आय या वेतन

(xi) युवा लोग ऐसी नौकरियाँ करने के लिए तैयार नहीं हैं जिन्हें सामाजिक दृष्टि से अपमानजनक या कम अनुचित माना जाता है।

(xii) माता-पिता का दबाव

(xiii) चलन से पीछे भागना

भारत में बेरोज़गारी दर कम करने के लिए सरकारी पहल

सभी योजनाओं में कृषि और औद्योगिक विकास तथा देश की बेरोजगारी की स्थिति को कम करने पर जोर दिया गया। भारत में बेरोजगारी दर को कम करने के लिए भारत सरकार द्वारा उठाए गए कुछ महत्वपूर्ण उपाय निम्नलिखित हैं:

1. **महात्मा गांधी राष्ट्रीय ग्रामीण रोजगार गारंटी अधिनियम (एमजीएनआरईजीए):** यह ग्रामीण क्षेत्रों में गरीब लोगों के जीवन स्तर को सुधारने के लिए 2005 में रणनीति का समर्थन किया गया था। केंद्र सरकार के इस अधिनियम का उद्देश्य विशेष रूप से प्रत्येक परिवार के वयस्क सदस्यों को एक वित्तीय वर्ष में अकुशल शारीरिक कार्य के लिए कम से कम सौ दिनों की गारंटीकृत मजदूरी रोजगार देकर गांव के लोगों को सामाजिक सुरक्षा प्रदान करना था। यह अधिनियम 2005 से भारत के 300 से अधिक जिलों में रोजगार पैदा करने में सफल रहा है। वित्तीय वर्ष 2013–14 में 3,81,26,455 परिवारों को रोजगार उपलब्ध कराया गया (बिस्वास, 2016)। हालांकि, अप्रैल 2011 में नीति को केंद्र और राज्य स्तर पर संशोधित किया गया और निष्कर्ष निकाला गया कि 40,000 करोड़ के बजट का उपयोग प्रभावी योजना के साथ बेरोजगारी को कम करने के लिए किया जा सकता था। लेकिन वास्तव में, ब्लॉक और पंचायत स्तर पर पर्याप्त प्रशासन और तकनीकी जानकारी की कमी ने योजना की तैयारी, सुरक्षा, उचित निगरानी और काम के मापन पर प्रतिकूल प्रभाव डाला। इस प्रकार, भारतीय युवाओं और परिपक्व लोगों की बेरोजगारी दर को खत्म करने के लिए और अधिक योजना की आवश्यकता है।

2. **क्षेत्रीय ग्रामीण बैंक (आरआरबी):** क्षेत्रीय ग्रामीण बैंकों की योजना स्थापित की गई ग्रामीण अर्थव्यवस्था को मजबूत करने और 'सहकारी ऋण संरचना' के लिए एक पूरक चैनल बनाने के लिए 1975 में आरआरबी की स्थापना की गई थी। यह ग्रामीण और कृषि क्षेत्र के लिए संस्थागत ऋण को बढ़ाने पर केंद्रित है। आरआरबी मुख्य रूप से ग्रामीण/अर्ध-शहरी क्षेत्रों से जमा को सक्रिय करते हैं और फिर बेरोजगारी दर को कम करने के लिए ग्रामीण निवासियों को ऋण प्रदान करते हैं। आरआरबी योजना द्वारा आम तौर पर कम दरों पर ऋण देकर उद्यमिता को प्रोत्साहित किया जाता है। इसका उद्देश्य आम तौर पर गांवों में नए उद्यमियों की सुरक्षा बढ़ाना और ग्रामीण अर्थव्यवस्था को प्रोत्साहित करना है। हालांकि, ऋण नीतियों में प्रतिबंध जैसे कुछ मुद्दे कभी-कभी ग्रामीण आबादी को इन बैंकों से निपटने के लिए हतोत्साहित करते हैं। ये बैंक सख्त प्रक्रिया का भी पालन करते हैं जो गांव स्तर पर रोजगार सृजन के उद्देश्य में बाधा उत्पन्न करते हैं।

3. **सूक्ष्म, लघु और मध्यम उद्यम मंत्रालय (एमएसएमई):** एमएसएमई को भारतीय युवाओं के लिए आर्थिक वृद्धि और विकास का इंजन है। एमएसएमई अधिनियम 2006 की शुरुआत से रोजगार के अवसरों का सृजन और स्वरोजगार को बढ़ावा

मिला है। यह विनिर्माण और सेवा क्षेत्र के विकास को भी प्रोत्साहित करता है, उनकी प्रतिस्पर्धात्मकता को बढ़ाता है, कई उत्पादों के विनिर्माण को बढ़ावा देता है, उद्यमशीलता को बढ़ावा देता है और साथ ही स्थानीय बाजार की जरूरतों को पूरा करने के लिए सेवाएं प्रदान करता है। ऐसे अच्छे बिंदुओं के अलावा, इस योजना में कुछ कमियां हैं। उदाहरण के लिए, यह सीमित वित्तीय संसाधनों के कारण कुशल और विशिष्ट कार्यबल को नियुक्त करने में असमर्थ है, जो तकनीकी उन्नति और उद्यम के विस्तार में बाधा डालती है। इसके अलावा ये उद्योग नियोजित अकुशल कार्यबल के कौशल सेट को विकसित नहीं करते हैं जिससे उनकी रोजगार क्षमता कम रहती है (बिस्वास, 2016)।

4. राष्ट्रीय कौशल विकास मिशन: इसे बारहवीं पंचवर्षीय योजना के बाद शुरू किया गया था। इस योजना में नौकरियों के लिए आवश्यक कौशल की कमी को जोड़ने पर जोर दिया गया। इस कार्यक्रम का लक्ष्य वर्ष 2022 तक 500 मिलियन लोगों को कौशल प्रदान करना था। प्रधानमंत्री की राष्ट्रीय कौशल विकास परिषद की स्थापना नीतियों को तैयार करने, दिशा-निर्देश देने, स्कूलों में व्यावसायिक प्रशिक्षण प्रदान करने और कार्यान्वयन के लिए एक शीर्ष संगठन के रूप में की गई थी। ग्रामीण क्षेत्रों में कौशल विकास को बढ़ावा देने के लिए कई अन्य योजनाएँ शुरू की गईं जैसे- प्रशिक्षुता प्रशिक्षण योजना (एटीपी), व्यावसायिक प्रशिक्षण प्रदाता (वीटीपी) और कई अन्य। सरकार ने युवाओं को प्रशिक्षित करने और उनका मार्गदर्शन करने तथा उन्हें करियर परामर्श प्रदान करने के लिए सार्वजनिक रोजगार कार्यालयों को करियर केंद्रों में बदलने का भी निर्णय लिया है। स्किल इंडिया नामक राष्ट्रीय बहु-कौशल कार्यक्रम भी शुरू किया गया है जो मुख्य रूप से भारतीय युवाओं में उद्यमशीलता कौशल के विकास पर केंद्रित है। भारत के लिए कौशल चुनौती इस बात को देखते हुए गंभीर हो जाती है कि देश की आबादी का एक बड़ा हिस्सा 25 वर्ष से कम आयु का है।

5. स्वर्ण जयंती शहरी रोजगार योजना (एस. जे. एस. आर. वाई.): भारत सरकार के शहरी गरीबी उन्मूलन कार्यक्रम के एक हिस्से के रूप में यह योजना 1997 में शुरु का गई। लक्षित आबादी गरीबी रेखा से नीचे रहने वाले शहरी गरीब हैं। मुख्य ध्यान स्वरोजगार उद्यमों की स्थापना या मजदूरी रोजगार के प्रावधान के माध्यम से शहरी बेरोजगारों को लाभकारी रोजगार प्रदान करना है। अध्ययनों से पता चलता है कि लाभार्थियों के लिए प्रशिक्षण कार्यक्रम गैर सरकारी संगठनों और अन्य संस्थानों द्वारा आयोजित किए गए थे, जिनकी एसजेएसआरवाई दिशानिर्देशों में सिफारिश नहीं की गई थी। इस प्रकार यह स्पष्ट है कि यह नीति कई कमियों (बिस्वास, 2016) के कारण रोजगार के आवश्यक स्तर को उत्पन्न करने में असमर्थ रही है।

बंधुआ मजदूर

गुलामी के मौजूदा रूपों में से एक बंधुआ मजदूरी है। जब कोई व्यक्ति किसी व्यक्तिगत उद्देश्य की पूर्ति के लिए किसी दूसरे व्यक्ति को हमेशा के लिए बंधुआ बनाकर रखता है, तो उसे बंधुआ मजदूरी कहते हैं। दरअसल, यह किसी खास संस्कृति या समाज तक सीमित नहीं है, बल्कि यह एक वैश्विक घटना है और बाइबिल के दिनों से लेकर आज के युग तक सैकड़ों वर्षों से मौजूद है (आहूजा, 2022)। आधुनिक गुलामी एक व्यापक शब्द है, जिसमें कई तरह के शोषण शामिल हैं, जिसमें जबरन मजदूरी, मानव तस्करी और जबरन विवाह (walkfree.org) शामिल हैं।

ऑस्ट्रेलिया स्थित मानवाधिकार समूह वॉक-फ्री फाउंडेशन ने 2013 में पहला वैश्विक गुलामी सूचकांक प्रकाशित किया था। इसमें बताया गया है कि पूरी दुनिया में कुल 29.8 मिलियन बंधुआ मजदूर दर्ज किए गए हैं। आश्चर्यजनक रूप से रिपोर्ट में यह भी कहा गया है कि भारत उन देशों में पहले स्थान पर है, जहां देश में लगभग 13 मिलियन से अधिक आधुनिक गुलाम हैं। आधुनिक गुलामी में पारंपरिक गुलाम, कर्ज में बंधे लोग, जबरन मजदूरी या जबरन शादी, बाल तस्करी आदि शामिल हैं।

बॉक्स 6.2 वैश्विक गुलामी सूचकांक

आधुनिक गुलामी में, गुलामी जैसी प्रथाएं, मानव तस्करी और जबरन मजदूरी शामिल है। पहला सूचकांक 2013 में प्रकाशित हुआ था। दुनिया भर में लगभग 29.8 मिलियन लोग गुलाम के रूप में दर्ज हैं। इसने 162 देशों को तीन कारकों के संयुक्त माप को दर्शाते हुए रैंक किया—आधुनिक गुलामी आबादी का अनुमानित प्रसार, बाल विवाह का एक उपाय और किसी देश के अंदर और बाहर मानव तस्करी का एक उपाय।

2013 के सूचकांक से पता चला कि सबसे अधिक गुलाम लोगों वाले देश हैं—भारत, चीन, पाकिस्तान, नाइजीरिया, इथियोपिया, रूस, थाईलैंड, कांगो लोकतांत्रिक गणराज्य, म्यांमार और बांग्लादेश। इन देशों को मिलाकर, कुल अनुमानित 29.8 मिलियन आधुनिक गुलामो में से लगभग 76% इन देशों में हैं।

वॉक फ्री फाउंडेशन के अनुसार, 2016 वैश्विक गुलामी सूचकांक ने बताया कि भारत में 18.3 मिलियन लोग आधुनिक गुलामी में हैं।

स्रोत: वॉकफ्री फाउंडेशन वेबसाइट.

बंधुआ मजदूरी प्रणाली एक ऋणदाता और एक देनदार के बीच के रिश्ते को संदर्भित करती है, जो दिन-प्रतिदिन की गतिविधियों के लिए आर्थिक मजबूरियों के कारण ऋण लेता है और ऋणदाता द्वारा निर्देशित नियमों और शर्तों का पालन करने के लिए सहमत होता है। इस शर्त में शामिल है कि देनदार एक निर्दिष्ट या अनिर्दिष्ट अवधि के लिए अपनी सेवाओं या अपने सभी परिवार के सदस्यों की सेवाओं को गिरवी रखने के लिए सहमत होता है। राष्ट्रीय श्रम आयोग द्वारा बंधुआ मजदूरी शब्द को 'श्रम, जो लिए गए ऋण के लिए एक निर्दिष्ट अवधि के लिए बंधुआ रहता है' के रूप में परिभाषित किया गया है।

बंधुआ मजदूरी के कारण

1. **आर्थिक कारणों** में लोगों की अत्यधिक गरीबी, आजीविका के लिए काम न मिल पाना, परिवार के भरण-पोषण के लिए अपर्याप्त भूमि, गरीब लोगों को छोटे पैमाने पर ऋण की कमी, प्राकृतिक आपदाएं और फसलों का विनाश, लोगों और जानवरों की बीमारी और मृत्यु, पानी की कमी, वन उत्पादों से कम आय, मुद्रास्फीति और लगातार बढ़ती कीमतें शामिल हैं।
2. **सामाजिक कारणों** में सामाजिक अवसरों जैसे विवाह, मृत्यु संस्कार आदि पर अधिक खर्च, अधिक दहेज, जाति आधारित भेदभाव, भूख से बचाव के लिए ठोस सामाजिक कल्याण योजनाओं का अभाव, असमान शिक्षा प्रणाली, सरकारी कार्यालयों में भ्रष्टाचार, सामाजिक कारणों से मजबूरन पलायन और नए स्थान पर परिवार का भरण-पोषण करने में असमर्थ होना आदि शामिल हैं।
3. **सांस्कृतिक कारकों** में कौशल और पेशेवर ज्ञान की कमी, निरक्षरता, अज्ञानता, गांवों में उच्च जाति के लोगों का वर्चस्व, आदि।

भारतीय लोगों को बंधुआ मजदूरी के शोषण से बचाने के लिए, भारतीय सरकार ने कुछ संवैधानिक प्रावधान शामिल किए हैं (आहूजा, 2022):

(i) *अनुच्छेद 21.* यह मानव जीवन और उनकी स्वतंत्रता के शोषण के खिलाफ सबसे महत्वपूर्ण सुरक्षा है। यह भारत में प्रत्येक व्यक्ति को जीवन का अधिकार और मानवीय सम्मान के साथ जीने का अधिकार सुरक्षित करता है।

(ii) *अनुच्छेद 23*. इसमें जबरन मजदूरी के उन्मूलन का प्रावधान है। यह न केवल बंधुआ मजदूरी पर रोक लगाता है, बल्कि भिक्षावृत्ति आदि जैसे मानव तस्करी के विभिन्न रूपों को भी शामिल करता है। इस प्रावधान का कोई भी उल्लंघन कानून के अनुसार दंडनीय अपराध माना जाएगा।

(iii) *अनुच्छेद 39*. यह राज्य को पर्याप्त आजीविका के अधिकार को सुरक्षित करने का निर्देश देता है, जिसका उद्देश्य यह है कि किसी भी नागरिक को आर्थिक आवश्यकता के कारण ऐसे व्यवसायों में प्रवेश करने के लिए मजबूर नहीं किया जाए जो उसके लिए उपयुक्त नहीं हैं।

(iv) *अनुच्छेद 42*. यह भी राज्य को निर्देश देता है कि राज्य को यह सुनिश्चित करना होगा कि प्रत्येक व्यक्ति के लिए कार्य करने की स्थिति न्यायसंगत और मानवीय है।

(v) *अनुच्छेद 43*. यह वह निर्देश है जो राज्य को राज्य के लिए सुचारु काम की परिस्थितियां सुरक्षित करने का निर्देश देता है।

बंधुआ मजदूरी प्रणाली का उन्मूलन और पुनर्वास

संविधान के आधार पर, संसद ने बंधुआ मजदूरी प्रणाली (उन्मूलन) अधिनियम, 1976 पारित किया है। अधिनियम की मुख्य विशेषताएं हैं (आहूजा, 2022):

(क) बंधुआ मजदूरी प्रणाली समाप्त कर दी जाएगी और प्रत्येक बंधुआ मजदूर किसी भी बंधन को स्वीकार करने से मुक्त हैं।

(ख) बंधित ऋण चुकाने की देयता समाप्त मानी जाएगी।

(ग) बंधुआ मजदूर की संपत्ति को बंधक से मुक्त किया जाएगा।

(घ) अधिनियम के प्रावधानों के अनुसार, जिला मजिस्ट्रेटों को इसके कार्यान्वयन की जिम्मेदारी सौंपी गई है।

(ङ) जिला स्तर एवं उपमंडल स्तर पर सतर्कता समितियां गठित करने के निर्देश दिए गए हैं।

राष्ट्रीय नमूना सर्वेक्षण कार्यालय (एनएसएसओ) की 32वीं रिपोर्ट में अनुमान लगाया गया है कि 16 प्रमुख राज्यों में लगभग 3,43,000 बंधुआ मजदूर हैं। रिपोर्ट से पता चला है कि उनमें से लगभग 98 प्रतिशत ऋणग्रस्तता के कारण और 2 प्रतिशत प्रथागत सामाजिक दायित्वों के कारण बंधुआ मजदूर हैं। माना जाता है कि सबसे अधिक लोग आंध्र प्रदेश, कर्नाटक और तमिलनाडु में है, उसके बाद ओडिशा, उत्तर प्रदेश और मध्य प्रदेश का स्थान है। ह्यूमन राइट्स वॉच की 2003 की रिपोर्ट में अनुमान लगाया गया है कि कर्नाटक और वाराणसी में बुनाई उद्योग में लगभग 3,50,000 बच्चे बंधुआ मजदूर के रूप में काम करते हैं।

'बंधुआ मजदूरी मानव अधिकारों और जीवन की गरिमा का सबसे बुरा उल्लंघन है' (आहूजा, 2022)। इस व्यवस्था को पूरी तरह से खत्म करने के लिए हमें अपने समाज से गरीबी, बेरोजगारी, अल्परोजगार, भूमिहीनता, ऋणग्रस्तता और अज्ञानता की दर को कम करना होगा।

किसानों की आत्महत्या

भारत एक कृषि आधारित देश है, जहां इसकी कुल आबादी का लगभग 49.9 प्रतिशत प्रत्यक्ष या अप्रत्यक्ष रूप से कृषि पर निर्भर है (आर्थिक सर्वेक्षण, 2014–2015; एनसीआरबी, 2014)। लेकिन इस क्षेत्र से जुड़े लोग विभिन्न समस्याओं का सामना कर रहे

हैं, जिन्हें एनसीआरबी (राष्ट्रीय अपराध रिकॉर्ड ब्यूरो) ने गरीबी, संपत्ति विवाद, विवाह संबंधी मुद्दे, पारिवारिक समस्याएं, खेती से संबंधित मुद्दे, बीमारी, नशीली दवाओं के दुरुपयोग या शराब की लत, सामाजिक प्रतिष्ठा में गिरावट, दिवालियापन या कर्ज में डूबना आदि के रूप में वर्गीकृत किया है। 1990 के दशक के दौरान, भारत में किसानों की आत्महत्या महत्वपूर्ण सामाजिक मुद्दा और सरकार के लिए काफी चिंता का विषय बन गई। पहली आत्महत्या की सूचना महाराष्ट्र में मिली थी। पहले तो सरकारी अधिकारियों ने इस मुद्दे से इनकार किया, लेकिन जैसे-जैसे अधिक से अधिक मामले सुर्खियों में आए, सरकार ने इस मुद्दे को वास्तविक समस्या के रूप में स्वीकार करना शुरू कर दिया।

सरकारी रिपोर्ट के अनुसार, किसान वे हैं, जिन्होंने भूमि होने का दावा किया है; जबकि वे श्रमिक जो भूमिहीन हैं, लेकिन दूसरों के खेत पर काम करते हैं, उन्हें कृषि मजदूर कहा जाता है। आंकड़ों से पता चलता है कि किसानों की आत्महत्या का मामला मुख्य रूप से इन मजदूरों से जुड़ा हुआ है। ये सीमांत, छोटे किसान और भूमिहीन मजदूर दूसरों की जमीन पर काम करते हैं और आत्महत्या कर रहे हैं।

किसानों की आत्महत्या के कारण

बारिश की कमी, अधिक बारिश, अनियमित और असमय मानसून जैसी जलवायु संबंधी चरम घटनाएँ किसानों की आत्महत्या के पीछे सबसे महत्वपूर्ण कारक हैं क्योंकि ये घटनाएँ उन्हें उच्च वित्तीय संकट के सामने लाती हैं। कमज़ोर मिट्टी की उर्वरता और कम उत्पादन अन्य महत्वपूर्ण कारण हैं। आर्थिक कारणों में, सबसे महत्वपूर्ण जोखिम कीमत है। 'अच्छी फसल भी छोटे किसानों के लिए बुरी खबर हो सकती है जिससे वे व्यापारी की दया पर निर्भर हो जाते हैं' (आहूजा, 2022)। भारत में फसल की विफलता और किसानों की आत्महत्या के बीच एक मजबूत संबंध है।

2014 से, बेहतर विश्लेषण के लिए, एनसीआरबी (राष्ट्रीय अपराध रिकॉर्ड ब्यूरो) ने कृषि क्षेत्र में आत्महत्या के मामलों को दो श्रेणियों में विभाजित किया है—किसान और खेतिहर मजदूर। 2015 के आंकड़ों से पता चला है कि किसानों की आत्महत्या के पीछे अन्य कारणों के अलावा, सबसे महत्वपूर्ण दिवालियापन, ऋणग्रस्तता और खेती से संबंधित मुद्दे हैं जो 58 प्रतिशत से अधिक मौतों के लिए जिम्मेदार हैं। आंकड़ों से यह भी पता चला है कि आत्महत्या करने वाले लगभग 73 प्रतिशत किसान छोटे और सीमांत किसान थे जिनके पास 2 हेक्टेयर से कम जमीन थी (तालिका 6.2 और 6.3)।

तालिका 6.2 वर्ष 2014 के दौरान आयु वर्ग के अनुसार किसानों की आत्महत्या की घटनाएं

	आयु के अनुसार समूह				
	<18 वर्ष	18–29	30–59	60 और उससे अधिक	कुल
पुरुष	35	1131	3480	532	5178
महिला	24	169	232	47	472
कुल	59	1300	3712	579	5650
% हिस्सा	1	23	65.7	10.2	100

स्रोत: ncrb.gov.in

तालिका 6.3 वर्ष 2014 के दौरान किसानों की आत्महत्या का कारणवार वितरण

	गरीबी	संपत्ति विवाद	विवाह संबंधित समस्याएं	परिवार की समस्याएँ	खेती संबंधित समस्याएँ	बीमारी	दवाई दुर्व्यवहार/ शराबी लत	सामाजिक प्रतिष्ठा में गिरावट	दिवालियापन या ऋणग्रस्तता	कारण ज्ञात नहीं	अन्य कारण	कुल
पुरुष	140	52	63	1038	868	682	250	6	1112	208	759	5178
महिला	49	0	58	97	101	63	0	1	51	23	69	472
कुल	149	52	121	1135	969	745	250	7	1163	231	828	5650
% हिस्सा	2.63	0.92	2.14	20.09	17.15	13.19	4.42	0.12	20.58	4.09	14.66	100

स्रोत: ncrb.gov.in

किसानों की आत्महत्या पर एक हालिया लेख में उल्लेख किया गया है कि नव-उदारवादी कृषि नीतियां, न्यूनतम समर्थन मूल्य की समस्याएं, सिंचाई संबंधी मुद्दे, पानी और धन-गहन जीएम फसलों की शुरूआत, बीज, उर्वरक और कीटनाशकों की बढ़ती लागत, खेतों से सिंचाई के पानी को बिजली संयंत्रों और उद्योगों में ले जाना, खराब फसल बीमा नीतियां, बिचौलियों द्वारा दबाव डालना, अपर्याप्त कृषि सहायता सेवाएं, वित्त के अनौपचारिक स्रोतों पर उच्च्च निर्भरता और उदासीन राजनीतिक नेतृत्व, सभी ने भारत में किसानों की आत्महत्या की हालिया घटनाओं में योगदान दिया है (मेनेज़ेस, 2016)।

तालिका 6.4 2021 के दौरान किसानों की आत्महत्या के मामले

किसान/कृषक	*कृषि मजदूर*	*कृषि क्षेत्र में शामिल कुल व्यक्ति*
5318	5563	10881

स्रोत: ncrb.gov.in

राष्ट्रीय अपराध रिकॉर्ड ब्यूरो (एनसीआरबी) द्वारा प्रकाशित भारत में आकस्मिक मृत्यु और आत्महत्या पर जारी रिपोर्ट, 2021 के अनुसार, 2021 के दौरान कृषि क्षेत्र से जुड़े कुल व्यक्तियों में आत्महत्या का प्रतिशत देश में कुल आत्महत्या पीड़ितों (1,64,033) का 6.6% है। 5,318 किसान/कृषक आत्महत्याओं में से कुल 5,107 पुरुष और 211 महिलाएँ थीं (तालिका 6.4)।

प्रमुख राहत पैकेज

सरकार द्वारा घोषित कुछ प्रमुख राहत पैकेज, ऋण माफी और अन्य योजनाओं का सारांश इस प्रकार है:

(क) **राहत पैकेज, 2006:** यह मुख्य रूप से आंध्र प्रदेश, महाराष्ट्र, कर्नाटक और केरल के चार राज्यों के 31 जिलों को लक्षित करता है, जहाँ किसानों की आत्महत्या की सापेक्ष घटना उच्च है। पैकेज ने किसानों को ऋण राहत प्रदान की और बागवानी, पशुधन, डेयरी और मत्स्य पालन के माध्यम से सहायक आय के अवसर पेश किए।

(ख) **कृषि ऋण माफी और ऋण राहत योजना, 2008:** इससे 36 मिलियन से अधिक किसानों को लाभ मिला, जिसका उद्देश्य किसानों के ऋण (मूलधन या ब्याज) के हिस्से को माफ करना था।

(ग) **विविध आय स्रोत पैकेज, 2013:** 2013 में, आंध्र प्रदेश, महाराष्ट्र, कर्नाटक और केरल के किसानों के लिए पशुधन और मत्स्य पालन क्षेत्र के लिए यह विशेष योजना शुरू की गई थी।

(घ) **प्रधानमंत्री किसान सम्मान निधि नकद हस्तांतरण योजना, 2019:** यह योजना छोटे और सीमांत कृषकों के लिए शुरू की गई थी, जहां 2 हेक्टेयर से कम भूमि वाले किसानों के बैंक खातों में तीन किस्तों में सालाना 6000 रुपये हस्तांतरित किए जाएंगे।

दरअसल, किसानों की आत्महत्या के पीछे मुख्य कारण 1990 के दशक में कृषि क्षेत्र में आए बदलाव हैं। हालांकि ये आर्थिक, सामाजिक, राजनीतिक, व्यक्तिगत और पर्यावरणीय समस्याएं 1990 से पहले भी मौजूद थीं, लेकिन वे इस स्तर पर मौजूद नहीं थीं। हालांकि किसानों की आत्महत्या की घटनाएं कर्नाटक, आंध्र प्रदेश, महाराष्ट्र, मध्य प्रदेश और कर्नाटक जैसे राज्यों में सबसे ज्यादा हुई हैं। छत्तीसगढ़ में तो यह सबसे बड़ा बदलाव था ही, लेकिन अन्य राज्य भी इससे प्रभावित हुए। आंध्र प्रदेश और कर्नाटक उदारीकरण करने वाले पहले राज्य थे और माइक्रोफाइनेंस सिस्टम सबसे पहले आंध्र प्रदेश में ही शुरू किए गए थे। कुछ शोधकर्ता इन आत्महत्याओं के लिए सरकारी नीतियों की विफलता को भी जोड़ते हैं। सरकार की व्यापार उदारीकरण नीतियां, घरेलू कृषि बाजारों को खोलना—भारतीय कृषि की पारंपरिक संरचनाओं से उल्लेखनीय बदलाव हैं, लेकिन इसने देश के ग्रामीण क्षेत्रों के लाखों किसानों को भी प्रभावित किया है।

प्रधानमंत्री फसल बीमा योजना फसल बीमा के लिए अब तक की सबसे बड़ी सरकारी पहल है और भारत में किसान आत्महत्या की समस्या को दूर करने के लिए हाल ही में घोषित नीतिगत उपायों में से एक है। लेकिन, किसान आत्महत्या की महामारी को केवल राहत पैकेजों से हल नहीं किया जा सकता। 'कॉरपोरेट्स फर्स्ट' से 'किसान फर्स्ट' की ओर नीतिगत फोकस में बदलाव से भारत में किसान आत्महत्या की समस्या को कम करने में काफी मदद मिलेगी। सार्वजनिक नीति को आजीविका बढ़ाने और टिकाऊ कृषि प्रथाओं (मेनेज़ेस, 2016) के माध्यम से कृषि क्षेत्र में सुधार पर ध्यान केंद्रित करना चाहिए।

विकास प्रेरित विस्थापन

स्वतंत्रता के बाद से ही भारत बड़े पैमाने पर बुनियादी ढांचे के विकास परियोजनाओं के रूप में आर्थिक विकास की ओर बढ़ रहा है। बिजली और सिंचाई के लिए बांधों का निर्माण, सड़कों का निर्माण, शहरीकरण, खनन, थर्मल पावर प्लांट का निर्माण आदि जैसी परियोजनाएं इन विकास योजनाओं के अंतर्गत आती हैं। हालांकि इस प्रकार की विशाल परियोजनाओं का लक्ष्य भारत की अर्थव्यवस्था और लाखों लोगों के जीवन को बेहतर बनाना है, लेकिन इस प्रकार के विकास के सिक्के का दूसरा पहलू यह है कि इसने परियोजना स्थलों से लाखों गरीब लोगों को विस्थापित कर दिया है। सबसे गरीब और सबसे हाशिए पर रहने वाले लोग अक्सर बिना पर्याप्त मुआवजे के आम तौर पर विस्थापन से सबसे ज्यादा प्रभावित होते हैं, कई विस्थापित परिवार तीन या चार बार विस्थापित हो चुके हैं। "भारत में, पिछले 50 वर्षों में 'राष्ट्रीय' हित के नाम पर 50 मिलियन लोगों को विस्थापित किया गया है" (Ray, 2000)।

विभिन्न विकास परियोजनाओं के कारण होने वाला विस्थापन वर्ग पक्षपातपूर्ण है और लोगों की बुनियादी आजीविका पर प्रभाव डालता है। ऐसी परियोजनाओं से आदिवासी आबादी बहुत अधिक प्रभावित हुई है। देश के बहुत से आदिवासी प्राकृतिक संसाधनों पर निर्भर हैं और विभिन्न विकास परियोजनाओं के कारण विस्थापित हो रहे हैं। विकास के नाम पर आदिवासियों को उनके पारंपरिक आवास से विस्थापित किया जा रहा है और वे अपनी पारंपरिक आर्थिक गतिविधियों तक पहुँच खोने के कारण बढ़ती हुई संपत्तिहीनता, बेरोजगारी, ऋण बंधन और भूख की स्थिति में धकेल दिए जा रहे हैं। हाल ही में किए गए एक अनुमान के अनुसार, 1950–2010 के बीच विस्थापित हुए लोगों में से 40 प्रतिशत से अधिक आदिवासी समुदाय से थे।

विकास परियोजनाओं के कारण जबरन विस्थापन से बड़े सामाजिक, आर्थिक और पर्यावरणीय खतरे पैदा होते हैं, जिनका परियोजना प्रभावित लोगों पर बड़ा असर पड़ता है। न केवल ज़मीन के मालिक, बल्कि खेतिहर मज़दूर, बढ़ई, लोहार, मोची, नाई आदि जैसे अन्य कामों में लगे लोग भी अपनी आर्थिक गतिविधियों से हाथ धो बैठते हैं।

बड़े बांधों के कारण लोगों का विस्थापन उस जगह को प्रभावित करता है जहाँ बांध बनाया जा रहा है या पानी के नीचे डूबा हुआ क्षेत्र। परियोजनाएँ प्राकृतिक संसाधनों को नष्ट करके पूरे क्षेत्र के पर्यावरण को भी प्रभावित करती हैं। खनन, औद्योगिक स्थल का निर्माण आदि जैसी परियोजनाएँ आस-पास के क्षेत्रों में लोगों के स्वास्थ्य और जीवन की स्थिति को प्रभावित करती हैं। सभी विस्थापित लोग अपनी आजीविका और रोजगार खो देते हैं, लेकिन उनके मानवाधिकारों का भी उल्लंघन होता है।

माइकल सेर्निया (1997), एक समाजशास्त्री ने विस्थापन और पुनर्निर्माण का एक सैद्धांतिक मॉडल बनाया। यह मॉडल प्रक्रिया के दोनों खंडों की सामाजिक-आर्थिक सामग्री को दर्शाता है: जबरन विस्थापन और पुनर्स्थापना। इसने आठ संभावित जोखिमों का प्रस्ताव दिया जो जबरन विस्थापन के लिए अंतर्निहित हैं। वे हैं (रावले, 2021):

1. **भूमिहीनता:** भूमि अधिग्रहण के कारण विस्थापित लोगों की पूंजी खत्म हो सकती है। यह विस्थापित लोगों की उत्पादन प्रणाली, आय और व्यावसायिक गतिविधियों को प्रभावित करके उनकी बुनियादी जरूरतों को बाधित करता है।
2. **बेरोजगारी:** निवास के अनैच्छिक परिवर्तन से ग्रामीण या शहरी क्षेत्रों में स्थित उद्योगों, सेवा क्षेत्र या कृषि उद्योगों में कार्यरत प्रभावित लोगों के वेतन रोजगार को खतरा होता है।
3. **बेघर होना:** ऐसे मामलों में अस्थायी रूप से बेघर होना आम बात है और कुछ लोगों को लंबे समय तक इस समस्या का सामना करना पड़ता है।
4. **हाशिए पर जाना:** पुनर्वास के बाद आर्थिक स्थितियों में परिवर्तन के कारण, जबरन और अनैच्छिक बदलाव के परिणामों में से एक नीचे की ओर गतिशीलता भी है। निचले स्तर पर जाने की प्रवृत्ति को हाशिए पर जाना कहते हैं। सामाजिक, मनोवैज्ञानिक और आर्थिक स्तर में गिरावट हाशिए पर जाने के प्रत्यक्ष प्रभाव हैं।
5. **खाद्य असुरक्षा:** कई बार जबरन उजाड़ दिए जाने के कारण अस्थायी या दीर्घकालिक कुपोषण की स्थिति पैदा हो सकती है। इससे विस्थापित लोगों के सामान्य विकास और काम में बाधा आ सकती है।
6. **रुग्णता और मृत्यु दर में वृद्धि:** स्वास्थ्य स्तर में गिरावट का सीधा संबंध विस्थापन से है। अनैच्छिक बदलाव सामाजिक तनाव और मनोवैज्ञानिक आघात को जन्म देता है, जिसके साथ कभी-कभी मलेरिया, असुरक्षित पानी की आपूर्ति, खराब जल निकासी और सफाई व्यवस्था जैसी वेक्टर जनित बीमारियाँ फैल जाती हैं। ये सभी परिवार के सदस्यों के स्वास्थ्य को नकारात्मक रूप से प्रभावित करते हैं और सबसे ज़्यादा बच्चों और बुज़ुर्गों को प्रभावित करता है।
7. **साझा संपत्ति तक पहुँच का नुकसान:** कई पारंपरिक गतिविधियाँ किसी विशेष इलाके के साझा संपत्ति संसाधनों पर निर्भर होती हैं। इसके नुकसान के साथ, आय और आजीविका के स्रोत भी कम हो जाते हैं और विस्थापितों को इन नुकसानों के लिए मुआवज़ा नहीं मिलता है।
8. **सामाजिक विघटन:** अनैच्छिक स्थानांतरण के परिणामस्वरूप व्यक्ति, परिवार और समुदाय के स्तर पर कई सामाजिक परिवर्तन होते हैं। परिवारों का विखंडन, रिश्तेदारी नेटवर्क का बिखराव, समुदायों का उजड़ना और सामाजिक और पारस्परिक संबंधों का टूटना अनैच्छिक विस्थापन और पुनर्वास से जुड़े कुछ प्रमुख सामाजिक परिवर्तन हैं।

सामाजिक विचलन और सामाजिक नियंत्रण

विचलन को एक मानवीय व्यवहार के रूप में परिभाषित किया जाता है जिसका अर्थ है समाज या सामाजिक समूह के मानदंडों का उल्लंघन। समकालीन समाजशास्त्र में, समाजशास्त्रियों द्वारा अक्सर तीन अवधारणाओं पर चर्चा की जाती है—विचलन, अपराध और गैर-अनुरूपता। विचलन समाज में किसी भी नियम का उल्लंघन है जिसमें व्यवहार, विश्वास, शारीरिक स्थितियाँ आदि शामिल हो सकते हैं। दूसरी ओर, अपराध एक नियम का एक विशेष प्रकार का उल्लंघन है, जो अक्सर व्यक्तिगत दृष्टिकोण के लिए होता है। एक अपराधी को आम तौर पर समाज द्वारा लेबल किया जाता है और कानून के अनुसार दंडित किया जाता है। गैर-अनुरूपता वह स्थिति है, जहाँ व्यक्ति व्यक्तिगत विश्वास के कारण उस व्यक्ति के सामाजिक समूह के नियमों के अनुरूप नहीं होता है।

विचलन एक ऐसा व्यवहार है, जो तब उत्पन्न होता है जब समाज के सदस्य सामाजिक मानदंडों का उल्लंघन करते हैं। विचलन की परिभाषा क्षेत्र दर क्षेत्र और समाज दर समाज अलग-अलग होती है। विचलन के मनोवैज्ञानिक और समाजशास्त्रीय स्पष्टीकरण हैं। मनोवैज्ञानिक सिद्धांत व्यक्तिगत व्यक्तित्व पर ध्यान केंद्रित करते हैं, जबकि समाजशास्त्रीय सिद्धांत विचलन के सामुदायिक स्पष्टीकरण पर ध्यान केंद्रित करते हैं। दरअसल, कुछ आनुवंशिक और जैव-रासायनिक असामान्यताएं व्यक्तियों को किसी भी प्रकार का विचलन करने के लिए प्रेरित करती हैं जबकि सामूहिक रूप से यह पूरे समाज को प्रभावित करता है।

सामाजिक विचलन के सिद्धांत

1. **विभेदक सम्मिलन सिद्धांत:** यह लोगों की सीखने की प्रक्रिया के बारे में बात करता है विचलन का प्रदर्शन करते हैं, जिसे उन्होंने समाजीकरण के माध्यम से अपनाया है।
2. **संरचनात्मक तनाव सिद्धांत:** यह उस विचलन के बारे में बात करता है जो अनुरूपता के दौरान होता है स्वीकृत मानदंडों के अनुसार कार्य करने से लोगों की इच्छाएं पूरी नहीं हो पातीं।
3. **नियंत्रण सिद्धांत:** इसके अनुसार, प्रत्येक व्यक्ति स्वाभाविक रूप से विचलन करने के लिए प्रवृत्त होता है। लेकिन यह सामाजिक मानदंड और समाजीकरण ही है, जिसके तहत हम खुद पर नियंत्रण रखते हैं और विचलन करते हैं। लेकिन जिनका नियंत्रण कम होता है, वे विचलन करते हैं।
4. **लेबलिंग सिद्धांत:** यह बताता है कि, किसी भी मानवीय व्यवहार को विचलित कहा जाता है, जब और जहां लोग इस कृत्य को विकृत करार देते हैं।

सामाजिक नियंत्रण समाज में अनुरूपता लागू करने की प्रक्रिया है। यह तंत्र एक सामाजिक समूह को अपने सदस्यों को अपने मानदंडों और मानकों के अनुरूप बनाने में मदद करता है। सामाजिक नियंत्रण 'प्रतिबंधों' से प्रभावित होता है, जो अनुरूपता को प्रोत्साहित करने के लिए दिए गए पुरस्कार या दंड हैं। प्रतिबंध दो प्रकार के हो सकते हैं—सकारात्मक और नकारात्मक। सकारात्मक प्रतिबंध पुरस्कार होते हैं जबकि नकारात्मक प्रतिबंध दंड होते हैं।

मानव समाज का विशिष्ट चरित्र संस्कृति है, जो मनुष्य को अन्य प्राणियों से अलग करती है। सांस्कृतिक तत्वों में मनुष्य द्वारा पालन किए जाने वाले विशिष्ट मानदंड, मूल्य, रीति-रिवाज, प्रथाएँ, संस्थाएँ और विश्वास शामिल हैं, जो एक व्यक्ति को नैतिक प्राणी बनाते हैं। हालाँकि, नैतिकता की मुख्य अवधारणा मनुष्यों की हर स्थिति के लिए सबसे उपयुक्त गतिविधि करने की क्षमता है और यह आम तौर पर सामाजिक गोंद के रूप में कार्य करती है जो समाज के सदस्यों को एक साथ बांधती है। इसलिए, 'अच्छा' या 'बुरा' के नैतिक विचार पर आधारित नैतिक व्यवहार की अवधारणा, मानव समाज में सार्वभौमिक है, हालाँकि स्थानिक और लौकिक रूप से भिन्न होती है। हर समाज एक 'अच्छे' सामाजिक कार्य को परिभाषित करते हुए आचार संहिता

विकसित करता है। समाज के सदस्यों को समाजीकरण प्रक्रिया के माध्यम से इन सांस्कृतिक मानदंडों का पालन करना चाहिए। यह एक ऐसी प्रक्रिया है जो संस्कृति को ज़्यादातर परिवार और शैक्षणिक संस्थानों के भीतर एक पीढ़ी से दूसरी पीढ़ी तक पहुँचाती है।

सामाजिक नियंत्रण के दो प्रकार हैं— (क) अनौपचारिक और (ख) औपचारिक। अनौपचारिक सामाजिक नियंत्रण वह प्रकार है, जिसमें परिवार के सदस्य और सहकर्मी समूह कार्रवाई करते हैं। औपचारिक सामाजिक नियंत्रण से तात्पर्य अनुरूपता लागू करने के आधिकारिक रूप से स्थापित साधनों से है।

सामाजिक नियोजन

नियोजन की अवधारणा, सामान्य रूप से, सामाजिक, आर्थिक, पर्यावरणीय, स्थानिक और क्षेत्रीय विकास रणनीतियों को तैयार करने और लागू करने के लिए लागू की गई है। किसी भी विकास प्रक्रिया के लिए विभिन्न प्रकार की नियोजन की आवश्यकता होती है, जिसमें बदलती सामाजिक, राजनीतिक, पर्यावरणीय और तकनीकी परिस्थितियों के अनुकूल होने के लिए नवाचार करने की क्षमता शामिल है। नियोजन निगमों, गैर-लाभकारी संगठनों और समुदायों और सबसे बढ़कर सरकारों में हो सकता है। जॉन डाइकमैन ने सामाजिक नियोजन पर एक पेपर में तीन सामान्य अर्थों का उल्लेख किया—सामाजिक नियोजन, चयनित सामाजिक लक्ष्यों के लिए कार्यक्रम, और आर्थिक और राजनीतिक प्रक्रियाओं में सामाजिक मूल्यों का परिचय।

सामाजिक नियोजन और विकास

18वीं शताब्दी के दौरान यूरोप में औद्योगिकीकरण और उसके बाद शहरीकरण की घटनाएं हुईं। भारत में भी 20वीं शताब्दी में अभूतपूर्व पैमाने पर औद्योगिकीकरण और त्वरित शहरीकरण का परिदृश्य देखा गया और यह आज भी जारी है। यह भीड़भाड़ वाले शहरों, झुग्गियों, ग्रामीण-शहरी प्रवास, सामाजिक परिवर्तन, व्यावसायिक गतिशीलता, सामाजिक अशांति, अपराध, अपराधी प्रवृत्ति और संगठित वाणिज्यिक भ्रष्टाचार को लेकर आता है। यह हर विकासशील देश की जानी-पहचानी कहानी है। सामाजिक अव्यवस्था को अब लगभग स्वाभाविक माना जाता है और इसलिए इसे विकास के अपरिहार्य तत्व के रूप में देखा जा सकता है। आमतौर पर यह माना जाता है कि योजनाबद्ध हस्तक्षेप से सामाजिक ताकतों को वास्तविक विकास की ओर मोड़कर उन्हें कम किया जा सकता है और निर्देशित किया जा सकता है। ऐसा करने के लिए उचित और उचित सामाजिक नियोजन आवश्यक है।

जवाहरलाल नेहरू ने 1938 के अंत में राष्ट्रीय योजना समिति की स्थापना की क्योंकि वे नियोजन को देश के विकास का एक तरीका मानते थे। यह माना गया कि भारत जैसे विषम समाज में असंतुलन और विरोधाभासों को हल करने के लिए नियोजन एक सकारात्मक साधन है। समिति ने सामान्य रूप से देश के विकास और विशेष रूप से आर्थिक विकास से संबंधित नियोजन के सभी पहलुओं पर विचार किया। स्वतंत्रता के बाद की अवधि में, भारत सरकार ने देश की भौतिक पूंजी और मानव संसाधनों की आवश्यकता का आकलन करने के लिए 1950 के दशक में योजना आयोग की स्थापना की ताकि उनके संतुलित और प्रभावी उपयोग के लिए योजना तैयार की जा सके।

भारत में योजना निर्माताओं द्वारा चार दीर्घकालिक उद्देश्य निर्धारित किये गए थे:

- राष्ट्रीय आय एवं प्रति व्यक्ति आय के उच्चतर स्तर को प्राप्त करने के लिए उत्पादन में वृद्धि करना
- भारतीय नागरिकों के लिए पूर्ण रोजगार प्राप्त करना
- आय और संपत्ति के बीच असमानताओं को कम करना
- समानता और न्याय पर आधारित समाज की स्थापना करना

इस प्रकार, भारत में सामाजिक नियोजन समानता और सामाजिक न्याय के सामाजिक ढांचे के भीतर प्राकृतिक, पूंजी और मानव संसाधनों के विकास की एक समावेशी प्रक्रिया के रूप में तैयार किया गया है। संघीय सरकार होने के राजनीतिक ढांचे में, राज्य सरकारों और निर्वाचित विधायिकाओं के पास कार्य के अपने निर्धारित क्षेत्र हैं और नागरिकों से भी नियोजन की प्रक्रिया में भाग लेने की अपेक्षा की जाती है। तालिका 6.5 भारत में नियोजन के विभिन्न प्रकार और स्तरों को दर्शाती है।

तालिका 6.5 योजना के स्तर और प्रकार

योजना का स्तर	*प्रशासनिक समतुल्य*	*योजना अवधारणा*
वृहद्-स्तर (राष्ट्रीय योजना)	राष्ट्र	• केंद्रीय योजना • नीतिगत योजना • क्षेत्रीय योजना
मध्य-स्तर (राज्य योजना)	राज्य	• राज्य स्तरीय योजना • क्षेत्रीय योजना • क्षेत्रीय बजटीय योजना
सूक्ष्म-स्तर (विकेंद्रीकृत योजना)	जिला	जिला योजना क्षेत्र विकास
	ब्लॉक	ब्लॉक स्तरीय योजना
	गांव	ग्राम उत्पादन योजना और लक्ष्य समूह के लिए योजना

सामाजिक नियोजन के विभिन्न दृष्टिकोण

1. **सामाजिक परिवर्तन:** इस दृष्टिकोण में, समाज के परिवर्तन के लिए सामाजिक नियोजन का उपयोग किया जाता है, जिसके लिए बेहतर समाज के लिए रणनीति विकसित करने और उसे लागू करने की आवश्यकता होती है। यह धीरे-धीरे वर्तमान समाज को भविष्य के बेहतर समाज में बदल देगा। इस उद्देश्य के लिए एक समग्र रणनीति की आवश्यकता है जिसमें देश के प्रत्येक व्यक्ति को इस प्रक्रिया में शामिल किया जाए; देश के सभी आर्थिक और सामाजिक क्षेत्रों, इसके संविधान और सरकारी संगठनों को शामिल किया जाए; और विकास प्रक्रिया में सभी हितधारकों की भागीदारी हो।
2. **पुनर्वितरण:** इस दृष्टिकोण में, सामाजिक योजनाकार गरीबी को कम करने और यहां तक कि खत्म करने के माध्यम से सामाजिक-आर्थिक असमानताओं को कम करने का प्रयास करते हैं। इसका उद्देश्य आर्थिक विकास को प्रोत्साहित करना और क्षेत्रों और आबादी के बीच असमान संसाधन वितरण के कारण सामाजिक अशांति को हल करना भी है। इस दृष्टिकोण के पीछे अंतर्निहित दर्शन यह दृढ़ विश्वास है कि सामाजिक-आर्थिक असमानताओं को कम से कम किया जाना चाहिए और इस प्रकार सामाजिक समस्याएं अपने आप गायब हो जाएंगी। यह नागरिकों के प्रत्येक हिस्से के लिए पूंजी और संसाधन लाभों का समान हिस्सा सुनिश्चित करेगा और यह तब तक जारी रहेगा जब तक कि किसान या सर्वहारा वर्ग पूंजीपति वर्ग को उखाड़ फेंकने के लिए उठ खड़ा नहीं होता।

   'पुनर्वितरणीय सामाजिक नियोजन के समर्थक आम तौर पर सामाजिक डेमोक्रेट या ब्रिटिश शब्दों में फैबियन समाजवादी होते हैं, जो सामाजिक बीमा और कल्याणकारी राज्य की वकालत करते हैं, या वामपंथी ईसाई डेमोक्रेट होते हैं जो सामूहिक सौदेबाजी की त्रिपक्षीय प्रणाली की वकालत करते हैं। पुनर्वितरणीय सामाजिक योजनाकार

आर्थिक बहुलवाद की भी वकालत कर सकते हैं, जो बड़े व्यवसायों और राज्य उद्यमों के विकल्प के रूप में छोटे व्यवसायों, सहकारी समितियों और सामाजिक संपत्ति की रक्षा और संवर्धन करते हैं। पुनर्वितरण दृष्टिकोण सामाजिक परिवर्तन दृष्टिकोण के अधिकांश सामाजिक एजेंडे को अपनाता है, और दोनों ही जगहों पर, सामाजिक संकेतकों को विकसित करने और प्रगति की निगरानी के लिए प्रचुर मात्रा में डेटा एकत्र करने की आवश्यकता पर काफी जोर दिया जाता है। हालाँकि, कुल मिलाकर, पुनर्वितरण दृष्टिकोण सामाजिक परिवर्तन की तुलना में अधिक केंद्रित और कम महत्वाकांक्षी है' (ब्रोमली, 2003)।

3. **भागीदारी:** सामाजिक नियोजन के लिए यह दृष्टिकोण इस विश्वास पर आधारित है कि आम नागरिक को पारंपरिक रूप से सरकारी निर्णय लेने से बाहर रखा गया है, और यह बहिष्कार अलोकतांत्रिक और सामाजिक रूप से अस्वस्थ है। नियोजन और विकास प्रक्रिया में हमेशा जनता को शामिल किया जाना चाहिए। विकास प्रक्रिया में भागीदारी से आम लोगों को बाहर रखना सरकार की एक पदानुक्रमित, ऊपर से नीचे, तकनीकी-नौकरशाही दृष्टि का समर्थन करता है। यह आम तौर पर सामाजिक अभिजात वर्ग, सत्तावादी शासकों, सैन्य नेताओं, तकनीकी योजनाकारों और दृढ़ व्यावसायिक हितों के लिए उपयुक्त लगता है। हालाँकि, बहिष्कार बर्बरता और क्रांति का कारण बन सकता है, यह शिक्षा प्रणाली के साथ-साथ सामान्य सामाजिक कामकाज, आविष्कार, कलात्मक और उद्यमशीलता की भावनाओं को बाधित कर सकता है, जो आर्थिक विकास को गति देने के लिए आवश्यक हैं। इस प्रकार, सामाजिक नियोजन वास्तव में लोगों के लिए और लोगों द्वारा नियोजन बन जाता है, और सामाजिक योजनाकार जनता की राय की निगरानी करने, जनता की जागरूकता को प्रोत्साहित करने और सरकारी निर्णय लेने में भागीदारी करने के विशेषज्ञ बन जाते हैं। समग्र विकास परिदृश्य के लिए सामुदायिक भागीदारी के माध्यम से पहल तथा स्थानीय विकास संगठनों के साथ-साथ समुदाय-आधारित सामाजिक सेवा प्रदाताओं का समर्थन और प्रसार आवश्यक है।
4. **सामाजिक क्षेत्र:** इस दृष्टिकोण में, सामाजिक नियोजन अर्थव्यवस्था के सामाजिक क्षेत्रों की योजना है जो कृषि, खनन, मत्स्य पालन, वानिकी, विनिर्माण, निर्माण, परिवहन, वाणिज्य, वित्त, बीमा और अचल संपत्ति को शामिल करने वाले आर्थिक क्षेत्र मॉडल पर आधारित है। अर्थव्यवस्था के प्रत्येक क्षेत्र को पूरी आर्थिक प्रणाली का एक उत्पादक हिस्सा माना जाता है। शिक्षा, स्वास्थ्य, आवास, आपराधिक न्याय और सामाजिक सेवाओं जैसे शेष क्षेत्रों को सामाजिक क्षेत्र कहा जाता है क्योंकि उन्हें सार्वजनिक सेवाओं के रूप में प्रदान किया जा सकता है, और उनके उत्पादों को खुले बाजार में बेचा जाना जरूरी नहीं है। कुछ क्षेत्र—विशेष रूप से रक्षा और अंतर्राष्ट्रीय संबंध—'आर्थिक' या 'सामाजिक' मॉडल में फिट नहीं होते हैं, और राष्ट्रीय सुरक्षा के लिए महत्वपूर्ण बने हुए हैं। सामाजिक क्षेत्रों में मानव संसाधन भाग से निपटने वाली आबादी की जनसांख्यिकी के आधार पर विशिष्ट नियोजन मॉडल और विधियाँ हैं। सरकार एक समृद्ध अर्थव्यवस्था बनाने के लिए श्रम बाजार की आवश्यकताओं में भविष्य की संभावनाओं के साथ एक स्थायी नीति तैयार करने के लिए भावी पीढ़ियों के लिए भी योजना बनाती है। इस दृष्टिकोण में सामाजिक नियोजन को आसानी से अलग-अलग क्षेत्रीय प्रक्रियाओं में विभाजित किया जाता है, जो प्रत्येक क्षेत्रीय एजेंसी में संचालित होती हैं — शिक्षा मंत्रालय, स्वास्थ्य मंत्रालय, आदि। विभिन्न गैर सरकारी संगठन अक्सर सामाजिक क्षेत्र की योजना बनाने में महत्वपूर्ण भूमिका निभाते हैं जो गैर-लाभकारी के साथ-साथ सरकारी समर्थन पर भी आधारित हो सकते हैं।
5. **सामाजिक सेवाएँ:** यह दृष्टिकोण सामाजिक क्षेत्र दृष्टिकोण का एक संकीर्ण संस्करण है जो स्वास्थ्य नियोजन, शिक्षा नियोजन, जनशक्ति नियोजन और आपराधिक न्याय नियोजन पर जोर देता है। ये अपने आप में अलग और पृथक क्षेत्र हैं, और आवास, स्वास्थ्य, शिक्षा और यहाँ तक कि सुधारात्मक सेवाएँ भी लाभ कमाने वाले निगमों द्वारा प्रदान की जा सकती हैं। इस दृष्टिकोण में आबादी के विशिष्ट वंचित समूह फोकस क्षेत्र हैं। ये लोग अपनी ज़रूरत

की सेवाओं के लिए भुगतान नहीं कर सकते हैं, और इसलिए उन्हें राज्य और धर्मार्थ संगठनों द्वारा संरक्षित किया जाना चाहिए। ऐसे समूहों में गरीब, अपराध पीड़ित, मादक द्रव्यों के सेवन करने वाले, विकलांग, बुजुर्ग, हाल ही में अप्रवासी और शरणार्थी और सुधारात्मक संस्थानों से रिहा हुए व्यक्ति शामिल हो सकते हैं। इन सभी मामलों में, सरकार और कुछ गैर-लाभकारी क्षेत्र इन लोगों को सेवाएँ प्रदान करने की ज़िम्मेदारी ले सकते हैं। उन सेवाओं की योजना और प्रबंधन को 'सामाजिक नियोजन' के रूप में देखा जा सकता है। सामाजिक नियोजन की इस शैली पर मुख्य व्यावसायिक प्रभाव सामाजिक कार्य और सामाजिक कल्याण पेशे से आता है, जिसमें सामुदायिक विकास और सामुदायिक देखभाल पर जोर देने वाला एक समग्र दृष्टिकोण और केसवर्क और संस्थागत देखभाल पर जोर देने वाला एक नैदानिक दृष्टिकोण शामिल है (ब्रोमली, 2003)।

सामाजिक नीति

'नीति' शब्द का तात्पर्य उन सामान्य दिशा-निर्देशों से है जो सरकार या किसी संगठन द्वारा किसी विशेष कार्रवाई को दिशा देते हैं। सामाजिक नीति उन तरीकों को संदर्भित करती है जिनके माध्यम से समाज सुरक्षा, कार्य, स्वास्थ्य, शिक्षा, कल्याण और भलाई के लिए मानवीय आवश्यकताओं को पूरा करता है। सामाजिक नीति यह बताती है कि समाज सामाजिक, जनसांख्यिकीय, सांस्कृतिक, राजनीतिक और आर्थिक परिवर्तन की वैश्विक चुनौतियों का कैसे जवाब देता है।

सामाजिक नीति की परिभाषाएँ

सामाजिक नीति सरकार के कार्यों का सारांश है, जो लोगों के कल्याण को बेहतर बनाने के लिए जानबूझकर डिजाइन की गई है (टिटमस)। डेविड गिल के अनुसार, सामाजिक नीति कार्रवाई के सिद्धांत हैं जिन्हें प्रभावित करने के लिए डिज़ाइन किया गया है:

(क) जीवन की समग्र गुणवत्ता

(ख) व्यक्ति और समूहों के रहने की परिस्थितियाँ

(ग) समाज के सदस्यों के बीच अंतर-सामाजिक संबंध

सोशल वर्क डिक्शनरी के अनुसार, "सामाजिक नीति एक समाज की गतिविधियाँ और सिद्धांत हैं जो व्यक्तियों, समूहों, समुदायों और सामाजिक संस्थाओं के बीच संबंधों में हस्तक्षेप करने और उन्हें विनियमित करने के तरीके का मार्गदर्शन करते हैं (बार्कर, 1987)।

मार्शल के अनुसार, "सामाजिक नीति से तात्पर्य सरकारों की उस नीति से है, जिसका नागरिकों को सेवाएं या आय प्रदान करके उनके कल्याण पर सीधा प्रभाव पड़ता है।"

सामाजिक नीति की विशेषताएँ

(i) **इसका वितरणात्मक चरित्र:** टिटमस, डोनिसन और बोल्डिंग जैसे सामाजिक वैज्ञानिकों ने तर्क दिया कि सामाजिक नीति का वितरणात्मक या पुनर्वितरणात्मक चरित्र अधिक विशिष्ट है। समानता के सिद्धांतों के आधार पर, सामाजिक और आर्थिक नीतियाँ तैयार की जाती हैं। सामुदायिक संसाधनों का पुनर्वितरण हर समाज के अमीर वर्ग से गरीब वर्ग की ओर होना चाहिए।

(ii) **यह समाज के कमज़ोर वर्गों के प्रति चिंतित है:** एक अन्य महत्वपूर्ण विशेषता में समाज के वंचित वर्ग के प्रति इसकी चिंता शामिल है। प्रत्येक नीति का उद्देश्य समाज के कमजोर वर्गों, अर्थात् गरीबों, महिलाओं, बच्चों, विकलांगों आदि को विकास और समानता के दायरे में लाना होना चाहिए।

(iii) **किसी राष्ट्र का सामाजिक-राजनीतिक परिदृश्य:** यह किसी राष्ट्र के सामाजिक-राजनीतिक परिदृश्य, एक राष्ट्र, उसकी आर्थिक व्यवहार्यता के साथ-साथ समाज की सामाजिक-सांस्कृतिक विशेषताओ के साथ काम करता है।

(iv) **समतावादी समाज का दृष्टिकोण:** सामाजिक नीतियां एक समतावादी या समान समाज की कल्पना करती हैं, जहां विभिन्न वर्गों के बीच सभी मतभेद न्यूनतम स्तर तक कम हो जाते हैं।

(v) **अलग-थलग होकर काम न करना:** सामाजिक नीतियाँ अलग-थलग होकर काम नहीं करतीं। समाज में लोगों के एक समूह की सामाजिक स्थिति को सुधारने के लिए, आर्थिक व्यवहार्यता के साथ-साथ सामाजिक-राजनीतिक नीतियों को तैयार किया जाना चाहिए और सभी लोगों के सामाजिक-सांस्कृतिक पहलुओं को बनाए रखना चाहिए।

(vi) **वैश्विक पहलुओं को संबोधित करना:** उदारीकरण के बाद के दौर में, हर नीति (झारखंड में संथाल जनजातियों के विकास जैसे क्षेत्र विशेष को छोड़कर) इस तरह से तैयार की जाती है कि वह वैश्विक पहलुओं को संबोधित करे। वैश्वीकरण ने लोगों की गतिशीलता को बढ़ाया है और इस प्रकार हर नीति दुनिया भर में फैले लक्ष्य समूह को प्रभावित कर सकती है।

(vii) **अंतर्राष्ट्रीय संगठनों द्वारा निर्देशित:** तीसरी दुनिया के देशों में, सामाजिक नीतियां आमतौर पर विश्व बैंक और अन्य अंतर्राष्ट्रीय निकायों जैसे अंतर्राष्ट्रीय मुद्रा कोष आदि द्वारा प्रदान किए गए दिशानिर्देशों के अनुसार तैयार की जाती हैं।

सामाजिक नीति के उद्देश्य

सामाजिक नीति का क्षेत्र बहुत बड़ा है। सामान्य तौर पर, किसी नीति को सामाजिक नीति तब माना जाता है जब वह प्रत्यक्ष और अप्रत्यक्ष रूप से सामाजिक समस्याओं या लोगों की समस्याओं से जुड़ी हो। इसमें एक समुदाय और एक वंचित वर्ग शामिल होता है ताकि इसके सबसे कमज़ोर सदस्यों की रक्षा की जा सके, लेकिन यह सभी नागरिकों की सामाजिक ज़रूरतों को पूरा करने के लिए भी तैयार की जाती है। कोई भी सामाजिक नीति समाज की मदद करने और समान रूप से सामाजिक कल्याण गतिविधियों को बढ़ाने के उद्देश्य से बनाई और लागू की जाती है। विभिन्न विद्वानों ने सामाजिक नीति के उद्देश्य को अलग-अलग तरीकों से प्रस्तुत करने की कोशिश की है। हालाँकि, सामान्य तौर पर, सामाजिक नीति अवांछनीय सामाजिक परिस्थितियों (जैसे सामाजिक अराजकता, सामाजिक अशांति, सामाजिक समस्याएँ, आदि) पर काबू पाने, लोगों की ज़रूरतों और इच्छाओं को पूरा करने और उनकी समस्याओं का समाधान करने के लिए एक सामाजिक वातावरण बनाने के लिए बनाई जाती है। प्रोफेसर रिचर्ड टिटमस (1950) ने सामाजिक नीति की अपनी परिभाषा में तर्क दिया कि, यह उन गतिविधियों से जुड़ी है, जो समाज की कल्याण आवश्यकताओं से संबंधित एक सामान्य उद्देश्य की पूर्ति करती हैं। दूसरे शब्दों में, उन्होंने सामाजिक नीति बनाने के उद्देश्य के रूप में समाज के लोगों की सामाजिक कल्याण आवश्यकताओं या बुनियादी ज़रूरतों की पूर्ति पर प्रकाश डाला है। उन्होंने अपने ग्रंथों में सामाजिक नीति के तीन स्पष्ट उद्देश्य भी निर्धारित किये हैं:

- नीति जो नागरिकों के लिए कल्याण प्रदान करती है
- नीति में आर्थिक और गैर-आर्थिक उद्देश्य शामिल हैं
- सामाजिक नीति में अमीर से गरीब तक संसाधनों के पुनर्वितरण के कुछ उपाय शामिल हैं

हालाँकि, मोटे तौर पर सामाजिक नीतियों के प्रमुख उद्देश्य निम्नलिखित हैं:

(i) गरीबी निर्मूलन
(ii) विभिन्न सामाजिक समस्याओं से निपटना
(iii) योजनाबद्ध सामाजिक परिवर्तन लाना
(iv) संसाधनों की समानता सुनिश्चित करना
(v) सामाजिक सुरक्षा सुनिश्चित करना
(vi) सामाजिक कल्याण सुनिश्चित करना
(vii) असहाय और वंचित लोगों के अधिकारों का संरक्षण करना
(viii) सामाजिक संस्थाओं की प्रभावशीलता बढ़ाना
(ix) विकास योजना के लिए क्षेत्र तैयार करना
(x) एक व्यवस्थित सामाजिक संरचना का निर्माण करना
(xi) सामाजिक न्याय सुनिश्चित करना

सामाजिक नीति मुख्यतः विकासशील देशों के लोगों के लिए एक आवश्यकता बनती जा रही है। इसमें राजनीतिक व्यवस्था, वित्तीय सहायता, कानून, संस्थाएं और प्रावधानों का एक जटिल जाल शामिल है जो व्यक्तिगत और सामाजिक जरूरतों को पूरा करने का प्रयास करता है। जब ऐसी जरूरतें बाजार और समुदायों द्वारा पूरी नहीं की जाती हैं, तो उपयुक्त सामाजिक नीति की आवश्यकता होती है। यह कल्याणकारी राज्य के गठन की दिशा में सामाजिक सेवाओं के विकास के सरकारी दृष्टिकोण से भी संबंधित है।

सामाजिक सुरक्षा

सामाजिक नीति का मतलब समाज और उसके सदस्यों से निपटना है। इसमें आम तौर पर समाज द्वारा अपने कमज़ोर तबके की सुरक्षा के लिए उठाए गए कदम और रणनीतियाँ शामिल होती हैं, ताकि सभी को सामाजिक ज़रूरतें पूरी की जा सकें। यहीं से सामाजिक सुरक्षा की अवधारणा सामने आती है। यह समाज के ज़रूरतमंद तबकों को सुरक्षा प्रदान करने की अवधारणा से जुड़ा है। किसी भी समाज में, विभिन्न स्रोतों से अलग-अलग तरह के रोज़गार पैदा होते हैं। समाज के आर्थिक पहलुओं से जुड़े कई मुद्दे हैं जैसे - काम का वितरण, अलग-अलग मज़दूरी दर, लिंग की अलग-अलग भागीदारी, रोज़गार के अलग-अलग तरीके, कर्मचारियों और पेंशनभोगियों के बीच संघर्ष आदि। सामाजिक सुरक्षा में लोगों को किसी भी तरह की समस्या से बचाने के लिए उठाए गए कदम शामिल हैं और यह बातचीत का एक साझा मंच और हर विकासात्मक रणनीति के लिए एक साझा परिणाम प्रदान करता है।

सामाजिक सुरक्षा से तात्पर्य आबादी के वंचित वर्ग की सुरक्षा के लिए किए जाने वाले प्रावधानों से है। इसमें महिलाएं, बच्चे, बूढ़े और विकलांग लोग, ऐतिहासिक रूप से हाशिए पर पड़े समूह और कई अन्य शामिल हो सकते हैं। यह आमतौर पर राज्य द्वारा प्रदान किया जाता है और यह राज्य-नागरिक बातचीत पर आधारित होता है। सामाजिक सुरक्षा की ये योजनाएँ महिलाओं और लड़कियों को सशक्त बनाने और लोगों की आजीविका में सुधार करने से लेकर अचानक हुई घटना या सदमे के बाद उबरने तक भिन्न हो सकती हैं। सामाजिक सुरक्षा के कार्यों को चार प्रकारों में विभाजित किया जा सकता है:

- **सुरक्षात्मक योजनाएँ:** ये अभाव से राहत प्रदान करती हैं (उदाहरण: पेंशन, आय लाभ)।
- **निवारक योजनाएँ:** ये वंचना को रोकती हैं (उदाहरण: विभिन्न बीमा योजनाएँ)।

- **प्रोत्साहन योजनाएं:** ये योजनाएं आय के साथ-साथ क्षमताओं को बढ़ाने के लिए हैं (उदाहरण के लिए, इनपुट).
- **परिवर्तनकारी योजनाएँ:** इनका उद्देश्य सामाजिक समानता, अधिकार और समावेशन को बढ़ावा देना है (उदाहरण: श्रम कानून)।

अभ्यास प्रश्न

1. सामाजिक समस्या को परिभाषित करें। इसकी विशेषताओं का उल्लेख करें।
2. गरीबी रेखा बास्केट क्या है?
3. गरीबी के विभिन्न कारणों का उल्लेख करें।
4. स्वतंत्रता के बाद से भारत में विभिन्न गरीबी उन्मूलन कार्यक्रमों का उल्लेख करें।
5. मौसमी बेरोजगारी से आपका क्या अभिप्राय है?
6. भारत में शिक्षित बेरोजगारी की विभिन्न विशेषताओं का उल्लेख करें।
7. सामाजिक नियोजन के विभिन्न दृष्टिकोण क्या हैं?
8. सामाजिक नीति के विभिन्न उद्देश्य क्या हैं?

REFERENCES

Akhter Ali, Mohd and Kamraju, M. (2020). A Study on Impact of Covid-19 Pandemic on Unemployment in India. In book: Re-imaging the New Normal—The Transformational Lens of Covid-19 (pp. 50–61), The Bhopal School of Social Sciences.

Asian Development Bank (2011). Understanding Poverty in India.

Bromley, Ray. (2003). Social planning: past, present, and future. *Journal of International Development*. 15. 819–830. 10.1002/jid.1037.

Datt, G. (1998). Poverty in India and Indian states: an update. *The Indian Journal of Labour Economics*, **41**(2): 41.

Dyckman, J. (1966). Social planning, social planners and planned societies. *Journal of the American Institute of Planners*, **32**(2).

Jayapalan, N. (2002). *Urban Sociology*. Atlantic Publishers, New Delhi.

Menezes, G. (2016). Farmer suicides in India—trends, causes and policy. *Research Horizons*, Vol. 6. July 2016.

Raavalee, A. (2021). Development induced displacement in India. *IJMER*, Vol. 10, Issue 7(2).

Ray, P. (2000). Development induced displacement in India, *SARWATCH*, **2**(1), July.

Sen, P.K. (2012). Indian Society: Continuity and Change. Pearson, Delhi.

Tiwari, P., Dixit, J., Gupta, S., Singh, P. and Gupta, H. (2011). Educated Unemployed: A New Challenge before India.

https://ncrb.gov.in/sites/default/files/ADSI-2021/adsi2021_Chapter-2-Suicides.pdf retrieved on 07/07/2023.

अध्याय 7

सांस्कृतिक भूगोल

समकालीन विश्व में प्रमुख अवधारणाएँ

अधिगम प्रतिफल

इस अध्याय के अंत में, छात्रों में निम्नलिखित क्षमता विकसित होगी:

- एक उप-विषय के रूप में सांस्कृतिक भूगोल की वृद्धि और विकास का आकलन करना।
- सांस्कृतिक भूगोल के दायरे और विषय-वस्तु की व्याख्या करना।
- सांस्कृतिक भूगोल और सामाजिक विज्ञान की अन्य शाखाओं के बीच संबंधों को समझना।
- सांस्कृतिक भूगोल के विकास पर उत्तर-औपनिवेशिक काल के प्रभाव विशेष रूप से वैश्वीकरण और शहरीकरण को समझना।
- सांस्कृतिक भूगोल के संकल्पनात्मक ढांचे को समझना।

सांस्कृतिक भूगोल

सांस्कृतिक भूगोल आम तौर पर संस्कृति और स्थान के बीच संबंधों के बारे में अध्ययन है। दूसरे शब्दों में, सांस्कृतिक भूगोल सांस्कृतिक मूल्यों, विश्वासों, प्रथाओं, भावनाओं, लोगों की व्यापक और भौतिक अभिव्यक्तियों, कलाकृतियों, सांस्कृतिक विविधता और समाज की बहुलता की जांच करता है। यह विशेष सांस्कृतिक विशेषता के क्षैतिज वितरण और ऐसे स्थानिक वितरण के पीछे के कारणों, पहचान के निर्माण के बारे में, लोगों द्वारा स्थानों की समझ बनाने और स्थान की भावनाओं का निर्माण करने, मनुष्य के संचार कौशल आदि के बारे में भी बताता है। दरअसल, शुरुआत से ही, सांस्कृतिक भूगोल लंबे समय से भूगोल विषय का केंद्रीय प्रसंग रहा है, लेकिन समय के साथ वैचारिक उपकरण, अनुभवजन्य शोध के दृष्टिकोण में बदलाव आया है।

लोग अपने यात्रा वृत्तांत तब लिखते थे जब उनका संपर्क दूसरे देशों, दूसरी जगहों और दूसरी संस्कृतियों के लोगों से होता था। ये यात्रा विवरण लोगों के प्रत्यक्ष अनुभवों पर आधारित होते थे, जो लोगों ने अपनी यात्रा से प्राप्त किए थे। यहाँ संस्कृति ने केंद्रीय भूमिका निभाई लोग अनजाने में ही किसी नई जगह जाते समय अपनी संस्कृति और विश्वासों के अलावा अन्य लोगों से भी संपर्क और संवाद कर लेते थे।

सांस्कृतिक भूगोल के अध्ययन में प्रयुक्त दृष्टिकोण

सांस्कृतिक भूगोल जैसे किसी भी क्षेत्र-आधारित अध्ययन की प्रकृति के संबंध में, तीन अलग-अलग दृष्टिकोण हैं। ये हैं:

1. अनुभवजन्य या विश्लेषणात्मक दृष्टिकोण
2. हर्मेन्यूटिक दृष्टिकोण और
3. आलोचनात्मक दृष्टिकोण

अनुभवजन्य या विश्लेषणात्मक दृष्टिकोण

इस दृष्टिकोण के अनुसार, ज्ञान प्रत्यक्ष प्रत्यक्ष अनुभव से आता है, जो मुख्य रूप से प्रत्यक्ष दृश्य अवलोकन है। यह आम तौर पर एक आदर्श वैचारिक ढांचे के भीतर सूचना की रिकॉर्डिंग है। इसमें शामिल कार्यप्रणाली सटीक अवलोकन और किसी के अपने दृश्य अवलोकन की रिपोर्टिंग है।

प्रत्यक्षवाद अनुभवजन्य विज्ञान का एक विशेष रूप है और इसे सभी विज्ञानों की सामान्य विशेषता माना जाता है। इस दृष्टिकोण में भौगोलिक तथ्य की व्याख्या शामिल है, न कि केवल उसका वर्णन। इस तरह की व्याख्या में व्यक्तिगत अनुभव द्वारा प्रस्तुत सामान्य नियम शामिल हैं (उदाहरण के लिए, यदि A है तो B, यानी B किसी क्षेत्र में मौजूद है क्योंकि A वहां मौजूद है)। प्रत्यक्षवादी दृष्टिकोण का मुख्य उद्देश्य नियमों की पहचान करना है और इस प्रकार एक पूर्वानुमानित उपकरण प्रदान करना है, न कि केवल एक व्याख्यात्मक (उदाहरण के लिए, A की उपस्थिति B की उपस्थिति के लिए जिम्मेदार होगी या A की उपस्थिति होने पर एक नए सेट अप में B की उपस्थिति की भविष्यवाणी करने में सक्षम हो सकती है)। स्पष्टीकरण के इस तरह के एक विशेष रूप में प्रत्यक्ष सूचना रिपोर्टिंग के साथ-साथ सूचना की व्याख्या करना और एकत्रित सूचना के बारे में एक सामान्य कानून बनाना शामिल है। उदाहरण के लिए, पर्यावरण को नियंत्रित करने के लिए कुछ ज्ञात भौतिक नियमों को लागू किया जाता है, जो सफल प्रत्यक्षवादी भौतिक विज्ञान का एक उदाहरण है जिसके माध्यम से भौतिक पर्यावरण को नियंत्रित किया जा सकता है और एक सामान्य कानून विकसित किया जा सकता है। दूसरी ओर, सफल सकारात्मक सामाजिक विज्ञान का उपयोग ज्ञात सामाजिक नियमों के उपयुक्त और उचित अनुप्रयोग के माध्यम से समाज को नियंत्रित करने के लिए किया जा सकता है।

हर्मेन्यूटिक दृष्टिकोण

यह दृष्टिकोण व्यक्ति के अवलोकन के बाहर एक अलग अनुभवजन्य डोमेन के अस्तित्व को नकारता है। समाजीकरण और पुनः समाजीकरण वे प्रक्रियाएँ हैं जिनके माध्यम से समाज में उसके सदस्यों के बीच मानवीय संपर्क विकसित होता है। इस तरह की बातचीत व्यक्ति से व्यक्ति में वर्ग, स्थिति, धार्मिक विश्वास, कुछ जैविक मानदंडों (जैसे उम्र और लिंग) के आधार पर भिन्न होती है। ये सभी विशेषताएँ किसी व्यक्ति के कार्य को प्रभावित करती हैं जो उस व्यक्ति के व्यवहार और सोच को समझने में मदद करती हैं। "एक हर्मेन्यूटिक वैज्ञानिक के अनुसार, जो अर्थ मायने रखते हैं वे मेरे हैं, क्योंकि वे मेरे व्यवहार की नींव हैं" (जॉनस्टन, 2000)।

चूंकि यह दृष्टिकोण मानव व्यवहार को महिमामंडित करता है और स्पष्टीकरण विकसित करने के लिए व्यक्ति की सोच के प्रभाव को बनाए रखता है; इसलिए सामान्य नियमों का निर्माण असंभव है। ऐसा इसलिए भी है क्योंकि मनुष्य किसी भी तरह से एक समान प्रेरण के लिए एक ही तरीके से कार्य या प्रतिक्रिया नहीं करते हैं और अपनी स्मृति और तर्क की शक्ति के साथ, मनुष्य कभी भी अन्य मनुष्यों की तरह समान तरीके से प्रतिक्रिया नहीं करते हैं। मानव स्वभाव और व्यवहार की ऐसी समझ अतीत और वर्तमान पर विचार विकसित करने के लिए और भविष्य के लिए मार्गदर्शन प्रदान करने के लिए मदद करती है, और भविष्य के लिए मार्गदर्शक हो सकती है, यानी, यह नहीं कह सकता है कि, 'यदि ए, तो बी'।

आलोचनात्मक दृष्टिकोण

आलोचनात्मक विज्ञान दोनों से भिन्न हैं — अनुभवजन्य और हर्मेन्यूटिक क्योंकि वे प्रत्यक्षवादी के नियतिवाद को स्वीकार नहीं करते हैं और न ही व्याख्यात्मक के स्वैच्छिक दृष्टिकोण को। पहले वालें में, इसका तात्पर्य है कि लोगों का अपने जीवन पर कोई नियंत्रण नहीं है, जबकि बाद वाले में इसका तात्पर्य है कि लोगों का अपने जीवन पर पूर्ण नियंत्रण है। "आलोचनात्मक विज्ञानों के अनुसार, लोग समाज के भीतर रहते हैं, जो जटिल संगठन हैं जो व्यक्तिगत, दिन-प्रतिदिन और सामूहिक अंतर-पीढ़ीगत अस्तित्व दोनों को सुनिश्चित करने के लिए बनाए गए हैं" (जॉनस्टन, 2000)।

एक उप-विषय के रूप में सांस्कृतिक भूगोल का विकास और वृद्धि

19वीं सदी के अंत में, सांस्कृतिक भूगोल ने दुनिया भर की विभिन्न संस्कृतियों की तुलना और विरोधाभास के साथ-साथ उनके प्राकृतिक वातावरण से संबंधों के साथ विकास करना शुरू किया। इस दृष्टिकोण की जड़ फ्रेडरिक रैटज़ेल के 'मानव भूगोल' में है और मानव विज्ञान के साथ समान है। इसका उद्देश्य सांस्कृतिक प्रथाओं, सामाजिक संगठनों, स्वदेशी ज्ञान और सबसे बढ़कर लोगों के भूमि और प्रकृति (लैंडशाफ्ट) के उपयोग से संबंधों को समझना था। मानव और प्राकृतिक परिदृश्य के बीच इस तरह के संबंध को उत्तरी अमेरिका में विशेष रूप से यूएसए में 20वीं सदी की शुरुआत में बर्कले स्कूल ऑफ़ ज्योग्राफी के कार्ल ओ. सॉयर द्वारा उत्तरी अमेरिकी भूगोल की एक अनूठी प्रकृति के रूप में अपनाया गया, विस्तारित किया गया और बढ़ावा दिया गया। यह स्कूल विशेष रूप से इस बात में रुचि रखता था कि लोग पर्यावरण को कैसे अपनाते हैं, लेकिन अधिक विशेष रूप से, कृषि, इंजीनियरिंग और वास्तुकला के माध्यम से प्राकृतिक परिदृश्य में संशोधन करते हैं।

"मानव भूगोल का एक व्यवस्थित उपक्षेत्र, सांस्कृतिक भूगोल भाषा, आर्थिक प्रणालियों, सरकारी रूपों, संबंध, पर्यावरण की धारणाओं और अन्य सांस्कृतिक अभिव्यक्तियों के स्थानिक विविधताओं से संबंधित है। यह संस्कृति और भौतिक पर्यावरण के बीच घनिष्ठ संबंधों का अध्ययन करके एक संश्लेषण दृष्टिकोण का भी उपयोग करता है" (पिट्ज़ल, 2007)। सांस्कृतिक भूगोल का यह रूप आज भी दुनिया में व्यापक रूप से प्रचलित है लेकिन कई संशोधनों के साथ। 1980 के दशक के दौरान, इस शाखा की मौजूदा अवधारणा पर सवाल उठाया गया था और नई सोच ने उप-विषय में व्यापक 'सांस्कृतिक मोड़' के साथ एक 'नया सांस्कृतिक भूगोल' बनाया। 'नया सांस्कृतिक भूगोल' सामाजिक सिद्धांत के भीतर नए सामाजिक मुद्दों और आधुनिक सैद्धांतिक विचारों को शामिल करता है, जिसमें 'मानवतावाद', 'संरचनावाद', उत्तर-संरचनावाद हाल के युग में, संस्कृति स्वयं एक तरल, लचीली और गतिशील प्रकृति की अवधारणा बन गई है, जो समाज का सक्रिय रूप से बेहतर तरीके से निर्माण करती है ताकि वह दुनिया के हर कोने और हर पीढ़ी के लिए स्वीकार्य हो सके।

इस नए सांस्कृतिक भूगोल में, परिदृश्य को न केवल भौतिक दृष्टिकोण से सीधे तरीके से देखा जाता है, बल्कि प्रतीकात्मक अर्थ के साथ भी देखा जाता है जिसे सामाजिक और ऐतिहासिक संदर्भ के संबंध में पुनर्निर्मित करने की आवश्यकता होती है। यह

अक्सर 'आइकनोग्राफी' जैसी नई तकनीक का उपयोग करके किया जाता है। इस प्रकार, नए सांस्कृतिक भूगोलवेत्ताओं ने तर्क दिया कि सांस्कृतिक पहचान प्रकृति में उद्देश्यपूर्ण नहीं हैं, बल्कि उन्हें जटिल शक्ति प्रथाओं के मिश्रण के रूप में देखा जाना चाहिए और इस तरह यह विविधता और सभी प्रकार की संकरता के एक नए रूप की ओर निर्देशित करता है।

1980 के दशक से सांस्कृतिक भूगोल में नई अवधारणाओं के जुड़ने के परिणामस्वरूप, सांस्कृतिक भूगोल एक व्यापक ढांचे के रूप में विकसित हुआ है जिसमें संस्कृति विकसित होती है और हर जगह और स्थान में बदलाव लाती है। विभिन्न सामाजिक समूहों की सांस्कृतिक राजनीति के साथ-साथ नस्ल, जातीयता, विकलांगता, लिंग, कामुकता जैसे मुद्दे—सभी को नए सांस्कृतिक भूगोल में शामिल किया गया है। उपनिवेशवाद, साम्राज्यवाद, राष्ट्रवाद और धर्म जैसी अन्य प्रथाओं को इस नई प्रवृत्ति में जोड़ा गया है। इन सामाजिक प्रथाओं का अध्ययन करने से समाज के अन्य सदस्यों में अपनेपन की भावना को बढ़ावा मिलता है। कुछ अन्य तकनीकों में कला, फोटोग्राफी, संगीत, फिल्म, मास मीडिया के साथ-साथ फैशन, भोजन, विरासत, स्मारकों जैसी भौतिक संस्कृति का प्रतिनिधित्व और ज्ञान निर्माण और संचार के साधन के रूप में भाषा का उपयोग भी शामिल है। 'सांस्कृतिक मोड़' की अवधारणा "यह पता लगाने की दिशा में एक कदम है कि संस्कृति आर्थिक और राजनीतिक जैसे भौगोलिक जांच के रूपों के साथ कैसे जुड़ती है, यह तर्क देते हुए कि ये डोमेन सांस्कृतिक प्रक्रियाओं से गहराई से प्रभावित हैं और आकार लेते हैं। नतीजतन, सांस्कृतिक भूगोल आज मानव भूगोल में सबसे जीवंत क्षेत्रों में से एक है" (कैस्ट्री एट अल., 2013)।

सांस्कृतिक विशेषताओं की व्याख्या में मानव-पर्यावरण संबंध

सांस्कृतिक भूगोल मानव भूगोल का वह उप-विषय है जो प्राकृतिक पर्यावरण पर मानवीय गतिविधियों और संस्कृति के प्रभाव के साथ किसी स्थान के मानवीय संगठन की खोज करता है। "सांस्कृतिक भूगोल विशेष रूप से संस्कृति और स्वयं, समूहों, 'दूसरों' के निर्माण और अनुभव की दुनिया के अपने सांकेतिक व्यवहारों पर अपना ध्यान केंद्रित रखता है जबकि पर्यावरण, स्थान और जगह पर जोर बनाए रखता है" (पीटरसन, 2011)।

सांस्कृतिक भूगोल, प्रकृति में बहुमुखी है और अधिक 'वास्तविक दुनिया' सामाजिक, राजनीतिक और साथ ही सांस्कृतिक मुद्दों को शामिल करने के साथ समृद्ध हो गया है। इसने हाल की घटनाओं के सांस्कृतिक स्पष्टीकरण के अध्ययन को दुनिया के सभी समाजों के लिए अधिक स्वीकार्य बना दिया है। व्यापक अर्थों में, भूगोल मानव-पर्यावरण संबंधों का अध्ययन करता है। इसी तरह, सांस्कृतिक भूगोल में, सांस्कृतिक लक्षणों को इस तरह से समझाया जाता है कि, हर पहलू को मानव-पर्यावरण संपर्क के माध्यम से पूरी तरह से समझा जा सकता है। ऐसा इसलिए है, क्योंकि प्रत्येक संस्कृति समूह विशिष्ट भूभाग, जलवायु विशेषताओं, प्राकृतिक वनस्पति, मिट्टी और जैविक जीवन से घिरा हुआ है। समकालीन सामाजिक-सांस्कृतिक मुद्दों के संदर्भ में, क्षेत्रीय विकास के पहलू, अद्वितीय सामाज़िक-सांस्कृतिक तत्वों की पहचान— ये सभी मानव सभ्यता के सामाजिक-सांस्कृतिक प्रदर्शनों का विश्लेषण करने में अधिक महत्वपूर्ण होते जा रहे हैं। एशियाई उपमहाद्वीप में कुछ हालिया घटनाएं जैसे धार्मिक संघर्ष, जातीय पहचान और आतंकवाद से संबंधित मुद्दे आदि, इस संदर्भ में उदाहरण हैं।

हॉर्टन और क्राफ्टल (2013) के अनुसार, सांस्कृतिक भूगोल में 'संस्कृति' के केंद्रीय विषय को देखने के तीन अलग-अलग तरीके हैं, जो हैं:

1. मानव समाज में तत्वों की पहचान को 'संस्कृति' के रूप में लेबल किया जाना चाहिए। सटीकता के साथ ऐसा करने के लिए, इस बात पर ध्यान दिया जाना चाहिए कि सांस्कृतिक स्पेक्ट्रम में जीवन के कुछ रूप कैसे, कब और कहाँ होते हैं।
2. वास्तविक दुनिया में लोकप्रिय और लोक संस्कृति के बीच सिद्धांत और व्यवहार में निरंतर टकराव सांस्कृतिक भूगोलवेत्ताओं को कुछ सांस्कृतिक कलाकृतियों के प्रकट होने और लुप्त होने पर ध्यान केंद्रित करने के लिए प्रेरित

करता है। किसी विशेष सांस्कृतिक विशेषता के प्रकट होने या लुप्त होने की गति भी इस उप-विषय के केंद्रीय विषय के रूप में आती है।

3. हाल के समय में प्रौद्योगिकी से प्रेरित बदलती दुनिया सांस्कृतिक भूगोलवेत्ताओं को इस बात पर अपना अध्ययन केंद्रित करने में मदद कर रही है कि कैसे गैर-मानवीय मामले (जैसे प्रकृति) संस्कृति का हिस्सा बन रहे हैं।

केंद्रीय विषय

बीसवीं सदी के अमेरिकी भूगोलवेत्ता कार्ल सॉयर को सांस्कृतिक भूगोल नामक अध्ययन की शाखा के औपचारिक निर्माता के रूप में श्रेय दिया जाता है। उन्होंने पर्यावरण के प्रति व्यक्तिगत और सामूहिक रूप से मानव की उचित सांस्कृतिक प्रतिक्रियाओं की पहचान करने के लिए प्रत्यक्ष क्षेत्र अवलोकन पर जोर दिया। हर गतिविधि वास्तव में नए और रूपांतरित प्रकार के परिदृश्य के निर्माण में परिलक्षित होती है। उदाहरण के लिए, खाद्य प्राथमिकताएँ और रसोई बागवानी आसपास के पर्यावरण के लिए एक विशेष समाज के विशिष्ट सांस्कृतिक संबंध को दर्शाती हैं (पिट्ज़ल, 2007)। पूर्वी भारत में, चावल मुख्य प्रधान भोजन के रूप में उगाया जाता है, जबकि उत्तर और पश्चिमी भारत में, क्षेत्र विशेष राहत और जलवायु विशेषताओं के कारण गेहूँ प्रमुख है। दक्षिण चीन में भी, उपयुक्त पर्यावरणीय स्थिति चावल की दोहरी फसल के लिए मदद करती है, जबकि उत्तरी चीन में, पर्यावरण गेहूँ को प्राथमिक अनाज के रूप में निर्देशित करता है। सांस्कृतिक भूगोलवेत्ता बस्तियों के पैटर्न, भवन के प्रकार, निर्माण सामग्री, कस्बों और शहरों के विकास आदि के बारे में विचार करते हैं।

सामान्य तौर पर, सांस्कृतिक भूगोल का विकास भूगोल में प्रत्यक्षवादी सिद्धांतों के विरोध में होता है। अधिकांश राजनीतिक समर्थकों के अनुसार, सांस्कृतिक भूगोल विभिन्न दृष्टिकोणों से बहुआयामी दृष्टिकोण के साथ भौतिक संस्कृति, सामाजिक प्रथाओं और प्रतीकात्मक अर्थों का अध्ययन और जांच है (मैकडॉवेल, 1994)। भूगोल की समृद्ध औपनिवेशिक विरासत और समकालीन दुनिया की आलोचनात्मक समझ के परिणामस्वरूप, सांस्कृतिक भूगोल अध्ययन के एक अंतःविषय क्षेत्र के रूप में नए विकास में अपनी प्रासंगिकता का दावा करता है। इस तरह, सांस्कृतिक भूगोलवेत्ता जलवायु, आतंकवाद से लेकर मनोवैज्ञानिक तनाव, बीमारी के प्रकोप और त्वचा की समस्या आदि जैसे सामाजिक मुद्दों के वृहद स्तर के विश्लेषण से लेकर सूक्ष्म पैमाने के विवरण तक से निपटने के तरीके को इंगित करने में लगे हुए हैं।

सांस्कृतिक भूगोल—क्षेत्र और विषय-वस्तु

मानव भूगोल, भूगोल की महत्वपूर्ण शाखाओं में से एक है। हार्टशोर्न के शब्दों में, "भूगोल का संबंध पृथ्वी की सतह के परिवर्तनशील चरित्र का सटीक, व्यवस्थित और तर्कसंगत विवरण और व्याख्या प्रदान करना है"। मानव भूगोल, विशेष रूप से, मानव और प्रकृति के बीच के संबंध से संबंधित है। दूसरे शब्दों में, मानव और प्राकृतिक पर्यावरण के बीच संबंध मानव भूगोल का मुख्य विषय है। मनुष्य उपकरण बनाने वाले और संस्कृति बनाने वाले प्राणी हैं। वे अपनी बुद्धि, भावनाओं, अपनी भावनाओं की अभिव्यक्ति, भाषा के माध्यम से संचार के कौशल आदि के कारण इस धरती पर अन्य जानवरों से भिन्न हैं। वे अपनी भौतिक आवश्यकताओं को पूरा करने के लिए पर्यावरण और भौतिक परिदृश्य को भी बदलते हैं और यह उनके ज्ञान, नवाचारों, वैज्ञानिक और तकनीकी उन्नति के माध्यम से किया जाता है।

सांस्कृतिक भूगोल मानव भूगोल की एक नई विकसित शाखा है और अध्ययन का जीवंत और विविध क्षेत्र है। मानव भूगोल की यह शाखा इसी विषय की अन्य शाखाओं की तुलना में बहुत व्यापक दायरे का आनंद लेती है। यह मानव की कुछ सांस्कृतिक विशेषताओं से संबंधित है और मानव संस्कृति और भौतिक पर्यावरण के बीच घनिष्ठ संबंधों से भी संबंधित है। हाल

के दशकों में, सांस्कृतिक भूगोलवेत्ता पहचान निर्माण, नागरिकता, सांस्कृतिक लक्षणों का प्रसार, सांस्कृतिक अंतर का निर्माण, सांस्कृतिक अभिसरण और नई सांस्कृतिक विशेषताओं के निर्माण और आज की वैश्वीकृत दुनिया में अन्य प्रासंगिक और उभरते मुद्दों सहित जटिल सामाजिक प्रक्रियाओं का विश्लेषण करने में लगे हुए हैं। ये प्रक्रियाएँ भूगोल के मूल विषय को स्थान, सार्वजनिक और निजी, परिदृश्य और पर्यावरण के रूप में चुनौती देती हैं। पूरी दुनिया में कई तरह के नस्लीय और जातीय समूह हैं। इनमें से हर जातीय समूह अपने आस-पास के पर्यावरण का कई तरह से इस्तेमाल करता है। उदाहरण के लिए, एस्किमो बहुत कम तापमान (–50 डिग्री सेल्सियस) में जीवित रहने के लिए अलग तरीके से घर बनाते हैं, जबकि बदाविन अरब रेगिस्तान के बहुत गर्म मौसम में अपने अस्थायी घर बनाते हैं। भूगोल को अध्ययन के एक विषय के रूप में पेश किए जाने के बाद से, कई ग्रीक, रोमन और अरब विद्वानों ने विभिन्न जलवायु व्यवस्थाओं में प्राकृतिक पर्यावरण और मानव की अनुकूलन विशेषताओं के प्रभाव पर जोर दिया। यह उल्लेख किया जाना चाहिए कि, सभी महाद्वीपों में आदिवासी लोग आमतौर पर पारिस्थितिक संतुलन को बहुत अधिक प्रभावित किए बिना प्राकृतिक पर्यावरण का उपयोग करने का प्रयास करते हैं। समाज में विकास के साथ, मनुष्य अपने आस-पास के पर्यावरण का अधिक से अधिक उपयोग करने के लिए प्रवृत्त होते हैं, चाहे वे पर्यावरण में कितनी भी गड़बड़ी क्यों न पैदा कर रहे हों। पारिस्थितिक संतुलन को नष्ट करके, आधुनिक विकसित मानव अपने लाभ के लिए प्राकृतिक पर्यावरण को बदल देता है। विज्ञान और प्रौद्योगिकी में विकास के कारण, आधुनिक मानव आने वाले चक्रवातों की सटीक भविष्यवाणी कर सकता है और उपयुक्त उपाय करने के बाद, वे विनाशकारी चक्रवातों में हताहतों की संख्या को शून्य तक ला सकते हैं। आदिमानव के लिए यह असंभव था।

विभिन्न जातीय समूहों ने अपने पर्यावरण की रक्षा के लिए कुछ मानदंड, परंपराएं, विश्वास और मूल्य विकसित किए हैं। उदाहरण के लिए, अफ्रीका के पूर्वी पठार के मसाई जंगली जानवरों से अपने मवेशियों की रक्षा के लिए गोलाकार बाड़ों में रहते हैं; पश्चिम एशिया के रेगिस्तानों के खानाबदोश एक चरागाह से दूसरे चरागाह में जाते समय अस्थायी तंबुओं में रहते हैं; पहाड़ी क्षेत्रों में आदिवासी लोग झूम खेती करते हैं, आदि—ये सभी इस बात के प्रमाण हैं कि लोग प्राकृतिक पर्यावरण को रहने योग्य बनाने के लिए अपनी संस्कृतियों और परंपराओं का उपयोग कैसे करते हैं। उनके सांस्कृतिक मूल्य प्रकृति में किसी भी तरह की गड़बड़ी की अनुमति नहीं देते हैं जिससे मानव और प्रकृति के बीच सहजीवी संबंध बिगड़ जाए। इस उद्देश्य के लिए, वे जानवरों, पौधों, जलवायु, मिट्टी, स्थलाकृति, मौसमों के अपने ज्ञान का उपयोग मुख्य रूप से प्रकृति के साथ सह-अस्तित्व के लिए करते हैं क्योंकि प्रकृति उनके पास आती है। सांस्कृतिक भूगोलवेत्ता अब लगातार यह समझाने में लगे हुए हैं कि ये सामाजिक प्रक्रियाएँ सामाजिक गतिशीलता और सामाजिक-आर्थिक मापदंडों में संबंधित परिवर्तन से कैसे प्रभावित होती हैं; कैसे विभिन्न ताकतें पारिस्थितिकी तंत्र और मानव संस्कृतियों के बीच संबंधों की पारंपरिक स्थापित धारणाओं को बदल रही हैं आदि।

प्रत्येक विषय का अपना दर्शन और दायरा होता है। भूगोल विभिन्न भौतिक और निर्मित पर्यावरण से संबंधित है। मानव भूगोल मानव समाज और अर्थव्यवस्था का प्राकृतिक पर्यावरण के साथ उनके संबंधों का अध्ययन करता है। चूँकि मानव समाज और उनकी संस्कृतियाँ मानव भूगोल का विषय हैं, इसलिए अध्ययन की इस शाखा का दायरा बहुत बड़ा है। इसी तरह, सांस्कृतिक भूगोल का दायरा बहुत व्यापक है और इसमें बहुत बड़ी सामग्री शामिल है। हालाँकि यह केवल मानव संस्कृतियों और प्राकृतिक पर्यावरण के साथ उसके संबंधों के इर्द-गिर्द ही घूमता है; लेकिन दुनिया भर में मानव प्रकृति, मानव व्यवहार और संस्कृतियों की विविधता के परिणामस्वरूप, सांस्कृतिक भूगोल का दायरा भी बहुत विविध है। मानव भूगोल की इस शाखा में मानव जातियों का अध्ययन; उनके मूल्य, संस्कृतियाँ, विश्वास, वर्जनाएँ; दो या दो से अधिक संस्कृतियों का संपर्क और अभिसरण और प्रत्येक संस्कृति में परिणामी परिवर्तन; एक सांस्कृतिक विशेषता का दुनिया के दूसरे हिस्सों में प्रसार; मानव सभ्यता के विकास के विभिन्न चरणों में प्रत्येक समाज की संस्कृति द्वारा निर्मित परिदृश्य, यानी सांस्कृतिक परिदृश्य का निर्माण; अपने स्वदेशी रूप में और आधुनिकीकरण के बाद के युग में मानव व्यवहार; भाषा, धर्म, रीति-रिवाजों और परंपराओं की विविधता और प्राकृतिक पर्यावरण पर उनके प्रभाव शामिल हैं। सांस्कृतिक भूगोल हमें हमारी दुनिया और उसके निवासियों को भूगोल की किसी भी अन्य

शाखा की तुलना में कहीं बेहतर तरीके से जानने में मदद करता है। इसका केंद्रीय विषय मानव है। जैसा कि हमारी दुनिया में विभिन्न प्रकार के रीति-रिवाजों, संस्कृतियों और परंपराओं वाले असंख्य मानव समूह हैं, इस प्रकार, दुनिया के हर कोने में लोगों और उनके आस-पास के पर्यावरण के साथ उनके सहजीवी संबंधों का अध्ययन करना सांस्कृतिक भूगोल में सबसे महत्वपूर्ण मुद्दा है। दुनिया के प्रत्येक कोने में विभिन्न जातीय समूहों और आदिवासी समाज ने पर्यावरण के साथ अपने संबंधों के आधार पर भोजन, जीवन शैली, संपर्क में आने पर अन्य समूहों के साथ व्यवहार के लिए विशेष संस्कृतियों, परंपराओं और वर्जनाओं को विकसित किया है। ये स्वदेशी पारंपरिक लोग विभिन्न जलवायु क्षेत्रों में विशेष पशु और पौधों की प्रजातियों के साथ रहते हैं, जो सांस्कृतिक भूगोल में एक और महत्वपूर्ण मुद्दा है।

उदाहरण के लिए, एस्किमो ने अमेरिकी आर्कटिक की अत्यधिक ठंडी जलवायु के लिए विशेष प्रकार के अनुकूलन की विशेषता का उदाहरण दिया। उनकी जीवन शैली में मांस आधारित आहार शामिल है क्योंकि वे कठोर और ठंडी जलवायु में भोजन के लिए समुद्री स्तनधारियों का शिकार करते हैं; बर्फ के ब्लॉक से बने इग्लू में रहते हैं; कपड़ों और बिस्तर के लिए फर का उपयोग करते हैं। इस प्रकार ये बहुत ठंडी जलवायु विशेषताएँ एस्किमो और एशिया, अमेरिका और यूरोप के ऐसे बहुत ठंडे जलवायु में रहने वाले लोगों के अन्य समूह की जीवन शैली पर हावी हैं। दूसरी ओर, मलेशियाई प्रायद्वीप के सेमांग लोग छोटे समूहों में रहते हैं, बहुत कम मात्रा में फल और मांस एकत्र करते हैं क्योंकि गर्म और आर्द्र मलेशियाई जलवायु लंबे समय तक भोजन संग्रहीत करने की अनुमति नहीं देती है। पानी की कमी और उच्च गर्मी की उपस्थिति के कारण शुष्क और अर्ध-शुष्क रेगिस्तानों में जीवन भी बहुत कठिन है।

ये सभी उदाहरण हैं कि कैसे स्वदेशी लोगों के समूह ने अपने प्राकृतिक वातावरण के आधार पर कुछ अजीबोगरीब जीवन-शैली को अपनाया। लेकिन इस 21वीं सदी में, अधिक से अधिक लोग शिक्षित, शहरी, आधुनिक, ज्ञान और जानकारी से सुसज्जित हो गए हैं, जो मानव समाज और जीवन शैली पर पर्यावरण के प्रभावों को कम कर रहा है। नई तकनीक के आविष्कार के कारण, आज लोग कठोर वातावरण को रहने योग्य बना सकते हैं। परिणामस्वरूप, मानव स्वभाव, व्यवहार, रीति-रिवाज, परंपराएँ और संस्कृतियाँ— सभी पहले के दिनों के स्वदेशी और अलग-थलग आदिवासी समूहों से व्यापक रूप से बदल गए हैं। सांस्कृतिक भूगोल दोनों मामलों से संबंधित है। यह पुराने आदिवासी पारंपरिक अलग-थलग लोगों के अप्रभावित प्रकृति के साथ उनके संबंधों का अध्ययन करता है और साथ ही अध्ययन की यह शाखा नए सांस्कृतिक परिदृश्य और उनके बदलते प्राकृतिक वातावरण के साथ शहरी-आधुनिक लोगों पर भी ध्यान केंद्रित करती है। इसलिए, विभिन्न जलवायु क्षेत्रों में लोगों के विभिन्न समूहों का स्थानिक विश्लेषण और साथ ही समाज के विकास और समाज के विकास के विभिन्न स्तरों पर मानव संस्कृति का लौकिक विश्लेषण — दोनों ही सांस्कृतिक भूगोल के विषय के अंतर्गत आते हैं। इस प्रकार, इसे दो श्रेणियों में वर्गीकृत किया जा सकता है:

(क) मानव संस्कृतियों का स्थानिक विश्लेषण और

(ख) मानव संस्कृतियों का लौकिक विश्लेषण

इस प्रकार, सांस्कृतिक भूगोल के पूरे क्षेत्र ने सामाजिक, राजनीतिक और सांस्कृतिक सिद्धांत के साथ अपने जुड़ाव के माध्यम से एक नया आकार ले लिया है, और मानव भूगोल को एक नई दिशा से पुनर्विचार करने के लिए मजबूर किया है।

सांस्कृतिक भूगोल की प्रकृति

सांस्कृतिक भूगोल की प्रकृति को मानव भूगोल के क्षेत्र में कई विद्वानों के कार्यों से देखा जा सकता है। इसका 1900 के दशक के पहले भाग में फ्रेंच स्कूल ऑफ ज्योग्राफी से घनिष्ठ संबंध है। पॉल विडाल डे ला ब्लाचे द्वारा भूगोल में स्थापित नई प्रवृत्ति

मानव-पर्यावरण संबंधों के संदर्भ में पृथ्वी के कुछ क्षेत्रों में जनसंख्या के सामाजिक और सांस्कृतिक तत्वों के महत्व की ओर मार्ग प्रशस्त किया है। उन्होंने और उनके अनुयायियों ने दिखाया कि कैसे किसी क्षेत्र का 'व्यक्तित्व' उसके समाज के व्यवहार से निकलता है, यानी समाज ने प्राकृतिक संसाधनों का कैसे दोहन किया, समाज ने अपने आवास पर कैसे प्रतिक्रिया दी, समाज ने अपने निवासियों के लिए एक विशेष संस्कृति कैसे विकसित की आदि। फ्रांसीसी विचारधारा ने ब्रिटिश विचारधारा के विद्वानों को प्रभावित किया, जिनमें एच.जे. फ्लेयर और पैट्रिक गेडेस विशेष रूप से शामिल हैं। उन दोनों का मानना था कि भूगोल, इतिहास और नृविज्ञान अविभाज्य त्रयी हैं और समाज में मानव के माध्यम से उनका अध्ययन किया जाना चाहिए।

फ्रांसीसी स्कूल की प्रवृत्ति मनुष्य और आस-पास के वातावरण के बीच संतुलन बनाने की है और इस संतुलन को बनाने के लिए मनुष्य की गतिविधियों की प्रकृति पर अधिक जोर देने की है—जिसने ऐतिहासिक और सांस्कृतिक भूगोल में बहुत काम को प्रोत्साहित किया। ब्रिटिश विद्वान एस्टिन इवांस ने इस संबंध में महत्वपूर्ण योगदान दिया है। उन्होंने आयरलैंड के क्षेत्रों को आकार देने में प्रागैतिहासिक काल से लेकर आज तक समाज द्वारा निभाई गई भूमिका का उल्लेख किया। इवान के काम को सही मायने में 'सांस्कृतिक भूगोल' के रूप में पहचाना जा सकता है क्योंकि उन्होंने परिदृश्य को आकार देने के लिए मनुष्य के भौतिक उपकरणों और मनुष्य की सभी गतिविधियों पर जोर दिया। अमेरिकी विचारधारा को देखें तो कार्ल सॉयर का दृष्टिकोण सबसे महत्वपूर्ण है, जहां उनका मानना है कि सांस्कृतिक भूगोल समाज के उन तत्वों से संबंधित है जो पृथ्वी की सतह में अंकित होने के माध्यम से किसी क्षेत्र को आकार देते हैं। यह इस बात से संबंधित है कि लोग पर्यावरण के साथ कैसे तालमेल बिठाते हैं या सॉयर के शब्दों में 'प्राकृतिक परिदृश्य का सांस्कृतिक परिदृश्य में परिवर्तन'। यह भौगोलिक समस्याओं के लिए संस्कृति के विचार का अनुप्रयोग है और इस प्रकार सांस्कृतिक भूगोल में मनुष्य के बजाय मनुष्य पर किए गए कार्यों पर अधिक ध्यान दिया जाता है। यह शायद सांस्कृतिक भूगोल और सामाजिक भूगोल के बीच सबसे महत्वपूर्ण अंतर करने वाला कारक है। सामाजिक भूगोल में, प्राथमिक चिंता मानव के कार्यों के बजाय मानव का अध्ययन करना है, जबकि सांस्कृतिक भूगोल में, मानव की गतिविधियाँ किसी क्षेत्र के प्राकृतिक परिदृश्य को आकार देने और फिर से आकार देने में अध्ययन की प्राथमिक चिंता होती हैं।

उदाहरण के लिए, जब शहर और उसके लोग अध्ययन का विषय होते हैं, तो समय के साथ बदलते पैटर्न के कारण मनुष्य और आसपास के वातावरण के बीच संबंधों का अलग-अलग समय के पैमाने पर विश्लेषण करना पड़ता है। शहर के निवासियों के विशिष्ट समूहों के बारे में सोचना असंभव लगता था, जो उनके रहने के माहौल से अलग होते थे। लोग झुग्गी-झोपड़ी वाले इलाकों में रहते थे, लोग ग्रामीण-शहरी सीमांत क्षेत्रों में रहते थे, लोग उपनगरों में रहते थे—सभी की अपनी विशेष विशेषताएं होती हैं जो शहर की सीमा के भीतर उनके रहने वाले क्षेत्रों पर आधारित होती हैं। एक प्रसिद्ध विद्वान, वाल्टर फायरी ने शहर के चरित्र पर जोर दिया और उल्लेख किया कि शहर के कुछ हिस्सों का विकास आर्थिक गतिविधियों का अपरिहार्य परिणाम नहीं है, बल्कि यह उन सामाजिक मूल्यों को दर्शाता है जिनसे लोग कुछ स्थानों से जुड़े होते हैं। दूसरे शब्दों में, लोगों के व्यक्तिगत या सामूहिक रूप से सामाजिक प्रदर्शन पर जोर देने से स्थान की एक सांस्कृतिक परिभाषा बनती है। इस तरह के विचारों को धारणा अध्ययनों के माध्यम से एक मजबूत मंच मिला है, यानी, दुनिया केवल मापित और वर्गीकृत ब्रह्मांड नहीं है, बल्कि इसमें मानव व्यवहार और दुनिया को आकार देने में परिणामी गतिविधियों और उन्हें इससे निपटने के तरीके सिखाने के कुछ विविध और विभेदित प्रतिबिंब शामिल हैं।

महत्वपूर्ण सांस्कृतिक भूगोल

हाल के वर्षों में, सांस्कृतिक भूगोल के एक नए पहलू को सांस्कृतिक भूगोलवेत्ताओं के अधिकांश लेखन में इंगित किया जा सकता है जो सैद्धांतिक अभिसरण एंव समाज के सभी पहलुओं में दृष्टिकोणों में अंतर को उजागर और निर्माण को प्रदर्शित करते हैं। लोगों और भौतिक दुनिया के संबंध में सामाजिक संबंधों के पहलुओं को शामिल करके, विभिन्न तकनीकों के अनुकूलन के

साथ प्रकृति और मानव समाज के साथ एक नया संबंध बनाते हुए, भूगोलवेत्ता ऐसे प्रश्न उठाते हैं जो एक ओर मानव कल्याण के लिए केंद्रीय हैं और दूसरी ओर राजनीतिक और आर्थिक भी। चूंकि सांस्कृतिक मतभेदों की भौगोलिकता हमारी समकालीन दुनिया की राजनीति में अंतर्निहित है, इसलिए यह उल्लेख किया जाना चाहिए कि नरसंहार और समग्र उत्पीड़न के लिए आधार प्रदान करते समय अंतर राजनीतिक हो जाता है (जैसा कि पूर्व यूगोस्लाविया और रवांडा के हालिया मामले से पता चलता है)। इस प्रकार, हाल के वर्षों में, सांस्कृतिक भूगोल के विषय-वस्तु का विस्तार राजनीतिक मुद्दों की एक विस्तृत श्रृंखला तक हो गया है जैसे सार्वजनिक और निजी स्थानों के बीच बदलते संबंध, निजी जीवन में राज्य का हस्तक्षेप, प्रकृति-संस्कृति संबंधों में बदलती स्थिति, पर्यावरण संकट, बढ़ती आपराधिक गतिविधियाँ और मानव व्यवहार, युवाओं द्वारा राज्य और सरकार के खिलाफ बढ़ती जागरूकता और विरोध दिखाने के तरीके—ये सभी सांस्कृतिक भूगोल के दायरे और विषय-वस्तु के अंतर्गत आ गए हैं और इसे एक महत्वपूर्ण अध्ययन बनाते हैं।

सांस्कृतिक भूगोल में संस्कृति की अवधारणा

पहले के दिनों में भूगोलवेत्ताओं ने पृथ्वी की भौतिक और पर्यावरणीय विशेषताओं के महत्व पर जोर दिया। उन्होंने हमेशा सांस्कृतिक कारकों द्वारा किए गए योगदान पर जोर दिया। हम्बोल्ट, रिटर, विडाल डे ला ब्लाचे, मैकिंडर जैसे कई प्रख्यात विद्वानों ने किसी क्षेत्र की भौतिक और पर्यावरणीय विशेषताओं के साथ-साथ सांस्कृतिक कारकों के प्रभावों की ओर भी इशारा किया।

अलेक्जेंडर वॉन हम्बोल्ट, हालांकि अपनी भौतिक और पर्यावरणीय विशेषताओं की व्याख्या के लिए प्रसिद्ध हैं, उन्होंने विश्व के सांस्कृतिक क्षेत्र के बारे में कुछ विवरण बताए। हम्बोल्ट को प्री-कैम्ब्रियन अमेरिका के चरवाहे खानाबदोश निवासियों की आजीविका के पैटर्न के बारे में भी दिलचस्पी थी।

जर्मनी के एक अन्य प्रख्यात विद्वान रिटर भी दुनिया के विभिन्न क्षेत्रों के बारे में एकत्रित की गई बड़ी मात्रा में सूचनाओं के आधार पर दुनिया के विभिन्न हिस्सों में संस्कृतियों के इतिहास, विकास और विकास पर विवरण प्रदान करने में रुचि रखते थे। रिटर के अनुसार, 'ईश्वरीय इच्छा' ने पृथ्वी को एक विद्यालय की तरह बनाया है, जहाँ मनुष्य बर्बरता से आध्यात्मिक महानता की ओर बढ़ने का कौशल सीखते हैं। यह उद्देश्यवादी दृष्टिकोण (यानी, अंतिम लक्ष्यों के साथ चिंता) अवैज्ञानिक है और आधुनिक वैज्ञानिक अवधारणाओं के अनुसार इसका कोई आधार नहीं है।

भूगोलवेत्ता और नृवंशविज्ञानी फ्रेडरिक रैटज़ेल ने बताया कि किसी भी क्षेत्र के बारे में जानकारी प्राप्त करने में सांस्कृतिक कारक अधिक महत्वपूर्ण होते हैं। उन्होंने शुरुआती न्यू इंग्लैंड का उदाहरण देते हुए कहा कि शुरुआती न्यू इंग्लैंड को जानने के लिए प्यूरिटन प्रवासियों के बारे में जानकारी एकत्र करना आवश्यक है।

फ्रांसीसी भूगोल के संस्थापक पॉल विडाल डे ला ब्लाचे ने लगातार पर्यावरण निर्धारणवाद के प्रति अपना विरोध व्यक्त किया और प्रकृति द्वारा मानव समाज को दिए जाने वाले अवसरों पर जोर दिया। उन्होंने बताया कि पृथ्वी मानव के व्यवहार को निर्धारित नहीं करती है, बल्कि मानव समाज को कई संभावनाएँ प्रदान करती है, जिनमें से वे चुनाव कर सकते हैं। ऐसा 'विकल्प' समूह के मानसिक और सामाजिक पैटर्न और समाज के प्रौद्योगिकी के स्तर, यानी संस्कृति द्वारा निर्धारित होता है।

अपने सिद्धांत में मैकिंडर ने दुनिया की विभिन्न ऐतिहासिक प्रक्रियाओं पर जोर दिया। उनका मानना था कि यूरोपीय सभ्यता बाहरी दबाव का परिणाम थी क्योंकि यूरोपीय इतिहास बताता है कि यह एशिया से आक्रमणों के खिलाफ कई शताब्दियों के संघर्ष का परिणाम है। वास्तव में, यह हार्टलैंड (जहाँ यूरेशिया के महाद्वीपीय जनसमूह केंद्रित थे) ही उस अवधि के सभी भू-राजनीतिक परिवर्तनों की धुरी के रूप में कार्य करता था। हार्टलैंड और रिमलैंड के गठन के सिद्धांत मुख्य रूप से जातीय (हुन साम्राज्य, तुर्किक और खजर खानेट्स, मंगोलों के साम्राज्य, तैमूर का साम्राज्य, ओटोमन, आदि, जहाँ तुर्क जातीय समूह का

प्रभुत्व था, रूस में यह भूमिका रूसियों की थी), धार्मिक (अरब खलीफा, मुसलमानों द्वारा शासित), या राजनीतिक-वैचारिक (यू.एस.एस.आर.) थे। उनका विकास तीन बुनियादी मार्गों के अनुसार हुआ—उद्भव, उत्कर्ष और विघटन।

सांस्कृतिक भूगोल का विकास

1920 के दशक के दौरान, सांस्कृतिक भूगोल ने यूएसए में बर्कले स्कूल के साथ अपनी यात्रा शुरू की और "सांस्कृतिक परिदृश्य" का विचार प्रख्यात विद्वान कार्ल सॉयर द्वारा विकसित किया गया था। अटलांटिक महासागर के विपरीत दिशा में, यूके में, इस शाखा की धारणा दो वैचारिक रूपरेखाओं या दो विशिष्ट तरंगों में बदल जाती है। पहली लहर यूएसए में बर्कले स्कूल के प्रभाव से विकसित हुई। इस लहर के प्रस्तावक भौतिक संस्कृति और अंतरिक्ष संबंधों की व्याख्या में रुचि रखते थे। उन्होंने पृथ्वी की सतह को बदलने में मानवीय हस्तक्षेप की सीमा पर भी ध्यान केंद्रित किया। 20वीं सदी की शुरुआत में, "पर्यावरण नियतिवाद" की एक धारणा मौजूद है, जहां मानव-पर्यावरण संबंध कार्य-कारण से निर्धारित होते थे। बर्कले भूगोलवेत्ता कार्ल सॉयर ने परिदृश्य के सांस्कृतिक इतिहास पर जोर दिया इसके बाद, यह कई दिशाओं में विकसित हुआ, उनमें से एक महत्वपूर्ण है "मानवतावादी भूगोल", जिसका नेतृत्व भूगोलवेत्ता यी-फू तुआन और अन्य ने किया। ब्रिटेन में, सांस्कृतिक भूगोल के विकास को 'स्थानिक विज्ञान' की अवधारणा द्वारा बाधित किया गया था। यह प्रत्यक्षवादी दृष्टिकोण 1970 के दशक के दौरान 'सांस्कृतिक भूगोल' के विकास के विराम के साथ विकसित होना शुरू हुआ। 'स्थानिक विज्ञान अवधारणा' सांख्यिकीय मॉडलिंग पर आधारित थी और उस धारणा पर फिर से विचार किया जिसमें मानव भूगोल की नींव के रूप में वैज्ञानिक औचित्य पर अधिक जोर दिया जाता है।

सांस्कृतिक भूगोल की दूसरी लहर ब्रिटिश मार्क्सवादी भूगोलवेत्ता डेविड हार्वे द्वारा शुरू की गई थी। यह तब शुरू हुई जब उन्होंने 1973 में अपनी क्लासिक कृति, सोशल जस्टिस एंड द सिटी प्रकाशित की। यह दूसरी लहर सांख्यिकीय मॉडलिंग के विरोध में शुरू हुई और इसे "सांस्कृतिक मोड़" के रूप में जाना जाता है और इसमें विविध सैद्धांतिक और पद्धतिगत दृष्टिकोणों को शामिल करना शुरू किया गया जो लिंग, राजनीतिक सक्रियता, जाति पदानुक्रम, अवतार, धार्मिक विश्वास, कामुकता और बहुत कुछ से जुड़े अनुभवों की विविधता से संबंधित हैं। डेविड हार्वे की एक और किताब, द *कंडीशन ऑफ़ पोस्टमॉडर्निटी* (1989) भी एक क्लासिक पाठ है। सॉयर के सांस्कृतिक परिदृश्य के बाद एक और विद्वान, जिन्होंने अपनी पुस्तक, *सोशल फॉर्मेशन एंड सिंबोलिक लैंडस्केप* (1984) में परिदृश्य का कलात्मक प्रतिनिधित्व करने की ओर रुख किया, वे थे डी. कॉसग्रोव और उन्होंने स्टीफन डेनियल के साथ मिलकर एक क्लासिक पाठ, द *आइकॉनोग्राफी ऑफ़ लैंडस्केप* (1988) बनाया। सांस्कृतिक भूगोल में एक और व्यापक रूप से पढ़ा जाने वाला व्यक्ति माइक डेविस है, जिसने अपनी पुस्तक सिटी ऑफ क्वार्ट्ज: एक्सकेवेटिंग फ्यूचर इन लॉस एंजिल्स (1990) और हाल ही में *प्लैनेट ऑफ स्लम्स* (2006) में 'शहरी परिदृश्यों के राजनीतिक रूप से जागरूक और सामाजिक रूप से चिंतित उपचार' प्रस्तुत किया है।

नया सांस्कृतिक भूगोल (1973 से वर्तमान तक)

सांस्कृतिक भूगोल ने दुनिया के अलग-अलग हिस्सों में अलग-अलग रूप धारण किए। बार्कले स्कूल अमेरिका में फला-फूला, लेकिन अन्य हिस्सों में इसका पतन हो गया। ब्रिटेन में, सांख्यिकीय मॉडलिंग पर आधारित अधिक प्रत्यक्षवादी पद्धति ने अपना रूप धारण किया और इसे 'स्थानिक विज्ञान' के रूप में जाना जाता है। लेकिन हर बार, सांख्यिकीय मॉडलिंग और वैज्ञानिक विश्लेषण मानव समाज के हर पहलू को समझाने में असमर्थ रहे। इसका परिणाम यह हुआ कि 1960 के दशक में स्थानिक विज्ञान के प्रमुख अधिवक्ताओं में से एक डेविड हार्वे 1970 के दशक की शुरुआत में स्थानिक विज्ञान के सबसे मुखर आलोचक बन गए।

इससे भूगोल की एक नई लहर शुरू करने में मदद मिली जिसे मानव भूगोल में "सांस्कृतिक मोड़" के रूप में जाना जाता है। यहाँ, मानव स्थानिक अनुभव की जटिलता को एक अलग तरीके से समझाया गया है, जिसे पहले मुख्य रूप से स्थानिक विज्ञान वैचारिक ढांचे के माध्यम से नहीं समझाया गया था। सांस्कृतिक विशेषताओं को समझाने का एक और नया आयाम विकसित हुआ, यानी कल्पनाशील भूगोल। इसमें साहित्य और सिनेमा में सांस्कृतिक घटनाओं का प्रतिनिधित्व शामिल है। ऐसा इसलिए है क्योंकि विभिन्न मीडिया और भौतिक सांस्कृतिक व्याख्याओं, ऐतिहासिक स्थितियों के साथ-साथ सांस्कृतिक रूप से परिवर्तनशील सौंदर्य परंपराओं में, भौतिक परिदृश्य को अलग-अलग तरीकों से कल्पना की जाती है।

सांस्कृतिक भूगोल के कुछ विद्वान

कार्ल ओ. सॉयर

कार्ल सॉयर, एक अमेरिकी भूगोलवेत्ता, का अमेरिकी भूगोल पर गहरा प्रभाव था। उन्होंने शिकागो विश्वविद्यालय से अपना स्नातक कार्य पूरा किया और उनका मानना था कि पर्यावरण का अवलोकन और किसी स्थान के बारे में जानकार व्यक्तियों से बात करना उस स्थान के बारे में जानने में अत्यधिक महत्वपूर्ण है।

उन्होंने द मॉर्फोलॉजी ऑफ लैंडस्केप (1925) प्रकाशित किया, जहाँ उन्होंने सांस्कृतिक परिदृश्य पर अपना मॉडल प्रस्तुत किया। उन्होंने स्थापित किया कि, संस्कृति वह कारक है जो सांस्कृतिक परिदृश्य तैयार करने की प्रक्रिया शुरू करती है। प्रत्येक सामाजिक समूह प्राकृतिक परिदृश्य पर अपनी छाप दर्शाता है जो सांस्कृतिक पैटर्न, विशिष्ट संरचनाओं, परिवहन प्रणालियों और समाज की सभी विशेषताओं सहित सांस्कृतिक परिदृश्य का निर्माण करता है। सॉयर के अनुसार, भूगोलवेत्ता का कार्य किसी विशेष क्षेत्र की घटनाओं और मनुष्य और उसके आस-पास के वातावरण के बीच विभिन्न प्रकार की अंतःक्रियाओं के बीच संबंध निर्धारित करना है। उन्होंने अपने स्वयं के अनुभवों के आधार पर भौगोलिक विश्लेषण में क्षेत्र अवलोकन पर भी जोर दिया और विभिन्न भौगोलिक विषयों पर किताबें और लेख लिखे। सॉयर के शब्दों में, "सांस्कृतिक परिदृश्य एक संस्कृति समूह के प्राकृतिक परिदृश्य से बनता है"।

सांस्कृतिक घटनाओं को समझाने के सॉयर के प्रयास से पहले, भूगोल के लगभग सभी कार्यों को पर्यावरण निर्धारणवाद के संदर्भ में समझाया गया था। इस अवधारणा के अनुसार, मानवीय गतिविधियाँ अधिकतर प्राकृतिक पर्यावरण के प्रभावों के आधार पर अपना आकार लेती हैं। भूगोल में इस तरह की अवधारणा 19वीं सदी के उत्तरार्ध के वैज्ञानिक चार्ल्स डार्विन से उधार ली गई थी, जिन्होंने सभी प्रकार के जीवों के विकास और विकास पर प्राकृतिक स्थिति के प्रभाव की ओर इशारा किया था। इस प्रकार, सभी प्रकार की जैविक और सामाजिक गतिविधियों पर पर्यावरण नियंत्रण को समझाने के लिए विकासवादी सिद्धांत का एक रूप इस्तेमाल किया गया था। एलेन चर्चिल सेम्पल ने अपनी प्रभावशाली पुस्तक, द इन्फ्लुएंस ऑफ़ द जियोग्राफ़िक एनवायरनमेंट में इस अवधारणा की सबसे स्पष्ट अभिव्यक्ति दी।

सॉयर ने संस्कृति की अपनी अवधारणा को इस पहले से मौजूद 'पर्यावरणीय नियतिवाद' के बिल्कुल विपरीत विकसित किया। सॉयर ने अपनी अवधारणा मानवविज्ञानी ए.एल. क्रोबर द्वारा दिए गए विचार से ली, जिन्होंने उत्तरी अमेरिका के स्वदेशी लोगों पर काम किया था। सॉयर के अनुसार, संस्कृति में विभिन्न मानवीय गतिविधियाँ शामिल हैं। लेकिन अंतर्निहित भौगोलिक अवधारणा जिसके चारों ओर प्रकृति और संस्कृति परस्पर क्रिया करती है, वह 'लैंडस्केप' है, जो जर्मन विचार 'लैंडशाफ्ट' से ली गई है। लैंडशाफ्ट मानव द्वारा निर्मित स्थानों (जैसे खेती की गई जमीन का एक टुकड़ा, एक प्रशासनिक इकाई, आदि) की एक प्रणाली है। यह लैंडस्केप की सांस्कृतिक धारणा है जिस पर सॉयर ने अपनी अवधारणा स्थापित की। सॉयर ने सांस्कृतिक परिदृश्य के निर्माण के लिए हमेशा ऐतिहासिक पहलुओं पर जोर दिया।

सॉयर एक प्रमुख सांस्कृतिक भूगोलवेत्ता थे, जिन्हें पर्यावरण की बहुत चिंता थी, इस तथ्य के बावजूद कि उनके शोधपत्र 'द मॉर्फोलॉजी ऑफ लैंडस्केप' ने अमेरिकी भूगोल में पर्यावरण निर्धारणवाद के प्रभाव पर सवाल उठाया था। वे वन संसाधनों की कमी के अभ्यास के बारे में चिंतित थे और उचित संसाधन रखरखाव पर जोर देते थे। सॉयर ने कृषि की उत्पत्ति, दक्षिण पूर्व एशिया में पौधों की विविधता, पृथ्वी पर पौधों के पालन के सांस्कृतिक केंद्रों के बारे में कई महत्वपूर्ण पुस्तकें और लेख लिखे। उन्होंने मानव समाज और प्राकृतिक परिदृश्य के बीच बातचीत के परिणामस्वरूप शहरी स्थानों के विकास पर भी टिप्पणी की। सॉयर ने विश्व इतिहास, मानव प्रवास और प्राकृतिक संसाधनों के दोहन के साथ-साथ स्वदेशी लोगों की भूमि में प्राकृतिक संसाधनों में कमी पर लिखा। उन्होंने एक नई अवधारणा का सुझाव दिया जो सांस्कृतिक विविधता थी, जो बढ़ती मानव गतिशीलता के परिणामस्वरूप विकसित होती है (रवि राजन, 2018)।

टॉर्स्टन हेगरस्ट्रैंड

टॉर्स्टन हेगरस्ट्रैंड 1957 से 1972 के बीच लुंड विश्वविद्यालय में मानव भूगोल के प्रोफेसर थे और उन्होंने प्रसार अध्ययन की नींव रखी। वे प्रसार अध्ययन के सबसे प्रमुख भूगोलवेत्ता हैं, जिन्होंने मानव भूगोल के क्षेत्र में योगदान दिया। उन्होंने 1953 में स्वीडन के लुंड विश्वविद्यालय में अपना डॉक्टरेट शोध प्रबंध, इनोवेशन डिफ्यूजन एज़ ए स्पैटियल प्रोसेस पूरा किया और 1967 में इसका अंग्रेजी में अनुवाद किया गया। यह मानव भूगोल के क्षेत्र में एक क्लासिक अध्ययन है। उन दिनों भूगोल में मात्रात्मक क्रांति के प्रभाव के कारण, उनका शोध प्रबंध कार्य अमेरिकी और ब्रिटिश भूगोल में एक महत्वपूर्ण दस्तावेज बन गया क्योंकि इसमें कई गणितीय और सांख्यिकीय मॉडल शामिल थे।

नवाचार प्रसार पर उनके कार्य ने दूरस्थ शिक्षा की अवधारणा को एक नया आयाम दिया। क्षय, जो स्थानिक अंतःक्रिया के पहलुओं को समझने में महत्वपूर्ण है। उनके अनुसार, यदि कोई व्यक्ति किसी नवाचार के मूल के अधिक निकट है, तो उसके उसे स्वीकार करने की संभावना अधिक होती है।

उन्होंने समय भूगोल के क्षेत्र में भी अग्रणी अध्ययन किए। स्थान सिद्धांत पर उनके बाद के काम ने उनके प्रसार अध्ययनों में प्रक्रिया दृष्टिकोण को शामिल किया। 1960 के दशक में, उन्होंने अंतरिक्ष और समय के माध्यम से अपनी दैनिक यात्राओं में व्यक्तियों के स्थानिक व्यवहार की पहचान की और उसका मानचित्रण किया। उन्होंने शहरी भूगोल और मात्रात्मक मानचित्रण के क्षेत्रों में भी योगदान दिया। हेगरस्ट्रैंड का मुख्य दृष्टिकोण गणितीय और सांख्यिकीय मॉडल को शामिल करने के बारे में है जो प्रसार अध्ययन में एक ठोस भविष्यवाणी करने के लिए प्रदान करते हैं। उन्होंने प्रसार की प्रक्रिया और घटनाओं के अनुक्रम पर जोर दिया, जो स्पष्ट रूप से स्थान और समय में होने वाले प्रमुख चरणों की पहचान करते हैं। यानी, उनके अनुसार, यदि कोई नवाचार शुरू होता है, बिंदु A पर तथा बाद में बिंदु B पर देखे जाने पर, इसमें कई घटनाओं का क्रम शामिल होता है जो इस प्रसार को स्पष्ट करता है।

उन्होंने अनुसंधान में नए तरीकों को शामिल करके विभिन्न भौगोलिक, सामाजिक और पारिस्थितिक वातावरण में व्यक्तियों के अस्तित्व की स्थितियों का अध्ययन किया; उन्होंने किसी भी प्रकार की व्यक्तिगत गतिविधि का वर्णन करने के लिए सटीक अवधारणाएं विकसित कीं, उन्होंने विज्ञान में सैद्धांतिक और पद्धतिगत विकास को विभिन्न क्षेत्रों में स्वीडिश नियोजन मॉडल में सक्रिय भागीदारी के साथ जोड़ा और साथ ही उन्होंने नीति और नियोजन उद्देश्यों के लिए समाज को अलग-अलग क्षेत्रों में विभाजित करने की आलोचना की (एलेगार्ड एट अल., 2012)।

डेनिस कॉसग्रोव

भौगोलिक सोच के प्रति डेनिस कॉसग्रोव का दृष्टिकोण अद्वितीय था क्योंकि यह परंपरा (यानी, अतीत में भूगोल की विरासत) और नवाचार (यानी, भौगोलिक अध्ययन का भविष्य) के बीच संतुलन बनाता है। एक शास्त्रीय परंपरा के भीतर भौगोलिक परिप्रेक्ष्य

को बनाए रखने के लिए मानवतावादी आदर्शों में कॉसग्रोव की रुचि भी उनके कार्यों द्वारा दर्शाई गई है। उनके अनुसार, विद्वानों के क्षेत्रों में सोच के शास्त्रीय तरीके और अंतःविषय बहस ने सीमाओं के पार भौगोलिक सोच में बहुलता पर ध्यान केंद्रित किया है। नए सांस्कृतिक भूगोल में एक महत्वपूर्ण दिशा परिदृश्य और उसके कलात्मक प्रतिनिधित्व को एक प्रतीकात्मक 'पाठ' के रूप में विश्लेषित करना था, जहां विश्लेषण सामाजिक विज्ञानों के बजाय मानविकी के लिए अधिक निर्देशित होते हैं। वास्तुकला, सिनेमा और पेंटिंग में प्रतिनिधित्व की तरह परिदृश्य को 'पाठ' के रूप में देखने के इस विकास का उल्लेख कॉसग्रोव (टाउनसेंड, 2015) द्वारा अच्छी तरह से किया गया है।

भूगोलवेत्ता मुख्य रूप से विश्व पर्यावरण और उसके प्रतिनिधित्व के बीच संबंधों से निपटते हैं। इसलिए, सांस्कृतिक भूगोल पर अधिक विशिष्ट तरीके से चर्चा करने में स्थान और उसकी पहचान समझ में आती है। अपने निबंधों के संग्रह "द आइकॉनोग्राफी ऑफ़ लैंडस्केप" (1988) में, कॉसग्रोव और डेनियल ने स्पष्ट रूप से बताया कि सांस्कृतिक परिदृश्य में यह नया दृष्टिकोण रूपकों के एक दृश्य सेट से संबंधित है और कहा कि, "एक परिदृश्य एक सांस्कृतिक छवि है, जो आसपास के वातावरण का प्रतिनिधित्व, संरचना या प्रतीक बनाने का एक चित्रात्मक तरीका है"।

डेनिस कॉसग्रोव के विद्वत्तापूर्ण कार्य का मुख्य विषय यूरोप, विशेष रूप से वेनिस और उत्तरी इटली में प्रतिनिधित्व और अभ्यास के माध्यम से परिदृश्य के विकास की व्याख्या करता है। अपने क्लासिक, 'सोशल फॉर्मेशन एंड द सिंबोलिक लैंडस्केप' (1984, 1998) में, उन्होंने पूंजीवाद के विभिन्न सामाजिक-आर्थिक संबंधों की खोज की, जिसमें मज़दूरी श्रम और भूमि प्रणाली पर जोर दिया गया, जो यूरोपीय परिदृश्यों के माध्यम से परिलक्षित होता है। उनकी व्याख्याएँ परिदृश्य वास्तुकला और चित्रकला के माध्यम से भी परिलक्षित होती हैं।

कॉसग्रोव के हालिया प्रकाशन में प्रतीकवाद की व्याख्या पर जोर दिया गया है। 'अंतरिक्ष से देखी गई पृथ्वी की प्रतिमानात्मक 'नीली संगमरमर' छवि का उपयोग करते हुए', वह मानवीय एकता का प्रतीक है। यह व्याख्या उनके प्रकाशन अपोलो आई: ए कार्टोग्राफिक वंशावली ऑफ द अर्थ इन द वेस्टर्न इमेजिनेशन में 2001 में प्रकाशित हुई है। हालाँकि पृथ्वी को देखने के मानवीय प्रयासों का एक लंबा इतिहास है, जिसे कॉसग्रोव ने 'पश्चिमी पहचान की बदलती धारणाओं' के रूप में जोड़ा है। अपने संपादित वॉल्यूम मैपिंग्स (1999) में, कॉसग्रोव मानचित्रों और छवियों (ओक्स और प्राइस, 2016) के माध्यम से प्रतीकवाद के अन्य आयामों की खोज करते हैं।

डेविड हार्वे

डेविड हार्वे ने पूंजीवाद के तहत अंतरिक्ष के उत्पादन और असमान भौगोलिक विकास के बारे में विस्तार से लिखा है। उन्होंने अपनी पहली पुस्तक, *एक्सप्लेनेशन इन भूगोल* (1969) में मानव भूगोल को वैज्ञानिक व्याख्या के आधार पर प्रस्तुत करने का प्रयास करते हुए अपना अकादमिक कैरियर शुरू किया। यह पुस्तक कई सांख्यिकीय और संख्यात्मक विधियों और तकनीकों पर आधारित थी और इसे मानव भूगोल के सुसंगत बौद्धिक आधार के रूप में माना जाता है। उन्होंने वैज्ञानिक स्पष्टीकरण की प्रकृति, सिद्धांतों, परिकल्पनाओं, कानूनों और मॉडलों की भूमिका, स्पष्टीकरण की भाषाओं के रूप में गणित, ज्यामिति और संभाव्यता के उपयोग, अवलोकन की प्रकृति, डेटा वर्गीकरण और डेटा प्रतिनिधित्व के साथ-साथ वैज्ञानिक स्पष्टीकरण के विभिन्न रूपों की व्यवस्थित रूप से खोज की। इस पुस्तक ने दो उद्देश्य पूरे किए—सबसे पहले, इसने भूगोलवेत्ताओं की हार्वे की पीढ़ी को स्थानिक पैटर्न की पहचान करने का एक भारी-भरकम औचित्य दिया और दूसरा, इस विषय को भौतिकी जैसे तथाकथित 'वास्तविक' विज्ञानों के साथ संरेखित करना और, कुछ भूगोलवेत्ताओं के लिए, इस विषय की आत्म-छवि को बढ़ावा देना।

उनकी दूसरी पुस्तक, सोशल जस्टिस एंड द सिटी (1973) ने सामाजिक प्रक्रियाओं और स्थानिक रूपों के बीच संबंधों के आधार पर आर्थिक सिद्धांत और दर्शन का व्यापक प्रतिबिंब खोला। उनके बाद के प्रकाशन, द कंडीशन ऑफ़ पोस्टमॉडर्निटी (1989), स्पेस ऑफ़ होप (2000) और स्पेस ऑफ़ कैपिटल (2001) कई अकादमिक विषयों में अत्यधिक प्रभावशाली बन गए।

हार्वे का काम सांस्कृतिक भूगोल के व्यापक क्षेत्र में सांस्कृतिक राजनीति के विषय पर अधिक प्रभावशाली है और यह लिंग, वर्ग, जातीयता, आयु, मानसिक सुविधा आदि द्वारा विभाजित लोगों के विभिन्न समूहों के संबंध में स्थानिक अनुभवों की विविधता के महत्व को प्रकट करता है। प्रत्येक समूह के अलग-अलग अनुभव होते हैं जो आम तौर पर विभिन्न स्थानिक संगठनों और मजबूत सामाजिक-राजनीतिक निहितार्थों द्वारा नियंत्रित होते हैं। शहर की सीमा के भीतर इन अनुभवों के बारे में लिखना सांस्कृतिक भूगोल का एक और महत्वपूर्ण और उभरता हुआ पहलू है। शहरी सांस्कृतिक भूगोल मार्क्सवाद और असमान विकास के विश्लेषण से स्मृति, पहचान और लोगों के शहरी जीवन जीने के तरीके और शहरी अनुभवों से संबंधित वास्तविक कहानियों से संबंधित अधिक विचारों की ओर अधिक गंभीर और यथार्थवादी मोड़ लेता है।

मानव भूगोल से लेकर सांस्कृतिक सिद्धांत तक हार्वे के योगदान मानवीय मामलों में स्थान और सामाजिक जीवन के इर्द-गिर्द केंद्रित थे। इस स्थान का शाब्दिक अर्थ भूमि की सतह है, लेकिन इसमें बुनियादी ढाँचा, इमारतें, उपभोग के स्थल आदि भी शामिल हैं जो सामाजिक जीवन के कारण और प्रभाव दोनों में महत्वपूर्ण भूमिका निभाते हैं। हार्वे मार्क्सवादी दृष्टिकोण से संचय और अतिउत्पादन के तंत्र जैसे स्थान की धारणा की जांच करते हैं। इसके अलावा, उन्होंने इन स्थानों के भीतर रहने वाले लोगों के अनुभवों और धारणाओं को शामिल करने का भी प्रयास किया।

माइक डेविस

माइक डेविस ने लॉस एंजिल्स, कैलिफोर्निया में अपने शहरी अनुभवों से समकालीन शहर में वर्चस्व और नियंत्रण के तंत्र का प्रदर्शन किया है। राजनीतिक संघर्ष के क्षेत्र के रूप में शहरी जीवन की पारंपरिक व्याख्या के अलावा, डेविस ने शहर को स्मृति और शक्ति के स्थान के रूप में देखने का एक नया आयाम खोला है। उत्तर-औद्योगिक शहर के सांस्कृतिक भूगोल के अध्ययन पर उनका गहरा प्रभाव है। वह शहरी जीवन का पता लगाने के लिए सांस्कृतिक सिद्धांत, इतिहास और आपदा फिल्मों को जोड़ता है। अपनी पुस्तकों, सिटी ऑफ़ क्वार्ट्ज़ (1990), इकोलॉजी ऑफ़ फियर (1998) और मैजिकल अर्बनिज़्म (2000) में, उन्होंने बताया कि कैसे बदलती प्राकृतिक और सांस्कृतिक पारिस्थितिकी शहरी जीवन शैली में मानव और स्थान के बीच गतिशील तनाव को दर्शाती है और साथ ही इसकी ऑटोमोबाइल संस्कृति और जातीय विविधता और संबंधित तनाव आने वाले दशकों के भविष्य के शहरों को प्रकट करते हैं।

उन्होंने शहरी जीवन को दो अलग-अलग तरीकों से देखा (जैसा कि 1990 में प्रकाशित उनकी क्लासिक, सिटी ऑफ़ क्वार्ट्ज़ में उल्लेख किया गया है), जो 'सनसाइन' और 'नोयर' हैं। सनसाइन शहरी जीवन का आशावादी पक्ष है जो संपत्ति डेवलपर्स और राजनेताओं की भाषा के माध्यम से व्यक्त किया जाता है, जो बेहतर जीवन के निरंतर वादे के लिए पूरे अमेरिकी इतिहास में परिचित हैं। दूसरी ओर, 'नोइर' शहर का वह दृश्य है, जो शहर की सीमा के भीतर मानव श्रम और गैर-मानव पर्यावरण दोनों का शोषण अनुभव करता है।

डेविस का शहरीकरण का तरीका शहरी अमेरिका के भीतर जनसांख्यिकीय बदलाव के बारे में आशावादी है, क्योंकि लैटिन अमेरिका से आए आप्रवासन के कारण राजनीतिक और सांस्कृतिक पहचान बदल गई है या रूपांतरित हो गई है। डेविस ने लैटिनो जीवन की विविधतापूर्ण प्रकृति और शहर की सांस्कृतिक पारिस्थितिकी पर इसके प्रभाव को भी रेखांकित किया।

कई विद्वान ग्रामीण और शहरी पृष्ठभूमि में मानव जीवन के विभिन्न तरीकों को देखने में लगे हुए हैं। यह बहस सांस्कृतिक भूगोल के भीतर है जो उत्तर-संस्कृतिवादी दार्शनिकों से प्रेरित है जो सामूहिक सामाजिक अनुभवों पर ध्यान केंद्रित कर रहे हैं।

सांस्कृतिक भूगोल में प्रयुक्त कुछ अवधारणाएँ

मेल्टिंग पॉट

मेल्टिंग पॉट की अवधारणा में विभिन्न जातीय समूहों का अपनी विविध विशेषताओं के साथ एक नई पहचान बनाने के लिए अभिसरण शामिल है। आज का अमेरिका विशेष रूप से इस अवधारणा का एक उदाहरण है। इसका जन्म प्रवास की सदी (1815–1915) में हुआ था, जिसके दौरान विभिन्न यूरोपीय देशों से लाखों लोग एक नई भूमि में नया जीवन बनाने के लिए संयुक्त राज्य अमेरिका और कनाडा आए थे। मेल्टिंग पॉट विचार की विशेषता यह है कि, संयुक्त राज्य अमेरिका में कई वर्षों के बाद, व्यक्ति अपनी पुरानी सांस्कृतिक विशेषताओं को छोड़ देंगे और नई अमेरिकी संस्कृति के सदस्य बन जाएंगे। इस प्रकार सांस्कृतिक विशेषताओं का पुराने से विशेष रूप से अमेरिकी में परिवर्तन, परसंस्कृतिकरण और आत्मसात की प्रक्रिया के माध्यम से होगा। परसंस्कृतिकरण में, दूसरे संस्कृति समूह के सदस्य एक नई जगह में खुद को बदलते हैं जबकि आत्मसात में, लोग अपनी सभी पुरानी सांस्कृतिक विशेषताओं को त्याग देते हैं और नए समाज में पूरी तरह से विलीन हो जाते हैं।

अमेरिका मेल्टिंग पॉट अवधारणा का अच्छा उदाहरण है। शिकागो में इतालवी और ग्रीक समूह, बोस्टन में आयरिश पड़ोस, न्यूयॉर्क शहर में चीनी सांद्रता आदि जैसे मजबूत जातीय पहचान वाले क्षेत्र हैं। यूरोपीय समूहों के विपरीत, एशियाई लोगों ने अपनी सांस्कृतिक विशेषताओं को लगभग बनाए रखा है और स्थानीय लोगों के साथ पूरी तरह से घुलमिल नहीं पाए हैं। 15 अगस्त 2014 को भारतीय लोगों द्वारा स्वतंत्रता दिवस समारोह इस संबंध में एक बहुत अच्छा उदाहरण है। वैसे तो भारतीय मूल के लोग कई सालों से हर शहर में दुर्गा पूजा और स्वतंत्रता दिवस सहित अपने सभी प्रमुख त्यौहार मनाते हैं, लेकिन साल 2014 में सैकड़ों भारतीय मूल के निवासी न्यूयॉर्क शहर की सड़कों पर उतरे और शहर की सड़कों पर बैनर, ड्रम आदि के साथ लंबा जुलूस निकालकर स्वतंत्रता दिवस मनाया (चौधरी, 2020)। यहां दो उद्देश्य पूरे होते हैं—यह कुछ सांस्कृतिक मान्यताओं के सदस्यों की संख्या में वृद्धि करता है और एक नए स्थान पर स्थापित समुदाय नए प्रवासियों को गंतव्य के लिए प्रेरित करता है। अंग्रेजी भाषा और संस्कृति को दुनिया भर में अपनाना मेल्टिंग प्रक्रिया की दिशा में पहला कदम माना गया है। संयुक्त राज्य अमेरिका में, कार्यस्थल, व्यवसाय और स्कूलों में अंग्रेजी एक आम भाषा है, जो देश के सभी लोगों के बीच संचार का माध्यम है।

सांस्कृतिक पारिस्थितिकी

पारिस्थितिकी जीवित चीजों और उनके पर्यावरण के बीच परस्पर क्रिया का अध्ययन है। मानव पारिस्थितिकी मनुष्यों, उनके जीव विज्ञान, उनकी संस्कृतियों और उनके भौतिक वातावरण के बीच संबंधों और अंतःक्रियाओं का अध्ययन है। सांस्कृतिक पारिस्थितिकी उन तरीकों का अध्ययन है, जिनमें लोग अपने पर्यावरण के अनुकूल होने के लिए संस्कृति का उपयोग करते हैं। इस प्रकार, सांस्कृतिक पारिस्थितिकी एक संस्कृति के किसी विशिष्ट वातावरण के प्रति अनुकूलन का अध्ययन है और यह भी बताता है कि उस वातावरण में होने वाले परिवर्तन से उस विशिष्ट संस्कृति में किस प्रकार परिवर्तन होते हैं। यह इस बात पर भी ध्यान केंद्रित करता है कि संपूर्ण संस्कृति समूह उपलब्ध प्राकृतिक संसाधनों, प्रौद्योगिकी, जनसांख्यिकीय मापदंडों सहित संपूर्ण वातावरण से कैसे प्रभावित होता है और कैसे विश्वासों की एक पारंपरिक प्रणाली लोगों को अपने पर्यावरण के अनुकूल होने की अनुमति देती है।

सांस्कृतिक पारिस्थितिकीविद मानव-प्रकृति के बीच परस्पर क्रिया का अध्ययन करते हैं, जहाँ समाज में लोगों की सांस्कृतिक प्रतिक्रियाएँ पारंपरिक ज्ञान प्रणाली पर निर्भर होती हैं। सांस्कृतिक पारिस्थितिकीविद विभिन्न पारंपरिक और स्थानीय ज्ञान को भी रिकॉर्ड करते हैं जो व्यापक दुनिया के लिए मूल्यवान है। उदाहरण के लिए, पश्चिमी दुनिया में इस्तेमाल की जाने वाली हज़ारों उपयोगी दवाएँ पूर्व की पारंपरिक दवाओं से ली गई हैं। एंडीज़ और तिब्बत की प्राचीन फ़सलें, जैसे कि क्रमशः आलू और

जौ, दुनिया भर में महत्वपूर्ण होती जा रही हैं। इंडोनेशिया और ग्वाटेमाला में इस्तेमाल की जाने वाली लंबे समय से स्थापित भूमि प्रबंधन तकनीकें (उदाहरण के लिए, बहु-स्तरित और बहु-फसल वाले बाग़) नए विचारों को प्रेरित कर रही हैं।

प्राचीन यूनानी इतिहासकार हेरोडोटस ने एथेंस में मिट्टी के कटाव के बारे में टिप्पणी की, जो कृषि के विस्तार का परिणाम था। हेलफोर्ड जे. मैकिंडर (1887) के अनुसार, भूगोल वह विज्ञान है, जिसका मुख्य कार्य स्थानीय पर्यावरण के साथ मानव अंतःक्रिया का अध्ययन करना है। "तकनीकी विशेषज्ञता और उन्नत इंजीनियरिंग क्षमताओं में डूबी हुई संस्कृतियाँ इन शक्तिशाली विशेषताओं के बिना संस्कृति समूहों की तुलना में अपने पर्यावरण पर बहुत अधिक प्रभाव डालने में सक्षम होंगी" (पिट्ज़ल, 2007)। यह पर्यावरणीय नियतिवाद की विपरीत अवधारणा है और इसमें पॉल विडाल डे ला ब्लाचे की संभावनावाद की अवधारणा में पाए जाने वाले कई विचार शामिल हैं।

सांस्कृतिक भौतिकवाद

सांस्कृतिक भौतिकवाद की अवधारणा मानव विचार और व्यवहार तथा भौतिक सीमाओं के बीच संबंधों पर आधारित है, जिसके अधीन मनुष्य हैं। इनमें जीव विज्ञान और पर्यावरण द्वारा निर्धारित सीमाओं के भीतर मानव आबादी को जीवित रखने के लिए भोजन, आश्रय, उपकरण और मशीनों का उत्पादन करने की आवश्यकता शामिल है। यह मानव जीवन के मनोवैज्ञानिक पहलुओं में भिन्नता का सबसे संभावित कारण है क्योंकि किसी विशेष आवास में बुनियादी जरूरतों को पूरा करने की भौतिक लागत और लाभों में अंतर सांस्कृतिक विकास में भिन्नता का कारण बनता है। यह सामाजिक-सांस्कृतिक विकास में प्रमुख निर्धारकों के रूप में प्रौद्योगिकी, पर्यावरण और आर्थिक कारकों पर ध्यान केंद्रित करता है। 'सांस्कृतिक भौतिकवाद' शब्द 20वीं सदी में संस्कृति के अध्ययन के लिए भौतिकवाद की मार्क्सवादी धारणा को लागू करने के प्रयासों को संदर्भित करता है।

सांस्कृतिक भौतिकवादी सभी सामाजिक-सांस्कृतिक प्रणालियों को बुनियादी ढांचे, संरचना और अधिरचना में विभाजित करते हैं। बुनियादी ढांचा तकनीकी, आर्थिक और प्रजनन कारकों जैसी भौतिक वास्तविकताओं से बना है। संरचनात्मक घटक में समाज के सदस्यों द्वारा प्रबंधित सामाजिक जीवन के संगठित पैटर्न शामिल हैं। इस घटक में राजनीतिक और घरेलू अर्थव्यवस्था शामिल है। अधिरचना घटक में समाज के वैचारिक और प्रतीकात्मक पहलू शामिल हैं, जो व्यवहारिक या मानसिक हो सकते हैं जैसे–कला, संगीत, नृत्य, खेल, शौक, विज्ञान और विचारधाराएँ, धर्म, सौंदर्यशास्त्र, मिथक, आदि।

सांस्कृतिक भौतिकवादी उन घटनाओं और चरों पर ध्यान केंद्रित करने का प्रयास करते हैं जो अवलोकनीय और मापनीय हैं तथा जिन्हें नोमोथेटिक सिद्धांतों को विकसित करने के लिए अनुभवजन्य तरीकों की सहायता से विभिन्न समाजों में लागू किया जा सकता है।

सांस्कृतिक भौतिकवादी दृष्टिकोण की कई विद्वानों ने आलोचना की है। उनके अनुसार, सांस्कृतिक भौतिकवादी संस्कृति परिवर्तन को समझाने के लिए बुनियादी ढांचे-अधिरचना के संबध पर अधिक जोर देते हैं। दुर्खीम और अन्य संरचनावादियों ने संस्कृति परिवर्तन को समझने के लिए ईटिक परिप्रेक्ष्य पर अधिक निर्भरता के रूप में आलोचना की, जो विकृत धारणाएं और निष्कर्ष देता है। उनके खिलाफ एक और आलोचना उत्तर आधुनिकतावादियों द्वारा की गई है। वे वैज्ञानिक तरीकों के उपयोग के पक्ष में नहीं हैं, बल्कि सापेक्षवाद और विशिष्टतावाद पर आधारित संस्कृति के अध्ययन के पक्ष में हैं।

सांस्कृतिक नीति

सांस्कृतिक नीति वह नीति है, जिसे सरकार सांस्कृतिक मामलों के संदर्भ में लागू करती है, और इसे बौद्धिक और कलात्मक गतिविधि के कार्यों और प्रथाओं से संबंधित माना जाता है। इसके विश्लेषण में यह अध्ययन करना शामिल है कि सरकारें किसी देश की कला और विरासत का समर्थन और विनियमन कैसे करना चाहती हैं। यह विश्लेषण करता है कि कला और विरासत को

संसाधनों के रूप में कैसे देखा जाता है और आर्थिक विकास, रोजगार या सामाजिक सामंजस्य जैसे उद्देश्यों की सेवा में उनका उपयोग कैसे किया जाता है।

सांस्कृतिक नीति अध्ययन 1970 के दशक में सकारात्मक सामाजिक विज्ञान के उप-क्षेत्रों के भीतर शुरू हुआ। यह अर्थशास्त्र, कला, सामाजिक सिद्धांत आदि जैसे विभिन्न विषयों में सांस्कृतिक अर्थशास्त्र और सम्मेलनों के संघ के माध्यम से और विभिन्न पत्रिकाओं में प्रकाशनों के माध्यम से विकसित हुआ। "सांस्कृतिक नीति सौंदर्य रचनात्मकता के लिए संस्थागत समर्थन को संदर्भित करती है जो कला और सामूहिक जीवन शैली के बीच एक सेतु प्रदान करती है" (मिलर, 2011)।

सांस्कृतिक एकीकरण

सांस्कृतिक एकीकरण वह घटना है, जहाँ एक संस्कृति के लोग अपनी सांस्कृतिक विशेषताओं को बनाए रखते हुए दूसरी संस्कृति को अपनाते हैं। यह आप्रवासियों के बीच एक आम अवधारणा है। चूँकि सांस्कृतिक भूगोल का मूल विषय मानव समाज के भौतिक वातावरण के साथ सांस्कृतिक तत्वों का एकीकरण है, इसलिए सांस्कृतिक एकीकरण में दो या अधिक सांस्कृतिक समूहों के सांस्कृतिक तत्वों का एकीकरण शामिल है।

सांस्कृतिक एकीकरण इस विचार से संबंधित है कि 'संस्कृति स्वयं एक एकीकृत और संश्लेषित गतिशील संपूर्ण है'। संस्कृति एक प्रणाली के रूप में कार्य करती है—संस्कृति के एक पहलू में परिवर्तन संस्कृति के अन्य पहलुओं और संस्कृति के भीतर भी परिवर्तन लाएगा। उदाहरण के लिए, यूएसए और मैक्सिको के बीच की सीमा पर, सांस्कृतिक एकीकरण का एक क्षेत्र विकसित हुआ है, जो दो संस्कृतियों—अमेरिकी और मैक्सिकन के सच्चे संयोजन की विशेषता है। सीमा के साथ 1300 मील का यह सांस्कृतिक एकीकरण क्षेत्र एक नई भाषा का आनंद ले रहा है—'स्पैंगलिश' — स्पेनिश और अंग्रेजी का मिश्रण।

सांस्कृतिक आत्मसात

कीफे और पैडीला (1987) ने आत्मसात को "एक जातीय अल्पसंख्यक समूह का मुख्यधारा के समाज में सामाजिक, आर्थिक और राजनीतिक एकीकरण" के रूप में परिभाषित किया है। दूसरी ओर, गॉर्डन (1964) ने आत्मसात की पूरी प्रक्रिया को सात उप-प्रक्रियाओं में वर्गीकृत किया, जो हैं— (i) संस्कृतिकरण या व्यवहारिक आत्मसात; (ii) संरचनात्मक आत्मसात या सामाजिक संस्थाओं तक पहुँच; (iii) समामेलन या वैवाहिक आत्मसात; (iv) पहचान संबंधी आत्मसात; (v) दृष्टिकोण स्वागतात्मक आत्मसात या पूर्वाग्रह की अनुपस्थिति; (vi) व्यवहार स्वागतात्मक आत्मसात या भेदभाव की अनुपस्थिति; और (vii) नागरिक आत्मसात या मूल्य और शक्ति संघर्ष की अनुपस्थिति (शॉल और ग्रामन, 1998)।

सामाजिक वैज्ञानिकों ने नए गंतव्य पर आप्रवासियों के बीच सांस्कृतिक आत्मसात का आकलन करने के लिए चार प्राथमिक बिंदुओं की पहचान की: इन आप्रवासियों की सामाजिक-आर्थिक स्थिति, स्थान या स्थानिक बहुलता, संस्कृतिकरण या मेजबान देश की भाषा सीखना और अंतर्जातीय विवाह। दो समूहों के बीच संचार और पारस्परिक संपर्क के माध्यम से एक नई सांस्कृतिक प्रवृत्ति और दोनों संस्कृतियों के प्रति नए दृष्टिकोण प्राप्त होते हैं। आत्मसात यह मानता है कि एक अपेक्षाकृत भिन्न संस्कृति एक एकीकृत संस्कृति में एकजुट हो जाती है। यह प्रक्रिया प्रत्येक संस्कृति के बीच संपर्क और समायोजन द्वारा होती है।

21वीं सदी की शुरुआत ने अमेरिका में आप्रवासन के एक बड़े युग को चिह्नित किया है। समाजशास्त्रियों और सामाजिक वैज्ञानिकों का मानना है कि आप्रवासन की इतनी उच्च दर का मेजबान समाज और खुद आप्रवासियों पर गहरा प्रभाव पड़ता है। सबसे महत्वपूर्ण प्रतिक्रिया दोनों समूहों की सांस्कृतिक विशेषताओं के मिश्रण में पाई जाती है और इस देश में सांस्कृतिक आत्मसात के माध्यम से एक मेल्टिंग पॉट बनाती है।

संस्कृति-संक्रमण

जब दो या दो से अधिक विभिन्न प्रकार के सांस्कृतिक समूह एक साथ आते हैं, तो परसंस्कृति-संवर्धन की प्रक्रिया शुरू होती है। यह उस प्रक्रिया को संदर्भित करता है जिसमें मूल्य प्रणालियों, विशेषताओं, रीति-रिवाजों, भाषा और अन्य सांस्कृतिक लक्षणों में परिवर्तन होते हैं, जब विभिन्न संस्कृतियाँ एक-दूसरे से संपर्क करती हैं और परस्पर क्रिया करती हैं। सांस्कृतिक संपर्क के परिणामस्वरूप, कमज़ोर संस्कृति समूह आम तौर पर प्रमुख संस्कृति समूह से सांस्कृतिक विशेषताओं की एक महत्वपूर्ण श्रृंखला को अपनाता है। कुछ मामलों में, प्रमुख संस्कृति समूह भी कमज़ोर समूह के साथ बातचीत के माध्यम से एक या अधिक सांस्कृतिक विशेषता को अपनाता है। सांस्कृतिक प्रसार एक सांस्कृतिक विशेषता को दूसरे क्षेत्र में फैलाने में मदद करता है।

उदाहरण के लिए, भारतीय शहरों में, जहाँ औपनिवेशिक सत्ता ने अपने प्रशासनिक कार्यालय स्थापित किए, वहाँ पुरानी इमारतों में औपनिवेशिक वास्तुकला को देखा जा सकता है। कोलकाता, जो उस समय राजधानी था, शहर के मध्य भाग में अलग-अलग वास्तुकला उत्कृष्टता देखी जा सकती है, जो मुख्य रूप से ब्रिटिश भारत का प्रशासनिक केंद्र था। कुछ अन्य मामलों में, लैटिन अमेरिका में, प्रमुख संस्कृति समूहों-स्पेनिश और पुर्तगाली ने अपने धर्म, नगर नियोजन, कृषि पैटर्न आदि सहित अपनी सांस्कृतिक विशेषताओं को स्थापित किया और बदले में उन्होंने स्थानीय लोगों से वास्तुकला, कपड़ों के रूप आदि के कुछ पहलुओं को भी अपनाया। एक और उदाहरण दक्षिण-पश्चिमी यूएसए में पाया जा सकता है, जहाँ प्राचीन स्थापत्य शैली क्षेत्र के विभिन्न अमेरिकी भारतीय समूहों के प्रभावों को दर्शाती है।

जापान ने 1868 में मीजी बहाली के बाद पश्चिमी तकनीक और यूरोपीय मॉडल को अपनाया, जो उस समय किसी एशियाई देश द्वारा की गई एक अभूतपूर्व कार्रवाई थी। हालाँकि, द्वितीय विश्व युद्ध के बाद, कई जापानियों ने अमेरिकी संस्कृतियों जैसे कि पोशाक, आहार और खेल (विशेष रूप से बेसबॉल और गोल्फ) को अपनाया, बदले में, संयुक्त राज्य अमेरिका ने कुछ मामलों में, कुछ जापानी खाद्य पदार्थों और सोचने के तरीके को अपनाया। समाजशास्त्रियों के अनुसार, परिपाक प्रक्रिया दो प्रकार की होती है— स्वैच्छिक और अनैच्छिक। स्वैच्छिक परिपाक में आम तौर पर लंबा समय लगता है, जबकि अनैच्छिक या जबरन परिपाक अधिक त्वरित लेकिन अप्रिय होता है।

लोक संस्कृति

सामान्य तौर पर, लोक संस्कृति एक समरूप सांस्कृतिक समूह के उत्पादों और प्रथाओं को संदर्भित करती है और अक्सर परंपरा, ऐतिहासिक निरंतरता, स्थान की भावना और अपनेपन से जुड़ी होती है। यह ग्रामीण क्षेत्रों में रहने वाले अलग-थलग, छोटे पैमाने के सामाजिक समूहों के पारंपरिक सांस्कृतिक लक्षणों और विशेषताओं को संदर्भित करता है। यह विभिन्न सांस्कृतिक तत्वों जैसे–गीत और नृत्य, कहानी और पौराणिक कथाओं, इमारतों में स्थानीय डिजाइन, रोजमर्रा की कलाकृतियाँ और कपड़े, आहार, आदतें, सामाजिक नियम और संरचनाएं, खेती और शिल्प उत्पादन जैसे कार्य अभ्यास, धर्म और विश्वदृष्टि की अभिव्यक्तियों द्वारा दर्शाया जाता है।

'लोक' की सामान्य अवधारणा 19वीं सदी के उत्तरार्ध और 20वीं सदी के पूर्वार्ध में समाज वैज्ञानिकों द्वारा विकसित की गई थी, क्योंकि ये समाज आधुनिक दुनिया और हाल की तकनीक से अपेक्षाकृत अछूते थे। औद्योगीकरण और शहरीकरण के कारण संसाधनों की कमी के बारे में बढ़ती जागरूकता के साथ, लोक संस्कृति और ज्ञान का संरक्षण आधुनिक समाजों के लिए मूल्यवान हो गया है। इन लोक परंपराओं को इस धरती पर मानव अस्तित्व के स्रोत के रूप में देखा जाता है और कुछ में पीढ़ियों से मौखिक रूप से प्रसारित किए गए सांस्कृतिक ज्ञान के अवशेष दिखाई देते हैं। इस दृष्टिकोण से, लोक संस्कृति किसी भी सांस्कृतिक समूह की पारंपरिक पहचान की अभिव्यक्ति है, जो स्थानीय सांस्कृतिक परिवर्तनों की विविधता, कलाकृतियों और अन्य सांस्कृतिक उत्पादों में निवासियों की रचनात्मकता में स्पष्ट है। साहित्यिक दस्तावेज इस संबंध में जानकारी के आवश्यक और महत्वपूर्ण स्रोत हैं।

भारतीय लोक संस्कृति की विशेषता इसकी सादगी, स्वदेशी प्रकृति, बहुलता, कलात्मक उत्कृष्टता के साथ-साथ समृद्ध साहित्यिक परंपराएं हैं। क्षेत्रीय विविधता के आधार पर, भारत अपनी लोक संस्कृतियों में भी विविधता का अनुभव करता है। प्रत्येक भारतीय गांव अपने स्वयं के शिल्प, कला, गीत और नृत्य का आनंद लेता है। भारतीय लोक संगीत भी व्यापक भारतीय संस्कृति की पारंपरिक लोक छाप का एक उदाहरण है। धुनों की विविधता प्रेम धुनों, सामूहिक गतिविधियों की धुनों, रोपण और कटाई, जन्म और विवाह पर खुशियाँ और पूजा-पाठ के समामेलन के कारण भारतीय संगीत को विश्व स्तर पर स्वीकार्य बनाती है। इनमें से अधिकांश धुनों के साथ बांसुरी, संतूर, ढोलक आदि जैसे विभिन्न प्रकार के वाद्य यंत्र बजाए जाते हैं।

लोकप्रिय संस्कृति

लोकप्रिय संस्कृति की अवधारणा के लिए कोई सामान्य परिभाषा नहीं है। जैसा कि नाम से ही स्पष्ट है, यह बहुसंख्य लोगों के लिए सांस्कृतिक चरित्र है। लोकप्रिय संस्कृति में वे चीजें शामिल हैं, जिनका आनंद कई लोग लेते हैं। इन सांस्कृतिक उत्पादों, ग्रंथों, प्रथाओं को वाणिज्यिक संस्कृति भी कहा जाता है। यह 'उच्च' संस्कृति के विपरीत है। समकालीन सोच में, 'उच्च' संस्कृति उन चीजों से जुड़ी है जिनकी वे कल्पना करते हैं कि अमीर लोग खुद के पास हैं जैसे कि खुद की नौका, ओपेरा सुनना या सिम्फनी में जाना आदि। इसे रोजमर्रा की जिंदगी की प्रथाओं के रूप में भी जाना जाता है।

आज की दुनिया में लोकप्रिय संस्कृति का सबसे परिचित रूप मनोरंजन उद्योग या वाणिज्यिक मीडिया (टेलीविजन, रेडियो, फिल्म, संगीत उद्योग, आदि) के माध्यम से उत्पादन है। इन्हें लोकप्रिय इसलिए कहा जाता है क्योंकि इन सांस्कृतिक उत्पादों में एक ही समय में बड़ी, जनसांख्यिकीय रूप से विविध और भौगोलिक रूप से व्यापक आबादी तक पहुँचने की क्षमता होती है। इस संबंध में उपभोग का पैटर्न बुनियादी पैरामीटर है।

कॉफी अब एक लोकप्रिय संस्कृति बन गई है जिसमें सामाजिक रीति-रिवाजों का एक जटिल समूह है। कॉफी हाउस को बौद्धिक विचारों के उत्कर्ष का स्थान माना जाता था। कोलकाता का पारंपरिक कॉफी हाउस आज भी प्राचीन भावना का स्थान है, जिसका बौद्धिक चर्चाओं के केंद्र का 147 साल का समृद्ध इतिहास है और कई राजनीतिक और सांस्कृतिक व्यक्तित्वों और आंदोलनों का प्रजनन स्थल है। 1971 में सिएटल में शुरू किया गया, स्टारबक्स अब वास्तव में एक वैश्विक संस्कृति है। यह पश्चिमी अमेरिका और एशियाई देशों में अपने विस्तार के मामले में वैश्विक है, जहाँ यह शहरी महानगरीय उपभोक्ता समूह की संस्कृति को दर्शाता है। यह मुख्य रूप से दुनिया के अधिकांश देशों के बड़े शहरों के मध्यम और उच्च वर्ग के शिक्षित उपभोक्ताओं द्वारा संरक्षित है।

सांस्कृतिकवाद

तीन विचारकों— रिचर्ड हॉगर्ट, एडवर्ड थॉम्पसन और रेमंड विलियम्स को सांस्कृतिक भूगोल और मानवशास्त्रीय-ऐतिहासिक समझ के बीच संबंध स्थापित करने का श्रेय दिया जाता है। इस दृष्टिकोण को संस्कृतिवाद के नाम से जाना जाता है। हालाँकि, इसके महत्वपूर्ण उदाहरण हैं

इन तीनों विचारकों द्वारा प्रस्तावित 'संस्कृतिवाद' की अवधारणाओं के बीच मतभेद हैं, लेकिन उन सभी ने एक विशेषता पर जोर दिया है, यानी संस्कृति की 'सामान्यता', जिसे वर्ग संस्कृति, लोकतंत्र और समाजवाद के कुछ सार्थक व्यवहारों का निर्माण करने के लिए आम लोगों की सक्रिय और रचनात्मक क्षमता द्वारा दर्शाया जा सकता है।

रिचर्ड हॉगर्ट ने अपनी पुस्तक, द यूजेस ऑफ लिटरेसी (1957) में 1930 के दशक से 1950 के दशक तक उनके व्यवहार और दृष्टिकोण में आए बदलावों के साथ अंग्रेजी मजदूर वर्ग के लोगों की सांस्कृतिक विशेषताओं की पड़ताल की है। उन्होंने पुस्तक को दो भागों में विभाजित किया— (क) 'एक पुराना आदेश' और (ख) 'नए को जगह देना'। इन दो भागों के माध्यम से,

हॉगर्ट इंग्लैंड में एक विशेष मजदूर वर्ग के लोगों की संस्कृति के ऐतिहासिक-तुलनात्मक दृष्टिकोण पर प्रकाश डालते हैं। बाद के भाग में, वह 'वाणिज्यिक संस्कृति' के विकास का विवरण देते हैं।

एडवर्ड थॉम्पसन ने अपनी पुस्तक, द मेकिंग ऑफ़ द इंग्लिश वर्किंग क्लास (1963) में 'नीचे से इतिहास' की अवधारणा पर जोर दिया। इस पुस्तक में थॉम्पसन ने मजदूर वर्ग के लोगों की जीवन शैली, अनुभव, विश्वास, दृष्टिकोण, व्यवहार और प्रथाओं का उल्लेख किया। थॉम्पसन का मानना था कि, वर्ग एक ऐतिहासिक घटना है, जिसे लोगों द्वारा अनुभवों के एक सेट और विभिन्न प्रकार के सामाजिक संबंधों के माध्यम से बनाया जाता है।

सांस्कृतिक अध्ययनों के विकास में हॉगर्ट और थॉम्पसन की अवधारणा अधिक प्रभावशाली है जबकि रेमंड विलियम्स की अवधारणा भी इस संबंध में महत्वपूर्ण है। विलियम्स के अनुसार, सांस्कृतिक विश्लेषण का उद्देश्य किसी निश्चित समय और स्थान की दर्ज संस्कृति का पता लगाना है। वह इस बात पर भी जोर देते हैं कि, संस्कृति को उनके उत्पादन की भौतिक स्थितियों के संदर्भ में रोजमर्रा की जिंदगी में प्रथाओं के प्रतिनिधित्व के माध्यम से समझा जा सकता है।

उत्तर-औपनिवेशिक सांस्कृतिक भूगोल

उत्तर-उपनिवेशवाद एक आंदोलन है और भूगोल में यह आंदोलन महत्वपूर्ण भूमिका निभाता है। आम तौर पर इस आंदोलन का जन्म स्टीरियोटाइप मानसिकता के खिलाफ प्रतिरोध के रूप में हुआ। 1980 के दशक से, इस शब्द का इस्तेमाल कई विषयों में किया गया और सत्ता और ज्ञान के बीच संबंधों पर ध्यान केंद्रित करते हुए इस अवधारणा को लोकप्रिय बनाया गया। प्रतिनिधित्व की राजनीति और पहचान और अंतर के सवाल भी उत्तर-उपनिवेशवाद की इस अवधारणा के विषय के रूप में सामने आए।

16वीं और 17वीं शताब्दी के दौरान उपनिवेशों की सामाजिक-सांस्कृतिक स्थितियों और इन उपनिवेशों के मूल निवासियों की जीवन स्थितियों के बारे में जानकारी का अभाव उनके शासकों की खासियत थी। वे अपने उपनिवेशों के बारे में जाने बिना उनसे कुछ पाने की चाहत में ही लगे रहते थे। इस प्रकार, वास्तविक अर्थों में, उपनिवेशित और शासक क्षेत्रों के बीच कोई बातचीत नहीं थी। जिस तरह से औपनिवेशिक ज्ञान ने उपनिवेशवादियों के व्यवहार को प्रभावित किया और जिस तरह से उस व्यवहार ने मूल निवासियों को प्रभावित किया, वह उत्तर-औपनिवेशिक सिद्धांतकारों का विषय है।

उत्तर-उपनिवेशवाद से संबंधित कुछ अवधारणाएँ

साम्राज्यवाद और उपनिवेशवाद

पृथ्वी की सतह अलग-अलग देशों में विभाजित है और इन देशों के बीच संबंधों के विभिन्न रूप मौजूद हैं। जिस संबंध में एक देश दूसरे पर शासन करता है, उसे साम्राज्यवाद के रूप में जाना जाता है। यह संबंध कई तरह से प्रकट होता है और हर तरह से महानगरीय केंद्र और उपनिवेश के बीच असमानता में समाप्त होता है। अगर हम इन असमानताओं को वर्गीकृत करें, तो वे तीन में वर्गीकृत होंगी— राजनीतिक, आर्थिक और सांस्कृतिक।

उपनिवेशवाद, हालांकि साम्राज्यवाद के पर्याय के रूप में प्रयोग किया जाता है, लेकिन आम तौर पर इसे साम्राज्यवाद के प्रत्यक्ष परिणाम के रूप में देखा जाता है। जब साम्राज्यवाद का उपयोग सामान्य रूप से शासक के देश से दूर किसी देश पर शासन करने के लिए किया जाता है, तो इसे उपनिवेशवाद कहा जा सकता है क्योंकि शासन की प्रक्रिया दूर के क्षेत्र में बस्तियों को बसाने के माध्यम से होती है। इसलिए, उपनिवेशवाद की सबसे महत्वपूर्ण विशेषता दूर के उपनिवेश पर शासन करने के लिए एक बस्ती की स्थापना है। उपनिवेशवाद में तीन मुख्य चरणों की पहचान की गई है:

उपनिवेशवाद का पहला चरण 16वीं शताब्दी में शुरू हुआ, जब यूरोपीय देशों को उनके राजस्व में सोने और चांदी की कम मात्रा होने की गंभीर समस्या थी। विभिन्न युद्धों के मामले में भुगतान करने के लिए, राजस्व की इस कमी ने उनकी अर्थव्यवस्था को बहुत नुकसान पहुंचाया।

उपनिवेशवाद का दूसरा चरण अफ्रीका से दक्षिण अमेरिका में दासों के बड़े पैमाने पर परिवहन के साथ शुरू हुआ, जो बागानों में श्रमिकों के रूप में काम करते थे। तम्बाकू, कपास, चीनी आदि के इन बागानों को बड़ी संख्या में कम वेतन वाले अकुशल श्रमिकों की आवश्यकता थी, जिन्हें मुख्य रूप से अफ्रीकी उपनिवेशों से आपूर्ति की जाती थी। इन बागान खेतों में, उत्पादन को फिर यूरोपीय उद्योगों में ले जाया जाता था और प्रसंस्करण के बाद इन तैयार उत्पादों को फिर से अफ्रीका और दुनिया के अन्य हिस्सों में बेचा जाता था।

उपनिवेशवाद के तीसरे चरण की विशेषता औद्योगीकरण का प्रसार था और विभिन्न देशों में बाजारों की आवश्यकता के कारण 19वीं और 20वीं शताब्दी में कई देशों ने अपने उत्पादों को बेचने के लिए नए उपनिवेशों की तलाश की और अपने देश में निर्मित वस्तुओं के लिए नए बाजार स्थापित करना चाहा। एशिया के कई देश यूरोपीय देशों के प्रत्यक्ष शासन के अधीन आ गए।

ओरिएंटलिज्म

'ओरिएंटलिज्म' शब्द के तीन अर्थ हैं:

1. पहले में पूर्वी क्षेत्र का अध्ययन शामिल है जो 17वीं सदी से शुरू हुआ।
2. दूसरा ओरिएंट से संबंधित है जिसमें ज्यादातर यात्रा लेखन, कला और साहित्य।
3. तीसरा पूर्व के संबंध में पश्चिम की कल्पना से जुड़ा है।

जैसा कि अधिकांश कल्पनाओं में होता है, दूसरे को निम्नतर और इसलिए उत्तर-उपनिवेशवाद निम्न वर्ग से संबंधित है के रूप में देखा जाता है

भूमंडलीकरण

'वैश्वीकरण' शब्द 1960 के दशक की शुरुआत में गढ़ा गया था, जो 1980 के दशक के मध्य में लोकप्रिय हुआ। इस समय से, 'वैश्वीकरण' ने 'अंतर्राष्ट्रीयकरण' और 'अंतर-राष्ट्रीयकरण' शब्दों की जगह ले ली। वैश्वीकरण की अवधारणा सीमा पार मानवीय अंतःक्रियाओं के विचार के इर्द-गिर्द घूमती है और इसमें सामाजिक, आर्थिक और राजनीतिक परिवर्तन की एक विस्तृत विविधता शामिल है। इसमें सामाजिक, आर्थिक, राजनीतिक, सांस्कृतिक और साथ ही पर्यावरणीय सूचनाओं की सामान्य प्रक्रियाओं के माध्यम से दुनिया के विभिन्न हिस्सों के बीच बढ़ते अंतर्संबंधों की विशेषताएं भी शामिल हैं। उदाहरण के लिए, बहुराष्ट्रीय व्यवसाय सीमा पार मानवीय अंतःक्रियाओं के लिए अधिक स्थान बना रहे हैं।

16वीं सदी में अन्वेषण के लिए आर्थिक कारण अधिक महत्वपूर्ण आधार थे। इस दौरान यूरोपीय देशों को यह अहसास हुआ कि अपने देश की अर्थव्यवस्था को बढ़ावा देने के लिए नई भूमि की खोज जरूरी है। इस धारणा के साथ इन देशों ने अपने खोजकर्ता दुनिया भर के नई जगहों की खोज करने और इन नई खोजी गई भूमि के मूल निवासियों को जीतकर अपनी कॉलोनियाँ बनाने के लिए भेजे। इस प्रक्रिया को उपनिवेशीकरण के रूप में जाना जाता है और इसने दुनिया के विभिन्न हिस्सों के बीच कई व्यापार मार्ग बनाए। इन व्यापार मार्गों ने मुख्य यूरोपीय देशों और दुनिया के नए खोजे गए हिस्सों के बीच राजनीतिक, आर्थिक और साथ ही सांस्कृतिक संबंधों की एक नई प्रणाली शुरू की। यह केन्द्र-परिधीय संबंध मुख्य देशों की अर्थव्यवस्था को बढ़ावा देता है, साथ ही परिधीय देशों के दीर्घकालिक सांस्कृतिक और बाद के आर्थिक पदचिह्नों को भी बढ़ावा देता है। इसने वैश्वीकरण के मंच को चिह्नित किया।

वैश्वीकरण के कारण लोगों की गतिशीलता बढ़ी और दुनिया के विभिन्न देशों के बीच राष्ट्रीय अर्थव्यवस्थाएं एक दूसरे से जुड़ गईं। इस नई सीमा-पार बातचीत से विश्व की राजनीतिक संरचना भी प्रभावित हुई। सामाजिक-सांस्कृतिक आधार पर, मुख्य रूप से आर्थिक और राजनीतिक कारणों से लोगों का एक देश से दूसरे देश में बड़ी संख्या में आवागमन होता है, जिससे इन देशों के बीच सांस्कृतिक आदान-प्रदान होता है। सुरिवान से नीदरलैंड, अल्जीरिया से फ्रांस आदि में बड़े पैमाने पर आबादी का आवागमन इस संबंध में उदाहरण के तौर पर उद्धृत किया जा सकता है।

उत्तर-औपनिवेशिक काल में सांस्कृतिक भूगोल का विकास

सांस्कृतिक भूगोल एक उत्पादक उप-विषय की शाखा है जो उत्तर-औपनिवेशिक काल में देशों के बीच सांस्कृतिक परिवर्तन से संबंधित है। उपनिवेशवाद के परिणामस्वरूप प्रवासियों ने अपने गंतव्य देशों में सांस्कृतिक आदान-प्रदान की प्रक्रिया शुरू की। परिणामस्वरूप, प्रवासियों के कारण पश्चिम में नए खाद्य पदार्थ, नए धर्म पेश किए गए। वे अपने साथ अपनी संस्कृतियाँ लाए और नए बसे प्रमुख देशों के निवासियों के साथ इनका आदान-प्रदान किया। सांस्कृतिक आदान-प्रदान पर उपनिवेशवाद के विभिन्न प्रभावों के संबंध में, सांस्कृतिक भूगोल, उत्तर-औपनिवेशिक अध्ययन और सांस्कृतिक पहचान, सांस्कृतिक प्रक्रियाओं, राजनीति, सामाजिक संस्थाओं और स्तरीकरण पर अन्य कार्यों के बीच अंतर-धाराएँ हैं। इतना ही नहीं, उत्तर-औपनिवेशिकता ने औपनिवेशिक शक्तियों और उपनिवेशित देशों के बीच सांस्कृतिक अंतःक्रियाओं की कई बहसें पैदा की हैं। इस संबंध में एक महत्वपूर्ण मुद्दा 'सांस्कृतिक मोड़' है।

हालाँकि, सांस्कृतिक भूगोल और उत्तर-उपनिवेशवाद दोनों की आलोचना लगभग समान आधार पर की गई है। कुछ रोज़मर्रा की सामाजिक प्रथाओं, संबंधों, संघर्षों, सामाजिक संरचनाओं और पदानुक्रमित सामाजिक समावेशन और बहिष्कार आदि की तरह हैं।

सांस्कृतिक भूगोल पर उत्तर-उपनिवेशवाद के प्रभाव को लिंग संबंधी मुद्दों, नस्लीय औपनिवेशिक पहचान, औपनिवेशिक सांस्कृतिक प्रभाव, राजनीतिक और सांस्कृतिक अधीनता, राष्ट्रवाद को चुनौती देने वाली पहचान की नई भूगोल आदि जैसे विभिन्न पहलुओं में देखा जा सकता है। हालाँकि, सांस्कृतिक भूगोल पर उत्तर-उपनिवेशवाद का सबसे स्पष्ट प्रभाव विषय के इतिहासलेखन पर हो सकता है। उपनिवेशवाद को सामाजिक और स्थानिक रूप से विभेदित के रूप में समझा गया है, जो 'केंद्र' में विवादित है और परिधि में इसका विरोध किया जाता है। उत्तर-उपनिवेशवाद साम्राज्यवादी और औपनिवेशिक प्रक्रियाओं और उनके भूगोल के विभिन्न पैमानों पर भी ध्यान केंद्रित करता है जिसमें आर्थिक, सामाजिक, राजनीतिक और सांस्कृतिक विशेषताओं को बहुत अधिक आकार दिया गया है।

नारीवाद

नारीवाद शब्द का इतिहास बहुत पुराना है। यह शब्द फ्रांस में 1880 के दशक के अंत में हुनबर्टिन औक्लर्ट द्वारा प्रस्तुत किया गया था, जो नारीवादी समाचार पत्र ला सिटोयेन के संस्थापक थे। जिसमे उन्होंने पुरुष वर्चस्व की आलोचना की और फ्रांसीसी क्रांति द्वारा सामने आई मुक्ति की अवधारणा के विकास के अलावा महिलाओं के अधिकारों की भी मांग की। यह शब्द अंग्रेजी में 20वीं सदी के पूर्वार्द्ध में ब्रिटेन में, 1910 के दशक में अमेरिका में और 1920 के दशक में अरब जगत में दिखाई दिया। यह शब्द लैटिन शब्द 'फेमिना' से आया है जिसका अर्थ है महिलाओं के मुद्दे। वास्तव में, नारीवाद की अवधारणा महिलाओं से न केवल जैविक इकाई के रूप में बल्कि सामाजिक श्रेणी में महिला लिंग के रूप में संबंधित है। इस प्रकार नारीवाद या तो सामाजिक सिद्धांत या राजनीतिक सिद्धांत से जुड़ा हुआ है, यह मुख्य रूप से महिलाओं के जीवन पर केंद्रित है जो पितृसत्तात्मक समाज में

दर्द, पीड़ा और उपलब्धि के गलियारों से गुजरता है। वैचारिक ढांचे के माध्यम से, नारीवादी महिलाओं के सामने आने वाली सभी बाधाओं को दूर करना चाहते हैं।

नारीवाद के प्रकार

नारीवाद के कई प्रकार हैं, जैसे:

1. उदारवादी नारीवाद: यह पुरुषों और महिलाओं के बीच समान दर्जा प्राप्त करने का एक विशेष दृष्टिकोण है, जो समाज में महिलाओं द्वारा सामना की जाने वाली बाधाओं को दूर करने के लिए एक व्यक्ति की शक्ति पर जोर देता है। इसकी जड़ें अमेरिकी क्रांति और सामाजिक अनुबंध सिद्धांत तक जाती हैं। उदारवादी नारीवाद ने एक व्यक्ति की क्षमताओं और लोकतांत्रिक प्रक्रियाओं पर जोर दिया ताकि महिलाओं को सामाजिक बुराइयों का विरोध करने में मदद मिल सके और पुरुषों और महिलाओं को हर सामाजिक पहलू में कानून की नज़र में समान बनने में मदद मिल सके। दूसरे शब्दों में, उदारवादी नारीवादी समाज में उपलब्ध संसाधनों का उपयोग बदलाव की वकालत करने के लिए करते हैं।

उदारवादी नारीवाद का मुख्य जोर हर महिला को अपडेट करना और उसे पुरुषों की तरह ही स्वतंत्रता के साथ सामाजिक भूमिका निर्धारित करने के लिए तैयार करना है। इसलिए, महिलाओं के नागरिक अधिकारों से वंचित करने वाले पितृसत्तात्मक कानून को हटाना उदारवादी नारीवादियों का मुख्य लक्ष्य था। संक्षेप में, इसका उद्देश्य महिलाओं की अधीनता को हटाकर मौजूदा सामाजिक ढांचे के भीतर पुरुषों और महिलाओं के बीच समानता लाना है।

2. कट्टरपंथी नारीवाद: लिंग आधारित सेक्सिज्म की अवधारणा सभी प्रकार के भेदभाव की जड़ है। पुरुषों और महिलाओं के बीच असमानता और इसलिए, कट्टरपंथी नारीवाद के अनुसार, इस अवधारणा को खत्म करने से समानता आएगी। यह 1960 के दशक के अंत में प्रसिद्ध नेताओं टी. ग्रेस एटकिंसन और शुलमिथ फायरस्टोन द्वारा उभरा। यह उदारवादी नारीवादी की अवधारणा को खारिज करता है कि राजनीतिक और नागरिक अधिकारों की कमी महिलाओं के उत्पीड़न का कारण बनती है। कट्टरपंथी नारीवाद के अनुसार, पितृसत्ता महिलाओं के उत्पीड़न का कारण बनती है और इस नारीवाद का उद्देश्य समाज के कट्टरपंथी पुनर्गठन के लिए पितृसत्ता को चुनौती देना है। वास्तव में, पितृसत्ता की प्रक्रिया, जो संस्कृति, क्षेत्र, नस्ल और आर्थिक वर्ग के बावजूद समाज में महिलाओं की अधीनता का कारण बनती है, ने इस प्रकार के नारीवाद को कट्टरपंथी दृष्टिकोण बना दिया।

उदारवादी नारीवादियों के विपरीत, कट्टरपंथी दृष्टिकोण का मानना था कि महिलाओं का उत्पीड़न जैविक है। उनका मानना है कि पुरुषों द्वारा महिलाओं की शारीरिक अधीनता उत्पीड़न का मुख्य और प्राथमिक रूप है और अन्य दूसरे प्रकार के उत्पीड़न हैं। यही कारण है कि वे समाज से पितृसत्ता के उन्मूलन की मांग करते हैं और कानूनी सुधारों के लिए संघर्ष में पितृसत्ता के विनाश की ओर बदलाव होता दिखता है।

3. समाजवादी नारीवाद: समाजवादी नारीवाद को मार्क्सवादी नारीवाद या भौतिकवादी नारीवाद के रूप में भी जाना जाता है, यह नारीवाद का एक और महत्वपूर्ण आंदोलन है। समाजवादी नारीवादी लैंगिक असमानताओं को पूंजीवादी व्यवस्था का एक अभिन्न अंग मानते हैं, जो घर पर महिलाओं के अवैतनिक श्रम और कार्यस्थलों पर कम वेतन वाले श्रम से लाभ कमाता है।

समाजवादी नारीवादियों का मानना था कि पूंजीवादी व्यवस्था आर्थिक कार्यबल के हर पहलू में पुरुषों को मजबूत बनाती है और यह घर और कार्यस्थल पर महिलाओं के प्रयासों को स्वचालित रूप से कम कर देती है। इसलिए, पूंजीवादी व्यवस्था को खत्म करना समाजवादी नारीवाद का मुख्य उद्देश्य था। कट्टरपंथी नारीवादियों के विपरीत, समाजवादी नारीवादी इस विचार को अस्वीकार करते हैं कि महिलाओं की मुक्ति के लिए बच्चे पैदा करने की प्रथा को खत्म करना आवश्यक है। पुरुष-महिला वेतन पैटर्न में समानता समाजवादी नारीवाद का मुख्य विषय है।

नारीवाद की लहरें/आंदोलन

नारीवादी आंदोलन का इतिहास कई गतिविधियों से गुजरा है जिन्हें नारीवाद की लहरें कहा जाता है।

नारीवाद की पहली लहर

किसी भी देश के सभी लोगों को, चाहे वे किसी भी लिंग, जाति या संस्कृति के हों, वोट देने का अधिकार होना चाहिए। हालाँकि, कई शताब्दियों पहले ऐसा मामला नहीं था।

प्रथम विश्व युद्ध के दौरान, नेशनल विमेंस पार्टी (NWP) के सदस्यों ने दुनिया को यह दिखाने के लिए अमेरिका में हड़ताल का आह्वान किया कि वे कितनी बदतर स्थिति का सामना कर रहे हैं। यह विरोध तब और मजबूत हो गया जब जर्मनी और कुछ अन्य देशों ने महिलाओं को सामाजिक अधिकार देकर उनकी स्वतंत्रता की दिशा में एक कदम बढ़ाया। इस अवधि के दौरान, दुनिया भर में महिला संस्थानों और संगठनों (जिसमें अमेरिका में NWP भी शामिल है) ने देश की हर महिला के लिए वोट देने के अधिकार के लिए आवाज़ उठानी शुरू कर दी।

अमेरिका में महिलाओं द्वारा किया गया यह आंदोलन कट्टरपंथी आंदोलनकारी एलिस पॉल (1885–1977) से प्रेरित था, जो इसमें उग्रवादी रणनीति अपनाना चाहती थी। यह नारीवाद की पहली लहर थी और यह आंदोलन दुनिया भर में अन्य नारीवादी आंदोलनों को प्रभावित करने में सक्षम था और महिलाओं को वोट देने का अधिकार दिया। अमेरिका में नारीवाद की यह लहर अन्य सुधार आंदोलनों से जुड़ी हुई थी और मारिया स्टीवर्ट (1803–1879), सोजर्नर ट्रुथ (1797–1883) और फ्रांसेस ई.डब्ल्यू. हार्पर (1825–1911) जैसी अश्वेत महिला उन्मूलनवादियों द्वारा भी इसका समर्थन किया गया था।

यूरोप में नारीवाद की पहली लहर का उल्लेख मैरी वोलस्टोनक्राफ्ट की प्रसिद्ध पुस्तक, ए विन्डिकेशन ऑफ द राइट्स ऑफ वूमन (1792) में किया गया था, जिसे एक क्रांतिकारी कार्य माना जाता है। इस पुस्तक में वोलस्टोनक्राफ्ट ने तर्क दिया कि महिलाओं को पुरुषों के बराबर समाज में अपना स्थान दिलाने के लिए शिक्षा मुख्य और सबसे अच्छा तरीका है। इस लहर के दौरान, वर्जीनिया वूल्फ ने एक और प्रसिद्ध पुस्तक लिखी, जिसका नाम था, ए रूम ऑफ वन्स ओन (1929) जिसके माध्यम से उन्होंने मैरी वोलस्टोनक्राफ्ट को महिलाओं के जीवन में बदलाव की दिशा में रास्ता बनाने में मदद की। बाद में यह लहर सोवियत संघ, रूस और जर्मनी में फैल गई।

नारीवाद की दूसरी लहर

नारीवाद की दूसरी लहर का मतलब मुख्य रूप से कट्टरपंथी नारीवाद से था, जो 1960 के दशक के अंत और 1970 के दशक की शुरुआत में शुरू हुआ था। 1968 और 1969 में मिस अमेरिका पेजेंट्स नामक प्रतियोगिता का विरोध करने के लिए महिलाओं का एक मजबूत विरोध आंदोलन शुरू किया गया था, जो बहुत ही अमानवीय और मनोबल गिराने वाला था। ये विरोध प्रदर्शन पहले से ज़्यादा ज़ोरदार थे।

संघर्ष के लंबे दौर के बाद महिलाओं ने अपने अधिकारों की तलाश शुरू की। केवल वोट देने के अधिकार, शादी करने के अधिकार की मांग करने से लेकर, महिलाएं अंततः लगभग हर क्षेत्र में अपनी पूरी आज़ादी पाना चाहती थीं — आर्थिक, राजनीतिक, सामाजिक और धार्मिक क्षेत्र। इसके अलावा, इस दौर में समाजवादी और मार्क्सवादी नारीवाद की यात्रा भी हुई।

नारीवाद की तीसरी लहर

नारीवाद की तीसरी लहर 1990 के दशक की शुरुआत में शुरू हुई और आज भी जारी है। रेबेका वॉकर इस लहर की प्रतीक हैं जिन्होंने 1992 में पहली बार 'तीसरी लहर नारीवाद' शब्द का इस्तेमाल किया था। यह लहर नारीवाद की दूसरी लहर की

प्रतिक्रिया के रूप में आई थी। इस तीसरी लहर ने खुद को नारीवाद की तीनों लहरों में सबसे शक्तिशाली, प्रभावी और मजबूत माना। राजनीति में महिलाओं की पहचान बनाने में मीडिया की अहम भूमिका होती है और यह यह भी दर्शाता है कि समाज महिलाओं को आम तौर पर कैसे देखता है।

सांस्कृतिक मोड़

'सांस्कृतिक मोड़' की अवधारणा ने मानविकी और मानव भूगोल दोनों के पहले से मौजूद दृष्टिकोणों को चुनौती दी है। वैसे तो अध्ययन के ये दोनों विषय संस्कृति पर दो अलग-अलग दृष्टिकोण रखते हैं, लेकिन जब राजनीतिक विमर्श की बात आती है, तो दोनों ही विषय सांस्कृतिक आयाम को ज़्यादा प्रत्यक्ष तरीके से एकीकृत करते हैं। दरअसल, वैश्वीकृत दुनिया में, सांस्कृतिक आयामों से जुड़ी मानवीय प्रथाओं की स्थानीय क्रियाएँ स्थानीय या क्षेत्रीय परंपराओं और दूर के स्थानों की परंपराओं के अंतर्संबंधों के संबंध में ज़्यादा महत्व दे रही हैं। यही कारण है कि भौगोलिक दृष्टिकोण के आधार पर सांस्कृतिक ज्ञान का विस्तार करना दुनिया की छवि बनाने के लिए पहले से भी ज़्यादा महत्वपूर्ण कार्य बन गया है।

आज की यह आवश्यकता पारंपरिक भौगोलिक ज्ञान और दृष्टिकोण में आलोचनात्मक और आमूलचूल संशोधन विकसित करने का मुख्य कारण है। इसने 'सांस्कृतिक मोड़' की अवधारणा की नींव रखी है। वेरलेन (2017) ने 'सांस्कृतिक मोड़' की दो लहरों की पहचान की—पहली सांस्कृतिक मोड़ और दूसरी सांस्कृतिक मोड़।

पहला सांस्कृतिक मोड़

पहला सांस्कृतिक मोड़ 19वीं सदी के अंत में उभरा, जिसकी विशेषता मानविकी और विशेष रूप से भूगोल के विषय में संस्कृति के स्थानिकीकरण और प्राकृतिककरण से है। पहला सांस्कृतिक मोड़ प्रकृति के दार्शनिक परिप्रेक्ष्य के विरोध में उभरा, जिसे प्लूटो और अरस्तू के कार्यों द्वारा स्थापित किया गया था। यह दृष्टिकोण इस अवधारणा पर अधिक केंद्रित था, कि संस्कृति और प्रकृति को समान माना जाना चाहिए या इन दोनों के बीच सामंजस्य है। यह पहला सांस्कृतिक मोड़ तथाकथित ऐतिहासिकता बहस और प्राकृतिक विज्ञानों से मानविकी के दृष्टिकोण का हिस्सा था। इस मोड़ की मुख्य अवधारणा डिल्थे (1865) और मैक्स वेबर (1913) द्वारा प्रतिपादित की गई थी और कहा गया था कि "वेरस्टेन", यानी सार्थक समझ सांस्कृतिक विज्ञानों के लिए केंद्रीय विषय होना चाहिए। दूसरे शब्दों में, डिल्थे और वेबर ने समाजशास्त्र को एक व्याख्यात्मक विषय के रूप में स्थापित करने की कोशिश की।

इस प्रथम सांस्कृतिक मोड़ की तीन मुख्य विशेषताएं हैं:

1. संस्कृति के अधिकांश सिद्धांत वास्तव में जलवायु और जैविक विज्ञान के सिद्धांत हैं।
2. एक सांस्कृतिक भूगोलवेत्ता के अध्ययन की वस्तुएँ स्वाभाविक रूप से निर्धारित क्षेत्र (जैसे सांस्कृतिक मंडल, देश) संस्कृति हैं।
3. मानविकी की विचारधारात्मक कार्यप्रणाली (वेरस्टेन), सार्थक क्रियाकलापों पर लागू नहीं होती है इसके बजाय यह वैचारिक सांस्कृतिक क्षेत्रों के साथ में अध्ययन की जाती है।

दूसरा सांस्कृतिक मोड़

दूसरा सांस्कृतिक मोड़ सांस्कृतिक शोध की दिशा में एक कदम है और इस सांस्कृतिक शोध को सांस्कृतिक वास्तविकताओं के नए ऑन्टोलॉजी के लिए अपनाया गया है। यह बहुत महत्वपूर्ण है क्योंकि पहले सांस्कृतिक मोड़ के मूल सिद्धांत सांस्कृतिक

भूगोल अनुसंधान में पुनरुत्पादित होते हैं। यह दूसरा सांस्कृतिक मोड़ जीवन-रूपों के क्षेत्र के रूप में संस्कृति की अवधारणा के इर्द-गिर्द घूमता है। दूसरे शब्दों में, सांस्कृतिक वास्तविकताओं के लिए स्थानिक आयाम के अर्थ के साथ न्याय करने के लिए, दूसरी सांस्कृतिक मोड़ के रूप में नई सांस्कृतिक समझ उभरती है।

इस सांस्कृतिक मोड़ की मुख्य विशेषताएं हैं:

1. 'संस्कृति' विशिष्ट मूल्यों के माध्यम से व्यक्त जीवन-रूपों की समग्रता का प्रतिनिधित्व करती है, नियम, मानदंड और योजनाएँ जिन पर मानवीय क्रियाएँ आधारित होती हैं।
2. आलोचनात्मक प्रतिवर्तिता, अर्थात सभी सांस्कृतिक वास्तविकताएं सार्थक संविधानों का परिणाम हैं और
3. सामाजिक मतभेद के बजाय सांस्कृतिक पैटर्न सांस्कृतिक अंतर की व्याख्या पर ध्यान केंद्रित करते हैं।

संरचनावाद और उत्तर-संरचनावाद

संरचनावाद की जड़ें फ्रांस में हैं और यह कई अर्थों और लक्ष्यों के साथ विकसित हुआ है। इसे 1960 और 1970 के दशक में विकसित किया गया था और बाद में यह कई विषयों में एक प्रभावशाली अवधारणा के रूप में विकसित हुआ — दर्शन, सामाजिक सिद्धांत, भाषा विज्ञान, सांस्कृतिक अध्ययन, साहित्यिक आलोचना, मनोविश्लेषण, नृविज्ञान और कई अन्य। अध्ययन के इन क्षेत्रों में कुछ फ्रांसीसी विद्वान हैं — क्लाउड लेवी-स्ट्रॉस (नृविज्ञान), लुई अल्थुसर (सामाजिक सिद्धांत और दर्शन), रोनाल्ड बोर्थेस (साहित्यिक आलोचना और सांस्कृतिक अध्ययन), क्रिश्चियन मर्टज़ (फिल्म आलोचना), जैक्स लैकन (मनोविश्लेषण), मिशेल फौकॉल्ट (विचारों का इतिहास) और जैक्स डेरिडा (दर्शन)।

सैद्धांतिक रूप से, संरचनावाद सामाजिक सिद्धांत का एक हिस्सा है और इसका उत्तर-आधुनिक रूप उत्तर-आधुनिक सामाजिक सिद्धांत का एक हिस्सा है। संरचनावाद को परिभाषित करना बहुत मुश्किल है। भाषाई दृष्टिकोण के अनुसार, प्रत्येक मानव उत्पाद में किसी भी प्रकार की भाषा से संबंधित 'सामान्य विचार' शामिल होते हैं। फ्रांसीसी विद्वानों का मत है कि, समाज स्वयं या व्यक्तिवाद से परे मौजूद है और यह दृष्टिकोण कॉम्टे (19वीं सदी के शुरुआती भाग) और दुर्खीम (20वीं सदी की शुरुआत के आसपास) के लेखन में केंद्रीय विषय था। इसलिए सामाजिक घटनाओं का 'सामूहिक प्रतिनिधित्व' केंद्रीय विषय था। संरचनावाद की इस भाषाई आधारित उत्पत्ति के अलावा, एक और परंपरा थी, यानी दार्शनिक परंपरा। यह परंपरा कांट के कार्यों से उत्पन्न हुई।

ऐसा माना जाता है कि, सॉसर संरचनावाद के जनक हैं। संरचनावाद की कुछ प्रमुख विशेषताएँ संरचनावाद के मुख्य उदाहरण हैं (दोषी, 2006):

- संरचनावाद विश्व को विचारों के उत्पादन के रूप में विश्लेषित करने का प्रयास करता है।
- यह मानता है कि, दुनिया का एक तार्किक पैटर्न है।
- यह तर्क देता है कि, व्यक्ति समाज द्वारा बनाया जाता है और समाज किसी व्यक्तिगत व्यक्ति द्वारा नहीं बनाया जाता है।
- संरचनावाद की अवधारणा ने ऐतिहासिकता और अनुभववाद का विरोध किया।
- इस दृष्टिकोण के अनुसार भाषा और वाणी भिन्न हैं। वाणी व्यक्तिगत होती है जबकि भाषा सामाजिक है और समय के साथ विकसित होती है।
- भाषा में वाणी, संकेत, प्रतीक और संकेत-विज्ञान शामिल होते हैं।
- भाषाई संकेत का अर्थ अन्य संकेतों के साथ उसके संबंध पर निर्भर करता है।

- संकेत भाषा की मूल इकाइयाँ हैं। संकेतकर्ता और संकेतित भाषा के दो पहलू हैं। संकेतकर्ता भौतिक पहलू है जबकि संकेतित वैचारिक पहलू है।
- संरचनावाद सामान्य अर्थ मे सामान्य संरचना या तर्क की अंतर्निहित संरचना या तर्क की पहचान करने की एक विधि है।

सॉसर ने भाषाविज्ञान का अपरंपरागत तरीके से विश्लेषण किया और निष्कर्ष निकाला कि किसी शब्द या संकेत का अर्थ दूसरों के साथ उसके संबंध पर निर्भर करता है और यह किसी वस्तु के बजाय एक अवधारणा को दर्शाता है। इसलिए, संरचनावाद का मुख्य उद्देश्य किसी भाषा के अंतर्निहित अर्थ और संरचना का पता लगाना है।

संरचनावाद की कार्यप्रणाली

संरचनावाद की अवधारणा तीन प्रकार की कार्यप्रणाली पर आधारित है:

(क) **विचारों का उत्पाद:** जैसा कि हम देखते हैं, दुनिया विचारों की रचना के अलावा और कुछ नहीं है। यह अवधारणा कांट के दर्शन से विकसित हुई है, जो सामान्य विचारों की अंतर्निहित संरचना का पता लगाने की कोशिश करती है। लेवी-स्ट्रॉस ने जब दावा किया कि उन्होंने आदिवासी समाज में नातेदारी व्यवस्था की अंतर्निहित संरचना की खोज की है, तो वास्तव में उन्होंने नातेदारी शब्दावली की अंतर्निहित संरचना की खोज की है, यानी, वे विचार जिनके बारे में आदिवासी समाज बात करता है। दूसरे शब्दों में, समाज विचारों का उत्पाद है, जहाँ अलग-अलग विचारों वाले लोग अलग-अलग दुनिया में रहते हैं। संरचनावाद इन विचारों के साथ तर्क का पता लगाने की कोशिश करता है। लेवी-स्ट्रॉस के अनुसार, "दुनिया विचारों की एक उपज है। लेकिन दुनिया हमेशा इन विचारों का प्रतिरोध करती है, और फिर एक को दूसरे के निकट लाने की संभावना बन जाती है। अपने चरम रूप में संरचनावाद इस प्रतिरोध पर विचार नहीं करता है, इससे कोई फर्क नहीं पड़ता कि दयालुता का व्यवहार शब्दावली से अलग है या नही"।

(ख) **एक तार्किक पैटर्न:** संरचनावाद की अवधारणा सामान्य अर्थ में अंतर्निहित तार्किक क्रम पर केंद्रित है। संरचनावादी तर्क पर भरोसा करते हैं और वे तर्क के संदर्भ में संरचनावाद की व्याख्या करते हैं। हालाँकि सामाजिक वास्तविकता हमेशा उतार-चढ़ाव वाली और बदलती रहती है। लेकिन, इस परिवर्तन के पीछे एक आंतरिक तर्क छिपा है। संरचनावाद उस तार्किक क्रम को खोजने की कोशिश करता है, जो परिवर्तन के पीछे स्थिर है।

(ग) **विषय की मृत्यु:** "विषय की मृत्यु" एक नारा है जो संरचनावाद से निकटता से जुड़ा हुआ है। यहाँ, एक एजेंसी, क्रिया और व्यक्ति को 'विषय' द्वारा दर्शाया जाता है। गैर-संरचनावादी लोगों का मानना था कि, यह व्यक्ति ही है जो सोचता है, निर्णय लेता है और कार्य करता है। लेकिन संरचनावादियों का मानना था कि, लोग उनके विचारों की कठपुतली नहीं हैं, और उनके कार्य कार्यों से निर्धारित नहीं होते हैं। "इस प्रकार संरचनावादी यह कहने की चरम सीमा तक चले जाते हैं कि लोग बोलते नहीं हैं; बल्कि वे अंतर्निहित संरचना द्वारा बोले जाते हैं"। लोग समाज नहीं बनाते हैं, बल्कि समाज द्वारा बनाए जाते हैं (दोषी, 2006)।

गायत्री स्पिवक (1974) संरचनावाद का वर्णन इस प्रकार करती हैं — "संरचना कुछ तत्वों से बनी एक इकाई है जो हमेशा वर्णित 'गतिविधि' के भीतर एक ही संबंध में पाई जाती है। इकाई को उसके एकल तत्वों में नहीं तोड़ा जा सकता, क्योंकि संरचना की एकता तत्वों की मूल प्रकृति से नहीं बल्कि इस संबंध से परिभाषित होती है।"

संरचनावाद के प्रकार

सामान्यतः संरचनावाद की अवधारणा में चार प्रकार हैं:

(क) भाषाई संरचनावाद
(ख) मानवशास्त्रीय संरचनावाद
(ग) संरचनात्मक मार्क्सवाद और
(घ) उत्तर-संरचनावाद भाषाई संरचनावाद

भाषाई संरचनावाद सभी चार प्रकारों का मूल है। यहां तक कि उत्तर-संरचनावाद में भाषायी संरचनावाद के मूल तत्व भी मौजूद हैं।

(क) **भाषाई संरचनावाद:** एक स्विस भाषाविद्, फर्डिनेंड डी सौसुरे को आधुनिक संरचनात्मक भाषाविज्ञान के संस्थापक के रूप में और संरचनावाद के पितामह के रूप में जाने जाते हैं। सॉसर से पहले, भाषाविज्ञान मुख्य रूप से समय के साथ भाषा के विकास से संबंधित था। उदाहरण के लिए, भारत में, एक भाषा के रूप में हिंदी क्षेत्रीय भाषाओं या बोलियों जैसे बृज, भोजपुरी, डिंगल और संस्कृत से विकसित हुई थी। यही कारण है कि, हिंदी कई स्थानीय भाषाओं का परिष्कृत रूप है। कुछ अन्य मामलों में, भाषा में कुछ प्रतीक होते हैं जो किसी विशेष भाषा में कुछ शब्दों को वास्तविकता देते हैं। उदाहरण के लिए, 'जौहर' शब्द बलिदान की घटनाओं का प्रतीक है। यह राजपूत महिलाओं के जीवन से संबंधित है, जिन्होंने दुश्मनों से अपने सम्मान और सतीत्व को बचाने के लिए अपने प्राणों की आहुति दे दी। सॉसर ने भाषा के विकास के ऐसे विचारों और प्रतीकों के माध्यम से वास्तविकता का प्रतिनिधित्व करने वाले शब्दों के पारंपरिक अर्थ को खारिज कर दिया। उन्होंने तर्क दिया कि, शब्द दूसरे शब्दों के संदर्भ में अर्थ देते हैं न कि वास्तविकता के। यह भाषाई संरचनावाद की शुरुआत थी। बार्थेस और लेवी-स्ट्रॉस ने भाषाविज्ञान को संकेतविज्ञान के अन्य क्षेत्रों में विस्तारित किया है।

(ख) **मानवशास्त्रीय संरचनावाद: यह** संरचनावाद एक दृष्टिकोण या विधि और सिद्धांत है जिसे 'वास्तविकता के किसी पाठ या वस्तु का विश्लेषण करने में एक परिप्रेक्ष्य के रूप में नियोजित किया जा सकता है' (दोषी, 2006)। मानवशास्त्रीय संरचनावाद में, संरचनात्मक परिप्रेक्ष्य का उपयोग मानव जाति से संबंधित मुद्दों को समझने और उनका विश्लेषण करने के लिए किया जाता है। मानवशास्त्रीय मुद्दों पर इस परिप्रेक्ष्य का पहली बार उपयोग क्लाउड लेवी-स्ट्रॉस ने किया था, जब उन्होंने संरचनावाद का उपयोग आदिम लोगों की रिश्तेदारी प्रणाली और मिथकों का विश्लेषण करने के लिए किया था। लेवी-स्ट्रॉस के अलावा, संरचनावाद के परिप्रेक्ष्य का उपयोग मार्क्सवादी विद्वान लुइस अल्थुसर और मनोविश्लेषक जैक्स लैकन ने भी किया था। एडिथ कुर्ज़वी ने मानवशास्त्रीय संरचनावाद के बारे में चर्चा करते हुए उल्लेख किया कि, अंततः सभी सामाजिक वास्तविकता अचेतन मानसिक संरचनाओं का परस्पर क्रिया है, जिसके दो महत्वपूर्ण जोर क्षेत्र हैं:

(i) अंतर्निहित संरचना स्थिर रहती है और
(ii) अंतर्निहित तत्वों के बीच अलग-अलग संबंध हैं।

यह संबंध विभिन्न भाषाओं, विचारों और इस आधार पर विभिन्न प्रकार के समाजों को जन्म देता है। लेवी-स्ट्रॉस ने बहुत दृढ़ता से तर्क दिया कि, आदिम समाज में, 'व्यक्ति पूरी तरह से अंतर्निहित संरचना के संबंध के अधीन है।' उदाहरण के लिए, पूंजीवादी समाज जैसे समाजों के मामले में, पूंजीवाद का विचार वही रहता है और वह स्पष्ट सामाजिक परिवर्तन को निर्धारित करता है जो वास्तव में दिखाई देता है।

(ग) **संरचनात्मक मार्क्सवाद:** संरचनात्मक मार्क्सवाद के मुख्य योगदानकर्ता लुइस अल्थुसर, निकोस पोलेंटज़स और मौरिस गॉडलीयर हैं। उनके अनुसार, यह कार्ल मार्क्स थे, न कि सॉसर, जिन्होंने सामाजिक वास्तविकता के अध्ययन के दृष्टिकोण के रूप में संरचनावाद का उपयोग किया। लेवी-स्ट्रॉस के लिए, ध्यान मन की संरचना पर है, जबकि संरचनात्मक मार्क्सवादियों के लिए, यह समाज की संरचना पर अंतर्निहित है। संरचनात्मक मार्क्सवाद ने सामाजिक और आर्थिक संरचना पर जोर दिया और साथ ही उत्पादन संबंध और उत्पादन शक्तियों के मार्क्सवादी सिद्धांत पर भी जोर दिया। इस अभिविन्यास ने संरचनात्मक मार्क्सवाद को एक दूर की पहचान बनाने में मदद की।

लुई अल्थुसर ने आर्थिक नियतिवाद को खारिज कर दिया। उनका मानना था कि समाज कई संरचनाओं से मिलकर बना होता है। आर्थिक संरचना उनमें से एक है। अन्य संरचनाएं राजनीतिक, वैचारिक, धार्मिक, सांस्कृतिक, सैद्धांतिक, वैचारिक और वैज्ञानिक संरचनाएं हैं। ये संरचनाएं प्रथाओं से मिलकर बनी होती हैं और इन प्रथाओं की अपनी वास्तविकता के साथ-साथ अपने स्वयं के विरोधाभास भी होते हैं। समाज की प्रत्येक संरचना के बीच कार्य-कारण संबंध मौजूद होता है। इसलिए, उनके अनुसार, कोई भी समाज केवल आर्थिक संरचना से प्रभावित नहीं होता है। इस दृष्टिकोण से, उन्होंने कार्य-कारण की अवधारणा पेश की, जो सभी संरचनाओं में मौजूद है। उन्होंने सुपर स्ट्रक्चर का सिद्धांत भी विकसित किया। अल्थुसर के अनुसार, दो प्रकार की सुपर-स्ट्रक्चर हैं:

(i) दमनकारी राज्य तंत्र (आरएसए) और
(ii) वैचारिक राज्य तंत्र (आईएसए)।

इन दो प्रमुख प्रकार की अधिसंरचनाओं का आर्थिक और समाज की अन्य संरचनाएं आर्थिक दोनों तरह से कारणात्मक संबंध है।

(घ) उत्तर-संरचनावाद: उत्तर-संरचनावाद की उत्पत्ति फर्डिनेंड सॉसर के विचारों से हुई है। संरचनावाद कहता है कि, एक शब्द कभी भी दुनिया में मौजूद नहीं होता है जो दूसरे शब्दों के साथ उसके संबंधों पर निर्भर करता है। यह बताना मुश्किल है कि संरचनावाद कब समाप्त हुआ और उत्तर-संरचनावाद कब शुरू हुआ। हालाँकि, लैमर्ट (1990) ने उत्तर-संरचनावाद की शुरुआत का पता 1966 में जैक्स डेरिडा द्वारा दिए गए भाषण से लगाया, जहाँ उन्होंने उत्तर-आधुनिक सिद्धांत की दार्शनिक पृष्ठभूमि से एक नए उत्तर-संरचनावाद के उदय का उल्लेख किया था। उत्तर-संरचनावाद उत्तर-आधुनिक दर्शन से संबंधित है। हालाँकि उत्तर-संरचनावाद ने संरचनावाद को पीछे छोड़ दिया लेकिन 1960 और 1970 के दशक के दौरान, दोनों अवधारणाएँ एक-दूसरे के साथ-साथ चलीं।

परिभाषा

ऑक्सफोर्ड डिक्शनरी ऑफ सोशियोलॉजी के अनुसार, "उत्तर-संरचनावाद की प्रमुख उपलब्धि, सॉसर के भाषा के सिद्धांत में निहित मौलिक विश्लेषणात्मक संभावनाओं को पुनः खोजना और विस्तारित करना रहा है, जो कि एक प्रतिनिधित्वात्मक घटना के बजाय एक संकेतात्मक घटना है।"

जॉर्ज रिट्ज़र (1997) के अनुसार, "उत्तर-संरचनावाद, संरचनावाद की प्रतिक्रिया के रूप में आया है। हम उत्तर-संरचनावाद को संरचनावाद के खिलाफ विद्रोह के रूप में परिभाषित कर सकते हैं। दूसरे शब्दों में, उत्तर-संरचनावाद एक विचारधारा है जो फर्डिनेंड सॉसर, रोनाल्ड बर्थेस, क्लाउड लेवी-स्ट्रॉस, लुइस अल्थुसर और इसी तरह के विचारकों से जुड़े संरचनावाद पर निर्माण करती है, लेकिन खुद को उससे दूर रखना चाहती है।"

जैक्स डेरिडा एक उत्तर-संरचनावादी थे। उन्होंने तर्क दिया कि किसी शब्द का अर्थ शब्द और वस्तु के बीच के संबंध से आता है। दूसरे शब्दों में, किसी भी कथन या प्रवचन का कोई निश्चित अर्थ नहीं होता। इसका अर्थ हमेशा अन्य कथनों या प्रवचनों

के साथ उसके संबंध पर निर्भर करता है। इस प्रकार, उन्होंने बहुलवाद के विचार पर जोर दिया जो एक कठोर संरचना को स्थिर करता है।

एक अन्य महत्वपूर्ण उत्तर-संरचनावादी विद्वान मिशेल फूको थे। उन्होंने कई तरह के सैद्धांतिक इनपुट दिए और अर्थव्यवस्था और अन्य सामाजिक संस्थाओं को भी महत्व दिया, लेकिन उनके लिए सामाजिक संरचना का सबसे महत्वपूर्ण पहलू सत्ता की सूक्ष्म राजनीति है। यह उनका मार्क्स से विचलन है। उनका तर्क है कि, ज्ञान दूसरों पर एक शक्ति है और शक्ति-ज्ञान संबंध पर जोर दिया।

उत्तर-संरचनात्मक भूगोल

20वीं सदी से भूगोल विषय में वैचारिक क्रांतियों की एक श्रृंखला देखने को मिली है, जो विभिन्न सामाजिक-राजनीतिक घटनाओं, अन्य विषयों में विकसित कई बौद्धिक विचारों और अवधारणाओं तथा विभिन्न भू-राजनीतिक मुद्दों से प्रेरित है। इस तरह, अन्य प्रवचनों से ली गई उत्तर-संरचनावाद की अवधारणा को भी इस विषय के भीतर एक नए और समकालीन 'सांस्कृतिक मोड़' के रूप में माना जा सकता है। यह विचारों के द्वंद्व पर ध्यान केंद्रित करता है जैसे - वस्तुनिष्ठता और व्यक्तिपरकता, केंद्र और परिधि, भौतिकवाद और आदर्शवाद, सत्य और कल्पना — जो आधुनिक समय के अधिकांश शिक्षाविदों का समर्थन करते हैं, जिसमें अधिकांश भौगोलिक विचार और अभ्यास शामिल हैं।

हालाँकि, उत्तर-संरचनावाद की अवधारणा को 1980 और 1990 के दशक के अंत में भूगोल के क्षेत्र में लाया गया, जो स्थानिक विज्ञान, आलोचनात्मक यथार्थवाद और मार्क्सवाद और मानवतावाद सहित तत्कालीन प्रमुख सैद्धांतिक ढाँचों की आलोचना थी।

अभ्यास प्रश्न

1. सांस्कृतिक भूगोल के दायरे और विषय-वस्तु का उल्लेख करें। भूगोल के इस उप-विषय में किन सामाजिक-सांस्कृतिक मुद्दों को समझाया जाता है?
2. उप-विषय सांस्कृतिक भूगोल के विकास के विभिन्न चरणों का संक्षेप में वर्णन करें।
3. भूगोल में सांस्कृतिक मोड़ क्या है? भूगोल में सांस्कृतिक मोड़ के महत्व पर टिप्पणी करें।
4. संरचनावाद की अवधारणा को समझाइए। यह उत्तर-संरचनावाद की अवधारणा से किस प्रकार भिन्न है?
5. क्या आपको लगता है कि उत्तर-औपनिवेशिक सांस्कृतिक भूगोल शास्त्रीय से अलग हैं? अपने विचार स्पष्ट करें।
6. अमेरिका में 'मेल्टिंग पॉट' विकसित करने में परसंस्कृतिकरण प्रक्रिया ने किस तरह मदद की? क्या समकालीन दुनिया में किसी भी स्वदेशी संस्कृति समूह द्वारा मूल सांस्कृतिक विशेषताओं को बनाए रखना संभव है?

REFERENCES

Anderson, Jon. (2015). *Understanding Cultural Geography: Places and Traces*. Routledge, NY and London.

Appadurai, A. (1990). Disjuncture and Difference in the Global Cultural Economy. *In:* Featherstone, M. (Ed.). Global Culture: Nationalism, Globalization and Modernity (Special Issue of Theory, Culture and Society). Sage, London.

Atkinson, David, Peter Jackson, David Sibley and Neil Washbourne (Eds) (2007). *Cultural Geography: A Critical Dictionary of Key Concepts*. Rawat Publications, New Delhi.

Bain, J. Grant (2011). 'Culture Wars'. *In:* Ryan, Michael (Ed.). *The Encyclopedia of Literary and Cultural Theory*, Vol. VIII: 1025–1029. Wiley-Blackwell, UK.

Barker, Chris (2011). 'Structuralism'. *In:* Ryan, Michael (Ed.). *The Encyclopedia of Literary and Cultural Theory*, Vol. VIII: 1290–1298. Wiley-Blackwell, UK.

Barker, Chris (2008). *Cultural Studies*. Sage, New Delhi.

Broek, Jan O.M. and John W. Webb (1978). 'A Geography of Mankind'. Mc Graw Hill International Book Company, Singapore, UK, New Delhi.

Castree, N., Kitchin, R. and Rogers, A. (2013). *'Cultural Geography' in a Dictionary of Human Geography*. Oxford University Press.

Cosgrove, D. and Daniels, S. (1998). *The Iconography of Landscape: Essays on the Symbolic Representation, Design and Use of Past Environment*. Cambridge University Press. Cambridge.

Daly, Macdonald (2011). 'Cultural Materialism'. *In:* Ryan, Michael (Ed.). *The Encyclopedia of Literary and Cultural Theory*, Vol. VIII: 1003–1011. Wiley-Blackwell, UK.

Davis, M. (2006). *Planet of Slums*. Verso, London.

Doshi, S.L. (2006). Modernity, *Post-Modernity and Neo-Sociological Theories*. Rawat Publications, New Delhi.

Ellegård, Kajsa and Svedin, Uno. (2012). Torsten Hägerstrand's time-geography as the cradle of the activity approach in transport geography. *Journal of Transport Geography*.

Gelder, Ken (2011). 'Subcultures'. *In:* Ryan, Michael (Ed.) *The Encyclopedia of Literary and Cultural Theory*, Vol. VIII: 1298–1306. Wiley-Blackwell, UK.

Ghorfati, Amina and Rabha Medini (Dissertation, 2014–2015). Feminism and its impact on Woman in the Modern Society <dspace.univ-tlemcen.dz/bitstream/1127902/1/amina-gh

Giddens, A. (1990). The Consequences of Modernity. Cambridge, Polity.

Gregory, D. (1994). *Geographical Imaginations*. Blackwell, Oxford.

Horton, John and Peter, Kraftl (2013). *Cultural Geographies: An Introduction*. Routledge, UK.

Hussain, Majid (2001). *Human Geography*. Rawat Publications, Jaipur and New Delhi.

Hussain, Majid (Ed.) (1993). *Perspectives in Human Geography*. Anmol Publications, New Delhi.

Johnston, R.J. (2000). Geography and Geographers. Arnold, London.

McDowell, L. (1994). 'The Transformation of Cultural Geography'. *In:* D. Gregory et al. (Eds.). *Human Geography: Society, Space and Social Science*. Macmillan, Basingstoke.

Miller, Toby (2011). 'Cultural Policy'. *In:* Ryan, Michael (Ed.). *The Encyclopedia of Literary and Cultural Theory*, Vol. VIII: 1011–1014. Wiley-Blackwell, UK.

Mookherjee, Debnath (2012). 'Perspectives on Allen G. Noble's Contributions to Cultural Geography in South Asia' in Facets of Social Geography edited by Dutt, Wardhwa, Thakur and Costa. Foundation Books, Delhi.

Peterson, Mark (2011). 'Cultural Geography'. *In:* Ryan, Michael (Ed.). *The Encyclopedia of Literary and Cultural Theory*, Vol. VIII: 994–1002. Wiley-Blackwell, UK.

Pitzl, Gerald R. (2007). *Encyclopedia of Human Geography*. Rawat Publications, New Delhi.

Ravi Rajan, S. (2018). Clarence Glacken: Pioneer Environmental Historian. *Environment and History*, The White Horse Press, USA.

Ryan, Michael (Ed.) (2011). *The Encyclopedia of Literary and Cultural Theory*, Vol III. Wiley-Blackwell, UK.

Shaull, S.L. and J.H. Gramann (1998). The Effect of Cultural Assimilation on the Importance of Family-Related and Nature-Related Recreation among Hispanic Americans. *Journal of Leisure Research*, **30**(1).

Szymanowski, R. (2016). The Mobility Turn in the Social Sciences.

Townsend, S.A. (2015). Symbolic Discourses: The Influence of Denis Cosgrove in the Field of Geography. The California Geographer 54.

Urry, J. and Grieco, M. (2012). Introduction: Introducing the Mobility Turn. *In:* J. Urry and M. Grieco (Eds.) Mobilities: New Perspectives on Transport and Society, Surrey: Ashgate.

Verma, J.K. (2009). *Cultural Geography*. GNOSIS, New Delhi.

Weslen, Benno (Jena) (2017). 'Cultural Dimensions and Politics under Globalized Conditions: Traditionalist Orthodoxies vs Constructivist Perspectives' (assessed on 18/02/2019).

Websites

https://researchguides.dartmouth.edu/human_geography/cultural accessed on 18/02/2019.

http://www.angelfire.com/journal2/boustrophedon/Inculturation.pdf accessed on 16/08/2015.

http://domenicm.blogspot.in/2012/05/29-ways-to-cultural-change-according-to.html accessed on 16/08/2015.

https://tspace.library.utoronto.ca/bitstream/1807/34908/1/George_Justine_201211_ThM_thesis.pdf accessed on 16/08/2015.

http://www.sedosmission.org/web/en/mission-articles/doc_view/1764-cultural-diversity-and-inculturation-in-india accessed on 16/08/2015.

http://aejt.com.au/__data/assets/pdf_file/0008/378611/AEJT_9.22_Oglivie_Issues.pdf accessed on 16/08/2015.

अध्याय 8

सांस्कृतिक क्षेत्र और सांस्कृतिक परिदृश्य

अधिगम प्रतिफल

इस अध्याय के अंत में, छात्रों में निम्नलिखित क्षमता विकसित होगी:

- दुनिया के सांस्कृतिक केंद्रों और सांस्कृतिक क्षेत्रों की अवधारणा को समझना।
- दुनिया के विभिन्न सांस्कृतिक क्षेत्रों के महत्व को उनकी महती विशेषताओं के साथ समझाना।
- दुनिया के वर्तमान सांस्कृतिक विशेषताओं के निर्माण में सांस्कृतिक प्रसार के महत्व को समझना।
- संस्कृति केंद्रों को विकसित करने के लिए विभिन्न विचारधाराओं के योगदान का आकलन करना।
- सांस्कृतिक परिदृश्य की अवधारणा और समकालीन वैश्वीकृत युग में इसके महत्व को समझना।
- सांस्कृतिक परिदृश्य के परिवर्तन के लिए उत्तरदायी कारकों की व्याख्या करना।

सांस्कृतिक उद्‌गम स्थल

संस्कृति की कई परिभाषाएँ हैं। ज़्यादातर सामाजिक वैज्ञानिकों के लिए, संस्कृति व्यक्ति के जीवन जीने के तरीके को संदर्भित करती है और इस प्रकार यह हमारे विचारों, विश्वासों, ज्ञान, रीति-रिवाजों, भाषाओं, धर्मों और बहुत कुछ सहित हमारे पास मौजूद हर चीज़ की समग्रता है। उपकरण और कौशल संस्कृति के महत्वपूर्ण पहलू हैं। विभिन्न संस्कृतियों में अलग-अलग प्रकार की तकनीक होती है और तकनीकी उपलब्धियों के स्तर भी एक संस्कृति से दूसरी संस्कृति में भिन्न होते हैं। संस्कृति में सामाजिक अंतःक्रियाओं के तरीके भी शामिल हैं जो एक समाज के भीतर और विभिन्न समाजों के बीच होते हैं।

संस्कृति का केंद्र किसी विशेष संस्कृति का स्रोत क्षेत्र होता है, जहाँ से नए विचार या प्रथाएँ नए क्षेत्रों में फैलती या फैलती हैं। सांस्कृतिक प्रसार की प्रक्रिया दो तरीकों से होती है:

सबसे पहले, लोग अपने आस-पास के दोस्तों और लोगों को देखकर एक-दूसरे से सीखते हैं। इसके बाद, अभ्यास का क्षेत्र विस्तृत होता है और परिणामस्वरूप संस्कृति विशेषता एक बड़े क्षेत्र में फैल जाती है।

दूसरा, जब लोग एक जगह से दूसरी जगह जाते हैं, तो वे अपनी संस्कृति को अपने साथ ले जाते हैं और अपनी संस्कृति को नए स्थान पर फैलाते हैं। उदाहरण के लिए, अरब व्यापारी पश्चिमी अफ्रीका के उत्तरी भागों में इस्लामी संस्कृति और इस्लामी धर्म लेकर आए। पहले यह शासकों का धर्म था और फिर यह नागरिकों तक फैल गया।

मध्य अमेरिका

यह मोटे तौर पर मेक्सिको और मध्य अमेरिका को संदर्भित करता है। उत्तरी अमेरिका से दक्षिण अमेरिका तक लगभग 11,000 मील की दूरी है। भूमि के ये विशाल हिस्से विशाल मैदानों, रेगिस्तानों, वर्षा वनों और कई अन्य भौगोलिक विविधताओं से युक्त हैं, जिसके परिणामस्वरूप मध्य और दक्षिण अमेरिका में कई आदिवासी समूहों के विविध समाज, समृद्ध संस्कृतियाँ और सभ्यताएँ उभरीं।

दुनिया के विभिन्न भागों से मध्यअमेरिकन क्षेत्र में मानव की आवाजाही की कई धाराएँ हैं। उपजाऊ मिट्टी, अनुकूल जलवायु, बारहमासी नदियों के प्रचलन के कारण, लोगों ने प्राचीन काल में आधुनिक मेक्सिको और मध्य अमेरिका में अपनी सभ्यता विकसित की। ये लोग अपने कृषि क्षेत्रों से अधिशेष उत्पादों का व्यापार करने में लगे हुए थे। कृषि क्रांति 5500 ईसा पूर्व के आसपास मेक्सिको के मध्य भाग में उभरी और पूरे मेक्सिको, मध्य अमेरिका और दक्षिण अमेरिका के तटीय भाग में मुख्य रूप से पेरू के तटीय उच्चभूमि क्षेत्रों में फैल गई।

मध्य अमेरिका की कृषि क्रांति के परिणामस्वरूप मक्का, आलू, कद्दू, सेम, स्क्वैश आदि जैसी विभिन्न फसलों की खेती हुई। इसने इन क्षेत्रों में कृषि उत्पादों के बड़े अधिशेष उत्पादन में भी मदद की, जिसके परिणामस्वरूप बाद में व्यापारिक वस्तुओं का विकास हुआ और ओल्मेक, माया, एज़्टेक, टोलटेक या इंका जैसी अत्यधिक समृद्ध सभ्यताओं का निर्माण हुआ।

ओल्मेक

ओल्मेक ने मेक्सिको में पहली सभ्यता की स्थापना की। ये लोग 1500 से लेकर लगभग 300 ईसा पूर्व तक रहते थे और दक्षिण मध्य मेक्सिको के विशाल भूभाग और विशेष रूप से उष्णकटिबंधीय निचले इलाकों पर हावी थे। ओल्मेक के पास पुरोहिती के साथ एक संगठित धर्म था और मानव बलि एक सामाजिक वर्जित थी। ओल्मेक सभ्यता का ऐसा सामाजिक-सांस्कृतिक चरित्र माया सहित बाद की सभ्यताओं द्वारा आगे बढ़ाया गया था। इतिहासकारों द्वारा ओल्मेक को एक सांस्कृतिक केंद्र माना जाता है। वे अपने सिर की पत्थर की मूर्तियों के लिए जाने जाते हैं।

ओल्मेक ने अपनी मूर्तिकला और मंदिर वास्तुकला की परंपराओं को इस हद तक विकसित किया कि अगली आठ शताब्दियों तक, इनका प्रभाव पूरे मध्यअमेरिकन क्षेत्र की सभी बाद की सभ्यताओं पर पड़ा। ओल्मेक मूर्तियों की विशेषता पत्थर के सिर, दो मीटर से अधिक ऊँचे, चौकोर जबड़े वाले, चपटे होंठ वाले योद्धा थे जो कानों के लिए फ्लैप वाले हेलमेट पहने हुए थे।

लगभग 1200 ईसा पूर्व, मध्य और उत्तरी अमेरिका में मुख्य रूप से मैक्सिको की खाड़ी के दक्षिणी भाग के तटीय क्षेत्रों में पहली सभ्यता विकसित हुई, जिसे ओल्मेक सभ्यता के रूप में जाना जाता था। इस सभ्यता का प्रारंभिक स्थल सैन लोरेंजो था। बाद की अवधि में, लगभग 900 ईसा पूर्व, राजधानी शहर को टोनला नदी में एक द्वीप स्थल ला वेंटा में स्थानांतरित कर दिया गया था। ला वेंटा लगभग 400 ईसा पूर्व तक इस सभ्यता की सांस्कृतिक राजधानी बनी रही। ओल्मेक लोगों ने सैन लोरेंजो, ला

वेंटा आदि जैसे कुछ शहर बनाए। ओल्मेक समुदाय के भीतर आपसी लड़ाई के सबूत मिलते हैं। ये सांस्कृतिक पैटर्न, शहरी जीवन बाद की मेसोअमेरिकन सभ्यताओं की नींव बन गए।

सैन लोरेंजो और ला वेंटा इन दो केंद्रों में लंबी सीढ़ियों के शीर्ष पर कई बड़े मिट्टी के प्लेटफॉर्म बने हुए थे। माना जाता है कि इन प्लेटफॉर्म के शीर्ष पर मंदिर या महलों की लकड़ी की संरचनाएँ थीं। ऐसा माना जाता है कि पूर्व-कोलंबियन वास्तुकला में, सबसे महत्वपूर्ण विशेषता धार्मिक महत्व के स्थान पर चढ़ने की अवधारणा थी। इस प्रकार, सीढ़ियों वाले पिरामिड जिसके द्वारा पुजारी और तीर्थयात्री शीर्ष पर चढ़ते थे, ओल्मेक सभ्यता में आम था। यह पिरामिड मिस्र के चिकने किनारों वाले मकबरे वाले पिरामिडों से अलग था। ला वेंटा में, पिरामिडों में से एक 30 मीटर से अधिक ऊँचा था। अपने मंदिरों और महलों के साथ ये पिरामिड आसपास के घरों और उनके निवासियों पर पुजारी शासकों की तरह ही शक्तिशाली रूप से हावी थे और इन महलों के अनुष्ठान स्थानीय समुदाय के सामाजिक-सांस्कृतिक जीवन पर भी हावी थे। मानव बलि का अनुष्ठान इस सभ्यता में सबसे महत्वपूर्ण सांस्कृतिक प्रथाओं में से एक बन गया, जिसे क्षेत्र की अन्य सभ्यताओं ने भी अपनाया।

ज़ेपोटेक: ज़ेपोटेक पहले लोग थे जिन्होंने लगभग 400 ई.पू. अन्य क्षेत्रों में ओल्मेक संस्कृति विकसित की। मोंटे अल्बान ओल्मेक संस्कृति की पश्चिमी सीमा थी जो बाद के समय में दक्षिणी मेक्सिको का मुख्य शहर बन गया। ज़ापोटेक इस क्षेत्र में 1000 से अधिक वर्षों तक फलते-फूलते रहे और अंततः उन्होंने लगभग 700 ई. में इसे छोड़ दिया।

माया

माया मध्यअमेरिका में एक और क्लासिक सभ्यता थी, जिसने मैक्सिको के पूर्वी भाग और ग्वाटेमाला, बेलीज, अल साल्वाडोर और पश्चिमी होंडुरास के पड़ोसी क्षेत्रों में अपनी सभ्यता विकसित की। इस क्षेत्र का अधिकांश भाग दुर्गम जंगलों से भरा हुआ था। लगभग 300 ईसा पूर्व, माया सभ्यता कमजोर ओल्मेक सभ्यता से शुरू हुई। माया सभ्यता बाद में दुनिया की सांस्कृतिक रूप से समृद्ध सभ्यताओं में से एक के रूप में विकसित हुई। उनकी समृद्ध सांस्कृतिक पृष्ठभूमि को उनके विस्तृत पत्थर के कामों और दीवार चित्रों में देखा जा सकता है। मायान लिपियाँ, उनकी लिखित भाषा अत्यधिक विकसित थी। इतना ही नहीं, उनके पास एक सटीक कैलेंडर था, गणित की एक जटिल समझ थी जो उस अवधि की अन्य सभ्यताओं और बहुत बाद की तारीखों के यूरोपीय लोगों की तुलना में कहीं अधिक विकसित थी। लगभग 300 ईसा पूर्व के दौरान माया राजवंश के एक पदानुक्रम ने मैक्सिको के युकाटन प्रायद्वीप पर शासन किया, जहाँ लगभग 14 मिलियन लोग रहते थे और इस प्रकार यह सबसे बड़ी सभ्यता बन गई। इसका एक अच्छी तरह से विकसित शहरी जीवन था जिसे आसपास के गाँवों और ग्रामीण इलाकों में रहने वाले बड़ी संख्या में लोगों द्वारा समर्थित किया गया था।

माया सभ्यता की वास्तुकला अद्वितीय थी और इसमें बड़े-बड़े स्थान, बॉल कोर्ट, सभा स्थल शामिल थे जहाँ लोग आर्थिक, सामाजिक और धार्मिक उद्देश्यों के लिए एकत्रित होते थे। माया धर्म बहुदेववादी था, यानी वे कई देवताओं में विश्वास करते थे। माया लोगों का मानना था कि इन देवताओं को मानव रक्त की बलि देनी चाहिए। इस उद्देश्य के लिए, उनका मानना था कि बड़ी संख्या में आम लोगों की बलि देने के बजाय किसी शक्तिशाली व्यक्ति के 'गुणवत्तापूर्ण मानव रक्त' की बलि देना आवश्यक है। लगभग 900 ई.पू. में, इस महान सभ्यता का पतन शुरू हो गया। इस पतन की प्रक्रिया में इन विशाल भूमियों में यूरोपीय लोगों के आगमन ने तेजी ला दी। 15वीं और 16वीं शताब्दी के दौरान, इस महान सभ्यता के केवल कुछ गाँवों का अस्तित्व दर्ज किया गया था।

माया लोगों ने लेखन का सबसे ज़्यादा इस्तेमाल किया और अपने समारोह केंद्रों में उन्होंने चित्रलिपि से उत्कीर्ण कई स्तंभ स्थापित किए। लेकिन वे अमेरिका में लेखन के आविष्कारक नहीं थे। ओल्मेक को इस क्षेत्र में पहली बार लेखन और कैलेंडर

विकसित करने का श्रेय दिया जाता है। वे एक कृषि आधारित समाज थे जो मक्का, सेम, स्क्वैश आदि उगाते थे और बुनाई और मिट्टी के बर्तन जैसे कुछ शिल्प भी करते थे। वे रबर भी उगाते थे और रबर के पेड़ की छाल को काटकर रबर के रस का इस्तेमाल करते थे। सूखे रबर के रस का इस्तेमाल जूते और कपड़े बनाने के लिए किया जाता था। इस रबर का इस्तेमाल गेंद बनाने के लिए भी किया जाता था। माया लोग बंद, I-आकार के कोर्ट में गेंद खेलते थे। यह माया संस्कृति में एक अनुष्ठान बन गया था।

इतिहासकारों का मानना है कि माया लोग गणित का इस्तेमाल करते थे और शून्य का इस्तेमाल करने वाले वे पहले लोग थे। उन्होंने सितारों को देखकर 365 दिन का कैलेंडर बनाया। उन्होंने प्रतीकों का इस्तेमाल करके ग्लिफ़ लेखन भी विकसित किया।

एज़्टेक सभ्यता

मध्य अमेरिका की एक और महान सभ्यता एज़्टेक थी, जिसे मेक्सिको, टेक्सकोको और ट्लाकोपैन के त्रिगुट गठबंधन द्वारा विकसित किया गया था। इन तीनों में से, मेक्सिको प्रमुख जनजाति थी और पूरे एज़्टेक साम्राज्य के विस्तार में सबसे महत्वपूर्ण शक्ति थी। यह एक खानाबदोश समूह था जो बाद में मध्यअमेरिकन क्षेत्र में लाखों लोगों को संगठित करने के लिए विकसित हुआ। एज़्टेक भयंकर योद्धा थे जिन्होंने अपनी सैन्य शक्ति का उपयोग करके मेक्सिको की घाटी पर एक विशाल साम्राज्य का निर्माण किया, जिसकी राजधानी टेनोचिट्लान थी। उनके साम्राज्य को टोलटेक साम्राज्य के रूप में भी जाना जाता था। पूरा एज़्टेक साम्राज्य टेनोचिट्लान शहर से शासित था और इसने अद्वितीय विशेषताओं को विशेष रूप से सैन्यवाद प्राप्त किया।

ये जनजातियाँ बहुदेववादी धर्म का पालन करती थीं और मानव बलि के अनुष्ठानों में भी विश्वास करती थीं। ये लोग जिन लोगों पर विजय प्राप्त करते थे उनसे कर वसूलते थे और इससे इन लोगों को और अधिक धनी बनने में मदद मिलती थी।

इसके बाद के काल में एज़्टेक सभ्यता पर स्पेनिश विजय देखी गई, जब वे 16वीं शताब्दी में मैक्सिको के मध्य भाग में पहुंचे।

इंका सभ्यता

इस मध्य अमेरिकन क्षेत्र की एक और महान सभ्यता इंका थी, जिसका प्रभुत्व दक्षिण अमेरिका के तटीय भागों, मुख्यतः पेरू में था। पेरू के ऊंचे इलाकों की विशाल उपजाऊ घाटियों में इंका सभ्यता विकसित हुई। 200 ईसा पूर्व के आसपास, इंका लोगों ने पेरू में एंडियन हाइलैंड्स की नदी घाटियों पर कृषि का विकास किया। इस कृषि विकास ने इंका सभ्यता की मजबूत शक्ति को चिह्नित किया। उन्होंने पहाड़ों को काटकर खड़ी खेती बनाई और फसलों की सिंचाई के लिए जलसेतु बनाए। इंका लोगों द्वारा उगाई जाने वाली प्रमुख फ़सलें मक्का और आलू थीं।

इन लोगों का मानना था कि, उनके सम्राट सूर्य देवता के वंशज हैं। इंका सभ्यता आधुनिक इक्वाडोर और कोलंबिया से लेकर आधुनिक पेरू के दक्षिणी भाग तक फैली हुई थी, जिसमें लगभग 16 मिलियन निवासी थे। इंका लोगों ने लगभग 14,000 मील लंबी सड़कें बनाईं, जिनमें से कुछ का आज भी इस्तेमाल किया जाता है। वे रिकॉर्ड रखने के लिए 'क्विपस' का इस्तेमाल करते थे, जो गिनती के औजार के रूप में इस्तेमाल की जाने वाली गाँठदार डोरियाँ होती हैं।

इंका समाज 'अयलू' या कबीले के इर्द-गिर्द संगठित था और ये कमोबेश आत्मनिर्भर क्षेत्र थे, जहाँ मुख्य रूप से विस्तारित परिवार के सदस्य रहते थे। अयलू के सभी सदस्यों का एक-दूसरे के प्रति दायित्व था और इनका समाज इनके दायित्व के आधार पर अपने विस्तारित परिवारों के सदस्यों के साथ फलता-फूलता था। विवाह अनिवार्य था और ये लोग बहुविवाह का पालन करते थे। जब 1532 में स्पेनिश आए, तो इंका सभ्यता कमजोर हो गई और स्पेनिश के नियंत्रण में आ गई।

मध्यअमेरिका विभिन्न सभ्यताओं की संस्कृतियों के एक इंद्रधनुष के रूप में विकसित हुआ, जिसमें कुछ सामान्य विशेषताएँ और कुछ अलग दृष्टिकोण साझा किए।

पश्चिमी अफ्रीकी सांस्कृतिक केंद्र

अफ्रीकी विश्व में चार मुख्य संस्कृति केन्द्रों की पहचान की गई है:

1. इथियोपियाई पठार
2. पश्चिमी अफ्रीकी सवाना
3. पश्चिमी अफ्रीकी वन और
4. वन सवाना सीमा

पश्चिमी अफ्रीका में सांस्कृतिक विशेषताओं के प्रमुख केंद्र घाना, माली, वोलोफ़, सोंगहाई, आशांति, योरूबा और कनेम-बोर्नू के राज्य थे। जैसा कि ओपोंग (2006) ने उल्लेख किया है, अफ्रीका में सबसे प्रसिद्ध सांस्कृतिक केंद्र कुश साम्राज्य था, जिसकी राजधानी मेरो थी। यह लगभग 2000 ईसा पूर्व में फला-फूला। इस साम्राज्य की पत्थर की दीवारें, महल की इमारतें, मंदिर वास्तुकला एक सुव्यवस्थित और अच्छी तरह से विकसित सामाजिक-राजनीतिक और धार्मिक व्यवस्था के अस्तित्व को प्रकट करती हैं। विभिन्न फसलें, कृषि पद्धतियाँ, वस्त्र, सिंचाई तकनीक, टोकरी बुनाई, आदि कुश से आस-पास के क्षेत्रों और फिर दूर-दराज के स्थानों तक फैल गईं।

धातु संस्कृति, विशेष रूप से लोहे की तकनीक मध्य नाइजीरिया में नोक संस्कृति और इथियोपिया में एक्सम में विकसित हुई। वे मिट्टी की मूर्तियाँ (जानवरों और मनुष्यों दोनों) बनाने में माहिर थे, जिससे पता चलता है कि नोक लोगों को पत्थर और लोहे के औजारों पर व्यापक विशेषज्ञता थी। इतना ही नहीं, एक्सम संस्कृति ने उल्लेखनीय इंजीनियरिंग, वास्तुकला कौशल और धातु प्रसंस्करण दिखाया। सोने के खनन में, घाना, माली और सोंगहाई के प्राचीन साम्राज्य फले-फूले। इन साम्राज्यों ने मिट्टी के बर्तनों, वस्त्रों और व्यापार पर भी अपना कौशल विकसित किया। प्राचीन काल से ही अफ्रीकी महाद्वीप में कई पौधों को पालतू बनाया जाता था और उनकी खेती की जाती थी। इनमें बाजरा, ज्वार, रतालू, ताड़ का तेल, अरंडी का तेल, भिंडी, तरबूज, कॉफी और कपास शामिल हैं।

पश्चिमी अफ्रीका अफ्रीकी महाद्वीप का वह क्षेत्र है जो भौगोलिक दृष्टि से सहारा रेगिस्तान के दक्षिण में है तथा पश्चिम में अटलांटिक महासागर से लेकर अफ्रीका के पूर्वी भाग तक फैला हुआ है। यह क्षेत्र विविधतापूर्ण है, जिसमें सवाना, पहाड़, वर्षावन और रेगिस्तान का विविध परिदृश्य है। लगभग 1200 ईसा पूर्व के आसपास, यह क्षेत्र संभवतः मिस्र के संपर्क के कारण लौह युग में प्रवेश कर गया था। पश्चिमी अफ्रीकी लोग उत्तर में कपास, हाथीदांत, धातु के सामान और सोने का व्यापार करते थे।

नोक संस्कृति

यह पहली संस्कृति थी जो पश्चिमी अफ्रीकी क्षेत्र खासकर वर्तमान नाइजीरिया में लौह युग के आरंभ में विकसित हुई थी। यह प्राचीन संस्कृति लगभग 1000 ईसा पूर्व से शुरू हुई और लगभग 300 ई. तक चली। लिखित दस्तावेजों की कमी के कारण, इस संस्कृति की जीवन शैली हमारे लिए स्पष्ट नहीं है। नोक संस्कृति का सबसे प्रभावशाली पहलू यह है कि, वे अपनी मूर्तियों में उत्कृष्ट थे। उनकी मूर्तियाँ, मुख्य रूप से टेराकोटा या मिट्टी की मूर्तियाँ आदमकद पुरुष और महिला आकृतियाँ थीं।

घाना साम्राज्य

लगभग 300 ई. में, नोक संस्कृति के लुप्त होने पर घाना राज्य का उदय हुआ। घाना राज्य आधुनिक मॉरिटानिया और माली में स्थित था और इसलिए आधुनिक घाना पुराने घाना राज्य से संबंधित नहीं है। नोक संस्कृति की तरह, प्राचीन घाना राज्य में भी लिखित दस्तावेजों का अभाव है। इस राज्य का अधिकांश विवरण अरब व्यापारियों के खातों से आता है जो अक्सर इस क्षेत्र का दौरा करते थे और प्राचीन घाना लोगों और उनकी संस्कृति के बारे में लिखते थे। घाना राज्य ट्रांस-सहारा व्यापार नेटवर्क पर अपनी स्थिति के कारण फला-फूला और सोने के उत्पादन और नमक उत्पादन में माहिर था, जिसकी पूरे भूमध्यसागरीय क्षेत्र में बहुत मांग थी।

साओ सभ्यता

साओ सभ्यता वर्तमान पूर्वी नाइजीरिया, दक्षिणी चाड, उत्तरी कैमरून में चाड झील के पास 500 ईसा पूर्व से 1500 ईस्वी के बीच विकसित हुई। लगभग 300 ईसा पूर्व, कई स्थलों पर कई टेराकोटा मूर्तियां खोजी गई।

नील नदी घाटी सभ्यता

नील नदी घाटी सभ्यता की शुरुआत नील नदी के सबसे उत्तरी भाग में नवपाषाण क्रांति के समय हुई थी। यह प्रारंभिक सभ्यता नील नदी के किनारे पानी और रेगिस्तान से सुरक्षित होकर बनी थी। यह सभ्यता मिस्र में विकसित हुई। नील नदी ने इस प्राचीन सभ्यता के उत्कर्ष में महत्वपूर्ण भूमिका निभाई।

यहाँ के निवासी खेती पर निर्भर थे। नील नदी की निकटता, पानी की आसान पहुँच, उपजाऊ भूमि, मौसमी बाढ़ के कारण कृषि को विकसित होने में मदद मिली। मिस्र की सभ्यता के अन्य योगदान थे — चित्रलिपि; मिस्र का धर्म, यानी बहुदेववादी; पिरामिड; ममीकरण; चिकित्सा, आदि।

मिस्र के लोग 5000 ईसा पूर्व या उससे भी पहले खेती करने वाले गांवों में रहते थे। प्रत्येक गांव और समुदाय के अपने अनुष्ठान, देवता और सरदार थे। 3200 ईसा पूर्व तक, मिस्र में दो अलग-अलग शासक थे, यानी ऊपरी मिस्र और निचला मिस्र। बाद के वर्षों में, ये दोनों एकजुट हो गए और एक संयुक्त राज्य बन गए। मिस्र के लोग जीवन में अधिक आश्वस्त और आशावादी दिखाई दिए क्योंकि प्रकृति उनके लिए बहुत अनुकूल थी। मिस्र के लोगों के जीवन में धर्म ने महत्वपूर्ण भूमिका निभाई। मिस्र का धर्म बहुदेववादी था, यानी, वे कई देवताओं में विश्वास करते थे। सबसे महत्वपूर्ण देवता रे, सूर्य देवता और ओसिरिस, मृतकों के देवता थे। सबसे महत्वपूर्ण देवी आइसिस थी, जो आदर्श माँ और पत्नी का प्रतिनिधित्व करती थी।

मिस्र में लेखन का सबसे पहला रूप सरल चित्रलेख था, जिसे हाइरोग्लिफ़िक्स के नाम से जाना जाता था। यह शब्द ग्रीक शब्दों 'हीरोस' और 'ग्लुफ़' से आया है, जिसका अर्थ है 'पवित्र नक्काशी'। लिखने के लिए, मिस्रियों ने 'पपीरस' विकसित किया। ये दलदली नील डेल्टा में उगते थे। मिस्रियों ने पपीरस की रीड को पतली पट्टियों में विभाजित किया, जिन्हें एक दूसरे के ऊपर तिरछे रखा गया और बेहतर बंधन के लिए कुछ दिनों तक वजन के नीचे रखा गया। इन कागजों पर लिखने के लिए, मिस्रियों ने रीड पेन बनाए। उन्होंने रीड स्ट्रॉ को अलग-अलग आकार में काटकर ये पेन बनाए। इन लोगों का एक और महत्वपूर्ण आविष्कार काली स्याही थी। मिस्रियों ने इसे वनस्पति गोंद और मधुमक्खियों के मोम के साथ कालिख मिलाकर बनाया।

उपजाऊ अर्धचन्द्र

यह भौगोलिक शब्द प्रोफ़ेसर जेम्स एच. ब्रेस्टेड ने 1914 में मध्य पूर्व के सबसे महत्वपूर्ण और पुरातात्विक रूप से महत्वपूर्ण क्षेत्र का वर्णन करने के लिए गढ़ा था, जिसमें वर्तमान मिस्र, जॉर्डन, लेबनान, फिलिस्तीन, इज़राइल, सीरिया, तुर्की, ईरान, इराक और साइप्रस के हिस्से शामिल हैं। प्राचीन काल में दुनिया के इस हिस्से को 'उपजाऊ अर्धचंद्र, रेगिस्तान की खाड़ी के तट' कहा जाता था क्योंकि मानचित्र पर यह क्षेत्र अर्धचंद्र या चौथाई चंद्रमा जैसा दिखता है। प्रोफ़ेसर ब्रेस्टेड के अनुसार, "यह उपजाऊ अर्धचंद्र लगभग अर्धवृत्त है, जिसका खुला भाग दक्षिण की ओर है, जिसका पश्चिमी छोर भूमध्य सागर के दक्षिण-पूर्वी कोने पर, केंद्र अरब के ठीक उत्तर में और पूर्वी छोर फारस की खाड़ी के उत्तरी छोर पर है। ...... नाम के अभाव में इस महान अर्धवृत्त को उपजाऊ अर्धचंद्र कहा जा सकता है यह खाड़ी पानी की नहीं बल्कि रेतीली बंजर भूमि है, जो अरब रेगिस्तान के उत्तरी विस्तार से लगभग 500 मील चौड़ी है। यह अर्धचंद्राकार रेखा दक्षिण में मिस्र के सिनाई प्रायद्वीप पर नील नदी से लेकर उत्तर में तुर्की के दक्षिणी किनारे तक फैली हुई है। पश्चिमी सीमा भूमध्य सागर और पूर्व में फारस की खाड़ी द्वारा चिह्नित की गई थी। दो सबसे महत्वपूर्ण नदियाँ टिगरिस और यूफ्रेट्स थीं, जो इस क्षेत्र के मध्य से होकर बहती हैं। लगभग 10,000 ईसा पूर्व, इस क्षेत्र में मनुष्यों ने अनाज और अनाज की खेती के साथ प्रयोग किया और शिकारी-संग्रहकर्ता समूह स्थायी कृषि समाजों में बदल गए।

जैसा कि नाम से पता चलता है, उपजाऊ अर्धचंद्राकार भूमि का अर्थ है मिट्टी के पोषक तत्वों से भरपूर भूमि और पश्चिमी एशिया के क्षेत्र में अर्धवृत्ताकार आकार। इतिहास इस भूमि को मेसोपोटामिया के नाम से जानता है, जो दो नदियों, टिगरिस और यूफ्रेट्स के बीच स्थित है। टॉरस पर्वतों से उत्पन्न होकर, जो अब तुर्की में हैं, ये दोनों नदियाँ उत्तरी इराक के पठार से होकर दक्षिण की ओर फारस की खाड़ी में बहती हैं। इन दो नदियों ने मेसोपोटामिया को उपजाऊ बनाया और कृषि को फलने-फूलने में मदद की। पुरातत्वविदों ने लगभग 8500 साल पहले अधिशेष खेती के पहले ज्ञात उदाहरणों का पता लगाया है। मेसोपोटामिया की सभ्यताएँ मुख्य रूप से सेमिटिक आबादी पर आधारित थीं जो दो नदियों—टिगरिस और यूफ्रेट्स के बीच मौजूद थीं। यह क्षेत्र पहले शहर-राज्यों, एक राजशाही प्रकार की सरकार और क्षेत्र के विभिन्न हिस्सों के बीच निरंतर संघर्ष का घर था। यह क्षेत्र गीली सर्दियों और शुष्क गर्मियों की विशेषता वाला है जो विशेष रूप से पशुधन पालन और बड़े पैमाने पर अनाज की खेती के लिए उपयुक्त है। यह जंगली गेहूँ और जौ और बकरी और भेड़ों का स्थान है। इस क्षेत्र में वर्तमान इजराइल, जॉर्डन, लेबनान, इराक और ईरान के साथ-साथ रूस का दक्षिण-पश्चिम और काला सागर तथा भारत और अफगानिस्तान का पश्चिमी भाग भी शामिल है।

मेसोपोटामिया के शुरुआती निवासी नदी घाटी के ऊपरी हिस्से में मिट्टी और ईंट से बने गोलाकार आवासों में रहते थे। उन्होंने 11,000–9,000 ईसा पूर्व के आसपास भेड़ और सूअरों को पाल कर कृषि करना शुरू किया और सन, गेहूं, जौ और दाल सहित पौधों को पालना पहली बार 9,500–9,000 ईसा पूर्व के आसपास शुरू हुआ। कृषि के सबसे शुरुआती साक्ष्य टेल अबू हुरेरा के पुरातात्विक स्थल से मिलते हैं, जो आधुनिक सीरिया में यूफ्रेट्स नदी के किनारे एक छोटा सा गाँव है। इस साइट पर अनाज पीसने के लिए कई बड़े पत्थर के औजार मिले हैं। सबसे पुरानी बस्ती को अबू हुरेरा I के नाम से जाना जाता था, जो शिकारी-संग्राहकों की एक स्थायी बस्ती थी, जिन्होंने यूफ्रेट्स घाटी से 100 से अधिक खाद्य बीज और फलों की प्रजातियाँ एकत्र की थीं। पहले के दिनों में, उनके घर आंशिक रूप से ज़मीन में खोदे गए थे, जबकि बाद के दिनों में, उन्होंने ज़मीन के ऊपर घर बनाए। बाद के वर्षों की बस्तियों को अबू हुरेरा II के नाम से जाना जाता था, जो मिट्टी की ईंटों से बने आयताकार, बहु-कमरे वाले पारिवारिक आवासों के संग्रह से बना यह गांव 4000–6000 लोगों की आबादी के साथ विकसित हुआ था। वे मुख्य रूप से कृषि पर निर्भर थे जहाँ राई, दाल, गेहूँ, जौ आदि जैसी फसलों की खेती आम थी।

इस क्षेत्र का कृषि इतिहास समृद्ध रहा है। पौधों की खेती में कैरब, जैतून, बेर, बादाम और अनार शामिल थे। बाद के बाइबिल स्रोतों में बागवानी और कृषि का भरपूर वर्णन किया गया है। मेसोपोटामिया में गेहूं और जौ की खेती बहुतायत में होती

थी। विकसित सिंचाई प्रणाली के माध्यम से सूखे और गीले दोनों मौसमों में नदी के पानी के बढ़ते उपयोग के कारण, इस क्षेत्र की कृषि फली-फूली और अधिशेष उत्पादन हुआ। इससे ग्रामीणों को बुनाई, मिट्टी के बर्तन बनाने आदि जैसी अन्य गतिविधियों में शामिल होने का मौका मिला। खेती, शहरों, विकसित सिंचाई प्रणाली और जलसेतुओं के अलावा, प्राचीन मेसोपोटामिया के समाजों को बैंकिंग और ऋण की प्रारंभिक प्रणाली, संपत्ति के स्वामित्व और कानून के पहले कोड विकसित करने का श्रेय दिया जाता है।

सुमेरियन

मेसोपोटामिया की प्रारंभिक सभ्यता शहर-राज्यों के एक समूह से बनी थी। प्रत्येक शहर-राज्य स्वशासित था। मेसोपोटामिया के दक्षिणी भाग को सुमेर के नाम से जाना जाता था। सुमेरियन महान आविष्कारक थे। उन्हें वर्तमान इराक में एरिडु और उरुक सहित लगभग एक दर्जन शहर-राज्यों की स्थापना का श्रेय दिया जाता है। उन्होंने पहले पहिए वाले वाहन भी बनाए हैं और वे पहले लोग थे जिन्होंने कांस्य का उपयोग किया था। सुमेरिया की विशेषता एक उन्नत संस्कृति थी, जिसे 4 सहस्राब्दी ईसा पूर्व (4000 ईसा पूर्व से 3001 ईसा पूर्व के बीच) में विकसित किया गया था, संभवतः पूर्व की गैर-सेमिटिक आबादी द्वारा। चाल्डियन मैदानों में यूफ्रेट्स घाटी में केंद्रित, सुमेरिया में उर का प्राचीन शहर था, जो इसकी राजधानी से तीन गुना बड़ा था। सुमेरियन सबसे पहले लेखन (3000 ईसा पूर्व) विकसित करने वाले थे, जो नरम मिट्टी की मेजों पर बनाई गई क्यूनिफॉर्म (पच्चर के आकार की) लिपि के रूप में थी, जो बाद में स्थायी रिकॉर्ड के लिए कठोर हो गई। इन लोगों ने नहरें शुरू कीं और वे पहले व्यवस्थित कृषकों में से थे। 3000 ईसा पूर्व तक, यूफ्रेट्स नदी से निकलने वाली व्यापक सिंचाई प्रणालियाँ थीं। उन्होंने बांधों और चैनलों के साथ अपनी सिंचाई प्रणाली का निर्माण किया। सुमेर संभवतः प्राचीन मेसोपोटामिया में सबसे पुरानी ज्ञात सभ्यता है और दुनिया में पहली मानव सभ्यता वाला स्थान भी है। वे खुद को 'सैग-गीगा', 'काले सिर वाले' कहते थे। उन्होंने ज़िगगुराट्स नामक बड़े सीढ़ीदार पिरामिड बनाए।

सुमेरियन लोग खगोल विज्ञान और गणित में माहिर थे। उन्होंने 60 मिनट घंटे और 360 डिग्री चक्र का आविष्कार किया। इस क्षेत्र से ज्ञान यूनानियों और रोमनों तक पहुँचा।

बेबीलोनिया

2000–500 ईसा पूर्व की अवधि में, अक्कादिया (सुमेरिया के उत्तर में) और सुमेरिया के संघों ने बेबीलोन को अपनी राजधानी के रूप में विकसित किया, जो एक और महान सभ्यता थी, जिसे बेबीलोनिया के नाम से जाना जाता है। इस सभ्यता में, 'जिग्गुरेट्स' नामक मंदिर और इस महान सभ्यता की एक तस्वीर आम है, जिसमें एक मंदिर टॉवर है जिसमें बाहरी सीढ़ियों और शीर्ष पर एक मंदिर के साथ क्रमिक चरणों में निर्मित एक ऊंची पिरामिड संरचना है। एक और महान वास्तुकला बेबीलोन का हैंगिंग गार्डन है। इसे 75 फीट की ऊंचाई पर बनाया गया था, जिसे सर्पिल पंपों द्वारा सिंचित किया गया था और छतों के नीचे शाही कक्ष स्थित थे।

सिंधु घाटी सभ्यता

सिंधु सभ्यता सिंधु घाटी के मैदानों में विकसित हुई और अरब सागर के तट तक फैली, जो शहरी विकास की सबसे प्रारंभिक अभिव्यक्ति का प्रतिनिधित्व करती है। यह सभ्यता दो महत्वपूर्ण शहरों, यानी हड़प्पा और मोहनजोदड़ो के इर्द-गिर्द विकसित हुई। पहला शहर पाकिस्तान के पंजाब में रावी नदी के तट पर स्थित था, जिसे पुरातत्वविदों ने सबसे पहले खोजा और खुदाई की

थी। दूसरा प्रमुख शहर, मोहनजोदड़ो पाकिस्तान के सिंध प्रांत के लरकाना जिले में स्थित था, जो खुदाई किए जाने वाला अगला और सबसे बड़ा शहर था, जिसका पतन हड़प्पा से पहले हुआ था। पुरातत्वविद अक्सर इस सभ्यता को हड़प्पा सभ्यता कहते हैं। इन दो शहरों के अलावा, इस सभ्यता के अन्य दो महत्वपूर्ण स्थल पश्चिमी भारत में हैं—एक लोथल है, जो भारत के पश्चिमी तट पर खंभात की खाड़ी के शीर्ष पर साबरमती नदी के तट पर स्थित है, और दूसरा कालीबंगन है जो दिल्ली से लगभग 310 किमी उत्तर-पश्चिम में उत्तरी राजस्थान में अब सूख चुकी घग्गर (पुरानी सरस्वती) नदी के बाएं किनारे पर स्थित है।

इस सभ्यता से जुड़ा शहरी स्वरूप एक खास भौगोलिक क्षेत्र तक ही सीमित था और मुख्य रूप से झेलम नदी के पूर्व में सिंधु के जलोढ़ मैदानों तक ही सीमित था। इसलिए यह सिंधु प्रणाली से संबंधित है, और इसलिए, सिंधु सभ्यता नाम उचित है, लेकिन यह पूर्व में नर्मदा और ताप्ती नदियों के मुहाने से लेकर पश्चिम में सुतकागेन डोर तक एक विस्तृत तटीय क्षेत्र में भी फैली हुई है। सुतकागेन डोर उस समय के चार प्रमुख बंदरगाह स्थलों में से एक है, अन्य तीन बलूचिस्तान में बालाकोट और सोत्काकोह और गुजरात में लोथल हैं।

महत्वपूर्ण विशेषताएं

सिंधु घाटी में शहरी विकास ने सबसे पहले शहरीकरण का प्रारूप पेश किया। इसकी तीन महत्वपूर्ण विशेषताएँ हैं:

(i) नदी-सिंचित मैदानों की उपजाऊ मिट्टी में अधिशेष खाद्यान्न उत्पादन, जिसमें मुख्य रूप से गेहूँ, जौ और कपास की पैदावार होती थी। अधिशेष को अन्न भंडारों में संग्रहित किया जाता था, जिनमें से दो भंडारों का पता चला है, एक मोहनजोदड़ो में और दूसरा हड़प्पा में।

(ii) शहरी जीवन का दूसरा पहलू शिल्प विशेषज्ञता और शहरों का औद्योगिकीकरण था। बलूचिस्तान और पड़ोसी राजस्थान से एकत्र किया गया तांबा औद्योगिक और वाणिज्यिक विकास के लिए मूल धातु था। वन उत्पाद, यानी संभवतः देवदार के पेड़ से प्राप्त लकड़ी उत्तरी पहाड़ियों में प्राप्त की जाती थी, जिसका उपयोग ईंट चिनाई में भी किया जाता था।

(iii) विलासिता की वस्तुओं के लिए, शंख, हाथी दांत, लापीस लाजुली, कार्नेलियन और अन्य कीमती पत्थरों के साथ-साथ सोने और चांदी को सामान्य स्वाद की वस्तुओं के निर्माण के लिए प्राप्त किया गया था। मनके बनाने का शिल्प अच्छी तरह से स्थापित था। एक अन्य विशेष शिल्प चित्रित मिट्टी के बर्तनों की परंपरा थी।

हड़प्पा सभ्यता ने जीवन निर्वाह गतिविधियों, कला और वास्तुकला, नगर नियोजन और अन्य क्षेत्रों में प्रौद्योगिकियों के प्रयोग, आर्थिक ढांचे, शहरी विकास और विशिष्ट सामाजिक, सांस्कृतिक और राजनीतिक संरचनाओं में शानदार उपलब्धियां हासिल कीं।

पीली और यांग्त्ज़ी नदी सभ्यता

हुआंग हो या पीली नदी उत्तरी चीन में 3000 मील तक बहती है। चूंकि यह नदी हर साल बाढ़ का कारण बनती है, इसलिए इसे 'चीन का शोक' कहा जाता है। एक अन्य नदी, यांग्त्ज़ी नदी चीन की सबसे लंबी नदी है और दक्षिणी चीन से होकर बहती है। प्राचीन काल से यह चीन के मुख्य व्यापार मार्गों में से एक रही है। पहला चीनी शहर लगभग 2000 ईसा पूर्व हुआंग हो या पीली नदी के पास शुरू हुआ था और यह नदी चीन की सभ्यता का जन्मस्थान है। पीली नदी सभ्यता 3000 साल पहले नवपाषाण युग से विकसित हुई थी। पुरातत्वविदों के अनुसार, नवपाषाण काल में यह सभ्यता क्षेत्रीय संस्कृतियों या छोटी सभ्यताओं में विभाजित

हो गई थी। उदाहरण के लिए, प्रारंभिक नवपाषाण युग (लगभग 6000–5000 ईसा पूर्व) का प्रतिनिधित्व पेइलिगांग संस्कृति द्वारा किया जाता है पेइलिगांग संस्कृति की खुदाई झेंग्झौ के दक्षिण में पेइलिगांग गांव में की गई थी, जो अब पीली नदी के किनारे एक बड़ा शहर है। इस संस्कृति की विशेषता ऊर्ध्वाधर गुफा आवास, बढ़ती अनाज की फसलें, पॉलिश किए गए पत्थर के उपकरण और चमकदार लाल-भूरे रंग के बर्तन थे।

चीन की पहली सभ्यता हुआंग हो नदी के किनारे उभरी, जहाँ से लगभग 1500 ईसा पूर्व लोग दक्षिण की ओर यांग्त्ज़ी नदी की ओर चले गए, जहाँ उन्होंने चावल उगाना और भूमि की सिंचाई करना सीखा। सोयाबीन की खेती और मुर्गियों, कुत्तों और सूअरों को पालना यहीं से शुरू हुआ। इस समय के चीनी लोग कई शिल्पों में कुशल थे जैसे कि कांस्य से वस्तुएँ बनाना, उन्होंने रेशम के कीड़े के कोकून से रेशम बनाने की क्षमता भी विकसित की।

संस्कृति क्षेत्र और सांस्कृतिक क्षेत्र

ज़ेलिंस्की के अनुसार, सीखा हुआ व्यवहार, दृष्टिकोण और मानव विचार और कार्यों को नियंत्रित करते हैं और उन्हें सांस्कृतिक प्रणाली कहा जाता है। हालाँकि, ऐसी सांस्कृतिक प्रणालियों और मानवीय क्रियाओं के संभावित संयोजन इतने अधिक हैं कि, कोई भी दो व्यक्ति सांस्कृतिक रूप से समान नहीं हो सकते। ज़ेलिंस्की ने यह भी बताया कि, प्रत्येक व्यक्ति अपने दृष्टिकोण और मानव विकास के लिए लागू मानदंड के आधार पर दूसरे से भिन्न होता है। ऐसी सूक्ष्म-सांस्कृतिक विशेषताएँ मध्य और वृहद् संस्कृतियों का निर्माण करती हैं। इस प्रकार, प्रत्येक व्यक्ति को एक सांस्कृतिक वृहद्-क्षेत्र साझा करने वाला माना जा सकता है। सामान्य सांस्कृतिक विरासत वाले मध्य-क्षेत्रों का भी अस्तित्व है। सांस्कृतिक विशेषताएँ और उनकी विशेषताएँ सूक्ष्म-क्षेत्रों में अधिक स्पष्ट होती हैं और मध्य और वृहद्-क्षेत्रों में फैलने की प्रवृत्ति रखती हैं। सांस्कृतिक क्षेत्रों के पदानुक्रम के अनुसार, जो समाज के व्यक्तिगत सदस्यों की सांस्कृतिक विशेषताओं द्वारा निर्धारित होता है, वृहद्-क्षेत्रों की प्रमुख सांस्कृतिक विशेषताओं के आधार पर 'सांस्कृतिक दुनिया' या 'सांस्कृतिक क्षेत्र' के संदर्भ में निर्धारित किया जा सकता है। प्रत्येक सांस्कृतिक क्षेत्र में मध्य-सांस्कृतिक क्षेत्र होते हैं जिन्हें आगे सूक्ष्म-सांस्कृतिक क्षेत्रों में विभाजित किया जाता है। इन सूक्ष्म-सांस्कृतिक क्षेत्रों को आगे सांस्कृतिक परिसरों के कई निचले स्थानिक क्रमों में विभाजित किया गया है (सिंह, 2009)। उदाहरण के लिए, पूर्व सांस्कृतिक क्षेत्र कुछ मध्य-सांस्कृतिक क्षेत्रों जैसे पूर्वी एशियाई सांस्कृतिक क्षेत्र, दक्षिण एशियाई सांस्कृतिक क्षेत्र आदि में विभाजित है। ऐसे मध्य-सांस्कृतिक क्षेत्रों को आगे कई सूक्ष्म-सांस्कृतिक क्षेत्रों जैसे भारतीय सांस्कृतिक क्षेत्र, चीनी सांस्कृतिक क्षेत्र आदि में उप-विभाजित किया गया है। प्रत्येक सूक्ष्म-सांस्कृतिक क्षेत्र को आगे कई निचले स्थानिक क्रम सांस्कृतिक परिसरों जैसे बंगाली संस्कृति क्षेत्र, राजस्थानी संस्कृति क्षेत्र आदि में उप-विभाजित किया गया है। इन्हें दार्जिलिंग पहाड़ी सांस्कृतिक क्षेत्र, रेगिस्तानी सांस्कृतिक क्षेत्र, तटीय सांस्कृतिक क्षेत्र इत्यादि, जैसे बहुत निचले क्रम में भी उप-विभाजित किया गया है। ए.के. क्रोबर ने उत्तरी अमेरिका की मूल भारतीय संस्कृति के लगभग 84 सांस्कृतिक क्षेत्रों की पहचान की है (सिंह, 2009)।

संस्कृति केंद्र

संस्कृति केंद्र अवधारणा एक क्षेत्र में सांस्कृतिक विशेषताओं के स्थानिक वितरण पर आधारित है। यह उच्च तीव्रता का क्षेत्र है, जहां कोई उन सभी सांस्कृतिक विशेषताओं का प्रभुत्व देख सकता है जिनके आधार पर क्षेत्र की पहचान की जाती है। इन विशेषताओं की तीव्रता सांस्कृतिक क्षेत्र के कोर से परिधि तक कम हो जाती है, जहां यह अन्य संस्कृतियों के साथ प्रतिस्पर्धा करती है। उदाहरण के लिए, पांडिचेरी में, जो एक फ्रांसीसी उपनिवेश था, पांडिचेरी केंद्र शासित प्रदेश की प्रशासनिक सीमा के भीतर दो संस्कृति केंद्र प्रदर्शित करता है। एक केंद्र फ्रांसीसी सांस्कृतिक क्षेत्र है और दूसरा केंद्र तमिल सांस्कृतिक क्षेत्र है जो हाल

के दशकों में एक साथ विकसित हुआ है। जैसे ही हम समुद्र के किनारे के क्षेत्र से जमीन के अंदर की ओर बढ़ते हैं, फ्रांसीसी संस्कृति लुप्त हो जाती है और तमिल संस्कृति क्षेत्र प्रमुख हो जाता है। प्रत्येक सांस्कृतिक पहलू में, संस्कृति का ऐसा विभाजन ध्यान देने योग्य है।

सांस्कृतिक क्षेत्र और उसके प्रकार

सांस्कृतिक क्षेत्र उस क्षेत्र को कहते हैं, जहाँ एक विशेष प्रकार की संस्कृति प्रणाली प्रचलित है और उस क्षेत्र का प्रतिनिधित्व हर जगह उस संस्कृति द्वारा किया जाता है। यह इस धरती पर भूमि का एक हिस्सा है, जिस पर समान, पहचान योग्य, निर्दिष्ट और अद्वितीय सांस्कृतिक विशेषताओं वाले लोग रहते हैं। उदाहरण के लिए, होली का त्यौहार भारत का एक विशेष प्रकार का सांस्कृतिक तत्व है और पूरी दुनिया में होली का त्यौहार भारतीय संस्कृति के रंगों का प्रतिनिधित्व करता है। यह भारतीय संस्कृति क्षेत्र को दुनिया के अन्य हिस्सों से अलग करता है। हालाँकि, किसी भी सांस्कृतिक क्षेत्र को उस क्षेत्र के लिए विशिष्ट संस्कृति की सभी विशेषताओं द्वारा चिह्नित किया जाता है। भूगोल में, क्षेत्र एक शब्द है जिसका उपयोग एक ही प्रकार के स्थानों के समूह या क्षेत्रों के कार्यात्मक संघ को एक विशेष प्रकार की स्थानिक इकाई बनाने के लिए किया जाता है, जिसकी अपनी विशेषताएँ और कार्य होते हैं। इसलिए, एक सांस्कृतिक क्षेत्र एक भौगोलिक इकाई है जिसमें भाषा, धर्म, जातीयता, नस्ल, तकनीक आदि जैसे सामान्य सांस्कृतिक तत्व होते हैं या सांस्कृतिक विशेषताओं का संग्रह होता है जो नागरिकों की सामूहिक विशेषताओं का प्रतिनिधित्व करता है। संबंधित सांस्कृतिक प्रणालियों को दर्शाने वाले संबंधित सांस्कृतिक क्षेत्रों के समूह को सांस्कृतिक क्षेत्र कहा जाता है और समान भौगोलिक स्थान और कुछ सामान्य सांस्कृतिक लक्षणों वाले सांस्कृतिक क्षेत्रों के समूह को सांस्कृतिक दुनिया कहा जाता है। सांस्कृतिक विशेषताओं के आधार पर सांस्कृतिक क्षेत्रों को औपचारिक, कार्यात्मक और स्थानीय भाषाओं में वर्गीकृत किया जा सकता है।

(क) *औपचारिक सांस्कृतिक क्षेत्र*

यह उन लोगों द्वारा बसाए गए क्षेत्र को संदर्भित करता है, जिनकी विशेषता एक या अधिक समान सांस्कृतिक विशेषताएँ हैं। ये समरूप क्षेत्र हैं जहाँ एक या अधिक सांस्कृतिक तत्व हावी होते हैं। समान सांस्कृतिक विशेषताओं में एक ही भाषा, धर्म या जीवन शैली शामिल है। औपचारिक सांस्कृतिक क्षेत्रों की आकृति विज्ञान सभी सांस्कृतिक विशेषताओं के साथ एक केंद्र और कम प्रमुख सांस्कृतिक तत्वों वाले आसपास के क्षेत्रों को दर्शाता है। इस प्रकार सांस्कृतिक समरूपता के मुख्य चरित्र के साथ औपचारिक सांस्कृतिक क्षेत्रों में एक उचित केंद्र-परिधि प्रारूप देखा जा सकता है।

(ख) *कार्यात्मक सांस्कृतिक क्षेत्र*

इस प्रकार के सांस्कृतिक क्षेत्र आम तौर पर नियमों, विनियमों, कानून, मौद्रिक प्रणाली, सड़कों आदि जैसे समन्वय प्रणाली द्वारा एक साथ बंधे होते हैं। एक शहर, एक व्यापार क्षेत्र, एक स्वतंत्र राज्य या एक खेत — सभी ऐसे क्षेत्र के उदाहरण हैं। कार्यात्मक सांस्कृतिक क्षेत्रों में नोड्स होते हैं, जिसमें सभी कार्यों के साथ एक केंद्रीय बिंदु शामिल होता है। स्पष्ट रूप से परिभाषित सीमाओं के साथ एक केंद्र-परिधि विन्यास भी यहां मौजूद है। चूंकि विभिन्न उप-सांस्कृतिक क्षेत्र कानूनों और अन्य मापदंडों के माध्यम से जुड़े हुए हैं, इस प्रकार कार्यात्मक सांस्कृतिक क्षेत्र सांस्कृतिक रूप से विषम हैं। उदाहरण के लिए, पश्चिम बंगाल राज्य में, अपने स्वयं के सांस्कृतिक गुणों वाले सभी जिले प्रशासनिक मापदंडों के आधार पर एक क्षेत्र (यहां राज्य) बनाते हैं। हालांकि, सबसे उत्तरी जिला (यानी दार्जिलिंग) कई पहलुओं में सबसे दक्षिणी जिले (यानी दक्षिण 24 परगना) से अलग है।

(ग) *स्थानीय सांस्कृतिक क्षेत्र*

ये पारंपरिक क्षेत्र हैं और इन्हें लोकप्रिय, लोक या अवधारणात्मक क्षेत्र भी कहा जाता है। स्थानीय सांस्कृतिक क्षेत्र अपने निवासियों की सांस्कृतिक विशेषताओं को संरक्षित करने के लिए मौजूद हैं और एक विशेष नाम के साथ एक विशेष क्षेत्रीय चरित्र की व्यापक स्वीकृति से इसका सबूत मिलता है। इन क्षेत्रों में आम तौर पर स्पष्ट सीमाओं का अभाव होता है और कुछ विशेष सांस्कृतिक समूह रहते हैं जिनकी स्व-परिभाषित सीमा होती है जो इन क्षेत्रों को अन्य क्षेत्रों से अलग करती है। यह भौतिक पर्यावरण, आर्थिक, राजनीतिक, ऐतिहासिक पहलुओं आदि जैसी विभिन्न चीजों पर आधारित हो सकता है। अक्सर उनमें किसी भी उचित संगठन का अभाव होता है। वन क्षेत्रों में एक विशेष जनजाति निवास करती है जो अपनी सांस्कृतिक विशेषताओं को अपनी स्व-परिभाषित सीमाओं के भीतर संरक्षित करती है जिसे इस प्रकार के क्षेत्र के उदाहरण के रूप में उद्धृत किया जा सकता है।

सांस्कृतिक विश्व के प्रकार, क्षेत्र और सांस्कृतिक क्षेत्र

संस्कृति की अवधारणा गतिशील है, अर्थात संस्कृतियाँ निरंतर बदलती रहती हैं। इसलिए, सांस्कृतिक क्षेत्र और सांस्कृतिक क्षेत्र फैलते और सिकुड़ते रहते हैं। आर.जे. रसेल और अन्य के अनुसार, लोगों के व्यक्तिगत समूह विशेष सांस्कृतिक लक्षणों की विशेषता रखते हैं, जिससे ऐसी विशेषताओं के आधार पर सांस्कृतिक क्षेत्र की पहचान करना आसान हो जाता है। इन समूहों में सबसे व्यापक संस्कृति जगत हैं। दूसरे शब्दों में, संस्कृति जगत प्रथम क्रम के स्थानिक सांस्कृतिक समूह हैं। इन्हें आगे दूसरे क्रम के स्थानिक सांस्कृतिक समूह में उप-विभाजित किया जाता है जिन्हें सांस्कृतिक क्षेत्र के रूप में जाना जाता है और इन्हें फिर से तीसरे क्रम के स्थानिक सांस्कृतिक समूह में उप-विभाजित किया जाता है जिन्हें सांस्कृतिक क्षेत्र के रूप में जाना जाता है।

सात सांस्कृतिक विश्व हैं:

1. ध्रुवीय सांस्कृतिक विश्व
2. यूरोपीय सांस्कृतिक विश्व
3. शुष्क भूमि सांस्कृतिक विश्व
4. अफ्रीकी सांस्कृतिक विश्व
5. पूर्व सांस्कृतिक विश्व
6. प्रशांत सांस्कृतिक विश्व
7. अमेरिकी सांस्कृतिक विश्व

इन्हें आगे कई सांस्कृतिक क्षेत्रों और तीसरे क्रम क्षेत्र के सांस्कृतिक क्षेत्रों में विभाजित किया गया है

ध्रुवीय सांस्कृतिक विश्व

ध्रुवीय सांस्कृतिक दुनिया को रसेल और उनके सहयोगियों ने आर्कटिक महासागर के आसपास टुंड्रा और टैगा क्षेत्र सहित चित्रित किया था। चरम मौसम की स्थिति इस भाग की सबसे महत्वपूर्ण जलवायु विशेषता है। यह भाग यूरेशिया और उत्तरी अमेरिका तक फैला हुआ है। चरम जलवायु इस दुनिया के सांस्कृतिक प्रारूप को नियंत्रित करती है। यहाँ के लोगों के जीवन में पौधों का उपयोग बहुत कम है और वे ज़्यादातर जानवरों पर निर्भर हैं।

यह सांस्कृतिक दुनिया मोटे तौर पर दो भागों में विभाजित है— यूरेशियन और अमेरिकी। इन दोनों क्षेत्रों के बीच सबसे महत्वपूर्ण अंतर यह है कि यूरेशियन पक्ष में रहने वाले लोग मुख्य रूप से भूमि जानवरों के शिकारी हैं जबकि अमेरिकी पक्ष में रहने वाले लोग समुद्री जानवरों के शिकारी हैं।

यूरेशियन सांस्कृतिक क्षेत्र पश्चिम में नॉर्वे से लेकर साइबेरिया के पूर्वी भाग तक फैला हुआ है। यह लंबा क्षेत्र कई आदिवासी लोगों की मातृभूमि है, जैसे लैप्स, समोएड्स, ओस्टियाक्स, टंगस, याकूत, युकागिर और चुकच। ये जनजातियाँ भाषा, जीवनशैली और अन्य सांस्कृतिक विशेषताओं के मामले में एक-दूसरे से सांस्कृतिक रूप से भिन्न हैं। उनमें से ज़्यादातर मौसमी प्रवासी हैं या उत्तरी सर्दियों की अत्यधिक ठंड और शुष्क जलवायु से खुद को बचाने के लिए ऋतु प्रवास का अभ्यास करते हैं। लैप्स ने विशेष रूप से बारहसिंगा को पाला है। अन्य जनजातियाँ ज़्यादातर बारहसिंगा शिकारी हैं।

अमेरिकी क्षेत्र एस्किमो की मातृभूमि है और पश्चिमी कनाडा से ग्रीनलैंड तक फैला हुआ है। दुनिया के सबसे बड़े द्वीप (ग्रीनलैंड) के निवासी एस्किमो हैं। वे भोजन और कपड़ों के लिए ज़्यादातर समुद्री जानवरों (जैसे सील और कारिबू) पर निर्भर रहते हैं। उनके पास परिवहन के लिए पालतू कुत्ते हैं। एस्किमो अपने खास घर इग्लू, खास तरह के परिवहन, कयाक और स्लेज के लिए मशहूर हैं। हाल के वर्षों में, यूरोपीय लोगों ने कई छोटे शहर बसाए हैं और ध्रुवीय सांस्कृतिक दुनिया में शहरी चरित्र जोड़ा है।

बॉक्स 8.1 आर्कटिक शहरीकरण
2014 आर्कटिक मानव विकास रिपोर्ट में उल्लेख किया गया है कि आर्कटिक शहरीकरण तीन ऐतिहासिक तरंगों से होकर गुज़रता है—16वीं शताब्दी से लेकर 20वीं शताब्दी की शुरुआत तक (औपनिवेशिक लहर), आर्कटिक के सोवियत शहरीकरण के विशिष्ट मामले में 1920 से लेकर 1980 के दशक तक (सोवियत लहर), और 1960–70 के दशक से लेकर वर्तमान तक एक परिध्रुवीय प्रवृत्ति के रूप में (वैश्वीकृत लहर)। नवीनतम शहरीकरण लहर में तीन चालक शामिल हैं, जो हैं— संसाधन, सैन्यीकरण और सार्वजनिक सेवाएँ।

यूरोपीय सांस्कृतिक विश्व

इस सांस्कृतिक दुनिया को पश्चिमी संस्कृति दुनिया के रूप में भी जाना जाता है। यह सबसे प्रभावशाली संस्कृति रही है, जिसने दुनिया के विभिन्न हिस्सों में अपने उपनिवेश स्थापित किए।

इस दुनिया का गृहनगर यूरोप है, जो भौतिक पहलू और सांस्कृतिक विशेषताओं दोनों के संदर्भ में एक विषम महाद्वीप है। इस समूह की सांस्कृतिक विविधता भाषा, धर्म और अन्य सांस्कृतिक विशेषताओं के स्थानिक प्रारूप द्वारा अच्छी तरह से दर्शायी जाती है। उदाहरण के लिए, उत्तर-पश्चिमी यूरोप में जर्मनिक भाषाएँ, भूमध्यसागरीय क्षेत्र में रोमांटिक भाषाएँ, पूर्वी यूरोप में स्लाव भाषाएँ आदि। यूरोप के विभिन्न भागों में प्रोटेस्टेंट और कैथोलिक धार्मिक समूहों द्वारा धार्मिक विविधता का प्रतिनिधित्व किया जाता है। ये दोनों समूह ईसाई धर्म के उप-विभाग हैं, जबकि इस्लाम के तत्व और साथ ही यहूदी धर्म भी इस संस्कृति दुनिया के कुछ हिस्सों में मौजूद हैं। 18वीं सदी के बाद सदी के ज्ञानोदय यानी औद्योगिक क्रांति के बाद यूरोप ने सामाजिक-सांस्कृतिक और आर्थिक जीवन के हर पहलू में विकास का अनुभव किया। औद्योगिक क्रांति ने यूरोपीय संस्कृति और प्रौद्योगिकी को दुनिया के कोने-कोने तक फैलाने में मदद की। इस सांस्कृतिक दुनिया को तीन भागों में बांटा जा सकता है, जो हैं:

उत्तर-पश्चिमी संस्कृति क्षेत्र ब्रिटिश द्वीप समूह (यूके और आयरलैंड), स्कैंडिनेवियाई देशों (नॉर्वे, स्वीडन, डेनमार्क, आदि), नीदरलैंड, बेल्जियम, लक्जमबर्ग और जर्मनी है।

पूर्वी यूरोपीय सांस्कृतिक क्षेत्र में अधिकांश पूर्वी यूरोपीय देश और भूमध्यसागरीय क्षेत्र (ग्रीस, इटली, स्पेन और पुर्तगाल) शामिल हैं।

शैटर बेल्ट क्षेत्र में दो सांस्कृतिक क्षेत्रों (पश्चिमी और पूर्वी यूरोपीय) के बीच संक्रमण क्षेत्र के देश शामिल हैं, जो बाल्टिक राज्य, उत्तरी स्लाविक राज्य, डेन्यूबियन क्षेत्र और दक्षिणी क्षेत्र और पश्चिमी संक्रमण क्षेत्र (फ्रांस और स्विट्जरलैंड) हैं।

1. उत्तर-पश्चिमी संस्कृति क्षेत्र

यूरोपीय संस्कृति की दुनिया का यह हिस्सा निम्नलिखित में विभाजित है:

ब्रिटेन सांस्कृतिक क्षेत्र: उत्तर-पश्चिमी संस्कृति अपने गौरवशाली अतीत, औद्योगिक क्रांति, अंतर्राष्ट्रीय व्यापार, उपनिवेशीकरण और साम्राज्य निर्माण में इसकी प्रमुख भूमिका के कारण ब्रिटिश संस्कृति से बड़े पैमाने पर प्रभावित हुई है। 'ब्रिटिश साम्राज्य में सूरज कभी अस्त नहीं होता' यह मुहावरा उस अवधि के दौरान ब्रिटिश संस्कृति के लिए सही मायने में लागू था। हालाँकि, वैश्विक शक्ति के रूप में यह दर्जा कई देशों में उपनिवेशवाद के उन्मूलन और ब्रिटिश साम्राज्य के विघटन के साथ कम हो गया। इस देश के अधिकांश लोग नस्लीय और धार्मिक संदर्भ में क्रमशः नॉर्डिक और प्रोटेस्टेंट (आयरलैंड को छोड़कर जो रोमन कैथोलिक है) हैं।

ब्रिटेन को अक्सर अत्यधिक औद्योगिक शहरी समाज के उदाहरण के रूप में उद्धृत किया जाता है, जो सांस्कृतिक उत्तराधिकार और सांस्कृतिक सम्मिश्रण वाला देश है। एक अन्य विशिष्ट विशेषता विशहरीकरण है, अर्थात लंदन शहर में जनसंख्या वृद्धि उप-शहरीकरण में वृद्धि के लिए जिम्मेदार है। शहरी जनसंख्या में वृद्धि हुई है, जबकि शहरी केंद्र जनसंख्या में कमी आई है।

स्कैंडिनेवियाई सांस्कृतिक क्षेत्र: स्कैंडिनेवियाई देशों का सांस्कृतिक प्रभाव यूरोपीय क्षेत्र अत्यंत महत्वपूर्ण है। उनका भौतिक चरित्र अद्वितीय है और मुख्य रूप से आर्कटिक वातावरण का आनंद लेते हैं। इन देशों ने जर्मन विस्तारवाद के खिलाफ लड़ाई का अनुभव किया। नॉर्वे आर्थिक और सांस्कृतिक रूप से समुद्री चरित्र का आनंद लेता है क्योंकि अधिकांश लोग अपनी आजीविका के लिए समुद्र पर निर्भर हैं। दूसरी ओर, स्वीडन खनिज और बिजली संसाधनों में समृद्ध है और अधिक आत्मनिर्भर है। डेनमार्क ने डेयरी फार्मिंग पर अधिक जोर देने के साथ एक अत्यधिक परिष्कृत कृषि अर्थव्यवस्था विकसित की है। डेनमार्क को अंतर्राष्ट्रीय व्यापार और अच्छी तरह से विकसित महानगरीय संस्कृति में भी वर्चस्व प्राप्त है।

निम्न देश सांस्कृतिक क्षेत्र: नीदरलैंड, बेल्जियम और लक्जमबर्ग भी निम्न देश सांस्कृतिक क्षेत्र हैं। निम्न देशों के रूप में संदर्भित और राइन मीयूज, शेल्डे नदियों और उत्तरी सागर से प्रभावित हैं। अच्छी पहुंच के परिणामस्वरूप, कृषि-औद्योगिक अर्थव्यवस्था फली-फूली है, जिसने इस क्षेत्र के सांस्कृतिक विकास के लिए वाणिज्यिक नेतृत्व और अवसर प्रदान किए हैं। इन देशों के लोग नस्लीय रूप से समान हैं और विशेष सांस्कृतिक परिदृश्य की स्थापना सेल्टिक और जर्मनिक जनजातियों के साथ-साथ रोमन विजेताओं द्वारा की गई थी। धार्मिक विश्वासों के संदर्भ में विविधता देखी जाती है क्योंकि नीदरलैंड के लोग ज्यादातर प्रोटेस्टेंट हैं, जबकि बेल्जियम के लोग कैथोलिक हैं। दो महत्वपूर्ण वाणिज्यिक केंद्र एम्स्टर्डम (नीदरलैंड की राजधानी) और ब्रुसेल्स (बेल्जियम की राजधानी) है। दोनों पूरे यूरोप के आर्थिक विकास में महत्वपूर्ण भूमिका निभाते हैं। यह यूरोप का सबसे अधिक आबादी वाला हिस्सा है।

जर्मनी आधुनिक दुनिया के अग्रणी देशों में से एक है। द्वितीय विश्व युद्ध के दौरान यह तबाह हो गया था, लेकिन उसके बाद से इसने बहुत तरक्की की है और महान नेता बन गया है। मध्य यूरोप के जर्मन भाषी लोग नस्लीय रूप से दो भागों में विभाजित हैं—उत्तर में नॉर्डिक और दक्षिण में अल्पाइन। हालाँकि जर्मनी के पूर्वी और पश्चिमी भागों में विभाजन ने विकास प्रक्रिया में बहुत बड़ी बाधा उत्पन्न की, लेकिन इन दो भागों के पुनः एकीकरण के बाद से, देश यूरोपीय संघ का एक महान औद्योगिक, वाणिज्यिक

और तकनीकी नेता बन गया है। उत्तर में बर्लिन, दक्षिण में म्यूनिख और राजधानी शहर बॉन-देश के तीन सबसे महत्वपूर्ण औद्योगिक और वाणिज्यिक केंद्र हैं।

बॉक्स 8.2 एशिया-आर्कटिक संबंध और अंतरराष्ट्रीय संबंधों पर भारतीय परिप्रेक्ष्य

भारतीय विमर्श में आर्कटिक का बढ़ता महत्व पहचाना जा सकता है; इस क्षेत्र में वैज्ञानिक-राजनीतिक-आर्थिक-रणनीतिक विकास पर केंद्रित कथा इन दिनों अत्यधिक महत्वपूर्ण है। भारत ने स्वालबार्ड पर एक शोध केंद्र 'हिमाद्री' स्थापित किया है और भारत के 14 विज्ञान संबंधी संस्थान आर्कटिक पर शोध में लगे हुए हैं। इनका अध्ययन ध्रुवीय बर्फ, जलवायु और मौसम से संबंधित है, लेकिन भारत से संसाधन विकास के क्षेत्र में अपनी रुचि बढ़ाने की उम्मीद है। इसका श्रेय उत्तर की ओर विकसित हो रहे भू-आर्थिक बदलाव को दिया जा सकता है, जो सजीव और निर्जीव संसाधनों पर केंद्रित है, जो अत्यधिक आर्थिक मूल्य के होंगे। भारत की रुचि उत्तरी समुद्री मार्ग की नौगम्यता में भी है, जो आर्कटिक से संसाधनों के परिवहन में मदद करेगा। भारत आर्कटिक को शांति और स्थिरता, विसैन्यीकृत समुद्री क्षेत्र बनाने की वकालत करता है, और परमाणु मुक्त आर्कटिक के विचार को बढ़ावा देने में महत्वपूर्ण भूमिका निभाना चाहता है। पर्यवेक्षक के रूप में आर्कटिक परिषद में भारत का प्रवेश उल्लेखनीय है, और यह अन्य सदस्यों को शामिल करने और रचनात्मक भूमिका निभाने की उम्मीद करता है। संक्षेप में कहें तो आर्कटिक भारत के मानसिक मानचित्र के हाशिये पर नहीं है। भारत एक जिम्मेदार हितधारक है जो विकसित हो रही आर्कटिक व्यवस्था में योगदान देने के लिए तैयार है।

स्रोत: आर्कटिक मानव विकास रिपोर्ट, 2014 में विजय सखुजा का लेख।

2. *पूर्वी यूरोपीय सांस्कृतिक क्षेत्र*

सांस्कृतिक रूप से यूरोप का यह पूर्वी भाग तीन व्यापक प्रकार के नस्लीय जातियों—नॉर्डिक, अल्पाइन और मंगोलॉयड का मिश्रण है। पूर्वी यूरोपीय मैदानी क्षेत्र की विशालता ने लोगों की सांस्कृतिक एकता को प्रभावित किया, जो आसपास के क्षेत्र की सांस्कृतिक विशेषताओं से काफी अलग है। रूसी राज्य का विकास, रूसी संघ की राजधानी के रूप में मास्को का उदय, 1917 की रूसी क्रांति—सभी ने पूर्वी यूरोपीय सांस्कृतिक क्षेत्र के सांस्कृतिक और राजनीतिक परिदृश्य को प्रभावित किया। ग्रामीण-कृषि सांस्कृतिक परिदृश्य में, कई शहरों के उद्भव ने क्षेत्र की नई विशेषताओं को जन्म दिया। 1991 से, रूस (रूसी संघ) एक स्वतंत्र देश बन गया, एक अंतरराष्ट्रीय देश क्योंकि यह पूर्वी यूरोप और उत्तरी एशिया तक फैला हुआ है। हालांकि मॉस्को राजधानी शहर है, लेकिन सेंट पीटर्सबर्ग रूस का सांस्कृतिक केंद्र और दूसरा सबसे बड़ा शहर है।

3. *शैटर बेल्ट सांस्कृतिक क्षेत्र*

यह पश्चिम में उत्तर-पश्चिमी यूरोपीय संस्कृति क्षेत्र से लेकर पूर्व में पूर्वी यूरोपीय संस्कृति क्षेत्र तक फैला हुआ है। इस प्रकार, यह इन दोनों के बीच एक संक्रमण क्षेत्र के रूप में कार्य करता है। यह संक्रमण क्षेत्र में अल्बानिया, बुल्गारिया, रूमानिया, यूगोस्लाविया, हंगरी, ऑस्ट्रिया, स्लोवाकिया, स्लोवेनिया, पोलैंड, बाल्टिक राज्य (लिथुआनिया, लातिविया और एस्टोनिया) और रूस के पश्चिमी किनारे शामिल हैं। यह क्षेत्र नस्लीय विशेषताओं में बहुत विविधता रखता है और ऐसी विविधता इस क्षेत्र के सांस्कृतिक विविधता को प्रभावित करती है। यहाँ भोजन, पोशाक, धार्मिक अनुष्ठान, भाषा की विविधताएँ देखी जा सकती हैं। प्रमुख नस्लीय तत्व अल्पाइन है। अन्य भूमध्यसागरीय, दीनारिक्स, नॉर्डिक और मंगोलॉयड हैं, जो पूरे क्षेत्र में कई जगहों पर फैले हुए हैं।

ऐतिहासिक रूप से, ओटोमन साम्राज्य ने पूरे बाल्कन क्षेत्र को नियंत्रित किया। लेकिन इस साम्राज्य के विघटन के बाद, यूरोपीय तुर्की एक निकाय के रूप में रह गया जब प्रथम विश्व युद्ध के बाद स्लाव या मग्यार ने तुर्कों की जगह ले ली। इस्तांबुल को 657 ईसा पूर्व में यूनानियों द्वारा एक प्रमुख व्यापार केंद्र के रूप में स्थापित किया गया था। लेकिन अंकारा के तुर्की की राजधानी बनने के बाद, एक शैक्षिक, वाणिज्यिक और राजनीतिक केंद्र के रूप में इस्तांबुल का महत्व कम हो गया।

4. *भूमध्यसागरीय सांस्कृतिक क्षेत्र*

भूमध्य सागर के आसपास एक विशिष्ट सांस्कृतिक क्षेत्र की उत्पत्ति हुई है। यह संस्कृति दक्षिणी यूरोप के ग्रीक, इतालवी और इबेरियन प्रायद्वीप में देखी जाती है। इस संस्कृति की मुख्य विशेषता प्राचीन सभ्यता की विरासत और शास्त्रीय सांस्कृतिक तत्वों की परंपराएं हैं जो इस क्षेत्र के हर पहलू में देखी जाती हैं। इस क्षेत्र की विशेषता उद्योग की तुलना में कृषि और बागवानी में एक महत्वपूर्ण विकास है। प्राचीन काल से ही इस क्षेत्र में वाइन (विटीकल्चर) बनाने की कला विकसित हुई और इस परंपरा ने वाइन को इस क्षेत्र का पारंपरिक पेय बना दिया। शहर आधारित समुद्री वाणिज्य के कारण, इस क्षेत्र में शहरीकरण यूरोप के अन्य हिस्सों की तुलना में बहुत पहले शुरू हुआ। ईसाई युग (लगभग 146 ईसा पूर्व) की शुरुआत में रोम एक मिलियन आबादी वाले शहर के रूप में विकसित हुआ।

ग्रीस: ग्रीस में हेलेनिक परंपरा विकसित हुई, जिसके कारण 'सबसे शानदार' इस क्षेत्र में 'विद्वता और संस्कृति' है। लोग मुख्य रूप से भूमध्यसागरीय नस्ल के हैं और व्यापार और बाजार बागवानी के साथ-साथ समुद्री गतिविधियों पर निर्भर हैं क्योंकि केवल 20 प्रतिशत भूमि कृषि के अधीन है। ग्रीस एक ऐसा देश है जहाँ गाँव और छोटे शहर हैं और यहाँ की प्राकृतिक सुंदरता बहुत खूबसूरत है।

इटली: रोमन साम्राज्य बनाने के गर्व ने इटली में एक खास तरह की संस्कृति का निर्माण किया। लेकिन रोमन साम्राज्य के पतन और जर्मनिक आक्रमण के साथ इस क्षेत्र के सांस्कृतिक चरित्र के साथ-साथ नस्लीय चरित्र भी बदल गया। हाल के दिनों में, इटली तीन नस्लीय लोगों का मिश्रण है— भूमध्यसागरीय, अल्पाइन और नॉर्डिक। कृषि, उद्योग और व्यापार— सभी क्षेत्र अर्थव्यवस्था में महत्वपूर्ण भूमिका निभाते हैं। मिलानो सबसे बड़ा औद्योगिक केंद्र है। एक अन्य शहर रोम को राजधानी शहर का दर्जा प्राप्त है और इसे 'वेटिकन सिटी स्टेट' का स्थान भी प्राप्त है।

इबेरियन प्रायद्वीप: स्पेन और पुर्तगाल मिलकर इबेरिया नामक क्षेत्र बनाते हैं। इस स्थान के निवासी इबेरियन थे जो मुख्यतः भूमध्यसागरीय लोग थे। ये लोग बाद में फोनीशियन और यूनानियों के साथ मिल गए और समय के साथ ये सभी संस्कृतियाँ आपस में मिल गईं और यूरोप के दक्षिणी और दक्षिण-पूर्वी तटीय क्षेत्रों में हर सांस्कृतिक तत्व की छाप देखी जा सकती है। बाद के दिनों में, नॉर्डिक और इस्लामिक (मूरिश) तत्वों के आत्मसात होने के कारण सांस्कृतिक विविधता और भी बढ़ गई। धार्मिक चरित्र की दृष्टि से, आज पूरा इबेरिया मुख्य रूप से रोमन कैथोलिक है। कैटालोनिया अपने खनिज संसाधनों के लिए प्रसिद्ध है।

पूरे आइबेरिया में, स्पेन और पुर्तगाल ने समुद्री व्यापार में खोजों और अन्वेषणों में अग्रणी भूमिका निभाई, जो भूमध्यसागरीय जीवन शैली का पालन करते हैं। वालेंसिया एक सांस्कृतिक समूह है जो रोमन कैथोलिक लोगों और मूनिश लोगों के मिश्रण के कारण विकसित हुआ।

5. *पश्चिमी संक्रमण क्षेत्र*

पश्चिमी संक्रमण क्षेत्र में फ्रांस और स्विटजरलैंड शामिल हैं। स्थलाकृति में विविधता फ्रांस की सबसे महत्वपूर्ण विशेषता है जबकि आल्प्स पर्वत श्रृंखला, केंद्रीय पठार और जुरा पर्वत स्विटजरलैंड की मुख्य राहत विशेषताएं हैं। इसे संक्रमण क्षेत्र इसलिए कहा

जाता है क्योंकि ये दोनों देश भूमध्यसागरीय और जर्मनिक संस्कृतियों का आनंद लेते हैं और इन दोनों के बीच एक संक्रमण संस्कृति के रूप में आते हैं। इस क्षेत्र में शहरीकरण का विकास उत्तर-पश्चिमी यूरोप की तरह स्पष्ट नहीं था।

शुष्क भूमि सांस्कृतिक विश्व

सांस्कृतिक रूप से, इसे 'मुस्लिम दुनिया' या 'अरब दुनिया' के रूप में पहचाना जाता है, जो अफ्रीका, यूरोप और एशिया के तीन महाद्वीपों को कवर करने वाले भूमि के एक विस्तृत शुष्क क्षेत्र में फैली हुई है। 'शुष्क भूमि' नाम इस क्षेत्र की कठोर पर्यावरणीय स्थिति के कारण है। चूंकि यह इन तीन महाद्वीपों के बड़े भूभाग पर फैला हुआ है, इसलिए यह सांस्कृतिक रूप से विषम है। यह बहुत कम आबादी वाला क्षेत्र है और अधिकांश निवासी स्वभाव से एकेश्वरवादी हैं। हालाँकि, आज यह गैर-ईसाई क्षेत्र है जहाँ प्रमुख धार्मिक विश्वास इस्लाम है, जिसके बाद बौद्ध धर्म है।

नस्लीय विविधता में नीग्रोइड्स, कॉकेशोइड्स और मंगोलॉयड्स शामिल हैं जो भाषा परिवार, सेमिटो-हेमीटिक से भाषा बोलते हैं। चरवाहा खानाबदोशता मुख्य आर्थिक चरित्र है, जबकि कुछ इलाकों में केवल खनिज तेल की उपलब्धता के कारण औद्योगिकीकरण का अनुभव होता है।

यह क्षेत्र मिस्र, बेबीलोन और असीरिया जैसी कई प्राचीन समृद्ध सभ्यताओं का उद्गम स्थल है, जिसने यूरोपीय संस्कृति के विकास पर बड़े पैमाने पर प्रभाव डाला।

1. *अरब-बर्बर संस्कृति क्षेत्र*

यह सहारा से लेकर ईरान की पश्चिमी सीमा तक फैला हुआ है। यह संस्कृति क्षेत्र भूमध्यसागरीय संस्कृति क्षेत्र और अफ्रीकी संस्कृति दुनिया के बीच संक्रमण के रूप में कार्य करता है। प्रमुख जातियाँ काकेशोइड हैं, जो मुख्य रूप से अरबी भाषा (सेमिटिक भाषा परिवार) बोलते हैं और इस्लामी धर्म में विश्वास करते हैं। यूरोप से इसकी निकटता के कारण, यह क्षेत्र मुख्य रूप से यूरोपीय संस्कृति से प्रभावित है। काहिरा इस क्षेत्र का एक महत्वपूर्ण शहर है। अन्य बगदाद और अदन हैं। सऊदी अरब, कुवैत, कतर, लीबिया और सीरिया—पेट्रोलियम भंडार के कारण विकसित हुए हैं।

2. *तुर्क-मंगोलियाई संस्कृति क्षेत्र*

यह मध्य एशिया में स्थित है जो तुर्की और ईरान से मंगोलिया तक फैला हुआ है। यह क्षेत्र धर्म, जाति और भाषा में विविधतापूर्ण है। इस क्षेत्र में यूराल-अल्ताईक-तुर्की भाषा व्यापक रूप से फैली हुई है। पश्चिम से पूर्व तक, धार्मिक विश्वास क्रमशः इस्लाम से लेकर बौद्ध धर्म तक भिन्न होते हैं। भौगोलिक संरचना और स्थान के आधार पर, अफ़गान, तातार, मंगोल और किर्गिज़ की जीवन शैली अलग-अलग है।

अफ्रीकी सांस्कृतिक विश्व

मानवविज्ञानी मानते हैं कि अफ्रीका मानव सभ्यता के विकास का मूल घर है, जैसा कि होमो रोड्सेंसिस या रोडेशिया मानव द्वारा 1,25,000 वर्ष पूर्व प्रदर्शित किया गया है (सिंह, 2009)।

वैसे, अफ्रीका को नीग्रो जाति की भूमि माना जाता है। यह सांस्कृतिक दुनिया सहारा के दक्षिण से फैली हुई है और पूरे अफ्रीकी महाद्वीप के लगभग दो-तिहाई हिस्से में फैली हुई है। यहाँ के लोगों का जीवन मुख्य रूप से आदिम है और यहाँ चरवाहे खानाबदोश, कुदाल कृषि और शिकार और वन उत्पादों के संग्रह पर निर्भर जनजातियों का वर्चस्व है। यह क्षेत्र अपनी सांस्कृतिक,

सामाजिक और आर्थिक संस्थाओं को विकसित करने में सक्षम है। नीग्रो नस्लीय समूह इस क्षेत्र में भूमि के एक बड़े हिस्से में फैला हुआ है। वे पूर्वी अफ्रीका में पाए जाने वाले हैमिटाइट नीग्रो, पूर्वी सूडान और ऊपरी नील घाटी में पाए जाने वाले निलोथिक नीग्रो से लेकर कांगो में पाए जाने वाले वन नीग्रो तक के चरित्र में भिन्न हैं। हॉटेंटॉट-बुशमैन दक्षिण और पूर्वी अफ्रीका में पाए जाते हैं, जबकि बंटू-भाषी नीग्रो पूर्वी अफ्रीका में पाए जाते हैं, मसाई लोग केन्या, तंजानिया और युगांडा में पाए जाते हैं। मसाई पूर्वी अफ्रीका के मवेशी चराने वाले हैं और भूमध्यसागरीय और नीग्रोइड जाति के सांस्कृतिक मिश्रण का प्रतिनिधित्व करते हैं। अफ्रीका का यह हिस्सा इस्लामी धार्मिक विश्वास से प्रभावित था। इस्लाम धर्म दक्षिणी यमन के व्यापारियों के माध्यम से पूर्वी अफ्रीका में आया। इस प्रकार मुसलमानों का प्रमुख संकेन्द्रण इरीट्रिया से उत्तरी मोजाम्बिक तक समुद्र तट पर पाया जा सकता है तथा अंतर्देशीय क्षेत्रों की ओर यह कम होता जाता है (हॉफमैन, 2008)।

स्वाहिली एक बंटू भाषा है, जो पूर्वी अफ्रीका में विकसित हुई। अफ्रीकी संस्कृति की दुनिया के भाषाई विभिन्नता में सूडानी-हैमिटिक, बुशमैन-हॉटेंटॉट और बंटू जैसी विभिन्न संस्कृतियों की छाप दिखाई देती है।

दक्षिण अफ्रीका की खोज डच लोगों ने की थी, जबकि ब्रिटिश हीरे और सोने की खोज के लिए आए थे। बाद के समय में, ब्रिटिशों ने दक्षिण अफ्रीका से लेकर जर्मन पूर्वी अफ्रीका और दक्षिण-पश्चिम अफ्रीका (वर्तमान दक्षिण अफ्रीका संघ) तक अपना क्षेत्र बढ़ाया। दक्षिण अफ्रीका गणराज्य में चार प्रांत शामिल हैं, यानी केप ऑफ गुड होप, नेटाल, ऑरेंज फ्री स्टेट और ट्रांसवाल।

सांस्कृतिक विकास के आधार पर, हर्सकोविट ने अफ्रीकी संस्कृति को कुछ सांस्कृतिक क्षेत्रों में विभाजित किया— बुशमैन, हॉटनटॉट, पूर्वी अफ्रीकी संस्कृति क्षेत्र, पूर्वी हॉर्न, मिस्र, कांगो क्षेत्र, पूर्वी सूडान, पश्चिमी सूडान और रेगिस्तानी क्षेत्र (https://anthrosource.onlinelibrary.wiley.com)। इनमें से प्रत्येक ने दूसरों से कुछ अन्य सांस्कृतिक विशेषताओं को अपनाने के बावजूद अपनी सांस्कृतिक विशेषताओं को बनाए रखा है। नस्लीय दृष्टिकोण से, कांगो बेसिन नीग्रोइड लोगों की मातृभूमि है और इसमें पिग्मी या नीग्रो शामिल हैं, जो मुख्य रूप से स्थानांतरित खेती पर निर्भर हैं। इन लोगों को अंग्रेजों द्वारा उत्तरी अमेरिकी बागान खेतों में ले जाया गया था।

प्राच्य सांस्कृतिक विश्व

प्राच्य संस्कृति जगत कुछ प्राचीन सभ्यताओं के विकास के लिए प्रसिद्ध है। इस क्षेत्र में सांस्कृतिक विकास लगभग 5000 साल पहले हुआ था। उस अवधि के दौरान, अमेरिकी और यूरोपीय दुनिया का अधिकांश हिस्सा जंगल और जंगली प्रकृति में रहता था। यह क्षेत्र प्राकृतिक संसाधनों के विशाल भंडार, सांस्कृतिक रूप से विविध आबादी और प्राचीन अतीत से व्यापार और वाणिज्य में विकास के लिए भी दुनिया भर में प्रसिद्ध है। धर्मों, भाषाओं और सामाजिक-सांस्कृतिक संगठन में विविधता के आधार पर, यह प्राच्य संस्कृति जगत चार प्रमुख सांस्कृतिक क्षेत्रों में विभाजित है— (क) भारतीय संस्कृति क्षेत्र, (ख) चीनी संस्कृति क्षेत्र, (ग) मलायन संस्कृति क्षेत्र और (घ) इंडो-चीनी शैटर बेल्ट।

(क) *भारतीय संस्कृति क्षेत्र*

भारत देश के पश्चिमी भाग में स्थित अत्यधिक विकसित सिंधु घाटी सभ्यता का घर है। मोहनजो-दारो को जली हुई ईंटों से एक शहर के रूप में बनाया गया था, जो प्रारंभिक मिस्र और सुमेर की तुलना में इसके विकसित चरित्र को दर्शाता है। नगर नियोजन और स्थापत्य कला की कुशलता ने साबित कर दिया है कि सिंधु घाटी सभ्यता ने उस काल में एक शानदार नगर नियोजन विकसित किया था। पुरातात्विक उत्खनन से इस संस्कृति के धातुकर्म उद्योग, भवन वास्तुकला और काले आकर्षक मिट्टी के बर्तन बनाने में उत्कृष्टता के विकास का संकेत मिलता है। सिंधु घाटी सभ्यता के बाद लगभग 1500–1000 ईसा पूर्व वैदिक संस्कृति या

आर्य संस्कृति का उदय हुआ। वेद और वैदिक संस्कृति आर्य संस्कृति का सबसे महत्वपूर्ण हिस्सा हैं। बाद के वर्षों में भारतीय संस्कृति में अन्य विदेशी सांस्कृतिक तत्वों का समावेश देखा गया। उनमें से अत्यधिक प्रभावशाली इस्लाम और यूरोपीय मुख्य रूप से ब्रिटिश सांस्कृतिक तत्व थे। इसलिए, आधुनिक भारतीय सांस्कृतिक परिदृश्य के निर्माण में, इन सभी संस्कृतियों का प्रभाव अत्यधिक महत्वपूर्ण है।

इसे भारतीय संस्कृति क्षेत्र भी कहा जाता है, जहाँ धार्मिक, भाषाई, जातीय और आर्थिक विविधताएँ कई उप-सांस्कृतिक क्षेत्रों को बनाने में महत्वपूर्ण भूमिका निभाती हैं, जो एक सामान्य सूत्र के साथ सभी को एक साथ बांधती हैं। यह क्षेत्र बौद्ध धर्म, जैन धर्म, हिंदू धर्म और सिख धर्म का जन्म स्थान है और ये धार्मिक मान्यताएँ बाद के दिनों में विभिन्न मार्गों से पूरी दुनिया में फैल गई। हालाँकि, बौद्ध धर्म की उत्पत्ति यहीं हुई थी, लेकिन अब इसके अधिकांश अनुयायी इसके मूल स्थान के बजाय दक्षिण और दक्षिण-पूर्व एशिया में केंद्रित हैं। हालाँकि, इस्लाम, ईसाई धर्म और पारसी धर्म जैसे अन्य विदेशी धार्मिक विश्वासों ने भी इस भूमि को प्रभावित किया और इन सभी धार्मिक विश्वासों के आत्मसात ने इस क्षेत्र की अनूठी सांस्कृतिक संरचना का निर्माण किया है।

भारत दुनिया के उन अनूठे देशों में से एक है, जहाँ भाषाओं की विविधता की विरासत है। भारत के संविधान ने 22 आधिकारिक भाषाओं (असमिया, बंगाली, बोडो, डोगरी, गुजराती, हिंदी, कश्मीरी, कन्नड़, कोंकणी, मैथिली, मलयालम, मणिपुरी, मराठी, नेपाली, ओडिया, पंजाबी, संस्कृत, संथाली, सिंधी, तमिल, तेलुगु और उर्दू) को मान्यता दी है। बहुभाषावाद भारत में जीवन का तरीका है क्योंकि देश के विभिन्न हिस्सों में लोग जन्म से ही एक से अधिक भाषाएँ बोलते हैं और अपने जीवनकाल में अतिरिक्त भाषाएँ सीखते हैं। हालांकि आधिकारिक तौर पर 122 भाषाएँ हैं, लेकिन भारतीय जन भाषा सर्वेक्षण ने 780 भाषाओं की पहचान की है, जिनमें से 50 पिछले पाँच दशकों में विलुप्त हो चुकी हैं (भारत सरकार, 2017)।

(ख) *चीनी संस्कृति क्षेत्र*

चीनी संस्कृति का क्षेत्र भी दुनिया की सबसे प्राचीन सभ्यताओं में से एक से जुड़ा हुआ है। इसका विकास करीब 5000 साल पहले ह्वांग हो मैदान में हुआ था। इस प्राचीन सभ्यता के विकास और विकास का श्रेय चाउ राजवंश और हान राजवंश को दिया जाता है। बाद में हान राजवंश तीन राज्यों में विभाजित हो गया— शू, वू और वेई। हान राजवंश एक साक्षर समाज था और दस्तावेज़ रखने के लिए प्रसिद्ध था। दरअसल, इस समय तक प्रमुख घटनाओं और घटनाओं को दर्ज किया गया था। उदाहरण के लिए, दिन के संगीत का विस्तृत विवरण उसके सभी वाद्ययंत्रों, तकनीकों और गीतों के साथ यूफू (संगीत ब्यूरो) द्वारा रखा जाता था। हान राजवंश के सम्राट मिंगडी को चीन में बौद्ध धर्म की शुरुआत करने का श्रेय दिया जाता है। माना जाता है कि सम्राट ने भारत से दो बौद्ध भिक्षुओं को भर्ती किया था और डोंग हान की राजधानी लुओयांग में पहला बौद्ध मंदिर स्थापित करने का श्रेय उन्हें दिया जाता है (ब्रिटानिका डॉट कॉम)।

प्राचीन काल में 6वीं शताब्दी ईसा पूर्व के दौरान कन्फ्यूशीवाद और ताओवाद के धार्मिक विश्वासियों का वर्चस्व था। बाद में, बौद्ध धर्म का दर्शन भारत से यहाँ आया और इसे यहाँ के लोगों ने व्यापक रूप से स्वीकार किया। नेस्टोरियन ईसाई (ईसाई धर्म जिसमें यह अवधारणा है कि यीशु दो व्यक्तियों में मौजूद थे — मनुष्य यीशु और ईश्वर का दिव्य पुत्र, न कि एकीकृत व्यक्ति) चीन के सबसे पश्चिमी भाग में दिखाई दिए, जबकि मुसलमानों का वर्चस्व उत्तर-पश्चिमी भाग में था। चीन में इस्लाम का प्रचार अरब और फ़ारसी व्यापारियों द्वारा किया गया, जो स्थल और समुद्री रेशम मार्गों से होकर आगे बढ़े।

सिनो-तिब्बती परिवार की भाषाएँ सबसे ज़्यादा बोली जाती हैं। उनमें से, मंदारिन सबसे ज़्यादा बोली जाने वाली भाषा है। क्षेत्र के विभिन्न भागों में बहुत ज़्यादा सांस्कृतिक अंतर हैं—पश्चिमी चीन, दक्षिण चीन, ह्वांग हो मैदान, दक्षिण पूर्वी चीन, ताइवान में चीनी सांस्कृतिक समूह का प्रभुत्व है; मलय और इंडोनेशियाई संस्कृति; मंचूरिया में रूसी प्रभाव का प्रभुत्व है।

जापान इस सांस्कृतिक क्षेत्र में आता है, जो ब्रिटिश द्वीपों की तरह द्वीपीय स्थान की विशेषता रखता है। इस देश की अर्थव्यवस्था अत्यधिक विकसित है। 1869 के मीजी सुधार के बाद से, जापान अपनी संस्कृति को धीरे-धीरे लेकिन चुनिंदा रूप से पश्चिमी सभ्यता के अनुरूप बना रहा है। पहले यह चीनी संस्कृति और भारतीय बौद्ध धर्म से बहुत प्रभावित था, लेकिन द्वितीय विश्व युद्ध के बाद की अवधि में, देश ने बौद्ध धर्म और ईसाई धर्म के साथ-साथ अपने शिंटो धर्म को भी बरकरार रखा। जापानी भाषा समृद्ध है, लेकिन उन्होंने अंग्रेजी को एक अंतरराष्ट्रीय भाषा के रूप में स्वीकार किया है। प्राकृतिक संसाधनों की कमी के बावजूद, इस देश ने मानव संसाधन पर जोर दिया और विश्व अर्थव्यवस्था में एक शक्तिशाली स्थान हासिल किया। दूसरी ओर, कोरिया गणराज्य एक बहुत छोटा राष्ट्र है, लेकिन इसने औद्योगिक अर्थव्यवस्था में भी विकास किया है।

(ग) *मलय संस्कृति क्षेत्र*

इस क्षेत्र में मलेशिया, इंडोनेशिया, फिलीपींस और सिंगापुर शामिल हैं। इस सांस्कृतिक क्षेत्र की विशेषता सांस्कृतिक विविधता है क्योंकि विभिन्न प्रकार के नस्लीय लक्षण यहाँ एक साथ बसने के लिए आए थे। ये ऑस्ट्रलॉयड, मंगोलॉयड और कॉकेशॉयड हैं। चीन और भारत से आए प्रवासी लोगों ने भी इस क्षेत्र की सांस्कृतिक विविधता को बढ़ाया। नस्लीय मतभेद जीवन शैली, आजीविका प्रारूप, बसावट प्रारूप, सामाजिक प्रारूप और कई अन्य चीजों में अंतर से जुड़े हैं। 16वीं शताब्दी ईस्वी से यूरोपीय उपनिवेशीकरण ने यहाँ पश्चिमी सांस्कृतिक प्रभाव लाए हैं। प्रमुख मलय भाषाएँ मलय, इंडोनेशियाई, चीनी, अंग्रेजी और भारतीय भाषाएँ (मुख्य रूप से तमिल) हैं। लिखित भाषाएँ अरबी, भारतीय और रोमन लिपि हैं। धार्मिक परंपरा के अनुसार, इस्लाम सबसे प्रमुख है, उसके बाद चीनी, बौद्ध धर्म, हिंदू धर्म और ईसाई धर्म हैं।

सिंगापुर 1819 से ब्रिटिश उपनिवेश था लेकिन 1965 में यह संप्रभु राज्य बन गया। इंडोनेशिया इस सांस्कृतिक क्षेत्र में सबसे अधिक आबादी वाला देश है। यह मुख्य रूप से मुस्लिम है और यहाँ चीनी, हिंदू और ईसाई अल्पसंख्यकों की संख्या काफी है। मलेशिया आर्थिक और सांस्कृतिक रूप से महत्वपूर्ण है। फिलीपींस नेग्रिटोस, इगोरोट्स, मोरोस और फिलिपिनो का घर है।

(घ) *इंडो-चाइना शैटर बेल्ट*

यह ओरिएंटल कल्चर वर्ल्ड के तीन सांस्कृतिक क्षेत्रों के बीच संक्रमण क्षेत्र है। यह म्यांमार, थाईलैंड, लाओस, कंबोडिया और वियतनाम के विस्तृत क्षेत्र को कवर करता है। इसे 'फारदर इंडिया' संस्कृति क्षेत्र भी कहा जाता है। इस क्षेत्र में लोगों का एक बहुत ही विषम समूह शामिल है और इन लोगों ने इतिहास के विभिन्न कालखंडों में विभिन्न बाहरी आक्रमणकारियों का सामना किया है। यही कारण है कि इस क्षेत्र के लोगों में उपनिवेशवाद विरोधी भावनाएँ प्रबल हुई हैं।

नस्लीय लक्षण कॉकेशॉयड, मंगोलॉयड और मलाया से हैं। यहाँ इंडो-चीनी भाषाएँ प्रमुख हैं, लेकिन मलय और मलायो-पॉलिनेशियन भाषाएँ भी यहाँ बोली जाती हैं।

म्यांमार 1826 से 1937 तक ब्रिटिश भारत का हिस्सा था, उसके बाद यह एक स्वशासी सरकार राष्ट्रमंडल बन गया। लेकिन आज इस पर सेना का शासन है। लगभग 60 प्रतिशत लोग बौद्ध धर्म में विश्वास करते हैं जबकि शेष भाग हिंदू धर्म और आदिवासी धर्म के अनुयायी हैं। थाईलैंड ने ब्रिटिश और फ्रांसीसी के बीच एक बफर राज्य के रूप में काम किया। यह अभी भी यूके की तरह एक संवैधानिक राजतंत्र है। थाई लोग आबादी का बहुमत हिस्सा बनाते हैं, जबकि इसमें चीनी, मलय और भारतीय अल्पसंख्यक हैं। कंबोडिया इस क्षेत्र का एक और देश है, जिसमें खमेर लोग शामिल हैं। बौद्ध धर्म यहाँ का मुख्य धर्म है। वियतनाम पहले एक फ्रांसीसी उपनिवेश था, जो 1955 में स्वतंत्र हो गया। इसका मुख्य धर्म बौद्ध धर्म है और इसकी राष्ट्रीय भाषा वियतनामी है।

प्रशांत सांस्कृतिक विश्व

प्रशांत संस्कृति की दुनिया में प्रशांत महासागर में फैले हजारों द्वीप शामिल हैं। इसमें ऑस्ट्रेलिया के अलावा पोलिनेशिया, मेलानेशिया और माइक्रोनेशिया शामिल हैं। इस संस्कृति की दुनिया में जातीय विविधता सबसे प्रमुख है। यहाँ तीन प्रमुख नस्लीय लक्षण पाए जाते हैं— कॉकेशॉयड, मंगोलॉयड और नेग्रोइड। अधिकांश द्वीपों पर स्थानीय जनजातीय संस्कृतियों का प्रभुत्व है।

पोलिनेशिया प्रशांत महासागर के पूर्व-मध्य में स्थित एक विशाल त्रिभुज को घेरता है। इस त्रिभुज का शिखर उत्तर में हवाई है, पश्चिम में इसका आधार न्यूजीलैंड और पूर्व में ईस्टर द्वीप है। अन्य द्वीप सोमोआ, मार्केसस, ऑस्ट्रल द्वीप आदि हैं। इस भाग में वानिकी और कृषि का प्रभुत्व है। इन द्वीपों, विशेष रूप से हवाई और न्यूजीलैंड के लोगों ने सांस्कृतिक परिवर्तनों का अनुभव किया है। यूरोपीय खोजकर्ता 18वीं शताब्दी के उत्तरार्ध में यहाँ आए और पहले मिशनरी 1700 के दशक के अंत और 1800 के दशक की शुरुआत के बीच यहाँ आए।

माइक्रोनेशिया में कैरोलिनास, मार्शल्स, गिल्बर्ट्स जैसे छोटे-छोटे द्वीपों का समूह है, जो ज़्यादातर ज्वालामुखीय चट्टानों और एटोल से बने हैं। मेलानेशियाई द्वीपों में न्यू गिनी, बिस्मार्क, सोलोमन्स, फिजी, न्यू कैलेडोनिया आदि जैसे ब्लैक द्वीप शामिल हैं। ये भी ज़्यादातर ज्वालामुखी द्वीप हैं और यहाँ मूल निवासियों का वर्चस्व है।

यूरोपियन लोगों के आने से पहले ऑस्ट्रेलिया में मुख्य रूप से जनजातियाँ निवास करती थीं। ये जनजातियाँ शिकारी और भोजन संग्रहकर्ता थीं।

अमेरिकी सांस्कृतिक विश्व

यह सांस्कृतिक दुनिया मूल रूप से यूरोपीय आयात का प्रभाव है, जिसमें नई दुनिया की विशेषताएं हैं। यह दो भागों में विभाजित है— एंग्लो अमेरिका और लैटिन अमेरिका। एंग्लो अमेरिका में, यूएसए और कनाडा नई दुनिया की विशेषताओं का चरम प्रतिनिधित्व करते हैं। लेकिन लैटिन अमेरिका में, यह अभी भी विकासशील अर्थव्यवस्था, समाज और राजनीति के रूप में एक सतत प्रक्रिया में है।

(i) *एंग्लो अमेरिकन सांस्कृतिक क्षेत्र*

एंग्लो अमेरिकन सांस्कृतिक इकाई उत्तरी अमेरिका के क्षेत्र को कवर करती है जिसकी आम बोली जाने वाली भाषा अंग्रेजी है और जिसके लोक-रीति-रिवाज ऐतिहासिक रूप से उत्तरी यूरोप के हैं। एंग्लो-अमेरिका में पहली स्थायी बस्तियाँ टेक्सास और लोअर मिसिसिपी घाटी में स्पेनियों द्वारा स्थापित की गई थीं। बाद के समय में, अंग्रेज और फ्रांसीसी वर्जीनिया और सेंट लॉरेंस घाटी में चले गए। इन शक्तिशाली यूरोपीय लोगों ने स्पेनियों को मेक्सिको और मध्य अमेरिका के अन्य हिस्सों में जाने के लिए मजबूर किया। 1763 में, फ्रांसीसी अंग्रेजों से हार गए और बाद में उत्तरी अमेरिका के अधिकांश हिस्से पर कब्जा कर लिया और एंग्लो-अमेरिका कहलाए।

इसमें संयुक्त राज्य अमेरिका और कनाडा का अधिकांश भाग शामिल है। कनाडा को मोटे तौर पर तीन भागों में विभाजित किया गया है— कनाडाई शील्ड, प्रेयरीज़ और रॉकीज़। हल्के प्रशांत क्षेत्र को छोड़कर यहाँ की जलवायु बेहद ठंडी है। इस भाग के लोग मुख्य रूप से शिकार, मछली पकड़ने, कृषि, खनन और उद्योग में लगे हुए हैं।

संयुक्त राज्य अमेरिका कनाडा और मैक्सिको के बीच एक विशाल क्षेत्र में फैला हुआ है। जलवायु पर्यावरण ने इसके लोगों के सामाजिक-आर्थिक चरित्र को अलग-अलग रूप में विकसित किया है। इस देश में कृषि, डेयरी फार्मिंग, उद्योग और व्यापार का अत्यधिक विकास हुआ है। तकनीकी कौशल में सुधार उत्कृष्ट बुनियादी ढाँचे की स्थिति और दुनिया की अग्रणी आर्थिक शक्ति

का प्रतिनिधित्व करता है। दुनिया के विभिन्न हिस्सों से आए विभिन्न सांस्कृतिक समूहों के आत्मसात के कारण जनसंख्या विविध है। जनसंख्या चरित्र यूरोपीय, एशियाई और अफ्रीकी मूल के लोगों के मिश्रण को प्रकट करता है।

(ii) *लैटिन अमेरिकी सांस्कृतिक क्षेत्र*

दुनिया के इस हिस्से में मेक्सिको, मध्य अमेरिका, वेस्ट इंडीज और दक्षिण अमेरिका शामिल हैं। मेक्सिको उन्नत माया सभ्यता का घर था। इसे टियोतिहुआकेन के निर्माण की वास्तुकला उत्कृष्टता का श्रेय दिया जाता है, जो एज़्टेक से पहले मध्य अमेरिका का सबसे बड़ा शहरी केंद्र था। यह चंद्रमा के पिरामिड और सूर्य के पिरामिड से जुड़ा हुआ था, बाद के दो शिखरों से मनोरम दृश्य दिखाई देते थे। आज, मैक्सिकन अर्थव्यवस्था कृषि गतिविधियों, खनन, विनिर्माण और व्यापार पर हावी है।

दक्षिण अमेरिका में वेनेजुएला, कोलंबिया, इक्वाडोर, पेरू, बोलीविया, चिली, अर्जेंटीना, पैराग्वे और ब्राजील जैसे कई देश शामिल हैं। ब्राजील लैटिन अमेरिका का सबसे बड़ा देश है और इसकी आबादी में पुर्तगाली, स्पेनवासी, जर्मन, नीग्रो, भारतीय और इतालवी शामिल हैं। यह देश अपने समृद्ध प्राकृतिक संसाधनों के लिए प्रसिद्ध है।

मध्य अमेरिका मैक्सिको और दक्षिण अमेरिका के बीच स्थित है। इसमें ग्वाटेमाला, होंडुरास, साल्वाडोर, निकारागुआ, कोस्टारिका, पनामा शामिल हैं। इसके भौगोलिक क्षेत्र का मुश्किल से 10 प्रतिशत हिस्सा खेती योग्य है क्योंकि मध्य अमेरिका का 4/5वां हिस्सा पर्वतीय है। पहाड़ी चरित्र के अलावा, आर्द्र दलदल और तराई भी पश्चिमी और पूर्वी दोनों तटों पर फैली हुई हैं। प्रशांत तटीय तराई का पश्चिमी बैंड संकरा है और पर्वत श्रृंखलाओं से ढका हुआ है और निकारागुआ और होंडुरास को छोड़कर, कैरीबियाई के साथ पूर्वी मैदान भी संकरे हैं। मध्य अमेरिका की प्राकृतिक वनस्पति विविध है, जो पूर्वी तराई में उष्णकटिबंधीय वर्षावनों से लेकर प्रशांत तट की निचली ढलानों पर सदाबहार जंगलों और अधिक ऊंचाई पर देवदार और ओक के जंगलों तक फैली हुई है।

भारत के सामाजिक-सांस्कृतिक क्षेत्र

प्रागैतिहासिक काल से लेकर वर्तमान तक भारत के सामाजिक-सांस्कृतिक क्षेत्रों का विकास मुख्य रूप से भौगोलिक कारकों द्वारा नियंत्रित होता है। एक क्षेत्र से दूसरे क्षेत्र में विभिन्न भौतिक विशेषताएँ और समाज की सामाजिक और सांस्कृतिक संरचना के साथ उनके प्रभावों के परिणामस्वरूप क्षेत्रीय विशेषताओं का विकास हुआ। इसके अलावा, व्यापक पर्यावरण सेटिंग और पारिस्थितिक आवासों के वितरण में विविधता ने विविध सामाजिक-सांस्कृतिक समूहों के उत्कर्ष के लिए मंच प्रदान किया। भारत ने विभिन्न संस्कृतियों के समूहों का आगमन अनुभव किया जो अलग-अलग संस्कृतियों के साथ आए और भारतीय संस्कृति में आत्मसात हो गए। इसलिए, संस्कृतियों के साथ-साथ सामाजिक-सांस्कृतिक परंपराओं में अंतर बाहरी लोगों ने देश के पूर्व-मौजूदा सांस्कृतिक वातावरण को बदल दिया और प्रागैतिहासिक काल से लेकर वर्तमान युग तक देश के सामाजिक-सांस्कृतिक स्वरूपों में क्षेत्रीय अंतरों के विकास और उद्भव में महत्वपूर्ण भूमिका निभाई।

आर्य संस्कृति ने भारत में हिंदू धर्म के उदय में मदद की। संस्कृत भाषा के उद्भव, जाति-आधारित सामाजिक पदानुक्रम की परंपरा, धार्मिक अनुष्ठान और बलिदान, उपनिषदों के दर्शन और सामाजिक और सांस्कृतिक पहलुओं पर उनके योगदान की पहचान की गई। आर्थिक पक्ष पर, उन्होंने भूमि को साफ करने और बड़े पैमाने पर कृषि की शुरुआत में योगदान दिया, जिसने भारत के जलोढ़ मैदानों में एक नया सांस्कृतिक परिदृश्य बनाया।

8वीं से 13वीं शताब्दी तक की अवधि में शास्त्रीय हिंदू संस्कृति का ह्रास हुआ और सामंतवाद राजनीतिक-आर्थिक संरचना के आधार के रूप में शुरू हुआ, जिसके बाद देश में विविध सांस्कृतिक विशेषताओं के साथ नई सामाजिक व्यवस्था

का विकास हुआ। इस नई राजनीतिक व्यवस्था ने मुसलमानों को शासक अल्पसंख्यक और हिंदुओं को शासक बहुसंख्यक बना दिया और दोनों धर्मों के समाज में कई नई उपजातियाँ और संप्रदाय उभरे। बाद के दिनों में, मुगलों ने देश में महत्वपूर्ण राजनीतिक और प्रशासनिक परिवर्तन किए, जहाँ ऐसे परिवर्तन करते समय स्थानीय ऐतिहासिक परंपरा और राजनीतिक संरक्षण के साथ-साथ क्षेत्रीय भूगोल को भी ध्यान में रखा गया। इस अवधि की आधिकारिक भाषा फ़ारसी ने भारत की संस्कृति को सामाजिक-सांस्कृतिक जीवन, वास्तुशिल्प डिजाइन, प्रशासनिक अभ्यास, कला और कलाकृतियों आदि में प्रभावित किया।

इस प्रकार, प्रागैतिहासिक काल से लेकर आधुनिक काल तक की एक लम्बी अवधि में विकसित होकर, सामाजिक-सांस्कृतिक क्षेत्रीयकरण ने भारतीय सभ्यता के विकास के विभिन्न पहलुओं में भारत की क्षेत्रीय पहचान और सामाजिक-सांस्कृतिक विशिष्टता के महत्वपूर्ण प्रतिनिधि चित्रण के रूप में खुद को साबित किया है।

बॉक्स 8.3 वैदिक और उत्तर-वैदिक काल में भारत के सामाजिक-सांस्कृतिक क्षेत्र

हालांकि, पुरातात्विक साक्ष्यों से द्वितीय अंतर-हिमनद काल के दौरान मानव के अस्तित्व का पता चलता है, लेकिन कोई अन्य जानकारी नहीं मिल पाई है। पाषाण युग के अंत में स्थिर जीवन के उद्भव और कृषि समुदायों के क्रमिक प्रसार के साथ, सामाजिक-सांस्कृतिक विकास का एक नया चरण शुरू हुआ और इस अवधि के दौरान विभिन्न संस्कृति समूहों की क्षेत्रीय जड़ें जम गईं। बाद के उत्तर वैदिक काल में, सिंधु घाटी से गंगा के मैदान तक आर्य संस्कृति के प्रसार ने राजशाही और गणतंत्र राज्यों के उदय को जन्म दिया (कांत, 2012)। गंगा के किनारे, भारतीय लोगों ने देश के सामाजिक-सांस्कृतिक और राजनीतिक विकास में एक नए युग की शुरुआत की। विभिन्न मार्गों से संस्कृति लक्षण विभिन्न दिशाओं में फैलने लगे। संयुक्त परिवार प्रणाली, जाति व्यवस्था, कबीले की अखंडता और आदिवासी पहचान, सामाजिक पदानुक्रम इस समय की सामाजिक-सांस्कृतिक विशेषताएं थीं।

उत्तर-वैदिक काल में, देश पाँच व्यापक सामाजिक-सांस्कृतिक क्षेत्रों में विभाजित था— उदिक्य (उत्तर भारत), प्राच्य (पूर्वी भारत), प्रतिच्या (पश्चिम भारत), मध्यदेश (मध्य भारत) और दक्षिणपथ (दक्षिण भारत)। इन क्षेत्रों को उत्तर भारतीय मैदानों में कई कबीले क्षेत्रों (जनपदों) में विभाजित किया गया था, उनमें से सोलह क्षेत्रीय रूप से बड़े और राजनीतिक रूप से दूसरों की तुलना में अधिक शक्तिशाली थे और इन्हें सामूहिक रूप से सोडासा महाजनपद (कांत, 2012) के रूप में चिह्नित किया गया था।

सांस्कृतिक प्रसार और प्रसारवाद की अवधारणा

संस्कृति को लोगों के एक समूह के मूल्यों, विश्वासों, प्रतीकों और प्रौद्योगिकी जैसे कुछ विशेष लक्षणों के समग्र संयोजन के रूप में परिभाषित किया जाता है। यह समूह से जुड़े हुए सीखे गए व्यवहार का जटिल समूह है। धार्मिक, राजनीतिक और सामाजिक समेत सांस्कृतिक मान्यताएँ; कानूनी और सरकारी समेत संस्थाएँ; मशीनरी और उपकरण औजारों के साथ कौशल और क्षमताओं को शामिल करने वाली तकनीक पर्यावरण में विशिष्ट तत्व और प्रारूप बनाती है। किसी भी संस्कृति समूह द्वारा सीखे जाने वाले विचारों और सूचनाओं में आम तौर पर प्रतीकात्मक भाषा, घर की शैलियाँ, खाद्य प्राथमिकताएँ, तकनीक, कानूनी व्यवस्थाएँ, समाज में एक व्यक्ति की भूमिका, राजनीतिक व्यवस्थाएँ, नस्लीय संबंध और ब्रह्मांड के आध्यात्मिक पक्ष के साथ व्यक्तिगत संबंध शामिल होते हैं। मानवीय गतिविधियों की ऐसी विस्तृत श्रृंखला सांस्कृतिक भूगोल की अधिकांश बुनियादी अवधारणाओं को समाहित करती है। संस्कृति का सबसे महत्वपूर्ण भौगोलिक पहलू यह है कि इसके तत्व एक प्रारूप बनाते हैं जिसका वर्णन, मानचित्रण और जाँच की जा सकती है, जो मानव और उसके आस-पास के पर्यावरण पर इसके प्रभावों की भविष्यवाणी करता

है। ऐसे तत्वों में भाषा, धर्म, अर्थव्यवस्था, राजनीतिक व्यवस्थाएँ आदि शामिल हैं। सांस्कृतिक तत्वों की अभिव्यक्ति वैश्विक या क्षेत्रीय मानचित्रों पर भाषा, जाति, धर्म और राजनीतिक प्रणालियों के वितरण को दर्शाने वाले मानचित्रों के निर्माण की अनुमति देती है। सांस्कृतिक भूगोलवेत्ता विभिन्न स्थानों पर विभिन्न संस्कृति समूहों द्वारा पर्यावरण का उपयोग करने, अपने आस-पास के पारिस्थितिकी तंत्र के साथ बातचीत करने, विभिन्न तकनीकों वाले अन्य क्षेत्रों के लोगों के विभिन्न समूहों के साथ बातचीत करने के तरीके को निर्धारित करने के लिए स्थान के नाम और अन्य दस्तावेज़ों का उपयोग करते हैं।

सांस्कृतिक प्रसार और प्रसारवाद की परिभाषा

प्रसारवाद शब्द का इस्तेमाल सामान्य रूप से समाज वैज्ञानिकों और विशेष रूप से मानव विज्ञानियों द्वारा कलात्मक परंपराओं, भाषा, संगीत, विभिन्न मिथकों और धार्मिक विश्वासों के साथ-साथ तकनीकी विचारों और सूचनाओं सहित संस्कृति के विभिन्न पहलुओं के प्रसार के लिए किया जाता है, जो समय के साथ दुनिया के एक हिस्से में एक संस्कृति समूह से दुनिया के किसी दूसरे हिस्से में दूसरे संस्कृति समूह में फैलते हैं। यह वास्तव में विभिन्न साधनों और प्रक्रियाओं के माध्यम से विभिन्न सांस्कृतिक विशेषताओं का प्रसार या संचरण है। 20वीं सदी के शुरुआती दौर में, कई विचारधाराएँ उभरीं, जो मुख्य रूप से इस विचार पर केंद्रित थीं कि, सामाजिक परिवर्तन तब होता है जब एक विशेष समाज दूसरे से सांस्कृतिक लक्षण उधार लेता है। इस दृष्टिकोण को प्रसारवाद के रूप में जाना जाता है।

कोई भी सांस्कृतिक समूह किसी अन्य सांस्कृतिक समूह की संस्कृति विशेषता को तभी अपना सकता है जब वह आर्थिक या सामाजिक या दोनों दृष्टि से सार्थक और उपयोगी हो। प्रसार के दौरान संस्कृति विशेषता अपने मूल रूप में नहीं रह सकती लेकिन अलग-अलग वातावरण के कारण इसमें परिवर्तन हो सकते हैं। प्रसार की पूरी प्रक्रिया में दोनों संस्कृति समूहों के विकास का स्तर महत्वपूर्ण कारक है। किसी भी संस्कृति विशेषता के प्रसार की प्रक्रिया हमेशा एक पथ का अनुसरण करती है, यानी एक विकसित संस्कृति से एक अविकसित संस्कृति की ओर। लेकिन कुछ अपवाद भी हैं। प्रसार की प्रक्रिया दूसरे समूहों की संस्कृति को अपनाने वाले समूहों में संस्कृति परिवर्तन ला सकती है। कभी-कभी उधार ली गई संस्कृति विशेषताएँ आसानी से आत्मसात हो जाती हैं लेकिन कभी-कभी वे कई परिवर्तनों के लिए जिम्मेदार होती हैं। परिवहन और संचार सुविधाओं की कमी, समुद्र, नदी, पहाड़, रेगिस्तान आदि सांस्कृतिक प्रसार में बाधा के रूप में काम करते हैं।

सांस्कृतिक प्रसार के कारक

सांस्कृतिक भूगोलवेत्ता कई स्वतंत्र तकनीकी आविष्कारों के मुद्दे पर ध्यान केंद्रित करते हैं क्योंकि तकनीकी विकास एक ही केंद्र का परिणाम नहीं है बल्कि आविष्कार के कई केंद्रों का परिणाम है। किसी विशेष विशेषता के सांस्कृतिक प्रसार या प्रसार के विश्लेषण में कई कारक शामिल हो सकते हैं। सांस्कृतिक भूगोलवेत्ता हमेशा इन विभिन्न कारकों से निपटते हैं, भौगोलिक से लेकर सामाजिक और आर्थिक विकास और किसी भी सांस्कृतिक विशेषता के वितरण तक इन कारकों पर निर्भर हो सकता है। इन्हें चार समूहों में वर्गीकृत किया जा सकता है:

1. किसी विशेष सांस्कृतिक विशेषता की उत्पत्ति समय और स्थान में होनी चाहिए। यह वह स्थान होना चाहिए जहाँ किसी विशेषता का आविष्कार हुआ हो और जहाँ से उस विशेष सांस्कृतिक विशेषता का वितरण या प्रसार दुनिया के अन्य भागों में होना शुरू हुआ हो। कुछ मामलों में, सटीक समय और स्थान का पता लगाना बहुत मुश्किल होता है और इसलिए इस मामले में पुरातात्विक और ऐतिहासिक साक्ष्यों पर निर्भर रहना आवश्यक है।

2. सांस्कृतिक विशेषता के प्रसार के मार्ग, कालक्रम और तरीके विश्लेषण का दूसरा तरीका है। उस विशेषता के उद्गम स्थान से शुरू करके, उसी विशेषता के प्रसार के प्रमुख मार्ग की पहचान करना बहुत महत्वपूर्ण है। यह मार्ग उन बाद के स्थानों और परिवर्तन के तरीके का पता लगाने में भी मदद करेगा, जिसमें विशेषता गुजरी है। मार्ग के अलावा, कालक्रम और प्रसार के तरीके भी विचारणीय महत्वपूर्ण बिंदु हैं।
3. पूर्व संस्कृतियों और सांस्कृतिक क्षेत्रों का क्षेत्रीय प्रारूप भी महत्वपूर्ण है। उस क्षेत्र का संपूर्ण अध्ययन, जहाँ विशेषता की उत्पत्ति हुई और प्रसार का मार्ग भी सांस्कृतिक भूगोलवेत्ता के लिए विश्लेषण का महत्वपूर्ण क्षेत्र है, जो प्रसार से निपटता है। पूर्व संस्कृतियों के क्षेत्रीय प्रारूप को जाने बिना, नई सांस्कृतिक विशेषता की विकास प्रक्रिया का पता लगाना असंभव है।
4. विशिष्ट संस्कृतियों के साथ विकसित हुए परिदृश्यों की प्रकृति—अतीत और वर्तमान—विश्लेषण का एक और महत्वपूर्ण विषय है। एक सांस्कृतिक भूगोलवेत्ता के लिए, विशिष्ट सांस्कृतिक विशेषता से जुड़े परिदृश्यों के विकास को विश्लेषण का एक महत्वपूर्ण बिंदु माना जाना चाहिए। किसी भी सांस्कृतिक विशेषता के प्रसार के विश्लेषण में संबंधित प्राकृतिक और सांस्कृतिक परिदृश्य विचार का एक महत्वपूर्ण बिंदु हैं। इसके लिए, सांस्कृतिक भूगोलवेत्ताओं को लिखित अभिलेखों की अवधि से पहले भी सांस्कृतिक विशेषता के प्रसार का अध्ययन करने के लिए पुरातत्वविदों, इतिहासकारों, मानवविज्ञानियों और अन्य लोगों के कार्यों पर निर्भर रहना चाहिए।

उदाहरण के लिए, ज़ारिस्ट रूस से कनाडा तक कठोर लाल सर्दियों के गेहूं का प्रसार 19वीं सदी के अंत में इन दो क्षेत्रों के बीच लोगों के आवागमन के साथ हुआ। उपलब्ध लिखित अभिलेखों और मौखिक इतिहासों के साथ, इस प्रसार की हाल की तिथियाँ अधिक सटीक रूप से बताई गई हैं, लेकिन किसी भी लिखित दस्तावेज़ के बिना, गेहूं के पालतू होने की मूल कहानी इसके घटित होने के समय अधिक कठिन है। इस मामले में, सांस्कृतिक भूगोलवेत्ता पुरातात्विक निष्कर्षों पर भरोसा करते हैं।

प्रसारवादियों का प्रमुख योगदान

1. ब्रिटिश स्कूल—मुख्य रूप से इलियट स्मिथ (1871–1937) और डब्ल्यू.जे. पेरी (1887–1949) और उनके अनुयायियी।
2. जर्मन-ऑस्ट्रियाई संस्कृति—ऐतिहासिक स्कूल—एफ. ग्रेबनर द्वारा स्थापित (1877–1934) और डब्ल्यू. शिमट (1868-1954)।
3. अमेरिकन स्कूल—फ्रांज बोस (1858–1942), ए. क्रोबर (1876–1960) द्वारा रचित और आर.एच. लोवी (1883–1957)।

ब्रिटिश स्कूल ऑफ डिफ्यूजनिज्म ने अपना सिद्धांत प्राचीन मिस्र पर शोध से प्राप्त किया था। स्मिथ और पेरी मिस्र के विशेषज्ञ थे और उन्होंने मिस्र विज्ञान पर शोध किया था। इस विचार को समझाने के लिए कि कुछ संस्कृतियों में अब मिस्र के सांस्कृतिक लक्षण नहीं हैं, उन्होंने एक जातीय-केंद्रित अवधारणा का सहारा लिया। इस अवधारणा के अनुसार, कुछ संस्कृतियाँ सभ्य दुनिया के विपरीत बस लुप्त हो गई थीं, जहाँ कम विकसित लोग मिस्र से उधार लिए गए मूल विचारों को भूल गए थे। इस विचारधारा ने यह भी उल्लेख किया कि, "सभ्यताओं के सभी पहलू, प्रौद्योगिकी से लेकर धर्म तक, मिस्र में उत्पन्न हुए और अन्य सांस्कृतिक क्षेत्रों में फैल गए"।

जर्मन स्कूल ऑफ डिफ्यूजनिज्म ब्रिटिश स्कूल से कुछ अलग है क्योंकि वे मिस्र में सभी सांस्कृतिक विचारों की उत्पत्ति में विश्वास नहीं करते थे। उनका तर्क था कि सभ्यता के कई प्रारंभिक केंद्र अस्तित्व में थे और इन प्रारंभिक केंद्रों से सांस्कृतिक

लक्षण अन्य क्षेत्रों में मंडलियों में फैल गए। इस दृष्टिकोण को जर्मन में कुल्टुरक्रेइस (संस्कृति मंडल) विचारधारा के रूप में संदर्भित किया जाता है।

इस बात की जांच करते हुए कि कुछ आदिम समाजों में सभ्यताओं की विशेषताएं क्यों नहीं थीं, जर्मन स्कूल और ब्रिटिश स्कूल दोनों का तर्क है कि ये लोग सामान्य रूप से लुप्त हो गए थे। इसलिए, प्रसारवादियों के विचार, एकरेखीय विकासवादी विचारों की तरह, पश्चिमी सभ्यता की मुख्यधारा से बाहर मानव समाजों के जातीय-केंद्रित दृष्टिकोणों का प्रतिनिधित्व करते हैं।

फ्रेडरिक रैटज़ेल (1844-1904) ने महसूस किया कि, सबसे महत्वपूर्ण विचार यह पता लगाना था कि संस्कृति के लक्षण कहाँ से आए और कहाँ गए। उन्होंने सोचा कि, संस्कृति के लक्षण प्रसार या प्रवास के दौरान सरल हो सकते हैं, लेकिन हर समानता को ऐतिहासिक संबंध के प्रमाण के रूप में नहीं लिया जा सकता क्योंकि भौतिक संस्कृति की वस्तुओं में कोई उपयोगिता होने के लिए कुछ खास विशेषताएँ होनी चाहिए। उन्होंने 'रूप की कसौटी' की अवधारणा को प्रतिपादित किया। रैटज़ेल के एक छात्र और सहयोगी लियो फ्रोबेनियस (1873-1938) ने प्रसार के विचार को कई कदम आगे बढ़ाया। उनके अनुसार, ऐतिहासिक संबंध एकल संस्कृति विशेषता के संचरण से कहीं अधिक निहित थे, क्योंकि अक्सर संपूर्ण संस्कृति परिसर शामिल होते थे। इस प्रकार, उन्होंने जोर देकर कहा कि सांस्कृतिक समानताओं को समझाने में प्रसार की तुलना में प्रवास स्पष्टीकरण का एक महत्वपूर्ण कारक था। इस प्रकार उन्होंने रूप की एक और कसौटी जोड़ी, जिसे उन्होंने 'भौगोलिक सांख्यिकी' कहा। उनके भौगोलिक सांख्यिकी का मतलब था कि किसी को समानताओं की संख्या गिननी चाहिए। रेटज़ेल के 'रूप की कसौटी' और फ्रोबेनियस के 'भौगोलिक सांख्यिकी' को 'कल्चरक्रेइस' स्कूल की रणनीति में जोरदार तरीके से जोड़ा गया, जिसके मुख्य व्यक्ति ग्रेबनर और फादर विल्हेम शिमट थे।

ग्रेबनर ने संस्कृति चक्र और संस्कृति स्तर के विचार को विश्व स्तर पर लागू किया। संस्कृति चक्र और संस्कृति स्तर के संबंध में ग्रेबनर और शिमट दोनों द्वारा स्वीकार किए गए दो बुनियादी नियम इस प्रकार हैं:

(क) ग्रेबनर द्वारा कहा गया 'रूप का मानदंड' या शिमट द्वारा कहा गया 'गुणवत्ता का मानदंड' के अनुसार दो संस्कृति लक्षणों के बीच समानताएं, जो प्रकृति से स्वचालित रूप से उभरी नहीं हैं, उनकी प्रसार के परिणामस्वरूप व्याख्या की जानी चाहिए, भले ही दोनों उदाहरणों के बीच कितनी भी दूरी हो।

(ख) 'गुणवत्ता का मानदंड' (जैसा कि दोनों द्वारा कहा जाता है) बताता है कि दो वस्तुओं के बीच ऐतिहासिक संबंध की संभावना बढ़ जाती है क्योंकि समानताएं दिखाने वाली अतिरिक्त वस्तुओं की संख्या बढ़ जाती है।

फादर विल्हेम शिमट, ग्रेबनर के अनुयायी होने के नाते, दुनिया की संस्कृति को विभिन्न स्तरों और मंडलियों में विभाजित करने के लिए रूप या गुणवत्ता की कसौटी लागू करते थे। ग्रेबनर और फ्रोबेनियस द्वारा नियोजित विकास योजना के अंतिम विस्तार के लिए शिमट जिम्मेदार थे। उन्होंने माना कि, कुछ मूल संस्कृतियाँ समय में उत्पत्ति बिंदु से और अंतरिक्ष के माध्यम से पानी पर लहरों की तरह फैलती हैं और सभी विश्व संस्कृतियों का निर्माण करती हैं। उन्होंने 'संस्कृति मंडल' नाम दिया और इसी से इस विचारधारा को संस्कृति मंडल स्कूल या कुल्टुरेक्रेइस्चुले के रूप में जाना जाता है।

अमेरिकन स्कूल ऑफ डिफ्यूजनिज्म ने एक ऐतिहासिक दृष्टिकोण विकसित किया जिसमें क्षेत्र अनुसंधान पर जोर दिया गया और विश्वव्यापी आधार पर तुलनात्मक अध्ययन के बजाय इतिहास के सीमित पुनर्निर्माण पर जोर दिया गया जो दो पूर्ववर्ती दृष्टिकोणों की विशेषता थी। फ्रांज बोस (1844–1904) इस स्कूल के संस्थापक थे। क्लार्क विस्लर (1870–1947) और ए. क्रोबर (1870–1947) उनके अनुयायी थे।

सांस्कृतिक सापेक्षवाद और संस्कृति केंद्र

फ्रांज बोआस एकरेखीय विकासवादियों के प्रबल विरोधी बन गए। उनकी अवधारणा 19वीं सदी के मानवविज्ञानी और समाजशास्त्रियों सहित कई सिद्धांतकारों से बनी थी। उनका मानना था कि, पश्चिमी संस्कृति सामाजिक-सांस्कृतिक विकास का समकालीन केंद्र है। बोआस ने कहा कि, ये एकरेखीय विकासवादी विचार अपर्याप्त अनुभवजन्य साक्ष्यों पर आधारित थे और उन्होंने यह भी प्रस्तावित किया कि सभी मानवविज्ञानियों को अपने शोध का संचालन करने और वैज्ञानिक रूप से बुनियादी नृवंशविज्ञान डेटा एकत्र करने के लिए कठोर फील्डवर्क करना चाहिए। बोआस के फील्डवर्क अनुभव और जर्मनी में उनके बौद्धिक प्रशिक्षण ने उन्हें इस निष्कर्ष पर पहुँचाया कि प्रत्येक समाज का अपना अनूठा ऐतिहासिक विकास होता है। इस सिद्धांत को **ऐतिहासिक विशिष्टतावाद** के रूप में जाना जाता है। इसने कहा कि प्रत्येक समाज को उसके अपने इतिहास के उत्पाद के रूप में समझा जाना चाहिए। इस दृष्टिकोण ने बोआस को सांस्कृतिक सापेक्षवाद की धारणा को अपनाने के लिए प्रेरित किया। **सांस्कृतिक सापेक्षवाद** यह विश्वास है कि प्रत्येक समाज को उसकी अपनी सांस्कृतिक प्रथाओं और मूल्यों के संदर्भ में समझा जाना चाहिए। यह एक अवधारणा है कि सांस्कृतिक मूल्य आम तौर पर कुछ सामाजिक संदर्भों के आधार पर अपने अर्थ प्राप्त करते हैं। इस दृष्टिकोण का एक पहलू यह है कि कोई भी समाज दूसरे से बेहतर विकसित नहीं हुआ है, यानी यह किसी भी संस्कृति की दूसरे पर श्रेष्ठता के विचार को खारिज करता है। इसलिए, बर्बरता, बर्बरता या सभ्यता की डिग्री के मामले में किसी विशेष समाज को दूसरे से ऊपर रखना संभव नहीं है।

क्लार्क विस्लर ने बताया कि पड़ोसी संस्कृतियाँ एक जैसी हैं और उन्होंने समान संस्कृति वाले क्षेत्र को संस्कृति क्षेत्र कहा। विस्लर ने वह भी बनाया जिसे उन्होंने संस्कृति केंद्र कहा। यह वह क्षेत्र है जहाँ पूरे क्षेत्र की विशिष्ट विशेषताएँ सबसे अधिक संकेन्द्रित हैं। उन्होंने उन संस्कृति विशेषताओं के 'सार्वभौमिक' को भी चित्रित करने का प्रयास किया जो सभी संस्कृतियों में मौजूद हैं। अल्फ्रेड क्रोबर के अनुसार, किसी भी सांस्कृतिक घटना या संस्कृति परिवर्तन की घटना को समझने के लिए, व्यक्ति महत्वपूर्ण नहीं होते हैं, बल्कि किसी समाज की किसी भी सांस्कृतिक घटना में परस्पर क्रियाशील सांस्कृतिक प्रतिरूप और ऐतिहासिक घटनाएँ अधिक महत्वपूर्ण भूमिका निभाती हैं। वे प्रतिरूप आम तौर पर व्यक्तियों पर प्रभाव डालते हैं। अल्फ्रेड क्रोबर (1876-1960) भी एक विन्यासवादी थे, जिन्होंने डेटा को क्रमबद्ध करने या समाजों को उनके मूल प्रतिरूपों के आधार पर वर्गीकृत करने और उनकी विशेषताएँ बताने का तरीका खोजा। विन्यासवाद के पीछे विचार यह है कि प्रत्येक समाज में विशेषताओं का एक समूह होता है जो उसे अन्य सभी से अलग बनाता है। क्रोबर ने मूल अमेरिकी संस्कृतियों के साथ पर्यावरणीय स्थिति को सहसंबंधित करके संस्कृति क्षेत्र की अवधारणा में नए आयाम भी जोड़े।

सांस्कृतिक प्रसार के प्रकार

सांस्कृतिक भूगोलवेत्ता किसी भी सांस्कृतिक विशेषता की उत्पत्ति का समय और स्थान; किसी भी सांस्कृतिक विशेषता के प्रसार के मार्ग; उत्पत्ति से प्रसार की दर तथा नए स्थान पर उसके अपनाए जाने की प्रक्रिया; प्रसार की प्रक्रिया के दौरान हुए पर्यावरणीय परिवर्तन; उत्पत्ति के दौरान और प्रसार के बाद गुण की स्थिति इत्यादि का पता लगाने का प्रयास करते हैं। हालाँकि प्रसार विभिन्न तरीकों से होता है:

1. **प्रत्यक्ष प्रसार:** इसमें व्यापार, परिवहन ... एक दूसरे के साथ विवाह या युद्ध के द्वारा एक दूसरे से सीधा संपर्क शामिल है।
2. **अप्रत्यक्ष प्रसार:** यह तीसरे पक्ष की एजेंसी यानी बिना किसी हस्तक्षेप के, स्रोत संस्कृति क्षेत्र या स्रोत संस्कृति समूह के साथ सीधे संपर्क के माध्यम से होता है।

3. **बलपूर्वक प्रसार:** इसे बलपूर्वक प्रसार इसलिए कहा जाता है क्योंकि एक संस्कृति दूसरी संस्कृति को अपने अधीन करती है और नई संस्कृति के गुण को अपनाने की प्राप्तकर्ता की मानसिकता की परवाह किए बिना अपनी प्रथाओं को दूसरी संस्कृति पर थोपती है।

प्रसार को प्रसार की प्रक्रिया के आधार पर भी वर्गीकृत किया जा सकता है। ये मुख्य रूप से दो प्रकार तथा कुछ उप-प्रकार हैं।

1. विस्तार प्रसार: यह तब होता है जब कोई विचार या कोई सांस्कृतिक विशेषता मूल से आस-पास के क्षेत्र के दूसरे स्थान तक फैलती है। इसके उदाहरण के लिए, कई आम पालतू पौधों का प्रसार मध्य-पूर्व से लोगों के सटे समूहों में फैल गया। इस प्रकार के प्रसार में, कोई भी सांस्कृतिक विशेषता उस विशेषता के केंद्र से बाहर की ओर नए स्थानों पर फैलती है। इस प्रसार की सबसे महत्वपूर्ण विशेषता यह है कि, हालांकि कोई भी सांस्कृतिक विशेषता बाहर की ओर फैलती है, लेकिन केंद्र पर यह मजबूत बनी रहती है। उदाहरण के लिए, इस्लाम, हालांकि दुनिया के अन्य क्षेत्रों में फैलता है, लेकिन यह सऊदी अरब में अपने मूल केंद्र में मजबूत बना रहता है। हालाँकि, विस्तार प्रसार को तीन रूपों में उप-विभाजित किया जा सकता है, ये हैं— (क) प्रोत्साहन प्रसार, (ख) पदानुक्रमित प्रसार और (ग) संक्रामक प्रसार।

(क) **प्रोत्साहन विस्तार प्रसार:** प्रोत्साहन प्रसार तब होता है जब किसी विशिष्ट सांस्कृतिक विशेषता या नवाचार को अस्वीकार कर दिया जाता है, लेकिन इस नवाचार के पीछे के विचार को स्वीकार कर लिया जाता है। हालांकि यह विचार एक विशिष्ट सांस्कृतिक विशेषता या तत्व के विकास को प्रोत्साहित करता है जो मूल नवाचार से संबंधित है लेकिन स्थानीय क्षेत्र के लिए अधिक उपयुक्त है। दूसरे शब्दों में, इस प्रकार का प्रसार तब होता है जब कोई नवाचार या विचार गंतव्य क्षेत्र के निवासियों या पर्यावरण की आवश्यकता के अनुसार कुछ संशोधनों के साथ फैलता है।

उदाहरण के लिए, राई और जई का घरेलूकरण उत्तरी गोलार्ध में विशेष रूप से यूरोप में पर्यावरण के लिए उपयुक्त विकल्प फसलों के रूप में हुआ, लेकिन इस घटना का मुख्य कारण गेहूं के घरेलूकरण के विचार के प्रसार की प्रतिक्रिया थी। दूसरे शब्दों में, चूंकि गेहूं के घरेलूकरण के विचार ने उत्तरी यूरोप में राई और जई के घरेलूकरण के विचार को प्रेरित किया और एक प्रेरणा के रूप में कार्य किया, इसलिए इस प्रकार के प्रसार को प्रेरणा प्रसार कहा जाता है। एक और उदाहरण संयुक्त राज्य अमेरिका के दक्षिणी भाग में 'आइस्ड टी' का प्रसार हो सकता है, जहां इसमें कुछ मीठा स्वाद मिलाया गया और यह उनकी मीठी-दांतेदार जरूरतों के अनुरूप 'स्वीट टी' बन गया। इस मामले में, विचार की मौलिकता प्राप्तकर्ताओं के स्वाद के अनुसार थोड़े संशोधन के साथ समान रहती है। एक और उदाहरण बर्गर या अन्य फास्ट फूड का प्रसार है। भारत में, हिंदुओं ने बर्गर जैसे फास्ट फूड की प्रथा को अपनाया, लेकिन गोमांस खाने से इनकार कर दिया क्योंकि यह धार्मिक विश्वास का उल्लंघन करता था, इस प्रकार भारत में, मुख्य बर्गर अवधारणा वही है लेकिन गोमांस के बजाय चिकन बर्गर में बदल गई है।

(ख) **पदानुक्रमिक विस्तार प्रसार:** पदानुक्रमिक प्रसार, जैसा कि इसके नाम से पता चलता है, मूल स्थान से गंतव्य स्थान तक पदानुक्रम बनाए रखता है। यह तब होता है, जब विचार या कोई संस्कृति विशेषता एक स्थान या शक्तिशाली व्यक्ति से दूसरे तक एक स्तरित प्रारूप में फैलती है। यह फैलाव स्थान या लोगों के वर्ग के पदानुक्रम पर आधारित है। उदाहरण के लिए, जब एक संस्कृति विशेषता, या फैशन या तकनीकी अवधारणा का विचार, कई छोटे शहरों को दरकिनार करते हुए एक बड़े शहर से दूसरे बड़े शहर में फैलता है, तो इसे पदानुक्रमिक विस्तार प्रसार कहा जाता है। यह इन बड़े शहरों के बीच संचार के विभिन्न साधनों और विकास के स्तर के माध्यम से होता है। इस तरह की फैशन विशेषता पदानुक्रम में उनकी स्थिति के अनुसार अन्य छोटे शहरों में फैल सकती है।

हिप-हॉप संगीत कुछ बड़े आंतरिक शहरों से दूसरे बड़े आंतरिक शहरों में और फिर छोटे आंतरिक शहरों में इस तरह के पदानुक्रमिक तरीके से फैला। बाद के वर्षों में, संगीत उपनगरीय क्षेत्रों और ग्रामीण क्षेत्रों में फैल गया। इस प्रकार का प्रसार दो व्यक्तियों के बीच भी होता है, जिनकी शिक्षा का स्तर समान होता है और जो कुछ अलग शैक्षिक स्तर वाले कई अन्य लोगों को दरकिनार कर देते हैं। एक अन्य धारणा सामाजिक स्थिति या सामाजिक वर्ग के संदर्भ में उच्च पद से निम्न पद की ओर विचारों का प्रसार है, जैसे–उच्च अधिकारियों से निम्न वर्ग और आम लोगों तक। अपनाने वालों के पदानुक्रम का निर्माण इस प्रकार के प्रसार का एक महत्वपूर्ण चरित्र है।

(ग) **संक्रामक विस्तार प्रसार:** संक्रामक प्रसार से तात्पर्य किसी आबादी में विचारों के प्रसार से है, जहाँ अपनाने वालों का कोई पदानुक्रम शामिल नहीं है। इसका मतलब है, इसमें एक व्यक्ति से दूसरे व्यक्ति में किसी भी प्रकार का प्रसार शामिल है। दूसरे शब्दों में, यह तब होता है जब कोई विशेषता या गुण अपने स्रोत से आस-पास के स्थानों या आस-पास के लोगों तक फैलता है।

इसका एक अच्छा उदाहरण टीबी का अपने उद्गम स्थल (या नोड) से आस-पास के लोगों में फैलना है। हाल ही में इसका उदाहरण कोरोना वायरस या कोविड-19 का फैलना हो सकता है, जो चीन में अपने स्रोत से शुरू हुआ और पूरी दुनिया में फैल गया। दक्षिणी संयुक्त राज्य अमेरिका से ब्लूज़ संगीत के प्रसार को भी संक्रामक विस्तार प्रसार के उदाहरण के रूप में उद्धृत किया जा सकता है। इस प्रकार के संगीत की उत्पत्ति 1870 के दशक के आसपास संयुक्त राज्य अमेरिका के दक्षिणी भाग में अफ्रीकी-अमेरिकियों द्वारा की गई थी। कुछ समाजशास्त्रियों के अनुसार, ब्लूज़ संगीत का प्रथम उदय प्रायः गुलामी की समाप्ति के बाद हुआ।

2. पुनर्वास प्रसार: इस प्रकार के प्रसार में लोगों का वास्तविक आवागमन शामिल होता है। एक नई सांस्कृतिक विशेषता को अपने मूल स्थान से एक नए स्थान पर अपनाना। इस तरह की आवाजाही सांस्कृतिक विशेषता का प्रसार बनाती है। विस्तार प्रसार में, कोई भी विशेषता, चाहे वह नवाचार हो या बीमारी, इन विशेषताओं के विभिन्न तरीकों से आंदोलन के माध्यम से एक स्थान से दूसरे स्थान पर जाती है, जबकि स्थानांतरण प्रसार में, लोग विशेष विशेषता को अपनाते हैं और फिर किसी अन्य स्थान पर चले जाते हैं। इस प्रकार, यह मनुष्य ही है जो स्थानांतरण प्रसार में सांस्कृतिक विशेषता को उठाता है और स्थानांतरित करता है। दूसरे शब्दों में, यह तब होता है जब कोई विचार या नवाचार किसी व्यक्ति या लोगों के समूह के साथ एक स्थान से दूसरे स्थान पर जाता है। किसी भी सरकार की शक्ति और प्रतिष्ठा भी इसी श्रेणी में आती है।

उदाहरण के लिए, जब क्रांति के बाद रूस की राजधानी सेंट पीटर्सबर्ग से मॉस्को स्थानांतरित की गई, तो रूसी सरकार की शक्ति और प्रतिष्ठा भी स्थानांतरण प्रसार के माध्यम से मॉस्को में स्थानांतरित हो गई, जिससे पिछली राजधानी पूरी तरह से खत्म हो गई। 1970 के दशक के अंत और 1980 के दशक की शुरुआत में यूरोप में लेविस जींस की लोकप्रियता को इसके शुरुआती दिनों में विस्तार प्रसार की विशेषता के रूप में वर्णित किया जा सकता है जब यह अमेरिका में फैल गई। बाद में, यह स्थानांतरण प्रसार की प्रक्रिया के रूप में फैल गया, जब जींस पहनना यूरोप और सोवियत संघ में फैल गया। प्रसार 2020 में कोरोना वायरस का प्रसार स्थानांतरण प्रसार के प्रभावों को दर्शाता है और 1980 और 1990 के दशक में एचआईवी/एड्स का प्रसार भी प्रसार की उसी प्रक्रिया को दर्शाता है, क्योंकि संक्रमित व्यक्ति संभवतः अनजाने में वायरस के साथ एक नए स्थान पर चले गए और इन नए क्षेत्रों में अन्य लोगों को बीमार कर दिया।

सांस्कृतिक प्रसार के हालिया उदाहरण

प्रवासी प्रसार स्थानांतरण प्रसार का एक रूप है, जिसमें सांस्कृतिक विशेषता एक नए स्थान पर फैलती है और केवल थोड़े समय तक रहती है। कभी-कभी, कोई विशेष बीमारी किसी नए स्थान पर आने और वहां के लोगों को संक्रमित करने पर कम हो जाती

है। उदाहरण के लिए, जब फ्लू वायरस से प्रभावित लोग इसे एक नए स्थान पर ले जाते हैं और इस नए स्थान पर और अधिक लोगों को संक्रमित करने के बाद, वायरस कम हो जाता है। इस प्रकार, कभी-कभी, उस फ्लू वायरस के मूल केंद्र की पहचान करना बहुत मुश्किल हो जाता है।

हालांकि, यह हमेशा सच है कि, हर संस्कृति विशेषता, चाहे वह नवाचार हो या बीमारी, विभिन्न प्रक्रियाओं के माध्यम से फैल सकती है। इस प्रकार, प्रसार की विशेष प्रक्रिया की पहचान करना बहुत मुश्किल है। उदाहरण के लिए, कोविड-19 वायरस, सबसे पहले स्थानांतरण प्रसार के माध्यम से फैल सकता है, क्योंकि संक्रमित व्यक्ति एक नए स्थान पर गए, वायरस को ले गए और अनजाने में उस नए स्थान पर अन्य लोगों को संक्रमित कर दिया। वे नए प्रभावित व्यक्ति वायरस को अधिक पदानुक्रमित पैटर्न में फैलाते हैं, उसी घर के अन्य लोगों या अपने दोस्तों और रिश्तेदारों के समूह को संक्रमित करते हैं, फिर यह उसी इलाके के अन्य लोगों में फैल जाता है।

प्रसार अक्सर एक विशेष अपनाने के पैटर्न का पालन करता है, जिसे S-वक्र के माध्यम से समझाया जा सकता है। किसी भी नवाचार को सबसे पहले लोगों के एक निश्चित समूह द्वारा अपनाया जाता है, जो शुरू में आकार में छोटा होता है, जबकि बाद के चरणों में यह बढ़ता है जब अधिकांश लोग इस विशेषता को अपनाते हैं और अंत में लोगों का शेष वर्ग, जो देर से अपनाने वाले होते हैं। सेल फोन की स्वीकृति और अपनाने को इस पैटर्न के माध्यम से समझाया जा सकता है। शुरुआत में, सेल फोन एक निश्चित संख्या में लोगों द्वारा खरीदे जाते थे, जो इसके बारे में जानते थे और इसकी महंगी कीमतों को वहन कर सकते थे। उन लोगों को 'प्रारंभिक अपनाने वाले' या नवप्रवर्तक कहा जाता था। इन लोगों को अपनाने वाले के रूप में देखने के बाद, और कीमत में कमी के कारण, अपनाने की बहुत तेज़ दर विकसित हुई और अधिकांश आबादी ने तकनीक को अपनाया। इसलिए, इस चरण के दौरान, अधिकांश लोग प्रसार की घटना से प्रभावित होते हैं, यहाँ मोबाइल तकनीक को बड़ी आबादी द्वारा अपनाया गया था। अंतिम चरण में, चूँकि अधिकांश लोगों के पास सेल फोन थे, इसलिए अपनाने की दर धीमी हो गई। केवल पिछड़े हुए, 'पश्चवर्त्ती', जिन्होंने अब तक नहीं अपनाया था, 'देर से अपनाने वाले' बन गए और नवाचार या विचार (यहाँ सेल फोन) को अपना लिया। 100 प्रतिशत अपनाने का अर्थ है कि वक्र S-आकार का है।

प्रसारवाद की सीमाएं और ताकतें

प्रारंभिक प्रसारवादियों के विचार मानव जाति की नवोन्मेषी क्षमताओं के बारे में गलत धारणाओं पर आधारित थे। एकरेखीय सिद्धांतकारों की तरह, उन्होंने विभिन्न गैर-पश्चिमी लोगों की अंतर्निहित हीनता के बारे में धारणाओं का विरोध किया। प्रसारवादियों ने मान लिया कि, कुछ लोग अपने स्वयं के सांस्कृतिक गुणों को विकसित करने के लिए पर्याप्त रूप से नवोन्मेषी नहीं थे।

प्रसारवादियों के दृष्टिकोण की एक और सीमा यह है कि वे मानते हैं कि एक ही भौगोलिक क्षेत्र में सांस्कृतिक लक्षण अनिवार्य रूप से एक समाज से दूसरे समाज में फैलेंगे। मानवविज्ञानी पाते हैं कि प्रसार एक अपरिहार्य प्रक्रिया नहीं है। सांस्कृतिक लक्षणों का आदान-प्रदान किए बिना समाज एक दूसरे से जुड़ सकते हैं। हालाँकि, सामाजिक विकास को समझने के साधन के रूप में प्रसारवाद की कुछ वैधता है। उदाहरण के लिए, प्रसारवाद मिस्र, ग्रीस और रोम की शास्त्रीय सभ्यताओं के उद्भव की व्याख्या करने में मदद करता है। इन लोगों ने एक दूसरे से कई सांस्कृतिक लक्षण उधार लेते हुए व्यापार और यात्रा के माध्यम से निरंतर संपर्क बनाए रखा। जैसे लेखन प्रणाली। 19वीं और 20वीं सदी की शुरुआत में नृविज्ञान में, प्रसारवादी सिद्धांतकारों और विकासवादी सिद्धांतकारों के बीच एक महत्वपूर्ण बहस हुई थी।

विकासवादी सिद्धांतकारों का मानना था कि सार्वभौमिक मनोवैज्ञानिक विशेषताओं ने दुनिया के विभिन्न भागों में समान आविष्कार उत्पन्न किए हैं, जबकि प्रसारवादियों का मानना था कि महत्वपूर्ण सांस्कृतिक तत्व दुनिया के बहुत कम भागों या यहाँ तक कि केवल एक भाग में ही थे और प्रसार द्वारा वहाँ से बाहर की ओर फैल गए थे। इन सिद्धांतकारों ने विकासवादियों के

परिकल्पनात्मक इतिहास के माध्यम से संस्कृतियों और संस्कृति क्षेत्रों के बीच संबंधों के सावधानीपूर्वक भौगोलिक और साथ ही ऐतिहासिक विश्लेषण को प्राथमिकता दी।

आधुनिक मानवविज्ञान और सांस्कृतिक भूगोल में, ऐतिहासिक पुनर्निर्माण की चिंता और प्रसारवाद तथा विकासवाद के बीच बहस ने सामाजिक संरचनाओं और ऐतिहासिक प्रक्रियाओं के विभिन्न प्रकार के अध्ययन को बढ़ावा दिया है, जिसके माध्यम से सांस्कृतिक तत्वों को एक समूह से दूसरे समूह में स्थानांतरित किया जा सकता है और जिस तरीके से ऐसे तत्वों को रूपांतरित किया जाता है और उनके नए संदर्भ में अपनाया जाता है।

सांस्कृतिक परिदृश्य

भूगोल में परिदृश्य क्या है

समकालीन सांस्कृतिक भूगोल में परिदृश्य केंद्रीय विषय है। सामान्य तौर पर, अगर हम भूगोल की 'नई' से लेकर हाल की 'मध्ययुगीन' शाखा तक सांस्कृतिक भूगोल के विकास के चरणों को देखें, तो इसे तीन प्रतिमानात्मक गतिविधियों में वर्गीकृत किया जा सकता है, जो हैं:

1. 20वीं सदी की शुरुआत में कार्ल सॉयर और बार्कले स्कूल के दृष्टिकोण से परिदृश्य को एक भौतिक कलाकृति के रूप में देखा गया था। इस दृष्टिकोण के अनुसार, सांस्कृतिक परिदृश्य मुख्य रूप से प्राकृतिक परिदृश्यों से उत्पन्न हुए थे और मानव और उनकी संस्कृति द्वारा किए गए परिवर्तन की प्रक्रिया से गुजरे थे। इसलिए, इस अवधि के दौरान, किसी क्षेत्र का परिदृश्य उस क्षेत्र में रहने वाले लोगों की भौतिक अभिव्यक्ति के अलावा और कुछ नहीं था। जब संस्कृति कुछ इनपुट जोड़कर प्राकृतिक परिदृश्य को बदलती है, तो यह एक नए प्रकार के परिदृश्य, यानी सांस्कृतिक परिदृश्य का निर्माण करती है।
2. दूसरा दृष्टिकोण 1970 के दशक में विकसित हुआ, जब मानवतावादी भूगोलवेत्ताओं ने सॉयर को देखा और परिदृश्य के विचारों को फिर से तैयार किया। इन विद्वानों का मानना था कि परिदृश्य की अवधारणा तैयार करते समय मानवीय कल्पना को अधिक महत्व दिया जाना चाहिए। परिदृश्य को देखने में मानव मन और उनके व्यवहार को पहले स्थान पर आना चाहिए। इस अवधि के दौरान भूगोलवेत्ताओं ने स्थानीय निवासियों के दृष्टिकोण से परिदृश्य को देखना शुरू किया और वे अपने दिमाग और आँखों से उस परिदृश्य के बारे में कैसे सोचते हैं। यानी परिदृश्य वह है जिसे वे किसी व्यक्ति के दृष्टिकोण से देख रहे हैं। यहाँ, व्यक्ति की सांस्कृतिक परंपरा, विश्वास, मूल्य आदि अतीत की भौतिक अवधारणा के बजाय महत्वपूर्ण हैं।
3. तीसरा, 1980 के दशक में डेनिस कॉसग्रोव, स्टीफन डेनियल और केनेथ ओल्विग जैसे कुछ विद्वानों ने मार्क्सवादी और दुनिया के कट्टरपंथी विवरणों में विश्वास करते हुए तर्क दिया कि परिदृश्यों को शक्ति के आरेख के रूप में देखा जा सकता है। ऐसे परिदृश्य शक्तिशाली संरचनाओं को बनाने के लिए प्रभाव डालते हैं।

हालाँकि, सांस्कृतिक भूगोल के इतिहास और विकास में परिदृश्य के इन तीनों दृष्टिकोणों का वर्चस्व रहा है; लेकिन सॉयर ने परिदृश्य को घटनात्मक दृष्टिकोण से देखने पर अधिक जोर दिया। उन्होंने यह भी सोचा कि, परिदृश्य भूगोल का अधिक प्रभावी उपकरण और साथ ही महत्वपूर्ण घटना है, जिसके इर्द-गिर्द इस विषय का हर पहलू घूमता है। कोई भी अन्य विषय परिदृश्य को चेतना की महत्वपूर्ण वस्तु के रूप में नहीं मानता है और भूगोल के विषय की तरह एक घटना के रूप में अधिक महत्व नहीं देता

है। जैसा कि सॉयर ने वर्णन किया है कि "भूगोल का कार्य एक महत्वपूर्ण प्रणाली की स्थापना के रूप में माना जाता है जो परिदृश्य की घटना विज्ञान को अपने सभी अर्थों को समझने और विविध स्थलीय दृश्य को रंग देने के लिए गले लगाता है" (सॉयर, 1925)।

सांस्कृतिक परिदृश्य की अवधारणा

सांस्कृतिक परिदृश्य की अवधारणा में संस्कृति और प्रकृति शामिल है। यह विचार परिदृश्य के विचार से जुड़ा है जहाँ संस्कृति और प्रकृति मिलते हैं और परस्पर क्रिया करते हैं। 'सांस्कृतिक परिदृश्य' शब्द की वैचारिक उत्पत्ति 19वीं शताब्दी के मध्य/उत्तरार्ध में जर्मन इतिहासकारों और फ्रांसीसी भूगोलवेत्ताओं के लेखन में देखी जा सकती है। इस अवधारणा में मानवीय योगदान, प्रकृति में रचनात्मक और सुसंगत माना जाता है, जिसमें मनुष्य द्वारा अपनी सांस्कृतिक क्षमताओं के कारण किए गए संशोधन शामिल हैं। सांस्कृतिक भूगोलवेत्ता सांस्कृतिक परिदृश्यों को प्राकृतिक भूमि के मानवीय उपयोग के परिणामस्वरूप देखते हैं; वास्तुकार, पुरातत्वविद् और नृवंशविज्ञानी अक्सर सांस्कृतिक परिदृश्य को इमारतों, स्मारकों, संरचनाओं आदि जैसी मानव निर्मित विशेषताओं के रूप में देखते हैं; जबकि सांस्कृतिक और स्थानीय इतिहासकार सांस्कृतिक परिदृश्य को समुदाय के ऐतिहासिक विकास के एक दृश्य पहलू के रूप में देखते हैं; जीवविज्ञानी और परिदृश्य पारिस्थितिकीविद् पारिस्थितिकी तंत्र और वनस्पति के चरित्र पर जोर देते हैं जो स्पष्ट रूप से परिदृश्यों पर मानवीय गतिविधि का परिणाम हैं (जोन्स, 1991)। 1925 में, कार्ल सॉयर ने अपने निबंध 'मॉर्फोलॉजी ऑफ लैंडस्केप्स' (सॉयर, 1925) में 'सांस्कृतिक परिदृश्य' शब्द पेश किया और इस अवधारणा को इस प्रकार परिभाषित किया:

> *सांस्कृतिक परिदृश्य एक सांस्कृतिक समूह द्वारा प्राकृतिक परिदृश्य से तैयार किया जाता है। संस्कृति एजेंट है, प्राकृतिक क्षेत्र माध्यम है, सांस्कृतिक परिदृश्य परिणाम है।* (सॉअर, 1925: 46).

हालांकि, सांस्कृतिक परिदृश्य की महत्वपूर्ण विशेषताएं मानव समुदायों के जीवन और गतिविधियों की भौतिक और दृश्य अभिव्यक्तियाँ हैं। ऐसे परिदृश्यों को 'भौतिक सांस्कृतिक परिदृश्य' कहा जाता है। इसके विपरीत, परिदृश्यों को सांस्कृतिक परिदृश्य माना जा सकता है जब अभौतिक संस्कृति बुनियादी मानदंड बन जाती है। इस मामले में, सांस्कृतिक परिदृश्य को आध्यात्मिक या प्रतीकात्मक अर्थों में देखा जाता है, यानी सांस्कृतिक मूल्यों, विश्वासों, सोच, विचारधाराओं आदि के महत्व के कारण। इस प्रकार के परिदृश्य को "अभौतिक सांस्कृतिक परिदृश्य" कहा जा सकता है (जोन्स, 1991)। सॉयर ने यह भी तर्क दिया कि, "..... संस्कृति के माध्यम से मनुष्य, पर्यावरण परिवर्तन के सक्रिय एजेंट थे"। यह उस युग के प्रमुख दृष्टिकोण के विपरीत था कि मनुष्य पूरी तरह से अपने पर्यावरण (पर्यावरण निर्धारणवाद) का उत्पाद था (हैरिसन, 2004)।

सांस्कृतिक परिदृश्य की अवधारणा का इतिहास और विकास

'सांस्कृतिक परिदृश्य' शब्द की उत्पत्ति 19वीं सदी के अंत में जर्मन और फ्रांसीसी इतिहासकारों और भूगोलवेत्ताओं के कार्यों में देखी जा सकती है। जर्मन विद्वान अलेक्जेंडर वॉन हम्बोल्ट और कार्ल रिटर ने पहली बार भौगोलिक, प्राकृतिक और मानवीय वास्तविकता को दो आयामों में एकीकृत करने की कोशिश की—स्थानिक और पद्धतिगत। भौतिक तत्वों के अंतर्संबंध के बारे में फ्रेडरिक रैटज़ेल और ओटो श्लुटर के कार्य इस मामले में महत्वपूर्ण हैं। 19वीं सदी के अंत में रूस में विकसित परिदृश्य विज्ञान ने ए. हम्बोल्ट द्वारा प्रस्तावित तर्क पर आधारित पर्यावरण अध्ययन के लिए भौगोलिक पद्धति को दृढ़ता से प्रभावित किया। ये कार्य पर्यावरण के विभिन्न तत्वों और अंतरिक्ष के भीतर अन्य विशेषताओं के बीच संबंधों को शामिल करके भौगोलिक अध्ययन को समृद्ध करते हैं। जब सामाजिक नृविज्ञान, सांस्कृतिक भूगोल, शहरी पारिस्थितिकी ने इस संबंध को जोड़ा, तो यह एक अंतःविषय दृष्टिकोण बन गया।

सांस्कृतिक परिदृश्य मानव गतिविधि द्वारा प्राथमिक परिदृश्य (नवपाषाण काल से अस्तित्व में) के संशोधन के माध्यम से विकसित हुआ। इसलिए, हम यह भी कह सकते हैं कि, सांस्कृतिक परिदृश्य वास्य क्षेत्र के प्रसार के साथ विकसित हुए। पहली नवपाषाण क्रांति के बाद से, जिसने 'उत्पादक खेती-प्रजनन अर्थव्यवस्था की शुरुआत' को प्रेरित किया (मध्य पूर्व में लगभग 10,000 ईसा पूर्व, यूरोप में लगभग 4500 ईसा पूर्व और एशिया में लगभग 2500 ईसा पूर्व), प्राकृतिक परिदृश्य मानव गतिविधि के साथ थे और सांस्कृतिक परिदृश्य विकसित होने लगे। वैज्ञानिक, औद्योगिक या सतत विकास सहित प्रत्येक बाद की क्रांति ने आवश्यकता के अनुसार प्रकृति के प्रबंधन से संबंधित मामलों में एक नया दृष्टिकोण लाया। इस प्रकार, सांस्कृतिक परिदृश्य को मानव कौशल निर्माण और पर्यावरण का उपयोग करने के लिए बढ़ती मानवीय क्षमताओं के विकासवादी प्रतिबिंब के रूप में माना जा सकता है। इस मामले में, कृषि-उत्पत्ति, तकनीकी-उत्पत्ति, सूचना-उत्पत्ति की अवधारणा पर विचार किया जा सकता है। या दूसरे शब्दों में, यह कहा जा सकता है कि, दुनिया के विभिन्न हिस्सों में विभिन्न सांस्कृतिक परिदृश्य मौजूद हैं, जो स्थानीय निवासियों की संस्कृति के विकासवादी चरित्र के आधार पर अपने मूल में भिन्न हैं, समय के साथ मानव विकास के बदलते मापदंडों के माध्यम से परिवर्तन के तरीकों और प्रक्रियाओं में भिन्न हैं।

सांस्कृतिक परिदृश्य के दो दृष्टिकोण

फ्रिसलिड (1990) इस बात पर जोर देते हैं कि सांस्कृतिक परिदृश्य को दो दृष्टिकोणों से देखा जा सकता है— (1) व्यापक अर्थ और (2) संकीर्ण अर्थ। दोनों ही तरीकों से, सांस्कृतिक परिदृश्य ऐसे परिदृश्य हैं जिनमें मानवीय गतिविधियों के स्पष्ट भौतिक निशान हैं। इसके बाद आगे के विचार ऐसे सांस्कृतिक परिदृश्यों को संरक्षित करने के हैं क्योंकि कुछ परिदृश्यों को पारिस्थितिकी, सौंदर्य, मनोरंजन, शैक्षणिक, जैविक और ऐतिहासिक आदि जैसे विशिष्ट गुणों से युक्त माना जाता है। इस तरह के संरक्षण से अपनेपन की भावना को बनाए रखने में मदद मिलती है जो पिछले दशकों के दौरान रहने वाले लोगों के साथ वर्तमान निवासियों के जीवन और गतिविधियों की एक निश्चित निरंतरता को दर्शाता है।

(1) **व्यापक परिप्रेक्ष्य** के अनुसार, सांस्कृतिक परिदृश्य को एक परिदृश्य या क्षेत्र के रूप में समझा जाता है जो "मानव गतिविधि की कम या ज्यादा छाप को वहन करता है" या "किसी भी परिदृश्य के रूप में जो मानवीय हस्तक्षेप से स्पष्ट रूप से प्रभावित होता है" (जोन्स, 1988)। इस अर्थ में, सांस्कृतिक परिदृश्य को संस्कृति और प्रकृति के बीच मुठभेड़ के परिणाम के रूप में वर्णित किया जा सकता है। यहाँ, संस्कृति को मानवीय गतिविधि की एक सामान्य समझ के रूप में वर्णित किया गया है जबकि प्रकृति एक मंच के रूप में कार्य करती है जहाँ ये मानवीय गतिविधियाँ की जा रही हैं। इसलिए, दूसरे शब्दों में, सांस्कृतिक परिदृश्य एक मानवीय रूप से प्रभावित वातावरण है, जिसमें मानव गतिविधि के प्रमुख चिह्नों वाले शहरी-औद्योगिक वातावरण से लेकर, न्यूनतम मानवीय गतिविधि वाले ग्रामीण कृषि भूमि और परित्यक्त कृषि भूमि या पशुधन चराई द्वारा दीर्घ अवधि में धीरे-धीरे परिवर्तित क्षेत्र शामिल हैं।

सांस्कृतिक परिदृश्य के इस व्यापक अर्थ के अनुसार, मानवीय गतिविधियाँ सांस्कृतिक परिदृश्य के निर्माण और संशोधन के लिए जिम्मेदार हैं, इसलिए पृथ्वी के सभी क्षेत्रों को कमोबेश सांस्कृतिक परिदृश्य माना जाएगा। उदाहरण के लिए, आर्कटिक भूमि जहाँ कोई मानव निवास नहीं है, वे भी सांस्कृतिक परिदृश्य हैं, क्योंकि ये निर्जन भूमि प्रदूषण से बुरी तरह प्रभावित हैं। प्रदूषण मानवीय गतिविधियों का परिणामी उत्पाद है, इस प्रकार, पृथ्वी की सभी निर्जन भूमि व्यापक अर्थ में सांस्कृतिक परिदृश्य हैं। यदि हम इन निर्जन भूमियों में मनुष्यों की भौतिक उपस्थिति के ऐतिहासिक साक्ष्यों के मानदंड जोड़ते हैं, तो यह पता चलता है कि, ये क्षेत्र सांस्कृतिक परिदृश्य नहीं हैं क्योंकि प्राचीन अतीत से वहाँ मानवीय निशान नहीं देखे जाते हैं और न ही मनुष्यों ने जानबूझकर उन क्षेत्रों में कचरा जमा किया है। इस प्रकार, इस दृष्टिकोण से, भौतिक अर्थ में एक सांस्कृतिक परिदृश्य, मानवीय गतिविधि से

प्रभावित एक व्यक्तिगत रूप से पहचान योग्य क्षेत्र है, इस तरह से कि क्षेत्र का इतिहास क्षेत्र के भागीदार सदस्यों के रूप में मानवीय गतिविधि के कुछ निशान दिखाता है। इसके अलावा, वह गतिविधि जो क्षेत्र को सांस्कृतिक परिदृश्य बनाती है, उसमें मनुष्यों द्वारा सामाजिक, सामुदायिक, सामूहिक अभ्यास शामिल होना चाहिए।

(2) **संकीर्ण दृष्टिकोण** के अनुसार, सांस्कृतिक परिदृश्य, प्राकृतिक परिदृश्य पर मानवीय गतिविधि द्वारा निर्मित होने के बावजूद, कुछ विशेष गुणों से युक्त होने चाहिए। उन्हें जैविक विविधता के साथ-साथ क्षेत्र के पारिस्थितिक स्वास्थ्य को बनाए रखना चाहिए। उदाहरण के लिए, ग्रामीण परिदृश्य की विशेषता पारंपरिक कृषि है, ऐतिहासिक परिदृश्य की विशेषता प्राचीन स्मारकों या सांस्कृतिक अवशेषों से है, शहरी परिदृश्य की विशेषता निर्मित पर्यावरण के साथ-साथ मानवीय अंतर-शहरी गतिशीलता आदि से है। इस संकीर्ण अर्थ के अनुसार, एक गाँव को सांस्कृतिक परिदृश्य तभी माना जाएगा जब पर्यावरण में गाँव की सभी विशेषताएँ मौजूद हों, यानी, इसमें पारंपरिक कृषि, अधिक हरियाली, मानवीय गतिविधि और मानवीय व्यवहार के हर पहलू में अधिक पारंपरिकता होनी चाहिए। इसी तरह, एक शहरी सांस्कृतिक परिदृश्य में उच्च गति परिवहन प्रणाली का उपयोग, भूमि का अधिकतम उपयोग, मानवीय गतिविधि में वैज्ञानिक तकनीकों का उपयोग जैसी तथाकथित शहरी विशेषताओं की छाप होनी चाहिए।

अतः, व्यापक अर्थों में और संकीर्ण अर्थों में सांस्कृतिक परिदृश्य के अध्ययन के बीच मुख्य अंतर यह है कि, व्यापक अर्थों में, प्रकृति वह मंच या आधार प्रदान करती है जहां किसी भी प्रकार की मानवीय गतिविधि की जाती है, जबकि संकीर्ण अर्थों में, प्रकृति को कुछ शर्तों और प्रक्रियाओं के साथ देखा जाता है जो किसी न किसी तरह सांस्कृतिक परिदृश्य के निर्माण और विकास में भागीदार होती हैं।

जिम्मेदार कारक

उपरोक्त विवेचन से यह कहा जा सकता है कि सांस्कृतिक परिदृश्य प्राकृतिक परिदृश्य पर होने वाली दीर्घकालिक ऐतिहासिक प्रक्रियाओं का परिणाम है। परिदृश्य के विकास के लिए कुछ कारक जिम्मेदार हैं जैसे:

1. **प्राकृतिक कारक:** यह इनपुट स्थितियां और पर्यावरणीय मैट्रिक्स हैं जो किसी क्षेत्र में मानवीय गतिविधियों को निर्धारित करते हैं और इस प्रकार एक विशेष प्रकार के सांस्कृतिक परिदृश्य का निर्माण करते हैं। इनमें भूवैज्ञानिक संरचना, सतह स्थलाकृति, जल विज्ञान संबंध, जलवायु परिस्थितियाँ, मिट्टी, वनस्पति और जैविक दुनिया शामिल हैं। समय और स्थान के आधार पर ये प्राकृतिक कारक निरंतर परिवर्तनशील रहते हैं। भौगोलिक नियतिवाद (रैटज़ेल, 1891) के अनुसार ये कारक सभ्यता में प्रगति के साथ-साथ मानव आवास को भी निर्धारित करते हैं।
2. **ऐतिहासिक और राजनीतिक कारक:** कई ऐतिहासिक और राजनीतिक घटनाएं सीमाओं, प्रशासनिक विभाजनों, युद्धों, प्राधिकरण और प्रबंधन की प्रणालियों, कानूनी और प्रशासनिक प्रणालियों, राजनीतिक घटनाओं, सरकारी नीतियों आदि में परिवर्तन के परिणामस्वरूप होती हैं। ये सभी घटनाएं किसी क्षेत्र में रहने वाले मनुष्य पर कुछ सकारात्मक और नकारात्मक प्रभाव डालती हैं और प्राकृतिक परिदृश्यों को बनाने और संशोधित करने के लिए लोगों के कार्यों को स्वचालित रूप से निर्देशित करती हैं।
3. **सामाजिक-आर्थिक कारक:** इन कारकों में निपटान प्रणाली, भूमि और भौतिक वस्तुओं की संपत्ति के रूप, निवासियों का समाज, किसी भी क्षेत्र में व्यावसायिक संरचना, बेरोजगारी की दर आदि शामिल हैं—ये सभी मानव गतिविधि पर कुछ प्रभाव डालते हैं और सांस्कृतिक परिदृश्य का निर्माण करने में मदद करते हैं।
4. **सांस्कृतिक कारक:** सांस्कृतिक कारकों में किसी देश के नागरिकों की संस्कृति शामिल होती है। इसका मतलब है शैक्षिक उपलब्धि, तकनीकी उन्नति, भाषा, आध्यात्मिक संस्कृति, रीति-रिवाज, आदतें, विश्वास, धर्म, परंपरा,

क्षेत्रीय पहचान की भावनाएँ, स्थापत्य शैली आदि, जो मनुष्य को काम करने में नियंत्रित करती हैं और प्राकृतिक भू-आकृतियों को उनकी ज़रूरत के हिसाब से बदलती हैं।

5. **सभ्यतागत कारक:** इसे समाज की बौद्धिक और जैविक क्षमता, तकनीकी उपलब्धियों और भौतिक वस्तुओं तक पहुंच द्वारा परिभाषित किया जाता है। इन कारकों ने सुरक्षा की भावना पैदा की है और रिश्तों की आवश्यकता के साथ-साथ मानव-प्रकृति संबंधों में संतुलन बनाए रखने की बात की है।

सांस्कृतिक परिदृश्य के निर्माण में इन उपर्युक्त कारकों का सह-अस्तित्व स्थान और समय के पैमाने के अनुसार आवश्यक है। इन चरों की प्रकृति और सीमा के आधार पर, सांस्कृतिक परिदृश्य का निर्माण बहुत भिन्न होता है। दूसरे शब्दों में, परिदृश्य संस्कृति का वाहक है, स्थानीय सभ्यता के बारे में जानकारी और भावनाओं का वाहक है, उन संभावनाओं का वाहक है जो उस क्षेत्र को आगे मानव-कल्याण दिशा में विकसित करने के लिए मौजूद हैं। परिदृश्य एक पालिम्प्सेस्ट/पुनर्लिखित है, जिसे कई अर्थों और बहु-स्तरीय शब्दार्थों की एक अनोखी छवि के रूप में स्वतंत्र रूप से व्याख्या किया जा सकता है (कॉसग्रोव, डेनियल, 2004; हॉल, 2002)।

सांस्कृतिक परिदृश्य के कुछ उदाहरण

ओरेसंड ब्रिज

यह पुल दो यूरोपीय देशों स्वीडन और डेनमार्क के बीच ओरेसंड जलडमरूमध्य में सड़क और रेल संपर्क के रूप में कार्य करता है। यह लगभग 16 किमी लंबा है। यह न केवल एक परिवहन संपर्क है, बल्कि यह दो यूरोपीय देशों के बीच एक आर्थिक और मनोवैज्ञानिक संपर्क है और एक अद्वितीय सांस्कृतिक परिदृश्य बनाता है। औद्योगीकरण और अंतर्राष्ट्रीयता के उदय के साथ, यूरोपीय देशों के बीच संपर्क की एक नई अवधारणा विकसित होने लगी। 20वीं सदी की शुरुआत से ही इस दिशा में कई प्रस्ताव रखे गए। 20वीं सदी के अंत में इस विचार को आखिरकार आकार मिला और इन दोनों देशों (स्वीडन और डेनमार्क) ने दोनों देशों में स्थिर राजनीतिक और आर्थिक वातावरण की मदद से एक नई परियोजना शुरू की। कोपेनहेगन और माल्मो के बीच पुल बनाने का निर्णय ओरेसंड क्षेत्र के दो मुख्य शहरों को करीब लाने की इच्छा पर आधारित था।

इस पुल ने ओरेसंड क्षेत्र में यातायात में उल्लेखनीय वृद्धि की है। स्कैनिया और ज़ीलैंड को जोड़कर, इस पुल ने लगभग 3.7 मिलियन निवासियों की आबादी वाला क्षेत्र बनाया है। इस क्षेत्र के लोगों के लिए आवागमन अधिक आसान हो गया है। व्यवसाय, उद्योग, सांस्कृतिक कार्यक्रम, शिक्षा—जीवन के हर पहलू को उत्तरी यूरोप के सबसे मजबूत घरेलू बाजार और आकर्षण के केंद्र से लाभ हुआ और परिणामस्वरूप, कोपेनहेगन/माल्मो बड़ी संख्या में अंतरराष्ट्रीय कंपनियों के साथ-साथ बड़ी संख्या में लोगों के लिए नॉर्डिक केंद्र बन गया है। यह एक नया सांस्कृतिक परिदृश्य बनाता है।

आर्कटिक सांस्कृतिक परिदृश्य

अधिकांश आर्कटिक संस्कृति समूहों के लिए परिदृश्य का बहुत महत्व है। शुरुआती दिनों से, इस क्षेत्र पर स्वदेशी लोगों, विशेष रूप से इनुइट समुदाय का कब्ज़ा था, जिनके लिए स्थान की पहचान शायद और भी अधिक महत्वपूर्ण है। जब गैर-स्वदेशी लोगों ने उनके क्षेत्रों पर कब्ज़ा किया, तो स्वदेशी लोगों ने संसाधन-आधारित जीवन शैली और अपनी पहचान की भावना पर विघटनकारी आक्रमणों के प्रभावों का अनुभव किया। पिछले दशकों के दौरान पूरे आर्कटिक में शहरीकरण एक विशिष्ट प्रवृत्ति रही है, जिसमें स्वदेशी और गैर-स्वदेशी समूह शामिल हैं। उदाहरण के लिए, कनाडाई आर्कटिक में, हाल के जनसांख्यिकीय परिवर्तनों ने इस

क्षेत्र को तेज़ी से शहरी बना दिया है। इन प्रवृत्तियों के बावजूद, इनुइट सांस्कृतिक पहचान अभी भी शिकार, मछली पकड़ने, जाल बिछाने और शिविर लगाने से दृढ़ता से जुड़ी हुई है। कुछ इनुइट आर्कटिक शहरीकरण के बारे में एक नकारात्मक अवधारणा रखते हैं, उन्हें ऐसे स्थानों के रूप में पहचानते हैं जहाँ गैर-स्वदेशी लोगों ने इनुइट क्षेत्रों, मूल्यों और प्रथाओं में घुसपैठ की है। कभी-कभी, कई इनुइट मानते हैं कि शहरी जीवन में पहचान निर्माण के लिए एक नया मंच प्रदान करने की क्षमता है, जहाँ स्वतंत्रता, प्रतिबिंब और नवाचार प्रमुख तत्व हैं। हालाँकि, यह स्पष्ट है कि आर्कटिक (स्वदेशी) "संस्कृति" उत्तर के कई हिस्सों में एक परिसंपत्ति और संसाधन बन गई है (आर्कटिक मानव विकास रिपोर्ट, 2014)।

सॉयर की सांस्कृतिक परिदृश्य अवधारणा की आलोचना

विंचेस्टर, कोंग और डन (2003) ने कार्ल सॉयर की सांस्कृतिक परिदृश्य की अवधारणा की तीन आधारों पर आलोचना की:

1. संस्कृति और प्रकृति पर उसकी भूमिका को सामने लाकर, सॉयर ने पर्यावरणीय नियतिवाद को सांस्कृतिक नियतिवाद से प्रतिस्थापित किया गया।
2. सॉयर ने अनुभववाद और भूदृश्य कलाकृतियों की सूचीकरण पर जोर दिया।
3. पुराने सांस्कृतिक भूगोल की परिभाषा केवल एक संस्कृति समूह तक ही सीमित है।

जॉनसन (1998) ने भी सॉयर के इस दावे की आलोचना की कि सांस्कृतिक परिदृश्य प्राकृतिक परिदृश्य से बना है, उन्होंने कहा कि यह अवधारणा परिदृश्य के प्राकृतिक और मानवीय या सामाजिक आयामों के बीच अंतर करती है और इसे एक 'स्पष्ट' दृष्टिकोण के रूप में संदर्भित किया। जॉनसन ने यह भी उल्लेख किया कि प्राकृतिक परिदृश्य को केवल एक पृष्ठभूमि के रूप में नहीं माना जाना चाहिए, जिस पर मानव गतिविधि होती है, बल्कि प्राकृतिक और मानवीय — दोनों पहलू अन्योन्याश्रित हैं।

1980 के दशक के उत्तरार्ध से विकसित नई सांस्कृतिक भूगोल (कॉसग्रोव और जैक्सन, 1987), जो सांस्कृतिक परिदृश्य, परिदृश्य की प्रकृति, सांस्कृतिक परिदृश्य के निर्माण पर सामाजिक कारकों आदि की व्याख्या के इर्द-गिर्द घूमता है। विंचेस्टर एट अल. (2003) ने इस व्याख्या का वर्णन इस प्रकार किया है, "रोजमर्रा की परिदृश्य विशेषताओं का उपयोग संस्कृति और पहचान के पुनर्निर्माण के लिए किया जाता है"। 1980 के दशक के दौरान सांस्कृतिक परिदृश्य के बारे में ये बदलते विचार उत्तर-आधुनिक विचार की जलवायु से संबंधित थे।

सांस्कृतिक परिदृश्य का परिवर्तन

भूदृश्य की अवधारणा में बहुत तेजी से परिवर्तन हुए हैं, जिसके बाद इसे बहुत प्रशंसा मिली है। भूदृश्य के इस नए परिवर्तन के लिए मोटे तौर पर दो कारक आवश्यक हैं (चित्र 8.1)। सबसे पहले, दुनिया भर में हो रहे आमूलचूल परिवर्तन और उनके परिणामस्वरूप मानवता के लिए खतरा पैदा हो रहे हैं। मानव सभ्यता द्वारा पर्यावरण के अनियोजित उपयोग के परिणामस्वरूप हमारे पर्यावरण में कई मुद्दे सामने आ रहे हैं। जलवायु परिवर्तन, प्रजातियों का विलुप्त होना, गैर-नवीकरणीय प्राकृतिक संसाधनों की कमी, ग्लोबल वार्मिंग, नदी, समुद्र और महासागरों के पानी का प्रदूषण, गरीबी, भुखमरी आदि इसके कुछ उदाहरण हैं। दूसरे, विकसित और विकासशील देशों में जीवनशैली में बदलाव ने भूदृश्य के बारे में एक नई अवधारणा को जन्म दिया है। किसी भूभाग की गुणवत्ता को बनाए रखने की शुरुआत मानव समाज के लिए एक नए प्रस्ताव के साथ होती है। एक सुंदर भूदृश्य की खोज और उसका आनंद लेने से ग्रामीण और शहरी दोनों ही स्थितियों में इसका महत्व समझ में आने लगता है। स्थानीय भूदृश्य और स्थानीय संस्कृतियों को बनाए रखने और संरक्षित करने के संदर्भ में किसी भी समाज की भलाई का यह नया प्रतीक शुरू हो गया है, जो विकास की दिशा में एक अच्छा संकेत है। इसलिए यदि हम 21वीं सदी में सांस्कृतिक परिदृश्य में तेजी से हो रहे परिवर्तन के कारणों को वर्गीकृत करें तो निष्कर्ष यह होंगे:

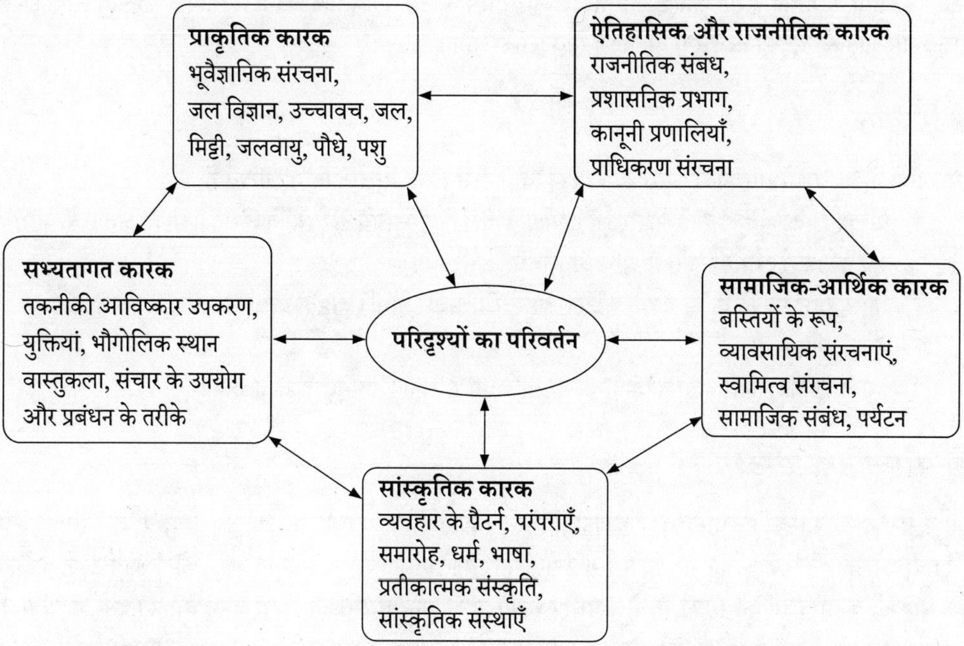

चित्र 8.1 परिदृश्यों के विकास को प्रभावित करने वाले कारक (यू. माईगा-पियाटेक, 2011 के बाद)।

1. शहरी फैलाव और शहरी अतिक्रमण;
2. तटीय और ऊपरी भूभागों में पर्यटकों का बसना, जो पहले पर्यटन से मुक्त थे;
3. पर्यावरणीय मूल्य के क्षेत्रों के कानूनी संरक्षण का महत्व कम होना और खेल, पर्यटन आदि के लिए उनका उपयोग करना;
4. बड़े क्षेत्र में व्यावसायिक परिसरों का निर्माण;
5. बड़े क्षेत्र में खनन संयंत्रों का निर्माण;
6. अंतरराष्ट्रीय परिवहन मार्गों का विकास;
7. मानव निर्मित द्वीपों, थीम पार्कों आदि जैसे कृत्रिम परिदृश्य का निर्माण;
8. देश में मुख्य रूप से अविकसित क्षेत्रों में खराब क्षेत्रों और बहिष्कृत स्थान का विस्तार
9. भूमि प्रबंधन के पारंपरिक स्वरूप का औद्योगिक कृषि में परिवर्तन, वगैरह।

21वीं सदी में सांस्कृतिक परिदृश्य और सांस्कृतिक विरासत का संरक्षण

21वीं सदी की शुरुआत कुछ नई अवधारणाओं और विचारधाराओं के साथ हुई, जिन्हें वैश्वीकरण की प्रक्रिया में दर्शाया जा सकता है। इस प्रक्रिया ने पश्चिमी दुनिया के हर पहलू की ओर अपनी पहुँच खोलने के साथ ही हर एक नागरिक के जीवन की गुणवत्ता में भारी बदलाव लाए। इस सदी की एक और बड़ी घटना सतत विकास की अवधारणा और रणनीति को अपनाना है। इससे पहले मध्य और पूर्वी यूरोप में ऐतिहासिक, लोकतांत्रिक और राजनीतिक परिवर्तन हुए और एक आम यूरोपीय संरचना यानी यूरोपीय संघ का विकास हुआ। उच्च तकनीक वाले उद्योगों और बहुराष्ट्रीय निगमों के विकास ने भी इस यात्रा को गति दी। इन

घटनाओं ने लोगों के जीवन में सांस्कृतिक, पारंपरिक, आध्यात्मिक और मनोवैज्ञानिक क्षेत्र में व्यापक बदलाव लाए। इससे पहले से मौजूद सांस्कृतिक परिदृश्य के बारे में दृष्टिकोण में बदलाव आया।

कुछ सिद्धांत

संरक्षित क्षेत्रों के प्रबंधन में सांस्कृतिक परिदृश्य के अनुप्रयोग से संबंधित सिद्धांत निम्नलिखित हैं:

1. परिदृश्य एक जीवंत इकाई है और प्रकृति में गतिशील है। यह समय के साथ विकसित हुआ है। अतीत के पारिस्थितिक तंत्र, इतिहास और संस्कृति के बीच अंतर्संबंध।
2. मनुष्य और प्रकृति के बीच एक जटिल, बहुस्तरीय संबंध है। विशिष्टता प्रत्येक संरक्षण रिजर्व या संरक्षित क्षेत्र की मूल विशेषता है।
3. हर व्यक्ति की मानसिकता को महत्व देना, चाहे वह सांस्कृतिक परिदृश्य से जुड़ा हो।

विश्व सांस्कृतिक परिदृश्य

1990 के दशक में, 'सांस्कृतिक परिदृश्य' शब्द को विभिन्न अंतरराष्ट्रीय निकायों द्वारा अपनाया गया था जो परिदृश्य संरक्षण में लगे हुए थे। यूनेस्को की विश्व धरोहर समिति ने 1992 में संशोधित दिशा-निर्देशों पर सहमति व्यक्त की, जिसमें उल्लेख किया गया था कि सांस्कृतिक परिदृश्यों को 1972 के विश्व धरोहर सम्मेलन के अनुसार संरक्षित किया जाना चाहिए। दूसरे शब्दों में, दिसंबर 1992, विश्व धरोहर संरक्षण के परिचालन दिशा-निर्देशों में एक श्रेणी के रूप में 'सांस्कृतिक परिदृश्य' को शामिल करने की अवधि थी। विश्व धरोहर सांस्कृतिक परिदृश्य के रूप में तीन श्रेणियों को अपनाया गया था। 1992–2003 की अवधि के दौरान, लगभग 35 विश्व धरोहर सांस्कृतिक परिदृश्यों को आधिकारिक तौर पर मान्यता दी गई थी। फाउलर (2003) ने उल्लेख किया कि लगभग 100 सांस्कृतिक परिदृश्य मौजूद हैं, जो 2002 में थे (तालिका 8.1)।

तालिका 8.1 विश्व धरोहर सांस्कृतिक परिदृश्य की तीन श्रेणियाँ

सांस्कृतिक परिदृश्य वर्ग	*सेकेरेली और रॉस्लर, 2003, पृष्ठ 11 में परिभाषित श्रेणी*
1	*स्पष्ट रूप से परिभाषित परिदृश्य:* यह सबसे आसानी से पहचानी जाने वाली श्रेणी है, जिसे डिज़ाइन और बनाया गया है लोगों द्वारा जानबूझकर बनाए गए। इसमें सौंदर्य कारणों से बनाए गए उद्यान और पार्कलैंड शामिल थे, जो अक्सर धर्म या अन्य स्मारकीय इमारतों और समूहों से जुड़े होते हैं।
2	*जैविक रूप से विकसित परिदृश्य:* सांस्कृतिक परिदृश्य की यह श्रेणी जो प्रारंभिक सामाजिक, आर्थिक, प्रशासनिक या धार्मिक अनिवार्यता के कारण उत्पन्न हुई और अपने प्राकृतिक वातावरण के साथ जुड़कर तथा उसके प्रति प्रतिक्रियास्वरूप इसने अपना वर्तमान स्वरूप विकसित किया है। ऐसे परिदृश्य दो उपश्रेणियों में आते हैं: (क) एक अवशेष या जीवाश्म परिदृश्य, जिसमें अतीत में किसी समय अचानक या एक निश्चित अवधि में विकास प्रक्रिया समाप्त हो गई थी। हालाँकि, इसकी महत्वपूर्ण विशिष्ट विशेषताएँ अभी भी भौतिक रूप में दिखाई देती हैं।

(जारी)

	(ख) एक सतत परिदृश्य समकालीन समाज में एक सक्रिय सामाजिक भूमिका बनाए रखता है और पारंपरिक जीवन शैली से निकटता से जुड़ा होता है। ऐसे परिदृश्य में, विकासवादी प्रक्रिया अभी भी जारी है। साथ ही, इसमें समय के साथ इसके विकास के महत्वपूर्ण भौतिक साक्ष्य भी शामिल हैं।
3.	*सहयोगी सांस्कृतिक परिदृश्य:* प्राकृतिक तत्व के शक्तिशाली धार्मिक, कलात्मक या सांस्कृतिक जुड़ाव के कारण, न कि भौतिक सांस्कृतिक साक्ष्य के कारण, ये परिदृश्य विश्व धरोहर सूची में शामिल हैं, जो महत्वहीन या अनुपस्थित भी हो सकते हैं।

भारत में क्षेत्रीय परिदृश्य और परिदृश्य वास्तुकला

भारत की वास्तुकला दुनिया भर में मशहूर है। मुगल बादशाह शाहजहां की पसंदीदा पत्नी का शानदार सफेद संगमरमर का मकबरा ताजमहल को अक्सर 'दुनिया के अजूबों' में से एक कहा जाता है। इस देश के लोगों ने परिदृश्य और पर्यावरण को संशोधित किया है, अपने आश्रय और काम के लिए संरचनाओं को बनाने के लिए उपलब्ध सामग्रियों का उपयोग किया है। उदाहरण के लिए, भारत की स्थानीय वास्तुकला जिसमें घास, मिट्टी, मिट्टी की ईंट, गोबर का लेप, बांस, बेंत, लकड़ी, पत्थर आदि जैसी सस्ती सामग्री का उपयोग किया जाता है। ये सामग्रियां भारत की क्षेत्रीय वास्तुकला में कुछ विशेष विशेषताएं पैदा करती हैं। न केवल निर्माण सामग्री, बल्कि सजावटी वस्तुओं के रूप में भी भारतीय अपनी पारंपरिक और स्थानीय सामग्रियों का उपयोग करते हैं और यह उनके सांस्कृतिक मूल्यों को व्यक्त करता है। "परिदृश्य, पर्यावरण पर संस्कृति की भौतिक छाप, वास्तुकला को देखने में महत्वपूर्ण है क्योंकि यह व्यक्तिगत संरचनाओं को दो महत्वपूर्ण तत्वों से जोड़ता है: निपटान पैटर्न और पवित्र भूगोल। ये अलौकिक तत्वों के भौतिक दुनिया से संबंध को दर्शाते हैं। इस अर्थ में, ताजमहल और यहां तक कि समकालीन वास्तुकारों द्वारा बनाई गई शहरी संरचनाएं भी भौतिक स्थान और पवित्रता की अवधारणाओं को साझा करती हैं जो रोजमर्रा के व्यवहार में पाई जाती हैं" (हेंडरसन, 2002)।

भारत के सबसे पुराने शहरी केंद्र हड़प्पा (सिंधु नदी के किनारे), हरिद्वार और वाराणसी (गंगा नदी के किनारे) जैसे नदी के किनारे विकसित हुए। देश की विविध स्थलाकृति, मिट्टी के प्रकार, वनस्पति पैटर्न, जलवायु चरित्र अक्सर पारंपरिक लोगों की पवित्र अवधारणाओं के साथ जुड़े होते हैं। जल अनुष्ठानों (जैसे देवी-देवताओं की पूजा करना और स्नान करना) के वास्तुशिल्प संकेत कम पत्थर से बनी सीढ़ियों के निर्माण को निर्धारित करते हैं जिससे लोग आसानी से पानी में उतर सकते हैं। भारतीय वास्तुकला गर्मी की समस्या का समाधान भी प्रदान करती है। मिट्टी, पुआल, गाय के गोबर से बनी मोटी दीवारें लोगों को चिलचिलाती धूप में आरामदायक रहने की सुविधा देती हैं। गहरी संकरी दरारें, ऊंचे वेंट, गुंबददार छत और ढीली छप्पर हवा को घर के अंदर प्रसारित करने और गर्मियों के महीनों में घर को ठंडा रखने की अनुमति देती हैं।

भारतीय वास्तुकला में आंतरिक आंगन और बरामदा महत्वपूर्ण विशेषता है। बरामदा कमरों को सूरज की सीधी गर्मी से बचाता है और साथ ही रहने वालों की गोपनीयता भी बनाए रखता है। आंतरिक आंगनों को अक्सर आंतरिक पोर्च द्वारा छायांकित किया जाता है, जो घर की महिलाओं द्वारा किए जाने वाले घरेलू कामों की गोपनीयता बनाए रखते हुए सबसे गर्म दोपहर में आरामदायक जगह बनाता है। गर्मियों की रातों में ठंडी हवा को पकड़ने के लिए छत पर बैठने की परंपरा है। नम उत्तर-पूर्व भारत में, घरों को बांस से बनाया जाता है और लोगों को जंगल के इलाके में रहने वाले कीड़ों और सरीसृपों से बचाने के लिए ऊंची मंजिलों के साथ भी बनाया जाता है। केरल में, उच्च आर्द्रता और उच्च गर्मी की मांग को पूरा करने के लिए लकड़ी से घर बनाए जाते हैं।

चौथी शताब्दी के दौरान भारतीय वास्तुकला

हड़प्पा सभ्यता के दौरान भारतीय वास्तुकला में मिट्टी-ईंट की विशेषता वाले ग्रिड टाउन प्लान सहित विशेष विशेषताएं दिखाई देती हैं। पुरातत्वविदों द्वारा तीन महत्वपूर्ण बस्तियों की खुदाई की गई, जो हैं—ओडिशा में शिशुपालगढ़, मध्य भारत में उज्जैन और बिहार में पाटलिपुत्र। इन बस्तियों के समय भारत में बौद्ध धर्म से जुड़े स्तूप दिखाई दिए। स्तूप मूल रूप से एक गुंबद के आकार की संरचना होती है जो एक गोल या चौकोर मंच पर बनी होती है जिसमें किसी पवित्र व्यक्ति के अवशेष होते हैं। पूरे उत्तर और दक्षिण भारत में स्तूप बनाए गए। सबसे महत्वपूर्ण दूसरी शताब्दी ई.पू. में बना सांची स्तूप है। दूसरी शताब्दी ईसा पूर्व से लेकर लगभग 8वीं शताब्दी ई.पू. तक रॉक-कट वास्तुकला सबसे महत्वपूर्ण वास्तुशिल्प माध्यम बन गई।

4थी–12वीं शताब्दी के दौरान भारतीय वास्तुकला

चौथी ई.पू. के बाद के सबसे पुराने ज्ञात वास्तुशिल्प स्थलों की कुछ विशेषताएं हैं:

- संपूर्ण संरचना को सहारा देने के लिए एक मंच
- प्रवेश द्वार
- सभा हॉल
- एक अंतरतम कक्ष
- मंदिर का सबसे ऊंचा शिखर

"पूजक धर्मनिरपेक्ष स्थान से प्रवेश करते हैं और क्रमिक रूप से अधिकाधिक पवित्र स्थानों में चले जाते हैं जो मंदिर के अंधेरे हृदय में समाप्त होता है" (हेंडरसन, 2002)। चौथी शताब्दी के बाद की अवधि के दौरान, दो प्रकार की स्थापत्य शैली विकसित हुई:

(क) एक प्रकार दक्षिण भारत से संबंधित है (अर्थात, 'द्रविड़' या 'विमना' मंदिर) और
(ख) दूसरा प्रकार उत्तर भारत से संबंधित है ('नागर' या 'प्रासाद' मंदिर)।

द्रविड़ मंदिरों का विकास कोणीय और स्तरित शिखर में हुआ। इस शैली में एक दूसरे के ऊपर खड़ी दर्जनों क्षैतिज परतों के साथ लम्बी पिरामिड शैली शामिल है। मामल्लपुरम मंदिर में सातवीं शताब्दी में चट्टानों को काटकर बनाए गए पांच स्वतंत्र रथ हैं, जिन्हें 'रथ' कहा जाता है। इस काल की एक अन्य महत्वपूर्ण वास्तुकला कांची का 8वीं शताब्दी का कैलासनाथ मंदिर और तमिलनाडु में कावेरी डेल्टा में मंदिरों का समूह है, जो 18वीं शताब्दी के दौरान बना था। 9वीं–11वीं शताब्दी। इन सभी में एक के ऊपर एक कई मंजिली छतें हैं। फर्श की योजना आयताकार, वर्गाकार और गोल है।

उत्तर भारत में, नागर शैली की वास्तुकला ने एक ऊर्ध्वाधर शिखर विकसित किया, जो इसके शिखर के पास खुदा हुआ है। इस शिखर के ऊपर एक चपटा गोल शिखर है। इस शैली में गोप में 6वीं शताब्दी का मंदिर और पोखरण के पास ओसियां में राजस्थान के 8वीं–9वीं शताब्दी के मंदिर शामिल थे। खड़ी संकरी चबूतरे एक छोटे वर्गाकार कक्ष और खंभों वाले बरामदे को सहारा देते हैं। पुरी में जगन्नाथ मंदिर 12वीं और 13वीं शताब्दी के दौरान विकसित हुआ, कोणार्क में सूर्य मंदिर—इस प्रकार की वास्तुकला के उदाहरण हैं। मध्य भारत में खजुराहो 10वीं से 12वीं शताब्दी की अवधि के दौरान बनाई गई इस शैली का एक और उदाहरण है।

12वीं–18वीं शताब्दी के दौरान भारतीय वास्तुकला

12वीं शताब्दी के बाद, पश्चिमी एशिया के साथ सांस्कृतिक संबंधों ने इंडो-इस्लामिक परंपरा के वास्तुशिल्प मिश्रण की नई शैलियों को बढ़ावा दिया। इस्लामी परंपरा ने मस्जिद, मकबरे को जन्म दिया, जिसने इस देश में पहले से मौजूद वास्तुकला की अलग शैली को जन्म दिया। इन परंपराओं से जुड़ी दो महत्वपूर्ण विशेषताएँ: (क) नुकीला मेहराब और (ख) सच्चा गुंबद। हालाँकि, भारतीय वास्तुकारों ने मस्जिद बनाते समय क्षेत्रीय सार को शामिल किया। उदाहरण के लिए, बंगाल की छोटी सोना मस्जिद को नीचे की ओर मुड़ी हुई बंगाली छत के साथ डिज़ाइन किया गया है, जबकि अहमदाबाद की समकालीन जामी मस्जिद में नक्काशीदार लकड़ी के काम के साथ एक बेहतरीन गुजराती छाप है।

झील और नदी के किनारे की जगहें और जल चैनलों के ग्रिड के साथ औपचारिक उद्यान इस समय की उत्कृष्ट और अनूठी वास्तुकला सेटिंग प्रदान करते हैं। 1556 में मुगल सम्राट हुमायूं की मृत्यु के बाद, उनकी पत्नी हाजी बेगम ने दिल्ली में एक भव्य मकबरा बनाने के लिए वास्तुकारों और बिल्डरों की एक टीम को बुलाया। उसने मकबरे को एक बगीचे के साथ एक ग्रिड में रखा। यह सेटिंग मुगल वास्तुकला का हस्ताक्षर बन गई जो ताजमहल में भी सबसे अच्छी तरह से देखी जाती है।

18वीं से 20वीं शताब्दी के मध्य और स्वतंत्रता के बाद की अवधि में भारतीय वास्तुकला

18वीं सदी की वास्तुकला क्षेत्रीय परंपराओं, नए स्थानों, किलों, व्यापारियों के घर और अन्य संरचनाओं के विकास को दर्शाती है। "शुरुआती यूरोपीय लोगों ने भारतीय संरचनाओं का उपयोग किया, लेकिन जैसे-जैसे व्यापार फलने-फूलने लगा, यूरोपीय लोगों ने अपने परिचित वास्तुशिल्प रूपों, 'घर' के छोटे-छोटे टुकड़ों को पेश किया। यह प्रक्रिया ईस्ट इंडिया कंपनी के शासन की शुरुआत से एक सदी या उससे भी पहले शुरू हुई थी, लेकिन ये शैलियाँ 18वीं सदी के उत्तरार्ध में ही महत्वपूर्ण हो गईं" (हेंडरसन, 2002)। पुर्तगाली शैली के गोवा के चर्च और मठ, फ्रेंच पांडिचेरी का 17वीं सदी का बारोक कैथेड्रल, एग्लीज़ डे नोट्रे डेम डे कॉन्सेप्शन, फोर्ट सेंट जॉर्ज का 17वीं सदी का सेंट मैरी चर्च इसके कुछ उदाहरण हैं। नवशास्त्रीय संरचनाओं में गवर्नर-जनरल का निवास (1803) और कलकत्ता में एशियाटिक सोसाइटी की लाइब्रेरी (1833) शामिल हैं।

आधुनिकता ने स्वतंत्र भारत की नई ज़रूरतों को पूरा करने के लिए नई इमारतें बनाई हैं, जैसे स्कूल, सरकारी इमारतें, गरीबों के लिए आवास, शहरी नवीनीकरण, नए राजधानी शहर, आदि। 1970 के दशक तक, 'थिंक ग्लोबल, एक्ट लोकल' की अवधारणा के नेतृत्व में बढ़ती पर्यावरणीय चिंता ने गरीबों और श्री अरबिंदो घोष के पांडिचेरी में ऑरोविले जैसे शहरों के लिए आवास में उपयुक्त तकनीक का उपयोग करने के लिए प्रेरित किया। इन नए डिज़ाइनों में सांस्कृतिक इतिहास, स्थानीय भवन संरचना, पर्यावरण अनुकूल और ऊर्जा दक्षता तकनीकें शामिल थीं।

अभ्यास प्रश्न

1. सांस्कृतिक केंद्र क्या है? सांस्कृतिक केंद्र के महत्व पर टिप्पणी करें।
2. सांस्कृतिक क्षेत्र और सांस्कृतिक क्षेत्र के बीच अंतर बताएं।
3. भारत के सामाजिक-सांस्कृतिक क्षेत्रों के बारे में जानकारी दीजिए।
4. सांस्कृतिक प्रसार क्या है? प्रसार के विभिन्न प्रकारों का उल्लेख करें। उदाहरण दें।
5. सांस्कृतिक परिदृश्य को परिभाषित करें। पर्यावरण पर संस्कृति के प्रभावों को लिखें।
6. सांस्कृतिक परिदृश्य के निर्माण के लिए कौन से कारक जिम्मेदार हैं? उपयुक्त उदाहरण के साथ व्याख्या कीजिए।

REFERENCES

Anderson, Kay, Mona Domosh, Steve Pile and Nigel Thrift (Ed). (2003). *Handbook of Cultural Geography*. Sage Publications, London.

Arntzen, Sven. 'Cultural Landscape and Approaches to Nature: Ecophilosophical Perspectives'. <www.eki.ee/km/place/pdf/KP2_03arntzen.pdf > accessed on 31/03/2018.

Arntzen, Sven (2003). 'Landscape and Meaning: The Immaterial Dimension of Environmental Preservation' in Tensional Landscapes: The Dynamics of Boundaries and Placements edited by Gary Backhaus and John Murungi, Lexicon Books, Lanham, Boulder, New York, Oxford. <https://books.google.com/books/about/Tensional_Landscapes.html?id=qb4WZEqYPjkC> accessed on 20/02/2019.

Ceccarelli, P. and M. Rossler (2003). 'Prelude' in UNESCO World Heritage Centre, Cultural Landscapes: the Challenges of Conservation, World Heritage. O. 7, UNESCO World Heritage Centre, France.

Cosgrove, D. and S. Daniels (Eds.) (2004). The Iconography of Landscape: Essays on the symbolic representation, design and use of Past Environment. Cambridge University Press, Cambridge.

Department of Environment and Climate Change, NSW (2008). 'Cultural Landscapes and Park Management: A Literature Snapshot—A Report for the Cultural Landscape: Connecting History, Heritage & Reserve Management Research Project. <https://www.environment.nsw.gov.au/resources/cultureheritage/07137cultlandresearch.pdf> accessed on 21/02/2019.

Fowler, P.J. (2003). World Heritage Cultural Landscapes, 1992–2002, UNESCO World Heritage Centre, Paris.

Frislid, Ragnar (1990). *Man in Nature: Cultural Landscapes of Norway*. Oslo: Landbruksforlaget.

Hall, S. (2002). 'The Work of Representation'. *In:* Representation: Cultural Representation and Sygnifying Practices, edited by S. Hall. Sage Publication, London: 13–74.

Harrison, R. (2004). Shared Landscapes: Archaeologies of Attachment and the Pastoral Industry in New South Wales, Department of Environment and Conservation, Sydney and University of New South Wales Press, Sydney.

Henderson, Carol E. (2002). *Regional Landscape and Architecture in India*. Greenwood Press, London.

Hoffman, Valerie J. (2008). East Africa. *In:* The Islamic World. Routledge, Retrieved on 10 March 2023.

Johnston, R. (1998). "Approaches to the Perception of Landscape: Philosophy, Theory, Methodology". *Archaeological Dialogues*, 5, pp. 54–68.

Jones, M. (1988). 'Progress in Norwegian Cultural Landscape Studies'. *In: Norwegian Journal of Geography*, Vol. 42, pp. 153–169.

Jones, Michael (1991). 'The Elusive Reality of Landscape: Concepts and Approaches in Landscape Research'. *In: Norwegian Journal of Geography*, Vol. 45, pp. 229–244.

Jones, M. (2003). 'The Concept of Cultural Landscape: Discourse and Narratives'. *In:* Landscape Interfaces: Cultural Heritage in Changing Landscapes. Edited by Hannes Palang and Gary Fry, Spinger-Science, Kluwer Academic Publishers, Norway.

Kant, S. (2012). Socio-cultural Regions in Pre-historic and Historic India. *In:* Dutt, Wadhwa, Thakur and Costa (Eds.). *Facets of Social Geography*. Cambridge University Press. New Delhi.

Myga-Piatek, U. (2011). 'Cultural Landscape of the 21st Century: Geographical Consideration between Theory and Practice'. *In:* Hrvatski Geografski Glasnik, **73**(2): 129–140. < https://pdfs.semanticscholar.org/3089/c9ce1f1f1d12c89d46bb536ef8a22d6db1af.pdf > accessed on 20/02/2019.

Munnariz, Luis Alvarez (2011). 'The Cultural Landscape Concept'. *In:* AIBR, Vol. 6, pp. 57–80. < https://www.aibr.org/anthropologia/06v01/articulos/060104e.pdf > accessed on 21/02/2019

Sauer, C. (1925). 'The Morphology of Landscape'. *In: Geography,* **2**(2), pp. 9–25, University of California Publications.

Singh, L.R. (2009). *Fundamentals of Human Geography*. Sarada Pustak Bhawan, Allahabad.

Winchester, H.P.M., Kong, L. and Dunn, K. (2003). *Landscapes: Ways of Imagining the World, Insights into Human Geography Series*, Pearson Education Ltd, UK.

Websites

https://www.oresundsbron.com/en/node/6738 accessed on 08/01/2019.

https://www.thoughtco.com/abu-hureyra-syria-170017 accessed on 27/07/2019.

https://www.tandfonline.com/doi/abs/10.1179/146141010X12640787648504 accessed on 27/07/2019.

https://oi.uchicago.edu/sites/oi.uchicago.edu/files/uploads/shared/docs/ar/71-80/72-73/72-73_Abu_Hureyra.pdf accessed on 27/07/2019.

https://www.researchgate.net/publication/276372946_The_Excavation_of_Tell_Abu_Hureyra_in_Syria_A_preliminary_report accessed on 27/07/2019.

https://anthrosource.onlinelibrary.wiley.com/doi/pdf/10.1525/aa.1924.26.1.02a00050 accessed on 27/07/2019.

अध्याय 9

बहुसंस्कृतिवाद—कुछ मुद्दे

अधिगम प्रतिफल

इस अध्याय के अंत में, छात्रों में निम्नलिखित क्षमता विकसित होगी:

- बहुसंस्कृतिवाद की अवधारणा और इसकी उत्पत्ति को समझना।
- एकल-सांस्कृतिक और बहु-सांस्कृतिक पहचान के बीच अंतर का आकलन करना।
- सांस्कृतिक बहुलवाद और संकरता के आधार पर समकालीन विश्व की स्थिति की व्याख्या करना।
- नस्लवाद के मुद्दों पर बहु-सांस्कृतिक नीति के प्रभाव को समझना।
- किसी क्षेत्र में स्थानिक पृथक्करण के मापदंडों की पहचान करना।
- यह समझना कि भारत को बहु-सांस्कृतिक पहचान क्यों कहा जाता है।

परिचय

मनुष्य एक सांस्कृतिक प्राणी है और मनुष्य की भूमिका को समझने के लिए, किसी को संस्कृति को समझना होगा। संस्कृति व्यवहार का पैटर्न है और इसके उत्पाद विचार, भाषण, क्रिया और कलाकृतियों में सन्निहित हैं। यह कार्य करने का तरीका है जो एक पीढ़ी से दूसरी पीढ़ी को और अधिक विशेष रूप से वयस्कों से बच्चों को उनके पालन-पोषण के दौरान दिया जाता है और इसे समाज की साझा भाषा, मानदंड और मूल्यों के रूप में माना जा सकता है। संस्कृति में न केवल व्यवहार शामिल है, यानी, जिस तरह से एक व्यक्ति अपने निकटतम व्यक्ति या किसी उप-समाज या किसी भी स्थान के किसी भी समूह के किसी भी सदस्य के साथ व्यवहार करता है; बल्कि व्यवहार को प्रेरित करने वाले दृष्टिकोण और विश्वास भी शामिल हैं। दूसरे शब्दों में, संस्कृति मनुष्य और मानव समाज का निर्माण करती है और कई पीढ़ियों में विभिन्न लक्षणों के धीमे और निरंतर संचय द्वारा, संस्कृति मानव समाजों

और उन्हें बनाने वाले व्यक्तियों का उत्पाद है। समय के साथ सांस्कृतिक लक्षणों और विशेषताओं के ऐसे संचय को सांस्कृतिक विकास के रूप में भी जाना जाता है। इस प्रकार सांस्कृतिक विकास इस क्रमिक संचयी प्रक्रिया को संदर्भित करता है। इस प्रकार, कोई भी आधुनिक संस्कृति, समय के साथ बड़ी संख्या में व्यक्तियों की मौलिकता और पहल का परिणाम होती है और इसलिए, किसी एक व्यक्ति द्वारा किए गए प्रयास की पहचान नहीं की जा सकती है।

संस्कृति लोगों के अन्य मनुष्यों के साथ जुड़ने से सीखी जाती है और इस प्रकार कोई भी समाज, समाज के सदस्यों के इस संघ से निकलने वाली विशेषताओं के संयोजन को दर्शाता है। यह विशेषताएँ दुनिया के हर समाज में आम हैं। समाज या परिवार में व्यक्ति अपने ज्ञान, विचार, कौशल, रीति-रिवाज, नैतिकता, धर्म को समाजीकरण की प्रक्रिया के माध्यम से अपने स्वयं के सामाजिक वातावरण से प्राप्त करते हैं। यह वास्तव में वह प्रक्रिया है जो व्यक्तियों के व्यक्तित्व को आकार देती है जो व्यक्ति को समाज में बेहतर ढंग से फिट होने और राष्ट्र का एक मूल्यवान नागरिक बनने में मदद करती है। हालाँकि, इसका मतलब यह नहीं है कि, समाज में सभी सदस्य एक जैसे हैं और उनके पास एक ही तरह की विशेषताएँ और संस्कृतियाँ हैं। परिवार के साथ-साथ समाज के भीतर भी महत्वपूर्ण अंतर हैं।

एकल संस्कृति और बहुसंस्कृति की अवधारणा

दुनिया के ज़्यादातर देशों में एक ही संस्कृति नहीं है, बल्कि उनमें कई संस्कृतियों का मिश्रण है। कुछ देशों में यह भिन्नता कम है जबकि कुछ अन्य में यह भिन्नता ज़्यादा है। उदाहरण के लिए, अमेरिका में शहरी अश्वेत संस्कृति हिस्पैनिक संस्कृति से अलग है, जो यहूदी संस्कृति और ग्रामीण मध्य-पश्चिमी संस्कृति से अलग है और इसी तरह की अन्य संस्कृतियाँ हैं। भारत कई सांस्कृतिक विशेषताओं वाला एक और बेहतरीन उदाहरण है। यहाँ तमिल संस्कृति गुजराती संस्कृति से अलग है, जो नागा संस्कृति से भी अलग है और इसी तरह की अन्य संस्कृतियाँ भी अलग हैं। यहाँ हर 100 किलोमीटर की दूरी पर भाषा और यहाँ तक कि बोली और उच्चारण में भी अंतर पाया जा सकता है। देश के विभिन्न हिस्सों में कला, संगीत, नृत्य, वास्तुकला की विविधताएँ हैं। इस प्रकार, एकल भारतीय संस्कृति, आम तौर पर विभिन्न उप-संस्कृतियों का एक संयोजन है।

इस आधार पर हम किसी भी देश की संस्कृति को इस प्रकार वर्गीकृत कर सकते हैं:

1. एकलसंस्कृतिवाद और
2. बहुसंस्कृतिवाद।

एकलसंस्कृतिवाद

एकलसंस्कृतिवाद/मोनोकल्चरलिज्म उप-संस्कृतियों के साझा पहलुओं पर जोर देता है। यह सांस्कृतिक विशेषताओं की एक मानक सांस्कृतिक एकता या एकरूपता पर निर्भर करता है। एकलसंस्कृतिवाद की अवधारणा जातीयतावाद, निरंकुश सोच, अन्य संस्कृतियों के प्रति सम्मान की कमी के दर्शन को प्रोत्साहित करती है और इस प्रकार नकारात्मक विशेषताओं को रखती है। उदाहरण के लिए, यदि समाज में लोगों का एक समूह अपनी समूह संस्कृति को अन्य संस्कृतियों के किसी भी मिश्रण से बचाने और अपनी संस्कृति को 'शुद्ध' बनाने का प्रयास करता है, तो यह एकलसंस्कृतिवाद का मामला है। एकलसंस्कृतिवाद का अभ्यास एक व्यक्ति या समूह द्वारा किया जाता है जो अपनी राष्ट्रीय संस्कृतियों या पहचानों की रक्षा करना चाहता है, जिन्हें वे विशेष रूप से वैश्वीकरण के प्रयासों से खतरे में मानते हैं। एकलसंस्कृति विचार व्यक्ति के मानस के विकास पर नकारात्मक प्रभाव डाल सकते हैं क्योंकि कोई भी व्यक्ति अपनी संस्कृति की रक्षा करने के लिए मन की खिड़की को बंद कर देगा जिसके माध्यम से

नए विचार, सोच और जानकारी मन के अंदर प्रवेश करेगी। हालांकि, एकलसंस्कृति के कारण अन्य संस्कृतियों के बारे में जानने की व्यक्ति की क्षमता बुरी तरह प्रभावित होती है।

कुछ उदाहरण

एकलसंस्कृति/मल्टीकल्चरलिज्म अभ्यास बाहरी प्रभाव वाली किसी भी अन्य संस्कृति के बहिष्कार के माध्यम से एक राष्ट्रीय संस्कृति का संरक्षण है। नस्लीय एकरूपता, राष्ट्रवादी प्रवृत्तियाँ, भौगोलिक या राजनीतिक अलगाव आदि एकलसंस्कृतिवाद की सबसे महत्वपूर्ण विशेषताएँ हैं। चीन, जापान, उत्तर कोरिया और दक्षिण कोरिया एकलसंस्कृति पहचान के उदाहरण हैं।

नाजी जर्मनी ने पैन-जर्मनवाद और जर्मन राष्ट्रवाद के लिए अभियान चलाते हुए एकलसंस्कृति का अभ्यास किया, लेकिन एकलसंस्कृति का अभ्यास उस युग की खासियत थी और उस समय कई यूरोपीय देश प्रकृति में एकलसंस्कृति थे। फिनलैंड जैसे कुछ देश आज भी लोगों की साझा संस्कृति और जातीयता के कारण एकलसंस्कृतिवाद का अभ्यास करते हैं।

एकलसंस्कृति अभ्यास का उदाहरण 44वें अमेरिकी राष्ट्रपति ओबामा के अभियान द्वारा सामना किया गया 'बर्थरिज्म' मुद्दा है। राष्ट्रपति ओबामा से 45वें अमेरिकी राष्ट्रपति डोनाल्ड ट्रम्प द्वारा बार-बार पूछा गया कि ओबामा का जन्म 'यहाँ' यानी अमेरिका में नहीं हुआ था। फिर भी, ओबामा का जन्म प्रमाण पत्र जारी होने के बाद भी, ट्रम्प ने उन्हें आश्वस्त नहीं किया (मेरियम-वेबस्टर डिक्शनरी, 8/4/2023 को एक्सेस किया गया)।

बहुसंस्कृतिवाद

बहुसंस्कृतिवाद/मल्टीकल्चरलिज्म अपनी उपसंस्कृतियों के बीच संस्कृति में अंतर पर जोर देता है। यह एक विचारधारा है जो समुदायों के संस्थागतकरण को बढ़ावा देती है जो एक दूसरे के संपर्क में आते हैं और जिसके परिणामस्वरूप सांस्कृतिक परिवर्तन होता है। 1980 के दशक के दौरान, 'बहुसंस्कृतिवाद' शब्द का इस्तेमाल इस तथ्य पर जोर देने के लिए किया गया था कि अधिकांश विश्वविद्यालय पाठ्यक्रम अन्य अमेरिकी उपसंस्कृतियों की कीमत पर यूरोसेंट्रिक पूर्वाग्रह को दर्शाते हैं। इस प्रकार, जो भी यूरोसेंट्रिक पूर्वाग्रह के खिलाफ था, वह बहुसंस्कृतिवाद के समर्थन में था। एक राजनीतिक बहस में, दो शब्दों—एकलसंस्कृतिवाद और बहुसंस्कृतिवाद को विपरीत के रूप में देखा गया। "एकलसंस्कृतिवाद का लाभ यह है कि साझा संस्कृति समाज को एक साथ रखती है; बहुसंस्कृतिवाद का लाभ यह है कि यह विविधता को शामिल करता है और उपसमूहों को अपने स्वयं के इतिहास को उलटने और उस इतिहास को बड़ी संस्कृति के एक मजबूत बंधन खंड के रूप में देखने देता है" (हंट और कोलंडर, 2010: 80)।

1970 के दशक की शुरुआत में, बहुसंस्कृतिवाद की अवधारणा कनाडा और ऑस्ट्रेलिया में उभरी और फिर अमेरिका, ब्रिटेन और जर्मनी और अन्य देशों में फैल गई। बहुसंस्कृतिवाद को न तो तर्कसंगत विषय-वस्तु वाले राजनीतिक सिद्धांत के रूप में और न ही दार्शनिक विचारधारा के रूप में समझा जा सकता है, बल्कि इसे किसी विशेष स्थान पर मानव जीवन को देखने के तरीके के रूप में समझा जा सकता है। आम तौर पर तीन बुनियादी बातें हैं, जिन पर अवधारणा विकसित की गई है:

1. मनुष्य सांस्कृतिक रूप से एक ऐसी दुनिया में अंतर्निहित है जो सांस्कृतिक रूप से संरचित है और संगठित सामाजिक संबंधों की विशेषता है।
2. सांस्कृतिक मतभेद अच्छे जीवन के अर्थ और दृष्टिकोण में अंतर दर्शाते हैं।
3. प्रत्येक संस्कृति आंतरिक रूप से बहुलतावादी होती है और परंपराओं और संस्कृतियों के विभिन्न पहलुओं और मूल्यों को प्रतिबिंबित करती है।

बहुसंस्कृतिवाद की अवधारणा—इसकी उत्पत्ति

वैसे तो बहुसंस्कृतिवाद की अवधारणा की जड़ें मानव सभ्यता के शुरुआती दिनों में हैं, लेकिन बहुसंस्कृतिवाद का अध्ययन 20वीं सदी के अंत में शुरू हुआ है। यह आम तौर पर किसी क्षेत्र में अनेक सांस्कृतिक परंपराओं के अस्तित्व को संदर्भित करता है, जिसे आमतौर पर बहुसंख्यक मुख्यधारा की संस्कृतियों के संबंध में अल्पसंख्यक जातीय समूहों और विदेशी जातीय संस्कृतियों के संदर्भ में माना जाता है। यह मामला तब होता है, जब कुछ छोटे राज्यों को मिलाकर एक नया राज्य बनाया जाता है या जब किसी क्षेत्र में विविध संस्कृतियों के आप्रवासियों की बड़ी आमद होती है। यह अवधारणा अद्वितीय सांस्कृतिक पहचान वाले लोगों वाले राज्य से भी जुड़ी हुई है।

एक अवधारणा के रूप में 'बहुसंस्कृतिवाद' की शुरुआत 1960 के दशक के अंत और 1970 के दशक की शुरुआत में हुई, जब ऑस्ट्रेलिया और कनाडा ने अपने लोगों की बहुसांस्कृतिक पहचान के लिए अपना समर्थन दिखाना शुरू किया। इस समय से, ऑस्ट्रेलिया और कनाडा ने अपनी मौजूदा आव्रजन नीतियों को संशोधित किया। इस अवधि को एशियाई लोगों के अमेरिका और कई अन्य यूरोपीय देशों में आप्रवासन की शुरुआत के रूप में भी चिह्नित किया गया था। इन आप्रवासियों की विशेषता विविध सांस्कृतिक मान्यताओं, विविध भाषाओं, धर्म और सांस्कृतिक विशेषताओं की विविधता है।

1970 के दशक की शुरुआत तक, ऑस्ट्रेलिया में आव्रजन प्रतिबंध अधिनियम 1901 के अनुसार 'केवल श्वेत' आव्रजन नीति थी, लेकिन 1971 के दौरान, एक 'बहुसांस्कृतिक' समाज बनाने की आवश्यकता महसूस की गई और इसके लिए एक आधिकारिक मान्यता प्रदान की गई। बाद में वर्ष 1973 में 'नस्लीय' योग्यता को पूरी तरह से समाप्त कर दिया गया। तब से, एक नई सामाजिक-राजनीतिक संरचना विकसित हुई, जहाँ सांस्कृतिक विविधता वाले लोगों का समावेश स्वागत योग्य था। आप्रवासियों को अपनी मूल संस्कृति और जातीयता को बनाए रखने और संरक्षित करने के लिए प्रोत्साहित किया गया और उन्हें अपने सांस्कृतिक उत्सव मनाने की अनुमति दी गई। इस स्थिति ने किसी भी तरह से अलगाव और पृथक्करण को बढ़ावा नहीं दिया। कनाडा में, 1960 के दशक के दौरान एक क्षेत्र में अंग्रेजी और फ्रेंच बोलने वाले लोगों की उपस्थिति के कारण कुछ तनाव हुआ। परिणामस्वरूप, सरकार ने दोनों भाषाओं को आधिकारिक भाषाओं के रूप में शामिल करने का निर्णय लिया। इस मुद्दे ने रॉयल कमीशन को व्यापक सांस्कृतिक बहुलवाद को अपनाने की सिफारिश करने के लिए निर्देशित किया और 1988 में एक बहुसांस्कृतिक अधिनियम बनाया गया, जिसने देश द्वारा समावेश की शर्तों को व्यापक बना दिया।

द्वितीय विश्व युद्ध के बाद, पश्चिमी यूरोप के देशों ने भारत, पाकिस्तान, बांग्लादेश, कैरिबियन द्वीपों से ब्रिटेन में आप्रवासन की एक बड़ी दर का अनुभव किया। इस अवधि के दौरान, बड़ी संख्या में उत्तरी अफ्रीकी श्रमिक फ्रांस और अन्य पश्चिमी यूरोपीय देशों में चले गए। इस तथ्य ने आप्रवासी समुदायों के संबंध में कुछ मुद्दे पैदा किए। परिणामस्वरूप, 1966 में ब्रिटेन ने ब्रिटिश राष्ट्रीय संस्कृति और राजनीति में नए आप्रवासी समुदायों को शामिल करने के लिए एक सामान्य रूपरेखा तैयार की।

सांस्कृतिक विविधता और बहुसांस्कृतिक विचारधारा

सांस्कृतिक विविधता का तात्पर्य संस्कृतियों की विविधता से है जिसे स्वीकार किया जाना चाहिए। होमी भाभा ने अपने निबंध 'सिद्धांत के प्रति प्रतिबद्धता' (1988) में उल्लेख किया है कि संस्कृति को दर्शाने के दो अलग-अलग तरीके हैं। भाभा का तर्क है कि, "सांस्कृतिक विविधता के संकेतकों को दर्ज करना अपर्याप्त है जो केवल व्यवहार, दृष्टिकोण और मूल्यों की अलग-अलग और विशिष्ट प्रणालियों की एक श्रृंखला को स्वीकार करते हैं" (एशक्रॉफ्ट एट अल। 2005: 60)। इसके बजाय, ऐसा ढांचा यह सुझाव दे सकता है कि इस तरह के अंतर विदेशी हैं जैसा कि साम्राज्यवादी नृवंशविज्ञान में था। सांस्कृतिक विविधता बहुसंस्कृतिवाद, सांस्कृतिक आदान-प्रदान या मानवता की संस्कृति को जन्म दे सकती है। दूसरी ओर, सांस्कृतिक अंतर यह

सुझाव देता है कि, सांस्कृतिक अधिकार विविध वस्तुओं पर निर्भर करता है और इन वस्तुओं को कैसे जाना जाता है और कैसे अस्तित्व में आते हैं।

प्राचीन काल से ही समाज में सांस्कृतिक विविधता विद्यमान थी। प्राचीन यूनानी समाजों की विशेषता एक छोटे से क्षेत्र के रीति-रिवाजों, परंपराओं, वेशभूषा, बोलियों और पहचानों की विविधता थी। उदाहरण के लिए, ओटोमन साम्राज्य को भी बहुसांस्कृतिक पहचान प्राप्त थी। 16वीं और 17वीं शताब्दी में, यह साम्राज्य एक बहुराष्ट्रीय, बहुभाषी साम्राज्य बन गया, जिसने दक्षिण-पूर्वी यूरोप के अधिकांश भाग, मध्य यूरोप के कुछ भाग, पश्चिमी एशिया, पूर्वी यूरोप के कुछ भाग और अफ्रीका के कुछ भाग को नियंत्रित किया। इस साम्राज्य में, मुसलमान बहुसंख्यक थे, लेकिन इस क्षेत्र में यहूदी, अरब, ईसाई और अन्य जैसे अन्य सांस्कृतिक समूह भी शामिल थे। हालाँकि, बहुसंस्कृतिवाद हमेशा केवल सांस्कृतिक विविधता को संदर्भित नहीं करता है, बल्कि राजनीतिक चिंताओं को भी संदर्भित करता है। बहुसांस्कृतिक विचारधारा से विभिन्न अवधारणाएँ संबंधित हैं। ये सांकेतिक, मानक, सामाजिक, आर्थिक विकल्प आदि हैं।

(क) **सांकेतिक दृष्टिकोण:** यह 1960 के दशक में बहुत लोकप्रिय था, जो शास्त्रीय सामाजिक नृविज्ञान के एक मजबूत मंच पर विकसित हुआ। मार्गरेट मीड, लेवी-स्ट्रॉस और मालिनोव्स्की जैसे सामाजिक नृविज्ञानियों ने संस्कृति को सामाजिक प्रणालियों के एक समूह के रूप में माना, जिसमें एक विशेष संस्कृति समूह की पहचान का प्रतिनिधित्व करने वाले प्रतीक, मूल्य, विश्वास और अन्य प्रथाएं भी शामिल हैं। इस प्रकार, संस्कृति प्रतीकों और आदर्शों की एक प्रणाली है। प्रतीकात्मक प्रणाली में संचार का एक तरीका शामिल होता है, जो विशेष रूप से संस्कृति समूह और सामान्य रूप से दुनिया का प्रतिनिधित्व करता है। संचार का यह रूप प्रतीकात्मक विश्वासों और वैचारिक सिद्धांतों पर आधारित है। संस्कृति के बारे में इस प्रकार के दृष्टिकोण को मानने वाले दार्शनिकों में से एक पारेख (2005) हैं। पारेख (2005) के अनुसार, मानव जीवन अर्थ की एक प्रणाली (सिस्टम ऑफ मीनिंग) द्वारा व्यवस्थित होता है जिसे संस्कृति भी कहा जाता है। पारेख ने यह उल्लेख करते हुए निष्कर्ष निकाला कि, मनुष्य एक सांस्कृतिक रूप से निर्मित दुनिया में रहते हैं, जहाँ सामाजिक संबंध सांस्कृतिक पहचान पर अर्थ और महत्व और मूल्य की प्रणाली द्वारा निर्धारित होते हैं। विभिन्न संस्कृतियाँ अर्थ की विभिन्न प्रणालियों का प्रतिनिधित्व करती हैं।

टेलर (1994) ने व्यक्ति की पहचान पर भी विचार किया, जो इस बात पर निर्भर करता है कि व्यक्ति स्वयं को किस प्रकार देखता है और इस आत्म-समझ के कुछ अर्थ होते हैं। इस प्रकार, दूसरे शब्दों में, मानव अस्तित्व अर्थ से निर्मित होता है और बदले में संस्कृति संकेतिक अर्थ की एक प्रणाली है। इसलिए, यह कहा जा सकता है कि, लाक्षणिक दृष्टिकोण से, संस्कृति को अर्थों की एक प्रणाली के रूप में माना जाता है और ऐसे अर्थ के आंतरिक तर्क की व्याख्या करनी होती है।

(ख) **मानक अवधारणा:** इस दृष्टिकोण के अनुसार, संस्कृति मानदंडों और विश्वासों के एक समूह को संदर्भित करती है, जो विशिष्ट होते हैं और जो किसी समूह की व्यावहारिक पहचान बनाते हैं। संस्कृति विश्वास, मूल्य, मानदंड और नैतिक कारण प्रदान करती है और ये सभी विशेषताएँ व्यक्ति को उसके अनुसार कार्य करने में मदद करती हैं। इस प्रकार, संस्कृति मानदंड प्रदान करने वाली है। उदाहरण के लिए, किसी भी व्यक्ति को किसी भी धार्मिक समूह से संबंधित होना चाहिए, उसे धार्मिक पुस्तक में वर्णित नैतिकता के अनुसार कार्य करना चाहिए। इसलिए, एक मुसलमान को कुरान में वर्णित मानदंडों का पालन करना चाहिए, एक ईसाई को बाइबिल आदि का।

संस्कृति की मानक अवधारणा आमतौर पर संस्कृति के सांकेतिक दृष्टिकोण से जुड़ी होती है। सांकेतिक दृष्टिकोण से, सिस्टम के भीतर किसी भी चीज़ को व्यक्ति की गतिविधियों और सोच और संस्कृति का मार्गदर्शन

करना चाहिए, जबकि संस्कृति की मानक अवधारणा के अनुसार, संस्कृति व्यक्ति की नैतिक प्रतिबद्धताओं का मजबूत स्रोत है।

(ग) **सामाजिक अवधारणा:** इस अवधारणा का उल्लेख कनाडाई दार्शनिक किमलिका (1995) ने किया था। किमलिका के अनुसार, विविधता दो प्रकार की होती है— बहुजातीय अल्पसंख्यक और राष्ट्रीय अल्पसंख्यक। बहुजातीयता से तात्पर्य उस प्रकार की विविधता से है जो आप्रवासन के परिणामस्वरूप होती है। बहुजातीय अल्पसंख्यक आमतौर पर जातीय समूह होते हैं जो क्षेत्रीय रूप से केंद्रित नहीं होते हैं बल्कि वे देश भर में फैले होते हैं। जहाँ वे प्रवास कर गए। ये समूह क्षेत्र के बहुसंख्यक समूह की संस्कृति से अलग नहीं होना चाहते हैं, बल्कि वे एकीकृत होना चाहते हैं और बहुसंख्यक समूहों की तरह समान दर्जा प्राप्त करना चाहते हैं। हालाँकि, अधिकांश मामलों में, समान दर्जा और समान नागरिकता की यह माँग क्षेत्र के भीतर सामाजिक-राजनीतिक अशांति पैदा करती है। किमलिका ने संयुक्त राज्य अमेरिका में रहने वाले लैटिन-अमेरिकी प्रवासियों के बारे में उल्लेख किया, जो स्पेनिश में शिक्षा पाठ्यक्रम जैसे भाषाई अधिकारों की माँग में लगे हुए हैं।

दूसरी ओर, राष्ट्रीय अल्पसंख्यक सामाजिक संस्कृति के समूह हैं और राष्ट्रीय सामाजिक संरचना के भीतर हैं, लेकिन इसमें कम संख्या में लोग हैं। राष्ट्रीय अल्पसंख्यकों में कई विशेषताएँ समान हैं, जैसे:

सबसे पहले, राष्ट्रीय अल्पसंख्यक लंबे समय तक देश में बसे रहे। उदाहरण के लिए, पेंसिल्वेनिया में अमिश समुदाय 18वीं सदी में यूरोप में धार्मिक उत्पीड़न के परिणामस्वरूप वहां बस गया।

दूसरे, ये समूह अक्सर क्षेत्रीय रूप से केंद्रित होते हैं। उदाहरण के लिए, क्यूबेक और कैटेलोनिया क्रमशः कनाडा और स्पेन के विशिष्ट भौगोलिक क्षेत्रों में स्थित हैं। भारत में, सिख मुख्य रूप से पंजाब क्षेत्र में केंद्रित हैं।

तीसरा, ये समूह मानवीय गतिविधियों की पूरी श्रृंखला प्रदान करते हैं, जिसका अर्थ है कि राष्ट्र समान आर्थिक, राजनीतिक और शैक्षिक संस्थाओं में सन्निहित हैं। इन संस्थाओं में समान प्रथाएँ और प्रक्रियाएँ भी शामिल हैं।

(घ) **आर्थिक/तर्कसंगत विकल्प दृष्टिकोण:** इस सिद्धांत का उद्देश्य सामाजिक व्यवहार की भविष्यवाणी करना है। इस दृष्टिकोण के अनुसार, व्यक्ति स्व-हित में कार्य करता है या दूसरे शब्दों में, व्यक्ति कार्य करने के लिए अपनी रुचि के अनुसार कार्य करता है। उदाहरण के लिए, जब कोई व्यक्ति स्ट्रॉबेरी आइसक्रीम खरीदना चाहता है, तो वह ऐसी जगह जाएगा जहाँ वह विशेष उत्पाद उपलब्ध हो।

बहुसंस्कृतिवाद के प्रति दृष्टिकोण

बहुसंस्कृतिवाद के कई अर्थ हैं क्योंकि यह अवधारणा जनसंख्या संरचना, सांस्कृतिक विविधता, संस्थागत नीति, सामाजिक अभ्यास, विचारधारा प्रतीक, मूल्य, शिक्षा, प्रबंधन शैली, राजनीतिक सिद्धांत आदि को संदर्भित कर सकती है। यही कारण है कि विभिन्न राष्ट्र-राज्य, सांस्कृतिक या जातीय समूह, शिक्षाविद और राजनीतिक नीतियां बहुसंस्कृतिवाद के प्रति अलग-अलग दृष्टिकोण अपनाती हैं। इसे दो अलग-अलग तरीकों से परिभाषित किया गया है — कभी-कभी इसे वर्णनात्मक तरीकों से व्यक्त किया जाता है जबकि कभी-कभी यह सांस्कृतिक विविधता का जवाब देने के लिए एक तरह की नीति होती है।

समाज के लिए एक वर्णनात्मक अवधारणा के रूप में बहुसंस्कृतिवाद

कभी-कभी बहुसंस्कृतिवाद को समाज के विभिन्न कार्यों और प्रक्रियाओं के विवरण के रूप में परिभाषित किया जाता है। कई देश सांस्कृतिक रूप से विविध हैं। भारत, कनाडा, चीन सांस्कृतिक रूप से विविध देशों के कुछ उदाहरण हैं। उदाहरण के लिए,

भारत विविध संस्कृतियों का देश है जिसमें विभिन्न प्रकार की भाषाएं, भोजन, त्योहार, पोशाक, धर्म, रीति-रिवाज आदि शामिल हैं। पूरे देश में कश्मीरी, पंजाबी, बिहारी, बंगाली, असमिया, तमिल, मराठी, गुजराती, राजस्थानी आदि फैले हुए हैं। हालाँकि, देश के राज्यों को भाषा के आधार पर सीमांकित किया गया है, लेकिन एक राज्य के भीतर, विभिन्न अन्य भौतिक-सांस्कृतिक विशेषताओं के आधार पर कई उप-सांस्कृतिक समूह हैं। एक और उदाहरण कनाडा है, जहाँ अंग्रेजी कनाडाई, क्यूबेकॉइस, मूल अमेरिकी, अमीश, हटरी और चीनी आप्रवासी एक क्षेत्र में एक साथ रहते हैं। ऐसे कई तरीके हैं, जिनसे समाज बहुसांस्कृतिक पहचान का आनंद उठाता है। इनमें से कुछ तरीके हैं धर्म, भाषा, रीति-रिवाज आदि।

धार्मिक विविधता कई समाजों में एक व्यापक विशेषता है। भारत इसका सबसे महत्वपूर्ण उदाहरण है, जहाँ पूरे देश में धार्मिक रूप से विविधतापूर्ण चरित्र आम है। यहाँ हिंदू, मुस्लिम, सिख, बौद्ध, जैन, ईसाई एक साथ रहते हैं। अमेरिका भी धार्मिक रूप से विविधतापूर्ण है, जिसमें मोर्मस, अमिश, कैथोलिक, यहूदी और कई अन्य शामिल हैं। ये समूह कुछ पहलुओं में एक दूसरे से अलग हैं जबकि उनमें कई समानताएँ हैं।

भाषाई विविधता समूह विभेदीकरण का एक और प्रकार है। राष्ट्रीय अल्पसंख्यक वे समूह हैं जो या तो लंबे समय से बसे हुए हैं, लेकिन बहुसंख्यकों के साथ एक ही भाषा साझा नहीं करते हैं। कुछ उदाहरण कनाडा में क्यूबेकोइस, स्पेन में कैटलन और बास्क और चीन में उइगर हैं। ये भाषाई समूह भूमि के छोटे-छोटे हिस्सों में क्षेत्रीय रूप से केंद्रित हैं। कुछ मामलों में, भाषाई विविधता अप्रवासियों के कारण होती है। अप्रवासी दूसरे क्षेत्र में चले जाते हैं जहाँ उनकी मूल भाषा नहीं बोली जाती। अमेरिका में क्यूबा और प्यूर्टो रिकान, पुर्तगाल में यूक्रेनी अप्रवासी इस तरह के उदाहरण हैं।

नस्लीय सांस्कृतिक विविधता एक ऐसी चीज है जो समाज के सदस्यों को दूसरे से अलग करती है। नस्लें आम तौर पर शारीरिक विशेषताएं होती हैं जो सामाजिक विविधता का कारण होती हैं। ऐसी शारीरिक विशेषताएं त्वचा के रंग, आंखों के रंग, बालों के रंग, जबड़े की संरचना आदि पर आधारित होती हैं। ऐसी शारीरिक विशेषताएं किसी भी क्षेत्र की बहुसांस्कृतिक पहचान बनाती हैं।

नीति के रूप में बहुसंस्कृतिवाद

'बहुसंस्कृतिवाद' शब्द का इस्तेमाल किसी भी देश के नीतिगत ढांचे को दर्शाने के लिए भी किया जा सकता है। इस तरह की नीति की दो विशेषताएँ हैं:

सबसे पहले, सांस्कृतिक समूह की मांगें— बहुसांस्कृतिक नीति का तात्पर्य जातीय मतभेदों, भाषाई विविधता आदि सहित विभिन्न मानक विशेषताओं से है। इन नीतियों का उद्देश्य उन प्रकार के नुकसानों को ठीक करना है जो ऐसी स्थितियाँ पैदा कर रहे हैं जहाँ कुछ व्यक्ति पीड़ित बन जाते हैं और सांस्कृतिक पहचान को चुनौती देते हैं। उदाहरण के लिए, एक ईसाई देश में एक मुस्लिम व्यक्ति द्वारा सामना की जाने वाली समस्या, और बहुसंख्यक त्योहारों की तुलना में अलग सार्वजनिक छुट्टियों की मांग करना।

दूसरा, किसी व्यक्ति की सांस्कृतिक पहचान—बहुसांस्कृतिक नीतियों का उद्देश्य उनके सांस्कृतिक मतभेदों के परिणामस्वरूप समूहों को प्रदान करना है। दूसरे शब्दों में, बहुसंस्कृतिवाद मानता है कि लोग अलग-अलग जीवन शैली का आनंद लेते हैं और यह समूहों को अपने मतभेदों को आगे बढ़ाने के लिए साधन प्रदान करता है।

बहुसंस्कृतिवाद उन स्थितियों को संदर्भित करता है जिसमें अलग-अलग आदतों, रीति-रिवाजों, परंपराओं, भाषाओं, धर्मों के लोग एक ही स्थानिक आयाम में एक-दूसरे के साथ रहते हैं और अपने मतभेदों को बनाए रखने और इस अंतर को सार्वजनिक रूप से मान्यता देने के लिए तैयार रहते हैं। इसलिए, बहुसंस्कृतिवाद 'पहचान की राजनीति', 'अंतर की राजनीति', 'मान्यता की राजनीति' की अवधारणाओं से निकटता से जुड़ा हुआ है — ये सभी सांस्कृतिक विविधता को पहचान को महत्व देने के साथ-साथ समाज के सभी वर्गों के बीच संचार की उचित मान्यता पर विचार करने की दिशा में एक आवश्यक कदम मानते हैं। कोलंबो (2014) ने बहुसंस्कृतिवाद की अवधारणा के लिए तीन दृष्टिकोणों की पहचान की। ये हैं:

- बहुसंस्कृतिवाद एक मानक मुद्दा है
- बहुसंस्कृतिवाद एक (विरोधी) विचारधारा के रूप में
- बहुसंस्कृतिवाद वर्तमान वैश्विक समाजों की एक विशेषता के रूप में

'एवरीडे मल्टीकल्चरलिज्म' (वाइज एवं वेलायुथम, 2009) और 'एवरीडे अर्बन' (अमीन, 2002) को नई गति मिल रही है, जिसका अर्थ है कि शहरी क्षेत्रों में सांस्कृतिक अंतर की दैनिक बातचीत को सामाजिक नीति चुनौती या मनोवृत्तिगत मुद्दे के रूप में नहीं दर्शाया जाता है, बल्कि यह एक सामाजिक अभ्यास है, जिसे अंतर-सांस्कृतिक संदर्भ में रोजमर्रा की जिंदगी में अनुभव किया जाता है।

बहुसांस्कृतिक समाज

कोई भी बहुसांस्कृतिक समाज विविधता की मांग को नज़रअंदाज़ नहीं कर सकता। आत्मसात करने वालों का मानना है कि एक स्थिर राजनीतिक संरचना एक आम राष्ट्रीय संस्कृति, आम मूल्यों, आदर्शों, नैतिक विश्वासों, समाज के सभी नागरिकों द्वारा साझा की जाने वाली सामाजिक प्रथाओं पर आधारित होती है। हालाँकि नागरिकों के पास अलग-अलग मूल्य और विश्वास होते हैं, लेकिन समाज का हिस्सा बनने के लिए उन्हें आत्मसात करना चाहिए, अन्यथा उन्हें भेदभावपूर्ण व्यवहार का सामना करना पड़ेगा। इसलिए आत्मसात करना सामाजिक व्यवस्था की एक महत्वपूर्ण प्रक्रिया है। अगर अल्पसंख्यक संस्कृतियाँ स्वतंत्र रूप से प्रमुख संस्कृति में आत्मसात करने का फैसला करती हैं, तो उन्हें प्रमुख संस्कृति द्वारा सकारात्मक रूप से स्वीकार किया जाना चाहिए ताकि उनके निर्णयों का सम्मान किया जा सके और साथ ही इन अल्पसंख्यक संस्कृतियों को ऐसा करने का हर अवसर दिया जा सके।

सांस्कृतिक बहुलवाद और बहुसंस्कृतिवाद

सांस्कृतिक बहुलवाद की अवधारणा बहुसंस्कृतिवाद से पुरानी अवधारणा है। इस अवधारणा के साथ "मेल्टिंग पॉट" या आत्मसात और एकीकरण का विचार जुड़ा हुआ है। दूसरे शब्दों में, सभी अल्पसंख्यक संस्कृतियों को मुख्यधारा की संस्कृति में मिलाना सांस्कृतिक बहुलवाद का केंद्रीय विषय है। संयुक्त राज्य अमेरिका को इस अवधारणा के उदाहरण के रूप में उद्धृत किया जा सकता है। दूसरी ओर, बहुसंस्कृतिवाद जातीय और नस्लीय मतभेदों का सम्मान करता है और इस प्रकार इसमें गैर-आत्मसात करने का सिद्धांत शामिल है। यहाँ, "मेल्टिंग पॉट" की अवधारणा को 'सलाद बाउल' द्वारा प्रतिस्थापित किया जाता है जहाँ विभिन्न सांस्कृतिक समूह अपनी विशिष्ट पहचान बनाए रखते हैं। मानव प्रवास की विभिन्न प्रक्रियाएँ और सांस्कृतिक विशेषताओं के संरक्षण के तरीके विभिन्न देशों में सामाजिक-सांस्कृतिक स्थितियों में विविधताओं के उद्भव पर बड़ा प्रभाव डालते हैं। सामाजिक प्रक्रियाएँ अंतर-स्थानिक और अंतरा-स्थानिक अंतर-सांस्कृतिक अंतर बनाने में जोरदार तरीके से काम करती हैं।

बहुसंस्कृतिवाद की घटना से उत्पन्न स्थिति को समझाने के लिए, कनाडाई दार्शनिक विल किमलिका (1995) ने राष्ट्रों के दो समूह 'बहुल राज्य' और 'बहुजातीय राज्य' का सुझाव दिया। 'बहुल राज्य' उन राज्यों को संदर्भित करते हैं जिनमें राष्ट्रीयता समूह होते हैं जो या तो अधिक क्षेत्रीय स्वायत्तता और आत्मनिर्भरता की मांग करते हैं। यह 'आंतरिक उपनिवेशवाद' का उत्पाद है, जो औद्योगीकरण और राष्ट्र निर्माण दोनों से जुड़ी प्रक्रिया है। इसके विपरीत, 'बहुजातीय राज्य' उन राज्यों को संदर्भित करते हैं जो स्वैच्छिक प्रवासियों से बने होते हैं, जो विभिन्न सामाजिक, आर्थिक, राजनीतिक और धार्मिक कारणों से अपनी जन्मभूमि छोड़ते हैं और अधिक अवसरों के लिए दूसरे राष्ट्र को चुनते हैं। ये लोग क्षेत्रीय स्वायत्तता के लिए इच्छुक नहीं हैं, बल्कि वे नई भूमि में अपनी सामाजिक-सांस्कृतिक समावेशिता के बारे में अधिक चिंतित हैं।

समकालीन विश्व में बहुसंस्कृतिवाद के उदाहरण

1. *ब्रिटेन*

औद्योगिक क्रांति के बाद से, पश्चिमी यूरोपीय देश प्रमुख आप्रवासी-प्राप्ति स्थल बन गए। आज भी, वे अपनी जनसंख्या संरचना में कई सांस्कृतिक पहचान प्रदर्शित करते हैं, जो इन देशों के इतिहास से बिल्कुल अलग है। "17वीं और 19वीं शताब्दियों के बीच, विभिन्न पश्चिमी यूरोपीय गंतव्यों से उत्तरी अमेरिका, दक्षिण अमेरिका, अफ्रीका, ऑस्ट्रेलिया और न्यूजीलैंड में औपनिवेशिक प्रवासन काफी था। इस बीच, औद्योगिक क्रांति के दौरान पश्चिमी यूरोप में आने वाले श्रमिक आप्रवासियों की संख्या, मुख्य रूप से पूर्वी यूरोप और उत्तरी अफ्रीका से, प्रवासियों की संख्या से काफी कम थी" (किविस्टो, 2002)। इसके परिणामस्वरूप कई पश्चिमी यूरोपीय देशों में जातीय तनाव पैदा हुआ। उदाहरण के लिए, नॉर्वे एक ऐसा देश है, जहाँ के निवासियों ने अपनी सहिष्णुता और खुलेपन पर गर्व किया है, चिली, वियतनाम, बोस्निया और इराक से विदेशी श्रमिकों के आप्रवासन के परिणामस्वरूप कुछ जातीय तनाव का भी अनुभव किया। जब बाहरी देशों के इन श्रमिकों को रोजगार क्षेत्र में आश्रय और विभेदित वेतन संरचना खोजने में भेदभाव का सामना करना पड़ा, तो उन्हें सरकार से सुरक्षा की आवश्यकता थी, लेकिन देश के कानून उन्हें बचाने में विफल रहे।

द्वितीय विश्व युद्ध की समाप्ति ब्रिटेन के इतिहास में एक महत्वपूर्ण मोड़ थी, जिसके बाद से देश आर्थिक और राजनीतिक गिरावट का सामना कर रहा है। भारत में स्वतंत्रता आंदोलन ने ब्रिटेन के औपनिवेशिक शक्ति के रूप में अंत की शुरुआत की। हालांकि, उसी समय, देश अप्रवासियों के लिए एक बड़ा आकर्षण बन गया, जिसके परिणामस्वरूप दक्षिण पूर्व इंग्लैंड में उच्च आर्थिक विकास हुआ और स्कॉटलैंड और वेल्स में कम आर्थिक समृद्धि हुई। परिणामस्वरूप, इस अवधि के बाद से देश ने दो अलग-अलग आवास (सेपरेट क्वाटर्स) का अनुभव किया। पहला, एक बहुराष्ट्रीय राज्य के रूप में यूके, जहां देश ने बढ़ते राष्ट्रवादी आंदोलन का अनुभव किया और दूसरा, 1950 के दशक की शुरुआत में, कैरिबियन और भारतीय उपमहाद्वीप जैसे राष्ट्रमंडल देशों से आए अप्रवासियों ने देश को पहली बार नस्लीय रूप से मिश्रित बहुजातीय राज्य बनाया। 19वीं और 20वीं सदी के पहले भाग के दौरान ब्रिटेन में अफ्रीकी और एशियाई लोग ध्यान देने योग्य थे। कार्डिफ़, स्वानसी, ब्रिस्टल, लिवरपूल और लंदन जैसे कुछ बंदरगाह शहर, जहाँ ये अश्वेत और एशियाई कम संख्या में केंद्रित थे। इस अवधि के दौरान एक और बड़ा अप्रवासी समूह आयरिश था। आयरिश के अलावा यहूदी, जिप्सी, रूसी और इटालियन भी देश में आए। ये जातीय समूह समाज का सबसे गरीब हिस्सा हैं और लंदन के पड़ोस में श्रमिक वर्ग के सबसे गरीब समूह के रूप में केंद्रित हैं। देश की प्रवासन नीतियों के परिणामस्वरूप, पूरे 20वीं सदी के दौरान नए आप्रवासी लोगों का देश में प्रवेश जारी रहा। इनमें जर्मन और पूर्वी यूरोप के प्रवासी भी शामिल थे।

2. *स्कैंडिनेवियाई देश*

स्वीडन को बहुसांस्कृतिक समाज माना जाता है और जातीय सीमाओं के साथ एक विभाजन है क्योंकि सांस्कृतिक और जातीय मतभेद सामाजिक मतभेद पैदा करते हैं। स्वीडन में, बहुसंस्कृतिवाद '**संरचनात्मक बहुलवाद**' से जुड़ा हुआ है, जो सामाजिक असमानता के एक पैटर्न को संदर्भित करता है जिसे श्रम बाजार में सांस्कृतिक विविधता और जातीय भेदभाव के संदर्भ में समझाया जा सकता है। 2004 में, इस सहस्राब्दी की शुरुआत में शुरू हुई 'नागरिक एकीकरण नीति' को मेजबान समाज की मुख्यधारा में शामिल होने वाले अप्रवासियों के महत्व को दर्शाने के लिए संदर्भित किया गया था। फ़िनलैंड आधिकारिक तौर पर द्विभाषी देश है। यहाँ, सामी को सांस्कृतिक स्वायत्तता प्राप्त है, जहाँ अप्रवासियों के पास काफी व्यापक सांस्कृतिक अधिकार हैं।

3. *चेकोस्लोवाकिया*

चेकोस्लोवाकिया, शुरू से ही एक बहुजातीय देश था, जिसमें दो प्रमुख जातीय समुदाय थे—चेक और स्लोवाक। इन दोनों की कुल आबादी में लगभग 67 प्रतिशत हिस्सा था, जबकि इनमें से आधे से ज़्यादा चेक लोगों का था। शेष 33 प्रतिशत में जर्मन,

यूक्रेनियन, हंगेरियन और बोहेमियन जैसी कई अन्य राष्ट्रीयताएँ शामिल थीं। हालाँकि, यह देश 'कम्युनिस्ट शासन के तहत दो प्रमुख जातीय समुदायों के बीच सामंजस्य के आधार पर एक राष्ट्र के रूप में जीवित रहा' (चटर्जी, 2010)।

द्वितीय विश्व युद्ध के बाद, चेकोस्लोवाकिया एक समाजवादी राज्य के रूप में उभरा और सोवियत राजनीतिक और आर्थिक मॉडल का पालन किया। हालाँकि, 20वीं सदी के आखिरी हिस्से में, इस देश में मुख्य रूप से दो प्रमुख जातीय समुदायों के बीच सामाजिक-राजनीतिक अव्यवस्थाओं की एक श्रृंखला देखी गई।

1990 के चुनाव के बाद, स्लोवाक क्षेत्र में गरीबी और बेरोजगारी की दर चिंताजनक स्तर पर पहुंच गई, जहां बेरोजगारी की दर 13 प्रतिशत थी, जबकि चेक क्षेत्र में बेरोजगारी की दर 2.7 प्रतिशत थी। इसके परिणामस्वरूप स्लोवाक लोगों में चेक के प्रति निराशा और गुस्सा बढ़ गया। इसके अलावा, स्लोवाक लोगों का मानना था कि सभी विकास गतिविधियां चेक क्षेत्र में केंद्रित थीं। इस आर्थिक असमानता को दूर करने के लिए स्लोवाक लोगों ने अपने लिए एक अलग राज्य की मांग शुरू कर दी। जून 1992 के आम चुनाव में चेक क्षेत्र के नेता वाक्लाव क्लॉस जीते जबकि स्लोवाक क्षेत्र से व्लादिमीर मेसियार जीते। हालांकि, इन दोनों नेताओं और राष्ट्रपति के बीच लंबी राजनीतिक घटनाओं और बातचीत के बाद, देश को दो हिस्सों में विभाजित करने का निर्णय लिया गया। 31 दिसंबर 1992 को दो अलग-अलग राज्यों का जन्म हुआ—चेक गणराज्य और स्लोवाकिया।

4. *ब्राज़ील*

ब्राज़ील जातीय रूप से विविधतापूर्ण देश है। यह दुनिया का पाँचवाँ सबसे बड़ा देश है और दक्षिण अमेरिका के आधे हिस्से पर इसका कब्ज़ा है। ब्राज़ील जलवायु, वनस्पति, जातीयता, भाषा, भोजन, आर्थिक विकास और कई अन्य मामलों में अत्यधिक विविधतापूर्ण है। इसकी अधिकांश संस्कृति पुर्तगाली सांस्कृतिक प्रभाव के भीतर कई अलग-अलग सभ्यताओं के एकीकरण का परिणाम है। पुर्तगाली प्रभाव के बाद, ब्राज़ील की संस्कृति पर मूल लोगों (भारतीयों) का प्रभुत्व था, जिन्हें उपनिवेशवादियों ने खोजा था। ये मूल लोग सैकड़ों जातीय समूहों में विभाजित थे। ये समूह ब्राज़ील की संस्कृति पर प्रभावशाली थे जिसे पुर्तगाली औपनिवेशिक समाज ने एक नए प्रकार के भोजन, पारंपरिक चिकित्सा और शब्दावली से समृद्ध किया।

सांस्कृतिक प्रभाव की अगली लहर बड़ी संख्या में अफ्रीकियों से आई, जिन्हें गुलाम बनाकर लाया गया था। पहले से मौजूद समाज में संगीत, धार्मिक समन्वय जैसे कई महत्वपूर्ण चरित्र जोड़े गए जो आज भी ब्राज़ील में पाए जाते हैं। सांस्कृतिक प्रभाव की तीसरी लहर यूरोपीय और एशियाई प्रवासियों से आई, जो जर्मनी, इटली, स्पेन सहित यूरोप के कई देशों और जापान, सीरिया, लेबनान आदि सहित एशिया के कई देशों से आए थे। 19वीं सदी में अपने प्रवेश के बाद इन प्रवासियों ने कृषि का अधिकांश हिस्सा अपने हाथ में ले लिया। इस प्रकार, देश की विकासात्मक योजना में यह एक महत्वपूर्ण मुद्दा है कि अफ्रीकी और एशियाई-यूरोपीय प्रवासियों और देश की आबादी का गठन करने वाले मूल इंडियन लोगों के बीच बेहतर समझ कैसे विकसित की जाए। ब्राज़ील की सांस्कृतिक विविधता को अब देश के एक महत्वपूर्ण चरित्र के रूप में देखा जाता है।

बहुसंस्कृतिवाद और नस्लवाद

बहुसंस्कृतिवाद और नस्लीयकरण के बीच घनिष्ठ संबंध है। अपनी शुरुआत से ही, बहुसंस्कृतिवाद का मुद्दा नस्लीय था। "काफी हद तक, बहुसंस्कृतिवाद की उत्पत्ति उन आबादी के जवाब में हुई है जो पहले यूरोप के उपनिवेशों में रहती थी और जिन्हें आम तौर पर जन्मजात रूप से निम्न नस्ल माना जाता था। और यह अभी भी आम बात है, खासकर ब्रिटेन में, 'बहुसांस्कृतिक' को परस्पर विनिमय योग्य वर्णन के रूप में इस्तेमाल करना, हालांकि जर्मनी में नाजी काल के नस्लवादी दुःस्वप्न ने एक सार्वजनिक चर्चा को जन्म दिया था, जिसमें कम से कम आधिकारिक तौर पर 'विदेशी' (ऑसलैंडर) के संदर्भ में मुद्दों पर बहस हुई थी" (रत्तांसी, 2011)।

वैश्वीकरण ने घरेलू और अंतर्राष्ट्रीय दोनों स्तरों पर जनसंख्या की गतिशीलता और प्रवास की प्रवृत्ति को बढ़ाया है। बहुसंस्कृतिवाद के बारे में बहस हाल के दशकों में दुनिया के प्रवास संबंधी मुद्दों के साथ-साथ मुख्य रूप से चिंतित रही है। इस संबंध में, अधिकांश चर्चाएँ पश्चिमी यूरोप और यूएसए में हाल के आप्रवासियों के इर्द-गिर्द घूमती हैं और कुछ हद तक बहुसांस्कृतिक दृष्टिकोण से अल्पसंख्यकों से भी संबंधित हैं। इतिहास दुनिया भर में श्रम प्रवास की लंबी और क्रमिक प्रक्रिया के परिणामस्वरूप विकसित विभिन्न प्रकार के जातीय अल्पसंख्यक समूहों के बारे में बताता है। लेकिन चरित्र और प्रवास व्यवहार समय-समय पर भिन्न होता है। उदाहरण के लिए, कुछ उप-राज्य राष्ट्रीय अल्पसंख्यक जैसे, कनाडा में क्यूबेक, यूके में स्कॉट्स और वेल्श, स्पेन में कैटलन और बास्क, बेल्जियम में फ्लेमिश आदि की हाल के आप्रवासियों जैसे–यूके में पाकिस्तानियों और बांग्लादेशियों, नीदरलैंड में मोरक्को या जर्मनी में तुर्कों से अलग विशेषताएं हैं।

वैसे तो नस्ल की अवधारणा पुरानी है और प्राचीन काल से ही किसी भी देश की जनसंख्या विशेषताओं को निर्धारित करने में प्रभावशाली रही है। नस्लीय मतभेद कई समाजों में और विभिन्न अवधियों में विभिन्न मुद्दों की तीव्रता के साथ चर्चा का विषय बने हुए हैं। नस्ल शब्द का इतिहास बहुत पुराना है, लेकिन 'नस्लवाद' शब्द द्वितीय विश्व युद्ध के बाद ही सामाजिक वैज्ञानिकों के बीच चर्चा में आया। रूथ बेनेडिक्ट (1983) ने नस्लवाद को विरासत में मिली जैविक विशेषताओं के आधार पर एक नस्ल की दूसरी नस्ल पर श्रेष्ठता के रूप में परिभाषित किया। "1948 के मानवाधिकारों की सार्वभौमिक घोषणा ने एक नए युग की शुरुआत की, जिसने सिद्धांत रूप से नस्लीय, राष्ट्रीय और जातीय श्रेष्ठता और हीनता के 1945 से पहले के विचारों से खुद को अलग कर लिया, जो नाज़ियों द्वारा चित्रित और विशेष रूप से पहचाने जाते थे, जिनके खिलाफ पश्चिमी सहयोगियों ने हिटलर के जर्मनी के साथ अपने युद्ध में लड़ाई लड़ी थी" (रत्तानसी, 2011)।

नया नस्लवाद

21वीं सदी में, बदलती राजनीतिक और सामाजिक-आर्थिक स्थितियों के कारण नस्लवाद की परिभाषा बदल गई है। माइकल बैंटन (1988) का तर्क है कि 'नस्लवाद' शब्द का इस्तेमाल 'नस्लीय श्रेष्ठता के जैविक रूप से आधारित दावों' का वर्णन करने के लिए किया जाता है। बैंटन के विपरीत, मार्टिन बार्कर (1981) का तर्क है कि, 'नस्लवाद' ने अपना रूप बदल लिया है और एक अलग रूप ले लिया है। उनके अनुसार, यह नया रूप नए नस्लवाद के रूप में सामने आया है, जो जैविक श्रेष्ठता-हीनता की अवधारणा के बजाय मनुष्यों के सांस्कृतिक अंतर पर आधारित है। इस नए नस्लवाद में, नस्लवाद की अवधारणा का महत्व समकालीन सामाजिक सोच में अतिरंजित है क्योंकि इसमें समाज के सांस्कृतिक तत्व शामिल हैं। इसलिए, इस 'नए नस्लवाद की अवधारणा' में सांस्कृतिक अंतर महत्वपूर्ण हैं। इस प्रकार हम वास्तव में कह सकते हैं कि, "वस्तुतः सभी उदार लोकतंत्रों में कुछ हद तक जातीय विविधता होती है। इसलिए, उन सभी को 'बहुसांस्कृतिक' के रूप में वर्णित किया जा सकता है। लेकिन जातीय विविधता के पैटर्न देशों के बीच नाटकीय रूप से भिन्न होते हैं, और ये भिन्नताएँ अल्पसंख्यक संस्कृतियों के दावों को समझने में महत्वपूर्ण हैं" (किमलिका और कोहेन-अल्मागोर, 2005)।

बहुसंस्कृतिवाद और संकर संस्कृति

वैश्वीकरण और शहरीकरण के इस युग में, दुनिया के अधिकांश क्षेत्रों में विभिन्न सांस्कृतिक समूहों का बड़े पैमाने पर आत्मसात किया जा रहा है और हर देश को अपनी सीमाओं के भीतर सांस्कृतिक विविधता के बड़े पैमाने को स्वीकार करने के लिए मजबूर होना पड़ रहा है। ये राष्ट्र-राज्य जातीय बहुलवाद और जातीय सांस्कृतिक पहचान की विविधता को अपनी राष्ट्रीय नीति के एक हिस्से के रूप में स्वीकार करते हैं। इस राजनीति को बहुसंस्कृतिवाद कहा जाता है जिसमें विभिन्न अल्पसंख्यक संस्कृतियों को

प्रमुख सांस्कृतिक समूह द्वारा अपनाया जाता है, संस्कृतियों की मोज़ेक बनाने के लिए हर सांस्कृतिक विशेषताओं को बनाए रखा जाता है। प्रत्येक संस्कृति को अलग और विशिष्ट के रूप में पहचाना जाता है लेकिन सांस्कृतिक लोकाचार में अंतर के लिए मूल्य और सम्मान दिखाया जाता है। हालांकि बहुसंस्कृतिवाद की अवधारणा सह-अस्तित्व में विश्वास करती है लेकिन अक्सर इसका परिणाम पृथक्करण और घेट्टोकरण/यहूदी बस्ती में होता है।

संकरता वह अवधारणा है, जिसके द्वारा संस्कृति के बारे में अधिक प्रगतिशील विचार विकसित किए जाते हैं। यह सांस्कृतिक विविधता के बारे में सोचने का एक शक्तिशाली तरीका है और जातीयता, भाषा, धर्म, विचार, मूल्य आदि जैसे व्यक्तिगत गुणों का प्रतिनिधित्व भी करता है। संकरता उस स्थिति को संदर्भित करती है, जहाँ विभिन्न संस्कृतियाँ एक साथ मिलकर कुछ नया बनाती हैं। इस प्रक्रिया का एक लंबा ऐतिहासिक प्रक्षेपवक्र है, लेकिन 20वीं सदी के अंत में इसे लोकप्रिय बनाया गया। यह अवधारणा एक अन्य क्षेत्र में लोकप्रिय है, जिसे लोकप्रिय संस्कृति के रूप में जाना जाता है। उदाहरण के लिए, यहाँ लोकप्रिय संगीत का हवाला दिया जा सकता है। नई ध्वनियों और लय को बनाने के लिए विभिन्न शैलियों, गीतों, संगीत वाद्ययंत्रों आदि के मिश्रण का उपयोग किया जाता है।

ब्रिटिश भांगड़ा संकरता का एक उदाहरण है। यह पंजाब के लोक नृत्यों और गीतों के अधिक पारंपरिक रूपों से विकसित हुआ है। 1960 के दशक के उत्तरार्ध में, लोक नृत्यों का यह रूप भारत से लोगों के प्रवास के साथ ब्रिटेन में आया। ब्रिटिश-भांगड़ा 1980 के दशक के मध्य में दूसरी पीढ़ी के दक्षिण-एशियाई ब्रिटिश संगीतकारों के बीच मुख्य रूप से बर्मिंघम और पश्चिमी लंदन में उभरा। इस प्रकार के नृत्य ने युवाओं के कुछ समूहों के बीच बहुत लोकप्रियता हासिल की है। इस प्रकार, नृत्य का यह रूप संकर सांस्कृतिक संरचनाओं का एक उदाहरण है जिसे आप्रवासी समुदायों की सामाजिक, सांस्कृतिक और राजनीतिक प्राप्ति के लिए महत्वपूर्ण माना जाता है।

पृथक्करण

पृथक्करण का तात्पर्य लोगों के समूहों के उनके सामाजिक ढांचे और सांस्कृतिक विशेषताओं के आधार पर अलग-अलग स्थानों से है। अलगाव का सबसे प्रसिद्ध प्रकार स्थानिक या आवासीय अलगाव है जो शहर के पड़ोस में सामाजिक समूहों के अलग-अलग स्थानों को संदर्भित करता है। इस अवधारणा को अर्नेस्ट बर्गेस के कार्यों के माध्यम से विकसित किया गया था, जिन्होंने मॉडल में अलगाव के पैटर्न और स्तरों को मापा था।

स्थानिक पृथक्करण

उत्तरी अमेरिका में इसका व्यापक रूप से अध्ययन किया गया है, जहाँ शिकागो, न्यूयॉर्क आदि जैसे शहरों में पृथक्करण के कुछ भौतिक रूप आसानी से देखे जा सकते हैं। 'घेट्टोकरण' और 'उच्च-पृथक्करण' इन शहरों में सांस्कृतिक अलगाव की सबसे स्पष्ट अभिव्यक्ति हैं। सामाजिक विज्ञान शोधकर्ताओं द्वारा स्थानिक अलगाव का वर्णन करने के लिए कुछ शब्दावली और अवधारणाएँ विकसित की गई हैं, ये हैं:

यहूदी बस्ती (घेट्टो): मार्क्यूज़ (1997) के अनुसार, घेट्टो एक स्थानिक रूप से संकेन्द्रित क्षेत्र है जिसका उपयोग एक विशेष रूप से अनैच्छिक रूप से परिभाषित आबादी को अलग करने और सीमित करने के लिए किया जाता है, जिन्हें प्रमुख समाज द्वारा हीन माना जाता है। इसे बाहरी रूप से नस्लीय, जातीय या विदेशी (मार्क्यूज़, 1997, 2001) के रूप में परिभाषित किया जाता है। 1960 के दशक में पहली बार नृविज्ञान के क्षेत्र में विकसित, घेट्टो की अवधारणा मानव विकृति और संस्कृति में निहित अंतर-पीढ़ीगत

गरीबी द्वारा निर्मित स्थिति को संदर्भित करती है। दूसरे शब्दों में, घेट्टो वे स्थान हैं जो कलंक का सामना करते हैं और घेट्टो में रहने वाले अल्पसंख्यक स्वेच्छा से अलग होने का विकल्प नहीं चुनते हैं और उनका इस बात पर बहुत कम प्रभाव पड़ता है कि दूसरे लोग उन्हें कैसे देखते हैं। वर्तमान में, इस शब्द का उपयोग किसी भी संस्कृति समूह जैसे आप्रवासी यहूदी बस्ती, छात्र यहूदी बस्ती, कलात्मक यहूदी बस्ती आदि के स्थानिक संकेन्द्रण का वर्णन करने के लिए भी किया जाता है।

इस शब्द की ऐतिहासिक जड़ें रोमनों द्वारा यहूदियों पर किए गए अत्याचारों से जुड़ी हैं, क्योंकि ईसाई धर्म के प्रसार के साथ-साथ यहूदियों को मुख्यधारा के समाज से अलग-थलग कर दिया गया और इस कारण कई यूरोपीय शहरों में यहूदी बस्तियों का निर्माण हुआ। चूंकि 19वीं शताब्दी के दौरान ये यहूदी बस्तियाँ पूरे यूरोप में फैली हुई थीं, इसलिए इस शब्द का इस्तेमाल तब से बनी सभी शहरी बस्तियों के लिए एक मॉडल के रूप में किया जाने लगा, जैसे कि अमेरिका में बनी अफ्रीकी-अमेरिकी बस्तियाँ। बस्तियों के चरित्र में निर्माण के कारण और स्थान के आधार पर भिन्नताएँ दिखाई दीं।

अति-यहूदी बस्ती: यहूदी बस्तियाँ वे स्थान हैं, जहाँ सामाजिक और आर्थिक हाशिए पर हैं, शहरी गरीबों में आम है। कुछ शोधकर्ताओं ने मुख्य कारण के रूप में ग़रीबी और यहूदी बस्तियों की सामाजिक शिथिलता पर अधिक ज़ोर दिया, जबकि विल्सन एड वाक्वांट (1989) जैसे कुछ अन्य शोधकर्ताओं ने तर्क दिया कि बेरोज़गारी और आर्थिक बहिष्कार के कारण अवसरों का नुकसान 'हाइपर-घेटोइज़ेशन' के लिए अधिक महत्वपूर्ण है। यह ग़रीबी का एक सामाजिक और स्थानिक संकेन्द्रण है जिसके साथ नौकरियों का नुकसान होता है और साथ ही साथ आवास, स्वास्थ्य सेवा, स्कूल, व्यवसाय, मनोरंजक सुविधाएँ और सामुदायिक संगठनों में गिरावट आती है, जो कि औद्योगिकीकरण के कारण होता है।

एन्क्लेव: एन्क्लेव की अवधारणा एक अलग मूल बिंदु का सुझाव देती है क्योंकि यह एक विशेष जनसंख्या समूह के सदस्यों की सांद्रता को संदर्भित करता है, जो जातीय, धार्मिक या अन्य सांस्कृतिक चरित्र द्वारा स्व-परिभाषित होते हैं, जो अपने आर्थिक, सामाजिक, राजनीतिक और सांस्कृतिक विकास को बढ़ाने के लिए एकत्र होते हैं। कॉन्क्लेव में स्थानिक अलगाव स्वैच्छिक है और अल्पसंख्यक समूह के लिए फायदेमंद है क्योंकि यह उन्हें अपनी सामाजिक एकता और सांस्कृतिक मूल्यों को बनाए रखने की अनुमति देता है।

गढ़: गढ़ एक स्थानिक रूप से केंद्रित क्षेत्र है, "जहां एक विशेष समूह के सदस्य रहते हैं। जनसंख्या समूह, अपने पड़ोसियों के संबंध में शक्ति, धन या स्थिति में श्रेष्ठता की स्थिति से परिभाषित, उस स्थिति की रक्षा, प्रदर्शन और वृद्धि के साधन के रूप में समूह बनाते हैं" (मार्कस, 2001)। अर्थात्, गढ़ में स्थानिक अलगाव स्वैच्छिक है और वर्ग भेदभाव पर आधारित है जो जाति या जातीय-नस्लीय भेदभाव के साथ ओवरलैप हो सकता है।

अलीगढ़ शहर में किए गए एक अध्ययन में, गैलोनियर (2015) ने दिखाया कि, इस शहर में मुस्लिम उच्च वर्ग के आवासीय विकल्पों को स्थानिक अलगाव के एक अच्छे उदाहरण के रूप में उद्धृत किया जा सकता है। यहाँ, हिंदू-मुस्लिम दंगों का खतरा इन उच्च वर्ग के मुसलमानों को सजातीय मोहल्लों (यहूदी बस्ती) में अलग-थलग रहने के लिए मजबूर करता है। उनका अलगाव इस्लामी माहौल (एन्क्लेव) में रहने की वास्तविक इच्छा से उपजा है। ये उच्च वर्ग के मुसलमान अपने गरीब सह-धर्मियों (गढ़) से सामाजिक-स्थानिक भेदभाव की एक तीव्र प्रक्रिया से गुजरते हैं। इसलिए, मजबूरी में अलगाव, आत्म-एकत्रीकरण और सामाजिक दूरी की ये प्रक्रियाएँ धार्मिक और वर्गीय आधार पर एक विशेष प्रकार की स्थानिक एकाग्रता की ओर ले जाती हैं।

सामाजिक ध्रुवीकरण और जेंट्रीफिकेशन: सामाजिक ध्रुवीकरण वैश्विक शहरों के लिए आर्थिक पुनर्गठन का परिणाम है जो उच्च प्रोफ़ाइल और उच्च वेतन वाली नौकरियों के साथ-साथ सृजन करता है साथ ही उत्पादक सेवाओं के क्षेत्र में विस्तार करते हुए निम्न स्तर के कार्यों की एक साथ वृद्धि भी करता है। यह सुरक्षित और औसत वेतन वाली नौकरियों के नुकसान की भी विशेषता है। यह सामाजिक ध्रुवीकरण स्थानिक ध्रुवीकरण की ओर भी ले जाता है। इसका एक उदाहरण जेंट्रीफिकेशन को बढ़ावा देने का तंत्र है। यह

विऔद्योगीकरण से प्रभावित शहरी क्षेत्रों को फिर से तैयार करने का तरीका है, जहाँ उच्च आय वाले निवासियों को आकर्षित करने और कम आय वाले निवासियों को दूर करने के लिए भूमि का उपयोग किया जाता है (मालौतास और फुजिता, 2012)।

जेंट्रीफिकेशन को अक्सर पड़ोस के परिवर्तन के रूप में परिभाषित किया जाता है। यह परिवर्तन स्थान की स्थिति को कम मूल्य से उच्च मूल्य में बदलने के संदर्भ में होता है। इस परिवर्तन में लंबे समय से रहने वाले निवासियों और व्यवसायों के विस्थापन का कारण बनने की क्षमता है। विस्थापन तब होता है जब लंबे समय से रहने वाले या मूल पड़ोस के निवासी उच्च किराए, बंधक और संपत्ति करों के कारण जेंट्रीफाइड क्षेत्र से चले जाते हैं। जेंट्रीफिकेशन में आवास, आर्थिक और स्वास्थ्य संबंधी मुद्दों की बदलती स्थिति शामिल होती है जो समुदाय के इतिहास और संस्कृति को प्रभावित करती है और सामाजिक पूंजी को कम करती है। यह अक्सर पहले से खराब हो चुके पड़ोस में नई दुकानें और संसाधन जोड़कर पड़ोस की विशेषताओं (जैसे, नस्लीय/जातीय संरचना और घरेलू आय) को बदल देता है।

"पड़ोस पुनरोद्धार" के रूप में जेंट्रीफिकेशन को गरीब आंतरिक शहर के पड़ोस के निवासियों के सामाजिक बहिष्कार को कम करने और विभिन्न वर्गों और जातीय समूहों के बीच सामाजिक मिश्रण और सामाजिक संपर्क के बढ़ते स्तरों को कम करने के लिए तेजी से आगे बढ़ाया जा रहा है। फिर भी जेंट्रीफिकेशन साहित्य यह भी सुझाव देता है कि इस प्रक्रिया से सामाजिक संघर्ष में वृद्धि हो सकती है, गरीब निवासियों का अन्यत्र निम्न गुणवत्ता वाले आवासों में विस्थापन हो सकता है, और अंततः सामाजिक ध्रुवीकरण हो सकता है (वॉक और मारानेन, 2008)।

गेटेड समुदाय: इसके साथ एक और अवधारणा जुड़ी हुई है गेटेड समुदाय, जिसमें 'सामुदायिक रूप से सहमत व्यवस्था' शामिल है जो सेवा के लिए पैसे वसूलने की अनुमति देती है। यह अवधारणा 1990 के दशक में 'शोध का विषय' बन गई है क्योंकि सामाजिक वैज्ञानिक कई शहरों में गेटेड समुदायों के विकास को देख रहे हैं। ये अब शहरों के सांस्कृतिक परिदृश्य के विकास में एक विशेष स्थान पर हैं। हालाँकि, कुछ शोधकर्ता इस शब्द को 'गेटेड समुदायों' के बजाय 'गेटेड आवासीय विकास' या 'कॉन्डोमिनियम' के रूप में लागू करना पसंद करते हैं।

गेटेड समुदायों के विस्तार के पीछे कई कारक जिम्मेदार हैं — (क) संरचनात्मक और (ख) व्यक्तिपरक कारण। संरचनात्मक कारणों में सबसे महत्वपूर्ण है अर्थव्यवस्था का वैश्वीकरण, जिसके कारण शहरी सामाजिक असमानताएँ बढ़ रही हैं। संरचनात्मक कारणों के अंतर्गत एक और कारक शहरी हिंसा में वृद्धि और सुरक्षा का निजीकरण है। दूसरी ओर, व्यक्तिपरक कारणों को व्यक्ति की इच्छाओं, हितों और अवसरों के परिणामस्वरूप माना जाता है। इसके अंतर्गत पाँच बिंदु हैं—अपराध का बढ़ता डर, बेहतर जीवनशैली की तलाश, समुदाय की भावना की इच्छा, सामाजिक एकरूपता की तलाश और विशेष सामाजिक समूहों के भीतर उच्च सामाजिक स्थिति और सामाजिक भेद की आकांक्षाएँ (रोइटमैन, 2010)।

सांस्कृतिक अलगाव (पृथक्करण)

सांस्कृतिक विशेषताओं पर आधारित अलगाव को सांस्कृतिक अलगाव कहा जाता है। सांस्कृतिक विभाजन आमतौर पर भाषा, रीति-रिवाजों, पोशाक, स्थापत्य शैली, भोजन आदि में अंतर पर आधारित होते हैं। इनमें जातीयता, राष्ट्रीयता, नस्लीय पृष्ठभूमि, धार्मिक विश्वास, जीवन शैली, आदिवासी मूल आदि के आधार पर विभाजन भी शामिल हो सकते हैं। जबकि इनमें से कुछ पैरामीटर सही मायने में 'सांस्कृतिक' हैं, अन्य हेरफेर, कार्यात्मक या स्थिति विभाजन, शक्ति के संबंध, आर्थिक उत्पादन आदि के उत्पाद हो सकते हैं।

सांस्कृतिक अलगाव के लिए कई कारक जिम्मेदार हैं। इनमें जातीय और धार्मिक आवश्यकताएं, भाषा, सामाजिक-आर्थिक स्थिति, सामाजिक-सांस्कृतिक आवश्यकताओं के लिए प्राथमिकताएं आदि शामिल हैं। सामान्य तौर पर, स्थान के परिणामों पर इन कारकों के प्रभाव को दो श्रेणियों में वर्गीकृत किया जा सकता है:

1. स्व-मण्डलीकरण: यह तीन स्थितियों में होता है, ये हैं:

(क) जब किसी विशेष सांस्कृतिक मूल्यों (या उदाहरण के लिए जातीयता) के व्यक्ति, परिवार या समूह के पास सामाजिक, सांस्कृतिक और आर्थिक कारणों से समान सांस्कृतिक मूल्यों (समान जातीय समूह या धार्मिक समूह) के अन्य लोगों के साथ रहने के लिए अधिक विकल्प होते हैं। उदाहरण के लिए, समूह के सदस्यों के बीच आपसी सहयोग के लिए एकत्रीकरण होता है। यह स्थिति स्व-संगठन बनाती है क्योंकि लोगों को उन लोगों से मदद और समर्थन लेने की अधिक संभावना होती है जो समान सांस्कृतिक या भाषाई पृष्ठभूमि या धार्मिक विश्वासों को साझा करते हैं क्योंकि एक दूसरे के बीच संचार उनकी गतिविधियों के लिए अधिक उपयुक्त कारक है।

(ख) जब सांस्कृतिक संरक्षण आवश्यक हो जाता है, तो लोग एकत्र होते हैं और स्व-संगठन की स्थिति उत्पन्न होती है। अपने सांस्कृतिक मूल्यों, विश्वासों और सांस्कृतिक विशेषताओं को संरक्षित करने के लिए लोग खुद को अन्य समूहों से अलग कर लेते हैं।

(ग) जब एकजुटता बनाने की इच्छा अल्पसंख्यकों को भी समूह में शामिल होने के लिए प्रेरित करती है। अल्पसंख्यक समूहों के सदस्य क्षेत्र के प्रमुख समूहों से खुद को और अपनी संस्कृतियों की रक्षा के लिए एक साथ इकट्ठा हो सकते हैं (नॉक्स और पिंच, 2010)।

कॉलोनियाँ और एन्क्लेव स्व-समूहन के उदाहरण हैं। कॉलोनियाँ अपेक्षाकृत छोटी और अस्थायी प्रकृति की होती हैं जहाँ सांस्कृतिक समूह के सदस्य नए वातावरण में प्रवेश करने पर अस्थायी सहायता चाहते हैं। दूसरी ओर, 'एन्क्लेव' शहरों के कुछ हिस्सों में वे क्षेत्र हैं, जो समूह के सदस्यों के बीच एकता से निर्धारित होते हैं। उदाहरण के लिए, अमेरिकी शहरों में आयरिश, इतालवी, पोलिश, जर्मन समुदायों को आमतौर पर 'एन्क्लेव' माना जाता है।

2. जबरन अलगाव: एक सामाजिक-राजनीतिक मुद्दे के रूप में, जबरन अलगाव ने अधिक ध्यान आकर्षित किया। सामाजिक विज्ञान शोधकर्ताओं के बीच। कभी-कभी बाहरी सामाजिक ताकतों या आर्थिक सीमाओं के कारण अलगाव होता है। विशेष जातीय चरित्र, नस्लीय पृष्ठभूमि या धार्मिक विश्वास वाले संस्कृति समूहों को अक्सर बहुसंख्यक समूहों द्वारा भेदभाव या बहिष्कृत किया जाता है। नतीजतन, ऐसे संस्कृति समूहों को कम गुणवत्ता वाले जीवन स्थितियों वाले क्षेत्रों में इकट्ठा होने के लिए मजबूर होना पड़ता है।

लोगों की ऐसी सघनता को जबरन अलगाव कहा जाता है और यह प्रतिकूल स्थिति उत्पन्न करता है क्योंकि क्षेत्र के प्रमुख सांस्कृतिक समूह के साथ सामाजिक संपर्क और संचार की कमी होती है। कई अमेरिकी शहरों में 'घेट्टो' शहर के केंद्र हैं जो इस प्रकार के उदाहरण हैं। इन क्षेत्रों में अफ्रीकी-अमेरिकी या हिस्पैनिक-अमेरिकी अल्पसंख्यक रहते हैं। रहने की स्थिति, सहायक बुनियादी ढाँचा, भौतिक और सामाजिक वातावरण निम्न गुणवत्ता के हैं। इन क्षेत्रों में गरीबी और बेरोजगारी की दर बहुत अधिक है।

सांस्कृतिक अलगाव/पृथक्करण की प्रक्रियाएँ

आम तौर पर, सांस्कृतिक अलगाव की प्रक्रिया जटिल होती है जिसमें सांस्कृतिक समूह के सदस्यों की प्राथमिकताएँ, बाहरी सामाजिक बहिष्कार, सांस्कृतिक समूहों की सामाजिक-आर्थिक स्थिति, श्रम बाज़ार की आवश्यकताएँ, राजनीतिक निर्णय और नीतियाँ जैसे कारक शामिल होते हैं। मैसी और डेंटन (1988) ने पाँच आयाम विकसित किए जो सामान्य रूप से सांस्कृतिक अलगाव और विशेष रूप से जातीय अलगाव के स्थानिक आयाम का वर्णन करते हैं। ये हैं:

(i) **समता:** यह एक क्षेत्र में दो संस्कृति समूहों के विभेदक वितरण को संदर्भित करता है। शहर में अल्पसंख्यक समूह को अलग-थलग माना जाता है यदि यह असमान रूप से वितरित है।

(ii) **एक्सपोजर:** यह अल्पसंख्यक और बहुसंख्यक संस्कृति समूह में संभावित संपर्क, बातचीत की डिग्री को संदर्भित करता है।

(iii) **संकेन्द्रण:** यह अल्पसंख्यक और बहुसंख्यक समूह द्वारा शहर में घेरे गए स्थान को संदर्भित करता है।

(iv) **केंद्रीकरण:** शहरी क्षेत्र के केन्द्र के पास केन्द्रित, यह वह डिग्री है जिस तक संस्कृति समूह स्थानिक रूप से संकेद्रित है।

(v) **क्लस्टरिंग:** अल्पसंख्यक समूहों द्वारा प्रदर्शित स्थानिक समूहन की डिग्री को संदर्भित करता है।

समकालीन विश्व में बहुसांस्कृतिक मुद्दों के कुछ उदाहरण

बहुसंस्कृतिवाद एक ऐसा दृष्टिकोण है जो किसी क्षेत्र के भीतर विभिन्न सांस्कृतिक मूल्यों, विश्वासों, प्रथाओं, परंपराओं और अन्य विशेषताओं को समायोजित करता है। किसी भी राष्ट्र का प्रमुख जातीय समूह अल्पसंख्यक समूहों के प्रभाव की उपेक्षा या उसे कम करके देश के सामाजिक-आर्थिक और राजनीतिक परिदृश्य पर हावी होता था। हालाँकि, कुछ अल्पसंख्यक समूह अपने इतिहास को सुर्खियों में लाने और देश के विकास में अपने योगदान के बारे में सभी को समझाने के लिए अपने स्वयं के राष्ट्रवाद की भावना को बढ़ावा देते हैं। उदाहरण के लिए, नॉर्वे में सामी लोगों ने राष्ट्रवाद की भावना विकसित की है। उनकी मातृभूमि राष्ट्रीय सीमाओं के पार स्वीडन, फ़िनलैंड और उत्तरी रूस तक फैली हुई है जहाँ ये लोग दर्ज समय से पहले से रह रहे थे। 17वीं शताब्दी के दौरान, वे राष्ट्रों के कृषि और व्यापारिक समुदायों के साथ संघर्ष में आ गए। बाद के वर्षों में, हालाँकि उनकी अपनी मूल सांस्कृतिक विशेषताएँ कुछ हद तक फीकी पड़ गईं, लेकिन कुछ मायनों में ये स्पष्ट रूप से यूरोप में मेजबान संस्कृतियों के साथ मिश्रित हैं।

वास्तव में, जातीय रूप से शुद्ध राष्ट्र का अस्तित्व मूलतः दुर्लभ है, और यह निरन्तर बढ़ता जा रहा है। धर्मों, भाषाओं और जीवन-शैली की बहुलता आजकल एक आम विशेषता बन गई है। पश्चिमी समाजों की बढ़ती सांस्कृतिक विविधता की अभिव्यक्ति बहुसंस्कृतिवाद की अवधारणा में परिणत होती है। तकनीकी विकास और सूचना प्रौद्योगिकी तथा वैश्वीकरण के प्रसार के कारण, न केवल प्रथम विश्व के देश, बल्कि लगभग सभी राष्ट्र बहुसंस्कृतिवाद की कमोबेश विशिष्ट विशेषताओं का अनुभव कर रहे हैं।

भारत के उत्तर-पूर्वी राज्यों में भाषाई अलगाव अधिक संवेदनशील बना हुआ है। चार उत्तर-पूर्वी राज्यों में गैर-अनुसूचित भाषा समूहों के लोगों की बड़ी संख्या है। इससे इन राज्यों के प्रमुख अनुसूचित भाषाओं और अल्पसंख्यक गैर-अनुसूचित भाषाओं के बोलने वालों के बीच तनाव पैदा हो गया है।

भारत एक बहुसांस्कृतिक पहचान है

भारत दुनिया का सबसे अधिक आबादी वाला देश है। यह कुल भूमि क्षेत्र का लगभग 2.4 प्रतिशत और दुनिया की कुल आबादी का 17.7 प्रतिशत हिस्सा घेरता है। भारत की जनसंख्या अद्वितीय सामाजिक, आर्थिक, भौगोलिक, सांस्कृतिक और पारिस्थितिक स्थिति की विशेषता है। देश के समृद्ध और लंबे इतिहास ने देश की सामाजिक-सांस्कृतिक स्थिति के विकास और वृद्धि को प्रभावित किया है। इस देश का इतिहास 5000 से अधिक वर्षों का है। सांस्कृतिक विरासत आर्य समुदाय से जुड़ी हुई है, जो हिमालय और उसके पार आए थे और मूल द्रविड़ जो किसी भी आक्रमणकारी के आने से पहले यहाँ के प्राथमिक निवासी थे। घरों

के प्रकार, बस्तियों का स्वरूप, नगर नियोजन — सभी लोगों की सामाजिक, सांस्कृतिक और आर्थिक विविधताओं से प्रभावित हैं। इस देश में मानव सभ्यता की शुरुआत से ही ग्रामीण, शहरी और अर्ध-शहरी इलाकों में रहने के पैटर्न समय के साथ विकसित हुए हैं। हालाँकि, विविधता विभिन्न नस्लों, धर्मों, जातियों, आदिवासी समूहों, भाषाओं, सामाजिक रीति-रिवाजों, सांस्कृतिक विश्वासों, उप-सांस्कृतिक अनुष्ठानों, राजनीतिक दर्शन और विचारधाराओं के अस्तित्व के माध्यम से देखी जाती है। निम्नलिखित क्षेत्रों में विविधताएँ पाई जाती हैं:

1. भाषाएँ: हालाँकि भारत के संविधान ने 22 प्रमुख भाषाओं को मान्यता दी है अनुसूचित भाषाएँ तो हैं, लेकिन हमारे देश में 1600 से ज़्यादा भाषाएँ बोली जाती हैं। सभी भाषाओं को अनुसूचित और गैर-अनुसूचित भाषाओं में विभाजित किया गया है, जिन्हें आगे कई स्थानीय भाषाओं में वर्गीकृत किया गया है। देश के अलग-अलग हिस्सों में बोली जाने वाली ये भाषाएँ चार परिवारों से हैं। इंडो-यूरोपियन परिवार सबसे बड़ा है, जिसमें भाषाओं का बड़ा हिस्सा (15 अनुसूचित भाषाएँ) शामिल हैं। इंडो-यूरोपियन शाखा इंडो-यूरोपियन भाषा की शाखा है। यूरोपीय परिवार में हिंदी, बंगाली, असमिया, डोगरी, गुजराती, कश्मीरी, कोंकणी, मैथिली, मराठी, नेपाली, उड़िया, पंजाबी, संस्कृत, सिंधी और उर्दू शामिल हैं, जिनमें भारत की आबादी का लगभग तीन-चौथाई हिस्सा द्रविड़ शाखा में 4 भाषाएँ शामिल हैं—तमिल, तेलुगु, कन्नड़ और मलयालम। भारत के उत्तर-पूर्वी राज्य ऐसी भाषाएँ बोलते हैं जो सिनो-तिब्बती परिवार से हैं। इसमें दो अनुसूचित भाषाएँ शामिल हैं—मणिपुरी और बोडो जो मुख्य रूप से क्रमशः मणिपुर और असम में बोली जाती हैं। अन्य भाषाओं को गैर-अनुसूचित के रूप में वर्गीकृत किया गया है। ये सभी अनुसूचित भाषाएं हैं और सभी की उत्पत्ति सिनो-तिब्बती भाषा परिवार से हुई है। इन सभी प्रमुख भाषाओं के अलावा देश में कुछ ऑस्ट्रो-एशियाई भाषाएँ भी बोली जाती हैं। इनमें से संताली ऑस्ट्रो-एशियाई भाषा का मुंडा उप-प्रकार है, जो मुख्य रूप से पश्चिम बंगाल, बिहार और झारखंड के लोगों द्वारा बोली जाती है।

हिंदी देश की आधिकारिक भाषा है, जिसमें बोलने वालों की क्षेत्रीयता के आधार पर लगभग 56 भिन्नताएँ हैं। उदाहरण के लिए, राजस्थान के निवासी इलाहाबाद के बोलने वालों से अलग तरीके से हिंदी बोलते हैं और दोनों हरियाणा के हिंदी बोलने वालों से अलग हैं। हालाँकि, देश के दक्षिणी भाग में द्रविड़ भाषाएँ बोली जाती हैं, जो उत्तरी और पूर्वी भाषाओं से बहुत अलग हैं। उत्तर-पूर्वी राज्यों में, भाषाएँ स्थानीय स्थलाकृति, आदिवासी संस्कृति और इन स्थानों की दूरस्थता से अधिक प्रभावित होती हैं। स्वतंत्रता के बाद की अवधि में, भारत में कुछ राज्यों का निर्माण भाषा के आधार पर किया गया था।

2. धर्म: भारत एक धर्मनिरपेक्ष देश है और यहाँ कोई विशेष राजकीय धर्म नहीं है। इस देश में कोई भी व्यक्ति किसी भी धार्मिक आस्था और रीति-रिवाजों का स्वतंत्र रूप से पालन या अभ्यास कर सकता है। सभी प्रमुख धर्मों में से, हिंदू धर्म, इस्लाम, ईसाई धर्म, सिख धर्म, बौद्ध धर्म और जैन धर्म यहाँ बड़े पैमाने पर प्रचलित हैं। देश की लगभग 80 प्रतिशत आबादी हिंदू धर्म को मानती है, उसके बाद 14 प्रतिशत लोग इस्लाम, 2.3 प्रतिशत लोग ईसाई धर्म, 1.7 प्रतिशत लोग सिख धर्म, 0.7 प्रतिशत लोग बौद्ध धर्म और 0.4 प्रतिशत लोग जैन धर्म को मानते हैं।

हिंदू धर्म की उत्पत्ति भारतीय उपमहाद्वीप में हुई और मुख्य रूप से संस्कृत भाषा का उपयोग पवित्र विचारों और ज्ञान को एक व्यक्ति से दूसरे व्यक्ति तक पहुँचाने के लिए किया जाता था। प्राचीन हिंदू लिपियाँ संस्कृत में लिखी गई थीं और विश्वास कर्म (अपने कर्तव्यों का पालन करना), धर्म, पुनर्जन्म (किसी के जीवन के अच्छे या बुरे कर्मों के कारण), आत्मा की अमरता, त्याग और मोक्ष के सिद्धांतों की वकालत करता है। अंतिम लक्ष्य मोक्ष है, यानी जन्म और मृत्यु के चक्र से आत्मा की मुक्ति।

इस्लाम उन मुसलमानों के साथ भारत आया जिन्होंने अलग-अलग समय पर इस भूमि पर आक्रमण किया। यह एकेश्वरवादी धर्म है। यह एक ईश्वर, अल्लाह में विश्वास करता है। यह धर्म मूर्ति पूजा में विश्वास नहीं करता है और पैगंबर मुहम्मद को सबसे महान पैगंबर और कुरान को पवित्र पुस्तक मानता है। ईसाई धर्म 16वीं शताब्दी में गोवा, दमन और दीव में पुर्तगाली लोगों के माध्यम से और बाद में 17वीं शताब्दी में अंग्रेजों के माध्यम से भारत आया (आहूजा, 2008)।

3. नस्लें: यहाँ देखा जा सकता है की भारतीय जनसंख्या बहुवंशीय है और विभिन्न नस्लीय स्टॉक का मिश्रण हो सकता है। भारतीय आबादी छह प्रमुख जातीय समूहों से ली गई है—नेग्रिटोस, प्रोटो-ऑस्ट्रेलॉयड, भूमध्यसागरीय या द्रविड़ियन, मंगोलॉयड, ब्रेकीसेफल्स और नॉर्डिक आर्यन।

भारत के सबसे प्राचीन लोग अफ्रीका से आये चौड़े सिर वाले ब्रेकीसेफैलिक नीग्रोइड्स हैं। ये लोग अब दक्षिण भारत और अंडमान द्वीप समूह की पहाड़ी जनजातियों में पाए जाते हैं। इन स्थानों की सुदूर दुर्गम प्रकृति के कारण, ये जनजातियाँ इन अलग-थलग क्षेत्रों में अपनी संस्कृति, रीति-रिवाज और भाषा को बनाए रखने में सक्षम हैं। वे अब संख्या में बहुत कम हैं और आदिम तरीके से रह रहे हैं। देश की अधिकांश आबादी प्रोटो-ऑस्ट्रलॉयड या ऑस्ट्रिक समूह से है, जो मध्यम कद, सांवले रंग, लंबे सिर, कम माथे, मोटे जबड़े, छोटी ठोड़ी और चपटी नाक वाले हैं (आहूजा, 2008)। इन लोगों का पता पूर्वी, मध्य और दक्षिणी भारत के एक बड़े भूभाग पर लगाया जा सकता है। ये वे लोग हैं, जिन्हें स्थायी खेती की शुरुआत करने और भारतीय सभ्यता की नींव रखने का श्रेय दिया जाता है। वे कोल और मुंडा भाषा बोलते हैं और चावल, चीनी (गन्ने से) और वनस्पति की खेती शुरू की।

द्रविड़ या भूमध्यसागरीय लोगों में तीन उप-प्रकार शामिल हैं— सच्चे भूमध्यसागरीय, पैलियो-भूमध्यसागरीय और प्राच्य भूमध्यसागरीय। इन लोगों को मुख्य रूप से मोहनजो-दारो और हड़प्पा में शहर आधारित सभ्यता बनाने का श्रेय दिया जाता है। ये समूह अब पूरे देश में फैले हुए हैं।

मंगोलॉयड मध्यम कद, ऊंचे गाल, विरल बाल, पीले रंग के लोग होते हैं, ये लोग अब देश के उत्तर-पूर्वी राज्यों में केंद्रित हैं।

नॉर्डिक आर्य मध्य एशिया से आये और उत्तरी तथा पश्चिमी पंजाब में अपना निवास स्थान बनाया और बाद में वे गंगा घाटी में फैल गये। वे 18वीं सदी से 18वीं सदी के बीच भारत आये। 2000–1500 ई.पू. इन्हें आर्यन कहा जाता है जो एक चरवाहा जाति थी और बड़े शहरों में रहने वाले अत्यधिक सभ्य सिंधु घाटी के लोगों के साथ टकराव में आई थी। कुछ आर्य संस्कृतियों ने भारत में अपना अस्तित्व बनाये रखा।

4. जनजातियाँ: जनजातियाँ विशेष चरित्र वाले समुदाय हैं और एक निश्चित सीमा के भीतर सीमित हैं। किसी खास क्षेत्र में रहने वाले आदिवासी अपनी संस्कृति और भाषा के लिए जाने जाते हैं। भारत की कुल जनजातीय आबादी 104 मिलियन (2011 की जनगणना) है, जो देश की कुल आबादी का लगभग 8.9 प्रतिशत है। प्रमुख जनजातियाँ संथाल, भील, गोंड, मुंडा, खासी, गारो, नागा, ओराओ और हो हैं। अधिकांश जनजातियाँ (लगभग दो-तिहाई) पाँच राज्यों मध्य प्रदेश, ओडिशा, बिहार, गुजरात और महाराष्ट्र में केंद्रित हैं। उत्तर-पूर्वी राज्यों (मुख्य रूप से मिज़ोरम, नागालैंड, मेघालय, अरुणाचल प्रदेश और त्रिपुरा) में जनजातीय लोगों की संख्या बहुत अधिक है।

5. जातियाँ: भारत में जाति समूह विशिष्ट हैं और वंशानुगत चरित्र पर आधारित हैं। पारंपरिक व्यवसाय पर निर्भर हैं। जाति पदानुक्रम में सामाजिक प्रतिबंध एक प्रमुख चरित्र है। ऐसा माना जाता है कि देश में लगभग 3000 जातियाँ हैं (आहूजा, 2008)। सभी जातियों को चार श्रेणियों में वर्गीकृत किया गया है— ब्राह्मण, क्षत्रिय, वैश्य और शूद्र।

एम.एन. श्रीनिवास (1985) के अनुसार, भारत की एकता मुख्यतः इसकी धार्मिक प्रकृति के कारण है। लोग अलग-अलग देवी-देवताओं की पूजा कर सकते हैं, लेकिन धार्मिक ग्रंथ उन्हें एक साथ बांधते हैं और सभी विषम समूहों को निकट संपर्क में लाते हैं। वेद, महाकाव्य, पुराण जैसे पवित्र ग्रंथों ने सभी नागरिकों को यह विश्वास दिलाया कि भारत एक पवित्र देश है जहाँ कई देवता निवास करते हैं। हर तीर्थस्थल पर, विभिन्न संस्कृति, भाषा, रीति-रिवाजों, व्यवहारों के लोग मोक्ष प्राप्त करने के एक सामान्य उद्देश्य से आते हैं।

भारत एक ऐसा देश है जिसकी स्थलाकृति और जलवायु में विविधताएं हैं। इन भौतिक भिन्नताओं के कारण लोगों की संस्कृति में विविधता देखी जाती है। ऐसी भिन्नताओं के बावजूद, भारत के लोग जानते हैं कि राज्य के सुचारू संचालन के लिए

उन्हें एक-दूसरे पर निर्भर रहना होगा। उदाहरण के लिए, गंगा नदी, जो प्रत्येक भारतीय के लिए पवित्र नदी है, उत्तराखण्ड, उत्तर प्रदेश, बिहार और पश्चिम बंगाल राज्यों को कवर करते हुए उत्तर से पूर्व की ओर बहती है। एक पवित्र नदी होने के कारण, प्रत्येक राज्य के भारतीय नागरिक जल की पवित्रता के अनुसार एक-दूसरे से बंधे हुए हैं। इस नदी के किनारे विभिन्न तीर्थस्थल विकसित हुए हैं, जहाँ भारतीय लोग आते हैं और विभिन्न त्योहारों और सांस्कृतिक अनुष्ठानों को मनाकर एक साथ आनंद मनाते हैं। ऐसा ही एक और उदाहरण हिमालय का है। धार्मिक दृष्टि से यह विभिन्न देवी-देवताओं का निवास स्थान है। दूसरी ओर, आर्थिक दृष्टि से यह वन उत्पाद, लकड़ी, कृषि संसाधन, प्राकृतिक संसाधन, घरेलू और वाणिज्यिक उद्देश्य के लिए जल आपूर्ति के साथ-साथ पर्यटन और चाय उद्योग के अवसर प्रदान करके बड़ी संख्या में लोगों की मदद करता है, इस प्रकार, पश्चिमी हिमालय से लेकर हिमालय के पूर्वी भाग तक के राज्यों के बीच बड़े पैमाने पर मतभेदों के बावजूद, लोग इस परिदृश्य की रक्षा के लिए एक साथ मिलकर काम करते हैं और एक इकाई, यानी 'भारतीयता' की भावना पैदा करते हैं।

अभ्यास प्रश्न

1. बहुसंस्कृतिवाद से आपका क्या अभिप्राय है?
2. एकल संस्कृति और बहुसंस्कृति के बीच अंतर बताइए।
3. बहुसंस्कृति विचारधारा के वैचारिक मुद्दों पर चर्चा कीजिए।
4. बहुसंस्कृतिवाद के प्रति विभिन्न दृष्टिकोण क्या हैं?
5. सांस्कृतिक बहुलवाद क्या है और समकालीन विश्व में इसका क्या महत्व है?
6. सांस्कृतिक अलगाव पृथक्करण क्या है? सांस्कृतिक अलगाव के प्रमुख परिणामों का उल्लेख कीजिए।
7. 'भारत एक बहुसांस्कृतिक पहचान है'— व्याख्या कीजिए।

REFERENCES

Abraham, M. F. (2015). *Contemporary Sociology: An Introduction to Concepts and Theories*. Oxford University Press, New Delhi.

Ahuja, R. (2008). *Indian Social System*. Rawat Publications, Jaipur.

Anas, A. (2004). *Ethnic Segregation and Ghettos: A Companion to Urban Economics*. Blackwell Publishers. 10.1002/9780470996225.ch31.

Ashcroft, B., G. Griffiths and H. Tiffin (2005). *Post-Colonial Studies: The Key Concepts*. Routledge, London & New York.

Bajpai, R. (2015). *Multiculturalism in India: An Exception*? In book: Multiculturalism in the British Commonwealth: Comparative Perspectives on Theory and Practice, edited by R.T. Ashcroft and M. Bevir.

Banton, M. (1988). *Racial Consciousness*. Longman, London

Barker, M. (1981). *The New Racism*. Junction Books, London.

Benedict, R. (1983). *Race and Racism*. Routledge, London.

Combi, M. (2016). Cultures and Technology: An Analysis of Some of the Changes in Progress—Digital, Global and Local Culture.

Chatterjee, A. (2010). *International Relations Today: Concepts and Applications*. Pearson Education, New Delhi.

Colombo, E. (2014). *Multiculturalism*. University of Milan, Italy.

Daniels, Peter, M. Bradshaw, D. Shaw and J. Sidaway (2005). *Human Geography: Issues for the 21st Century*. Pearson, New Delhi.

Galonnier, J. (2015). The Enclave, The Citadel and the Ghetto: The Threefold Segregation of Upper-Class Muslims in India. *International Journal of Urban and Regional Research,* 39, 92–111.

Giddens, A. (1997). *Sociology*. Polity Press, London.

Gilroy, P. (1993). *Small Acts*. Serpent's Tail, London.

Gingrich, P. (2003). Meanings of Multiculturalism. CESA Conference, October 4.

Gupta, D. (1993). *Social Stratification*. Oxford University Press, New Delhi.

Hunt, Elgin F. and David C. Colander (2010). *Social Science: An Introduction to the Study of Society*. Pearson Education & Dorling Kindersley India Pvt. Ltd., New Delhi.

Kaplan, D.H. (2004). Ethnic Segregation: Measurement, Causes and Consequences. *In:* Janelle, D.G., Warf, B. and Hanses, K. (Eds.). *WorldMinds: Geographical Perspectives on 100 Problems*. Springer, Dordrecht.

Kivisto, P. (2002). *Multiculturalism in a Global Society*. Blackwell Publishing. UK.

Kymlicka, Will & R. Cohen-Almagor (2005). "Democracy and Multiculturalism". *In: Challenges to Democracy: Essays in Honour & Memory of Isaiah Berlin*. Edited by R. Cohen-Almagor. Ashgate Publishing Ltd., London.

Marcuse, P. (2001). Enclaves Yes, Ghettoes, No: Segregation and the State. Lincoln Institute of Land Policy Conference Paper.

Parekh, B. (1999). 'What is Multiculturalism'. < www.india-seminar.com/1999/484/484Parekh.html accessed on 02/04/2019 >

Parekh, B. (2005). *Rethinking Multiculturalism: Cultural Diversity and Political Theory*. Palgrave Macmillan, Hampshire and NY.

Piracha, Awais and Tingting Cui (2013). Analysing Role of Culture in Ethnic Segregation and Congregation in Sydney Australia. CUPUM 2013 conference papers.

Rattansi, A. (2011). *Multiculturalism: A Very Short Introduction*. Oxford University Press, UK.

Roitman, S. (2010). Gated communities: Definitions, causes and consequences. *Proceedings of The Ice—Urban Design and Planning*. 163.

Singh, Y. (2002). *Culture Change in India: Identity and Globalization*. Rawat Publications, New Delhi.

Srinivas, M.N. (1966). *Social Change in Modern India*. University of California Press, Berkeley.

Vithayathil, Trina and Gayatri Singh (2012). Spaces of Discrimination: Residential Segregation in Indian Cities. *EPW*. Vol. 47, No. 37 (September 15, 2012), pp. 60–66.

Walks, R.A. and R. Maaranen (2008). Gentrification, Social Mix, and Social Polarization: Testing the Linkages in Large Canadian Cities. *Urban Geography*, 29: 4, 293–326.

Websites

https://ipfs.io/ipfs/QmXoypizjW3WKnFiJnKLwHCnL72vedxjQkDDP1mXWo6uco/wiki/Monoculturalism.html accessed on 10/03/2019.

https://www.enotes.com/research-starters/monoculturalism accessed on 10/03/2019.

https://www.sage.pub.net/isa/resources/pdf/Multiculturalisms.pdf accessed on 18/02/2019.

https://www.iep.utm.edu/multicul/ accessed on 29/03/2019.

https://uregina.ca/~gingrich/mm-ces03.pdf accessed on 18/02/2019.

https://www.iep.utm.edu/multicul/ accessed on 29/03/2019.

https://www.bu.edu/cura/files/2015/06/bajpai-paper-formatted.pdf accessed on 30/03/2019.

https://www.iep.utm.edu/multicul accessed on 01/04/2019.

http://www.india-seminar.com/1999/484/484%20parekh.htm accessed on 02/04/2019.

अध्याय 10

सामाजिक परिवर्तन

अधिगम प्रतिफल

इस अध्याय के अंत में, छात्रों में निम्नलिखित क्षमता विकसित होगी:

- सामाजिक परिवर्तन की अवधारणा को समझना।
- सामाजिक परिवर्तन के विभिन्न सिद्धांतों की व्याख्या करना।
- सामाजिक परिवर्तन के विभिन्न कारकों और प्रक्रियाओं के बारे में जानकारी प्राप्त करना।
- सामाजिक परिवर्तन के महत्व और उसके परिणामों को समझना।

परिवर्तन हर जगह है और यह आम तौर पर मानव सभ्यता के कई पहलुओं को शामिल करता है। इसलिए यह अध्ययन का एक बहुत व्यापक क्षेत्र है। हालाँकि परिवर्तन हमारे चारों ओर है और इस धरती पर सभ्यता के आरंभ से ही विभिन्न रूपों में मौजूद था, लेकिन इसे हमेशा सामाजिक परिवर्तन नहीं कहा जाता है। जब सामाजिक संरचना और सामाजिक संबंधों में कोई परिवर्तन या रूपांतरण होता है, तो उसे सामाजिक परिवर्तन कहा जाता है। इंटरनेशनल इनसाइक्लोपीडिया ऑफ द सोशल साइंसेज (IESS, 1972) के अनुसार, सामाजिक संरचना में या समाज में सामाजिक क्रिया के पैटर्न के साथ-साथ अंतःक्रिया में कोई भी परिवर्तन सामाजिक परिवर्तन के रूप में जाना जाता है। ये परिवर्तन समाज के मानदंडों, मूल्यों, प्रतीकात्मक अभिव्यक्तियों और सांस्कृतिक उत्पादों में हो सकते हैं। सामाजिक व्यवस्था की संरचना और कार्यों में बदलाव को भी सामाजिक परिवर्तन कहा जाता है। सामाजिक संस्थाओं के प्रकार, मानव समाज के काम और अवकाश के पैटर्न, भूमिकाएं, मानदंड और समाज के अन्य पहलू— ये सभी सामाजिक परिवर्तन की प्रक्रियाओं के परिणामी विशेषताएं हैं।

सामाजिक परिवर्तन और आधुनिकता की अवधारणा

'समाज की बड़ी वृहद-आर्थिक संरचना' आधुनिकता के वैश्विक अनुभव का एक हिस्सा है। हंस ब्लूमेनबर्ग के आधुनिकता पर काम (1960 में प्रकाशित) में पैटर्न का वह सेट शामिल है जो समाज के बदलते मापदंडों का प्रतिनिधित्व करता है। आधुनिकता का मतलब लोगों की समाज के अनुकूलन के तरीके और चीजों के इस्तेमाल के तरीके के बारे में है।

लेकिन आधुनिकता इस प्रश्न का बोध है कि विरोधाभासों और परिणामों के कारण उभरे कृत्रिम रूप से डिज़ाइन किए गए परिदृश्यों के भीतर समाधान और समापन के बारे में इसका क्या अर्थ है। बहुआयामी दृष्टिकोण से, गिडेंस (1991) ने समकालीन वैश्वीकृत दुनिया में आधुनिक जीवन के बढ़ते 'खुलेपन' और 'ऑन्टोलॉजिकल सुरक्षा' के लिए चल रही पूछताछ के बीच अंतर के संदर्भ में आधुनिकता को परिभाषित किया। आज की दुनिया में समाज की बदलती प्रकृति के परिणामस्वरूप, पारंपरिकता और सामाजिक पहचान का सुरक्षात्मक ढांचा लगातार टूट रहा है और उनकी जगह रिफ्लेक्सिविटी, संशोधन जोखिम और पसंद की गैर-मौलिक अस्थिर संस्कृति ले रही है। इस प्रकार, सामाजिक वैज्ञानिकों के अनुसार, सामाजिक पैटर्निंग के इस बदलाव को समाज के भीतर एक 'मोड़' के रूप में संदर्भित किया जा सकता है, न कि आधुनिक समाज से परे 'मोड़' के रूप में। यह आधुनिकता का 'कट्टरपंथीकरण' है जिसमें समाज में गतिशीलता का व्यापक दायरा शामिल है।

सामाजिक परिवर्तन के पहलू

सामाजिक परिवर्तन के विभिन्न पहलू हैं:

1. यह परिवर्तन की एक प्रक्रिया है जिसमें परिवर्तन की गुणवत्ता का कोई संदर्भ नहीं होता।
2. परिवर्तन सांस्कृतिक परिवर्तन से संबंधित होते हैं और इसलिए इसे अक्सर सामाजिक-सांस्कृतिक परिवर्तन कहा जाता है। यहाँ, सांस्कृतिक परिवर्तन से तात्पर्य समाज के सदस्यों की सांस्कृतिक विशेषताओं में भिन्नता से है जैसे उनका ज्ञान, विचार, कला, धर्म, मूल्य, विश्वास, प्रतीक, संचार प्रणाली, त्यौहार, अनुष्ठानिक अभिव्यक्तियाँ आदि।
3. सामाजिक परिवर्तन परिवर्तन की गति और परिवर्तन की प्रक्रिया की अवधि के आधार पर भिन्न होता है। इस प्रकार, छोटे पैमाने और बड़े पैमाने पर परिवर्तन होते हैं। प्रवासन दर और आर्थिक संरचना को क्रमशः अल्पकालिक परिवर्तनों और दीर्घकालिक परिवर्तनों के उदाहरण के रूप में उद्धृत किया जा सकता है। कुछ परिवर्तन तेजी से होते हैं जबकि कुछ में लंबा समय लगता है। कई पश्चिमी देशों को औद्योगिक बनने में कई दशक लग गए, जबकि कुछ विकासशील देश पहले से ही औद्योगिक देशों की नकल करके बहुत जल्दी ऐसा कर लेते हैं।

सामाजिक परिवर्तन के सिद्धांत

सामाजिक परिवर्तन के सभी सिद्धांतों को कुछ समूहों में वर्गीकृत किया जा सकता है। सामाजिक परिवर्तन सिद्धांत के लिए सबसे महत्वपूर्ण योगदानकर्ता कॉम्टे, स्पेंसर, हॉबहाउस, मार्क्स, स्पेंगलर, पेरेटो और सोरोकिन हैं। हालाँकि, सामाजिक परिवर्तन के सभी सिद्धांत निम्नलिखित श्रेणियों के हैं:

(क) *सामाजिक परिवर्तन का विकासवादी सिद्धांत*

सामाजिक परिवर्तन के इस सिद्धांत के अंतर्गत, जैविक विकास की अवधारणा से सामाजिक विकास की अवधारणा को अपनाया गया। सामाजिक और जैविक विकास के बीच समानता और समाज और जीव के बीच समता की यह अवधारणा स्पेंसर द्वारा

प्रस्तावित की गई थी। यह सिद्धांत मानता है कि, वर्तमान व्यवस्था में परिवर्तन का सिद्धांत मूल स्थिति के कमोबेश निरंतर संशोधनों का परिणाम मात्र है। सामाजिक वैज्ञानिकों का मत है कि, सामाजिक व्यवस्था में परिवर्तन की एक स्वाभाविक रैखिक क्रम और दिशा होती है। कॉम्टे ने समाज का एक रेखीय विकासवादी सिद्धांत प्रस्तावित किया। सामाजिक परिवर्तन के इस विकासवादी सिद्धांत का तात्पर्य है कि, प्रत्येक समाज अस्तित्व और अभिविन्यास की एक विशिष्ट और क्रमिक अवस्थाओं से गुजरता है। कॉम्टे ने सुझाव दिया कि, कोई भी समाज एक धार्मिक अभिविन्यास से आध्यात्मिक अभिविन्यास के लिए उभरता है। यह अंततः एक सकारात्मक अभिविन्यास की ओर ले जाता है। दुर्खीम ने प्रस्तावित किया कि, समाजों को सरल समाजों और जटिल समाजों में वर्गीकृत किया जा सकता है। यह दिशात्मक विकासवादी पैटर्न सरल समाजों के लिए यांत्रिक एकजुटता (ऐसे समाज जहाँ सदस्यों की विशेषताएँ समान होती हैं) और जटिल समाजों के लिए जैविक एकजुटता (सदस्यों की विशेषज्ञता और कार्यात्मक परस्पर निर्भरता वाले समाज) के बारे में बताता है।

सामाजिक परिवर्तन के विकासवादी परिप्रेक्ष्य में विश्लेषण का एक और सिद्धांत प्रगति की अवधारणा है। कभी-कभी दिशा से अंतर करना मुश्किल होता है क्योंकि ऐसा माना जाता है कि समाज समय के साथ प्रगति करते हुए पश्चिमी देशों की तरह औद्योगिक विकास के चरण को प्राप्त करते हैं। समाज आमतौर पर औद्योगीकरण की उन्नत अवस्था प्राप्त करने के लिए आगे बढ़ते हैं। शुरुआती यूरोपीय खोजकर्ता नई भूमि की यात्रा के दौरान अन्य संस्कृतियों के संपर्क में आए। नई संस्कृति समूह के ये लोग विकास के विभिन्न चरणों में थे और इसने यूरोपीय लोगों को यह सोचने पर मजबूर कर दिया कि वे श्रेष्ठ हैं और इस धरती पर बाकी लोगों को सभ्य बनाना उनका ईश्वरीय कर्तव्य है।

हाल के वर्षों में नव-विकासवादी सिद्धांत उभरे हैं। ये सिद्धांत घोषित करते हैं कि परिवर्तन एकतरफा तरीके से नहीं होता है और एक ही मार्ग का अनुसरण करता है। इस सिद्धांत के अनुसार, श्रम के अधिक विस्तृत विभाजन की ओर एक सामान्य प्रवृत्ति है। वे मानते हैं कि, विभिन्न संस्कृतियों में प्रगति के लिए अलग-अलग विचार हैं और हर समाज सामाजिक संरचना के परिवर्तन के बारे में यथार्थवादी दृष्टिकोण रखता है।

बॉक्स 10.1 अगस्त कॉम्टे (1798–1857) द्वारा प्रस्तावित सामाजिक परिवर्तन सिद्धांत

ऑगस्ट कॉम्टे नैतिक समुदाय की अपनी धारणाओं के आधार पर एक नई सामाजिक व्यवस्था स्थापित करना चाहते थे। उनका मानना था कि, फ्रांसीसी क्रांति ने समुदाय के नैतिक ताने-बाने को कमजोर कर दिया और इस प्रकार एक नई सामाजिक व्यवस्था को फिर से बनाने के लिए, वस्तुनिष्ठ कानूनों के साथ एक नए वैज्ञानिक अनुशासन की आवश्यकता है, जिसे 'समाजशास्त्र' अनुशासन द्वारा संतुष्ट किया जाता है। उनका सिद्धांत बताता है कि, व्यक्तिगत मन, मानव गतिविधि और समाज—सभी पूर्णता के अंतिम चरण की ओर ले जाने वाले विभिन्न चरणों से गुजरते हैं। ये चरण हैं:

(i) धार्मिक या काल्पनिक मंच
(ii) आध्यात्मिक या अमूर्त अवस्था
(iii) सकारात्मक या वैज्ञानिक चरण

पहले चरण के दौरान, मानव मन ज्यादातर देवी-देवताओं पर निर्भर करता है और मानता है कि, हर प्राकृतिक घटना का श्रेय किसी विशेष भगवान को जाता है। यदि कोई बुरी गतिविधि होती है, तो भगवान प्राकृतिक आपदा के माध्यम से समाज को दंडित करेंगे। दूसरा चरण मानव विश्वास से निर्धारित होता है कि सभी घटनाओं को उत्पन्न करने वाली अमूर्त शक्तियां अवैयक्तिक शक्तियों द्वारा नियंत्रित होती हैं, न कि अलौकिक प्राणियों द्वारा। तीसरे चरण के दौरान, यानी वैज्ञानिक चरण में, अवलोकन कल्पना पर हावी होता है और सभी प्राकृतिक घटनाओं की व्याख्या वैज्ञानिक सिद्धांतों और नियमों के दृष्टिकोण से की जाती है।

(जारी)

इन तीन चरणों के आधार पर, दो प्रकार के समाज हैं: (क) धार्मिक-सैन्य समाज और (ख) वैज्ञानिक-औद्योगिक समाज। हालाँकि, एक पुष्ट प्रत्यक्षवादी होने के नाते, कॉम्टे का मानना था कि मानव मन की प्रगति और मानव समाज के परिवर्तन के बीच एक सीधा संबंध था। दूसरे शब्दों में, मानव समाज का विकास मानव मन और सोच के विकास पर निर्भर करता है। उनके लिए, प्रत्यक्षवादी पद्धति का अर्थ सामाजिक नियमों के प्रभाव में सामाजिक घटनाओं की स्वीकृति है और मानव मन और मानव व्यवहार की जटिलता के कारण, सामाजिक नियम जैविक नियमों की तुलना में अधिक कठोर हैं। सामाजिक घटनाओं के वैज्ञानिक अध्ययन में दो सामाजिक पहलू शामिल हैं—सामाजिक स्थैतिकी और सामाजिक गतिशीलता। सामाजिक स्थैतिकी समाज की मूल संरचना और पैटर्न को संदर्भित करती है जो सामाजिक स्थिरता के लिए जिम्मेदार हैं। दूसरी ओर, सामाजिक गतिशीलता में तीन चरणों के माध्यम से प्रगति का सिद्धांत और क्रम का विकास और विकास शामिल है।

सामाजिक संरचना और सामाजिक परिवर्तन की अवधारणाओं द्वारा, समकालीन समाजशास्त्र में, सामाजिक सांख्यिकी और सामाजिक गतिशीलता के इन शब्दों को प्रतिस्थापित किया जाता है।

(ख) *सामाजिक परिवर्तन के चक्रीय सिद्धांत*

विकासवादी सिद्धांतों की तुलना में, चक्रीय सिद्धांतकारों का मानना है कि हर सभ्यता एक अंतहीन चक्रीय प्रक्रिया में उत्थान और पतन का अनुभव करती है। इन सिद्धांतों ने परिवर्तन के चरणों पर जोर दिया और प्रस्तावित किया कि, समाज और संस्कृतियाँ चक्रीय पैटर्न के साथ परिवर्तन के विभिन्न चरणों से गुजरती हैं जो वहीं समाप्त होती हैं जहाँ से यह शुरू हुई थी। चक्र, जब पूरा हो जाता है, तो खुद को बार-बार दोहराता है। ओसवाल्ड स्पेंगलर का मानना था कि हर समाज जन्म लेता है, परिपक्व होता है, क्षय होता है और मर जाता है। उदाहरण के लिए, रोमन साम्राज्य सत्ता में आया और फिर धीरे-धीरे ढह गया। ब्रिटिश साम्राज्य सत्ता में आया और फिर बिगड़ गया। स्पेंगलर (1945) ने यह भी कहा कि, हर समाज को जन्म से मृत्यु तक चक्र पूरा करना चाहिए और कोई भी समाज हमेशा के लिए नहीं रहता है। पेरेटो (1916) ने अभिजात वर्ग के संचलन के अपने सिद्धांत के माध्यम से सामाजिक परिवर्तन की अवधारणा को विस्तृत किया, जो मुख्य रूप से प्राचीन रोम में अभिजात वर्ग के संचलन पर आधारित था। हालाँकि, उनके सिद्धांत की आलोचना की गई क्योंकि इसने आधुनिक समय में लोकतांत्रिक सरकार के विकास को नजरअंदाज कर दिया।

एक अन्य सामाजिक वैज्ञानिक, सोरोकिन (1975) ने सिद्धांत प्रस्तुत किए, जिनमें चक्रीय दृष्टिकोण की कुछ विशेषताएं हैं। किसी भी सामाजिक-सांस्कृतिक व्यवस्था में सामाजिक-सांस्कृतिक परिवर्तन उसकी अपनी शक्तियों और गुणों के कारण होता है। यह सिद्धांत एक अन्य सिद्धांत, यानी परिवर्तन की सीमित संभावनाओं के सिद्धांत से जुड़ा हुआ है। सीमित संभावनाएँ बताती हैं कि, समाज में उभरने वाले परिवर्तन के नए रूपों और व्यवहार के नए पैटर्न की एक सीमा होती है। इस प्रकार, प्रत्येक व्यवस्था उतार-चढ़ाव के संयोजन में चलती है और प्रत्येक चरण में कई घटनाएँ होती हैं। सोरोकिन ने तीन प्रकार की संस्कृतियों के बीच भी अंतर किया — वैचारिक, आदर्शवादी और संवेदी। उनका मत था कि, ये सभी प्रकार की संस्कृतियाँ सामाजिक परिवर्तन के चक्रों में एक-दूसरे का स्थान लेती हैं जिन्हें समाजों के इतिहास में देखा जा सकता है। वैचारिक संस्कृति आध्यात्मिक, अलौकिक और अनिर्दिष्ट होती है। आदर्शवादी संस्कृति वैचारिक और संवेदी के बीच एक संक्रमण के रूप में कार्य करती है और दोनों प्रकार की विशेषताओं को धारण करती है। संवेदी संस्कृति वैज्ञानिक तर्क और प्रत्यक्ष संवेदी अनुभवों पर अधिक निर्भर करती है। हालाँकि, ये तीनों संस्कृतियाँ सामाजिक परिवर्तन के तीन अलग-अलग दृष्टिकोण देखती हैं।

चक्रीय सिद्धांत के एक अन्य समर्थक अर्नोल्ड टॉयनबी थे, जिन्होंने मानव इतिहास के चक्रीय सिद्धांत का प्रस्ताव रखा था। इस सिद्धांत में, अर्नोल्ड ने तर्क दिया कि, हर सभ्यता उत्थान और पतन से गुजरती है, जो प्रत्येक समाज के सामने आने वाली चुनौतियों और इन चुनौतियों से निपटने के तरीके पर निर्भर करती है। महान सभ्यताएँ तब उभरती हैं, जब समाज चुनौतियों

का सामना करते हैं और एकजुट होकर सभ्यता की रक्षा करते हैं; वे तब नष्ट होती हैं और गिरती हैं, जब प्रतिक्रिया कमज़ोर और अपर्याप्त होती है।

(ग) *सामाजिक परिवर्तन का संरचनात्मक कार्यात्मक सिद्धांत*

संरचनात्मक कार्यात्मक सिद्धांत की अवधारणा की जड़ें दुर्खीम और वेबर जैसे समाजशास्त्रियों के कार्यों में हैं। इस अवधारणा के अनुसार, समाज मानव शरीर की तरह एक संतुलित प्रणाली है। इस समाज की प्रत्येक संस्था पूरे समाज के प्रदर्शन और समाज की कार्यशीलता को बनाए रखने के लिए काम करती है। चूँकि समाज के सभी हिस्से आपस में जुड़े हुए और एक दूसरे पर निर्भर हैं, इसलिए किसी एक हिस्से में कोई भी बदलाव व्यवस्था के सभी दूसरे हिस्सों को प्रभावित करेगा। जब कोई घटना सामाजिक व्यवस्था को बाधित करती है, तो सामाजिक संस्थाएँ समाज की स्थिरता को बहाल करने के लिए समायोजन करती हैं। उदाहरण के लिए, एक एकल परिवार में, जब माता-पिता दोनों काम के लिए बाहर जाते हैं, तो छोटे बच्चे की देखभाल डे-केयर सेंटर या प्ले स्कूल द्वारा की जाती है। नतीजतन, ऐसे संस्थान सभी शहरी केंद्रों में फैल गए हैं।

इस सिद्धांत के समर्थकों ने समाज में कोई भी अचानक परिवर्तन के स्थान पर क्रमिक परिवर्तन पर बल दिया।

परिवर्तन मूलतः तीन स्रोतों से आ सकते हैं:

(i) बाहरी स्रोत (युद्ध, विजय) के कारण परिवर्तन

(ii) संरचनात्मक और कार्यात्मक भिन्नता (जनसंख्या वृद्धि) के कारण परिवर्तन और

(iii) समाज के सदस्यों द्वारा नवाचारों के कारण परिवर्तन (नई दवाओं की खोज और किसी प्रकार तकनीकी नवाचर)

हालाँकि, इस स्कूल के अनुसार, सामाजिक परिवर्तन के पीछे सबसे बुनियादी कारक (समाज का एकीकरण और स्थिरता) मूल्य की सर्वसम्मति है।

ओगबर्न ने 'सांस्कृतिक अंतराल' शब्द का प्रस्ताव रखा, जिसका अर्थ है संस्कृति के भौतिक और गैर-भौतिक पहलुओं के बीच असंतुलन की स्थिति का वर्णन करना। सांस्कृतिक अंतराल आम तौर पर तब होता है जब किसी संस्कृति के वे हिस्से जो एक बार एक-दूसरे के साथ समायोजन में थे, एक-दूसरे के साथ असंगत हो जाते हैं। ओगबर्न ने बताया कि कैसे भौतिक संस्कृति (प्रौद्योगिकी, उत्पादन प्रणाली, आदि) गैर-भौतिक संस्कृति (मूल्यों, विश्वासों, मानदंडों, आदि) से आगे निकल जाती है और कैसे गैर-भौतिक संस्कृति भौतिक संस्कृति से पीछे रह जाती है।

(घ) *सामाजिक परिवर्तन का संघर्ष सिद्धांत*

संघर्ष सिद्धांत की जड़ें प्रारंभिक समाजशास्त्र में हैं, खासकर मार्क्स के कार्यों में और यह विपरीत के सिद्धांतों पर आधारित है। इस स्कूल के अनुसार, समाज के सदस्यों के बीच हर सामाजिक क्रिया, विश्वास प्रणाली और बातचीत एक विपरीत प्रतिक्रिया उत्पन्न करती है और उन सिद्धांतकारों का तर्क है कि कोई भी समाज आसानी से उच्च स्तर पर नहीं जाता है। मूल आधार यह है कि, समूहों के बीच संघर्ष के परिणामों में से एक सामाजिक परिवर्तन है।

हाल के समाजशास्त्रियों के दृष्टिकोण में एक नई अवधारणा उभर कर सामने आई है, वह है 'विकास' परिप्रेक्ष्य'। यह तीन मुख्य स्रोतों से विकसित हुआ:

(i) आर्थिक विकास के अध्ययन से अर्थशास्त्रियों का मानना है कि आर्थिक क्षेत्र में मात्रात्मक वृद्धि देश की प्रगति का सबसे महत्वपूर्ण संकेतक है। (जीएनपी या प्रति व्यक्ति आय किसी देश की समृद्धि का माप है)।

(ii) समाजों को तकनीकी रूप से उन्नत और कम उन्नत में वर्गीकृत करने से, औद्योगीकरण पर जोर दिया जाता है। एक देश के औद्योगिक हो जाने के बाद, ये देश कई मुद्दों पर कृषि प्रधान देशों से अलग हो जाते हैं।

(iii) पूंजीवादी देशों की समाजवादी देशों से तुलना से।

सामाजिक परिवर्तन के कारक

सामाजिक संरचना में परिवर्तन लाने वाले कई कारक हैं। सामाजिक परिवर्तन दो व्यापक तरीकों से होता है:

(i) *अंतर्जात:* ये आंतरिक कारक हैं और बुनियादी सुविधाओं को संदर्भित करते हैं।

(ii) *बहिर्जात:* ये बाह्य कारक हैं।

अन्य कारक हैं:

(क) जनसांख्यिकी
(ख) सामाजिक
(ग) सांस्कृतिक
(घ) आर्थिक
(ङ) राजनीतिक
(च) प्रौद्योगिकी

सामाजिक परिवर्तन की प्रक्रियाएँ

सामाजिक परिवर्तन की सबसे महत्वपूर्ण प्रक्रियाएँ हैं:

- औद्योगीकरण
- शहरीकरण
- आधुनिकीकरण
- पश्चिमीकरण

औद्योगीकरण

इसे सामाजिक परिवर्तन की प्रमुख प्रक्रिया माना जा सकता है क्योंकि यह पश्चिमी यूरोप में औद्योगिक क्रांति की अवधि से ही है। यूरोपीय समाजों में भारी परिवर्तन हुआ, उसके बाद एशियाई और दुनिया के अन्य समाजों में भी। इतना ही नहीं, औद्योगीकरण को पर्याप्त आर्थिक विकास के लिए एक सक्रिय एजेंट के रूप में भी माना जा सकता है, जिसके बाद श्रम का विभाजन, वर्ग पदानुक्रम का उदय, मानव प्रवास के माध्यम से सूचना का हस्तांतरण और सबसे बढ़कर, दुनिया की एक आम संस्कृति का निर्माण होता है। औद्योगीकरण में उत्पादन प्रणाली का निर्वाह प्रकार से वाणिज्यिक प्रकार में क्रमिक बदलाव; अर्थव्यवस्था के द्वितीयक और तृतीयक क्षेत्र में श्रमिकों का समावेशन; बड़े रिश्तेदारी संगठन का विघटन (बड़े परिवारों का एकल परिवारों में टूटना) और व्यापक श्रम प्रवास शामिल हैं।

शहरीकरण

सामाजिक परिवर्तन की एक और प्रक्रिया शहरीकरण है, जो पारंपरिक सामाजिक व्यवस्था को बड़े पैमाने पर संशोधित करता है। नए उद्योगों की स्थापना और औद्योगिक विकास बड़ी संख्या में श्रमिकों को आकर्षित करते हैं, जो शहरों और कस्बों में या औद्योगिक बेल्ट के पास रहने के लिए आते हैं और ये श्रमिक अक्सर अपने निवास स्थान को ग्रामीण क्षेत्रों से बदलकर अपने कार्यस्थल के पास बस जाते हैं। इतने बड़े पैमाने पर ग्रामीण से शहरी प्रवास शहरी संसाधनों पर काफी दबाव डालता है। इतना ही नहीं, इन ग्रामीणों के लिए, शहर दुनिया की एक खिड़की के रूप में काम करते हैं जो सांस्कृतिक मिश्रण को सुविधाजनक बनाते हैं जो युवा शिक्षित ग्रामीणों के लिए शहरी क्षेत्रों में आने के लिए एक और आकर्षक पैरामीटर है। ये ग्रामीण प्रवासी तब जनसंचार माध्यमों के संपर्क में आते हैं, राजनीतिक कार्रवाई के लिए संगठित होते हैं, स्वास्थ्य और शिक्षा सेवाओं से लाभ उठाते हैं और शहरों के सांस्कृतिक मिश्रण में आत्मसात हो जाते हैं। शहरीय सामाजिक परिवर्तन लाने के लिए तकनीकी, संगठनात्मक और वैचारिक जैसे नवाचारों के प्रसार की गुंजाइश भी खोलते हैं। इस प्रकार, हर शहर में आधुनिकीकरण के बाद शहरीकरण की बहुत अधिक संभावना है।

औद्योगिक क्रांति और शहरी संस्कृति के उद्भव के बाद से, अधिकांश आर्थिक विकास और आर्थिक विकास के लाभ शहरीकरण के साथ सकारात्मक रूप से सहसंबद्ध हैं। इस प्रकार, शहरी विस्फोट, अधिक भौतिक संसाधनों को प्राप्त करने और सभी एजेंसियों से अधिकतम सेवा लाभों का केंद्र बनने के प्राथमिक उद्देश्य के साथ पूंजी संचय की ओर ले जाता है। औद्योगीकरण में भौतिक संसाधनों का अधिक उपयोग शामिल है, जो उत्पादन की श्रम-गहन पद्धति से पूंजी-गहन पद्धति में परिवर्तन लाता है और सबसे बढ़कर खुदरा बिक्री, स्वतंत्र विज्ञापन एजेंसियों, बिक्री, वित्त, विपणन, पेशेवर एजेंसियों, अवकाश और पर्यटन उद्योग, सामाजिक सेवा, कल्याण, मनोरंजन और अन्य सेवा प्रदाताओं जैसे विविध क्षेत्रों में काम के व्यापक अवसर खोलता है। ये सभी विविधताएँ शहरी क्षेत्र में केंद्रित हैं और ये शहर और कस्बे ऊर्ध्वाधर रूप से विकसित हो रहे हैं, जिससे निर्मित पर्यावरण और हरित वास्तुकला में काम की अधिक गुंजाइश बन रही है।

आधुनिकीकरण

यह सामाजिक परिवर्तन की एक बहुस्तरीय प्रक्रिया है क्योंकि यह विकास की घटना से संबंधित है। विकास अर्थव्यवस्था, समाज, मनोविज्ञान और संस्कृति के संदर्भ में समाजों के आधुनिकीकरण से जुड़ा हुआ है। आर्थिक विकास उपभोग पैटर्न के उच्च स्तर और लोगों के जीवन स्तर में वृद्धि, पूंजी के आदान-प्रदान, तकनीकी ज्ञान के माध्यम से आवश्यक कौशल स्तरों को उन्नत करने और बड़े पैमाने पर व्यावसायिक विशेषज्ञता, तीव्र परिवहन और संचार के साधन और श्रम गतिशीलता जैसे कई अन्य मापदंडों के माध्यम से देखा जाता है।

सामाजिक आधुनिकीकरण में नियोजित सामाजिक परिवर्तन, धर्मनिरपेक्षता, शिक्षा पर भारी सार्वजनिक व्यय, ज्ञान क्रांति, संचार प्रणाली में विकास, साधन सामाजिक संबंधों में वृद्धि शामिल है। नए शहरी वातावरण और शहरी निर्मित वातावरण में समायोजित करने के लिए परिवार अधिक समतावादी, एकल और छोटे होते हैं।

आधुनिकीकरण का तात्पर्य विकासशील समाजों के बहु-रेखीय संक्रमण से है जो पारंपरिक समाजों से आधुनिक समाजों में उभरता है। यह परिभाषा समाजशास्त्रीय पहलू को प्रकट करती है। अर्थशास्त्री इसे आर्थिक संकेतकों, प्रति व्यक्ति आय, जीवन स्तर आदि के आधार पर विकास मॉडल के संदर्भ में व्याख्या करते हैं। राजनीति विज्ञानी आधुनिकीकरण को राजनीतिक भागीदारी, सामाजिक उथल-पुथल और संस्थागत परिवर्तनों और सीमा पार गतिविधियों के साथ-साथ रणनीतिक महत्व के संदर्भ में वर्णित करते हैं। रोजर्स (1969) के अनुसार, "आधुनिकीकरण वह प्रक्रिया है जिसके द्वारा व्यक्ति पारंपरिक जीवन शैली से अधिक जटिल तकनीकी रूप से उन्नत और तेजी से बदलती जीवन शैली में बदल जाता है"।

आइज़ेनस्टैड (1966) के अनुसार, "ऐतिहासिक रूप से, आधुनिकीकरण उन प्रकार की सामाजिक, आर्थिक और राजनीतिक प्रणालियों की ओर परिवर्तन की प्रक्रिया है जो 17वीं शताब्दी से 19वीं शताब्दी तक पश्चिमी यूरोप और उत्तरी अमेरिका में विकसित हुई हैं और फिर अन्य यूरोपीय देशों में और 19वीं और 20वीं शताब्दी में दक्षिण अमेरिकी, एशियाई और अफ्रीकी महाद्वीपों में फैल गई। यह अनिवार्य रूप से एक विकासवादी परिप्रेक्ष्य है जो संक्रमण के चरणों की व्याख्या करता है जिसके माध्यम से समाज गुजरता है, हालांकि सभी समाज जरूरी नहीं कि एक ही चरण या दिए गए अनुक्रम से गुजरें"।

सवाल यह उठता है कि क्या वैश्वीकरण और पश्चिमीकरण वैश्विक संस्कृति की प्राप्ति की दिशा में एक प्रशस्त मार्ग बनाने में सक्षम है या नहीं। सांस्कृतिक मूल्यों और विचारों के अभिसरण के कारण ऐसी एक आम वैश्विक संस्कृति संभव है। अभिसरण सिद्धांतों के अनुसार, आधुनिकीकरण लोगों और सूचना और ज्ञान के मुक्त आवागमन के परिणामस्वरूप सांस्कृतिक बाधाओं को तोड़ता है। इसने तीसरी दुनिया के अधिकांश देशों को पहले से ही विकसित पश्चिमी दुनिया के सामाजिक और सांस्कृतिक चरित्र को प्राप्त करने में मदद की है।

आधुनिकीकरण के रुझान

दरअसल, आधुनिकीकरण की प्रक्रिया और समाजों के सामाजिक-सांस्कृतिक परिवर्तन ने तीसरी दुनिया के सभी देशों के लिए एक जैसी प्रवृत्ति का पालन नहीं किया। लेकिन सामान्य तौर पर, आधुनिकीकरण की कुछ प्रवृत्तियाँ हैं जो इन देशों में समान हैं। ये हैं:

सबसे पहले, तीसरी दुनिया के लोग आधुनिकीकरण और पश्चिमीकरण पर समान जोर देने से इनकार करते हैं। उनका मानना है कि आधुनिकीकरण पश्चिमी देशों जैसा नहीं है, बल्कि आधुनिकीकरण की प्रक्रिया एक देश से दूसरे देश में भिन्न होती है।

दूसरा, विकासशील देशों ने आधुनिकीकरण की दिशा में अलग-अलग रास्ते अपनाए हैं। एशिया और लैटिन अमेरिका के देश जैसे भारत, चीन, मलेशिया, ईरान, थाईलैंड, सऊदी अरब और ब्राजील—सभी आधुनिकीकरण हासिल करने के लिए अलग-अलग राजनीतिक विचारधाराओं, सांस्कृतिक लोकाचार, सामाजिक संबंधों और आर्थिक प्रणालियों का पालन करते हैं।

तीसरा, समकालीन काल में राष्ट्रवाद उभरते राष्ट्रों का नया 'धर्मनिरपेक्ष धर्म' बन गया है। इसकी विशेषता सांस्कृतिक मापदंडों में एक नई व्यवस्था प्राप्त करना और एक सांस्कृतिक पहचान हासिल करना है। यह पारंपरिक संस्कृति और स्वदेशी स्थानीय मूल्यों और ज्ञान पर आधारित है।

चौथा, हाल के दशकों में लोक संस्कृतियों, लोकगीतों और लोकगीतों के पुनरुत्थान की प्रवृत्ति देखी जा रही है। कलाकृतियाँ, स्वदेशी ज्ञान और स्थानीय पर्यावरणीय स्थिरता सुनिश्चित करना।

आधुनिकीकरण के तत्व

सामाजिक आधुनिकीकरण के मुख्य तत्वों में लोगों की सामाजिक-सांस्कृतिक विशेषताओं के विभिन्न पहलू शामिल हैं। इसमें सामाजिक परिवर्तन के लिए उचित योजना, ज्ञान क्रांति के लिए संचार के साधनों का विस्तार, तकनीकी उन्नति, कौशल उन्नयन, धर्मनिरपेक्षता, हर सामाजिक स्तर तक साक्षरता का प्रसार, औपचारिक सामाजिक संबंधों में वृद्धि, लैंगिक समानता, दिमाग और सोच का खुलापन, संगठन के सदस्यों के बीच औपचारिक संविदात्मक समझ, छोटे और एकल परिवार और बहुत कुछ शामिल हैं।

राजनीतिक आधुनिकीकरण के तत्वों में नौकरशाही बुनियादी ढांचे का विकास, जनता की राजनीतिक भागीदारी में वृद्धि, देश में राजनीतिक परिदृश्य के बारे में अधिक ज्ञान, अधिक जन मीडिया प्रदर्शन, सामाजिक न्याय और मानव अधिकारों

के बारे में बेहतर ज्ञान, राजनीतिक घटनाओं के बारे में अभिव्यक्ति की स्वतंत्रता के साथ-साथ राजनीतिक भागीदारी में समानता और कई अन्य शामिल हैं।

मनोवैज्ञानिक आधुनिकीकरण में सामाजिक-आर्थिक विकास को बनाए रखने के लिए व्यवहार में बदलाव शामिल है: पारंपरिक दृष्टिकोण (धार्मिक विश्वास प्रणाली पर आधारित) का तर्कसंगतता आधारित धर्मनिरपेक्ष विज्ञान में परिवर्तन, अधिक प्रेरणा, समानता की अवधारणा का उदय, नए अनुभवों को साझा करना, अधिनायकवाद के खिलाफ विद्रोह, जीवन के प्रति सकारात्मक दृष्टिकोण और तर्कसंगत विश्व दृष्टिकोण (अब्राहम, 2015)।

पश्चिमीकरण

यह उन सभी देशों द्वारा अपनाए गए दृष्टिकोण को संदर्भित करता है जो आधुनिकीकरण और सामाजिक-सांस्कृतिक और आर्थिक परिवर्तन के मार्ग का अनुसरण करते हैं, जैसा कि पश्चिमी दुनिया ने पहले ही हासिल कर लिया है।

पूर्व-औद्योगिक पारंपरिक समाजों से औद्योगिक, तकनीकी रूप से विकसित देशों में बदलाव तीन चरणों से होकर गुजरता है (टॉफ़लर)। समकालीन काल में सूचना प्रौद्योगिकी ने इस प्रक्रिया को और तेज़ कर दिया है। इस संबंध में, एल्विन टॉफ़लर ने तीन लहरों या युगों की पहचान की:

पहली लहर की शुरुआत 8000 ईसा पूर्व के आसपास कृषि क्रांति से हुई थी और यह 1750 ई. तक जारी रही। **दूसरी लहर** औद्योगिक क्रांति से शुरू होकर 1955 तक चली। उसके बाद, जेट, कंप्यूटर, इलेक्ट्रॉनिक मास मीडिया, सैटेलाइट सिग्नल और इमेज, जेनेटिक इंजीनियरिंग और अन्य उपलब्धियों पर आधारित तकनीक में इलेक्ट्रॉनिक क्रांति या चमत्कारी उपलब्धियाँ हुई। इस प्रकार, **तीसरी लहर** सूचना और सेवाओं के उत्पादन के इर्द-गिर्द घूमती है। इसके अलावा, तकनीकी उन्नति और सूचना हस्तांतरण शिक्षा, स्वास्थ्य, मास मीडिया, प्रबंधन और यहाँ तक कि सामाजिक-सांस्कृतिक प्रदर्शनों में सेवाओं को प्रभावित करना जारी रखता है।

भारतीय समाज पर पश्चिमीकरण का प्रभाव कई पहलुओं में देखा जा सकता है। भारत की सदियों पुरानी जाति व्यवस्था और जाति-आधारित सामाजिक कठोरता की परंपराएँ, काफी हद तक, शहरी क्षेत्रों में तेजी से और ग्रामीण क्षेत्रों में कम दर से कम हो रही हैं। पश्चिमी प्रभाव ने संयुक्त परिवार के विघटन को भी बढ़ावा दिया और कई सामाजिक सुधार आंदोलनों को प्रेरित किया। भारतीय आर्थिक और राजनीतिक क्षेत्र ने भी बहुत कुछ प्रभावित किया। कृषि क्षेत्र और लघु कुटीर उद्योगों में मशीनरी की शुरूआत और नई तकनीकों को अपनाने से क्रमशः खेती और औद्योगिक उत्पादन में विविधता को बढ़ावा मिला है। भूमि प्रबंधन में नए उपाय, लोकतांत्रिक मूल्यों और आदर्शों की शुरूआत, राष्ट्रीय चेतना, सामाजिक न्याय और एक समान प्रशासनिक व्यवस्था अन्य प्रभाव हैं। हालाँकि, यह कहा जा सकता है कि, पश्चिमीकरण ने भारत में संस्थागत और सामाजिक सुधारों की एक श्रृंखला शुरू की। इनके अलावा, कुछ नकारात्मक प्रभाव भी हैं। पारंपरिक क्षेत्रों में युवा पीढ़ी की कम रुचि और उनमें पश्चिमी संस्कृतियों को अपनाने की बढ़ती प्रवृत्ति सबसे महत्वपूर्ण मुद्दे हैं।

अभ्यास प्रश्न

1. सामाजिक परिवर्तन को परिभाषित करें।
2. आधुनिक भारत में सामाजिक परिवर्तन के कारक क्या हैं?
3. संस्कृतिकरण और आधुनिकीकरण के बारे में लिखें।

4. आधुनिकीकरण के तत्व क्या हैं?
5. पश्चिमीकरण से आपका क्या अभिप्राय है?
6. पश्चिमीकरण ने भारतीय समाज को किस प्रकार प्रभावित किया है, इस पर एक टिप्पणी लिखें।

REFERENCES

Abraham, M. Francis (2015). *Contemporary Sociology*. Oxford University Press, New Delhi.

Kevin, B. and D. Prytherch (2022). The rusted steel that binds: how craft producers form neolocal economies in Pittsburgh, PA. *Journal of Cultural Geography*, 39: 3, pp. 343–374. DOI: 10.1080/08873631.2022.2058247

Lorne, P. (2022). Cultivating learning among the gardens of Irvine: William Pereira's plans for structure, scholarship, and nature in suburban California. *Journal of Cultural Geography*, 39: 3, pp. 313–342. DOI: 10.1080/08873631.2022.2104536

Monnaas, H. (1996). Modernity, Postmodernity and the Crisis of Social Modernization: A Case Study in Urban Fragmentation. *International Journal of Urban and Regional Research*.

Rappa, A. (2015). Modernity and Social Change: Perversion, Commoditization and Closure. *Journal of Socialomics*. January.

Singh, L.R. (2009). *Fundamentals of Human Geography*. Sarada Pustak Bhawan, Allahabad.

अध्याय 11

सांस्कृतिक परिवर्तन

अधिगम प्रतिफल

इस अध्याय के अंत में, छात्रों में निम्नलिखित क्षमता विकसित होगी:

- संस्कृति परिवर्तन की परिभाषा, कारक और प्रक्रियाएँ समझना।
- यह समझना कि किसी क्षेत्र के संस्कृति परिवर्तन के साथ परसंस्कृतिकरण किस प्रकार संबंधित है।
- वैश्वीकरण से संबंधित विभिन्न विशेषताओं और सांस्कृतिक परिवर्तन पर इसके प्रभाव की व्याख्या करना।
- दुनिया के विभिन्न भागों के संस्कृति परिवर्तन पर प्रौद्योगिकी के प्रभाव का आकलन करना।

परिवर्तन के सांस्कृतिक दृष्टिकोण को समाज के बदलते सांस्कृतिक तत्वों का विश्लेषण करने के लिए संदर्भित किया जाता है। इस दृष्टिकोण का अध्ययन विभिन्न विद्वानों द्वारा किया जाता है। उदाहरण के लिए, एम.एन. श्रीनिवास संस्कृतिकरण और पश्चिमीकरण प्रक्रिया के माध्यम से परिवर्तन का अध्ययन किया; रॉबर्ट रेडफील्ड ने छोटी और बड़ी परंपराओं का अध्ययन किया; मैककिम मैरियट ने संकीर्णता और सार्वभौमिकरण की प्रक्रिया का अध्ययन किया (आहूजा, 2008)। संस्कृतिकरण निचली जाति के लोगों द्वारा उच्च जातियों के रीति-रिवाजों, अनुष्ठानों, विचारधारा और जीवन शैली को अपनाने की प्रक्रिया है। इसे अपनाने के लिए, निचली जाति के लोग सामाजिक पदानुक्रम में अपना स्थान बढ़ा सकते हैं। इसमें पारंपरिक सामाजिक संरचना में सांस्कृतिक गतिशीलता की प्रक्रियाएँ शामिल हैं। रॉबर्ट रेडफील्ड ने मैक्सिकन समुदायों का विश्लेषण किया और छोटी और बड़ी परंपराओं का अध्ययन किया। उनके अनुसार, छोटी परंपराएँ स्वदेशी संस्कृतियाँ, रीति-रिवाज, लोक समुदायों या ग्राम समुदायों में पाई जाने वाली मान्यताएँ हैं। वे परंपराएँ जो बाहरी संपर्कों के कारण विकसित होती हैं, उन्हें महान परंपराएँ कहा जाता है। छोटी परंपराओं के तत्वों को महान परंपराओं के स्तर तक ऊपर ले जाने की प्रक्रिया को मैककिम मैरियट ने सार्वभौमिकरण कहा है। महान परंपरा के तत्वों को नीचे की ओर ले जाने की प्रक्रिया को संकीर्णीकरण कहा जाता है। ये अवधारणाएँ संस्कृति परिवर्तन की घटना की व्याख्या करती हैं (आहूजा, 2008)।

सांस्कृतिक परिवर्तन की प्रक्रियाएँ

सांस्कृतिक परिवर्तन दो प्रक्रियाओं में होता है: (1) आविष्कार और (2) प्रसार।

(1) आविष्कार: ज़्यादातर मामलों में, आविष्कार प्रयोग और ज्ञान के संचय के ज़रिए धीरे-धीरे होता है। कुछ मामलों में, आविष्कार अचानक भी हो जाता है। प्रिंटिंग प्रेस, बारूद, पोलियो वैक्सीन, सैटेलाइट संचार का आविष्कार ऐसे कुछ उदाहरण हैं, जिन्होंने बड़े पैमाने पर सांस्कृतिक बदलाव किए हैं। कई आविष्कार सकारात्मक सांस्कृतिक बदलाव लाते हैं, जबकि कुछ अपेक्षाएँ ऐसी भी होती हैं जो नकारात्मक परिणाम लाती हैं। जब सामाजिक रूप से सकारात्मक लक्ष्य से प्रेरित आविष्कारों के मिश्रित नकारात्मक परिणाम हो सकते हैं।

उत्तरी नॉर्वे और फ़िनलैंड में सामी चरवाहों का मामला इस संबंध में एक अच्छा उदाहरण है। 1950 के दशक में, फ़िनलैंड के सामी की अर्थव्यवस्था बारहसिंगों पर आधारित थी जो उनके अधिकांश आहार की आपूर्ति करते थे। लेकिन 1960 के दशक तक, जब इस क्षेत्र में स्नोमोबाइल पेश किए गए, तो सामी चरवाहों की जीवन शैली में कई बदलाव आए (मिलर, 2011)।

(2) प्रसार: प्रसार में सांस्कृतिक लक्षणों का एक स्थान से दूसरे स्थान पर फैलना और सांस्कृतिक परिवर्तन लाना शामिल है। यह आविष्कार से भी संबंधित है क्योंकि किसी विशेष सांस्कृतिक विशेषता के आविष्कार के बाद, विशेषता का प्रसार शुरू हो जाता है। प्रसार कई तरीकों से हो सकता है:

पहला, पारस्परिक विनियम: जब लगभग समान शक्ति वाले दो समाज अपनी संस्कृति के पहलुओं का आदान-प्रदान करते हैं, तो इसे पारस्परिक विनियम कहा जाता है।

दूसरा, संस्कृतियों का हस्तांतरण: सांस्कृतिक लक्षणों का हस्तांतरण प्रमुख संस्कृति से हो सकता है, इस प्रक्रिया में बल का प्रयोग किया जा सकता है, या कुछ मामलों में, शिक्षा या विपणन प्रक्रियाएँ नई प्रथाओं के अनुकूलन को बढ़ावा देती हैं।

तीसरा, सांस्कृतिक साम्राज्यवाद: साम्राज्यवाद एक देश का दूसरे देश पर प्रभुत्व है। सांस्कृतिक साम्राज्यवाद में, एक अधिक शक्तिशाली संस्कृति कम शक्तिशाली संस्कृति के पहलुओं को अपना सकती है।

चौथा, विपरीत दिशा: कभी-कभी, कम शक्तिशाली और यहां तक कि उत्पीड़ित संस्कृति समूह अक्सर एक प्रमुख संस्कृति में संस्कृति परिवर्तन के स्रोत प्रदान करता है।

सांस्कृतिक अंत:क्रिया और परिवर्तन

संस्कृतियाँ एक दूसरे के साथ अंतःक्रिया करती हैं और आंतरिक रूप से तथा साथ ही व्यापार नेटवर्क, अंतर्राष्ट्रीय विकास परियोजनाओं, दूरसंचार, शिक्षा, प्रवास और पर्यटन जैसे संपर्कों के माध्यम से अन्य संस्कृतियों में भी बदलती हैं। वस्तुओं, सूचनाओं, विचारों और लोगों के विभिन्न आंदोलनों से जुड़े गहन वैश्विक अंतर्संबंध और अंतर्संबंधों की प्रक्रिया को वैश्वीकरण कहा जाता है। यह समकालीन युग में सांस्कृतिक परिवर्तन की एक प्रमुख शक्ति है। हाल के तकनीकी परिवर्तन के परिणामस्वरूप, वैश्वीकरण की प्रक्रिया ने गति पकड़ी है। वैश्वीकरण दुनिया के हर कोने में समान रूप से नहीं फैलता है। यही कारण है कि स्थानीय संस्कृतियों के साथ अंतःक्रिया सकारात्मक परिवर्तन से लेकर सांस्कृतिक विनाश और सांस्कृतिक विलुप्ति तक काफी भिन्न होती है। सांस्कृतिक अंतःक्रिया के विभिन्न चरणों को विस्तृत करने के लिए कई मॉडल हैं:

(i) **संघर्ष मॉडल:** संघर्ष मॉडल दुनिया को "पश्चिम और दक्षिण" में विभाजित करने पर निर्भर करता है। बाकी 'सभ्यताओं के टकराव' को दुनिया भर में यूरो-अमेरिकी पूंजीवाद और जीवन शैली के प्रसार के माध्यम से देखा

जाता है जिसने 'अन्य सांस्कृतिक प्रणालियों के बीच मोहभंग, अलगाव और आक्रोश' पैदा किया है (मिलर, 2011)।

(ii) **अधिग्रहण और समरूपीकरण मॉडल:** इसे मैकडोनाल्डाइज़ेशन मॉडल भी कहा जाता है, जो कहता है कि संयुक्त राज्य अमेरिका की संस्कृति के शक्तिशाली प्रभाव के तहत, दुनिया सांस्कृतिक रूप से समरूप हो रही है। 'फास्ट-फूड संस्कृति', फास्ट-फूड का बड़े पैमाने पर उत्पादन, गति, मानकीकरण, अवैयक्तिक सेवा-इस मॉडल की मुख्य विशेषताएं हैं।

(iii) **सम्मिश्रण मॉडल:** इस मॉडल को 'संकरण', 'सिंक्रेटिज्म', 'संयोजन' और 'क्रिओलाइज़ेशन' भी कहा जाता है। । यह विशेषता तब होती है जब दो या दो से अधिक संस्कृतियों के पहलू मिलकर एक नई संस्कृति बनाते हैं। यह दो या दो से अधिक संस्कृतियों का सम्मिश्रण रूप है। उदाहरण के लिए, जापान में, एक दादी स्वचालित बेकिंग मशीन के सामने कृतज्ञता में झुक सकती है। अमेज़ॅन क्षेत्र और आर्कटिक क्षेत्र के स्वदेशी लोग अक्सर अपनी मातृभूमि की सीमाओं और अपने पूर्वजों की भूमि की सीमाओं को मैप करने और उनकी रक्षा करने के लिए उपग्रह इमेजरी का उपयोग करते हैं।

(iv) **स्थानीयकरण मॉडल:** यह स्थानीय सूक्ष्म-प्रौद्योगिकी द्वारा वैश्विक संस्कृतियों का परिवर्तन है। संस्कृतियों को एक साथ लाता है और एक नई संस्कृति बनाता है। उदाहरण के लिए, सऊदी अरब में सांस्कृतिक प्रभाव इतने मजबूत हैं कि मैकडॉनल्ड्स रेस्तरां परिवारों (पत्नी और बेटियों के साथ) और एकल पुरुषों के लिए अलग-अलग स्थान प्रदान करते हैं।

सांस्कृतिक परिवर्तन के कारक

किसी भी समाज के सांस्कृतिक परिवर्तन के कई कारक होते हैं। इन्हें संक्षेप में इस प्रकार बताया जा सकता है:

(क) *तकनीकी विकास:* तकनीकी विकास. खोज और आविष्कार प्रौद्योगिकी विकास के दो मंच हैं।

खोज का मतलब भौतिक और सामाजिक पर्यावरण के बारे में कुछ सीखना है, जो पहले ज्ञात नहीं था। अतीत में, खोजकर्ताओं ने नए क्षेत्रों (द्वीपों, महाद्वीपों) की खोज की है, मानवविज्ञानियों ने विभिन्न समाजों के बीच सांस्कृतिक अंतर के साथ-साथ संस्कृतियों की कई दिलचस्प विशेषताओं की खोज की है।

आविष्कार किसी विशिष्ट उद्देश्य की पूर्ति के लिए कुछ करने का एक नया तरीका है। यह किसी व्यक्ति या व्यक्तियों के समूह द्वारा आविष्कार किया गया एक सांस्कृतिक पहलू है। सबसे महान अभौतिक आविष्कारों में से एक वर्णमाला थी, जिसने संचार की हमारी वर्तमान प्रणाली को संभव बनाया।

खोज और आविष्कार एक दूसरे से बहुत करीब से जुड़े हुए हैं और इसलिए दोनों के बीच कोई स्पष्ट रेखा नहीं खींची जा सकती। सभी यांत्रिक आविष्कारों में किसी विशेष वस्तु की खोज शामिल होती है, जिसने तकनीक को सुचारू रूप से चलाना संभव बनाया। आविष्कार तकनीक में बदलाव लाते हैं और आज की दुनिया में, तकनीकी विकास सामाजिक परिवर्तन के पीछे एक शक्तिशाली शक्ति रहा है। कंप्यूटर सबसे महत्वपूर्ण तकनीक है जिसने हमारी जीवनशैली और संस्कृति में भी बदलाव किया है। जैव प्रौद्योगिकी में विकास हमारे सामाजिक-सांस्कृतिक क्षेत्र में बदलाव ला रहा है।

(ख) *सांस्कृतिक प्रसार:* एक बार जब समाज में एक नया सांस्कृतिक तत्व विकसित हो जाता है, तो यह अन्य क्षेत्रों में फैलता है। यह सांस्कृतिक प्रसार की प्रक्रिया है जिसमें एक सामाजिक समूह से दूसरे में सांस्कृतिक लक्षणों का प्रसार शामिल है। किसी भी संस्कृति में कई सांस्कृतिक लक्षण या तत्व होते हैं जिनका आविष्कार उस संस्कृति के क्षेत्र में नहीं किया गया हो सकता है,

बल्कि इसके कुछ तत्व अन्य संस्कृतियों और अन्य क्षेत्रों से उधार लिए गए हो सकते हैं। कुछ समाजों में, सांस्कृतिक प्रसार, इस प्रकार, सांस्कृतिक और साथ ही साथ सामाजिक परिवर्तन में सबसे महत्वपूर्ण भूमिका निभाता है। वे समाज जो बाहरी दुनिया से अलग-थलग रहते हैं, वे स्थिर होते हैं, जबकि वे जो किसी भी सांस्कृतिक तत्व को स्वीकार करने के लिए तैयार रहते हैं और संचार पर निर्भर रहते हैं, वे लगातार नए सांस्कृतिक तत्वों को प्राप्त करते हैं। लेकिन, कुछ मामलों में, सांस्कृतिक परिवर्तन में अन्य संस्कृतियों के साथ संपर्क नहीं हो सकता है। उदाहरण के लिए, यूएसए में अमिश संस्कृति मुख्यधारा की अमेरिकी संस्कृति के साथ नियमित अंतःक्रिया में है, लेकिन फिर भी वे अपने स्वयं के सांस्कृतिक मूल्यों और विशेषताओं को बनाए रखते हैं और अमेरिकी क्षेत्र के भीतर एक अलग सांस्कृतिक पहचान का आनंद लेते हैं। सांस्कृतिक प्रसार के अन्य उदाहरणों में यूरोप में संख्या प्रणाली की अवधारणा को उधार लेना शामिल है। हमारी आधुनिक संख्या प्रणाली आम तौर पर यूरोप में रोमनों द्वारा लाई गई थी जिसे वे अरबों से लाए थे और अरबों ने बदले में भारतीय उपमहाद्वीप में हिंदुओं से इसे उधार लिया था। दूसरी ओर, वर्तमान वर्णमाला का मामला भी इसी तरह का है। यूरोपीय देशों में, इसे मूल रूप से अफ्रीका के फोनीशियन से उधार लिया गया है। कुछ संशोधनों के बाद, इसका उपयोग वर्तमान यूरोपीय लोगों द्वारा किया जाता है।

(ग) *विचार और विचारधाराएँ:* नए विचार हमेशा सामाजिक और सांस्कृतिक परिवर्तन लाते हैं। कुछ व्यावहारिक आविष्कारों के माध्यम से विचार उत्पन्न हो सकते हैं जिन्हें कुछ प्रमुख संस्कृतियों द्वारा स्वीकार किया जाता है और आगे बढ़ाया जाता है और इस संबंध में एक पहचान बनाई जाती है। एक नए प्रकार का नृत्य, एक नए प्रकार का व्यवसाय निगम, एक नया यांत्रिक गैजेट — सभी इस संबंध में उदाहरण हैं। कुछ विचार लोगों के दिमाग पर अलग-अलग तरह से प्रभाव डालते हैं जैसे कि फ्रांसीसी क्रांति के 'स्वतंत्रता, समानता और बंधुत्व' के विचार या 1960 के दशक में संयुक्त राज्य अमेरिका में नागरिक अधिकार आंदोलन।

ये विचार किसी भी क्षेत्र के सामान्य वंचित लोगों के लिए कई तरह से आशा और आकांक्षाएँ लेकर आते हैं। जब इस प्रकार की विचारधारा किसी भी समाज में स्थापित होती है, तो जाहिर है कि यह उस क्षेत्र में सांस्कृतिक और सामाजिक बदलाव लाती है।

विचारधारा समाज को फिर से आकार देने के लिए विचारों की एक संगठित प्रणाली है ताकि इसे 'दिल की इच्छा के करीब' लाया जा सके। जो लोग किसी विचारधारा में विश्वास करते हैं, वे अक्सर धार्मिक सार के साथ उसका समर्थन करते हैं। फासीवाद, साम्यवाद, समाजवाद, लोकतंत्र — सभी विचारधाराएँ हैं और प्रत्येक की मूल्य प्रणाली है, एक आम अच्छे के लिए लड़ाई है और प्रत्येक के अनुसार, एक निश्चित लक्ष्य को प्राप्त करने के लिए समाज का संगठन समान है लेकिन काम करने के तरीके अलग-अलग हैं।

(घ) *सामूहिक कार्रवाई:* अधिकांश सामाजिक परिवर्तन धीरे-धीरे होते हैं और केंद्रीय एजेंसी के सामूहिक प्रयास से किए जाते हैं। हालाँकि, महत्वपूर्ण सामाजिक परिवर्तन योजनाबद्ध समूह कार्रवाई द्वारा लाए जाते हैं। कुछ मामलों में, यह सरकारी कार्रवाई होती है जब पूरा देश एक ही एजेंसी की छत्रछाया में आ जाता है। उदाहरण के लिए, जापान एक ऐसा देश है, जिसने पिछले 150 वर्षों में एक महान सामाजिक परिवर्तन का अनुभव किया है। यह एक सामंती समाज से एक आधुनिक और अत्यधिक औद्योगिक लोकतंत्र में बदल गया है। अधिकांश मामलों में इस परिवर्तन के पीछे सरकारी नीतियाँ जिम्मेदार हैं।

भूतपूर्व सोवियत संघ और चीन में एक और दिलचस्प सामाजिक परिवर्तन हुआ। ये दोनों ही सरकार द्वारा किए गए व्यापक और दूरगामी सामाजिक परिवर्तन के उदाहरण हैं।

(ङ) *प्राकृतिक विशेषताएँ:* लोग एक विशेष क्षेत्र में रहते हैं, जिसमें कुछ निश्चित भौतिक विशेषताएँ होती हैं और लोगों ने उस वातावरण में स्वयं को समायोजित करने की क्षमता विकसित की। उदाहरण के लिए, तटीय भूमि पर रहने वाला समाज, भूमि से घिरे समाज की तुलना में समुद्री संसाधनों का उपयोग करने के लिए अधिक इच्छुक होता है। इन लोगों ने अपने भौगोलिक क्षेत्र

और जलवायु विशेषताओं के आधार पर अपनी सांस्कृतिक विशेषताओं का विकास किया। इस प्रकार, प्राकृतिक वातावरण में परिवर्तन लोगों के सामाजिक-सांस्कृतिक स्वरूप में परिवर्तन लाता है। जब लोग एक स्थान से दूसरे स्थान पर प्रवास करते हैं, तो भूगोल और जलवायु अधिक प्रभावित करते हैं।

परसंस्कृतिकरण

परसंस्कृतिकरण आम तौर पर मनोवैज्ञानिक और सांस्कृतिक परिवर्तन की एक दोहरी प्रक्रिया है। इसमें मानव व्यवहार, मानव सोच, जीवन शैली, मूल्यों, आसपास के वातावरण और लोगों के प्रति दृष्टिकोण में परिवर्तन शामिल है। व्यक्ति आम तौर पर सोचने के नए तरीकों और नए भौतिक-सांस्कृतिक या भौतिक और सांस्कृतिक वातावरण के संपर्क में आते हैं, जो आमतौर पर तब होता है जब कोई व्यक्ति अलग-अलग संस्कृतियों वाले अन्य लोगों के संपर्क में आता है। इससे दोनों पक्षों के लोगों के दिमाग में बदलाव आता है और व्यक्ति के भीतर और मेजबान क्षेत्र के लोगों के भीतर भी कुछ सांस्कृतिक परिवर्तन अपने आप हो जाते हैं।

परसंस्कृतिकरण अध्ययन का कोई नया क्षेत्र नहीं है, क्योंकि 1930 के दशक से ही विद्वान किसी न किसी तरह से इस क्षेत्र से निपट रहे हैं। दरअसल, परसंस्कृतिकरण से संबंधित कई मुद्दों की ओर इशारा करने वाले इन अध्ययनों के बीच संवाद की कमी है और यही वजह है कि हाल के वर्षों में इस क्षेत्र में अध्ययनों को बढ़ावा मिला है। जब कई देशों में सामाजिक और राजनीतिक अशांति के कारण, कुछ देशों (जैसे, हंगरी, चेकोस्लोवाकिया, क्यूबा, वियतनाम, हैती और मैक्सिको) के लोग नई दुनिया में चले गए और मुख्य रूप से अमेरिका में बस गए। ये सभी लोग दो अलग-अलग संस्कृतियों के बीच भटक रहे थे, एक उनका अपना देश और दूसरा अमेरिका की नई भूमि। शुरुआती दिनों में, वे खुद को नई संस्कृति से अलग पाते हैं क्योंकि उनके अपने व्यवहार के तरीके और मूल्य थे। इसके परिणामस्वरूप दैनिक जीवन में मानसिक अनिश्चितता और अपरिचितता की एक डिग्री उत्पन्न हुई। नए देश में रहने के शुरुआती चरण में, अनिश्चितता की यह मानसिक स्थिति शायद सबसे अधिक थी, जो समय के साथ धीरे-धीरे कम होती गई। बाद के दिनों में, अधिकांश आप्रवासियों ने अपने आस-पास की इस नई दुनिया के साथ खुद को अभ्यस्त करना सीख लिया। वे इस नए क्षेत्र के मूल्यों और संस्कृतियों को समझने लगे। इस समायोजन प्रक्रिया को 'संस्कृतिकरण' कहा जाता है।

परिभाषा

मार्डेन और मेयर (1968: 36) के अनुसार, "परसंस्कृतिकरण उन व्यक्तियों में परिवर्तन है जिनकी प्राथमिक शिक्षा एक संस्कृति में हुई है और जो दूसरी संस्कृति से गुण ग्रहण करते हैं"। इसलिए, खुद को नई संस्कृति के अनुकूल बनाने के लिए, आप्रवासियों को, सभी मामलों में और सभी देशों में, मेजबान सांस्कृतिक पैटर्न और मूल्यों को अपनाना चाहिए और नए वातावरण के साथ कामकाजी संबंध बनाने चाहिए। इस उद्देश्य के लिए, संचार कौशल पर अधिक जोर दिया जाना चाहिए और जैसे-जैसे वे संचार प्रक्रिया में अधिक प्रभावी होते जाते हैं, वे निश्चित रूप से अधिक सांस्कृतिक रूप से अनुकूलित होते जाते हैं।

1930 के दशक में परसंस्कृतिकरण पर अध्ययन शुरू किया गया था और इस प्रकार, हम इस प्रक्रिया के बारे में विभिन्न प्रकार की अवधारणाएँ पा सकते हैं। यदि हम इन अध्ययनों पर गौर करें, तो हमें इस प्रक्रिया का एक व्यापक ढाँचा मिल सकता है। 1936 में, रेडफील्ड, लिंटन और हर्सकोविट्स ने कहा कि, "परसंस्कृतिकरण उन घटनाओं को समझता है, जो तब होती हैं जब अलग-अलग संस्कृतियों वाले व्यक्तियों के समूह निरंतर प्रत्यक्ष संपर्क में आते हैं, जिसके परिणामस्वरूप या तो दोनों समूहों के मूल संस्कृति पैटर्न में परिवर्तन होता है"। यह अध्ययन 1935 में सामाजिक विज्ञान अनुसंधान परिषद द्वारा आगे की जांच के लिए नए विचारों की खोज के लिए किया गया था। लेखकों को परसंस्कृतिकरण पर अध्ययन करने के लिए चुना गया था और उनसे इस संबंध में एक रिपोर्ट प्रस्तुत करने का अनुरोध किया गया था। यह रिपोर्ट परसंस्कृतिकरण के तीन परिणामों का उल्लेख करने के साथ समाप्त हुई, जो हैं: स्वीकृति, अनुकूलन और प्रतिक्रिया।

परसंस्कृतिकरण का आधार

(क) स्वीकृति: पहले की सांस्कृतिक विरासत का नुकसान तब होता है, जब परसंस्कृतिकरण की प्रक्रिया के तहत किसी दूसरी संस्कृति के बड़े हिस्से को अपने कब्जे में ले लिया जाता है। जिस संस्कृति के संपर्क में वे आए हैं, उसके व्यवहार पैटर्न और आंतरिक मूल्यों में बदलाव के लिए स्वीकृति और आत्मसात करना उनके लिए आम बात हो जाती है।

(ख) अनुकूलन: जहां मूल और विदेशी दोनों विशेषताओं को सुचारू रूप से उत्पन्न करने के लिए जोड़ा जाता है एक ऐतिहासिक मोज़ेक पर आधारित कार्यशील सांस्कृतिक समग्रता, जो संबंधित व्यक्तियों के लिए सामंजस्यपूर्ण अर्थपूर्ण समग्रता का निर्माण करती है, या कम या ज्यादा परस्पर विरोधी दृष्टिकोणों और दृष्टिकोणों की एक श्रृंखला को बनाए रखती है, जिन्हें विशिष्ट अवसरों के आने पर रोजमर्रा की जिंदगी में स्वीकार किया जाता है। यह अनुकूलन है।

(ग) प्रतिक्रिया: उत्पीड़न या विदेशी स्वीकृति के अप्रत्याशित परिणामों के कारण कुछ आंदोलन ऐसे होते हैं जो अपनी मनोवैज्ञानिक शक्ति को बनाए रखते हैं (1) किसी आरोपित या मान ली गई हीनता की क्षतिपूर्ति के रूप में, या (2) उस प्रतिष्ठा के माध्यम से जो पुरानी पूर्व-संस्कृतिकरण स्थितियों की वापसी ऐसे आंदोलन में भाग लेने वालों के लिए ला सकती है।

1954 में, सामाजिक विज्ञान अनुसंधान परिषद (SSRC, 1954) ने परसंस्कृतिकरण को इस प्रकार परिभाषित किया "... दो या अधिक स्वायत्त सांस्कृतिक प्रणालियों के संयोजन से शुरू होने वाला सांस्कृतिक परिवर्तन। इसकी गतिशीलता को मूल्य प्रणालियों के चयनात्मक अनुकूलन, एकीकरण और विभेदीकरण की प्रक्रियाओं, विकासात्मक अनुक्रमों की पीढ़ी और भूमिका निर्धारकों और व्यक्तित्व कारकों के संचालन के रूप में देखा जा सकता है" (SSRC, 1954)। इन दोनों परिभाषाओं का मानना था कि परसंस्कृतिकरण प्रक्रिया के कारण, दोनों पक्ष (मेजबान देश की संस्कृति और आप्रवासी की संस्कृति) प्रभावित होते हैं और इसलिए मेजबान देश के लोगों के साथ-साथ आप्रवासियों के मन में भी सांस्कृतिक परिवर्तन होते हैं। परसंस्कृतिकरण पर कुछ अध्ययन भी हैं, जो सोचते हैं कि परिवर्तन मुख्य रूप से आप्रवासियों की ओर से होते हैं, यानी, एकात्मक दृष्टिकोण (मार्डन और मेयर, 1968)। वास्तव में लंबी अवधि में, मेजबान समाज और आप्रवासी दोनों ही सांस्कृतिक परिवर्तन का अनुभव करते हैं, हालांकि सबसे बड़ा परिवर्तन आप्रवासियों के मन में होता है।

यंग किम (1982) द्वारा एक और महत्वपूर्ण परिभाषा दी गई है, जिन्होंने लोगों के संचार कौशल पर आधारित सिद्धांत विकसित किया। किम के अनुसार, "इसलिए, परसंस्कृतिकरण प्रक्रिया एक संवादात्मक और निरंतर प्रक्रिया है जो नए सामाजिक-सांस्कृतिक वातावरण के साथ एक आप्रवासी के संचार में और उसके माध्यम से विकसित होती है। अर्जित संचार क्षमता, बदले में, उस आप्रवासी के संस्कृतिकरण की डिग्री को दर्शाती है"।

यंग किम ने अप्रवासियों के संचार व्यवहार के लिए एक सैद्धांतिक आधार विकसित करने का एक व्यवस्थित प्रयास किया। इस कार्य में भाषा प्रवाह, बातचीत, क्षमता, प्रेरणा, जनसंचार माध्यमों की उपलब्धता का महत्व दर्शाया गया है। इन सभी मापदंडों का उल्लेख यहाँ स्वतंत्र चर के रूप में किया गया है जबकि पारस्परिक संचार और जनसंचार माध्यमों की खपत को आश्रित चर के रूप में बताया गया है। लोगों का पारस्परिक संचार कौशल अप्रवासियों के लिए नए मेजबान समाज में सांस्कृतिक शिक्षा का एक मजबूत स्रोत है।

जब यह पारस्परिक संचार कौशल मजबूत हो जाता है, तो आप्रवासी स्वयं को नए वातावरण में सफलतापूर्वक आत्मसात कर लेते हैं और इसके परिणामस्वरूप मेजबान देश में व्यक्ति या समूह द्वारा आप्रवासियों को स्वीकार करने की दर अधिक मजबूत और तीव्र हो जाती है।

रणनीतियाँ और दृष्टिकोण

कुछ रणनीतियाँ हैं जो विभिन्न चरणों के माध्यम से परसंस्कृतिकरण की कहानी बताती हैं। बेरी (1980) के अनुसार, जब लोग अन्य सांस्कृतिक समूहों के संपर्क में आते हैं, तो उनके व्यवहार और दृष्टिकोण में जो भिन्नताएँ होती हैं, उन्हें परसंस्कृतिकरण रणनीतियाँ कहा जाता है। परसंस्कृतिकरण रणनीति के मूल घटक दृष्टिकोण और व्यवहार हैं। पहला व्यक्ति की राय और विश्वास है, जबकि दूसरा व्यक्ति के दैनिक जीवन को विभिन्न सांस्कृतिक अंतःक्रियाओं के संबंध में दर्शाता है। जिस आधार पर कोई व्यक्ति किसी रणनीति को प्राथमिकता देता है, वह विरासत संस्कृति या मूल संस्कृति के प्रति उसके उन्मुखीकरण पर निर्भर करता है (बेरी, 2003)। जब कोई चीनी व्यक्ति किसी अमेरिकी शहर में अपनी मूल भाषा बोलता है और वे सभी गतिविधियाँ करता है जो वह अपने मूल स्थान पर करता था, तो ऐसा लगता है कि वह व्यक्ति अमेरिकी संस्कृति में परसंस्कृत नहीं है, जबकि उसका पोता या पोती, जो यूएसए में पैदा हुआ है, अमेरिकी संस्कृति में खुद को सामाजिक रूप से ढालने में समय बिताता है, अमेरिकियों की तरह कपड़े पहनता है, धाराप्रवाह अंग्रेजी बोलता है, तो वह लड़का या लड़की अमेरिकी संस्कृति में परसंस्कृतिकृत लगता है।

रेडफील्ड, लिंटन और हर्सकोविट्स (1936) द्वारा परसंस्कृतिकरण की शास्त्रीय परिभाषा प्रस्तुत की गई थी। व्यवहार में, परसंस्कृतिकरण की प्रक्रिया एक समूह में अधिक परिवर्तन को प्रेरित करती है जिसे बेरी (1997) द्वारा परसंस्कृतिकरण समूह कहा जाता है। 1954 की रिपोर्ट में, सामाजिक विज्ञान अनुसंधान परिषद (SSRC) ने उल्लेख किया कि, आत्मसात करना ही परसंस्कृतिकरण का एकमात्र प्रकार नहीं है; बल्कि यह प्रतिक्रियाशील (यानी, दोनों समूहों में परिवर्तन के प्रति प्रतिरोध को तेज करना), रचनात्मक (यानी, नए सांस्कृतिक रूप का विकास) और विलंबित (यानी, सांस्कृतिक परिवर्तन जो समय के साथ विकसित होगा) भी हो सकता है।

मनोवैज्ञानिक परसंस्कृतिकरण

ग्रेव्स (1967) ने परसंस्कृतिकरण और मनोवैज्ञानिक परसंस्कृतिकरण के बीच अंतर किया। पहला शब्द समूह में सांस्कृतिक परिवर्तन प्रक्रिया का प्रतिनिधित्व करता है, जबकि दूसरा शब्द व्यवहार के व्यक्तिगत परिवर्तन से जुड़ा है। आप्रवासियों के मामले में, बड़े पैमाने पर सांस्कृतिक परिवर्तन दोनों छोरों—आप्रवासियों और मेजबान देश के लोगों के बीच होता है। दूसरी ओर, व्यक्तिगत स्तर पर समय, पैमाने, स्थान और स्वीकार करने की क्षमता और व्यक्ति के संचार कौशल के आधार पर बहुत भिन्नता होती है।

क्रॉस-कल्चरल मनोविज्ञान में परसंस्कृतिकरण की अवधारणा का व्यापक रूप से उपयोग किया जाता है। संस्कृति-परिग्रहण अनुसंधान में निम्नलिखित दृष्टिकोणों की पहचान की जा सकती है:

सबसे पहले, व्यवहार परिवर्तन: यह परसंस्कृति-परिग्रहण अनुसंधान समूह का दृष्टिकोण है, जो सोचता है कि इस प्रक्रिया में मनोवैज्ञानिक परिवर्तन करना आसान है। इस दृष्टिकोण को बेरी (1980) ने 'व्यवहारगत बदलाव', ब्रिसलिन, लैंडिस और ब्रांट (1983) ने 'सांस्कृतिक शिक्षा' और फ़र्नहैम और बोचनर (1986) ने 'सामाजिक कौशल अधिग्रहण' कहा है। इस मामले में, परसंस्कृतिकरण प्रक्रिया के लिए मनोवैज्ञानिक अनुकूलन को नए सांस्कृतिक सेट अप में रहने के लिए नए व्यवहार सीखने का मामला माना जाता है। इसके लिए कुछ 'संस्कृति त्याग' (बेरी 1992) की भी आवश्यकता होती है, जो किसी की पिछली संस्कृति की उन विशेषताओं को त्यागना है जो नए सेटअप में लागू नहीं होती हैं। यह मध्यम सीमा पर 'संस्कृति संघर्ष' से भी जुड़ा है, जहाँ असंगत व्यवहार व्यक्ति के लिए कठिनाइयाँ पैदा करते हैं।

दूसरा, 'संस्कृति आघात': कुछ मामलों में, जहां गंभीर संघर्ष मौजूद होते हैं, तो कुछ व्यक्ति ओबर्ग (1960) द्वारा वर्णित 'संस्कृति आघात' या 'संस्कृति-सम्बन्धी तनाव' का अनुभव करते हैं। बेरी (1970, 1987) द्वारा वर्णित। 'संस्कृति आघात' की

अवधारणा नकारात्मक प्रभाव और अभ्यस्तीकरण प्रक्रिया के दौरान उभरे अनुभवों पर चर्चा करती है। बेरी (1987) ने सुझाव दिया कि, चूंकि नकारात्मक अनुभव आम तौर पर मध्यम तीव्रता में उत्पन्न होते हैं, इसलिए इस मामले के लिए, 'अभ्यासित तनाव' इस स्थिति को समझाने के लिए अधिक उपयुक्त होगा।

तीसरा, 'मनोविकृति': जब नकारात्मक अनुभव बड़े पैमाने पर होते हैं, तो बेरी ने 'साइकोपैथोलॉजी' या 'मानसिक रोग' शब्द का इस्तेमाल किया। यहाँ, सांस्कृतिक संदर्भ में परिवर्तन व्यक्ति की सामना करने की क्षमता से अधिक हो जाता है और इसलिए यह नैदानिक अवसाद और अक्षम करने वाली चिंता जैसी प्रमुख मनोवैज्ञानिक गड़बड़ियों को जन्म देता है।

संस्कृतिकरण

दरअसल, संस्कृतिकरण एक खास संस्कृति के साथ सीखने की प्रक्रिया है। यह जन्म के बाद शुरू होती है और मृत्यु तक जारी रहती है। उदाहरण के लिए, हम अपने देश के बारे में ज्ञान प्राप्त करके, स्कूल के दिनों से ही राष्ट्रगान को आत्मसात करके और कभी-कभी उससे पहले भी राष्ट्रवाद विकसित करते हैं, खासकर जब सीखने की प्रक्रिया घर से शुरू होती है। समाजशास्त्रियों का मानना है कि एक मानव बच्चा, जब पैदा होता है, तो आम तौर पर असभ्य होता है, यानी असभ्य और असामाजिक। यह संस्कृतिकरण की प्रक्रिया है, जिसके माध्यम से बच्चा अपने आस-पास के वातावरण, किसी खास संस्कृति के भीतर पालन किए जाने वाले नियमों और कानूनों के बारे में ज्ञान प्राप्त करता है और यह भी सीखता है कि बच्चे को परिवार के सदस्यों और परिवार के बाहर दूसरों के साथ कैसा व्यवहार करना चाहिए। यह मानवविज्ञानी द्वारा इस्तेमाल किया जाने वाला शब्द 'संस्कृतिकरण' और समाजशास्त्री द्वारा 'समाजीकरण' है। इस प्रकार, दूसरे शब्दों में, संस्कृतिकरण वह प्रक्रिया है जिसके माध्यम से कोई भी संस्कृति किसी व्यक्ति या व्यक्तियों के समूह या किसी संगठन को सांस्कृतिक मूल्यों, मानदंडों, विश्वासों, क्या करें और क्या न करें और व्यवहार को अपनाने के लिए प्रभावित करती है ताकि एक सामाजिक प्राणी का निर्माण हो सके। यह प्रक्रिया निष्क्रिय प्रक्रिया नहीं है क्योंकि सांस्कृतिक संचरण में शिक्षण और सीखने की प्रक्रियाएँ शामिल होती हैं। यह शिक्षण-अधिगम प्रक्रिया अंतर-सांस्कृतिक प्रशिक्षणों में प्रभावी है और इस प्रकार यह संस्कृतिकरण को एक चिंतनशील, जानबूझकर और साथ ही कार्यात्मक प्रक्रिया बनाती है।

इस शब्द को पहली बार 1948 में सांस्कृतिक मानवविज्ञानी मेलविल हर्सकोविट्स ने गढ़ा था। 'यह एक नवीन परिवर्तन और जांच की प्रक्रिया है।' हर्सकोविट्स के अनुसार, संस्कृतिकरण की प्रक्रिया में दो प्रक्रियाओं की पहचान की जाती है:

1. *"अचेतन" अवस्था*: यह व्यक्ति के जन्म के बाद के शुरुआती वर्षों में होती है। इस अवस्था के दौरान, कोई भी व्यक्ति अनजाने में उस संस्कृति को आत्मसात कर लेता है जहां वह बड़ा हो रहा है।

2. *"चेतन"* चरण: यह बाद के वर्षों में होता है, जहां कोई भी व्यक्ति सचेत रूप से संस्कृति को आत्मसात करता है। इस चरण की विशेषता व्यक्तियों द्वारा शुरू किए गए नवाचारों से भी है। ऐसे नवाचार व्यक्ति की अपनी संस्कृति और अन्य सांस्कृतिक विशेषताओं का अनुभव करने और उस व्यक्ति की आवश्यकताओं के अनुसार सचेत रूप से आत्मसात करने के माध्यम से विकसित होते हैं।

कॉनराड फिलिप कोटक ने संस्कृतिकरण को एक ऐसी प्रक्रिया के रूप में परिभाषित किया है, जिसमें वर्तमान में स्थापित संस्कृति व्यक्ति को उस संस्कृति या समाज के स्वीकृत मानदंडों और मूल्यों को सिखाती है, जहाँ व्यक्ति रहता है। संस्कृतिकरण समाज की सीमा के भीतर एक व्यक्ति के विचार का निर्माण करने के लिए विकसित होता है और यह निर्धारित करता है कि उस समाज के ढांचे के भीतर क्या स्वीकार्य है और क्या स्वीकार्य नहीं है। संस्कृतिकरण में, हालांकि शिक्षण-अधिगम की प्रक्रिया शामिल है, लेकिन यह देखने और अवलोकन करने से भी परिणामित होता है। जैसा कि हम अपने बुजुर्गों को देखते हैं, किसी

खास काम को करते समय हम भी उसे करते हैं, कभी-कभी तो यह पूछे बिना कि हम उस खास काम को उस तरह से क्यों करते हैं। चित्र 11.1 इस प्रक्रिया को स्पष्ट रूप से समझा सकता है।

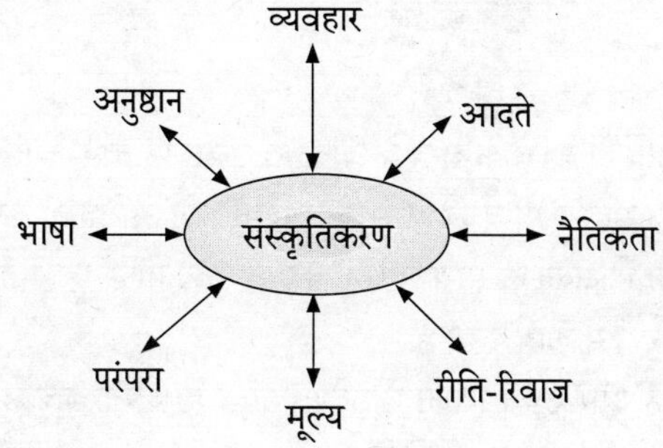

चित्र 11.1 संस्कृतिकरण

इसका मतलब है कि संस्कृतिकरण में सभी सांस्कृतिक तत्व और विशेषताएँ शामिल होती हैं जिन्हें व्यक्ति सचेतन और अचेतन रूप से आत्मसात करता है और पीढ़ियों के माध्यम से आगे बढ़ता है। जब हम किसी अनुष्ठान को करने के लिए अपने बड़ों की गतिविधियों की नकल करते हैं, तो हमें यह भी नहीं पता होता कि हम ऐसा क्यों कर रहे हैं, बल्कि हम इन अनुष्ठानों को अपने बड़ों के सम्मान और विश्वास के आधार पर करते हैं।

विशेषताएँ

संस्कृतिकरण की महत्वपूर्ण विशेषताएं निम्नलिखित हैं:

1. यह अपनी संस्कृति के व्यवहार पैटर्न को और आस-पास की संस्कृत के साथ आंतरिक बनाने की एक प्रक्रिया है
2. इसमें शिक्षण-अधिगम प्रक्रिया सम्मिलित है।
3. यह व्यक्ति के व्यक्तित्व को आकार देने में मदद करता है।
4. यह चेतन अथवा अचेतन हो सकता है।
5. यह एक आजीवन चलने वाली प्रक्रिया है जो व्यक्ति के जन्म से लेकर मृत्यु तक चलती है। लोगों को एकजुट करने में मदद करता है।
6. इसमें बच्चों को परिवार की संस्कृति, उनके सामाजिक मानदंडों और रीति-रिवाजों को सिखाकर उनका समाजीकरण करना शामिल है।

जीवन के शुरुआती चरणों में, कुछ बुनियादी अवधारणाएँ जैसे–कि खाना, सोना, बोलना, व्यक्तिगत स्वच्छता, आदि को एक व्यक्ति द्वारा आत्मसात करना महत्वपूर्ण है जो जीवन भर साथ रहता है। इस तरह के व्यवहार परिवार के नेटवर्क के भीतर सीखे जाते हैं। ये आदतें और व्यवहार व्यक्ति के व्यक्तित्व को बनाने में मदद करते हैं।

अमेरिकी सांस्कृतिक नृविज्ञान में 'संस्कृतिकरण' शब्द को समाजीकरण के विकल्प के रूप में पेश किया गया था। समाजीकरण और संस्कृतिकरण के कुछ अलग-अलग अर्थ हैं, हालांकि कभी-कभी समान अर्थ के साथ लागू होते हैं। समाज का सदस्य बनने के लिए सीखने की प्रक्रिया ही समाजीकरण है। यह सीखना औपचारिक (स्कूली शिक्षा) और अनौपचारिक (प्रेरण या पारिवारिक स्तर पर या सीखने का कोई अन्य अनौपचारिक तरीका) हो सकता है। समाजीकरण की तरह, संस्कृतिकरण भी

सीखना है, जिसमें सामाजिक संपर्क के कारण अनौपचारिक प्रेरण शामिल है। इस प्रकार, व्यवहार में, ये दोनों शब्द अलग-अलग हैं, लेकिन आम तौर पर दोनों में सीखने की प्रक्रिया शामिल होती है जिसके माध्यम से एक व्यक्ति समाज का सदस्य बनता है।

संस्कृतिकरण के अभिकर्ता

पहले अभिकर्ता परिवार के सदस्य होते हैं। बच्चे के जन्म के बाद, माँ सबसे महत्वपूर्ण भूमिका निभाती है जबकि बाद के वर्षों में परिवार के साथ-साथ समाज के अन्य सदस्य भी बच्चे के संस्कार निर्माण के अभिकर्ता के रूप में कार्य करते हैं।

जब बच्चा स्कूल जाता है, तो शिक्षकों के साथ-साथ एक नया सहकर्मी समूह भी विकसित होता है। स्कूल के दिनों में ये सभी संस्कृतिकरण के अभिकर्ता के रूप में कार्य करते हैं।

जैसे-जैसे बच्चा बड़ा होता है और उच्च शिक्षा में प्रवेश करता है, अन्य छात्र उसके संपर्क में आते हैं और एक नया सहकर्मी समूह विकसित करते हैं जो विभिन्न चरणों में विभिन्न प्रकार के सांस्कृतिक संपर्क में रहता है। ऐसे सहकर्मी समूह और बाहरी दुनिया के साथ-साथ शिक्षक भी संस्कृतिकरण के नए अभिकर्ता के रूप में कार्य करते हैं। इस तरह, संस्कृतिकरण उस व्यक्ति की मृत्यु तक चलता रहता है।

सांस्कृतिक आघात

बहुसांस्कृतिक घरेलू और अंतर्राष्ट्रीय संबंध सांस्कृति आघात पैदा करते हैं। जब लोगों का एक समूह किसी स्थान पर दूसरे लोगों के समूह के साथ आता है और अंतक्रिया करता है, तो विभिन्न प्रकार की सांस्कृतिक प्रक्रियाएँ होती हैं। उनमें से, संस्कृति आघात सबसे महत्वपूर्ण है। यह शरणार्थी समूह और निवासी समूह दोनों में हो सकता है। संस्कृति आघात उन व्यवसायियों के समूह में भी होता है जो विदेश में काम पर जाते हैं, उन छात्रों में भी जो लंबी दूरी तय करके देश के भीतर या विदेश में अध्ययन के लिए एक नए स्थान पर बस जाते हैं। इसके कई उदाहरण हैं। शहरों की बहुसांस्कृतिक प्रकृति दैनिक अंतर-सांस्कृतिक संघर्ष और विसर्जन पैदा करती है और यह एक महत्वपूर्ण परिणामी विशेषता के रूप में संस्कृति आघात भी पैदा करती है। हमारे समाज की बढ़ती बहुसांस्कृतिक प्रकृति के परिणामस्वरूप संस्कृति आघात मनोवैज्ञानिक संकट या सामाजिक शिथिलता को भड़का सकता है।

सांस्कृतिक आघात के पहलू

सांस्कृतिक आघात एक नई संस्कृति के संपर्क से उत्पन्न तनाव और चिंता का परिणाम है और अभ्यस्त सांस्कृतिक नियमों के नुकसान की भावना (ओबर्ग, 1960)। टैफ्ट (1977) के अनुसार, संस्कृति आघात असंतुलित भूमिका-निभाने के कौशल के कारण पर्यावरण से निपटने में असमर्थता के कारण अप्रभावीता की भावना है। संस्कृति आघात मनोवैज्ञानिक और शारीरिक दोनों स्तरों पर तनाव उत्पन्न करता है। सांस्कृतिक आघात के रूप भावनात्मक, पारस्परिक, संज्ञानात्मक, सामाजिक घटकों, सामाजिक-सांस्कृतिक संबंधों में परिवर्तन, भूमिका तनाव से लेकर पहचान की हानि सहित मनोवैज्ञानिक प्रतिक्रियाओं से व्यापक रूप से भिन्न होते हैं।

सांस्कृतिक आघात के कारण

सांस्कृतिक आघात के विभिन्न कारण हैं, जिनमें तनाव प्रतिक्रियाएं, संज्ञानात्मक थकान, भूमिका आघात, व्यक्तिगत आघात आदि शामिल हैं।

1. **तनाव प्रतिक्रियाएँ:** तनाव तब उत्पन्न होता है, जब व्यक्ति किसी नए वातावरण का अनुभव करता है। तनाव शरीर की शारीरिक प्रतिक्रियाओं में वृद्धि का कारण बनता है जो पिट्यूटरी-अधिवृक्क गतिविधि के बढ़ने में शिथिलता पैदा कर सकता है। तनाव शारीरिक प्रतिक्रियाओं की एक विस्तृत श्रृंखला भी पैदा करता है जिसमें संवेदी तंत्रिका तंत्र के बड़े पैमाने पर निर्वहन, प्रतिरक्षा प्रणाली की कार्यप्रणाली और सभी रोगों के प्रति संवेदनशीलता में वृद्धि होती है (गाइटन, 1986)। इस प्रकार, अपरिचित वातावरण में रहने और कुछ अन्य सांस्कृतिक मनुष्यों के संपर्क में आने का एक स्वाभाविक परिणामी लक्षण शारीरिक और मनोवैज्ञानिक दोनों कारकों के कारण तनाव की उत्पत्ति है। मनोवैज्ञानिक तनाव शरीर और उसकी शारीरिक प्रतिक्रियाओं को प्रभावित करता है, बदले में तनाव, चिंता, अवसाद, बेचैनी आदि की भावनाओं को बढ़ाता है। यह स्वचालित रूप से बीमारी की ओर ले जाता है, जो शारीरिक और मानसिक रूप से बीमार महसूस करने की भावना है।
2. **संज्ञानात्मक थकान:** एक अन्य प्रमुख पहलू मानसिक थकावट है, जो 'सूचना अधिभार' का परिणाम है (गुथरी, 1975)। यह भी सांस्कृतिक आघात के कारण होने वाले तनाव का परिणाम है। नई सांस्कृतिक व्यवस्था में चीजों और मूल्यों को समझने के लिए निरंतर और सचेत प्रयास की आवश्यकता होती है। इस प्रकार नई भाषा सेटिंग्स और कुछ अमौखिक, व्यवहारिक, प्रासंगिक और अन्य सामाजिक-सांस्कृतिक संचार में चीजों को समझने के लिए भी प्रयासों की आवश्यकता है। इस नई जानकारी को समझने के लिए आवश्यक प्रयासों और ध्यान के परिणामस्वरूप मानसिक और भावनात्मक थकान होती है।
3. **भूमिका आयात:** नई संस्कृति में, व्यक्ति की अपनी पहचान खो जाती है और इसके परिणामस्वरूप व्यक्ति का आत्म-सम्मान और आत्मविश्वास प्रभावित होता है, संस्कृति आघात के इस चरित्र को बर्न्स (1966) ने "भूमिका आघात" कहा है। व्यक्ति की अपनी पहचान उसके सामाजिक परिवेश में निभाई गई सामाजिक भूमिका के अनुसार तय होती है। लेकिन जैसे-जैसे व्यक्ति नए परिवेश और नई संस्कृति में जाता है, तो उसकी भूमिका, जो मूल समाज में निभाई जाती थी, समाप्त हो जाती है और उसकी जगह अपरिचित भूमिकाएँ और अपेक्षाएँ आ जाती हैं। इससे भूमिका आघात होता है जिसके परिणामस्वरूप सामान्य सामाजिक संबंध खत्म हो जाते हैं और नई सांस्कृतिक व्यवस्था में नए संबंध बन जाते हैं।
4. **व्यक्तिगत आघात:** जीवन की नई सांस्कृतिक सेटिंग में, व्यक्तिगत जीवन में विविध परिवर्तन होंते हैं। इसमें व्यक्तिगत अंतरंगता का नुकसान, महत्वपूर्ण लोगों के साथ पारस्परिक संपर्क का नुकसान शामिल है, जैसा कि 'वियोग शोक और मृत्यु शोक' में होता है (एडेलमैन, 1988; फ़र्नहैम और बोचनर, 1986)। कोहल्स (1979) के अनुसार, सांस्कृतिक आघात के गंभीर लक्षणों में अत्यधिक नींद आना या नींद से दूर रहना, अत्यधिक चिड़चिड़ापन, बाध्यकारी भोजन और शराब पीना, वैवाहिक और पारिवारिक तनाव, कार्य प्रभावशीलता का नुकसान आदि शामिल हो सकते हैं। "व्यक्तिगत आघात नई संस्कृति में होने वाली घटनाओं से बढ़ जाता है जो व्यक्ति की बुनियादी नैतिकता, मूल्यों, तर्क और सामान्यता और सभ्यता के बारे में विश्वासों की व्यक्तिगत और सांस्कृतिक भावना का उल्लंघन करती है। मूल्य संघर्ष भटकाव और अवास्तविकता की भावना में योगदान करते हैं, जो व्यक्ति के परिवेश के साथ व्यापक संघर्ष की भावना को बढ़ाते हैं" (विंकेलमैन, 1994: 123)।

सांस्कृतिक आघात के चरण

सांस्कृतिक आघात के सामान्यतः चार चरण या अवस्थाएँ होती हैं जो इस प्रकार हैं:

(क) हनीमून या पर्यटन चरण,
(ख) संकट या सांस्कृतिक आघात चरण,

(ग) समायोजन, पुनर्संयोजन और क्रमिक पुनर्प्राप्ति चरण, और

(घ) अनुकूलन, समाधान या परसंस्कृतिकरण चरण।

(क) हनीमून या पर्यटक चरण: यह उन लोगों का विशिष्ट अनुभव है, जो इस नई संस्कृति के बारे में सकारात्मक उम्मीदों के साथ अन्य संस्कृति क्षेत्र में प्रवेश करते हैं। इसमें हनीमून मनाने वाले, आगंतुक, व्यवसायी आदि शामिल हैं। इस चरण की विशेषता उत्साह, रुचि, आदर्शीकरण आदि है। यह सांस्कृतिक आघात चरण के विपरीत है।

(ख) संकट या सांस्कृतिक आघात चरण: दूसरा चरण संकट या सांस्कृतिक आघात चरण है। यह चरण आम तौर पर नई संस्कृति में आने के कुछ समय बाद शुरू होता है। सांस्कृतिक आघात नकारात्मक अनुभवों, नई संस्कृतियों के प्रति प्रतिक्रियाओं से शुरू हो सकता है। नई संस्कृति को नापसंद करने के लिए व्यक्ति को कई कारण मिलते हैं और जैसे-जैसे व्यक्ति अधिक कारणों के बारे में सोचता है, सांस्कृतिक आघात अपनी तीव्रता बढ़ाता जाता है।

(ग) समायोजन, पुनर्संरचना और क्रमिक सुधार चरण: इस तीसरे चरण में नई संस्कृति में समायोजन करना सीखना शामिल है। यहाँ, नकारात्मक प्रतिक्रियाएँ कम हो जाती हैं और नई संस्कृति में एक नई पसंद शुरू होती है। इस चरण के दौरान, सभी नकारात्मक मानसिकताएँ और अनुभव समाप्त नहीं होते हैं, लेकिन चुनौतियों को पूरा करने के लिए सकारात्मक दृष्टिकोण विकसित होता है।

(घ) अनुकूलन, समाधान या परिपाकन चरण: चौथे चरण में, व्यक्ति नई संस्कृति के प्रति अनुकूलन विकसित करता है।

सांस्कृतिक पिछड़ेपन की अवधारणा

कई संस्कृतियों में कुछ तत्व स्थिर होते हैं, जबकि कुछ स्थिर नहीं होते। प्रख्यात समाजशास्त्री विलियम एफ. ऑगबर्न ने सामाजिक अव्यवस्था के कारण के रूप में सांस्कृतिक पिछड़ेपन की अवधारणा को बहुत महत्व दिया। उनके सिद्धांत के अनुसार, किसी भी समाज में, संस्कृति परस्पर संबंधित तत्वों का एक पैटर्न बनाती है। एक बार जब सामाजिक मामलों में स्थिरता प्राप्त हो जाती है, तो पैटर्न के किसी एक हिस्से में बदलाव से काफी तनाव पैदा हो सकता है। ऑगबर्न के सिद्धांत के अनुसार, तकनीकी प्रगति सांस्कृतिक तत्वों में तेजी से बदलाव लाती है जो बदले में गैर-भौतिक पहलुओं में तनाव पैदा करती है। इससे कई सामाजिक गड़बड़ी पैदा होती है। समाज के भीतर यह कुसमायोजन तब होता है जब समाज के एक हिस्से में दूसरे के संबंध में परिवर्तन की दर धीमी होती है।

पूंजीवाद, उत्पादीकरण और मानवीय पूंजीवाद

परिभाषा

पूंजीवाद केवल पैसा कमाने के बारे में नहीं है, यह हमारे सांस्कृतिक और आर्थिक जीवन को भी प्रभावित करता है और इसलिए यह सांस्कृतिक भूगोल में चर्चा का एक महत्वपूर्ण विषय है। पूंजीवाद दुनिया भर में आर्थिक संगठन के प्रमुख रूपों में से एक है। प्राचीन काल से ही पूंजीवाद दुनिया में किसी न किसी रूप में मौजूद था। उदाहरण के लिए, प्राचीन यूनानियों ने उत्पादों या सेवाओं के व्यापार को दर्शाने के लिए मुद्रा के रूप में सिक्कों का इस्तेमाल किया। लेकिन 21वीं सदी में इस अवधारणा ने जोर पकड़ा है। हमें इसके कारणों पर गौर करना चाहिए। 20वीं सदी के आखिरी हिस्से तक पश्चिमी शैली के पूंजीवाद और सोवियत शैली के

साम्यवाद के बीच शीत युद्ध जारी रहा; लेकिन 1989 में बर्लिन की दीवार गिरने और सोवियत संघ के विघटन के बाद, पूंजीवाद ने आर्थिक संगठन की एक प्रणाली के रूप में अपना प्रमुख स्थान प्राप्त कर लिया।

पूंजीवाद की संस्कृति व्यापार उत्पादों, अनुभवों और सेवाओं पर आधारित है। इस आर्थिक व्यवस्था में पैसा बनाने का साधन निजी स्वामित्व है, जिसमें उत्पाद बनाने वाली फैक्ट्रियों का स्वामित्व, संसाधनों का स्वामित्व, पैटर्न, ट्रेडमार्क, कॉपीराइट आदि का पंजीकरण शामिल है। इस तरह, कोई भी अमीर बन सकता है और मुद्रा उत्पन्न कर सकता है। लेकिन वास्तव में, बढ़ती प्रतिस्पर्धा के कारण, सभी व्यक्ति सफल नहीं हो सकते हैं। पूंजीवाद को इस प्रकार प्रणाली के रूप में परिभाषित किया जाता है, जहां लोगों का एक समूह व्यापार उत्पादों और सेवाओं में सफल होता है जबकि कुछ अन्य केवल दूसरों की मदद करने के लिए अपना श्रम बेचते हैं। यह कार्ल मार्क्स द्वारा बुर्जुआ और सर्वहारा वर्ग के बीच अपने सिद्धांत में प्रस्तावित श्रम का पारंपरिक विभाजन है। इस तरह, लोगों के दो समूहों या दो वर्गों के बीच अंतर महत्वपूर्ण तत्व है क्योंकि यह मुद्रा बनाने के विभिन्न अवसरों को सुरक्षित करता है।

श्रम

श्रम दोनों तरफ से लाभ कमाने का एक महत्वपूर्ण साधन है। बाजार में अपना श्रम बेचने से व्यक्ति को वित्तीय लाभ होगा (जैसे, प्रति घंटे X डॉलर या पाउंड या यूरो आदि के रूप में)। यहां, श्रम का अर्थ है व्यक्ति का समय, रचनात्मकता और प्रयास—सभी का नकद में अनुवाद किया जाता है। यह श्रम किसी अन्य तरीके से नियोक्ता के लिए भी मायने रखता है। सभी नियोक्ता श्रम की लागत को अधिकतम करके अधिक लाभ कमाने की कोशिश करते हैं। इसलिए, दोनों पक्षों का उद्देश्य लेनदेन को 'जीतना' है, हालांकि नियोक्ता का मुख्य उद्देश्य अधिक पैसा कमाना है। अधिक पैसा बनाने की यह प्रक्रिया पूंजीवाद की संस्कृति में एक महत्वपूर्ण कारक है। सामान्य लाभ प्रसंस्कृत वस्तुओं की लागत और उसके खुदरा मूल्य के बीच के अंतर से आता है। इसलिए, अधिक लाभ प्राप्त करने के लिए, किसी भी पूंजीपति के लिए इस अंतर को अधिकतम करना आवश्यक है। इसे लागत को कम करके हासिल किया जा सकता है। इस संबंध में एक महत्वपूर्ण तरीका श्रम लागत है और इस प्रकार नियोक्ता आमतौर पर कम मजदूरी वाले श्रम की तलाश करते हैं।

इस प्रकार, जब नियोक्ताओं को कम श्रम लागत वाला क्षेत्र मिल जाता है, तो वे पूरी उत्पादन प्रणाली को दुनिया के एक हिस्से से दूसरे हिस्से में स्थानांतरित करने में संकोच नहीं करते। इसका उदाहरण कुछ प्रमुख कारखानों को दक्षिण-पूर्व एशिया में स्थानांतरित करने के मामले में दिया जा सकता है। एक अन्य मामले में, एक प्रमुख जर्मन कंपनी-एडिडास ने अमेरिका में टी-शर्ट बनाने के लिए एक नया स्वचालित संयंत्र शुरू किया, जो प्रतिदिन लगभग 8,00,000 एडिडास टी-शर्ट बनाकर श्रम लागत को कम करेगा। हालाँकि, जब किसी संयंत्र को किसी नए स्थान पर स्थानांतरित किया जाता है, तो अर्थव्यवस्था और संस्कृति दोनों के संदर्भ में भौगोलिक परिणाम बड़े पैमाने पर होते हैं। एक ही संयंत्र से जुड़े लोग स्रोत क्षेत्र के साथ-साथ नए स्थान पर भी प्रभावित होते हैं।

पूंजीवाद के भीतर आर्थिक और सांस्कृतिक मूल्य आपस में घनिष्ठ रूप से जुड़े हुए हैं। उत्पाद अपनी वांछनीयता प्राप्त करते हैं, जो विभिन्न सांस्कृतिक प्रणालियों के माध्यम से आवश्यक है, जहाँ उनका उपयोग किया जाता है। इसलिए पूंजीवाद का सांस्कृतिक मूल्य न केवल श्रम मूल्य में कमी के कारण बनाया जा सकता है, बल्कि यह अन्य संबंधित विशेषताओं या 'बाह्यताओं' को भी लाता है। मालिकों को सुरक्षित और संरक्षित परिवहन नेटवर्क, एक स्वस्थ कार्यबल, कुशल और शिक्षित श्रम, एक स्थिर राजनीतिक स्थिति, उचित अपशिष्ट प्रबंधन और सबसे बढ़कर घरेलू क्षेत्र और आसपास के क्षेत्रों में एक अच्छे बाजार पर निर्भर रहने की आवश्यकता है। मालिकों को इनमें से कई लागतों को खुद ही उठाना पड़ता है, लेकिन कभी-कभी किसी निजी निकाय के लिए, संपूर्ण बुनियादी ढांचे की स्थापना और उसके बाद के रखरखाव का भार बहुत बड़ा होता है। करदाताओं

द्वारा कुछ भुगतान किए जाते है (परिवहन के लिए), समाज भी हवा, पानी और जैवमंडल जैसे सामान्य प्राकृतिक संसाधनों को अनुमति देकर एक लागत का भुगतान कर सकता है।

उत्पादीकरण

यह संस्कृति ही है जो किसी उत्पाद या सेवा को अर्थ प्रदान करती है। कभी-कभी, यह किसी समूह के लिए उसके मूल सार से भी अधिक महत्वपूर्ण हो जाता है। उदाहरण के लिए, वह वस्तु या सेवा जो किसी फिल्म स्टार या किसी फैशनेबल छवि से जुड़ी हो। इन मशहूर हस्तियों द्वारा इसके प्रतिनिधित्व के कारण, उत्पाद किसी व्यक्ति के लिए उसकी वास्तविक उपयोगिता से अधिक मूल्यवान हो जाता है। दूसरी ओर, ऐसे उत्पाद समाज और संस्कृति पर अन्य प्रभाव डालते हैं। वे हैं न केवल हमारी भौतिक परिस्थितियों पर बल्कि अभौतिक परिस्थितियों पर भी असर पड़ता है क्योंकि वे उन विशेष विचारों और मूल्य प्रणाली को प्रभावित करते हैं जो एक समाज में पीढ़ियों से चलती आ रही हैं। इस तरह, एक विशेष संस्कृति समूह एक आर्थिक उत्पाद को मूल्य देता है और इसे उस समूह के लिए कम या ज्यादा वांछनीय बनाता है। पूंजीवादी संस्कृति में, विपरीत स्थिति भी आम है, जब अर्थव्यवस्था एक संस्कृति अभ्यास को मौद्रिक मूल्य देती है। जब एक संस्कृति अभ्यास में मौद्रिक मूल्य जोड़ा जाता है, तो यह कम या ज्यादा सस्ती हो जाती है। सांस्कृतिक लक्षणों को आर्थिक दायरे में लाने की इस प्रक्रिया को कमोडिटीकरण/उत्पादीकरण कहा जाता है। एजे स्कॉट (2001) कमोडिटीकरण को उस प्रक्रिया के रूप में परिभाषित करता है, जिसके द्वारा, "वस्तुओं और सेवाओं ..... को पूंजीवादी फर्मों द्वारा बाजार विनिमय की शर्तों के तहत लाभ के लिए उत्पादित किया जाता है"। यह वह प्रक्रिया है जो किसी उत्पाद या अभ्यास में पूंजीवादी मूल्य की खुराक प्रदान करती है, यह भेद करना कठिन होता जा रहा है कि मूल संस्कृति कहां समाप्त होती है और पूंजीवादी माल कहां से शुरू होता है, क्योंकि पूंजीवाद मूल संस्कृति को हर तरफ से बदलकर और उसे बिल्कुल नए रूप में प्रस्तुत करके बदल देता है। उदाहरण के लिए, जब किसी स्टेडियम में दो देशों के खिलाड़ियों के बीच क्रिकेट मैच चल रहा होता है, तो हम खिलाड़ियों की टी-शर्ट पर, मैदान पर और मैदान की दीवारों पर विभिन्न पूंजीवादी फर्मों के प्रतीक देख सकते हैं। संगीत की दुनिया में भी, फर्म द्वारा प्रायोजित होने पर कुछ उत्पादों के विज्ञापन के लिए कई गाने तैयार किए जाते हैं। कई कलाकारों को गानों में अपने उत्पाद के नाम का उल्लेख करने के लिए फर्म द्वारा भुगतान किया जाता है। एक फिल्म में, कलाकार पूंजीवादी फर्मों के कुछ उत्पाद प्रतीकों का भी उपयोग करते हैं। 2012 में, दिग्गज रॉकर्स स्टेटस क्वो ने अपने गीत 'डाउन डाउन' को फिर से लिखा, जिसमें ऑस्ट्रेलियाई सुपरमार्केट कोल्स का विज्ञापन करता था। इस प्रकार संस्कृति और पूंजीवाद एक दूसरे से अंतरसंबंधित और अंतर्बेधित हैं। संस्कृति का प्रयोग उत्पाद को बेचने के लिए जबकि उत्पाद का उपयोग संस्कृति पैदा करने के लिए किया जाता है।

शेफर्ड (2002) ने चीन की महान दीवार के वस्तुकरण के बारे में उल्लेख किया है। इसे एक पर्यटक स्थल में तब्दील किया जा रहा है, जो पर्यटकों को पार्किंग स्थल, दुकानें, रेस्तरां, कॉफी शॉप और यहां तक कि रोलर कोस्टर जैसी सुविधाएं प्रदान करता है। ये सुविधाएं साइट को 'अपवित्र, बर्बाद, भ्रष्ट, सस्ता' बनाती हैं (शेफर्ड, 2002)। इस प्रकार, चीन की 'असली' महान दीवार का आनंद लेने के लिए, किसी को दूरदराज के इलाकों की यात्रा करनी होगी, जहां कम मानवीय हस्तक्षेप हो।

कॉर्पोरेट पूंजीवाद

उत्पादीकरण की प्रक्रिया सिर्फ़ अलग-अलग संस्कृतियों के उत्पादों को छोटे से इलाके या इलाके में पूंजीवाद की छत्रछाया में लाना नहीं है, बल्कि इसका एक वैश्विक चरित्र है। यह वैश्विक पूंजीवादी ट्रांस-नेशनल कॉरपोरेशन के ज़रिए काम कर रहा है और वैश्विक स्तर पर संस्कृतियों का उत्पादीकरण करने में लगा हुआ है। उत्पादीकरण के इस वैश्विक नेटवर्क के पीछे संचार तकनीक,

विमानन, शिपिंग, सैटेलाइट मॉनिटरिंग, मीडिया सिस्टम और इंटरनेट का भी बहुत बड़ा हाथ है। "आधुनिक संचार के ज़रिए, मुंबई में विक्रेताओं से 'कोल्ड कॉल' की जा सकती है, उपमहाद्वीप में कॉल सेंटर के ज़रिए अपने स्थानीय हाई स्ट्रीट बैंक से संपर्क किया जा सकता है, यॉर्कशायर के गोदाम से यूरोप में डिज़ाइन किए गए अमेरिकी ब्रांडेड स्नीकर का ऑर्डर दिया जा सकता है, दक्षिण-पूर्व एशिया में निर्मित किया जा सकता है, जिसका मुनाफ़ा ग्रैंड केमैन को जाता है" (एंडरसन, 2015)।

इस वैश्विक पूंजीवादी गतिविधि में बहुराष्ट्रीय निगम प्रमुख खिलाड़ी हैं, जो राष्ट्र-राज्यों की सीमाओं से परे काम करते हैं। इस गतिविधि के परिणामस्वरूप, अपनी आजीविका की स्थिरता के लिए दूर-दराज के स्थानों पर बाजारों, लोगों और अन्य कंपनियों के साथ स्थान निर्भरता के माध्यम से ट्रेस-श्रृंखलाएँ बनाई जाती हैं। स्थानीय सांस्कृतिक आकलन के आधार पर भूमि के आर्थिक मूल्यांकन के साथ कई पर्यावरणीय पदचिह्न इस प्रक्रिया में परिणामित हो सकते हैं। अपने पारंपरिक मातृभूमि के व्यापार के कारण जनजातियों का बेदखल होना बढ़ते प्रदूषण के साथ-साथ सीमा पार अपशिष्ट उत्पादन के अलावा एक और विशेषता है।

इस प्रकार, किसी देश की अर्थव्यवस्था में, हाल के वर्षों में इन ट्रांसनेशनल कॉरपोरेशन की भूमिका अत्यधिक महत्वपूर्ण हो गई है। ये पूंजीवादी गतिविधियाँ सीमाओं के पार होती हैं और इसलिए केवल एक भौगोलिक मुद्दा नहीं है। इस प्रकार यह कहा जा सकता है कि देशों और कंपनियों के बीच बढ़ता आर्थिक एकीकरण और अन्योन्याश्रय ही वैश्वीकरण है। ट्रांसनेशनल कॉरपोरेशन के माध्यम से, पूंजीवाद विभिन्न भौगोलिक स्थानों और उनकी संस्कृतियों को एक साथ जोड़ने के लिए आया है। इतना ही नहीं, ये कंपनियाँ दुनिया भर में सांस्कृतिक प्रसार को भी प्रभावित करती हैं। पूंजीवाद के बढ़ते प्रभाव (आर्थिक और सांस्कृतिक) यह सवाल उठाते हैं कि पूंजीवाद के प्रसार के माध्यम से स्थानीय संस्कृतियाँ कैसे प्रभावित हो रही हैं। अपनी लाभ कमाने वाली गतिविधियों पर जोर देकर, पूंजीपति जानबूझकर और अनजाने में कुछ संस्कृति समूहों के मूल्यों और रीति-रिवाजों का समर्थन करते हैं और अन्य संस्कृतियों को नष्ट करते हैं। इससे लक्षित समूहों को कई अवसर मिलते हैं जैसे कि नौकरी की पेशकश, बुनियादी ढांचे और अन्य सामाजिक-सांस्कृतिक गतिविधियों सहित स्थानीय क्षेत्र के विकास में अधिक निवेश करना आदि। यह लोगों को उनकी स्थानीय संस्कृतियों से अलग करने, मूल्य प्रणालियों को बदलने आदि जैसे अन्य काम भी करता है।

मैकडोनाल्डिज़ेशन

यह वैश्विक पूंजीवाद के प्रसार का एक महत्वपूर्ण प्रभाव है। यह सांस्कृतिक प्रसार की एक प्रक्रिया है, जहाँ प्रमुख फास्ट-फूड रेस्तराँ का प्रसार अधिक प्रमुख और तेज़ है। वास्तव में, मैकडोनाल्डाइज़ेशन लगभग हर सड़क पर बिग मैक पाने या हर हाई स्ट्रीट पर लेवी की एक जोड़ी खरीदने की अनुमति देता है और पृथ्वी के हर स्थान को घर जैसा महसूस कराता है। अप्पादुरई (1996) और जैक्सन (2004) का तर्क है कि, कॉर्पोरेट पूंजीवाद और वैश्वीकरण का कई स्थानों पर प्रभाव पड़ रहा है, लेकिन कुछ मामलों में, स्थानीय संस्कृतियाँ ट्रांसनेशनल की प्रमुख शक्ति का विरोध करती हैं। इसलिए, वैश्विक उत्पादीकरण एक अपूर्ण, असमान और विवादित प्रक्रिया है जिसमें स्थानीय सांस्कृतिक भावनाओं के माध्यम से वैश्विक विशेषताओं को आकार दिया जाता है। उदाहरण के लिए, खाद्य संस्कृति और खाद्य व्यंजनों में, स्थानीय मसालों और स्थानीय सामग्रियों का उपयोग वैश्विक संस्कृति की मौलिकता के मूड को बदल सकता है। इतालवी-अमेरिकी पिज्जा में मसाले डाले जाते हैं और पंजाब में इसे 'टिक्का-मसाला सॉस वाला पिज्जा' बनाया जाता है।

पूंजीवाद विरोध और उसके प्रभाव

पूंजीवाद विरोधी गतिविधियों में पर्यावरण आंदोलन, शांति और मानवाधिकार समूह आंदोलन, महिला आंदोलन, विकास समूह और संघ प्रतिनिधि जैसे कई तरह के आंदोलन शामिल हैं। इन प्रतिरोध गतिविधियों के विविध चरित्रों ने एक स्पष्ट रूप से

'वैश्वीकरण विरोधी' आंदोलन के विरोधाभास की पहचान की है। दुनिया के कई हिस्सों पर कॉर्पोरेट पूंजीवाद के विश्वव्यापी प्रभावों के कारण ये प्रतिरोध आंदोलन लगभग अपरिहार्य थे (क्लेन, 2002)। क्लेन के दृष्टिकोण ने सांस्कृतिक भूगोल में एक महत्वपूर्ण पहलू जोड़ा, जिसने सांस्कृतिक समूहों को एक विशेष मूल्य और अर्थ प्रदान किया। ये आंदोलन पूंजीवादी फर्मों द्वारा स्थानीय संस्कृतियों के बढ़ते हुए उत्पादीकरण और वैश्विक स्तर पर अवधारणाओ के खिलाफ खड़े हैं। स्थानीय लोग अपनी पारंपरिक संस्कृतियों के इस उत्पादीकरण का विरोध करने और इसे मिश्रित विविधता वाली वैश्विक संस्कृतियों की लहर की चपेट से बचाने की कोशिश करते हैं। इसलिए इन प्रतिरोध गतिविधियों का वैश्विक तत्व स्थानीय मूल्यों और सांस्कृतिक विशेषताओं की रक्षा के लिए महत्वपूर्ण है। वास्तव में, विरोध आंदोलन वैश्वीकरणवादियों और संरक्षणवादियों के बीच नहीं है, बल्कि वैश्वीकरण के दो अलग-अलग दृष्टिकोणों के बीच है।

लेकिन, कई मामलों में, ये पूंजीवाद विरोधी आंदोलन न केवल वैश्वीकरण के खिलाफ हैं, बल्कि वैश्वीकरण के एक अलग रूप के 'समर्थन' के लिए भी हैं। इसका मतलब है कि इन प्रतिरोध गतिविधियों में प्रगतिशील और दमनकारी दोनों आयाम हैं।

कॉर्पोरेट पूंजीवाद की संस्कृति के भीतर हावी समूह इस पूंजीवाद विरोधी प्रतिरोध पर अलग-अलग तरह से प्रतिक्रिया करता है। कुछ कॉर्पोरेट फर्मों ने स्थानीय संस्कृतियों के साथ पहले जिस तरह से व्यवहार किया था, उसे बदलना शुरू कर दिया है। यह दो मायनों में महत्वपूर्ण है:

सबसे पहले, पूंजीवाद विरोधी लोग स्थानीय उत्पादों और मूल्यों से निपटने के लिए उनके दृष्टिकोण से संबंधित नियमों और शर्तों को प्रभावित करने लगे हैं।

दूसरे, शर्तों और संचालन के तरीके में इस परिवर्तन के परिणामस्वरूप, बहस छिड़ गई है पूंजीवाद विरोध से पूंजीवाद की संस्कृति में परिवर्तित हो गया है।

इस प्रतिरोध के खिलाफ बड़ी कॉरपोरेट फर्मों की प्रतिक्रियाएँ अलग-अलग तरह से असर डालती हैं। कुछ मामलों में, वे प्रदर्शनकारियों के खिलाफ़ बहुत ज़्यादा हिंसक हो गए। उदाहरण के लिए, 2001 में इटली के जेनोआ (जी-8 विरोधी दंगा) के विरोध प्रदर्शन में, जहाँ 2,00,000 कार्यकर्ता एकत्र हुए, संघर्ष के दौरान दर्जनों लोग अस्पताल में भर्ती हुए क्योंकि इटली सरकार ने इस विरोध को रोकने के लिए एक कड़ा कदम उठाया। इस संघर्ष में एक प्रदर्शनकारी की मौत के बाद, यह खबर पूरी दुनिया में फैल गई और दुनिया के विभिन्न हिस्सों में कई अन्य विरोध प्रदर्शन हुए। इस घटना के बाद इंग्लैंड के एडिनबर्ग में एक पूंजीवाद विरोधी आंदोलन हुआ।

इस तरह के विरोध के परिणामस्वरूप, पूंजीवादी संस्कृति ने 'पुनर्प्राप्ति' की दिशा में कदम बढ़ाया। पुनर्प्राप्ति एक ऐसी प्रक्रिया है जिसमें पूंजीवादी निगम किसी वस्तु के रूप में परिवर्तन और एकीकरण के माध्यम से एक हानिरहित कदम उठाते हैं। इस प्रक्रिया के माध्यम से, सांस्कृतिक गतिविधि परिवर्तन होता है ताकि वस्तुकरण के रास्ते में आने वाली बाधाओं और चुनौतियों को दूर किया जा सके। इस प्रकार यह सांस्कृतिक परिवर्तन के ख़तरनाक पहलुओं से निपटने और कार्यकर्ताओं को मुख्य सांस्कृतिक प्रणाली में वापस समाहित करके एक नई दिशा में लाने का एक प्रभावी तरीका है।

कॉर्पोरेट की सामाजिक जिम्मेदारी

कॉर्पोरेट सामाजिक उत्तरदायित्व पूरी दुनिया में व्यापक रूप से इस्तेमाल की जाने वाली अवधारणा है। यह एक स्व-विनियमन व्यवसाय मॉडल है जो किसी कंपनी को स्थानीय लोगों की मदद करने और खुद, अपने हितधारकों और जनता के प्रति सामाजिक रूप से जवाबदेह बनने में मदद करता है। इसे कॉर्पोरेट नागरिकता भी कहा जाता है। इस प्रक्रिया के माध्यम से, कंपनियाँ इस बात के प्रति सचेत हो सकती हैं कि वे समाज के सभी पहलुओं, जिसमें आर्थिक, सामाजिक और पर्यावरणीय शामिल हैं, पर किस तरह का प्रभाव डाल रही हैं।

कुछ विद्वानों के अनुसार, यह पूंजीवाद की संस्कृति में बदलाव लाने का एक सशक्त माध्यम है। इसे 'मानवीय पूंजीवाद' की अवधारणा के रूप में भी जाना जाता है, जो स्थानीय क्षेत्र और स्थानीय लोगों पर कॉर्पोरेट प्रथाओं को नया आकार देता है। काज़मी, लेका और नैकचे (2012) ने अपने शोधपत्र में बताया कि सीएसआर (कॉर्पोरेट सामाजिक उत्तरदायित्व) पूरी तरह से सफलतापूर्वक व्यवसाय करने का एक नया तरीका है, जिसे एक आकर्षक प्रबंधन मॉडल में प्रस्तुत किया गया है। वेबरियन ऐतिहासिक दृष्टिकोण के आधार पर, बोल्टांस्की और चियापेलो (2006) ने सीएसआर की विचारधारा का विश्लेषण किया और अवधारणा को एक नए तरीके से फिर से स्थापित किया। यदि सीएसआर व्यवसाय की पूंजीवादी संस्कृति के प्रति एक नया दृष्टिकोण है तो इसे मानवीय आधार पर विकसित किया जाना चाहिए।

सीएसआर और इसकी प्रकृति का वर्णन करने के लिए तीन महत्वपूर्ण अवधारणाएँ आवश्यक हैं, व्यवसाय की तीन अवधारणाएँ हैं:

- लाभ या लाभ अधिकतमीकरण
- नैतिक रीति-रिवाज और
- कानून

लाभ या लाभ अधिकतमीकरण

सामान्य तौर पर, व्यवसाय के दो भाग होते हैं—एक, लाभ के लिए, वाणिज्यिक और आर्थिक गतिविधि, जबकि दूसरा अलाभकारी भाग है जो सामाजिक रूप से जिम्मेदार है और यहां नैतिक गतिविधि होती है।

कुछ विद्वानों के अनुसार, जब तक लाभ को अधिकतम करने का काम नहीं किया जाता, तब तक फर्म सामाजिक और नैतिक मुद्दों में उलझी रहेगी। आम तौर पर, सीएसआर के समर्थक मानते हैं कि पहला काम तो किया जाना चाहिए, लेकिन लाभ के साथ-साथ सामाजिक रूप से जिम्मेदाराना कार्य भी होने चाहिए।

नैतिक रीति-रिवाज

कॉर्पोरेट प्रबंधकों की हितधारकों के प्रति प्रत्ययी और संविदात्मक जिम्मेदारी होती है।

कानून

सीएसआर में तीसरी अवधारणा कानून महत्वपूर्ण भूमिका निभाता है। आमतौर पर यह अपेक्षा की जाती है कि व्यवसाय का कार्य प्राधिकरण द्वारा प्रदान किए गए नियमों और विनियमों का पालन करना है। यह प्रत्येक हितधारक का अधिकार है कि, बुरे कानूनों को हटाने और अच्छे कानूनों की स्थापना की मांग में उन्हें एक नैतिक अधिकार दिया जाना चाहिए।

इसलिए, कॉर्पोरेट सामाजिक उत्तरदायित्व (सीएसआर) गतिविधि एक स्वैच्छिक पहल है जो किसी कंपनी द्वारा अपने सामान्य व्यावसायिक संचालन से परे समाज पर सकारात्मक प्रभाव डालने के लिए की जाती है। ये गतिविधियाँ विभिन्न प्रकार की होती हैं जैसे पर्यावरण स्थिरता कार्यक्रम, निष्पक्ष श्रम प्रथाएँ, धर्मार्थ गतिविधियाँ, समाज के वंचित वर्ग को दान या सामुदायिक सेवा। यह आम तौर पर नैतिक आचरण, सामाजिक कल्याण और सकारात्मक सामाजिक प्रभाव पैदा करने के लिए कंपनी की प्रतिबद्धता है। यह संगठन की ज़िम्मेदारियों को हितधारकों से परे बढ़ाता है और समुदाय, पर्यावरण और समाज को बड़े पैमाने पर शामिल करने का लक्ष्य रखता है। यह धारणा बनाता है कि व्यवसायों को इस तरह से काम करना चाहिए जो व्यापक सामाजिक भलाई का सम्मान और योगदान दे।

नवीकरणीय ऊर्जा स्रोतों का उपयोग करके कार्बन उत्सर्जन में कमी लाना, अपशिष्ट को न्यूनतम करना, तथा उत्सर्जन को कम करना; सम्मान की संस्कृति को बढ़ावा देकर विविधता, समानता और समावेश को बढ़ावा देना; पर्यावरणीय या सामाजिक मुद्दे को सुलझाने के लिए उत्पादों का नवप्रवर्तन करना; बड़ी संख्या में वंचित बच्चों के लिए शैक्षिक सेवाएं आरंभ करने के लिए धर्मार्थ दान देना आदि सीएसआर के कुछ उदाहरण हैं।

वैश्वीकरण और संबंधित अवधारणाएँ

वैश्वीकरण एक बहुआयामी अवधारणा है, जिसका अलग-अलग स्थानों और समय पर कई लोगों के लिए कई अर्थ हैं। व्यापक अर्थ में, वैश्वीकरण का मतलब आम तौर पर आर्थिक उदारीकरण और संचार के उन्नत साधनों का विकास है जिससे लोगों की आवाजाही में वृद्धि होती है। आर्थिक उदारीकरण, बहुराष्ट्रीय निगमों का महत्व, लोगों की गतिशीलता में वृद्धि विश्व बाजारों के एकीकरण में मदद करता है। यह विश्व अर्थव्यवस्थाओं के एकीकरण, प्रौद्योगिकी और ज्ञान के पारस्परिक आदान-प्रदान, व्यापार और वित्तीय प्रवाह में वृद्धि के साथ-साथ व्यक्तियों, वस्तुओं, पूंजी, डेटा, सूचना, विचारों, अवधारणाओं और तकनीकी जानकारी की गतिशीलता में वृद्धि को भी संदर्भित करता है। वैश्वीकरण के वर्तमान चरण ने पूरी दुनिया को विभिन्न क्षेत्रों या उप-क्षेत्रों में विभाजित किया है, जो विशेष वस्तुओं और सेवाओं के साथ-साथ उन्हें वैश्विक बाजार में आपूर्ति करने में विशेषज्ञ हैं (प्रमाणिक और गांगुली, 2010)।

वैश्वीकरण का इतिहास

औपनिवेशिक काल के दौरान, विश्व इतिहास में कुछ देशों के उत्पादन, वित्त, व्यापार और सैन्य बल में दूसरों पर आधिपत्य के साक्ष्य मिलते हैं, कुछ देशों का दूसरों पर वर्चस्व होता है ताकि वे बाद के प्राकृतिक संसाधनों तक पहुँच सकें। 15वीं शताब्दी के मध्य में, पुर्तगाल और स्पेन द्वारा इस प्रक्रिया की शुरुआत की गई, इसके बाद 17वीं शताब्दी में डचों ने अपने मजबूत शिपिंग उद्योग और अन्य देशों की तुलना में बेहतर निर्यात के कारण ऐसा किया। बाद के वर्षों में ग्रेट ब्रिटेन और फ्रांस का औपनिवेशिक शक्तियों के रूप में उदय हुआ। हालाँकि, अन्य यूरोपीय देशों के समर्थन से, ग्रेट ब्रिटेन ने एशिया और अफ्रीका पर अपना आर्थिक और राजनीतिक आधिपत्य स्थापित किया, जिसने उन्हें मजबूत औपनिवेशिक शक्ति बना दिया। बाद के वर्षों में अमेरिका की खोज के कारण यह और अधिक शक्तिशाली साबित हुआ, जहाँ इन शक्तियों द्वारा अधिक से अधिक पूंजी निवेश शुरू हुआ। हालाँकि, 18वीं शताब्दी के उत्तरार्ध में, पूंजी और श्रम की आवाजाही के मामले में अर्थव्यवस्थाओं का तेजी से एकीकरण हुआ, जिससे वैश्वीकरण हुआ। इसे परिवहन और संचार के क्षेत्र में तकनीकी नवाचारों द्वारा भी समर्थन मिला, जिससे लोगों की गतिशीलता और राष्ट्रों के बीच व्यापार के प्रवाह में प्रतिबंध कम हो गए।

युद्ध के बीच की अवधि के दौरान वैश्वीकरण की गति कम हो गई, जब अधिकांश अर्थव्यवस्थाओं ने अलगाव का विकल्प चुना। उपनिवेशों की कमी और पूंजीवाद की प्रकृति और रूप में बदलाव के कारण औपनिवेशिक शक्तियों के बीच वर्चस्व की लड़ाई हुई। 1945 से, पुनः एकीकरण के लिए सचेत प्रयास शुरू हुए, हालांकि प्रथम विश्व युद्ध से पहले की अवधि की तुलना में एकीकरण की गति काफी धीमी थी। यह मुख्य रूप से कम्युनिस्ट ब्लॉक के उदय के कारण थी। इस तथ्य के कारण, अधिकांश विकासशील देश जिन्होंने हाल ही में अपनी स्वतंत्रता प्राप्त की, मुख्य रूप से आयात-प्रतिस्थापन औद्योगिकीकरण व्यवस्था पर निर्भर थे। बाद के शीत युद्ध के दौर में दुनिया का बड़े पैमाने पर राजनीतिक और आर्थिक विभाजन और व्यापक सामाजिक शक्तिहीनता देखी गई। 1980 के दशक के उत्तरार्ध में, विश्व इतिहास ने शीत युद्ध की समाप्ति और सोवियत संघ के पतन का अनुभव किया, जिसने उदारीकरण, निजीकरण और वैश्वीकरण का मार्ग प्रशस्त किया। इसने विकासशील दुनिया की

नीति अभिविन्यास में भी बदलाव लाया, यानी, अधिकांश देशों ने अर्थव्यवस्था के तेजी से विकास पर नीतियों का लक्ष्य रखा। यद्यपि विश्व अर्थव्यवस्था के एकीकरण की यह प्रक्रिया कोई नई अवधारणा नहीं है, लेकिन परिवर्तन की प्रकृति और गति के संदर्भ में यह भिन्न है।

वैश्वीकरण के चरण

इतिहासकार ए.जी. हॉपकिंस (2002) ने वैश्वीकरण के ऐतिहासिक अतीत का पता लगाया और 1500 ई. से लेकर आज तक वैश्वीकरण के पूरे क्रम को तीन उप-चरणों में विभाजित किया। ये हैं: (क) पुरातन वैश्वीकरण, (ख) प्रोटो वैश्वीकरण और (ग) आधुनिक वैश्वीकरण।

(क) पुरातन वैश्वीकरण: यह लगभग 1500 ई. में शुरू हुआ और 1600 ई. तक जारी रहा। विचारों, वस्तुओं, पूंजी और लोगों का प्रवाह निरंतरता की कड़ी है जिसे वे आधुनिक काल के साथ स्थापित करते हैं। पुरातन वैश्वीकरण के दौरान, वर्तमान आधुनिकता और वैश्वीकरण के कई पैरामीटर जैसे शहर, प्रवासी, शहरी जीवन, श्रम का विशेषीकरण आदि मौजूद थे।

(ख) प्रोटो वैश्वीकरण: प्रोटो-वैश्वीकरण युग 1600 ईस्वी से शुरू हुआ और 1800 ई. तक जारी रहा। राजनीतिक समुदाय की प्रकृति में विविधता, राज्य प्रणालियों का उदय और पूर्व-औद्योगिक विनिर्माण का आगमन इस अवधि की मुख्य विशेषता थी। इस समय के दौरान दुनिया भर में बहुपक्षीय व्यापार के एक जटिल पैटर्न, वस्तुओं और सेवाओं के आदान-प्रदान के एक पैटर्न, दुनिया के विभिन्न सांस्कृतिक क्षेत्रों में रहने वाले उपभोक्ताओं के बीच अभिसरण की एक डिग्री के साथ एक नई राजनीतिक अर्थव्यवस्था शुरू की गई थी।

(ग) आधुनिक वैश्वीकरण: आधुनिक वैश्वीकरण 1800 ई. के आसपास दो चरणों में शुरू हुआ। महत्वपूर्ण परिवर्तन- राज्य का संस्थागतकरण और औद्योगीकरण का प्रसार था। यह आधुनिक चरण अपने पहले के संस्करणों से अलग है। आधुनिक चरण में निम्नलिखित चर शामिल हैं (यूएनडीपी, 1999; मोहंती, 2010):

(i) नये बाजार (सेवा, वित्तीय और उपभोक्ता);

(ii) नए अभिकर्ता (एमएनसी, डब्ल्यूटीओ और अंतर्राष्ट्रीय एनजीओ, क्षेत्रीय ब्लॉक और नीति समन्वय समूह जैसे जी-7, जी-10, जी-22 और ओईसीडी);

(iii) नये नियम एवं मानदंड (व्यक्तिगत उदारवाद, लोकतंत्र, मानवाधिकार आंदोलन, वैश्विक पर्यावरण पर आम सहमति, शांति और बौद्धिक संपदा अधिकार जैसे बहुपक्षीय समझौते); तथा

(iv) इंटरनेट, मोबाइल जैसे संचार के नए, तेज और सस्ते साधन फोन, फैक्स, कंप्यूटर एडेड डिजाइन, आदि।

हालाँकि, वैश्वीकरण की वर्तमान प्रक्रिया में राष्ट्रों के बीच व्यापार और निवेश में बाधाओं को धीरे-धीरे हटाने की बात कही गई है, जिसकी शुरुआत 20वीं सदी के अंत में हुई थी। इसका उद्देश्य आर्थिक दक्षता और विकास हासिल करना था।

पश्चिमीकरण

1800 ई. में उभरे वैश्वीकरण के आधुनिक चरण को 'पश्चिम के उदय' का चरण भी कहा जाता है। पश्चिमीकरण आम तौर पर वैश्वीकरण के एक पहलू के रूप में उभरी अवधारणा है। दोनों अवधारणाएँ समानार्थी नहीं हैं। कुछ संस्थागत विशेषताएँ पश्चिम से उत्पन्न हुई हैं, जो समय बीतने के साथ बदल गई हैं और नए अर्थ ग्रहण कर चुकी हैं। यह कहा जा सकता है कि, पश्चिमीकरण को वैश्वीकरण की प्रक्रिया की शुरुआत के रूप में देखा जा सकता है। अमर्त्य सेन ने वैश्वीकरण के मुद्दे पर टिप्पणी की कि, यह जरूरी

नहीं कि एक पश्चिमी अवधारणा हो, बल्कि यह अवधारणा के आविष्कार से बहुत पहले से मौजूद थी। उन्होंने यह भी उल्लेख किया कि, 'शून्य' की अवधारणा भारत में उत्पन्न हुई, लेकिन पूरी दुनिया में फैल गई; बीजगणित की अवधारणा हालांकि अरबी है, लेकिन पूरी दुनिया द्वारा शामिल की गई, जो प्रारंभिक वैश्वीकरण के उदाहरण हैं। सेन ने यह भी उल्लेख किया कि, सांस्कृतिक वैश्वीकरण में, पश्चिमी प्रभाव बहुत सीमित है (सेन, 2002)।

बॉक्स 11.1 सांस्कृतिक वैश्वीकरण

1980 के दशक के बाद, वैश्वीकरण के परिणामस्वरूप, पूरी दुनिया मानवीय गतिशीलता और परिणामस्वरूप सांस्कृतिक एकीकरण के कारण सांस्कृतिक समरूपता के साथ एक वैश्विक गाँव बन गई है। इस घटना को सांस्कृतिक वैश्वीकरण कहा जाता है। इस सिद्धांत के समर्थक पूरी दुनिया को एक समरूप संस्कृति के रूप में देखते हैं जो स्थानीय, क्षेत्रीय और राष्ट्रीय संस्कृतियों की विविधता को प्रतिस्थापित करती है।

स्वदेशी भाषाओं की संख्या में कमी सांस्कृतिक वैश्वीकरण का संकेत है। आज, यूरोपीय और एंग्लो-अमेरिकन संस्कृतियाँ सोशल मीडिया और लोकप्रिय संस्कृति के विभिन्न माध्यमों से पूरी दुनिया में फैल रही हैं। शिक्षित शहरी युवाओं में धार्मिक अनुष्ठान कम देखे जाते हैं। इस प्रकार पश्चिमी संस्कृति और मूल्यों का प्रसार दुनिया की पारंपरिक सांस्कृतिक विशेषताओं को प्रभावित कर रहा है।

अंतर्राष्ट्रीयकरण

यह वैश्वीकरण के साथ आने वाला एक और शब्द है। यह अंतर्राष्ट्रीय व्यापार, अंतर्राष्ट्रीय संबंधों, दो या दो से अधिक देशों के बीच वित्तीय और राजनीतिक संधियों आदि के महत्व को संदर्भित करता है। इस प्रकार, अंतर्राष्ट्रीयकरण का अर्थ है दो या दो से अधिक देशों के बीच सांस्कृतिक, राजनीतिक और आर्थिक संबंध। वैश्वीकरण के कुछ अलग अर्थ हैं क्योंकि इसका अर्थ परस्पर जुड़ाव की जटिलताएँ हैं (मोहंती, 2010)। इसमें आम तौर पर दो घटनाएँ शामिल होती हैं:

(क) भौगोलिक स्थान का विस्तार, जहां आर्थिक, वाणिज्यिक और सांस्कृतिक-क्रियाएं की जाती है।

(ख) अंतर्राष्ट्रीयकरण के रूप में राष्ट्रीय सीमाओं का अस्तित्व राष्ट्र-राज्य निर्भरता को बढ़ाता है और राजनीतिक स्थान के महत्व पर बल देता है।

वैश्वीकरण तकनीकी प्रगति, व्यापार उदारीकरण और विनियमन के परिणाम का परिणाम है। दूसरी ओर, अंतर्राष्ट्रीयकरण राष्ट्रीय सीमाओं के पार गतिविधियों के विस्तार को संदर्भित करता है, जबकि वैश्वीकरण में भौगोलिक रूप से बिखरे हुए क्षेत्रों में संचालित गतिविधियों के कार्यात्मक एकीकरण के साथ अंतर्राष्ट्रीय संबंधों के कारण उत्पन्न जटिलताएँ शामिल हैं। अंतर्राष्ट्रीय संबंध वस्तुओं, सेवाओं और विचारों का सीमा पार दूरी पर आदान-प्रदान हैं; जबकि वैश्विक संबंध बिना दूरी के सीमा पार आदान-प्रदान हैं। दूसरे शब्दों में, अंतर्राष्ट्रीयता प्रादेशिक स्थान में अंतर्निहित है जबकि वैश्विकता भौगोलिक स्थान से परे फैली हुई है (शोल्टे, 2000; मोहंती, 2010)।

आधुनिकीकरण

वैश्वीकरण आधुनिकीकरण से अलग है। वैसे तो वैश्वीकरण आधुनिकता का नवीनतम रूप है, लेकिन इतिहासकारों और समाज विज्ञानियों के अनुसार, यह अवधारणा आधुनिक काल से बहुत पहले से मौजूद थी। हम कह सकते हैं कि, वैश्वीकरण आधुनिकता

का विस्तार है, चाहे वह सरल हो या जटिल रूप में। आधुनिकीकरण में पारंपरिक से विकासशील और विकासशील से विकसित या 'गेसेलशाफ्ट' से 'गेसेलशाफ्ट' तक रैखिक प्रगति का विचार शामिल है, जैसा कि फर्डिनेंड टोनीस ने उल्लेख किया है। दूसरी ओर, वैश्वीकरण में उतार-चढ़ाव के कई चक्र शामिल हैं और इसमें दो या दो से अधिक संस्कृतियों के बीच अंतर्संबंध की जटिल प्रकृति शामिल है। आधुनिकीकरण समाजों या राष्ट्रों के भीतर होने वाले परिवर्तनों के साथ-साथ पश्चिमी समाजों से तुलना पर केंद्रित है। यह विकास के विचार की वकालत करता है, और समाजों की प्रगति और इसमें द्वैतवादी व्याख्या की कुछ अवधारणाएँ शामिल हैं जैसे 'केंद्र-परिधि', 'उत्तर-दक्षिण', 'विकसित-तीसरी दुनिया', आदि। दूसरी ओर, वैश्वीकरण, सांस्कृतिक, तकनीकी और आर्थिक एकीकरण की सजातीय और समान प्रक्रियाओं के अधीन, तेजी से परस्पर जुड़ने और एकीकृत होने की प्रक्रिया को संदर्भित करता है।

वैश्वीकरण के तहत संस्कृति

वैश्वीकरण ने विश्व की सांस्कृतिक विशेषताओं में कुछ विशेष विशेषताएं पैदा की हैं। इनमें से कुछ हैं:

1. संस्कृति का वैश्विक अभिसरण: यह वैश्वीकरण का सबसे महत्वपूर्ण प्रभाव है। व्यावसायिक मानदंडों, प्रथाओं और मानसिकता का मानकीकरण सांस्कृतिक अभिसरण की श्रेणी में आता है। हालाँकि सांस्कृतिक चरित्र में बड़े पैमाने पर अंतर है, लेकिन दुनिया के विभिन्न हिस्सों में संस्कृति के बड़े पैमाने पर अभिसरण का अनुभव कर रही है। रदरफोर्ड (2004) ने एक शोध में दिखाया कि कनाडा, ब्रिटेन और जर्मनी में लीन उत्पादन की विधि, जो जापान में उत्पन्न हुई और बाद में वैश्विक स्तर पर अपनाई गई, कार्यस्थल व्यवस्था में अभिसरण का कारण बनी।

बॉक्स 11.2 अनुत्पादक निर्माण
लीन मैन्युफैक्चरिंग/अनुत्पादक उत्पादन के लिए एक व्यवस्थित दृष्टिकोण है जिसका मुख्य उद्देश्य उत्पादन प्रणाली के भीतर समय को कम करना है ताकि उत्पादन दक्षता को बढ़ाया जा सके। यह कंपनियों को कम से कम कच्चे माल और संसाधनों का उपयोग करके उच्च गुणवत्ता के साथ निर्माण करने में मदद करता है। इसका लक्ष्य किसी भी रूप में बर्बादी को कम करना है, जिसमें समय की बर्बादी, उपेक्षित उत्पाद, अनावश्यक वर्चस्व, अप्रयुक्त गोदाम स्थान आदि शामिल हैं। हालाँकि, सफल लीन मैन्युफैक्चरिंग अच्छी तरह से प्रशिक्षित कर्मचारियों पर निर्भर करती है जिनके पास एक अच्छी सहायक प्रणाली होती है।

2. अंतर्राष्ट्रीय प्रवास और सांस्कृतिक प्रसार: सांस्कृतिक प्रसार अंतर्राष्ट्रीय प्रवास से अत्यधिक प्रभावित है। अप्पादुरई (1996) द्वारा प्रस्तावित अवधारणा बताती है कि कैसे अंतर्राष्ट्रीय प्रवास दुनिया भर में नए जातीय व्यंजनों को पेश करता है और साथ ही समकालीन अवधि में एक नया शहरी परिदृश्य भी बनाता है। 'वैश्वीकरण की बहुरूपदर्शक व्याख्या' की ऐसी अवधारणा दुनिया के विभिन्न हिस्सों में उद्यमशीलता संस्कृति के पोषण की विशेषताओं की व्याख्या करती है। हांगकांग के प्रवासियों ने वैंकूवर, कनाडा में शहरी परिदृश्य को बदल दिया; जबकि उद्यमियों की वैश्विक गतिशीलता ने स्टार्ट-अप संस्कृति के वैश्विक प्रसार और जोखिम पूंजी के विकास को विकसित किया है। अमेरिका के विभिन्न स्कूलों में विज्ञान और इंजीनियरिंग में डिग्री हासिल करने के लिए ताइवान, चीन और भारत से छात्रों के अंतर्राष्ट्रीय प्रवास ने सिलिकॉन वैली संस्कृति के विकास में एक प्रमुख भूमिका निभाई।

3. पर्यटन: यह इस बात का उदाहरण है कि उत्पादन और उपभोग वैश्विक-स्थानीय संबंधों के माध्यम से किस प्रकार एक दूसरे से निकटता से जुड़े हुए हैं। समकालीन अवधि में पर्यटन में विविधता देखी गई है जिसने अपना ध्यान पारंपरिक सूर्य और समुद्र तट पर्यटन से सांस्कृतिक पर्यटन (विरासत पर्यटन) और पारिस्थितिकी पर्यटन के विभिन्न रूपों में स्थानांतरित कर दिया है।

समकालीन तीर्थयात्रा का एक रूप सांस्कृतिक पर्यटन में शामिल है जो इस विश्वास से प्रेरित है कि केवल कुछ निश्चित स्थान ही संस्कृति, कला और संगीत में प्रामाणिकता प्रदान करते हैं।

संस्कृति पर पर्यटकों के प्रभाव को अक्सर सांस्कृतिक व्याख्या के रूप में वर्णित किया जाता है, लेकिन पर्यटकों की रुचि के माध्यम से उत्पन्न किसी भी सांस्कृतिक तत्व की मांग क्षेत्रीय कला परिसरों के निर्माण में विकसित हो सकती है। उदाहरण के लिए, इंडोनेशिया के बाली में, संगीत और नृत्य अलग-अलग नहीं बल्कि अंतर्राष्ट्रीय पर्यटन के साथ मिलकर विकसित हुए। दक्षिणी स्पेन में, पर्यटन में वृद्धि के साथ-साथ फ़्लैमेंको संगीत और नृत्य विकसित हुए।

बॉक्स 11.3 संगीत पर्यटन

संगीत पर्यटन केवल संगीत के बारे में नहीं है, यह एक विशेष सांस्कृतिक मांग वाले पर्यटन के बारे में है। सांस्कृतिक पर्यटन पर्यटन के सबसे पुराने रूपों में से एक है। यह घरेलू और अंतर्राष्ट्रीय पर्यटन के सबसे महत्वपूर्ण और सबसे तेजी से बढ़ते घटकों में से एक है। यूनेस्को के अनुसार, सांस्कृतिक पर्यटन औद्योगिक पर्यटन का सबसे तेज़ अंतर्राष्ट्रीय विकास वाला क्षेत्र है। हालाँकि, सांस्कृतिक पर्यटन को बढ़ावा देने के लिए, किसी विशेष गंतव्य के भीतर सांस्कृतिक आकर्षण की आवश्यकता होती है।

वैश्विक सांस्कृतिक प्रवाह के आयाम

अप्पादुरई वैश्वीकरण के कारण नई वैश्विक सांस्कृतिक अर्थव्यवस्था की जटिलता को समझने के लिए एक नया ढांचा प्रस्तावित करते हैं। इसमें वैश्विक सांस्कृतिक प्रवाह के पाँच आयाम शामिल हैं— एथनोस्केप्स, मीडियास्केप्स, टेक्नोस्केप्स, फाइनेंसस्केप्स और आइडियोस्केप्स। वह परिदृश्यों के तरल और अनियमित आकार को इंगित करने के लिए 'स्केप' शब्द का उपयोग करते हैं। वह वैश्वीकरण पर एक साथ दो अवधारणाओं के आधार पर भी विचार करते हैं— सांस्कृतिक समरूपता और सांस्कृतिक विषमता। नई वैश्विक सांस्कृतिक अर्थव्यवस्था जटिलता, अतिव्यापन और अव्यवस्था की विशेषता रखती है।

एथनोस्केप का तात्पर्य राष्ट्रों के बीच लोगों के प्रवाह से है। जब श्रमिकों का पलायन होता है या लोग बेहतर अवसरों की तलाश में यात्रा करते हैं, तो पर्यटन के कारण लोगों की आवाजाही इस प्रकार का परिदृश्य बनाती है। संयुक्त राष्ट्र की एक विशेष शाखा, विश्व पर्यटन संगठन के अनुसार, पर्यटन समकालीन अवधि में सबसे तेजी से बढ़ते वाणिज्यिक क्षेत्रों में से एक है जो रोजगार सृजन के मामले में लोगों के लिए बड़े पैमाने पर अवसर पैदा करता है। पर्यटन लोगों के साथ-साथ उनके सांस्कृतिक तत्वों को विकसित दुनिया से विकासशील देशों की ओर और इसके विपरीत स्थानांतरित करता है, जो इसमें शामिल सभी लोगों के लिए अवसर और चुनौतियां दोनों पैदा करता है। विकसित देशों के लोग विकासशील देशों की यात्रा करते समय अधिक विलासितापूर्ण छुट्टियों का आनंद लेते हैं। (क) गंतव्य पर लोगों से सेवा की उम्मीद करने वाले पर्यटकों और (ख) विकासशील देशों के स्थानीय लोगों के साथ नौकरों जैसा व्यवहार करने वाले पर्यटकों के बीच एक महीन रेखा है। इसके परिणामस्वरूप इस प्रकार की स्थितियों में असमान शक्ति संबंध विकसित होते हैं।

टेक्नोस्केप का मतलब प्रौद्योगिकी का प्रवाह है। इसका महत्व इस तथ्य में निहित है कि, तकनीकी वस्तुओं के उत्पादन और निर्यात से जुड़ा राजस्व आम तौर पर धन के अंतर्राष्ट्रीय वितरण को बदल देता है। उदाहरण के लिए, एप्पल के आईफोन का उत्पादन और बिक्री यह दिखा सकती है कि विभिन्न देशों में प्रौद्योगिकियों का आवागमन किस तरह से लोगों के दैनिक जीवन—उत्पादक और ग्राहक दोनों को प्रभावित करता है। इस नए उत्पाद की मांग तेजी से उत्पादन को बढ़ावा देती है जो श्रमिकों के दिमाग और स्वास्थ्य पर अधिक दबाव बना रही है। तकनीकी नवाचार में वृद्धि के साथ, प्रौद्योगिकी का प्रवाह भी बढ़ता है। पहले, प्रौद्योगिकियों ने भी मानवीय अनुभव को काफी हद तक बदल दिया है, जैसे पूरे यूरोप में प्रिंटिंग प्रेस के बड़े पैमाने पर उत्पादन

और वितरण का मामला (इससे आगे) जिसके स्थानीय समुदायों और राष्ट्रीय समुदायों के सदस्यों के रूप में लोगों के दृष्टिकोण में नाटकीय रूप से बदलाव लाया।

आइडियोस्केप विचारों के प्रवाह को संदर्भित करता है। यह सूक्ष्म पैमाने से लेकर वृहद पैमाने तक फैला हुआ है। स्टार्ट-अप उद्यमी, जैसे कि कोई व्यक्ति अपने व्यक्तिगत विचार पोस्ट करके सबसे पहले फेसबुक जैसे सोशल मीडिया के माध्यम से उत्पाद के विचार को लोगों की रुचि बढ़ाने के लिए फैलाना शुरू करता है और बाद के दिनों में अधिक व्यवस्थित हो जाता है। एक और उदाहरण मिशनरियों से देखा जा सकता है, जिन्होंने दुनिया के दुर्गम भागों जैसे अमेज़न क्षेत्र, भारत के पहाड़ी आदिवासी क्षेत्रों आदि में अपने धार्मिक सिद्धांतों को फैलाने का अपना स्पष्ट लक्ष्य बनाया। हालाँकि, स्थानीय लोगों और मिशनरियों के विचारों में लोगों की स्वतंत्रता के आधार पर कुछ मतभेद पैदा होते हैं, जो उन विचारधाराओं को स्वीकार करने, अस्वीकार करने या अपनाने के लिए होते हैं जो उन पर पेश की जाती हैं या थोपी जाती हैं।

फाइनेंसस्केप का तात्पर्य राष्ट्रों के बीच धन के प्रवाह से है। प्राचीन काल से ही यह घटना विभिन्न रूपों में घटित होती रही है। धन विनिमय का एक माध्यम है जिसका मान्यता प्राप्त मूल्य है। पहले वस्तु विनिमय प्रणाली में वस्तुओं और सेवाओं का प्रत्यक्ष व्यापार शामिल था। इसके बाद, मुद्रा ने इसकी जगह ले ली और इसका उपयोग धन के विनिमय के रूप में किया जाने लगा। उदाहरण के लिए, स्पेनियों ने बोलीविया में चांदी के भंडार की खुदाई के लिए कुछ स्वदेशी मजदूरों की भर्ती की। इस क्षेत्र से निकाले गए उत्पाद का उपयोग उत्तरी यूरोप में स्पेन के ऋणों का भुगतान करने के लिए किया गया था। आजकल धन के वैश्विक-हस्तांतरण ने विभिन्न स्टॉक एक्सचेंजों, जैसे–न्यूयॉर्क स्टॉक एक्सचेंज, निक्केई इंडेक्स, नेशनल स्टॉक एक्सचेंज ऑफ़ इंडिया, लंदन स्टॉक एक्सचेंज और अन्य ऐसे वित्त केंद्रों में लेन-देन को गति दी है, जिसका दुनिया भर की अर्थव्यवस्थाओं पर तत्काल प्रभाव पड़ता है।

मीडियास्केप का मतलब सीमाओं के पार मीडिया का प्रवाह है। पहले के दिनों में, किसी भी मनोरंजन या शिक्षा या खेल सामग्री के लिए एक स्थान से दूसरे स्थान तक पहुँचने में सप्ताह या महीने भी लग सकते थे। टेलीग्राफ के युग से लेकर टेलीफोन तक और अब इंटरनेट और अन्य डिजिटल संचार तकनीकों के युग में, मीडिया वैश्विक मंच पर सूचना साझा करने के लिए तेज़ और आसानी से आगे बढ़ने वाला माध्यम बन गया है। उदाहरण के लिए, बॉलीवुड फ़िल्में दक्षिण-पूर्व एशिया में शूट की जाती हैं, कनाडाई सिनेमाघरों में दिखाई जाती हैं और दुनिया भर के लोग नियमित रूप से विश्व कप और ओलंपिक जैसे बड़े आयोजनों को जहाँ कहीं भी रहते हैं, वहाँ से देखते हैं।

अंतर्राष्ट्रीयता

परिभाषा और विशेषताएं

'अंतर्राष्ट्रीयता' की अवधारणा राष्ट्रों के बीच लोगों की गतिशीलता को संदर्भित करती है और यह विचार सामाजिक जीवन में जटिल संबंधों को इंगित करता है जो तेजी से वैश्वीकृत हो रही दुनिया में मौजूद हैं। यह प्रवास के विचारों को वैश्विक स्तर पर स्थान संबंधों की गतिशील अवधारणा से भी जोड़ता है। ये संबंध जीवन के सभी पहलुओं— सामाजिक, सांस्कृतिक, आर्थिक और राजनीतिक से संबंधित हो सकते हैं। यह घटना एक नई वैश्वीकृत दुनिया का भी प्रतिनिधित्व करती है, जो पहले राष्ट्रीय स्तर से नीचे मौजूद थी (उदाहरण के लिए, मानव समाज के बीच पहचान की भावना)। विभिन्न पैमानों पर और विविध मापदंडों के साथ वैश्विक-स्थानीय अंतर्संबंध 'अंतर्राष्ट्रीयता' की घटना का सबसे महत्वपूर्ण चरित्र है। हाल के वर्षों में तीन कार्य क्षेत्रों ने इस अवधारणा को जन्म दिया है:

सबसे पहले, यह प्रवासी लोगों या लोगों के एक स्थान से दूसरे स्थान पर जाने से संबंधित है। राजनीतिक भूगोलवेत्ताओं ने राजनीतिक आंदोलनों की तीव्रता लोगों की पहचान और संगठन, जो राष्ट्रीय सीमा के पैमाने से परे मौजूद हैं की पहचान करने के लिए इस अवधारणा का उपयोग किया है। प्रवासी समुदाय में पहचान की एक सामान्य भावना का विकास विचारों और मूल्यों के निरंतर और निरंतर संबंधों और प्रवाह के माध्यम से एक प्रक्रिया के रूप में पारराष्ट्रीयता की अवधारणा से संबंधित है। वैश्विक प्रवासियों के मामले में, विचारों का आदान-प्रदान, सांस्कृतिक तत्वों का प्रसार, वस्तुओं की आवाजाही और सांस्कृतिक प्रथाओं और रीति-रिवाजों का आदान-प्रदान— सभी अंतर्राष्ट्रीयता की अवधारणा के अनुरूप हैं। इस अवधारणा का उपयोग यह समझने के लिए भी किया जाता है कि विभिन्न समुदायों के बीच राजनीतिक पहचान की 'वैश्विकता' कैसे विकसित होती है।

दूसरे, सांस्कृतिक भूगोलवेत्ता इस अवधारणा का व्यापक रूप से उपयोग एक क्षेत्र से दूसरे क्षेत्र में तथा एक समूह से दूसरे समूह में सांस्कृतिक तत्वों के जटिल प्रवाह का वर्णन करने के लिए करते हैं। उपभोग के भूगोल ने इस तथ्य पर जोर दिया कि, कई उत्पादों और भौतिक वस्तुओं को कुछ विशेष स्थानों द्वारा चिह्नित किया जाता है, जबकि लंबी दूरी की यात्रा करने से उत्पादों की इस क्षेत्र विशेष प्रकृति में परिवर्तन हो सकता है।

तीसरा, एक सामाजिक समूह के रूप में, एक नए अंतर्राष्ट्रीयता अभिजात वर्ग का उदय समकालीन सामाजिक भूगोलवेत्ताओं की एक और चिंता है। वर्तमान युग के सांस्कृतिक भूगोलवेत्ता भी वैश्विक समाज के इस नए अत्यधिक गतिशील खंड में रुचि रखते हैं। ऐसा इसलिए है, क्योंकि इन लोगों के पास कई पासपोर्ट हो सकते हैं और वे विभिन्न स्थानों से जुड़े कई सांस्कृतिक मानदंडों का अनुभव कर सकते हैं। ये लोग राष्ट्रीय सीमाओं के पार रहते हैं, जो सांस्कृतिक और राजनीतिक वैश्वीकरण की प्रक्रियाओं में महत्वपूर्ण है।

पर्यटन और अंतर्राष्ट्रीयता

पिछली सदी में पर्यटन उद्योग में अभूतपूर्व वृद्धि देखी गई। यह अब दुनिया का सबसे बड़ा उद्योग है, जो दुनिया के 240 मिलियन से ज़्यादा लोगों को रोज़गार दे रहा है। इस उद्योग का अर्थव्यवस्था और समाज के साथ-साथ किसी भी क्षेत्र के पर्यावरण और भौतिक पहलुओं पर बहुत बड़ा प्रभाव पड़ता है। भौगोलिक कार्य के तीन मुख्य पहलू पर्यटन उद्योग के विकास से जुड़े हैं:

(क) पर्यटन के विकास में नियोजन प्रक्रिया और अर्थव्यवस्थाओं और स्थानों पर इस तरह के विकास का प्रभाव है। 1970 के दशक से, पर्यटन के आर्थिक प्रभावों ने पर्यटन प्रबंधन और क्षेत्रीय विकास के अध्ययन में महत्वपूर्ण भूमिका निभाई है। इसमें उद्योग का रोजगार सृजन वाला हिस्सा; पर्यटन उद्योग में प्रत्यक्ष और अप्रत्यक्ष रूप से शामिल कंपनियों की प्रकृति; किसी विशेष स्थान पर पर्यटन विकास के प्रकार और बहुत कुछ शामिल है। कम आय वाले और संसाधन-विहीन क्षेत्रों में पर्यटन उद्योग के कारण होने वाला आर्थिक विकास और साथ ही हर जगह पर्यटन क्षेत्र को विकसित करने में मदद करने और बाधाएँ पैदा करने में सरकारों और अन्य एजेंसियों की भूमिका भी आर्थिक भूगोलवेत्ताओं के दृष्टिकोण से प्रमुख चिंता का विषय है। हाल के कार्यों में मूल्यांकन पक्ष शामिल है, यानी खराब विनियमित पर्यटन विकास के नकारात्मक प्रभाव का मूल्यांकन कैसे करें जिसने प्राकृतिक संसाधनों को नुकसान पहुँचाया है। यहाँ पर्यटन की एक और अवधारणा आती है, यानी नैतिक पर्यटन, जो स्थिरता के संदर्भ में विभिन्न पारिस्थितिक पर्यटन परियोजनाओं की व्यवहार्यता का आकलन करती है।

(ख) सांस्कृतिक भौगोलिक दृष्टिकोण से, पर्यटन उद्योग के विकास से विभिन्न सामाजिक और सांस्कृतिक मूल्य संशोधित होते हैं, जैसे बड़ी संख्या में पर्यटकों का आगमन गंतव्य के प्राकृतिक संसाधन को नष्ट कर देता है और स्थानीय संस्कृति को खराब कर देता है। वे स्थानों और लोगों के बीच जटिल संबंधों के बारे में भी विचार व्यक्त

करते हैं। स्थानीय संस्कृतियों के बदलते स्वरूप पर विदेशी संस्कृति के प्रभाव के संदर्भ में पर्यटकों की सांस्कृतिक विशेषताओं के प्रभाव में क्षेत्रीय चरित्र में आ रहे बदलाव के प्रति विचार व्यक्त करते है।

(ग) पर्यटन उद्योग का एक और महत्वपूर्ण बिंदु जो भूगोलवेत्ताओं की रुचि बढ़ा सकता है, वह यह है कि एक स्थान पर जाने वाले पर्यटकों का अनुभव गंतव्य के सांस्कृतिक परिदृश्य को बदल सकता है। पर्यटक स्थानों को कैसे देखते हैं, यह एक दूसरे से अलग हो सकता है और पर्यटकों के बीच अनुभव भी अलग-अलग होता है। कुछ पर्यटक स्थानीय इतिहास के लिए आते हैं, कुछ स्थानीय भोजन या अन्य शारीरिक गतिविधियों जैसे रिवर राफ्टिंग, पैराग्लाइडिंग, सर्फिंग पर अधिक जोर देते हैं, जबकि कभी-कभी पर्यटक केवल गंतव्य के त्योहार या संगीत या नृत्य पर अधिक जोर देते हैं। इस प्रकार, किसी भी स्थान का पर्यटन अनुभव वैश्विक पर्यटन और पर्यटन स्थलों को विनियमित करने के तरीके को प्रभावित करता है। यदि कोई पर्यटक वाराणसी या पुरी की यात्रा करता है, तो वह इसे दूसरे तरीके से अनुभव करता है— वाराणसी में गंगा आरती और बाद में पुरी में जगन्नाथ मंदिर के दर्शन के साथ-साथ विभिन्न प्रकार के भोजन, स्थानीय संस्कृति के साथ-साथ क्रमशः बनारसी साड़ी और इक्कत साड़ी की बुनाई तकनीक का अनुभव भी करता है।

प्रौद्योगिकी और संस्कृति परिवर्तन

हुनरज़ (2010) के अनुसार, "विविधता हमारा व्यवसाय है", क्योंकि प्रत्येक समाज में समूहों के बीच सांस्कृतिक अंतर उनकी शुरुआत से ही कई विषयों का मुख्य विषय है। उदाहरण के लिए, नृविज्ञान में, गैर-पश्चिमी क्षेत्रों में विभिन्न समाजों के बीच सांस्कृतिक विशेषताओं में भिन्नता बहुत शुरुआत से ही केंद्रित क्षेत्र रही है। लेकिन बाद के दिनों में, इन अध्ययनों ने पश्चिमी समाजों में सांस्कृतिक अंतरों का भी अध्ययन करना शुरू कर दिया (कॉम्बी, 2016)।

सांस्कृतिक मॉडल जन्म के समय कमोबेश अनजाने में सीखा जाता है, लेकिन इसे व्यक्तिगत अनुभव से प्रभावित जीवन भर चलने वाली सीखने की प्रक्रिया बन जाती है। इसलिए, संस्कृति को हर इंसान के लिए अपनेपन और पहचान की भावना पैदा करने के लिए एक आवश्यक तत्व के रूप में संदर्भित किया जा सकता है (कॉम्बी, 2016)।

नई प्रौद्योगिकी का उद्भव

नई तकनीक के आने से किसी भी सामाजिक समूह की सांस्कृतिक विशेषताओं में बदलाव आता है। ऐसे बदलावों के लिए व्यक्तिगत और सामुदायिक स्तर पर दैनिक जीवन के ज्ञान के विभिन्न क्षेत्रों के बीच संबंधों के पुनर्समायोजन और नई अभिव्यक्ति की आवश्यकता होती है। पहिए, भाप इंजन आदि के आविष्कारों ने इस तरह से जीवन में बदलाव लाने में महत्वपूर्ण भूमिका निभाई। वर्तमान संदर्भ में, व्यक्ति, समाज, संस्कृति और तकनीक के बीच संबंधों को जोड़ने में सूचना प्रौद्योगिकी की भूमिका का दायरा बहुत बड़ा है और यह हर समाज में सांस्कृतिक बदलाव के रूप में प्रदर्शित होता है। "तकनीक केवल मशीन ही नहीं है, बल्कि यह मनुष्यों, बर्तनों और ज्ञान के क्षेत्रों के बीच संबंधों का पूरा समूह है" (कॉम्बी, 2016)। तकनीक संचार के दायरे को बढ़ाती है, जो समूहों और व्यक्तियों को विभिन्न प्रतीकों, मानदंडों और व्यवहारों के माध्यम से दुनिया में खुद का प्रतिनिधित्व करने की अनुमति देती है।

यह कहा जा सकता है कि, नई प्रौद्योगिकियां स्थान को संशोधित करती हैं, समय को संशोधित करती हैं, समाज के सदस्यों के बीच संबंधों में परिवर्तन लाती हैं और संचार के प्रकार को संशोधित करती हैं जो संस्कृति से संबंधित ज्ञान के दूसरे क्षेत्रों में अभी भी मौजूद हैं। अप्पादुरई (1996) और लेवी (1997) ने 20वीं सदी के उत्तरार्ध में समाज पर वैश्वीकरण और कम्प्यूटरीकरण की

घटनाओं का अध्ययन किया। उनके अध्ययनों से पता चला कि, संचार के नए साधनों की कुछ विशेषताएं परिवर्तन की तीव्रता और ज्ञान प्राप्ति की लय, कंप्यूटर उपयोगकर्ताओं की बढ़ती संख्या, इंटरनेट आधारित ज्ञान और नई व्यक्तिगत पहचान के निर्माण के साथ-साथ पारस्परिक संबंधों जैसी समस्याएं पैदा करती हैं। इस प्रकार, प्रौद्योगिकी का विकास न केवल सूचना विनिमय की गति में वृद्धि है, बल्कि यह समाज के ज्ञान और संचार कौशल में परिवर्तन में मदद करता है। यह दो तरीकों से पारस्परिक संबंधों को बदलता है — भाषा विज्ञान के माध्यम से संचार में परिवर्तन और पारंपरिक और आधुनिक दोनों समाजों में लोगों की सांस्कृतिक धारणा में परिवर्तन।

साइबरस्पेस और साइबरकल्चर

1997 में प्रकाशित अपनी कृति 'साइबरकल्चर, रैपोर्ट औ कॉन्सिल डे ल'यूरोप' में, फ्रांसीसी दार्शनिक पियरे लेवी ने डिजिटल तकनीक द्वारा समाज के सैद्धांतिक और व्यावहारिक पहलुओं को प्रभावित करने वाली स्थिति का विश्लेषण किया। उन्होंने वर्तमान और भविष्य के परिवर्तनों से जुड़ी मुख्य समस्याओं की ओर भी इशारा किया, जैसे कि घर पर पर्सनल कंप्यूटर का बढ़ता उपयोग। पहले के दिनों में, नई तकनीकों ने वर्णमाला, प्रिंटिंग प्रेस, टेलीफोन, रेडियो और टेलीविजन के साथ परिवर्तनों के माध्यम से वैश्विक समाज को बदल दिया।

उनके अध्ययन में दो महत्वपूर्ण शब्द सबसे महत्वपूर्ण भूमिका निभाते हैं, ये हैं— **साइबरस्पेस** और **साइबरकल्चर। साइबरस्पेस** शब्द का इस्तेमाल सबसे पहले अमेरिकी-कनाडाई कथा लेखक विलियम गिब्सन ने अपनी लघु कहानी बर्निंग क्रोम (1982) में 'व्यापक, परस्पर जुड़ी डिजिटल तकनीक' के रूप में किया था और बाद में इस अवधारणा को उनके प्रसिद्ध कथा उपन्यास न्यूरोमैंसर (1984) में कंप्यूटर नेटवर्क के माध्यम से सूचना की पूरी श्रृंखला का वर्णन करने के लिए लोकप्रिय बनाया गया था। साइबरस्पेस एक ऐसी अवधारणा है, जिसकी कोई भौगोलिक सीमा नहीं है और इसे वर्चुअल स्पेस कहा जाता है। यह वास्तव में दो या दो से अधिक व्यक्तियों के बीच कोई व्यक्तिगत संपर्क किए बिना इंटरनेट और उपग्रह संकेतों, दूरसंचार का उपयोग करके कंप्यूटर के माध्यम से मनुष्यों का कुल परस्पर जुड़ाव है। लेवी ने इसे कंप्यूटर के वैश्विक अंतर्संबंध द्वारा उत्पादित बढ़े हुए संचार नेटवर्क द्वारा खोले गए स्थान के रूप में परिभाषित किया। इस माध्यम का प्रतीक इंटरनेट है और इस स्थान में बड़ी मात्रा में प्रसारित होने वाला डेटा और वे उपयोगकर्ता आबादी शामिल हैं, जो कंप्यूटर पर निर्भर हैं।

दूसरी ओर, साइबरकल्चर शब्द का अर्थ बौद्धिक तकनीकों, प्रथाओं और जीवन शैली, व्यवहार, दृष्टिकोण और कई अन्य चीजों सहित सामग्रियों का समूह है। दरअसल, यह तकनीकी विकास और इसकी सामूहिक प्रतिक्रियाओं के कारण बदलती परिस्थितियों से उत्पन्न होने वाली कई समस्याओं का समाधान है। 20वीं सदी के आखिरी हिस्से और 21वीं सदी की शुरुआत में साइबर संस्कृति की अवधारणा को इंटरनेट और वर्चुअल स्पेस के बारे में सामाजिक अध्ययनों के मूल में रखा गया था। इनमें से ज़्यादातर अध्ययनों में एक नए सांस्कृतिक मॉडल के बारे में माना गया है जो इंटरनेट के इस्तेमाल से विकसित हुआ है और समाज के सदस्यों के बीच सामाजिक-सांस्कृतिक संबंधों के पैटर्न को बदल सकता है, आत्म-पहचान और सामुदायिक पहचान को संशोधित कर सकता है। कुछ विद्वानों का यह भी प्रस्ताव है कि, इंटरनेट के इस्तेमाल से एक नई राजनीतिक और आर्थिक प्रथा उभरेगी और यह नई तकनीक निश्चित रूप से जीवन के सभी क्षेत्रों को प्रभावित करेगी। इसलिए, एक नए युग की शुरुआत एक नई सांस्कृतिक व्यवस्था के साथ होगी जिसे सूचना और ज्ञान समाज या नेटवर्क समाज कहा जाता है।

लेवी के शोध में छह विशेषताएं शामिल हैं जिन्हें छह प्रश्नों के माध्यम से निम्नलिखित मुद्दों में दर्शाया गया है:

(i) एक नए प्रकार के उपनिवेशीकरण का भय उत्पन्न होगा,

(ii) बहिष्कार की घटना उभरेगी,

(iii) जनता के लिए एक नए प्रत्यक्ष लोकतंत्र के निर्माण की संभावना,

(iv) संचार के निष्क्रिय स्वागत से सक्रिय स्वागत की ओर संक्रमण संचार की मौजूदा सामाजिक प्रणाली में बदलाव हो सकता है,

(v) भाषाई और सांस्कृतिक विविधता को खतरा हो सकता है, और

(vi) साइबर संस्कृति से सामाजिक अराजकता और भ्रम पैदा हो सकता है।

इसलिए, साइबर संस्कृति एक नए प्रकार का सामाजिक विभाजन, यानी डिजिटल विभाजन पैदा कर सकती है, जो अमीर और गरीब, विकसित और अविकसित आदि जैसे अन्य सामाजिक विभाजनों से ज्यादा महत्वपूर्ण होगा। डिजिटल विभाजन विभिन्न कारणों से समाज के सदस्यों के बीच डिजिटल जानकारी की पहुंच और उपयोग में असमानता को संदर्भित करता है। इन कारणों में नागरिकों के सामाजिक, सांस्कृतिक और आर्थिक पहलू शामिल हो सकते हैं। डिजिटल विभाजन न केवल एक तकनीकी चुनौती है, बल्कि एक सामाजिक-सांस्कृतिक चुनौती है जो सूचना प्रौद्योगिकी के इस युग में बुनियादी अंतर-व्यक्तिगत संपर्क और व्यक्तिगत पहचान के साथ सामना करती है। सामाजिक संपर्क के मामले में कुछ अन्य मुद्दे भी उभरेंगे, जिसमें आभासी समूहों, चैट, संचार के आभासी साधनों आदि का निर्माण शामिल है। इन मुद्दों पर किए गए अध्ययनों से पता चला है कि, साइबरस्पेस के बढ़ते डोमेन के साथ हर मामले में, अंतर-व्यक्तिगत संबंधों के साथ-साथ सामाजिक संपर्क के बदलते पैटर्न भविष्य की दुनिया में तकनीक के बजाय अधिक महत्वपूर्ण होंगे।

डिजिटल प्रौद्योगिकी का प्रभाव

डिजिटल तकनीक दुनिया को एक ही समय में एक बिंदु से दूसरे बिंदु तक जोड़ती है और किसी भी जानकारी को आसानी से फैलाया जा सकता है और साथ ही किसी भी समय किसी भी बिंदु पर बैठकर प्राप्त किया जा सकता है। इस प्रकार वेब पर संचार चर की वैश्विक प्रकृति के कारण पारंपरिक स्थानिक-अस्थायी पैरामीटर अप्रचलित हो गए हैं। हाल के दशकों में ऑनलाइन और ऑफलाइन मोड अधिक स्पष्ट है और इसने हमारे समाज और संस्कृति के स्थान और समय के संबंध को बदल दिया है। प्रौद्योगिकी संचार को प्रभावित करती है क्योंकि यह काल्पनिक स्थान के निर्माण में नए तत्व प्रदान करती है। यह मानव जीवन शैली के अन्य प्रासंगिक रूपों को भी बदल देता है (अप्पादुरई, 2013)।

"वेब की नवीनता विशेषता यह है कि इसका उपयोग व्यक्तियों के बीच संचार के साधन के रूप में किया जाता है, जो यह सुनिश्चित करता है कि समुदाय अपने सदस्यों को वह सिखा सके जो वे सीखना चाहते हैं।" संचार वह विशेषता है, जिसे मौखिक, लिखित, अमौखिक और दृश्य माध्यमों से समाज का प्रतिबिंब माना जा सकता है। हर समाज अपने संचार के कोड को फैलाता है, जो समाज के सदस्यों के बीच ज्ञान के संचरण के लिए आवश्यक है और पारस्परिक और अंतर-सांस्कृतिक मुठभेड़ों को बनाता है। भाषाएँ सांस्कृतिक तत्वों की अभिव्यक्ति हैं जो हर समाज द्वारा तैयार की जाती हैं। हाल के दिनों में, नई तकनीकें सामने आई हैं जो मनुष्यों के बीच निकटता बढ़ाने में मदद करती हैं, जिसके परिणामस्वरूप समाज में व्यक्तियों के बीच अधिक स्थान का निर्माण होता है। नए सॉफ़्टवेयर और हार्डवेयर मनुष्य द्वारा बनाए जाते हैं और उनकी संस्कृतियाँ और परंपराएँ और साथ ही व्यक्तिगत रुचियाँ सॉफ़्टवेयर प्रोग्रामिंग पर काम करते समय उनका मार्गदर्शन करती हैं। दूसरे शब्दों में, इंटरनेट पर सर्फिंग एक तटस्थ अनुभव नहीं है, बल्कि यह किसी के द्वारा लिए गए निर्णयों का परिणाम है। यह प्रोग्राम सेटर इंटरनेट पर खोज करने वाले व्यक्ति का शोषण कर सकता है। यहाँ कभी-कभी आर्थिक लाभ और इंटरनेट पर मौजूद जानकारी को नियंत्रित करने के लिए पूंजीवादी दिमाग की जरूरत होती है (कॉम्बी, 2016)।

विक्षेत्रीकरण और विसंदर्भीकरण

सांस्कृतिक संदर्भ में स्पेस-टाइम संबंध ने हाल के समय में दो महत्वपूर्ण अवधारणाएँ विकसित की हैं। ये हैं विक्षेत्रीकरण और विसंदर्भीकरण। हमारे समाज और संस्कृति में तकनीकी कौशल के समावेश के कारण, स्पेस-टाइम संबंध बदल गए हैं। सभी समाजों में स्पेस एक महत्वपूर्ण भूमिका निभाता है क्योंकि मनुष्य में प्राकृतिक वातावरण को संशोधित करने और इसे स्थानीय सांस्कृतिक वातावरण में बदलने की प्रवृत्ति होती है। किसी स्थान की समस्याओं के बारे में वहाँ के निवासियों का रचनात्मक समाधान और उन समस्याओं से कैसे निपटा जाए—यह सब स्थानीय सांस्कृतिक वातावरण में प्रतिबिंबित होता है। इस तरह के प्रतिबिंब कोर और परिधि के बीच, राष्ट्र और शहर के बीच और इस प्रकार की कई अन्य प्रक्रियाओं में देखे जा सकते हैं। लेकिन डिजिटल तकनीक ने एक अलग तरह का संबंध बनाया है जहाँ परिधीय स्थान केंद्र को प्रभावित कर सकते हैं और दुनिया को अपने अस्तित्व से अवगत करा सकते हैं। यहाँ विक्षेत्रीकरण और विसंदर्भीकरण की अवधारणा आती है।

विक्षेत्रीकरण का अर्थ है किसी क्षेत्र के स्थानिक आयाम में सीमाओं और सीमाओं का लुप्त होना, मानवीय गतिशीलता को बढ़ाना, स्थान की भावना से परे जाना और साइबरस्पेस में कहीं भी रहना। दूसरी ओर, विसंदर्भीकरण संचार के संदर्भ बिंदुओं की अनुपस्थिति है।

सांस्कृतिक सापेक्षवाद

पहले के समाज वैज्ञानिकों और मानवविज्ञानियों के बीच यह विचार था कि पश्चिमी संस्कृति दुनिया की अन्य संस्कृतियों से श्रेष्ठ है। यह अवधारणा बहुत ही खराब दस्तावेज़ीकरण पर आधारित थी और इसका एकमात्र लक्ष्य पश्चिमी संस्कृति का जातीय-केंद्रित महिमामंडन करना था। हालाँकि, बाद के समय में किए गए शोधों से कुछ अलग अवधारणाएँ सामने आई। फ्रांज बोस, रूथ बेनेडिक्ट, मेलविल हर्सकोविट्स और मार्गरेट मीड जैसे शोधकर्ताओं ने महसूस किया कि पश्चिमी संस्कृति की श्रेष्ठता पर्याप्त रूप से साबित नहीं हुई है और तर्क दिया कि किसी समाज के रीति-रिवाजों और मूल्यों का वस्तुनिष्ठ रूप से वर्णन किया जाना चाहिए। इसे उस समाज की समस्याओं और अवसरों के दृष्टिकोण से देखा जाना चाहिए। इस दृष्टिकोण को सांस्कृतिक सापेक्षवाद के रूप में जाना जाता है और इस तथ्य पर जोर दिया जाता है कि सभी संस्कृतियाँ समान रूप से मान्य हैं।

संस्कृति हमेशा बदलती रहती है। चूँकि संस्कृति में दृष्टिकोण, व्यवहार और विश्वास के सीखे हुए पैटर्न शामिल होते हैं, लेकिन कई अन्य सांस्कृतिक विशेषताएँ और धारणाएँ भी उसी समय में सीखी जा सकती है। एक ही समय में सीखा गया। एक नए प्रकार के सांस्कृतिक लक्षण तब प्राप्त होता है जब मनुष्य नई परिस्थितियों का सामना करता है और नए लोगों से नए स्थान पर मिलता है। इसलिए, ऐसे परिवर्तन के स्रोत बाहरी और/या आंतरिक हो सकते हैं।

अभ्यास प्रश्न

1. संस्कृति परिवर्तन क्या है?
2. परसंस्कृतिकरण को परिभाषित करें। परसंस्कृतिकरण के आधार क्या हैं?
3. सांस्कृतिक आघात से आपका क्या अभिप्राय है? सांस्कृतिक आघात के विभिन्न चरणों की व्याख्या करें।
4. वैश्विक सांस्कृतिक प्रवाह के आयामों पर टिप्पणी करें।
5. अंतर्राष्ट्रीयता क्या है? यह पर्यटन से किस प्रकार संबंधित है?

6. प्रौद्योगिकी और संस्कृति परिवर्तन पर एक नोट लिखें।
7. नई प्रौद्योगिकी के आगमन से संस्कृति परिवर्तन कैसे हो सकता है?
8. आज के शहरी समाज में डिजिटल प्रौद्योगिकी के प्रभाव के बारे में लिखें।
9. सांस्कृतिक सापेक्षवाद को परिभाषित करें।

REFERENCES

Adelman, M. (1988). 'Cross-cultural Adjustment: A Theoretical Perspective on Social Support'. *International Journal of Intercultural Relations*, 12, 183–204.

Anderson, J. (2021). *Understanding Cultural Geography: Places and Traces*. Routhledge, NY.

Appadurai, A. (1996). Modernity at Large: Cultural Dimensions of Globalization. University of Minnesota Press, Minnepolis.

Aoyama, Y., James, T. Murphy and S. Hanson (2011). *Key Concepts in Economic Geography*. Sage, London.

Barber, B. (1995). *Social Theory and Global Culture*. Sage, London.

Berry, J.W. (1980). 'Acculturation as varieties of adaptation'. *In:* A.M. Padilla (Ed.). *Acculturation: Theory, Models and Some New Findings*. Boulder, Co: Westview, pp. 9–25.

Berry, J.W., U. Kim, T. Minde and D. Mok (1987). 'Comparative Studies of Acculturative Stress'. *In: International Migration Review*, 21: 491–511.

Berry, J.W. (1992). 'Acculturation and Adaptation in a New Society'. *In: International Migration*, 30: 69–85.

Brislin, R. (Ed.) (1990). *Applied Cross-Cultural Psychology*. Sage, New Bury Park, CA.

Bristen, R., D. Landis and M. Brandt (1983). 'Conceptualizations of Intercultural Behaviour and Training'. *In:* D. Landis and R. Brislin (Eds.). *Handbook of Intercultural Training,* Vol. 1, pp. 1–35, Pergamon, New York.

Byrnes, F. (1966). 'Role Shock: An Occupational Hazard of American Technical Assistances Abroad'. *Annals of the American Academy of Political and Social Science*, 368: 95–108.

Cohen, R. and Kennedy, P. (2000). Global Sociology. Macmillan, London.

Combi, M. (2016). Cultures and Technology: An Analysis of Some of the Changes in Progress- Digital, Global and Local Culture. *In:* K.J. Borowiecki et al. (Eds.). *Cultural Heritage in a Changing World.*

Furnham, A. and S. Bochner (1986). *Culture Shock*. Methuen, London.

Furnham, A. and S. Bochner (1986). *Culture Shock: Psychological Reactions to Unfamiliar Environments*. Methuen, London.

Graves, T. (1967). 'Psychological Acculturation in a tri-ethnic Community'. *In*: *South-Western Journal of Anthropology*, 23: 337–350.

Guthrie, G. (1975). 'A Behavioural Analysis of Cultural Learning'. *In:* R. Brislin, S. Bochner & W. Lonner (Eds). *Cross Cultural Perspectives on Learning*, Wiley, New York.

Guyton, A. (1986). *Textbook of Medical Physiology*. Saunders, Philadelphia, PA.

Harris, P. and R. Moran (1987). *Managing Cultural Differences*. Houston, TX, Gulf.

Hunt, Elgin F. and David C. Colander. (2010). *Social Sciences: An Introduction to the Study of Society*, Pearson.

Jackson, P. (2004). Local Consumption Cultures in a Globalizing World. *In:* Transactions of the Institute of British Geographers, 29(2): 165–178.

Jones, A. (2015). *Human Geography: The Basics*. Routledge, London.

Kazmi, B.A., B. Leca and P. Naccache (2012). Corporate Social Responsibility: A Brand New Spirit of Capitalism?, ICCSR Research Paper Series No. 61, Nottingham University Business School: International Centre for Corporate Social Responsibility.

Klein, N. (2002). Fences and Windows: Dispatches from the Front Lines of the Globalization Debate. Flamingo, London.

Kohls, R. (1979). *Survival Kit for Overseas Living*. Intercultural Press, Chicago, IL.

Lakey, Paul N. (2003). 'Acculturation: A Review of the Literature'. *In:* Intercultural Communication Studies, XII-2.

Marden, C.F. and G. Meyer (1968). *Minorities in America*, 3rd ed., Von Nostrand Reinhold Co., New York.

Oberg, K. (1954). Culture Shock. Indianapolis. *In:* Bobbs-Merril Series in Social Sciences.

Oberg, K. (1960). 'Culture Shock: Adjustments to New Cultural Environments'. *Practical Anthropology*, 4, 177–182.

Petras, J. (1999). Globalization: A Sociologist Perspective. EPW, February, 20. Mumbai.

Pramanik, S.K. and R. Ganguly (2010). *Globalization in India: New Frontiers and Emerging Challenges*. PHI Learning, Delhi.

Redfield, R., R. Linton and M.J. Herskovits (1936). Memorandum for the Study of Acculturation'. *In: American Anthropologists*, 38: 149–152.

Ritzer, G. (1993). *The McDonaldization of Society*. Sage, London.

Scholte, Jan Aart (2000). *Globalization: A Critical Introduction,* Palgrave McMillan, London.

Scott, A.J. (2002). 'Capitalism, Cities and the Production of Symbolic Forms'. *In:* Transaction of the Institute of British Geographers, 26: 11–23.

Sen, A. (2000). How to Judge Globalism. The American Prospect, 13(1), 1–14 Jan.

Shah, Parth J. (2008). CSR: Capitalism at its best or an anti-capitalist mentality? Occasional Paper-44, Liberales Institut, Berlin.

Shepherd, R. (2002). *Commodification, Culture and Tourism*. Tourist Studies, 2, 183–201.

Social Science Research Council Summer Seminar on Acculturation (1956). Acculturation: Explanatory formulation. *American Anthropologist*, 56, 973–1002.

Stipanović, C., R. Elena and Z. Vedran (2020). The Role of Traditional Music in Tourist Destination Development. Conference Paper: 25th Biennial International Congress Tourism and Hospitality Industry 2020 Trends and Challenges at Opatija, Croatia.

Taft, R. (1977). 'Coping with Unfamiliar Cultures'. *In:* N. Warren (Ed.) *Studies in Cross-Cultural Psychology,* Vol. 1, pp. 125–153. Academic Press, London.

Winkelman, M. (1994). 'Culture Shock and Adaptation', *Journal of Counselling and Development*, Nov./Dec., Vol. 73.